中国近现代历史名人轶事集成

〔第 9 册〕

白化文 ◆ 主编

山东人民出版社

全国百佳图书出版单位 国家一级出版社

图书在版编目（CIP）数据

中国近现代历史名人轶事集成 . 第 9 册 / 白化文主编 .
— 济南：山东人民出版社 , 2015.5
ISBN 978-7-209-08894-7

Ⅰ.①中… Ⅱ.①白… Ⅲ.①名人 – 生平事迹 – 中国
– 近现代 Ⅳ.①K820.5

中国版本图书馆 CIP 数据核字（2015）第 049624 号

责任编辑：王　路

中国近现代历史名人轶事集成 . 第 9 册
白化文　主编
────────────────────────────
山东出版传媒股份有限公司
山东人民出版社出版发行
社　址：济南市经九路胜利大街 39 号　邮编：250001
网　址：http://www.sd – book.com.cn
市场部：（0531）82098027　82098028
新华书店经销
北京富达印务有限公司

规　格　16 开（185mm × 260mm）
印　张　40.5
字　数　800 千字
版　次　2015 年 5 月第 1 版
印　次　2015 年 5 月第 1 次
ISBN　978-7-209-08894-7
定　价　400.00 元
────────────────────────────
如有质量问题，请与印刷厂调换。（010）57572860

序　言

历史人物轶事，作为中国史学遗产的一个重要方面，自汉代起，在各类书志中就有载录，特别是魏晋时期，品评、臧否人物之风盛行民间及士大夫阶层，此类著述更是蓬勃发展。到了明清，特别是近代，数量更是剧增，品种也颇繁杂，渐渐成为中国史学发展史上一个突出现象，又因为其特殊的趣味性而有了更多的读者。

所谓"轶事"，是指"正史"之外各类野史笔记、稗乘杂史、家史家书和名人书信中有关历史人物的事迹。而历朝历代，都有一些文人对其加以搜集整理，有的学者更有浓厚兴趣对其进行研究、撰述，给这类轶事构建了进一步传播的路径，也为"正史"研究者拓展了视野。有的轶事，甚至被民间的大鼓、评书艺人改编，被写进"演义""话本"中，得到了更多的传播。

做研究的人往往深有体会，当想利用"正史"写文章时，所谓"正史"里却提供不出具体且有价值的东西；当不用它时，觉得又很有价值。所以，历代常有许多学问家，很看重野史和家史的价值，特别是各类名人"轶事"，从中去粗取精，可以加深对有关历史人物的了解和认识，有利于拓展认知的广度与深度。所以明代大学问家王世贞才有关于正史、野史和家史的一段辩证的观点，他认为："国史，人恣而善蔽真，其叙章典，述文献，不可废也；野史，人臆而善失真，其征是非，削讳忌，不可废也；家史，人谀而善溢真，其赞宗阀，表官绩，不可废也。"王世贞的观点很切实际，一方面，他认为对正史、野史、家史的得失应做综合评价，不要孤立地看问题；另一方面，他又认为对野史本身应辩证地对待，以免陷于偏颇。他的观点，事实上也得到许多学者的认同。

　　《中国近现代历史名人轶事集成》正是得益于这些野史和家史（当然也有其他著述），所收录的近现代名人范围较广，既有晚清的维新人士、革命志士、文人学士、杰出妇女，还有官僚政客、军阀流氓、商人巨贾，甚至还有宫廷太监，等等，可谓集大成者。由于内容多不见于正史，故可以从一些侧面补正史的许多不足。

　　《中国近现代历史名人轶事集成》一切从史料出发，从近现代出版的各类书刊、报纸中辑录、编排而成，既是一部学术资料，又是一部大众读物，既适用于专家学者做研究时参考、利用，也适合普通文史爱好者的休闲阅读。相信各阶层的读者都能从中找到阅读的乐趣，从这些历史名人轶事中，发现、揭秘人性的善美和丑恶，体会社会的风云变幻，感悟人间的世事沧桑。

《中国近现代历史名人轶事集成》编委会

2015 年 3 月 12 日于北京

凡　例

　　《中国近现代历史名人轶事集成》是一套大型史料类工具书。丛书共分为十册，收录了一八四〇年以来，一九四九年以前，活跃于近现代历史时期各个领域的人物近四百人，轶事四万余则，总计约八百万字。

　　丛书所收人物，包括政治、文化、学术、思想、艺术、教育、实业、社会等各个领域，而以政治、文化、学术等各领域为宏。

　　丛书以人物出生年月为序，次第分册，各人独立分卷。同年出生的，则以政治、文化、学术、思想、艺术、教育、实业、社会等领域排序。每位人物的各类轶事，依照其生平事迹，次第辑录。

　　丛书各卷基本由"小传""正文"等两部分组成。"小传"即传主一生主要事迹之载记及相关成就之述评，短短几百字，使读者迅即明了传主之生平事迹、事业成就、历史地位等。"正文"即传主一生轶事之系统辑录。

　　丛书史料性、趣味性并重，力求使读者一册在手，概得其全。各卷少则数十条，多则数百条，力求于有限之史料内，展现传主多彩之人生。所引文献，均为"当事人"记"当时事"，所谓"于史有征""于事有信"者也。后生晚学之研究性著述，不入征引范围。所据文献，多为一手资料；也有个别生僻条目，系据他书而转引。

　　丛书卷帙浩繁，征引文献出于异时异地之多人之手，个人政治立场、视角维度不同，对事件、人物之臧否或有差异，为重史料原貌故，未作修改，以合乎今人之观点，特此说明；如作征引阐述时，需斟酌使用。另外，同一人名、同一地名等，各人记述略有小异。如鲁迅，或作"周树人"，或作"树人"，或作"周豫才"，或作"豫才"

等；北京，或作"京"，或作"京师"，或作"北平"，或作"平"等。文中各存其真，并不强求统一 。明显之错字、别字、衍字、衍句、缺字缺词等，则径自补正；不再另出校记。

目　录

胡　适卷（1891 — 1962）

　　胡适，汉族，安徽绩溪人。现代著名学者、诗人、史学家、文学家、哲学家。因提倡文学革命而成为新文化运动的领袖之一。原名嗣穈，学名洪骍，字希疆，后改名胡适，字适之，笔名天风、藏晖等，其中，适与适之之名与字，乃取自当时盛行的达尔文学说"物竞天择，适者生存"典故。著有《尝试集》《中国哲学史大纲》《白话文学史》《胡适文存》《藏晖室札记》《四十自述》《胡适选集》《胡适手稿》等。

勤工俭学

　　中国公学为留日生多人，愤日文部之取缔华籍学生，归而组立，嗣以国人鲜援助，经费陷窘乡，教职员中激烈者，至自杀以励同俦！胡在校颇见器于师友，第伊时其家商业正坏，费用供给亦难，胡因助教英文，兼编校刊一种，藉资自赡，其以文艺为生涯，盖由兹始。

（坦荡荡斋主：《现代中国名人外史》）

翩翩年少

　　自新文学运动后，胡适之名大起；杜威博士来华时，胡博士更为全国人士注目矣。时人有云：泰戈尔来中国，徐志摩成名；杜威来华，胡博士声价十倍。语虽稍近滑稽，但此中亦不无小小道理也。胡氏寄居北京时，生活甚裕，年三十，固一翩翩少年也。有某女士在美国时即闻胡之大名，来华后，颇欲一睹胡氏风采，乃托郭泰氏之介绍，郭氏慨然允诺。一日郭偕美女士诣胡宅，胡衣中国装招待，笑容满面，体态轻盈，望之俨有梅博士之风度。郭氏当为之介绍，美女士惊奇者久之，笑曰："我以为胡先生是一个白头发的老博士，不知尚如此翩翩少年也。"至今道及，胡氏犹洋洋有喜色。又胡氏曾赠许廉一联云："近朱者赤近墨者黑，吃盐闻咸吃醋闻酸。"因许时为燕大社会系主任，专研究中国人口问题，此联亦颇饶趣味。

（竹楼主人：《近代名人轶闻》）

名字旁打黑线

胡于《哲学大纲》出版时，寄一册于章太炎先生。封面上书"太炎先生教之"等字。因胡用新符号，所以于"太炎"两字之旁加一黑线——人名符号。章看时，即愤云："胡适之是什么东西！敢在我的名字旁打此黑线。"后看至下面，书有"胡适敬赠"，也同样有一黑线，遂云"罢了！这也算抵消了"。

（竹楼主人：《近代名人轶闻》）

灯下写稿读书

胡在北平时，每日上午赴文化基金委员会办事，兼往北大教书，下午则忙于应酬，夜深返宅，在灯下写稿读书，天明始睡。胡夫人，性贤淑，乃一遵守旧礼教女子。对胡之深夜喧攘，不但毫无怨言，并且屡恨自己幼年未能在学问上用功，致使胡之学问，不能予以精神上之援助。胡夫人之贤如此，一般摩登女性，闻之能勿愧哉？

（竹楼主人：《近代名人轶闻》）

"打鬼"更是要紧

现在好多报章杂志，都是在批判胡适，"为什么大家都批判起胡适来了"？青年诸君也许要有这样的疑问。这个疑问并不难解答。我们可分作关于批判和关于批判胡适这样两层来说。

关于批判自身，我们知道批判是普遍必需的。我们对于一切的言论都应该普遍使用所谓"批判地接受"这一个态度。能够普遍使用这一个批判的态度，去应接一切的言论，我们才会随时随地注意严正地去取——去了里面所含消极的退步的因素，取出里面所含积极的进步的因素——才不致毫无别择的连毒带药圇囵地吞下，或连毒带药地倒掉。这种批判态度因属普遍的必需，但作日常补品吃的东西，更其必需。因为这样的东西，最易使人受害。而受害的人又必最多为多数人思想上为卫生起见必当将那毒质成分特揭出来，叫人谨防。像胡适的言论，便是一个模范的例子。

胡适言论的毒质，一在于他的思想方法本身，一在于应用那种思想方法在国家社会的问题上，胡适口口声声说"我要教人一个思想学问的方法"，说"凡不能用这种方法和态度的，我敢断言，休想站得住"。其实他的方法是很平庸的。他的方法，就是所谓实验主义的方法。里面含着以意为之的色彩非常浓，根本不是什么可以把握客观真理的方法。加之他所崇奉的真理论，又是不承认真理是客观地存在的，认为其只是主观地创造的。他说："真理原来是人造的，是人造出供人用的，是因为他们大有用处，所以才给他们'真理'的美名的。我们所谓真理，原不过是人的一种工具，真理和我手里这张纸，这条粉笔，这块黑板，这把茶壶，是一样的东西：都是我们的工具。因为从前这种观念曾经发生功效，故从前的人叫他做真理；因为他的用处至今还在，所以我们还叫他做真理。万一明天发生他种事实，从前的观念不适用了，他就不是真理了，我们就该去找别的真理来代他了。"他那功利主义的观念论的认识论，也正助长了他的以意为之的气焰，使他根本不相信世界上有所谓客观的真理。

这种以意为之的方法和态度，假若只用在与实际无大关系的考据问题上，那还可以说与我们的幸福没有直接的关系。例如他为庐山的一个塔做了四千字的考证，有人说他玩物丧志，他就像煞有介事地说："我要教人一个思想学问的方法。我要教人知道学问是平等的，思想是一贯的，一部小说同一部圣经贤传有同等的学问上的地位，一个塔的真伪同孙中山的遗嘱的真伪有同等的考虑价值。"虽然那种像煞有介事的态度未免令人难耐，但他总还教人注意问题。从某一意义上说，总还可说是进步的。可是他的这种进步的态度，这种教人注意问题的方法，只有在和我们现在实际没有直接关系的事项上偶然闪现。若在与我们现在实际有直接关系的事项上，例如现在国家社会的问题，他就不再谈什么学问平等，注意问题了。为什么他的态度忽然变了呢？便是因为他怕奋斗，他从功效上看以为奋斗不如妥协投降有功效。所以他觉得"从前的观念不适用了，他就不是真理了，我们该去找别的真理来代他了"。所以人要谈主义，他就教人少谈些主义，多研究些问题（只有他所崇奉的实验主义除外，那还可以选入《文选》叫青年每人都读一遍的）。及至人家要研究问题，他又教人知道那些问题是不成问题的。他教人抹杀问题，逃避现实。即对于眼下日本帝国主义得步进步的侵略，他也教我们不要抵抗，只去依靠那靠不住的国联和美国，他说"我们要对得住国联和美国"。他教我们准备牺牲，他说"我们要准备牺牲，要准备更大更惨的牺牲"。他说"即令日本的暴力更推进一步乃至千万步，即令日本在半年之内一年之内侵略到整个的华北，即令推进到全海岸线，甚至于深入长江流域的内地"还是不要抵抗。据说这是他的"良心"使他这样的。他说"我不能昧着良心出来主张作战"。他教我们等候，教我们无论怎样惨受日本帝国主义的荼毒，都得静静地等候，他说"我们可以等候五十年"。这是怎样荒谬绝伦的鬼话！

胡适自己曾经说："输入新知识与新思想固是要紧，然而'打鬼'更是要紧。"而现在却正是他抛却考据不干、历史不编、专谈国家社会问题的时候，正是他毒质放散得最强烈又是每一毒质都足以危害我们社会的健康、我们每个人的生命的时候。这时候他的鬼话最多。"'打鬼'更是要紧"这句话，已经成为仿佛胡适为他自己说的了。胡适批判风发泉涌地起来，便是为此。

（陈望道：《望道文辑》）

碰钉子

上次胡适南游，应聘讲演，乃因发言不得要人欢，大受奚落，讲演之约为之取消，几至被逐出境。外间传其所不得人欢之言为在香港之演说辞，而其实则其"碰钉子"之真因乃在其面对某人云："今日中国治国救亡之要图，不在'文官不爱钱，武官不怕死'，如古人所云；而却在反过来说，文官不怕死，武官不爱钱……"并有所申明，遂大遭忌也。

适之"铩羽"北归后，发表南行感想说："此行得了三种便宜：（一）未行之前，有人误会我南下有某种作用，今是非不辩自白；（二）有些人误会我的主张（反对读经等）而青年人并不误会；（三）此次之打击充分证明我未曾落伍，而仍然是站在时代前头。"

胡适所言是否有当，仰祈读者自行判断。

（《东南风》）

不愿正式下海

关于胡适博士做官的传说，一度甚是盛行。经胡适一再打电报北大秘书长郑天挺说，"关于我的传说，都是谣言"，但是那些谣言，自非全是空穴来风。犹忆本年三月底，国大开幕之初，听说政府当局曾和胡适数度会谈，蒋主席在国民党临中全会，谦辞作总统候选人时，并对于候选人的资格，发表了五项标准，窥其用意，似即瞩望于胡博士。但"动员戡乱时期临时条款"经国大通过之后，胡博士曾辟谣似的说，"此种传说已成过去"，其后副总统竞选，亦未参加，在复杂的政治局面里，他颇有自知之明，与其竞选失败，不如落个干净。现在行政院长的担子，是否会落到他的肩上？颇是引起各方猜想，论资格、声望及经验，胡适是足够的，他在教育界的地位，可以说是"牌子老"，有蔡元培第二之誉，执教三十年来，桃李满天下，政府高级官员多出其门下，在中国政坛里，有"北大系"之称，胡适可说是当然的幕后主持人，抗战期一度充任驻美大使，在国际政坛中博有佳誉，尤其是美国人，几乎只知道有个胡适，再就是林语堂了。但是具备了这些条件，并不能使他做行政院长，这是很自然的事，实因政治是一种权力的象征，显然他不是搞政治的人，设若硬把他推上台去，他多半未必搞得好，所谓"爱之适足以害之"了。胡博士的友人批评他说："胡适现在聪明多了！"起码目前他不会正式下海。

（《新星报》一九四八年五月九日）

自认"逃兵"

胡适校长十七日下午三时出席京北大同学会所筹办之北大五十年校庆大会，并发表沉痛演词。庆祝会于中央研究院礼堂举行，到会校友二百余人，礼堂正面悬蔡元培遗像，布置简单，首由胡氏致词。胡氏之报告，一再说明渠如一逃兵，不能与多灾多难之学校同度艰危。胡氏并颂扬前北大校长蒋梦麟民廿年接办北大时，于多灾多难中去旧革新之精神，及其后支撑"九·一八"事变后局面之伟大。而此次又面临灾难，渠本人则已如一逃兵，且称，"乃一不荣誉之逃兵"，声泪俱下，与会者几同声一笑。

（《申报》一九四八年十二月十八日）

可儿妙论

胡适之留学美国康尼尔大学时，万国学生会尝请其演讲中国婚姻制度，关于盲婚一点颇难措辞，遂发妙论云："贵国人结婚，男女先事恋爱，恋爱热度达至极点乃共缔姻缘。敝国人结婚，从前多由父母之命媒妁之言，男女素未谋面，迨结为夫妻后，始行恋爱，热度逐渐增加。是故贵国人之婚姻是爱情之终也，敝国人之婚姻则爱情之始也。"语意隽永，尤能顾全民族体面不少，适之可儿！

（《东南风》）

胡适的讲演

北京大学文学院院长胡适之，因应本市法商学院、美国大学妇女会及扶轮社之邀请演讲，于前晚由平来津，下榻六国饭店，昨午十二时在利顺德饭店参加扶轮社聚餐，即席作英文讲演，下午四时又至法商学院讲演《治学的方法》，听讲者除该院学生外，当有女师一师扶轮各校学生，得五百余人。

胡氏讲演，首举希腊龟与兔竞走之故事为喻，称谓吾人治学若具天资，兼能努力，实为理想条件，但人类中之具有天资者终属少数，大半均属于中资，故必须取得治学之门径，始不致很费精力，昔英学者培根讲治学有三譬喻：一为蚂蚁的方法，徒知尽量采取，而不知其用，是谓之学而不思；二为蜘蛛的方法，全凭个人之思想，织成天经地纬之网，看去虽亦成系统，但仅属形式，与实际毫不相谋，是谓之思而不学；三为蜜蜂之方法，蜜蜂努力寻找最好最精之材料，经过自己之手足，而制成蜜，是实为理想上治学之方法。

但仅知方法尚不足以言治学，尤有不可少之条件：（一）工具的积存，如文字的工具，各种科学基础知识等，盖工具充分知识宏博，然后始可广征多取，对学问有新发明新贡献。（二）习惯的养成，治学必要勤快，不苟且虚心无成见，始可有新发见。（三）选择材料，要着眼实物，治自然科学如此，治社会科学历史文学亦应如此，诸君习政习法，尤宜取社会之实际问题云云。

晚九时在新学书院礼堂讲演《中国近代社会的变迁》，因听众多外国妇女，故用英文讲述，内容为近百年来中国旧社会渐次没落，新社会长成，对中国妇女方面之变迁，引述尤详，趣味横生，至十时许始散，胡氏定今日返平。

据胡氏谈称，翁文灏病状，现虽渐入平安，但性情烦躁，语言不便，恐于被撞时神经因震动过巨受伤，已由在平之友人延请协和医院脑系科医士关松涛前往诊视，于日内将由杭移沪，以便施行X光线检查诊疗。

又谈及最近中央查禁新书事，据胡氏称，此项措施，未免太笨，因凡经查禁或焚毁之书籍，反愈使人好奇想看。阶级斗争，固为吾人所反对，惟同情于贫富悬殊，民生疾苦及民族运动之作品，原出于好的理想。最近上海摄制之影片《盐潮》内容甚佳，亦以含有挑拨阶级斗争性质，已被禁演，设以此项标准概括之，则杜甫诗集中之"朱门酒肉臭，野有饿死骨"亦应予以挖出。自唐宋以后，中国诗词中，描写民间疾苦者甚多，亦实为中国旧诗中具有价值之一部，查禁焚毁之办法，实非所宜云云。

（《大公报》一九三四年三月九日）

文苑俊才誉"大哥"

适之绰号"胡大哥"并非偶然。梁漱溟多骨，胡适之多肉；梁漱溟庄严，胡适之豪迈；梁漱溟应入儒林，胡适之应入文苑。学者也好，文苑也好，但适之是绝不能作隐士的。一人性格，大概难于分类，也大可不必分类。我想六分学者，四分才子，二分盎格罗撒克逊留学生，约略可以尽之。也许加了三分学究气，减了三分才子气，适之应酬可以少一点，学术著作可以丰富一点，但如此便少了一团蔼然可亲之气，而不称其为胡大哥了。这却何苦来！这一股才子气，又被他六分的学究气压下，所以若称之为"风流才子"也不甚适用，因为他的立身行世，也颇谨严，如对冬秀之始终如一，便可看出。然而适之对女子，又不是像漱溟、雨生那样一副面孔。在女子前献殷勤，打招呼，入其室，必致候夫人，这是许多学者所不会而是适之的特长。见女生衣薄，必下讲台关课室窗户，这是适之的温柔处，但是也不超过盎格罗撒克逊所谓"绅士"的范围。用这种体贴温柔于同辈及少辈，"胡大哥"之名便成了。

适之为人好交，又善尽主谊。近来他米粮库的住宅，在星期日早上，总算公开的了。无论谁，学生、共产青年、安福余孽、同乡商客、强盗乞丐都进得去，也都可满意归来。穷窘者，他肯解囊相助；狂狷者，他肯当面教训；求差者，他肯修书介绍；问学者，他肯指导门径；无聊不自量者，他也能随口谈谈几句俗话。到了夜阑人静时，才执笔做他的考证或写他的日记。但是因此，他遂善做上卷书。

今年似是四十四吧？气色虽然不甚红润，不像养尊处优的老爷，但也不像漱溟一般的瘦马相，只有一点青白气色，这大概是他焚膏继晷灯下用工之遗迹。衣服虽不讲究，也不故表名士气。一副相貌，到可以令佳人倾心，天平是那么高，两眼是那么大，光耀照人，毫无阴险气，嘴唇丰满而常带着幽默的踪影。他的悟力极敏，你说上句他已懂到下句了。笑声不是像岂明的低微，是呵呵式的。

适之所以不能成为诗人就是这个缘故。在他呵呵笑的声中，及他坦白的眼光中，我们看不见他的魂灵深处。他不像志摩，不会有沉痛的悲哀与热狂的情绪。在那眼光中，我们看出理智的光辉，那兀突不定的嘴唇，也老是闪过机智者会心的微笑。这样是不适合做诗的。所以他的散文，也是清顺明畅，像一泓秋水一般，晶澈可爱，却很少波澜曲折，阐理则有余，抒情则不足。人还是规矩人，所以文也老实。布风说过"文如其人"，正是此意。因此他的思想，也是近于厚重稳健，非近于犀利急进，他的观点是演化的（即所谓历史癖）非革命的（evolutionary, not revolutionary）。在此种地方，最可看出他盎格罗撒克逊的素养。丁在君、胡适之都是这一派思想的好代表，于是"高等华人"的徽号便落在他的身上。在普罗作家，甚至在一切急进派作家眼光中，这种绅士气是极讨厌。但是，适之的态度，是极诚恳极负责的。这从他的刊物名称"努力"可以看出来的。他这种态度，使他常傻头傻脑作文章，见要人，向一般急进派所认为根本无望的官僚军阀作劝告，不免太不脱化。然而在这好人极少的中国中，我们不能不承认他是一位不甘自弃的好人，而发生爱惜甚至景仰之意。

适之写的英文，似比他的中文漂亮。

（人间世社：《二十今人志》）

历史癖和考据癖

胡适之先生，他是当代提倡语体文学的大家。他在他所著的《中国章回小说考证》里面，有一段说道："我最恨中国史家说什么'作史笔法'，但我却有点'历史癖'；我又最恨人家咬文嚼字的评文，但我却又有点'考据癖'！因为我不幸有点历史癖，故我无论研究什么东西，总喜欢研究它的历史。因为我又不幸有点考据癖，故我常常爱做一点半新不旧的考据。现在我有了这个机会替《水浒传》做一篇新序，我的两种老毛病——历史癖与考据癖——不知不觉又发作了。"胡先生他有这两种癖，这两种癖是学者所应当具有的。那两种癖就是阎若璩的考证工夫和王念孙的训诂工夫，胡先生他已经说明白了。

（陈邦贤：《自勉斋随笔》）

浪子回头

嗣得友荐，授课于外人所办某小校，课暇渐习饮博，并时选色征歌于妓馆，而花城酒国中，胡虽犹能洁己以行，然秽墟鲍肆，居久亦忘厥臭，几将与之同化矣！所幸胡赋性特优，幡然易改，终与堕身欲海、自拔未能之纨绔辈迥异。盖胡一夕赴宴过醉，归途为车夫所弃，形迹狼狈，岗警将施捕，胡与之作酣斗，既经多人所缚，审判后，虽由学校保释，顾仍以酗酒滋事受罚。自是胡乃深悔前尤，遂谢绝狎朋，闭帷研读，嗣闻北平庚款文化委员会招考留美生束装北上应之，及格后海天万里，作新大陆之游，始入美国康奈尔大学。

（坦荡荡斋主：《现代中国名人外史》）

吃哲学饭

胡更擅讲演才，记者曩尝聆其"哲学的将来"一题，逸趣横生，诚有君言语妙天下之慨，兹节录之。

欲知哲学的将来，须先明哲学的过去及现在；过去之哲学家，所研究之问题，随时代而变迁，概分为五：（一）曰宇宙论。（二）曰本体论。（三）曰知识论。（四）曰道德论。（五）政治哲学。大都明尚谈而不注重实验，以至此项问题，均属天文学家，地质学家，物理学家，以及各种科学家，积数千百年之经验，发挥殆尽，夺攘以去，命名哲学家无从置喙，不能包办；如开店然，货物既无，安得不破产而关门，故过去哲学之结果，不外下列三种：（一）幼稚。（二）错误。（三）荒谬。当此二十世纪科学昌明时代，哲学已不能别树一帜，自立门户，与其被科学讥笑而色慌，不若自动宣告取消独立之为愈。不过以前哲学家，虽所论错误，但为时代关系，终朝矻矻，并无恶意，平心而论，在人类知识思想史上，未始不可占一小位置，故以前之哲学史，可改称之曰，"人类幼稚时代科学史"。现在之所谓哲学家，应抱下列三种态度：（一）凡科学家能解决之问题，哲学家应充分接受，而曰是，是，不可再妄发议论。（二）凡科学家认为暂时不能解决者，如神鬼有无等问题，只好如司法衙门之审理案件然，证据不充足，作为悬案，俟以后研究到证据确凿时期，再行定期宣判。（三）凡科学家认为非关重要，不成问题者，不必再去研究，以不了了之可也。总之，以后对于哲学问题，或有批评之人，只可称之曰思想家与理论家，不能别树一帜，而曰哲学家。最后，复郑重声明云：以上所说，均系经验之谈，盖鄙人吃"哲学饭"十有余年，自知错误，不敢再自害人，故今日在此"盘账"，而"宣告休业"云。以哲学博士而持此种论调，谓之为自砸招牌固可，谓之为因深造而遂自觉亦可，特是哲学之在今日，果将丧失自立资格乎？抑或仍可独树一帜，值得吾人研究乎？则惟当姑阙其疑可耳。

（坦荡荡斋主：《现代中国名人外史》）

活打死褒

胡倡导白话文时，古文巨子闽侯林纾畏庐，曾致书与辩论，终且互相诋诟，林既殁世，胡于所著文中，则称其能以古文译说部，至数百万言，而精粹工雅，力沛神完，直堪继武马斑，为后学别辟一奇！径固属推崇极致，亦足见胡之识度恢宏，不以私嫌昧人善也！

（坦荡荡斋主：《现代中国名人外史》）

梦见鬼了

北大教授刘半农，与胡交谊极深，刘去夏因研究语言学，冒暑赴内蒙，遘疫而归，殁后，胡曾为之治丧，并代吁政府恤其家。惟胡固素持无鬼论者，观其著作，皆本科学精神，不涉荒唐之事，即偶与友闲谈，亦每力辟神怪，甚或笑谓与其谈渺茫无稽之鬼话，无宁质实一谈女性问题，尚觉有趣，可知。讵是岁中秋，胡于酒酣耳热之余，明月如昼之下，忽见刘飘然至前，时犹自觉神思清醒，不类梦境，刘始而顾胡较态而笑，以手轻拍，歌胡旧作"天上风吹云破，月照我们两个"之如梦令一遍；继而倏转愁容，胡竟忘其已死，因曰半农："今宵月者大佳，乃无故生愁何也？"刘不答，惟仰面向胡，再歌纳兰性德金缕曲旧词一阕而去。其词共百二十言，通篇仅改一"德"字，为"复"字，其余悉依原词咏出云："复一狂生耳！偶然间缁尘京国，乌衣门第，有酒惟浇赵州土，谁会鲥生此意？不信道竟逢知己，青眼高歌俱未老，向葬前拭尽英雄泪，君不见月如水，共君此夜须沉醉！且由他蛾眉谣诼，古今同忌，身世悠悠何足问？冷笑置之而已！寻思起，从头翻悔，一日心期千劫在，身后缘，恐结他生里，然诺重，君须记！"胡意，此词当系刘借以自述遭遇，惟最后四句，以怀归又似有所托于渠者，殊费解。胡友谓："此'重然诺，君须记'云云。当系刘仍不忘情于传养赛金花之事，而特嘱胡代传。盖胡尝以美人名士，并传千古之言嘲刘，刘则笑曰：'君如爱此迟暮美人，我当移交，由君代传，亦可。'此言在当时本为戏谈，不意刘殁后犹不忘，亦可谓特奇矣！"上述系关于灵魂作用者，顷复于关于梦境一事，亦胡所承认者。

（坦荡荡斋主：《现代中国名人外史》）

掘墓探宝

胡治学，最能以逻辑而求真理，于凡一事物之来，必欲知其然，尤必欲知其所以然，积此精神，故遂渐重考据，尝以时代沧桑，文献消乏，于考据学术上辄感困难，而发为奇论曰："孔子为祖述尧舜，宪章文武，集古政教学术大成之唯一圣者，而其林墓，又以数千年来崇重儒道之故，保存迄今，若遵壁藏尚书之例论，其墓中殉葬册籍服器，关于典章制度者必夥，故今苟有人加以发掘，资其所储，或足使现有之五经，变一新面，而大益于学人。"此言在今日保护古墓，列入刑律之国情下，当然不能实现，特以曾膺儒教洗礼如胡者，敢于作此俗儒认为大逆不道之言，则诚肯有一种大无畏之精神矣。

（坦荡荡斋主：《现代中国名人外史》）

辞职的背后

报载重庆的"驻美大使"胡适已辞职，由"驻法大使"魏道明继任。胡适所以辞职的原因，据说是为了宋子文在美国办理外交，胡"大使"无事可做，所以愤而辞职。这句话只有一半对，其实胡适在美国，除了时常在外面演讲吹牛以外，本来就没有办过外交；宋子文去了之后，自然更甚，去年十二月中旬宋子文又顶了一个"外交部长"虚衔，"大使"更无所事事了。

胡适在民国廿八年春天，已辞过一次职，当时因为没有适当继任人物，所以没有更动。胡适辞职的原因是为了说老实话，当时有美国记者问他："中国的游击队如何？"胡适说："游击队不过害害老百姓而已。"美国报纸发表以后，旅美华侨看到，认为胡适"胡说"，且以"堂堂大使，对外发言如此轻率，实有辱国家体面"，即具呈重庆当局，并附寄原报，请求斥革。重庆"外交部"接到呈文后，即电胡申斥。胡虽热衷仕途，但向以学者自命，且从来受惯别人恭维，一受申斥，即称病入医院（胡本有肾病，据传由于名士风流所致，则只可姑妄听之了），并提出辞职。

现在宋子文既常驻华盛顿，一切交涉都由"外长"亲自办理，"大使"变成闲曹了，学者不学者，都没有关系了。

胡适在重庆官僚群中是接近政学系的，和宋子文没有渊源。至于新任的魏道明，则属于李石曾系统，而李石曾近几年来则和宋子文很接近，当然宋和魏的关系要比和胡适好得多。

在重庆的文化官僚集团中，显然分为蔡子民与李石曾两大体系，对立得非常尖锐。蔡子民逝世后，所遗中央研究院院长一缺，论资望当然以李石曾继任为最自然，但蔡系人物与李积不能相容，所以后来由朱家骅代理。胡适为蔡系巨擘，这次辞去"驻美大使"之后，或者会回来做"中央研究院院长"也说不定。

（新中国编译社：《中国内幕》）

两胡相斗

一九二〇年，北京留美官费生发榜，"正取"的榜上胡适之前有一个"胡达"。许多人都认为"两胡"定是兄弟，即使胡适本人，在看榜之后，心里也在想："那个胡达不知是谁，几乎害我空高兴一场。"

后来，"两胡"同入康奈尔大学。胡达研究数学与物理，是科学社发起人；胡适研究哲学，却开始做白话诗了。

胡达反对胡适的"白话诗"。因而作了两首"打油诗"。其一云："纽约城里，有个胡适，白话连篇，成何样式？"另一系宝塔诗："痴，适之，勿读书，香烟一支，单做白话诗，说时快做时迟，一做就是三小时！"

胡适也答以一首宝塔诗："咦，稀奇，胡格哩，要我做诗，白话不须提，我做诗快得奇，从来不用三小时。提起笔何用费心思，笔尖总是嗤嗤嗤地飞，也不管宝塔诗有几层儿！"

现在胡达早已逝世，胡适在美，正在研究中国哲学史，追思往事，也许要感慨系之吧！

（许金城：《民国野史》）

你有爸爸

胡氏在北大讲学时，尝与黄季刚同宴会，席次，胡氏偶谈墨学，季刚遽骂曰："今之讲墨学者，皆混账忘八。"胡氏嘿然。有间，季刚复曰："即胡适之尊翁，亦混账忘八。"胡氏大怒，谓其辱及先人。季刚始大笑曰："且息怒，吾试君耳！吾闻墨子兼爱，是无父也，今君有父，何足以言墨学？余非詈君，聊试之耳。"合座哗然欢笑。

（许金城：《民国野史》）

吟大鼻子

杨杏佛，鼻最大，胡适尝为诗嘲之曰："人人有鼻子，独君大得凶，直悬一座塔，倒挂两烟卤，亲嘴全无分，闻香大有功，江南擤鼻涕，江北雨濛濛。"此形容大鼻，可谓尽致。胡氏作诗，向为白话，惟此系五言律句，虽类似打油，而韵味甚佳，从知胡氏固善调侃人也。昔宋刘贡父，邃于史学，与司马光同修资治通鉴。其为人疏爽，不修威仪，鼻塌，眉脱，为状甚丑。苏东坡素与善，尝赠以诗曰："大风起兮眉飞扬，安得壮士兮守鼻梁？"此亦诙谐有趣。

（许金城：《民国野史》）

胡适对方远

北平市长何思源柬请文化界人士开座谈会。座谈会之先，大家闲谈，李书华院长谈起了人名对，有人对胡校长（当时他正任北大校长）说："胡适之可对孙行者。"胡先生说："这是老对子了。""胡适胡适？"已对过"方远方远"。十余年前，到了上海，王晓籁招待电影明星作陪，徐来最后到，我说："对到了：'徐来徐来'。"得了一阵笑声。

（许金城：《民国野史》）

演讲中的问题

一九三五年一月，胡氏曾因接受港大名誉学位，在港逗留五日，除每日均须参加各方招待，观光宴叙，耗去不鲜时间，复曾作演讲五回，三次用英文，二次用国语。厥后报章记载，颇有微词，因胡氏演讲词中，有谓："我希望香港的教育家接受新文化，用和平手段转移守旧势力，使香港成为新文化中心……"因此，颇为国人所不谅解，以国人之眼光，无不知香港不能成为新文化中心，而香港教育当局亦不足以改进中国新文化。因而对胡氏之演词，甚有认为此殆由于胡氏接受名誉学位之余，而又饱餍口腹，不免作过分阿谀之连珠好句。后胡氏获悉批评，亦哑作辩解，谓原演词为记录者错漏致有此误，因上一句原词为："使香港成为南方的一个新文化中心。"漏去"一个"两字，遂致词意顿有出入。而另一句则为："香港最高教育当局现在也想改善为大学里的中国文学的教学了。"而非为："也想改进中国的文化。"然胡氏虽再作辩解，顾先入人心，胡氏仍未能移易视线，尤其卫道之士，更大声疾呼，痛予攻击。迨胡氏至广州，更为主政者所嫉视，时邹海滨中长大，初本拟请胡氏莅校演讲，并布告全校放假二日，齐集聆听。旋则再度布告，取消前议，其布告中有云"胡适此次南来接受香港大学博士学位之后，在港华侨教育会所发表之言论，竟谓香港最高教育当局，也想改进中国的文化，又谓各位应该把它做成南方的文化中心，复谓广东自古为中国的殖民地等语。此等言论，在中国国家立场言之，胡适为认人作父，在广东人民地位，胡适竟以吾粤为生番蛮族，实太失学者态度，应即停止其在本校演讲"等语。如此小题大做，诚属别开生面。盖胡氏即有错言，顾不能据一二记载，即为罪证，必须由其本人著作，或承认可为之记载始能入之以罪，不此之求，而但撷拾一二词句，即愤责狂诃，不留余地，是亦未免失学者态度矣。尤其可笑者，则胡氏离广州之翌日，中大文学系教授古直、钟应梅二君更有所谓专电，分送各机关，请求将胡氏"立正典刑，如孔子之诛少正卯"。继且曰："今闻胡适尚未出境，请即电令截回，迳付执宪，几乱臣贼子，稍知惊悚，否则老口北返将笑广东省无人也。"词句铿锵可诵，惟以一二文句之失言，竟惹如许大事。

（许金城：《民国野史》）

不畏权贵

　　先生一生特长，为不畏物议，不因势屈。自榆关失守，平津震撼，政府置土地人民于不顾，首先饬运古物，并派翁文灏、李书华、高鲁莅平监运。昼夜工作，急如星火，起运故宫博物院档案、铜器、玉器、字画、图书及文渊阁《四库全书》等，共五千余箱，古物六百余箱。临时取戒严方式，武力押送。人民呼吁，终无结果。先生以学者态度，发表谈话，反对南迁。其重要理由有三：（一）榆关失陷，非仅华北局部陷于恐怖态度，已成为全中国极恐怖时期。在此军事状态之下，日军野心勃勃之际，何处是安全土地？如移至南京上海，又怎能料定将来？北平因在国际严重监视之下，未必有人敢公然破坏。（二）古物数量甚巨，移出北平途中，如五千箱失掉五箱，或受意外损失，再遇临城劫车，又有何人去负责任？即或有人负责，而亦不能赔偿原物。（三）我个人意见，不妨在上海、南京、洛阳各地，多设几个博物院。将故宫同样物件，分地储存。整个南迁，影响于地方至巨，在此时期，大可不必云云。但政府对他事均可衍塞，此事则极为坚决，无可挽回。更不容人民激烈抗争。先生既不能积极制止，乃以北平图书馆委员长之资格，消极反对该馆储藏之宋元善本书籍南迁。虽已装箱，因其权限所及，终未起运。此非所谓富贵不能淫，贫贱不能移，威武不能屈者乎？

　　他还说过："孔子的坟墓，总得掘一掘才好。这一掘，也许能使全部哲学史，改换一个新局面。"（见二十三年四月十四日《实报》）当此全国要人，认为发掘古墓，为大逆不道的时候，尤其是革命的先进戴传贤先生通电请求禁止发掘古墓的时候，先生敢说这话，真是强者。迩来因蒋委员长在南昌提倡新生活运动，一时我国的通都大邑中"新生活"三字遂高唱入云，风起响应，而先生亦著论及之（见《大公报》三月份星期论文），补充意见。语着实际，无人爱听，又惹起不少的反感。当此国亡无日，全国靡靡之际，先生到处不畏物议，不因势屈的精神，实似文文山、张苍水、黄梨洲、郑成功、朱舜水诸先生，或则辗转穷岛，泣血天涯，或则窜涉波涛，痛哭海外，心悬落日，志切回天，掷头颅，倾脑血，杀身以成其素志，成败无足论，其碧血丹心，诚可惊天地而泣鬼神也。

（王森然：《近代二十家评传》）

一场误会

胡适之先生是专心做学问的大师，对政治，虽然有热忱、有理想，也有勇气随时发表他的上论，但却没有参加实际政治工作的兴趣。抗战期间，他做了四年的驻美大使，那是为情势所迫，拗不过先总统蒋公三番两次盛挚地邀请才勉强答应的。

在胡先生辞去驻美大使以后，我们中国出席联合国的首席代表蒋廷黻博士（蒋博士是无党派的社会贤达），很想组织一个中国自由党，集合无党派的人士，共同为反抗极权暴政而奋斗。蒋博士曾把这意思和很多朋友商量，并想推戴胡适之先生为党魁，赖景瑚先生是被邀请商量的一位。当时赖先生对蒋廷黻说："胡先生一再声明他从此不问政治，恐怕不肯接受这个党魁的头衔。"蒋博士表示：我心目中的党魁，是和印度甘地一样，只做精神上的领导，印度国会党的实际负责人，不是甘地而是尼赫鲁。蒋博士的意思很明白：他是以尼赫鲁自居而请胡先生做中国的甘地。

后来，赖景瑚先生把蒋博士想组党的事问胡适之。胡先生说："我不反对他组党，但我一本不问政治的初衷，决不参加，更谈不上做党魁。"

胡先生不但自己不想组党，而且他认为在现阶段不需要任何政党的组织。他强调民族主义在反共斗争中的重要性，所以他主张救国不必要有政党，人民本身可以产生推翻极权暴政的力量。他认为政党的存在、政党的作风甚至政党的观念，都是和自由主义相抵触的。

这当然是一种行不通的理想。后来胡先生把这一种主张告诉了一位从台湾到美国去的记者，这消息立刻就传到了香港和台北，因此掀起了一次所谓"毁党救国"的争辩，在私人之间，也引起了一点不愉快的误会，这不能不说是一件憾事。

（晓恬：《当代名人故事》）

"我可以做总统"

民国三十六年行宪以后，翁文灏出任行政院长，组织内阁。后来因为实行币制改革失败而去职。

这次行政院改组，蒋公想到了胡适之先生，要这位文化学术界的大师，出任艰巨。因为在不久之前，陶希圣曾到过北平，和胡适之谈过行政院长的问题，蒋公就派陶先生再去北平，跟胡先生面谈。

蒋公把情况向陶希圣说明以后，最后告诉他说："你现在就到北平去，请胡先生来担任行政院长，所有政务委员和各部会首长的名单由他开，我不加干涉。"

陶希圣立刻起程飞往北平。因为那时正当徐蚌会战最激烈的阶段，飞机在飞行途中耽搁了几小时，到达北平，已是万家灯火的时刻。陶先生下机后，就到北京饭店，打电话给胡适之。

电话来得太突然，胡适之不免有些吃惊。陶希圣就告诉他奉命到此，有事奉商。放下电话，他就驱车到东厂胡同胡公馆去。

踏进胡公馆，陶先生就开门见山告诉胡先生，蒋公要他出任行政院长的指示。

"这是美国大使馆及三二个教授的主张，那是万万做不得的。"胡适之立刻作此坚决表示。他又说："你看我满地书籍，都没有收拾，我根本不能动，我一动，学校里人心就散了！"（当时胡适之是北京大学校长）

这番话谈了很多，后来，胡先生感慨而幽默地说："我可以做总统，但不能做行政院长。因为我们中华民国这部宪法，既不是总统制，也不是内阁制。我如果做总统，就提名蒋先生为行政院长，造成一部内阁制的宪法。"（在第一届国民大会开会前，蒋公有意邀请胡适之为总统候选人，胡先生也已同意，后来蒋公在中央进行说服工作，希望大家支持胡先生，终因多数中央大员及国大代表不表赞同，才由蒋公自行担任）

当时，陶希圣先生也很幽默地对胡先生说："你若是做总统，我想谋个小差事。"

"你想谋什么差事？"

"我想做总统府的副秘书长。"陶希圣笑着说。

"你就做正秘书长，何必屈就副的？"胡适之也是一脸的笑容。

"那不行，正的太忙。"陶先生很认真的样子，接着又问胡适之，"你若做了总统，是不是把中国思想史的下半部再写完？"

胡先生也很认真地表示："那也不行，总统还是很忙的。"

这番谈话到午夜才停止，约定第二天再谈。

第二天早上八点多，胡适之到了北京饭店，为了避免记者采访的困扰，仍与陶希圣回到胡公馆，但第二次的谈话，胡先生并没有改变态度，只是郑重而坚决地声明："在国家最危难的时候，我一定和蒋先生站在一起！"

陶希圣的北平之行，就这样无结果地宣告结束。

（晓恬：《当代名人故事》）

"象牙之塔"里痛责吴国桢

胡适之的生活，一向很清苦。他做了四年驻美大使，离任的时候，银行里只有二千余元美金的存款。他在纽约住的公寓是一座老房子，房东是一位老太太，是胡先生患心脏病时租下来的，租金比较便宜。屋子里一些简单的家具，也是那位老太太租给他用的。这位房东老太太对胡先生似乎也很有好感，对他表示得很有礼貌。这间公寓，虽然很小很简陋，但总是高朋满座，不但胡先生的老朋友到纽约总要去跟他聊聊，就是不认识的人，也常常为慕名而前去打扰他。凡是有人去看胡先生的时候，如果没有其他的东西吃，胡太太总是煮茶叶蛋来招待客人，听说胡太太煮的茶叶蛋的确别有风味。这段时间，胡先生专心在这小公寓中研究《水经注》，他常说这里是他的"象牙之塔"。

胡先生在国外，人家请他讲演的机会很多，只是不大做公开讲演。同时美国学术界人士前往找他请教的也很多，但他从来不在外国人面前批评政府。有一次，曾经做过中央宣传部长和台湾省政府主席的吴国桢到"象牙之塔"去看胡先生，他竟在胡先生面前滔滔不绝地大肆攻讦政府，胡先生听了大不以为然，立刻非常严肃而正颜厉色地对他说：

"K.C！你搞政治，简直太幼稚！你如果对政府有什么责难，应该回到台湾去发表你的意见，不应该在国外做不负责任的批评！"

吴国桢涨红了脸，抱头而去，从此不再见到他出现在胡先生的客厅中。

（晓恬：《当代名人故事》）

有眼不识泰山

胡适之先生是一位天下闻名的大学问家，这里有一个小故事，可作为证明。

"珍珠港事变"之前，美国有位芝加哥大学的教授史密斯当选了众议员，胡先生曾和他有过一饭之缘，所以知道他当选以后，就柬请他到中国大使馆用晚餐。哪知这位议员先生，初次当选国会议员，对官场惯例不太熟悉，等快到用餐的时候，才匆匆忙忙地坐车赶到。他坐上了车子，忽然想起今天请客的这位大使不知叫什么名字。于是他问司机，司机哪里会知道？总算他还聪明，他想到大使宴会，只要称他"阁下"或者"大使"，不必叫名字，决不会露出马脚。所以一直到席终，没有露出破绽，宾主尽欢。

宴会结束以后，主人送客，胡适之先生便说了一番欢迎他到中国去访问之类的话，表示亲切。

想不到这位议员先生到这时出了毛病。他说："中国我是一定要去观光的。如我到贵国观光，第一个要拜访的是我的朋友胡适之博士。……大使先生！请问胡博士现在在什么地方？"

胡先生听了，不禁大笑。他拍着史密斯的肩膀轻轻地说："议员先生！胡适之就在你的面前啊！"

两人乃相拥大笑。但看得出来，那位糊涂议员一脸的尴尬表情！

（晓恬：《当代名人故事》）

救　助

民国三十七年十二月十三日，北平西苑机场因匪军逼近而停止使用，北方的局势已十分危急。当时，蒋公指定朱家骅、俞大维、傅斯年和陈雪屏四位先生共同会商紧急措施，迅速接运胡适之和梅贻琦两位校长和一部分教育界人士到南京。经交通部俞鹏飞部长的急速策划调度，于十五日先派两架飞机在南苑降落。以后能否续派，须看机场的安全才能决定。当时先由陈雪屏在十四日晚间与胡适之通长途电话，说明总统的关怀之意，飞机到达的时间以及所能搭乘的人数，并请他就送去的名单分别通知联系。胡适之认为时机急迫，内外城的交通也已阻塞，就名单分配机位不切实际，只可告知几位大学校长，以志愿离去，并在短时间内能走得开的教授为优先。

这两架飞机终于在十五日晚间飞回南京，这是第一批，也是最后一批，以后南苑机场已不能降落了。当时陈雪屏等到机场去迎接，看到飞机上还有两个空的座位，而胡适之先生的公子思杜却并未随同出来。后来很多去接机的人问胡适之，他说："因为人数无法确实计算，究竟有多少位教授能够赶得上这一班飞机，也不敢确定，但推测人数将远超过飞机的容量。我们夫妇已占去两个座位，断不应再让思杜再占一个，而使要走的同人失去这难得的机位。在临行前夕，我已将这道理说给胡太太听，取得她的谅解，年轻人，以后想必总有办法可以逃出来的。"

胡先生的次子胡思杜，留在北平，后来受到种种的迫害，甚至发表检讨他父亲的"自白书"，最后不堪压制与折磨而终于在唐山自杀。

就这一件事，我们可以看出胡适之先生做人的道理。他总是让自己委屈些，而体贴别人，顾及别人的利益。

（晓恬：《当代名人故事》）

有人骂他为秦桧

民国二十年胡适之在庐山会议结束之后，到了南京，他当时极力想劝蒋公避免对日的全面战争，并提出一个书面意见交由汪精卫转呈蒋公。不久，"八·一三"淞沪战争发生，全国抗战于是开始。日本飞机向南京滥肆轰炸，国都形势岌岌可危。当时蒋公要王世杰转请胡适之先生到欧美去为政府做抗战的宣传。胡先生坚决表示不愿离开南京。他说："战争已经发生，我不愿意在这时候离开南京，我愿意与南京共存亡。"最后，王世杰找了傅斯年先生帮忙，费了很大的劲，才把他说服，他终于接受这项艰巨的任务，到欧美去做国际宣传。

关于对日抗战的主张，一般人都不大明了胡先生的基本观点和主张。在庐山会议时期，"八·一三"沪战前夕，胡先生曾经诚然劝政府并向蒋公建议应尽量避免全面战争。他的这一项主张和建议，乃是担心政府只逞一时之念，而作孤注之一掷，并没有准备长期抗战和苦斗的能力与打算。他这一避免全面战争的主张，在当时很多人对他不谅解，尤其是若干军事将领，甚至骂胡先生为秦桧。实际上他的抗战根本思想却与政府后来所采取的国策，完全一致，真正显示了他的先见之明。胡适之在民国二十四年六月二十七日曾给王世杰先生一封长信，在这封长信中我们可以完全明了他的根本见解。他说：

"老实说……我们若要作战，必须决心放弃'准备好了再打'的根本错误心理。我们必须决心打十年的败仗，必须不惜牺牲最精锐最好的军队去打头阵，必须不惜牺牲一切工商业中心作战场，一切文化中心作鲁文大学。但必须步步战，必须虽步步败而步步战，必须虽处处败而处处战，此外别无他法。今日最好笑的，是政府诸公甘心抛弃北方而天天装饰南京，好像南京是没有危险似的。此种气象真使全国人都感到难受。总而言之：今日当前大问题只有两个：一、我们如可以得到十年的喘息时间，我们应该不顾一切谋得十年的喘息时间。二、我们如认定，无论如何屈辱，总得不到这十年的喘息时间，则必须不顾一切苦痛与毁灭，作三四年的乱战，从那长期苦痛里谋得一个民族翻身的机会。

恐怕在今日要双管齐下，一面谋得二三年或一二年的喘息，使我们把国内的武装割据完全解决了；一面作有计划的布置，准备作那不可避免的长期苦斗。"

这封信是胡适之先生在民国二十四年夏天写的，距七七抗战的发生还有两年。但由这封信，我们可以看出胡先生当时的心情，是如何沉重！也可以看到胡先生的卓越和远见，是如何地让人钦佩！

（晓恬：《当代名人故事》）

和宋哲元的一场误会

胡适之先生在当北大文学院院长时，曾和蒋廷黻、丁文江、傅斯年、翁文灏、陶孟和、任鸿隽以及任夫人陈衡哲等办过一份周刊，名为《独立评论》。这是在"九·一八"事变以后，北京大学和清华大学的几位名教授，每周一次在清华大学的北院叙会聊天，讨论时局问题，后来由蒋廷黻提议办一刊物，作为共同发表意见的园地，也藉此唤起国人对国事的注意。

办刊物，不是件容易的事，所以当蒋廷黻提议以后，也有几人反对，后来决定创办，先募集了八百块银元的经费，并邀请一位银行家加入，所有经费的保管以及财务上的事，都请他偏劳。至于编辑方面的工作，决定组织一编辑委员会，由胡适之任总编辑，蒋廷黻和丁文江协助编务。一切筹备妥当以后，才开始集稿印行。

关于刊物的名称，大家提了很多，最后决定用胡适之提议的《独立评论》，因为大家都同意胡先生的意见，这刊物不但对外界是独立的，就是刊物内部同寅之间的意见，也互不干扰。同时取稿严格，绝对不刊登外界请托的稿件，包括知名之士在内，做到真正的"独立"。

《独立评论》于民国二十一年春间创刊，第一期印了两千本，出版几天，就被抢购一空；第二期印三千份，同样地很快就卖光了。以后每期增加，最后发行到一万五千份，原有的经费非但没有动用，还赚了不少钱。

那时，胡适之先生是北大文学院院长，教课以外，还有行政上的事务，工作当然很忙，但他依然投注了很多心力和时间在《独立评论》上。有一次，他因去美国参加太平洋学会开会，把编务交给了两位助编，不料竟在刊物上登载了一篇触犯宋哲元的文章。那时宋哲元担任军委会华北分会委员长兼二十九军军长，声势煊赫，他竟毫不客气地下令北平市警察局把《独立评论》给封了。

这是一件大事，轰动了全国出版界。不久胡先生公毕回国，一到上海，就赶回北平。当时蒋廷黻、丁文江和同在北大任教的陶希圣等就到胡公馆去看他，商量如何处理这问题。

陶希圣想到高等法院院长邓仲芝与宋哲元私交很深，而他自己与邓院长也有深厚交谊，此事可请邓院长从中转圜。后来陶希圣就去见邓院长，邓很快就提出了解决办法：

"请胡先生写一封信给宋军长，说是他去了美国，《独立评论》的文章对二十九军有了误会。现在他回来了，以后彼此多联络，不再发生这种事。然后由宋军长请胡先生吃饭，席间不再谈此事，只须警察撤走，刊物继续发行，也无所谓复刊，你看怎么样？"

这办法，非但不伤彼此的颜面，也不着痕迹。陶希圣先生不胜欣喜地回到胡公馆，把邓院长的意见转告胡先生。

"信就这样写，要不要道歉？"胡先生很高兴地说。

"道歉也不必了！"

胡先生笑了一笑说："其实道一声歉也无妨！"

第三天，《独立评论》就继续与读者见面了。

（晓恬：《当代名人故事》）

赠诗胡健中

胡适之写过一幅屏条送给他本家胡健中。写的是唐代诗人白居易的两首桂花诗。其中第一首诗是：

> 遥知天上桂花孤，为问嫦娥再要无？
> 月中尽有闲天地，何不中央种两株？

胡健中先生是国民党的中央常务委员，当时正发生雷震事件（雷震主张另组新党，办了一份《自由中国》杂志，对国民党和政府，不断地做没有事实根据的批评和攻击），而组织新党之说又甚嚣尘上。胡适之先生引这首诗送胡健中，实大有深意。"月中尽有闲天地，何不中央种两株？"好像是说以中国之大，再加个新党有什么关系呢？我们知道白居易作这诗的时候，正是唐代牛李党争最激烈的时候，白虽近于牛党，然在李党中也有朋友，他夹在中间，其处境甚感为难。胡先生自比白居易，所以将这诗赠送胡健中先生，藉此寄意。

当时，胡健中就把白居易的诗改了数字，送还给适之先生。意思是说月中虽有闲天地，但耕耘已遍，何必更植新株？也就是说国内已有青年党和民社党，实不必再另组什么新的反对党了。同时，更委婉地劝告胡适之先生："此曲只应天上有，莫轻唱与世间听！"

两位姓胡的本家，为国事赠诗交换意见，一时传为佳话。

（晓恬：《当代名人故事》）

奇怪的举动

溥仪请胡适之去谈谈,自然去谈谈罢了,不想这位胡先生竟要求免除跪拜。这种要求,如果由张勋、徐世昌等提出,原极平常;今提出于胡先生,太觉突兀了。目中有清帝,应该跪拜;目中无清帝,何必要求;只有出入于为臣为友间的,才顾念得到必须跪拜,顾念得到要求免除。

溥仪允胡适之要求时,称他作新学界泰斗,大有许其履剑上殿之概,然而此是溥仪的大度不是胡适之的尊荣。

（《民国日报》一九二二年七月七日）

胡适先生评传

胡适先生,字适之,安徽绩溪人。生于清光绪十七年,辛卯,十一月十七日（一八九一年十二月十七日）。现年四十四岁。父,铁花先生。光绪十四年,至郑州办河工。光绪十九年,台东新设直隶州,先生为第一任知州兼统镇海后军各营。甲午战败。乙未四月,中日和议成,割台湾。台民公请巡抚唐景崧为台湾民主国大总统,帮办军务刘永福为主军大总统。铁花先生在台办东后山防务。先生患脚病,左足不能行。时后山电报不通,饷源断绝,遂至安平。刘永福坚留先生帮办军务,不肯放行。因足疾益重,六月至厦门,手足俱僵,七月三日遂逝世。铁花先生初娶冯氏,结婚未久,遭太平天国之变,同治二年,死于兵乱。次娶曹氏,生三子三女,于光绪四年病故。铁花先生家贫,有远志,久未续娶。光绪十五年,候补江苏,生活稍安定,娶冯顺弟女士,适之先生之母也。时先生四十有七,女士仅十七。结婚后不久,遂同赴沪,寄居上海东门外。十七年十一月十七日生先生。十八年二月铁花先生至台湾,适之先生母子移川沙。十九年二月至台南,五月至台东。二十年正月离台赴沪,二月由沪返绩溪故里。是年七月铁花先生逝世,先生之母始二十有三。以此年龄,处此家庭,其痛苦可想而知,其所含辛茹苦而挣扎着,全副希望寄托于渺茫不可知之适之先生之将来矣。

先生满三岁,即受业于其叔父介如先生（先生名玠,颍州阜阳训导）,聪慧异常人。首读铁花先生所编之四言韵文《学为人诗》与《原学》。继读《律诗六钞》《孝经》《小学》《论语》《孟子》《大学》《中庸》《诗经》《书经》《易经》《礼记》等书。母教极严,先生不觉其苦。曾出多资,请师备解。回家后又多方考问,期于彻底明了。有孟母始出亚圣,有格摩方有华盛顿,先生之母,仁慈温和,正直勇敢,处世接物,处处端详。胡适之先生得有今日之成名，无不在其母也。

先生九岁时，即喜读小说，如《水浒传》《三国演义》《正德皇帝下江南》《七剑十三侠》《双珠凤》《红楼梦》《儒林外史》《聊斋志异》《经国美谈》《琵琶记》《夜雨秋灯录》《夜谭随录》《兰苕馆外史》《寄园寄所寄》《薛仁贵征东》《薛丁山征西》《五虎平西》《粉妆楼》《虞初新志》等，均此时所最嗜者，其白话文字之训练，亦于此时养成。十四岁，至上海，入梅溪学堂，始治古文。后又入澄衷学堂，及中国公学，震旦学院。均能焚膏继晷，灯下苦读。二十岁，考取庚款留学官费，入康耐尔（Cornell）大学，得文学士学位。继入哥伦比亚大学，修哲学科，受哲学博士学位。民国六年归国，于陈独秀之下，任北大文科教授。八年二月，著《中国哲学史大纲》，以是知名于世。及陈独秀离京南下之后，进为文学系主任。北大为中国新思想之发始者发行所，先生即新文化运动之中坚，创文学革命之开始者。先生著闻当代，且为白话文学之首领，又系新进气锐之思想家，故用功颇勤。十三年夏，游欧洲，其学更进。园田一龟谓："为中国思想界之擎柱。其思想之是非，乃另一问题；先生能继续反对儒教之革命思想，故仍不失为当代之名人。"曾为《努力周报》总编辑，英国庚款委员，上海光华大学哲学教授，吴淞中国公学校长，兼文理学院院长。现任中华文化教育基金委员会董事兼编译委员会委员长。

先生在论文方面：有《胡适文存》第一集四册、《胡适文存》第二集四册、《胡适文存》第三集四册。其他尚未汇入文存者，有《孙文学说之内容与评论》（见大东书局出版之《孙文主义研究集》中）、《司马迁辩护资本主义》（见《经济学季刊》第二卷第一期中）及《新月》与《独立评论》中之未收辑者。尚有天津《大公报》《星期论文》《人间世》精炼小品。在著作方面：有《中国哲学史大纲》卷上一册、《先秦名学史》（英文版）一册、《戴东原底哲学》一册、《尝试集》一册、《白话文学史》卷上一册、《章实斋先生年谱》一册、《四十自述》一册（亚东图书馆印行）、《庐山游记》一册。在编辑方面：有《词选》一册、《神会和尚遗集》一册、《人权论集》一册。在翻译方面：有《短篇小说第一集》一册、《戒酒》《米格儿》《扑克坦赶出底人》三篇（在《新月》中，未印成集）。其他尚有《国语文学史》《胡适文选》《中古哲学史》等。

陈独秀先生谓：文学革命之气运，酝酿已非一日；其首举义旗之急先锋，则为吾友胡适。余甘冒全国学究之敌，高张文学革命军大旗，以为吾友之声援。旗上大书特书吾革命军三大主义：曰推倒雕琢阿谀之贵族文学，建设平易抒情之国民文学；曰推倒陈腐铺张之古典文学，建设新鲜立诚之写实文学；曰推倒迂晦艰涩之山林文学，建设明了之通俗文学（见《独秀文存·文学革命论》）。适之先生最初之主张为消极改良论。定八不主义：一曰须言之有物；二曰不摹仿古人；三曰须讲求文法；四曰不作无病之呻吟；五曰务去滥调套语；六曰不用典；七曰不讲对仗；八曰不避俗字俗语（见

《胡适文存·文学改良刍议》）。后有更积极之四条主张：一、要有话说，方才说话；二、有什么话，说什么话，话怎样说，就怎样说；三、要说我自己的话，别说别人的话；四、是什么时代的人，说什么时代的话。再后又揭出十个大字之宗旨：曰"国语的文学，文学的国语"。此乃先生建设新文学之唯一宗旨，根本主张也（见《胡适文存·建设的文学革命论》）。此种主张，至今视之，似乎平淡无奇；但在当日，不啻向古旧文坛施放"四十二生之大炮！"（陈独秀语），引起国内学术之震撼。

先生之《尝试集》出版，乃中国文学革命运动以来，第一部白话诗集出现。其真正价值，不在建立新诗之规范，不在与人以陶醉于其欣赏之快感，而在与人以放胆创造之勇气。反对方面之讥评，尽谓其微末之生存，而微末之生存，不啻已死；但其提倡文学革命，与诗体解放，及其前空千古，下开百世先驱者之精神，绝不能因一时反对者之舌锋笔锋之下而死灭焉。先生之功，正因其为中国文坛开一新纪元也。曾孟朴云："胡先生，我不佩服你别的，我只佩服你当初这种勇决的精神。比着托尔斯泰弃爵放农，身殉主义的精神，有何多让？因此新文化的潮流，弥漫了全国，外国文艺的光华，也照耀了一般。"（见《一九二八年三月十六日寄胡适书》）西滢云："先生之地位，应为披荆斩棘之先锋，熟识道途之引导者。"当其编辑《努力》谈政治时，梅光迪谓："先生大可有功于社会，较之白话文与实验主义胜万万矣。"孙伏庐云："大多数人所以敬仰先生，换言之'胡适之'三字之所以可贵，全在先生革新之方法，能在思想方面下手，与从前许多革新家不同。换言之，全在先生能做他人所不能做之《中国哲学史》，能做他人所不能做之《国语文学史》，能考证他人所不能考证之《红楼梦》，能提倡他人所不能提倡之白话文。"（见《一九二二年六月八日寄胡适书》）胡适之先生诚为当代第一流学者，高才虚衷，思精心细，言动均无愧学者态度，宜其声誉远播，为我国学术界之权威也（见《国闻周报》第七卷第四十三期与胡适之博士之一席谈）。

先生在哲学、科学、思想、政治、文学、国故各方面成功与失败，已经叶青君撰为《胡适批评》，在《二十世纪》杂志，长期发表，今不赘述。谨就先生在哲学方面之成绩略述之。先生在哲学方面之意见，可分四部：（一）实用主义论；（二）中国上古哲学史；（三）世界最近哲学史；（四）胡适哲学论。先生为实用主义之信徒，所以实用主义为先生哲学思想之中心。即其治文学、考国故、谈政治亦不外以实用主义为方法，为观点，为根据。故其治中国哲学史，论世界哲学史，亦无不由实用主义为出发点也。先生对于实用主义之见解：第一，将实用与实验混合。谓人生实际事业，处处是实用，处处用效果证实理论，可以养成我们用效果来评判假设的能力，可以养成我们的实验的态度（见《胡适文存》一集）。又云：实验主义只是一种方法，只是一个研究问题的方法，它的方法是细心搜求事实，大胆提出假设，再细心求实证（见《胡适文存》二集）。第二，将实用与实践混合。墨子贵义篇，今瞽者曰，钜者白也（俞云：

钜当作岂，岂者铠之假字），黔者黑也，虽明目无以易之。兼白黑，使瞽者取焉，不能知也。故我曰：瞽不知黑白者，非以其名也，以其取也。今天下之君子之名仁也，虽禹汤无以易之。兼仁与不仁，而使天下之君子焉，不能知也。故我曰：天下之君子不知仁者，非以其名也，亦以其取也。先生谓大凡天下人，没有不会说几句仁义道德之话的，正如瞎子虽不曾见过白黑，也会说白黑的界说。须是到了实际上应用的时候，才知道口头的界说，是没有用的（《中国哲学史大纲》卷上）。先生自谓中国治哲学史，我是开山的人。这一件事要算是中国一件大幸事。这一部书的功用，能使中国哲学史变色。以后无论国内国外研究这一门学问的人，都躲不了这一部书的影响。凡不能用这种方法和态度的，我可以断言，休想站得住（《胡适文存》三集）。蔡元培谓为后来学者开无数法门者此也。先生著哲学史有三大要务：第一，明变，解释哲学之同异沿革的线索。第二，求因，解释这个同异沿革之变迁的所在。第三，评判，客观地表明哲学的价值，即其实际上的效果。产生中国古代哲学（春秋战国时代之哲学）之原因，有四种：一，战祸连年，百姓痛苦；二，社会阶级，渐渐消灭；三，生计现象，贫富不均；四，政治黑暗，百姓愁怨。盖诸子之学，皆起于救世之弊，应时而兴者也。诸子自老聃、孔丘至于韩非，皆忧世之乱，而思有以拯济之，所以成立种种哲学体系也。诸子哲学之所以不同，因其所处之时势不同。其一家之兴，原无非应时而起；及时变事异，则向之应世之学，翻成无用之文。于是后之哲人，乃张新帜而起。新者已新，而旧者未踣，乃是非攻难之力，往往亦使旧者更新。先生对中国古代哲学之原因，不求于神智精神，而求之于客观的社会事实与现象，是诚当时思想上一最新之形态也。先生评判价值问题，谓我说的评判，并不是把做哲学史的人自己的眼光，来批评古人的是非得失。本来自己的时代与古人的时代不同。用自己的时代的意识，去批评古人的时代的思潮，真是削趾适屦，戕贼古人，来将就自己，这是很不公允的。叙述古人，是在阐明其真正的形象；批评古人，是在指出其固有的价值。惜乎先生未能应用科学因果关系必然性的说明，把握着同时代的各种哲学与异时代的各种哲学之全体系上的内在的关联，使其哲学史，成为时间上种种哲学之有机的演进。所以梁启超初读《中国哲学史大纲》，就感觉到不如改为《名学史》较当。是先生忽略由认识论而本体论、宇宙论、人生论，以逻辑推理而组织最有系统之完全哲学也。田园一龟氏著《分省新中国人名志》，谓："安徽为北洋军阀之发祥地，自来以武人夸世骇俗者，而能有陈独秀、胡适，著闻当代之思想家，此吾人所不能忽视者。二君均为中国思想界之权威，且为中国传统儒教之否认论者。胡适乃以儒教的道德为基本，将中国之社会制度，改变为欧美式之道德创始者；至于陈独秀，则可称为中国之列宁，为中国共产党之重镇，其说较胡适之思想，更为具体化、尖锐化也。"

先生当年理想，二十年不谈政治，二十年离开政治，而从事教育思想文化等等，非政治之因子上，建设政治之基础（见北大讲演《陈独秀与文学革命》词中）。终因事不易为，虽抱定不谈政治之主张，政治却逼得不得不谈。先生拥护正义，图延残局，虽至势穷力尽，事不可为，终无灰心挫志者。所谓"延一息储一息之热血，生一日尽一日之赤心，直亘千古而不变节者也"。

先生在纽约读书时，专治伦理哲学，稍稍旁及政治文学历史及国际法，以广胸襟而已。学生生涯，颇需日力，未能时时作有用文字（见《甲寅》杂志第一卷第十号《非留学》）。其苦学勤读之精神，较之近世之留学生为何如者？先生谓今日无海军，无陆军，犹非一国之耻；独至神州之大，无一大学，乃真祖国莫大之辱，而今日最要之先务也。一国无地可为高等学问授受之所，则固有之文明，日即于沦亡；而输入之文明，亦扞格不适用，以其未经本国人士之锻炼也。因著《非留学篇》登诸美年报。文中所论，实于吾国学术废兴为一大关键，书万诵万，不厌其多。先生少年，即不凡也。当时章行严许为少年英才，中西之学俱粹，乐为珍重介绍于国内者也。

（《胡适先生评传》）

家　世

胡适，原名洪骍、嗣穈，字希疆、适之。别号期自胜生、自胜生、铁儿、胡天、藏晖室主人、冬心、蝶儿、适盦。笔名：骍、铁、适广、天风、藏晖、笑。一八九一年十二月十七日（清光绪十七年十一月十七日）生于上海。原籍安徽省绩溪县。一九六二年二月二十四日在台北市逝世。胡家远祖原姓李，为唐昭宣帝后裔，西晋九〇八年，昭宣帝被朱全忠杀害；其子诞生才数月，匿居民间，经胡三公收养，因改姓胡；第二世始迁绩溪，其后代均居于绩溪北乡上庄。

绩溪，世人习称徽州，县境土壤不适于种稻，居民多以植茶为业，或贩茶远走外地经商谋生，形成所谓"徽帮"，在长江中下流域商场颇有势力。

胡家亦世代经营茶业。胡适父传（字铁花，号钝夫，一八四一——一八九五），自幼喜读书，时学为诗文，极得其伯父赏识，使其不以服贾废读。一八六一年，太平军出没徽境。胡传又习枪箭刀才，参加义团，保卫乡里。一八六六年，胡传至上海，肄业龙门书院，良师益友（庚子拳乱时，力主剿议"三忠"之一——袁昶即同窗友之一），益肄力于词章义理及三礼经济之学，尤致意于舆地，曾手绘图数十幅。由是有游四方壮志。曾言中国之患在西北，而发端必始于东北。苦东北图志阙如，遂慨然欲往东三省，考其形势，以备非常。一八八一年十一月，胡传因张佩纶之介荐至吉林随吴大澂办理对俄边防。在边地五年，办垦务、勘边界、延老兵、访形势、披旧图，改正讹误。一八八六年南归。一八八七年，张之洞督两广，吴大澂为广东巡抚，会衔扎委胡传勘琼州黎峒，深入山地，以达崖州；为十六世纪中叶以来，当地居民得睹汉官威仪（胡传撰有《游历琼州黎峒行程日记》，刊《禹贡》半月刊第二卷第一期）。旋因澳门葡萄牙人侵占我香山县（即今中山县），胡又随吴大澂率兵舰五艘前往，周历各村各岛，明告当地总督：划清租界、收回占地。一八八八年，吴调任东河总督，胡传随往郑州办理黄河堵口，异常出力。经分发江苏省。一八九一年七月，奉委淞沪各厘卡总巡。十二月，胡适（时命名"洪骍"）出生。不二月，胡传即奉调往台湾，将妻子寄顿于沪东川沙厅。到台北后即东至苏澳、西至澎湖，巡行全省，考核军队训练。半年后，改任台南盐务总局提调。一八九三年六月，调署台东直隶州知州。是年四月八日，胡适已随生母及两兄自上海抵达台南。翌年（一八九四年）一月二十日，移住台东。胡适即于此时在父母教导下开始学习方块字。正如日本人前岛信次所描写："在中国卷起一大波澜的胡适氏的学问，其实，是在台南台东两地，以天真的小手握住笔管，慢慢地为练习的数百字奠定了基础的。"

一八九五年二月七日，胡传因中日战争紧张，特送妻子等赴台南，内渡回里。五月十七日，《马关条约》签字。五月二十九日，日军在基隆东开始登陆。清廷早已电令在台文武官员陆续内渡。胡传初因电讯断绝，仍照常防守。二十五日，得札准离台东，到台南。八月十五日，登轮往厦门。八月二十二日，病逝于厦门旅寓。时胡适母子已早于三月六日经上海回返绩溪乡居。

胡传在奉准离台东前，曾书写遗嘱给其妻及四子，指明"穈儿（即胡适派名）天质颇聪明，应该令其读书"。又嘱胡适"努力读书上进"。这件遗嘱对胡适的一生有很重大影响。

胡适随生母到绩溪，即开始从四叔玠如习读胡传手写自编的《学为人诗》四言人——"为人之道，在率其性。子臣弟友，循理之正；谨乎庸言，勉乎庸行；以学为人，以期作圣。""为人之道非存他术；穷理致知，返躬践实，黾勉于学，守道勿失。"——其后，又读胡传手编《原学》四字文："天地氤氲，万物化生。"做人处世与治学求知的态度，均包含其中，胡适当时跟随诵读，完全不懂这些韵文的意义。但在传统的旧式塾馆中只要能诵即可。九年之中，陆续习读《律诗大钞》《孝经》、朱熹《小学》（江永集注本）、《论语》《孟子》《大学》《中庸》（均用朱熹集注本）、《诗经》（朱熹集传本）、《书经》（蔡沈注本）、《易经》（朱熹本义本）、《礼记》（陈澔注本）诸书。如胡适忆述："千字文上的'天地玄黄，宇宙洪荒'，我从五岁时读起，现在做了十年大学教授，还不懂得这八个字究竟说的是什么话！所以叫做'念死书'，所以要下死劲去念。我们做小孩子时候，天刚亮，便进学堂去'上早学'。空着肚子，鼓起喉咙，念三四个钟头才回去吃早饭。从天亮直到天黑，才得回家。晚上还要'念夜书'。这种生活实在太苦了。"胡适能忍受这种痛苦，实在是恪遵父亲遗嘱，更是感受生母耳提面命的重大影响。

（吴相湘：《胡适》）

冯太夫人重要影响

胡传曾两歌鼓盆，胡适生母冯氏为其"填房"，于归时（一八八九年）年只十六岁，小于胡传三十二岁。婚后不过六年四个月，即遭夫丧之痛，其处境艰难，如胡适所忆述："我母亲二十三岁做了寡妇，又是当家的后母。这种生活的痛苦，我的笨笔写不出一万分之一二。家中财政本不宽裕，全靠二哥在上海经营调度。大哥从小就是败子。"因此："先母于日用出入，虽一块豆腐之细，皆令适登记，俟诸兄归令检阅之。""我母亲的气量大，性子好，又因为做了后母后婆，她更事事留心，事事格外容忍，大哥的女儿比我只小一岁。""每个嫂子一生气，往往十天半个月不歇，天天走进走出，板着脸，咬着嘴，打骂小孩子出气。我母亲只忍耐着，忍到实在不可再忍的一天，她也有她的法子：这一天明时，她就不起床，轻轻地哭一场，她不骂一个人，只哭她的丈夫，哭她自己苦命，留不住她丈夫来照管她。她先哭时，声音很低，渐渐哭出声来，我醒了起来劝她，她不肯住。"

冯太夫人在这样传统且复杂的大家庭中，面对一切折磨，含辛茹苦，唯一的希望就是努力将自己亲生的"唯一一点骨血"教养成人。如胡适自述："我母亲管束我最严，她是慈母兼任严父。但她从来不在别人面前骂我一句，打我一下。我做错了事，她只对我一望，我看见了她的严厉眼光，就吓住了。""每天天刚亮时，我的母亲就把我喊醒，叫我披衣坐起。我从不知道她醒来坐了多久了。她看我清醒了，才对我说昨天我做错了什么事，说错了什么话，要我用功读书。有时候，她对我说父亲的种种好处，她说：'你总要踏上你老子的脚步。我一生只晓得这一个完全的人，你要学他，不要跌他的股。'（跌股便是丢脸出丑）她说到伤心处，往往掉下泪来。到天大明时，她才把我的衣服穿好，催我去上早学。学堂门上的锁匙放在先生家里，我先到学堂门口一望，便跑到先生家里去敲门。先生家里有人把锁匙从门缝里递出来，我拿了跑回去，开了门，坐下念生书。十天之中，总有八九天我是第一个去开学堂门的。等到先生来了，我背了生书，才回家吃早饭。"

其时，塾馆学金每人每年原不过二银元。冯太夫人渴望胡适读书有成，自动提高数目，第一年就送六元，以后每年增加，高至十二元。如胡适自述："这样的学金，在家乡要算打破纪录了。我母亲大概是受了我父亲的叮嘱，她嘱托四叔和禹臣先生为我'讲书'：每读一字，须讲一字的意思；每读一句，须讲一句的意思。我先已认得了近千个方字，每个字都经过父母的讲解，不觉得很苦。念的几本书虽然有许多是乡里先生讲不明白的，但每天总遇着几句可懂的话。我最喜欢朱子《小学》里的记述古人行事的部分，因为那部分最容易懂得，所以比较最有趣味。"

胡适自述：喜读朱子《小学》给其极多影响，例如朱子记陶渊明嘱其子善遇工人的家信之印象，"使我三十年来不敢轻用一句暴戾的辞气对待那帮我做事的人"。更重要的：胡适十一岁（一九〇一年）时自《小学》中读到司马光家训中论地狱"亦无所施"的话，开始对死后的地狱审判感到怀疑。其后习读司马光《资治通鉴》至第一百三十六卷，看到范缜著《神灭论》及讨论"因果"等反对佛教迷信的记载，从此不再能虔诚礼佛拜神，终生"不信神"也以此为起点。

胡适自述曾强调："我一生最得力的是讲书。"同时更郑重指陈母教对其品性陶冶的重大影响："我在母亲的教训之下住了九年，受了她的极大极深的影响。我十四岁（其实只有十二岁零两三个月）就离开她了，在这广漠的人海里独自混了二十多年，没有一个人管束过我。如果我学得了一丝一毫的好脾气，如果我学得了一点点待人接物的和气，如果我能宽恕人、体谅人——我都得感谢我的慈母。"

胡适幼时身体瘦弱，不能同野蛮孩童玩耍，母亲管教又严，故不曾养成活泼游戏的习惯。亲长辈复鼓励其"少年老成"。幸其于九岁时（一八九九年），在一偶然机会于塾师即其四叔家废纸堆中发现一残破的小字本《水浒传》，从此即喜阅小说以为课余消遣。如胡适忆述："余幼时酷嗜小说，家人禁抑甚力。然所读小说尚不少。""皆偷读者也。""所得小说良莠不齐"："从《薛仁贵征东》《薛丁山征西》《五虎平西》《粉妆楼》一类最无意义的小说，到《红楼梦》和《儒林外史》一类的第一流作品，这里面的程度已是天悬地隔了。我到离开家乡时，还不能了解《红楼梦》和《儒林外史》的好处。但这一大类都是白话小说，我在不知不觉之中得了不少的白话散文的训练，在十几年后于我很有用处。"

（吴相湘：《胡适》）

《新民说》《革命军》的启示

一九〇一年，冯太夫人即曾有意使胡适外游读书，但一时未能获得其二兄同意。一九〇四年春，胡适因其三兄往上海医病始得同行东下求学。

胡适到达上海，即入学其父执张焕纶主持之梅溪学堂。初编列低级——第五班，除国文课外，尚有英文、算学、体操课程。

胡适乡居读书九年，国文已有相当基础，入学后约六周，国文老师讲解"传曰：二人同心其利断金"句，指"传"为《左传》。胡适知其误解乃低声向教师言此"传"是《易经》的《系辞传》！教师惊异之余，详询已读过之古书名目，并令试做一文后即领胡适至第二班上课。

　　胡适在校"一天之中升了四班",不免惊喜。正逢作文课,胡适从未做过"经义"题文,尤其面对"论题:原日本之所由强",根本不知日本在何方?更不知何措。适家人来报三兄病危速回家,乃告假离学堂。旋得二兄检示《明治维新三十年史》《壬寅新民丛报汇编》诸书。胡适思想从此激烈变动:进入一新境界,不久也"自命为新人物",一生重要转变关键在此。

　　梁启超撰文"笔锋常带感情",运用新名词介绍新事物尤多,故对胡适极具启示。如胡适自述:"我个人受了梁先生无穷的恩惠。现在追想起来,有两点最分明:第一是他的《新民说》诸篇给我开辟了一个新世界,使我彻底相信中国之外还有很高等的民族,很高等的文化。第二是他的《中国学术思想变迁之大势》也给我开辟了一个新世界,使我知道四书五经之外中国还有学术思想。"不幸,梁启超此文未完稿即停止。胡适失望之余"自己忽发野心",欲为梁文续补。"这一点野心就是我后来做中国哲学史的种子"。

　　胡适自述曾指陈:梁启超文字在其"脑海里种下了不少革命种子"。同学王言又借得邹容撰《革命军》一册,互相传阅,极受感动。且在深夜轮流传抄,以便留存随时诵读。

　　一九〇五年春,日俄战争正酣,具有政治革命企图及革新报纸的理想之《时报》在上海创刊后又风行一时,其新闻报道、锋利短评、翻译小说、平等阁诗话等,为胡适每日所必读,对胡适极有启示与影响。"仇俄""排满"革命思想日益炽盛,对上海道袁海观未能善处一木工被俄兵杀害案件,更深致愤恨,乃与王言等写一匿名长信寄袁痛加责骂。且毅然放弃梅溪学堂选优保送上海道考试之机会,并转学上海著名私立澄衷学堂。

　　胡适入学澄衷学堂,初编列第五班。一九〇六年,以成绩优良越级升列第二班。常在夜深演习算学,暑假又自习初等代数。对算学、英文特具兴趣,进步最快。而国文教师杨天骥又指导胡适与其同学阅读吴汝纶删节的严复译《天演论》,胡适思想从此又进入另一新境界。杨天骥对胡适作文《生物竞争适者生存论》极赏识:批"言论自由""赏制钱二百,以示奖励"。胡适当时在校用学名"胡洪骍",因受此鼓励,乃请其二兄命一表号"适之"。其后,胡适又阅读严译《群己权界论》等书。从此,赫胥黎(Thomas Henry Huxley)的《天演论》中若干要义逐渐形成胡适思想中一大主流。

　　胡适入澄衷学堂后半年,被举为班长。因向校长抗议一同学被开除事,遭记大过一次之处分。胡心感不平,不愿再留澄衷。是年夏,考入中国公学。

(吴相湘:《胡适》)

《竞业旬刊》提倡国语

中国公学是我国第一所私立大学，成立于一九〇六年春，为留日学生愤恨日人歧视、特退学回国自力所创办。因经费不足，干事姚宏业且以身殉学校。遗书数千言刊于报纸，胡适阅读遗书大受感动，故往投考。入学后发现同学多居中年少年，大多剪去辫发。胡适时仍留小辫，年龄不过十六岁，置身其中颇有"小孩"之感。但英文算学课程浅易，胡被编列甲班习读并不费气力。

胡适在宿舍与若干湘赣籍同学同一寝室，年龄多在二三十岁，其中钟文恢为竞业学会会长，特告语胡适：此学会目的是"对于社会，竞与改良；对于个人，争自濯磨"。愿介绍入会。胡欣然应允。

中国公学原属革命运动机关。竞业学会亦为革命党人所组织。此辈人深切认识唤起民众之重要，且陈天华用白话撰《狮子吼》《猛回头》诸书流传民间，颇有振聩启聋功效。一九〇六年十月二十八日（清光绪三十二年九月十一日）此一学会创刊《竞业旬刊》。发刊词揭示宗旨四项：（一）振兴教育。（二）提倡民气。（三）改良社会。（四）主张自治。真正目的在将革命思想"传布于小学校之青年国民"，因此，决定用白话文。胡梓方（后来著名诗人胡诗庐）撰《发刊词》指出："今世号通人者，务为艰深之文，陈过高之义，以为士大夫劝，而独不为彼什百千万倍里巷乡间之子计，则是智益智，愚益愚；智日少，愚日多也。顾可为治乎哉？"同期刊《大武》撰《论学官话的好处》一文更指出："要救中国，先要联合中国的人心，要联合中国的人心，先要统一中国的言语。""现在中国全国通行官话，只须摹仿北京官话，自成一种普通国语哩。"

胡适在《竞业旬刊》创刊号中用白话撰刊《地理学》一文。此为其一生中第一次发表文字，即以简洁浅显的白话文与国人见面，自是竞业学会宗旨目标的所在，也是胡适多读白话小说训练具有基础的表现。文题选择"地理学"，多少是受其父致力舆地之学的影响。署名"期自胜生"取义于老子"自胜者疆"一语，故自号"希疆""期自胜生"。成年以后喜言"无为"由是发端。

胡适从此"胆子大起来了，忽然决心作一部长篇的章回小说。小说的题目叫做《真如岛》，用意是'破除迷信，开通民智'。我拟了四十回的回目，便开始写下去了。第一回就在《旬报》第三期上发表，回目是：虞善仁疑心致疾，孙绍武正论祛迷。""我小时痛恨道教，所以这部小说的开场就放在张天师的家乡。但我实在不知道贵溪县的地理风俗，所以不久我就把书中的主人翁孙绍武搬到我徽州去了"（《四十自述》）。

《真如岛》在《竞业旬刊》刊出时署名："铁儿。"显见其纪念亡父。胡家门楣粘贴"僧道无缘"字条,胡传生前在郑州河工即不相信"合龙"迷信,诗文中常有表现。胡适又自司马光、范缜文字获得启示。今撰这一长篇小说,连续刊载十期,痛斥"因果""扶乩"种种迷信,打击神佛,不遗余力。这种大胆作风,今已司空见惯,但在当时却可说是惊世骇俗。

《竞业旬刊》曾一度停刊,一九〇八年三月十一日又复刊。嗣因原主编人他去,是年夏,胡适被推为编辑。自第二十四期至第三十八期,均由胡负责主编,每遇文稿不够,全期文字自《论说》至《时闻》均由胡一人执笔。胡在此时期曾于《社说》栏撰《论毁除神佛》及《无鬼丛话》等,配合《真如岛》小说,破除迷信。又发表《论承继之不近人情》《中国第一伟人杨斯盛传》《婚姻篇》等文,发挥其反对传统承继观念的家族观、婚姻观。同时更强调宣传"男子首宜爱国,方为尽分","爱国的人,第一件要保存祖国的光荣历史"。并且指出当时新刊的《爱国二童子传》,"真可以激发国民的自治思想、实业思想、爱国思想,比那朱子的治家格言好得多多哩"。又撰《论苟且》,痛斥国人随便省事不肯彻底思想的毛病。

一九〇九年春,胡适因病不能担负主编及撰述,《竞业旬刊》第四十期出版后即行停刊。但在当时各种白话报刊中"寿命"比较长久。其后约二十年,胡适重读此一《竞业旬刊》:"我很诧异的是有一些思想后来成为我的重要出发点的,在那十七八岁的时期已有了很明白的倾向了。"

先是,胡适患脚气病甚剧,曾向学校告假,在上海家中休养数月。偶读古体诗歌,大感兴趣。《竞业旬刊》第一任主编傅君剑离去前又以留别诗赠予胡适,其中有"天下英雄君与我,文章知己友兼师"句,胡适"受宠若惊"之余,更发愤读古诗,"想要做个诗人了"。这一转念之间,胡适即放弃一二年来对数学的浓厚兴趣,而转向于做诗词。当其主编《竞业旬刊》时,对诗词兴趣更浓,《旬刊》载有胡的诗词:《弃父行》《露天晓角》《读十字军英雄记》《读大仲马侠隐记续侠隐记》《秋柳》《秋日梦返故居》等,发泄思亲爱国的情感。

胡适读写中国古诗之余,又阅读英语诗,且在英文教师姚康候(辜鸿铭学生)指导下试译为中文。如一九〇八年译康拜尔(Thomas Campbell)的《军人梦》(A Soldier's Dream)为七言诗,颇能恰如其义。

胡适对诗词的新兴趣,是其一生转变的重要关键。如其自述:"我在病脚气的几个月之中发现了一个新世界,同时也决定了我一生的命运。我从此走上了文学史学的路,后来几次想矫正回来,想走到自然科学的路上去,但兴趣已深,习惯已成,终无法挽回了。"

一九〇八年九月,中国公学因开除学生而发生大风潮,极大多数学生退学,另组一"中国新公学"——胡适在这一大风潮中,被举为学生大会书记,随大多数同学退学，且撰《对于中国公学风潮之感言》刊载《竞业旬刊》第三十四期，对旧公学当局大肆攻击。旋应约担任"新公学"低班英文教员。胡适因此教学相长，注意英文文法的结构，尤其喜欢用中国文法比较，英文基础益见稳固。其所教学生中如饶毓泰后来留美习物理学，得博士，胡常引以自豪。

中国新公学艰苦撑持一年余，终以经费非常困难，一九〇九年十月，不得不接受条件，归并于中国公学。惟胡适与朱芾煌、朱经农等少数同学不肯屈服，宁愿牺牲学业与即可获得的毕业文凭，不回原校。故胡适在上海求学约五年，转换学校三次，未曾得一毕业证书。

（吴相湘：《胡适》）

美国康奈尔大学学生

其时，胡家在沪汉经营茶店失败。家业败坏不可收拾。胡既不肯回中国公学，茫无所归。旋谋得华童公学一国文教席以糊口。不幸在酒醉金迷十里洋场，交友不慎，"就跟着他们堕落了"。——胡适在其后撰中英文回忆时都曾坦白记录这一段荒唐生活情形。幸迷途知返，又得知己许怡荪劝告协助、父执与族亲的贷款，乃辞卸教职，闭户读书，决心参加第二届留美官费学生考试。

一九一〇年七月，胡适随其二兄北上用"胡适"报名应试。结果：名列正取第五十五名。赵元任名列第二、张彭春名列第十、竺可桢名列第二十八、胡达（明复）名列第五十七。榜示以后，胡适等即南下上海，按照政府规定行期准备出国，不暇回家辞别慈母。其二兄则自东三省赶回上海送行，并告语胡适：家道中落，国家需才，赴美国应学习铁路工程或矿冶工程，以复兴家业并振兴国家实业，切不可习无关国计民生的文学或哲学以及政治、法律。胡适当与若干友好商讨，以对铁路矿冶不感兴趣，为免辜负兄长期望，决定选习农科，做科学的农学家，以农报国。加以美国大学农科不收费，可节省官费一部分，寄回贴补家用。

一九一〇年九月十五日，胡适等一行自上海登轮西行。到达美国后即往纽约州绮色佳镇（Ithaca, NewYork），入康奈尔大学农学院注册。

胡适入学康奈尔后第三周，开始参加农场实习，洗马、套车、驾车，在国内虽未曾有此经验，亦甚感兴趣。即玉蜀黍选种实习，两手起泡，尚能忍耐。第一学年结束，各科成绩均在八十五分以上，乃按规定多选"种果学"一科。初学剪树、接种、浇水、捉虫等工作也很有兴趣。但实习"苹果分类"时，美国学生多来自农家，分门别类甚快。胡与郭姓中国同学则需逐一经过所有鉴别手续，耗费两小时半，只分别出二十枚苹果，且大多错误。当晚胡即深思："我花了两小时半的时间，究竟是在干什么？中国连苹果种子都没有，我学它什么用处？自己性情不相近，干吗学这个？"再三考虑结果，决定不惜牺牲两年学费及时间，放弃农科。一九一二年（中华民国元年）春，胡适转入康奈尔大学文理学院（College of Arts and Sciences）。

当胡适在康奈尔农科求学时，对于国学——尤其旧诗兴趣仍浓，更喜阅外国名人传记及论文，又常参加课外活动，撰述演说均以宣扬中华文化为题，如《美国大学宜立中国文字一科》等。参加经课及讨论会，聆听美国教士李佳白（Dr. Gilbert Reid）及毕治（Dr. Beach）讲说："君等今日有大患，即无人研求旧学是也！"且大称朱熹之功，胡适"闻之，如芒在背"。其后，胡被选为"爱国会"主笔，又演说"祖国"。诵读诗经尤多领悟，曾撰《诗三百篇'言'字解》。凡此均所以促成胡适放弃农科之因素。如胡适诗云："我初来此邦，所志在耕种。文章真小技，救国不中用。带来千卷书，一一尽分送。种菜与种树，往往来入梦。忽忽复几时，忽大笑吾痴。救国千万事，何一不当为？而吾性所适，仅有一二宜。逆天而拂性，所得终希微。从此改所业，讲学复议政。故国方新造，纷争久未定；学以济时艰，更与时相应。文章盛世事，岂今所当问。"充分说明其所以转学以及课余注意政治的原因。

胡适转入文理学院，选读哲学史、美术史、中古史、美国政治、心理学诸课，甚感兴趣。祖国之思，时系心怀，曾拟具纲目以撰《中国社会风俗真诠》，取外人所著论中国风俗制度之书一一评论其言之得失，以为祖国辩护。对外人有关中国其他著述，更随时注意阅览并加纠正。如寄信美人芮恩施（Paul S. Reinsch）指出其书（Intellectual and Political Currents in the Far East）之若干错误。一九一二年十一月二十一日，英人濮兰德（J. O. P. Bland 即《慈禧外纪》作者）在绮色佳镇演讲《中国不安的情状》（The Unrest of China）时申言：列国不能承认中华民国，以民国尚未为中国人所承认云。胡当场质问其有何根据？并质其何故反对美国承认中华民国？而濮兰德在他地演讲仍多不利中国，纽约、波士顿等地留学生特在绮色佳举行特别会议商讨对策，胡适提议设立一通信部，译述英美各报反对中国之言论寄回国内各报，以警醒国人，冀可消除党见之争、利禄之私，而为国家作救亡之计。旋又组织中国学生政治研究会。

（吴相湘：《胡适》）

世界大同　乐观心理

其时，康奈尔大学校长休曼（J. G. Schurman），醉心世界大同主义。美国各大学又均设有世界大同会（Cosmopolitan Club），且结合为世界大同总会（Association of Cosmopolitan Clubs）。每年举行年会一次。胡适受家庭与国内教育影响，与此大同观念，颇多相合，故加入是会。一九一二年十二月，此一年会于费城举行。胡被推为康奈尔大学两代表之一往参加（梅贻琦及张彭春亦出席此会）。曾演说其世界观："世界主义者，爱国主义而柔之以人道主义者也。"其后发现持论与英国诗人邓耐生（Tennyson）所谓"彼爱其祖国最挚者乃真世界公民也"不约而同。一九一三年五月，胡适当选为康奈尔世界大同会会长。七月，国内讨袁军兴。不幸，"二次革命"失败。胡适关切之余，曾冷静考虑，颇有所得："今日吾国之急需，不在新奇之学说、高深之哲理，而在所以求学论事观物经国之术。以吾所见言之，有三术焉，皆起死之神丹也：一曰归纳的理论。二曰历史的眼光。三曰进化的观念。"因此，对于泰西之考据学、致用哲学、天赋人权说之沿革诸问题更作深入之研究。

先是：胡适在上海时，个人生活不安，悲观意念正盛，冬季偶见日出，霜犹未消，有诗句云"日淡霜浓可奈何"！心情消沉可想而知。自得远游新大陆，耳目所接，胸襟开扩，不仅无复悲观，且每与友人书，即以"乐观"相勉。一九一四年一月中，美国东岸大风雪，为十余年所未有之寒冷，胡特写一诗记之，末句有云："明朝日出寒云开，风雪于我何有哉！待看冬尽春归来！"显见其乐观主义之心理。胡日记云："自信去国数年所得，惟此一大观念足齿数耳。""此诗用三句转韵体，乃西文诗中常见之格，在吾国诗中，自谓此为创见矣。""英国十九世纪大诗人布郎宁（Robert Browning）终身持乐观主义，有诗句云，余最爱之，因信笔译之曰：'吾生惟知猛进兮，未尝却顾而狐疑。见沉霾之蔽日兮，信云开终有时。知行善或不见报兮，未闻恶而可为。虽三北其何伤兮，待一战之雪耻。吾寐以复醒兮，亦再蹶以再起。'"

胡为奉养慈母，曾为章炳麟主办之《大共和日报》撰稿（《最后一课》译文即刊载是报），以稿费寄绩溪赡家。嗣发现是报祖袁论调，与个人宗旨背驰乃中止。正苦家用不继，冯太夫人家报至：已以首饰抵借过年，且借款为爱儿购得《图书集成》一部。"吾母遭此窘状，犹处处为儿子设想如此。"母之爱，真伟大。

胡适早于一九一三年六月，修完所需之课程学分。惟以大学定例：必须在校肄业八学期，故至一九一四年二月始得文学士。六月十四日参加毕业典礼。

绮色佳，五指湖风光绮丽，树影绿波，相映成趣。胡适喜爱此一优美读书环境，故仍留康奈尔大学，入哲学研究所，以哲学为中坚，政治、宗教、文学、科学为副修。

一九一四年七月七日，胡适写成《自杀篇》诗。"此诗全篇作极自然之语，自谓颇能达意。吾国诗每不重言外之意，故说理之作极少。求一朴蒲（Pope）已不可多得，何况华茨活（Wordsworth）与哥德（Goethe）、布郎宁（Browning）矣。此篇以吾所持乐观主义入诗，以责自杀者。全篇为说理之作，虽不能佳，然途径具在，他日多作之，或有进境耳。""吾近来作诗，颇能不依人蹊径，亦不专学一家，命意固无从摹仿，即字句形式亦不为古人成法所拘，盖胸襟魄力，较前阔大，颇能独立矣。"其写诗喜与外国诗人诗句比较，独创一格。是为其后"诗界革命"亦即"文学革命"之前奏。而阅读泰西有关中国书刊亦未尝稍懈，如发现大英百科全书误解中国纪元，英国汉学家翟尔斯（Lionel Giles）撰《燉煌录译释》（载《英国皇家亚洲学会学报》）之错误。胡均曾撰文指正。尤以揭穿《李鸿章自传》（*Memoirs of Li Hung. Chang*, Editd by Wm. Francis Mannix）全出伪托，更"以为生平一大快事"。

（吴相湘：《胡适》）

救中国的根本大计

一九一四年七月四日，威尔逊总统在费城演说。胡适对此人道主义之伟人言论深感钦佩："其言句句精警，语语肝胆照人，其论外交一段，尤痛快明爽，其得力所在，全在一'恕'字，在于'己所不欲，勿施于人'八字。其言曰：'独立者，非为吾人私囊中物已也，将以与天下共之。'又曰：'若吾人以国中所不敢行之事施诸他国，则吾亦不屑对吾美之国旗矣。'（此与吾前寄此间报馆论 *My Country right or wrong* 之说同意）又曰：'爱国不在得众人之欢心，真爱国者认清是非，但向是的一面做去，不顾人言，虽牺牲一身而不悔。'又曰：'人能自省其尝效忠祖国而又未尝卖其良心者，死有余乐矣。'凡此皆可作格言读。"（其后事实说明：胡适从此身体力行威尔逊之格言）

一九一四年七月二十六日，欧洲大战爆发，胡适对此"自有生民以来所未有之大战祸"非常关切。阅读有关书报、参加演讲讨论会之余，又常研读《老子》《墨子》《耶稣》《圣经》诸书。"非战主义""不争主义""世界主义"思想也日渐浓厚。十月二十六日，美国和平主义巨子、世界大同学生会创始人讷司密斯博士（George W. Nasmyth）自欧洲战场回美至绮色佳访胡适。金以今世之大患在于一种狭义的国家主义，以为我之国须凌驾他人之国、我之种须凌驾他人之种（德意志国歌即一再强调"临御万方"）。凡可以达此自私自利之目的者，虽灭人之国、歼人之种，非所恤也。"吾辈醉心大同主义者不可不自根本着手。即一种世界的国家主义是也。爱国是大好事，惟当知国家之上，更有一大目的在，更有一更大之团体在。葛得宏斯密斯（Goldwin Smith）所谓'万国之上犹有人类在'（Above all Nations is Humanity）。"

是年（一九一四年）十一月七日，日军攻占青岛。胡适见报载消息，深感"拒虎而进狼，山东问题殊不易解决也"。十二月十二日，阅《公众》（*The Public*）杂志刊载《充足的国防》（*Adequate Defense*）一文，反复玩味，乃形成一挽救中国根本大计的意见："今日而言国防，真非易事，惟浅人无识之徒昌言增军备之为今日惟一之急务耳。""今之欲以增兵备救中国之亡者，其心未尝不可嘉也，独其愚不可及耳。试问二十年内中国能有足以敌日俄英法之海陆军否？必不能也。即令能矣，而日俄英法之必继长增高，无有已时，则吾国之步趋其后亦无有已时，而战祸终不可免也，世界之和平终不可必也。吾故曰此非根本之计也。"

　　胡适因进一步指陈："根本之计奈何？兴吾教育、开吾地藏、进吾文明、治吾内政；此对内之道也。对外则力持人道主义：以个人名义兼以国家名义力斥西方强权主义之非人道、非耶教之道，一面极力提倡和平之说，与美国合力鼓吹国际道德。国际道德进化，则世界始可谓真进化，而吾国始真能享和平之福耳。难者曰：此迂远之谈，不切实用也。则将应之曰：此七年之病，求三年之艾也。若以三年之期为迂远，则惟有坐视其死耳。吾诚以三年之艾为独一无二之起死圣药也，则今日其求之之时矣，不可缓矣。此吾所以提倡大同主义也，此吾所以自附于此邦之'和平派'也，此吾所以不惮烦而日夕为人道主义之研究也。吾岂好为迂远之谈哉？吾不得已也。"胡又以外人喜称我"睡狮"殊不恰当。矧东方文明古国，他日有所贡献于世界，当在文物风教，而不在武力，故以为"睡狮"之喻不如"睡美人"之切。因取英诗人邓耐生诗意，"作睡美人歌，以祝吾祖国之前途"，且创应用新法句读韵文之第一纪录。

　　其时，世界大同会康奈尔大学支会成立将届十周年纪念，胡被举为庆典干事长，特写一英文诗以颂贺。又感于欧洲大战作一《告马斯》（To Mars 即古代神话中之战斗神）。十二月二十二日，胡以世界大同会康奈尔支会代表往哥伦布城（Columbus，Ohio）参加"世界大同总会"第八届年会。胡适深知"总会"历来颇分两派：（一）主张前进，以为凡和平之说及种种学生团体，皆宜属于"世界学生同盟会"，而"总会"亦宜协助主张世界和平之诸团体以辅其进行。（二）其另一派则主张狭义的政策，以为学生团体不宜干预政治问题；世界和平者，政治问题也。前一派为康奈尔世界大同会的主张。伊利诺大学世界大同会则持另一派主张。二十六日，当地大学校长及市长欢迎会中，伊利诺大学俄利物教授（Professor T. E. Oliver）与胡均被列入致词名单中。胡致词中即以"将前进乎抑退缩乎"为主旨，对伊利诺支会主张挑战，甚至发最后通牒。结果胡之演词获多数人赞美。年会开幕后出席演说皆一时名彦，对国际道德与爱国主义之持论，与胡见解颇多相发明相印证，胡极受鼓励。而被推为"年会"最重要之议案股主任，白昼报告提案，夜间手写文件，两日之间睡眠不过三小时许。幸胡所提议案皆一一通过："八年悬案，一朝豁然，俾全会皆知'总会'多数意向所在，不致为一二少数反对党所把持，此本届年会之大捷也。"

（吴相湘：《胡适》）

日本是中国大患

　　一九一五年一月十九日，胡适应波士顿"布朗宁会"（Boston Browning Society）之邀发表演说。自言"此次演稿，远胜余去年得布朗宁奖赏之论文"。其后与当地中国同学竺可桢、张子高、郑莱等欢聚。畅谈救国大计。金以（一）设国立大学以救今日国中学者无求高等学问之地之失（胡曾将此意撰《非留学篇》刊载《留美学生年报》第三年），（二）立公共藏书楼博物院，（三）设立学会，（四）舆论家等为急务。二十四日，胡乘火车返绮色佳途中读《纽约时报》，见日人伊江长（T. Iyenaga）撰《日本在世界大战中之地位》（Japan's Position in the World War），其论中国中立问题，尤明目张胆，肆无忌惮。胡适因忽感念："中国之大患在于日本。日本数胜而骄，又贪中国之土地利权。日本知我内情最熟，知我无力抵抗。日本欲乘此欧洲大战之时收渔人之利。日本欲行'门罗主义'于亚东。总之，日本志在中国，中国存亡系于其手。日本者完全欧化之国也。其信强权主义甚笃。以强权建国，又以强权霸者也。吾之所谓人道主义之说，进行之次宜以日本为起点，所谓擒贼先擒王者也。且吾以舆论家自任者也，在今日为记者，不可不深知日本之文明风俗国力人心。据以上两理由，吾不可不知日本之文字语言，不可不至彼居留二三年，以能以日本文著书演说为期。吾国学子往往藐视日本，不屑深求其国之文明，尤不屑讲求沟通两国诚意之道，皆大误也。吾其为东瀛三岛之 Missionary（传教士）乎？抑为其 Pilgrim（朝圣者）乎？抑合二者于一身欤？吾终往矣。"（其后事实说明：胡适从此努力于这一重要工作）

（吴相湘：《胡适》）

国立大学的重要性

其时，日本向袁世凯提出"二十一条要求"，一切尚未公开。二月初，中外报纸始略有消息刊载，日本仍加否认。留美中国学生闻知，纷纷集会商议救国方策。胡适基于二三年认识，深知"今日祖国百事待举，须人人尽力始克有济。位不在卑，禄不在薄，须对得住良心，对得住祖国而已矣。幼时在里，观族人祭祀，习闻赞礼者唱曰：'执事者各司其事。'此七字救国金丹也"。故婉谢参加留学生特别集会："纷扰无益于实际，徒乱求学之心，函电交驰，何裨国难？"不顾同学之责难："胡适之的不争主义又来了！""今日须选举实行家，不可举哲学家！"胡决心不"作骇人之壮语，但能斥驳一二不堪入耳之舆论，为'执笔报国'之计，如斯而已矣"。二月二十七日，胡适特作二函寄《新共和》（The New Republic）与《展望》（Outlook），对其有关中日问题之论点加以驳斥指正。胡适引证美国历史说明：中华民国建立不过三年许，其黯淡岁月与美国建立之初甚多相同。且引用威尔逊总统所谓"每一国民有权决定其自己政府的形式"名言，强调中国有权利发展她自己，不容日人干涉。更郑重申言："我诚恳相信：远东问题之最后解决，尤赖于中日两国之相互了解与合作。"三月一日，Syracuse Post Standarp 即引用胡适投书撰作社论，表示支持其见解。三月五日，美前总统塔夫脱

（William Howard Taft）至绮色佳镇。胡特往康奈尔大学校长休曼家拜谒塔夫脱询其对中日交涉见解。更把握机会与康奈尔各教授讨论报国急务，"国立大学之重要"，遂成为胡适今后一生努力的主要目标。

胡适留学日记有云："二月二十日（民国四年）：与英文教师亚丹先生（Professor J. Q. Adams, Jr.）谈。先生问：'中国有大学乎？'余无以对也。又问：'京师大学何如？'余以所闻对。先生曰：'如中国欲保全固有之文明而创造新文明，非有国家的大学不可。一国之大学，乃一国文学思想之中心，无之则所谓新文学新智识皆无所附丽。国之先务，莫大于是……'余告以近来所主张国立大学之方针（见《非留学篇》）。先生亟许之，以为报国之义务莫急于此矣。先生又言：'如中国真能有一完美之大学，则彼将以所藏英国古今剧本数千册相赠。余许以尽力提倡，并预为吾梦想中之大学谢其高谊。'先生又言：'办大学最先在筹款，得款后乃可择师。能罗致世界最大学者，则大学可以数年间闻于国中，传诸海外矣。'"胡适旋以刊载《非留学篇》之留美学报流传不多，故特将原稿寄给东京章士钊主编之《甲寅》杂志。不幸又告遗失。今其文似已失传，幸《甲寅》刊有胡寄章一函中有云："一国无地可为高等学问授受之所，则固有之文明日即于沦亡，而输入之文明亦扞格不适用，以其未经本国人士之锻炼也。此意怀之有年，甚愿得明达君子之赞助。"

胡适于当时日记郑重表示其希望："吾他日能生见中国有一国家的大学可比此邦之哈佛、英之剑桥牛津、德之柏林、法之巴黎，吾死瞑目矣。嗟夫！世安可容无大学之四百万方里四万万人口之大国乎！世安可容无大学之国乎！""国无海军，不足耻也；国无陆军，不足耻也！国无大学，无公共藏书楼，无博物院，无美术馆乃可耻耳。我国人其洗此耻哉！""吾归国后每至一地，必提倡一公共藏书楼。在里则将建绩溪阁书社，在外则将建皖南藏书楼、安徽藏书楼。然后推而广之，乃提倡一中华民国国立藏书楼，以比英之 British Museum，法之 Bibliotheque National，美之 Library of Congress。亦报国之一端也。"

胡适因此决定从事教育之志向，其寄国内友人书有云："外患亡国亦不足顾虑。倘祖国有不能亡之资，则祖国决不致亡。倘其无之，则吾辈今日之纷纷，亦不能阻其不亡。不如打定主意，从根本下手，为祖国造不能亡之因，庶几犹有虽亡而终存之一日耳。""适以为今日造因之道，首在树人；树人之道，端在教育。故适近来别无奢望，但求归国后能以一张苦口、一支秃笔，从事于社会教育，以为百年树人之计，如是而已。""明知树人乃最迂远之图。然近来洞见国事与天下事均非捷径所能为功。七年之病，当求三年之艾。倘以三年之艾为迂远而不为，则终亦必亡而已矣。"

（吴相湘：《胡适》）

中日关系之讨论

胡适既秉持理智的爱国主义，更痛心"今日大患在于学子不肯深思远虑"。三月十九日，胡接阅《留美学生月报》三月号，非常不安，因以英文写一致留学界公开信送《月报》社，指正《月报》主编所谓"中国有百万兵可与日本一战"之说不当：事实上最多有十二万名劣势装备的军队，绝无海军——最大军舰不过一艘三级四千三百吨巡洋舰。如何能战？胡因此强调：远东问题之最后解决，绝不是在目前与日本作战。真正与最后之解决当在若干时日以后。故今日留学生之责任在求学！胡反复指陈：吾人不可激动，惟有尽自己责任——求学。其后，《月报》刊载其公开信，主编邝煦堃特撰长文，指胡"木石心肠不爱国"。胡未置辩，而用"笔"与"舌"向美人说明中日交涉情形。

胡适自发愿研究日本文明，乃请任鸿隽代向日本购有关书刊。是年五月二日得一留日同学寄书二册，并附一信内云："日本文化一无足道：以综而言，则天皇至尊。以分而言，则男盗女娼。此二语自谓得日人真相，盖阅历之言。"胡适阅后大感敬异："嗟呼！此言而果代表留日学界也，则中日之交恶，与夫吾国外交之昏暗也，不亦宜乎？"逮读大隈重信编纂《日本开国五十年史》(*Fifty Years of New—Japan*, New York, Dutton, 1909)，又"深有所感。吾国志士不可不读"。

是年（一九一五年）六月十六日，国际关系讨论会（A Conference on International Relations）在绮色佳举行，此为卡内基氏之世界和平基金（The Carnegie EndoWment for International Peace）与波士顿之世界和平基金（World Peace Foundation）协同召集，以为各大学之国际政策会（International Polity Clubs）会员聚集讨论之所，亦以为锻炼将来世界和平运动领袖之所。美国和平运动巨子均前来参加。胡适亦出席斯会，并于每日会后邀约出席会员二三人至其寓茶话。二十日，胡与参加是会之日本人富山接三（日本和平会书记，大隈重信为其会长）聚谈竟日，讨论"二十一条要求"。富山言："中国须信任日本。日本须协助中国。中日间之恶感情宜渐次消除。"胡当指出："此次之交涉，适得与此三者绝对的相反之结果。"富山云："正以中国不信任日本，故有此次强项的要求；若中日交欢，则决无此事矣。"胡又剖陈："此真所谓南辕北辙之政策，吾之责备日本正为此耳。"当富山提出"教育""交际""实业上之联合""开诚之讨论"为将来中日交欢之道时，胡更郑重说明："四者之外，尚有第五法，尤不可不知。其道为何？曰：日本须改其侵略政策是已。"富山旋以胡所称"远东永久和平非待中日同跻平等之地位决不可得"结语为不当，谓日本不能坐待欧美之侵略！胡更指出"此梦呓之言也，以自保为词，乃遁辞耳"。此为胡一生第一次与日本人直接讨论中日两国关系。

胡适与国际政策讨论会会员茶话时，有一二人颇以今日少年人争言非攻，与古谚"老年谋国，少年主战"恰相反。胡当说明："今之少年人之主和平，初非以其怯怯畏死也；独其思想进步，知战争之不足恃，而和平之重要，故不屑为守旧派之主战说所指挥耳。其力谋和平，非畏死也，为国为世界计久长耳。"

（吴相湘：《胡适》）

绮色佳五年大收获

胡适旅寓绮色佳镇五年，"大有买药女子皆识韩康伯之慨"，每日访客多，不能静心读书。是年（一九一五年）七月五日，忽动他迁之念，"择一大城如纽约、如芝加哥，居民数百万，可以藏吾身矣"。八月二十一日，决计往纽约市哥伦比亚大学研究院攻读一年。九月二十日，胡适离绮色佳启程赴纽约市。临行自不胜依恋不舍之情："吾尝谓绮色佳为'第二故乡'，今当别离，乃知绮之于我，虽第一故乡又何以过之？""此五年之岁月，在吾生为最有关系之时代。其间所交朋友、所受待遇、所结人士、所得感遇、所得阅历、所求学问，皆吾所自为，与自外来之桑梓观念不可同日而语。其影响于将来之行实，亦当较儿时阅历更大。"

胡适所谓"此五年之岁月"云云，实值得特别注意。如今人研究指出：一九一一年开始的十年，是美国文运复兴运动（An American Renaissance）展开时期。这一伟大运动，使意大利文艺复兴运动显得有如"茶壶里的风浪"。在这一新时代中，每一事物都是新鲜：新妇女、新人文主义、新艺术、新民族主义、新自由主义、新历史学、新文学、新思想、新体诗——一九一二——一九一八年（民国元年至七年）更被称为诗的推陈出新时期：一九一二年，孟禄的《诗：韵文杂志》（*Harriet Monore's Poetry：A Magazine of Verse*）问世，一新诗运动即在美国文学界产生重大影响。一九一三年（民国二年）三月，《诗：韵文杂志》刊载庞德（Ezra Pound）撰《几个不》（*A Few Don'ts*）的主张。一九一七年，此种新体诗，被若干人称赞为"美国第一艺术"（America's first national art）：无论印象派诗人、抒情诗人、实验主义者均大量出现。其特色在自传统的拘谨句法中解放，开创使用平淡易懂的口语韵文。

胡适即在这一时期在美国求学，在西行之前，对中英诗句早有兴趣。今在新大陆，正逢新境界，自得风气之先。一九一五年九月十七日，即其离绮色佳镇赴纽约之前四日所作《送梅觐庄（光迪）往哈佛大学诗》，可为代表。此诗凡六十句，四百二十字。胡生平作诗，此为最长。全诗凡用十一外国字，一抽象名，十为本名。胡适自跋："人或以为病。其实此种诗，不过是文学史上一种实地试验，前不必有古人，后或可诏来者。知我罪我，当于试验之成败定之耳。"此一长诗中有"神州文学久枯馁，百年未有健者起，新潮之来不可止，文学革命其时矣"句，为胡适应用"文学革命"之第一次。九月二十日，胡适自绮色佳乘车赴纽约途中作一答任鸿隽赠诗，开始提出"诗国革命何自始"的问题，并且拟定"要须作诗如作文"的方案。

（吴相湘：《胡适》）

实验主义的文学观

先是：胡适决定转学纽约时，即曾利用是年（一九一五年）暑假时间，发愤尽读杜威博士（Dr. John Dewey）各种著作，做有详细的英文提要。入学哥伦比亚大学研究院哲学部后，随时有杜威博士指导及相互讨论。如胡适自述："从此以后，实验主义成了我的生活和思想的一个向导，成了我自己的哲学基础。""我的文学革命主张也是实验主义的一种表现。"

一九一六年二三月间胡适在思想上有一新觉悟，即认清中国文学史上几次文学革命全是文学工具的革命，中国俗文学（从宋儒的白话语录到元明的白话戏曲、白话小说）是中国的正统文学，是代表中国文学革命自然发展的趋势。如胡适自述："我到此时，才敢正式承认中国今日需要的文学革命是用白话替代古文的革命，是用活的工具替代死的工具的革命。"因将此新见解函告梅光迪。梅复信一反半年来对胡"文学革命"之抨击态度而表示赞成："来书论宋元文学，甚启聋聩。文学革命自当从'民间文学'（Folklore，Popular Poetry，Spoken Lauguage etc.）入手，此无待言。惟非经一番大战争不可。骤言俚俗文学，必为旧派文家所讪笑攻击，但我辈正欢迎其讪笑攻击耳。"胡适得此鼓励，信心愈强。四月十三日，特作一《沁园春》词自誓："更不伤春，更不悲秋，以此誓诗。任花开也好，花飞也好，月圆固好，日落何悲？我闻之曰，'从天而颂，孰与制天而用之'？更安用为苍天歌哭，作彼奴为！文章革命何疑！且准备搴旗作健儿。要前空千古，下开百世，收他臭腐，还为神奇。为大中华，造新文学，此业吾曹欲让谁？诗材料，有簇新世界，供我驱驰。"

是年六月，胡适往克利佛兰（Cleveland）参加"国际关系讨论会"第二次会，来去均经过绮色佳镇，与任鸿隽、唐钺、杨铨、梅光迪等讨论改良中国文学的方法。时胡已有具体方案，即用白话作文、作诗、作戏曲。但梅光迪以为"小说戏曲可用白话，诗文则不可"。任鸿隽亦以为"不能用之于诗"。七月二十二日，胡适特作一千余字白话游戏诗以寄梅、任。梅讽之以"如听莲花落"。任也以"此次试验之结果乃完全失败"。胡因决心不再与人争辩，努力做白话诗。

胡适自述有云："我的决心试验白话诗，一半是朋友们一年多讨论的结果，一半也是我受的实验主义的哲学的影响。实验主义教训我们：一切学理都只是一种假设；必须要证实了（Verified），然后可算是真理。""我的白话文学论不过是一个假设，这个假设的一部分（小说戏曲等）已有历史的证实了；其余的一部分（诗）还须等待实地试验的结果。我的白话诗的实地试验，不过是我的实验主义的一种应用。"八月三日，胡适作《尝试篇》诗，说明其实验主义的文学观："'尝试成功自古无'，放翁（陆游）这话未必是。我今为下一转语，自古成功在尝试。请看药圣尝百草，尝了一味又一味。又如名医试丹药，何嫌六百零六次。莫想小试便成功，哪有这样容易事！有时试到千百回，始知前功尽抛弃。即使如此已无愧，即此失败便足记。告人此路不通行，可使脚力莫浪费。我生求师二十年，今得'尝试'两个字。作诗做事要如此，虽未能到颇有志，作《尝试歌》颂吾师，愿大家都来尝试。"

胡适经过长期讨论，自己许多散漫的思想已可汇集成为系统。八月十九日，寄信朱经农提出新文学的要点八事，并函告上海《新青年》杂志主编陈独秀。

胡适与陈独秀同为安徽省人。清季《安徽白话报》刊行时，胡陈都是撰述人。陈创刊《青年》（后改名《新青年》）时曾与胡通信。一九一六年二月三日，胡寄陈信指出："今日欲为祖国造新文学，宜从输入名著入手，使国中人有所取法，有所观摩，然后乃有自己创造之新文学可言也。""译事正未易言。译书须择其与国人心理接近者先译之，未容躐等也。贵报（《青年杂志》）所载王尔德之《意中人》虽佳，然似非吾国今日士夫所能领会也。以适观之，即译此书者尚未能领会是书佳处，况其他乎？而遽译之，岂非冤枉王尔德耶？"其后《青年》又刊出谢无量一首八十四韵长诗。胡又寄信陈独秀："适所以不能已于言者，正以足下论文学已知古典主义之当废，而独啧啧称誉此古典主义之诗，窃谓足下难免自相矛盾之消矣。"同时将其对新文学要项八事寄陈。陈得信后即复函表示"曷胜惭感"，并请胡对文学革命八事写成一文"以告当世"。胡因即撰《文学改良刍议》一文寄陈刊载《新青年》。正式提出八不主义：（一）须言之有物。（二）不摹仿古人。（三）须讲求文法。（四）不作无病之呻吟。（五）务去滥调套语。（六）不用典。（七）不讲对仗。（八）不避俗字俗语。如胡适自述："我把'不避俗字俗语'一件放在最后，标题只是很委婉地说'不避俗字俗语'，其实是很郑重地提出我的白话文学的主张。""这完全是用我三四月中写出的《中国文学史观》，稍稍加上一点后来的修正，可是我受了在美国的朋友的反对，胆子变小了，态度变谦虚了，所以此文标题但称'文学改良刍议'，而全篇不敢提起'文学革命'的旗子。""这是一个外国留学生对于国内学者的谦逊态度。文字题为'刍议'，诗集题为'尝试'，是可以不引起很大的反感的了。"

《文学改良刍议》刊载于一九一七年一月一日出版之《新青年》第二卷第五期。陈独秀为响应支持胡适主张，旋特撰《文学革命论》刊载于次期。同时又刊出胡适的白话诗八首及《藏晖室劄记》（即《胡适留学日记》）。从此，文学革命就成为国内文人学者讨论的主题，不久且形成为一有力的大运动。

（吴相湘：《胡适》）

国立北京大学教授

其时，哥伦比亚大学设有专研中国文化之讲座，延聘德国著名汉学家夏德教授（Professor Friederich Hirth）主讲，图书馆中之中国书籍如胡适欲得之《古今图书集成》等庋藏甚富，阅读参考均甚便利。胡适早已感受赫胥黎"存疑主义"（Agnosticism）深厚影响：体认怎样怀疑，不信任一切没有充分证据的事物。今亲聆杜威博士教导，更知怎样思想，处处顾虑到当前的问题，将一切学说理想都看作待证的假设，处处顾虑到思想的结果。一九一七年四月，胡适撰《诸子不出于王官论》，即其心得之一。五月一日，《新青年》第三卷第三期刊载胡撰《历史的文学观念篇》。是月二十二日，胡适提出《中国古代名学方法之进化史》（A Study of The Development of Logical Method in Ancient China）之博士论文，通过最后考试。主试者为杜威教授、夏德教授等六人。六月九日，启程归国，自纽约至加拿大温哥华（Vancouver）登轮东行。七月十日，回抵上海。旋即北上，就任国立北京大学文科教授。

自一九一七年一月蔡元培出任北京大学校长，即取法柏林大学，锐意除旧布新。胡适早已认识国立大学重要性，自更尽全力协助发展此国内唯一国立大学。如蔡元培所指陈："北大关于文学、哲学等学系，本来有若干基本教员，自从胡适君到校后，声应气求，又引进了多数的同志，所以兴会较高一点。"

胡适在北京大学本科及研究所讲授"中国古代哲学史""中国名学""英文高等修辞学"，此在当时北大国学人物环境中颇引人惊奇，但终使人敬服。如顾颉刚所记述："哲学系中讲中国哲学史一课的，第一年是陈汉章先生，他是一位极博洽的学者，供给我们无数材料，使得我们眼光日益开拓，知道研究一门学问应该参考的书是多至不可数计的。他从伏羲讲起，讲了一年，只到得商朝的《洪范》。我虽是早受了《孔子改制考》的暗示，知道这些材料大都是靠不住的，但到底爱敬他的渊博，不忍有所非议。第二年，改请胡适之先生来教。'他是一个美国新回来的留学生，如何能到北京大学来讲中国的东西？'许多同学都这样怀疑，我也未能免俗。他来了，他不管以前的课业，重编讲义，开头一章是'中国哲学结胎的时代'，用《诗经》作时代的说明，丢开唐虞夏商，径从周宣王以后讲起。这一改把我们一班人充满着三皇五帝的脑筋骤然作一个重大的打击，骇得一堂中舌挢而不能下。许多同学都不以为然；只因班中没有激烈分子，还没有闹风潮。我听了几堂，听出一个道理来了，对同学说：'他虽然没有陈先生读书多，但在裁断上，是足以自立的。'那时傅斯年正和我同住在一间屋内，他是最敢放言高论的，从他的言论中常常增加我批评的勇气。我对他说：'胡先生讲得的确不差，他有眼光、有胆量、有断制，确是一个有能力的历史家。他的议论处处合于我的理性，都是我想说而不知道怎样说才好的。你虽不是哲学系，何妨去听一听呢？'他去旁听了，也是满意。从此以后，我们对于适之先生非常信服。"

胡留美时，喜参加课外活动，今来北大，对学生课外活动更多鼓励赞助。傅斯年等倡组之"新潮社"，即一显明事例。而傅斯年等于课余至胡寓所问学，获得启示尤多。胡更将其留学时获得奖学金完成学业之经验，发起组织一"成美学会"："以协助德智优秀、身躯健壮、自费无力之国立大学学生，藉增进国家人才，并减少社会阶级为目的。"是年十二月，胡适回绩溪省亲，与江冬秀女士完婚。

一九一八年四月，胡适发表《建设的文学革命论》，提出"国语的文学、文学的国语"。十一月二十三日，胡母冯太夫人病殁于绩溪。十二月一日，胡奔丧到家。其后有白话诗一首志哀："何消说一世的深恩未报！何消说十年来的家庭梦想，都——云散烟消！"

（吴相湘：《胡适》）

中国哲学史大纲

一九一九年二月，胡在《新生活》撰刊《差不多先生传》，指陈国人不求精细的通弊："差不多先生"是中国全国人民的代表。"他的名声越传越远，越久越大，无数无数的人，都学他的榜样。于是人人都成了一个差不多先生。然而中国从此就成了一个懒人国了。"是月，胡撰著《中国哲学史大纲》上卷出版。两月之内，即行再版。其中讨论墨子学说占四章，又"别墨"六章，合计十章，超过述说任何其他各家的篇幅。注重宣扬墨子"非攻""弭兵""兼爱"思想，由此可见。蔡元培于其书撰序，指出其中特长四点：（一）证明的方法。（二）扼要的手段。（三）平等的眼光。（四）系统的研究。三月，林纾以公开信致蔡元培指责"白话""文学革命"。蔡答书说明北大兼容并包学术自由政策，对胡特加推崇："即其所作《中国哲学史大纲》言之，其了解古书之眼光，不让清代乾嘉学者。"安福系议员汤元奇在参议院对教育总长及蔡元培提出弹劾。辜鸿铭则撰稿刊载英文周刊。但蔡坚决支持胡之主张："我敢断定白话派一定占优胜。"南方舆论尤极力支持。

胡适讲授撰《述中国古代哲学史》，要为实现少年时之心愿。一九一八年十一月二十三日，胡因徐振飞（新六）之介，至天津走谒其久所钦仰之梁启超，请教有关墨学问题。胡尊梁为前辈，梁则和易近人。梁旋有欧洲之行。一九二〇年春回国。胡梁又聚晤甚欢。梁且接受胡之建议：将晚清"今文运动"经历撰成《清代学术概论》。稿成后又请胡为之校读改正始交排印。书成出版时，梁于书中指出："绩溪诸胡之后有胡适者，亦用清儒方法治学，有正统派遗风。"一九二一年，梁作《墨经校释》，自序中特推崇胡与章炳麟治墨学的成绩，并请胡为撰一序——胡即坦白批评。梁得序后殊喜慰："此种序文，表示极肫笃的学者风度，于学风大有所裨，岂惟私人纫感而已。"其后，梁撰《墨子学案》《墨子年代考》对胡适治墨成绩颇多称许。一九二二年秋，梁赴北大作连续两日之"评胡适之《中国哲学史大纲》"演讲。胡适偕梁范会场。梁指出"这书自有他的立脚点，他的立脚点很站得住。这书处处表现出著作人的个性，他那敏锐的观察力、细密的组织力、大胆的创造力，都是'不废江河万古流'的"。梁于结论强调此书"讲墨子、荀子最好，讲孔子、庄子最不好。总说一句：凡关于知识论方面，到处发现石破天惊的伟论；凡关于宇宙观人生观方面，十有九很浅薄或谬误。"

北京大学文科教授多章炳麟门生，胡适与彼等情谊各有不同：胡与黄侃距离极远。胡与钱玄同则相处甚得。胡与周树人（鲁迅）则合而又分。胡于《中国哲学史大纲》上卷序文曾特别表示对章炳麟之敬意。但自视极高之"太炎先生"则对胡"不假辞色"：一九二一年十一月且寄信章士钊指斥胡治墨学"未知说诸子之法与说经有异"。章士钊以之刊载上海《新闻报》。胡阅报后乃于病中致信章士钊：倘见"太炎先生，千万代为一问：究竟说诸子之法与说经有什么不同？这一点是治学方法上的根本问题，故不敢轻易放过"。章炳麟复士钊信略有申说，且谓："吾实有不能已于言者，而非求胜于适之也。"士钊旋与胡适访章炳麟面谈讨论。是冬，胡适应申报馆之约撰《五十年来中国之文学》，其中有云："章炳麟的古文学是五十年来的第一作家，这是无可疑的。但他的成绩只够替古文学做一个很光荣的下场，仍旧不能救活古文学的必死之症。""他的弟子也不少，但他的文章却没有传人。有一个黄侃学得他的一点形式，但没有他那'先豫之以学'的内容。故终究只成了一种假古董。章炳麟的文学，我们不能不说他及身而绝了。"

（吴相湘：《胡适》）

孙文学说内容之介绍

胡适与陈独秀由《新青年》以文会友，终因《新青年》而分道扬镳。

《新青年》原在上海印行，一九一八年春迁移北京出版。陈独秀、胡适、李大钊、钱玄同、高一涵、沈尹默等共同担负编辑责任，撰稿人有周树人、作人兄弟，张慰慈、王星拱、陶孟和、刘复等，形成新文化运动核心小团体。

一九一九年五月四日，学生爱国运动发生时，胡适正在上海接待应北大邀请来华讲学之杜威博士——胡适在上海时曾与蒋梦麟同往拜孙中山先生，孙曾对胡概述"孙文学说""建国方略"。此为胡多年之希望,实有"正中下怀"之喜慰。"六三"事件发生,北京政府与大学生势成对立。中山先生迅速把握此一有利局势,特令戴季陶将国民党机关报——上海《民国日报》于六月八日创一《星期评论》增刊。其《发刊词》即用白话文。六月十五日,胡接办《每周评论》第二十六号出版。第二十八号《每周评论》内容大加改变,新辟《论说》一栏,胡特撰《欢迎我们的兄弟——〈星期评论〉》。

　　《星期评论》旋刊载六月二十二日中山先生与戴季陶有关社会问题的谈话。七月二十日,《每周评论》第三十一号刊出胡撰《孙文学说之内容及评论》说明:"《孙文学说》这部书是有正当作用的书,不可把它看做仅仅有政党作用的书。中山先生又做了一种《建国方略》,是一种很远大的计划。他又怕全国的人仍旧把这种计划看做不能实行的空谈,所以他先做这一本'学说'。要人抛弃古来'知易行难'的迷信,要人知道这种计划的筹算虽是不容易的事,但是实行起来并不困难,这是他著书的本意,是实行家破除阻力的正当手续。所以我说这书是有正当作用的。"在此同一期《每周评论》中又刊载胡撰《多研究些问题、少谈些"主义"》,指出"高谈主义,不研究问题的人,只是畏难求易,只是懒"!"这是中国思想界破产的铁证,这是中国社会改良的死刑宣告"!胡并举例说明:高谈无政府主义的人,"买一两本实社自由录,看一两本西文无政府主义的小册子,再翻一翻大英百科全书,便可高谈无忌了"。其后《每周评论》第三十五期刊载李大钊撰《再论问题与主义》一文对胡持论颇多辩说,胡又撰《四论问题与主义:论输入学理的方法》,文中指出应有"历史的态度":"这样输入的主义,一个个都是活人对于活问题的解释与解决,一个个都有来历可考,都有效果可寻。""输入学说的人,若能如此存心,也许可以免去现在许多一知半解、半生不熟、生吞活剥的主义的弊害。"显见二人道已不同。《每周评论》旋被迫停刊。

　　是年(一九一九年)八月,胡撰《清代学者的治学方法》,是"大胆的假设、小心的求证"。十月十日,全国教育会联合会第五届年会在太原举行。胡陪杜威博士前往参加,演讲教育之改革、实验主义等。胡且撰《请颁行新式标点符号议案》(按一九一五年八月,胡即曾就数年研究心得撰《论句读及文字符号》一文送刊《科学》杂志。《中国哲学史大纲》上卷即我国第一部用新式标点排印书籍)。又于《少年中国》第一卷第四期发表《大学开女禁的问题》,对北京大学招收女生有推动作用(参见本书蒋梦麟篇末:"西潮考释举例")。十二月,撰《国语文法概论》。时《新青年》经一度停刊后又恢复出版(第七卷第一期),发表《本志宣言》,显现陈独秀、李大钊与胡等仍力求协调。胡特撰《新思潮的意义》一文,对其"多谈些问题、少谈些主义"主张再作进一步说明,提出"研究问题、输入学理、整理国故、再造文明"四大纲:"文明不是笼统造成的,是一点一滴的造成的。进化不是一晚上笼统进化的,是一点一滴的进化的。"

对梁启超新学社主办"解放与改造"亦有批评。

一九一九年八月，胡汉民在新创刊之《建设》杂志中撰《孟子与社会主义》及《中国哲学史之唯物研究》，赞扬"胡适之教授《中国哲学史大纲》，把前八世纪到前七世纪叫做诗人的时代，又叫做哲学结胎的时代，很有卓识"。"胡适之说：'孟子的政治学说含有乐利主义，万无可讳言的。'从大体看来，这话确是不错。"从此以文会友，胡适以胡汉民文中有"古代井田制度除了孟子再没有可靠的书"句，特寄函上海与胡汉民讨论，胡汉民且暂缓预订离沪行期作长函与胡适研讨。廖仲恺、朱执信旋亦参加此一通信讨论。来往信件后均刊载于《建设》杂志第二卷中（旋复有《井田制度有无之研究》专册刊行）。同时，中山先生于《致海外同志书》中指出："自北京大学学生发生五四运动以来，一般爱国青年无不以革新思想为将来革新事业之预备……社会遂蒙绝大之影响。虽以顽劣之伪政府，犹且不敢撄其锋，此种新文化运动在我国今日诚思想界空前之大变动。""吾党欲收革命之成功，必有赖于思想之变化，兵法攻心，语曰革心，皆此之故。故此种新文化运动实为最有价值之事。"南北遥相呼应，海外声气相通，由此可见。

其时，日本汉学者诸桥辙次（《大汉和辞典》十三巨册的编著人）亦至北京访问胡适等学人。诸桥与胡笔谈中赞扬"贵著《中国哲学史大纲》立论适确，论旨透彻，拉来群经置一熔炉中，盖非精通于东西学术者，所不能成也"。"先生所作《文学刍议》外数篇，弟私译其一部投稿于敝国杂志。近时京都大学青木学士亦译贵著（《哲学史》）于杂志（《支那学》）之上，文稍为精详。"当诸桥询及日本学人研究中国经学应用欧美哲学法为基础是否适当，胡答以"清代经学大师治经方法最精密"。若能以其方法"加以近代哲学与科学的眼光与识力，定可有所成就"。胡对于诸桥提及研究中国家族制度之资料时，胡答以"尚无专书"，惟有"参考各种杂记、小说、戏曲及史传等。小说似最重要，如《石头记》（《红楼梦》）一书可考满洲贵族之家庭，如近人《二十年目睹之怪现状》，可考近人之家"。胡注意小说以了解中国社会之心意固如此。其后，青木正儿又提供若干有关《水浒传》的资料，胡得以对此著名小说完成新考证。

（吴相湘：《胡适》）

《新青年》悲欢离合

一九二〇年二月，《尝试集》出版，为胡白话诗集首次问世。时值新旧文学争辩最激烈之际，社会人士对此颇表欢迎，二年之内销售一万部。在当时已属不易。是年秋胡常生病。《新青年》随陈独秀南下移上海出版，公开宣传布尔什维克主义。一九二〇年十二月十六日，陈独秀应陈炯明之邀自上海乘船至广东时，特寄信胡适及高一涵亦以"新青年色彩过于鲜明""以后仍以趋重哲学文学为是"。并谓："南方颇传适之兄与（陶）孟和兄与研究系（梁启超）接近，且有恶评。"胡当质直复信陈指出"北京同人抹淡的工夫决赶不上上海同人染浓的手段之神速"。因提出二办法：（一）听《新青年》流为一种有特别色彩之杂志，而另创一哲学文学杂志。（二）《新青年》改变内容，守"不谈政治"的戒约。陈独秀得信颇多误会，以胡提议"是及对他个人"。胡再寄函说明，力主将《新青年》移北京编辑。"若此问题不先解决，我们便办起新杂志来了，表面上与事实上确是都很像与独秀反对"。经胡分别征询同人意见：张慰慈、高一涵、王星拱均同意"移回北京"。周作人、树人亦"赞成北京编辑。但我看现在《新青年》的趋势是倾于分裂的，不容易勉强调和统一。无论用第一、第二办法，结果还是一样，所以索性任他分裂，照第一条做或者倒还好一点"。钱玄同的意见与周氏弟兄甚相近："觉得还是分裂为两个杂志的好。一定要这边拉过来，那边拉过去，拉到结果，两败俱伤，不但无谓，且使外人误会，以为《新青年》同人主张'统一思想'，这是最丢脸的事。孟和兄主张停办，我却和（李）守常兄一样，也是绝对的不赞成。我以为我们对于（陈）仲甫兄的友谊，今昔一样，本未丝毫受伤。但《新青年》这个团体，本是自由组合的，即此其中有人彼此意见相左，也只有照'临时退席'的办法，断不可提出解散的话。极而言之，即使大家对于仲甫兄感情真坏极了，友谊也断绝了，只有他一个人还是要办下去，我们也不能要他停办。至于《新青年》精神之能团结与否，这是要看各个人的实际思想如何来断定，断不在乎'新青年'三个字的金字招牌！"

胡适等在北京议论未决，上海法捕房已将《新青年》查扣。陈独秀因即决定移广州出版。胡与陈、李（大钊）从此分道扬镳。当时李曾有信寄胡云："现在我们大学一班人，好像一个处女的地位，交通、研究、政学各系都想勾引我们，勾引不动就给我们造谣，还有那国民系看见我们为这些系所垂涎，便不免起点醋意。"陈致胡信云："近来大学空气不大好……我总是时时提心吊胆怕我的好朋友书呆子为政客所利用。我仍希望你非候病十分好了，不可上课、做文章，而且我很想你来广东一游。"胡当时处境之微妙，可以想见。

一九二一年三月，胡开始撰《红楼梦考证》，至十一月定稿。此一工作如其谓胡对白话小说特具兴趣，不如谓胡取法德国文豪歌德（Goethe）之镇静工夫——歌德每遇政界有大事震动心目，则黾勉致力于一种绝不关系此事之学问以收其心。胡适曾于《留学日记》（页四八四）记载其事，后此文字亦多表现此意，"《水经注》之研究"尤为显明事例。

先是，蔡元培曾于一九一七年九月刊行《石头记索隐》一册。今胡撰《红楼梦考证》中对蔡持论证以惋惜口吻批评"蔡先生这么多的心力都是白白的浪费了"。翌年（一九二二年）一月，蔡刊行《石头记索隐》第六版，特撰序反驳："胡先生之言，实有不能强我以承认者。"五月，胡又撰《答蔡孑民先生的商榷》文，引亚里士多德语：
"我们就不得不爱真理过于爱朋友了。"其独立不挠个性类如此。

　　一九二一年七月十一日，杜威博士离北京启程返美国，胡特撰《杜威先生与中国》
以饯行。杜威自东来，在我国居留两年又两月，曾往奉天、直隶、山西、山东、江西、
湖北、湖南、浙江、福建、广东、江苏演讲，注重教育的革新。说明实验主义——历
史的方法、实验的方法等。各地均有《演讲录》印行。胡在杜威旅行时大多陪往并任
译述。杜威且就亲身经历撰文寄美国《新共和》(The New Republic)、《亚细亚》(Asia) 杂
志，说明中国实况，驳斥外人谬说。胡适称誉杜威为中国良师益友。

　　其时，中山先生在广州对教育界演讲，再三强调指责："欧美留学生对于不谈政治
之一点，实大错误，实误会之极。""苟犹持斯言而不悟，再历十年，民国亦不得有进
步。"以胡之注意上海民国日报《星期评论》与《建设》杂志，对中山先生此两次重要
演讲自然应曾阅及——事实上：胡自"五四"以后，已逐渐谈政治。一九二一年以来
更以积极态度谈论政治。此一转变，最合情理并与胡适思想背景相符之解释，应为胡
适企望中山先生之"建国方略"能够迅速实行。是年十月，胡写《双十节的鬼歌》白
话诗："十年了，他们又来纪念了。他们借我们，出一张红报，做几篇文章；放一天例
假，发表一批勋章！这就是我们的纪念了！要脸吗？这难道是革命的纪念吗？我们那
时候，威权也不怕，生命也不顾；监狱作家乡，炸弹底下来去：我们能受这种无耻的
纪念吗？别讨厌了！可以换个法子纪念了。大家合起来，赶掉这群狼，推翻这鸟政府；
造一个新革命，换一个好政府；那才是双十节的纪念了！"胡对于北京政府之厌恶，
由此可见。参加《努力》，倡"好人政治"的渊源也由此显现。

（吴相湘：《胡适》）

《努力周报》倡"好人政治"

　　一九二二年，五月七日，《努力周报》创刊。胡自述此为丁文江倡议，半年以来，
约集"有职业而不靠政治吃饭的朋友"组织一小团体，作为公开的批评政治或提倡政
治革新的准备。

　　《努力周报》第一期发刊词即胡适撰《努力歌》。其中第一、三节有曰："'这种情
形是不会长久的。'朋友，你错了。除非你和我不许他长久，他是会长久的。""天下无
不可为的事。直到你和我——自命好人的——也都说'不可为'，那才是真不可为了。"
第二期刊载胡适手撰，北大校长蔡元培、教授王宠惠、罗文干领衔，并有北京大学及
东南大学教授共十六人连署的《我们的政治主张》。对当时南北分裂、宪法、裁兵、考
试任官、财政等提出具体意见。其中第四节"政治改革的唯一下手工夫"即号召好人

论政参政。其文有云："我们深信中国所以败坏到这步田地，虽有种种原因，但'好人自命清高'确是一个重要的原因。'好人笼着手，恶人背着走。'因此，我们深信，今日政治改革的第一步在于好人须要有奋斗的精神。凡是社会上的优秀分子，应该为自卫计，为社会国家计，出来和恶势力奋斗。我们应该回想：民国初元的新气象，岂不是因为国中优秀分子加入政治运动的效果吗？当时旧官僚很多跑到青岛、天津、上海去拿出钱来做上生意，不想出来做官了。听说那时的曹汝霖每天在家关起门来研究宪法，后来好人渐渐的厌倦政治了，跑的跑了，退隐的退隐了；于是曹汝霖丢下他的宪法书本，开门出来了。于是青岛、天津、上海的旧官僚也就一个一个的跑回来做参政、谘议、总长、次长了。民国五六年以来，好人袖手看着中国分裂，看着讨伐西南，看着安福部成立与猖獗，看着蒙古的失掉，看着山东的卖掉，看着军阀的横行，看着国家破产丢脸到这步田地——够了！罪魁祸首的好人现在可以起来了！做好人是不够的，须要做奋斗的好人；消极的舆论是不够的，须要有决战的舆论，这是政治改革的第一步下手工夫。"此文刊布后，引起甚多讨论。丁文江因撰文特别说明"好人"应如何严格训练自己做政治生活的准备四要件。

此一"好人政治"之号召，实为对北京政府当头一棒。以蔡元培、王宠惠与中山先生关系之深切，其意义尤不寻常，值得特别注意。

一九二二年十月，胡于《努力》撰刊《国际的中国》，针对"瞎说的国际形势论"下一批评与矫正。倡言："政治的改造是抵抗帝国侵略主义的先决问题。"

一九二三年一月十七日，蔡元培反对彭允彝出任教育总长，"不忍为同流合污之苟安"，请辞北京大学校长。胡适抱病连续在《努力周报》撰文，宣扬蔡元培的"不合作主义"及"有所不为"精神。针对有人批评蔡辞职"是消极的、非民众的观念"，胡又撰《蔡元培是消极吗？》大肆抗议："现在我们如果希望打倒恶浊的政治，组织固是要紧，民众固是要紧。然而蔡先生这种'有所不为'的正义呼声更是要紧。为什么呢？我们不记得这二十年的政治运动史吗？当前清末年，政府用威权来杀戮志士，然而志士越杀越多，革命党越杀越多。自从袁世凯以来，政府专用金钱来收买政客，十年的工夫，遂使猪仔遍于国中，而'志士'一个名词竟久已不见经传了！大家生在这个猪仔世界之中，久而不闻猪臊气味，也就以为'猪仔'是人生本分，而卖身拜寿真不足为奇了！在这个猪仔世界里，民众固不用谈起，组织也不可靠，还应该先提倡蔡先生这种抗议的精神，提倡'不降志、不辱身'的精神，提倡那为要做人而有所不为的牺牲精神。先要人不肯做猪仔，然后可以打破这个猪仔的政治！"

（吴相湘：《胡适》）

"二进宫"谈新诗

　　胡适至紫禁城会见宣统逊帝溥仪一事颇受各方争议——据溥仪之英国教师庄士敦（Reginald F. Johnston）记述：此一会见乃庄士敦所安排。庄士敦当时在北京与《新青年》《文学革命》人士相识，其中且多参加一国际性组织之"文友会"。胡适即继庄士敦之后任文友会会长。庄士敦曾将胡适著述及多种杂志检送溥仪阅读。溥仪甚感兴趣，并欲一晤胡适。庄士敦乃电话告知胡适，并谓溥仪表示当免除宫廷跪拜礼节。并不告知守旧大臣，以免反对。一九二二年五月三十日（即《努力周报》出版后三周），胡自神武门进宫。溥仪对胡接待以礼，胡称之为"皇上"，以新诗、青年作家、文学为谈话主题。谈话约二十分钟，胡即因尚有重要约会辞出。六月六日，胡写白话小说《有感》："咬不开，槌不碎的核儿，关不住核儿里的一点生意；百尺的宫墙，千年的礼教，锁不住一个少年的心！"七日，又寄函庄士敦说明此一会见情形：只因神武门卫士阻误时间，致不克多谈。并谓初不愿此事见诸报纸，不料竟被中外报纸看做重大新闻刊载，未免小题大做。实则胡往见此末代皇帝本意，只以其为中国数千年专制君主之最后代表而已。

　　庄士敦以为此一会见，显示溥仪生活感受新的影响，否则，紫禁城真如"知识牢圈"。但左派报刊则以胡为"背叛民国"时加攻击，三年不休。胡认为既有"优待清室条件"存在，此一会见实符合情理法。自本良心，不恤人言。一九二四年五月二十七日，胡再度入紫禁城与溥仪会晤（其后一英文书《亚洲的导火线》*The Tinder Box of Asia by George E.Sokolsky*，*New York*，1932. 竟谓：胡适为溥仪教师，常利用电话教读。庄士敦指斥其说无稽。泰戈尔来华时，亦曾入宫见溥仪。庄士敦且曾将徐志摩译诗本送陈溥仪阅读）。

　　当报纸攻讦胡适为"帝师"时，章士钊更抨击之曰"天帝"。一九二三年八月二十一二日，上海《新闻报》刊载章士钊撰《评新文化运动》一文，其中有云："今日青年以适之为天帝，以绩溪为上京……于胡氏文存中求文章之义法，于《尝试集》中求诗学之源流……以鄙俗妄为之举，窃高文美艺之名。"章且使友人以此文致胡适，促其作答。胡以"不值一驳"置之。吴稚晖因此讥章士钊"那篇文章，尽是村学究语，自然不值一驳。做那种文章，简直是失了逻辑学者的体面"。"这是他近年来略略收藏书画，被官僚包围了，雍容欢乐于故纸堆中，其实必定是束书不观的结果。"

（吴相湘：《胡适》）

《国学季刊》发刊宣言

其时，胡适可谓"名满天下，谤亦随之"。若干人均浩叹"古学沦亡""古书将无人能读"。胡适却不顾毁誉埋头在北京大学创办《国学季刊》。一九二三年一月，胡手撰《国学季刊发刊宣言》指出：自明末迄今三百年中，可说古学昌明时代，在整理古书、发现古书、发现古物（如甲骨文铜器等）三方面都具有成绩。但仍难免有三大缺点：（一）研究范围太狭窄。（二）太注重功力而忽略理解。（三）缺乏参考比较的材料。

胡适因此进一步提出：（一）用历史的眼光来扩大国学研究的范围：包括一切过去的文化历史。再进而（二）注意系统的整理：索引式的整理、结账式的整理、专史式的整理——理想中的国学研究，至少有这样的一个系统：中国文化史：①民族史、②语言、③经济史、④政治史、⑤国际交通史、⑥思想学术史、⑦宗教史、⑧文艺史、⑨风俗史、⑩制度史。

胡适更提示（三）如何博采参考比较资料的方法：如封建制度用欧洲中古与日本的封建制度比较，用西洋议会制度更可了解中国御史制度的性质与价值，认识欧美高等教育史更能了解中国书院制度的性质与价值。即如《墨子经》上下诸篇，如不参考印度因明学与欧洲哲学，亦将无法理解其涵义。胡适更强调：现在治国学：（一）必须打破闭关孤立态度，要存比较研究的虚心，采用欧美科学的方法，补救我们没有条理系统的习惯。（二）欧美日本学术界有无数的成绩可以供我们的参考比较，可以给我们开无数新法门，可以供给我们添无数借鉴的镜子。

胡适复郑重申言："我们观察这三百年的古学史，研究这三百年的学者的缺陷，知道他们的缺陷都是可以补救的。我们又反观现在古学研究的趋势，明白了世界学者供给我们参考比较的好机会，所以我们对于国学的前途，不但不抱悲观，并且还抱无穷的乐观。"

近五十年事实说明，内乱外患交乘，国学研究仍有成绩；胡适提示此一正确方向与具体方法，实为主要因素。

一九二三年四月，"人生观论战"展开，胡时在西湖养病，未参加论战。十一月，上海亚东书局录集双方论辩文字为《科学与人生观》。陈独秀撰序指出：只有唯物史观可以支配人生观。并向丁文江、胡适挑战：是否相信"唯物史观"为真理？胡特致书陈说明："独秀终是一个不彻底的唯物论者。""我个人至今还只能说：唯物史观至多只能解释大部分的问题。独秀希望我百尺竿头更进一步。可惜我不能进这一步了。"

（吴相湘：《胡适》）

但开风气不为师

　　胡适在西湖休养时，徐志摩常来与他赏月观潮，看波光堤影，无所不谈：论世间不平事、谈诗、谈友情、谈爱、谈恋、谈人生。胡不觉有"转老回童"之感（其实胡当时年不过三十三岁，徐比胡小四岁）。两人相约同译英国女作家曼殊斐尔作品。一九二四年，胡仍回北大任教，徐亦应聘赴北大，两人过从尤密。徐志摩以其优美才华在写新诗上树立许多奠基的成就。徐自言曾受胡适启迪的影响："这些诗行好歹是他（胡）撩拨出来的，正如这十年来大多数的诗行好歹是他撩拨出来的。"徐写新诗多于胡。胡自《尝试集》出版，未再刊行诗集，且自承是"新文艺创作的逃兵"。盖其老成持重理智的性格使然。如温源宁所指陈："适之所以不能成为诗人就是这个缘故。在他的呵呵笑的声中，及他坦白的眼光中，我们看不见他的灵魂深处。他不像志摩，他不会有沉痛的悲哀与热狂的情绪。在那眼光中，我们看出理智的光辉。"

　　一九二五年二月，孙中山先生卧病北京协和医院，镭锭治肝癌未效。张人杰力主改用中医。中山先生初不同意。家人及友好以传闻胡适与中医陆仲安友好，中山先生平日对胡适甚好，若由胡进言，或不致峻拒。乃推李煜瀛往访胡告以此意。胡初以推荐医生，责任太重，颇有难色。汪兆铭等又力言：侍疾者均惶恐万状，莫不以挽救孙先生生命为第一；且孙先生对胡甚好，换一生人往说，或可采纳。胡乃偕陆仲安同往。胡先入卧室进言。中山先生答语胡："适之！你知道我是学西医的人！"胡谓"不妨一试，服药与否再由先生决定"。语至此，孙夫人在床边急乘间言"陆先生已在此，何妨看看"。旋即握中山先生腕，孙先生点首，伸手而以面移向内望。陆仲安乃把脉并处方。

　　其时，章士钊在北京任司法总长，胡在一宴会中偶与同席。友人以胡乃白话诗先驱，章为文言派泰斗，章虽批评新文化运动，而未与胡笔战，因挽两人同摄一影且"各投所好"题诗。胡因写七律诗一首："'但开风气不为师'，龚（自珍）生此言吾最喜；同是曾开风气人，愿长相亲不相鄙。"章亦报一白话诗，表明其对白话诗态度："你姓胡来我姓章，你讲什么新文学，我开口还是我的老腔。你不攻来我不驳，双双并坐各有各的心肠！将来三五十年后，这个相片好作文学纪念看。哈，哈，我写白话歪词送把你，总算是俺老章投了降。"两人风趣，活跃纸上。是年（一九二五年）四月十四日，章士钊兼署教育总长。五月七日，章禁止学生集会纪念国耻。学生警察发生冲突。是日午，学生捣毁章住宅。章辞职。北京大学教授发布宣言，表明当日真相与责任。其他各校学生因北大学生会不曾参加五七纪念会，竟在北大第一院前辱骂北大学生。北大学生会乃举行总投票表决罢课与否问题，共投票一千一百余张，反对罢课者八百余票。此一"投票人多""手续整然有序""学生态度镇静"的事实，获得北京、上海报纸舆论赞扬，均以此为近年学生运动史上一新纪元：在求学的范围以内做救国的事业。不幸，上海"五卅惨案"发生，各地学生运动风起云涌，北大学生亦罢课。八月，全国学生总会议决秋季开学后各地学生应一律到校上课。是月卅一日，胡特撰《爱国运动与求学》加以赞扬。并告语学生："国家的纷扰、外间的刺激，只应该增加你求学的热心与兴趣，而不应该引诱你跟着大家去呐喊。呐喊救不了国家！即使呐喊也算是救国运动的一部分，你也不可忘记你的事业有比呐喊重要十倍百倍的。你的事业是要把你自己造成一个有眼光有能力的人才。"胡且举述德国歌德（Goethe）在政治纷扰时的镇静工夫与费希德（Fichte）在国家危难时计划建立柏林大学的往事，郑重指陈："在一个扰攘纷乱的时期里跟着人家乱跑乱喊，不能就算是尽了爱国的责任，此外还有更难更可贵的任务：在纷乱的喊声里，能立定脚跟，打定主意，救出你自己，努力把你这块材料铸造成个有用的东西。"——十年以前，胡适留学美国时即坚持此决心与抱负，如今可说是现身说法。八月，胡应邀至武昌大学讲演《诗经》。章士钊恢复《甲寅》杂志改为周刊出版。标示"文章须求雅驯，白话恕不刊布"。见各报刊载胡在武昌演词，章不免有"审天下悦胡君之言而响之者众也"，"不敢苟同以阿于世"；因撰《评新文学运动》。徐志摩旋撰《守旧与"玩"旧》一文刺之。胡亦有《老章又反叛了》一文（抗战前，胡为人题字书对联时，常钤用"但开风气不为师"印章）。

（吴相湘：《胡适》）

欧美日本漫游的感想

一九二六年三月，胡适在上海出席中英庚款顾问委员会，旋与英国委员往汉口、南京、杭州、北京、天津等地访问，与各界人士交换意见。五月二十五日，此一访问团团长卫灵敦子爵（本名 Freeman Thomas）发表：访问团一致主张设立中英庚款董事会，全权管理英国退还庚款。七月，胡与英方委员苏狄尔教授（w. E. Stoothill，牛津大学汉文教授）同乘西伯利亚铁路火车，经莫斯科停留三日后即往伦敦，出席中英庚款全体委员会。会后即在大英博物馆及巴黎国立图书馆检阅敦煌写本，发现荷泽大师《神会和尚语录》等。是冬，在英国各大学作十次学术演讲。除夕，离英赴美。在海轮上撰《海外读书杂记》，回国后刊行《神会和尚遗集》。

一九二七年一月十二日，胡到达纽约市。三月，至费城演讲。四月，经芝加哥至旧金山乘轮往日本。

先是：当胡在英国读书时，李大钊曾告友人应寄信劝胡仍取道苏俄回国，"不要让他往西去打从美国回来"。但胡为一睹离别近十年的美国现状，毅然自英至美。三月余小住，胡发现"摩托车的文明"的优点："分期付款""游览旅行""官能训练"等等。当孟禄教授等亲自驾车载胡出游，胡初有"慄慄危惧"之感。"但是我经过几回之后，才觉得这些大学教授已受了摩托车文明的洗礼，把从前的'心不在焉'的呆气都赶跑了。""不但要会开车，还要会修车。随你是什么大学教授，诗人哲人，到了半路车坏的时候，也不能不卷起袖管，替机器医病。什么书呆子、书蹑头、傻瓜，若受了这种训练，都不会四体不勤，五官不灵了。"

胡适在美国观察研讨，获致深刻印象："美国是不会有社会革命的，因为美国天天在社会革命之中。这种革命是渐进的，天天有进步，故天天是革命。如所得税的实行，不过是十四年来的事，然而现在所得税已成了国家税收的一大宗。巨富的家私有纳税百分之五十以上的。这种'社会化'的现象随地可以看见。从前马克思派的经济学者说资本愈集中则财产所有权也愈集中，必做到资本全归极少数人之手的地步。但美国近年的变化却是资本集中而所有权分散在民众。""人人都可以做有产阶级，故阶级战争的煽动不发生效力。"

是年四月二十四日，胡适到达日本。旋与马伯援往访著名经济学家福田德三博士，询问其新自欧洲旅行归来观感——福田原主妥协的缓和的社会政策。今则认为惟有马克思派社会主义、纯粹的资本主义两途，"没有第三条路"。胡当询以何不往美国看看，"也许可以看见第三条路，也未可知"。福田答云："美国，我不敢去，我怕到了美国会把我的学说完全推翻了。"胡因此次谈话感受绝大的刺激："世间的大问题决不是一两个抽象名词所能完全包括的。最要紧的是事实。现今许多朋友却只高谈主义，不肯看看事实。""朋友们，不要笑那位日本学者，他还知道美国有些事实足以动摇他的学说，所以他不敢去。我们之中却有许多人决不承认世上会有事实足以动摇我们的迷信的。"

其时，南京中外冲突（一九二七年三月二十四日）、清党反共（四月十二日）、国民政府定都南京（四月十八日）先后发生。日本朝野及欧美人士不明真相，均感惶惧。胡适参观东京《每日新闻》举办之"现代新闻事业展览"，日本友人导引胡至一小室，墙上满贴其驻南京、上海特派员之新闻电报，三月二十四日一天即有四百余件，情势紧急可以想见。

胡适在日本小住二十三日，游历东京、箱根、京都、奈良、大阪等地。五月十七日自神户乘轮回上海。以北京尚在奉军势力控制下，乃留住上海。六月，胡被选为中华教育文化基金董事会董事，管理美国退还庚款用途。八月，胡应聘任私立光华大学教授，徐志摩亦执教于此。胡旋与徐志摩、梁实秋、叶公超等聚集一小团体，创办新月书店，发行《新月》杂志。

（吴相湘：《胡适》）

中国公学《新月》杂志

一九二八年四月三十日，胡就任中国公学校长。时中国公学发生风潮，胡以母校关系，出而维持。六月，胡得校董会同意延聘杨亮功为副校长——胡主持此一私立大学为时约两年，颇多兴革，如将原有院系裁并为文理学院与社会科学院，分设中国文学系、外国语文学系、数理学系、史学社会学系、政治学系、经济学系。胡自兼文理学院院长，主讲文化史。聘梁实秋、陆侃如、冯沅君、蒯叔平等在文理学院任教。社会科学院由高一涵主持，张慰慈、刘英士等执教。

胡适在校积极鼓励学生写作及演讲，学生演讲比赛时，胡常担任评判，并指导演说术。又提倡体育，手撰全校运动会歌："健儿们大家上前，只一人第一，要个个争先。胜固然可喜，败亦欣然，健儿们大家上前。""健儿们大家齐来，全体的光荣，要我们担待。要光荣的胜，光荣的败，健儿们大家齐来。"优美健壮，企望自运动场上培养青年在政治上的"运动员风度"（Sportsmanship）。

胡热心培植青年，对有天才能创作之文人，更不拘资历。一九二九年九月，延聘沈从文来校任教即一显例。时罗尔纲正在校完成学业，苦于无法升历史研究院，胡乃约其为研究助理，教导不遗余力。罗撰有《师门五年记》以记其事。而吴健雄于一九二九年考入中国公学文理学院，其后研究物理学有成就。胡曾言"这一件事，我认为生平最得意的，也是最值得自豪的"。

一九二九年一月十九日，胡至北平出席协和医学校董事会。时梁启超卧病协和医院。胡适原意一往探慰，不幸到达北平时，梁已于八小时前逝世。翌日，胡参加梁大殓，瞻仰遗容，回忆恩惠，为之堕泪。

胡适自一九二六年六月出国远游，三年未能北上。一月二十五日，胡重至汉花园，北大几经沧桑，红楼依旧。特写《三年不见他》白话诗句："三年不见他，就自信能把他忘了。今天又看见他，这久冷的心又发狂了。我终夜不成眠，索想着他的愁、病、衰老。刚闭上了一双倦眼，又只见他庄严曼妙。我欢喜醒来，眼里还噙着两滴欢喜的泪，我忍不住笑出声来，'你总是这样叫人牵记！'"显见"国立大学重要性"观念又涌现心头。

其时，北伐成功，东三省易帜，中华民国建立十七年来第一次出现"大统一"。蒋介石先生宣言希望于三年之内以和平方法实行废除不平等条约，以达到中国国际地位之平等。同时，国军编遣会议亦在南京圆满闭幕，全国国民均欢欣鼓舞翘首企望建设事业从此开始。不幸，当胡适在北平小住，与丁文江、任鸿隽等欢谈时，桂系李宗仁擅进兵湖南驱走省主席。大局又逆转。胡迅即南下上海——从此一波未平，一波又起：唐生智、冯玉祥、阎锡山、李宗仁等或分或合，连续起兵，假借所谓"护党救国军""中华民国军"等旗号，反抗国民政府。和平统一建国大局完全破坏。正如雷啸岑近撰《卅年动乱中国》所指陈："以几十个军人联名通电谈党事，有些人根本就未正式加入过国民党，已经可怪可笑了。而其所谈平息党争的理论方法，又复不伦不类。""这般人的知识与作风，决非创造大事业的人物。"

连续的内战，至一九三〇年十月底，始告结束，为时约两年。战场之广泛、兵员之众多，为民国史上空前未有。国家元气、人民生计均大受损害。胡适在此两年中，主持中国公学校长（一九三〇年五月离职）之余，刊行《白话文学史》上卷、《胡适文存》第三集、《胡适文选》，撰《百二十四回本〈忠义水浒传〉序》《荷泽大师神会和尚传》《坛经考之一》。对于国是亦会对国民政府作质直的忠言。

五四运动时，陈独秀指出：新文化运动只是拥护两位先生：一位是"赛先生"（科学），一位是"德先生"（民主）。其后吴敬恒加上一位"穆拉尔姑娘"（道德）。胡适忙于倡导白话国语及治学方法，对"民主"极少发言。国民政府建都南京之初，胡适即表示其信心。胡居住上海，吴敬恒以国民党中央监察委员居南京，蔡元培主持中央研究院，杨铨任总干事，蒋梦麟任教育部长，胡常至南京，自然声气相通。

（吴相湘：《胡适》）

倡专家政治　人权与约法

一九二九年四月，李宗仁起兵湘鄂，南京制度人事尚未健全情形暴露。胡在《新月》杂志撰刊《知难，行亦不易》。此文说明："西洋人行的越多，知的也越多；知多了，行的也更多。他们越行越知，越知越行。我们却中了暮气的毒，事事畏难，越不行，越不知，越不知，便越不行。救济之法只有一条路，就是力行。""所以行易知难的学说的真意义只是要使人信仰先觉，服从领袖，奉行不悖；""是一种很有力的革命哲学。""北伐的成功，可说是建立'共信'的功效。""这三年的革命历史可说是中山先生的学说添了一重证据，证明了服从领袖奉行计划的重要。"胡旋指出："中山先生志在领导革命，故倡知难行易之说，自任知难而勉人以行易。他不曾料到这样分别知行的结果有两大危险：第一，许多青年同志便只认得行易，而不觉得知难。于是有打倒知识阶级的喊声，有轻视学问的风气。这是很自然的：既然行易，何必问知难呢？第二，一班当权执政的人也就借'行易知难'的招牌，以为知识之事已有先总理担任做了，政治社会的精义都已包罗在《三民主义》《建国方略》等书之中，中国人民只有服从，更无疑义，更无批评辩论的余地了。"

胡因此质直进忠言:"治国是一件最复杂最繁难又最重要的技术,知与行都很重要,纸上的空谈算不得知,鲁莽糊涂也算不得行。虽有良法美意,而行之不得其法,也会祸民误国。""民生国计是最复杂的问题,利弊不是一人一时看得出的,故政治是无止境的学问。处处是行,刻刻是知,越行方才越知,越知方才可以行的越好。'考试'是容易谈的,但实行考试制度是很难的事。'裁兵'是容易谈的,但怎样裁兵是很难的事。现在的人都把这些事看的太容易了,故纨绔子弟可以办交通(按指王伯群),顽固书生可以办考试,当火头出身的可以办一省的财政,旧式的官僚可以管一国的卫生(按指薛笃弼)。"

胡于文末强调指陈:"今日最大的危险是当国的人不明白他们干的事是一件绝大繁难的事。以一班没有现代学术训练的人统治一个没有现代物质基础的大国家,天下的事有比这个更繁难的吗?要把这件大事办的好,没有别的法子,只有充分请教专家,充分运用科学,然而'行易'之说可以作一班不学无术的军人政客的护身符!此说不修正,专家政治决不会实现。"

其时,胡因见"现在我国人民只有暗中的不平,只有匿名的谩骂,却没有负责任的个人或团体正式表示我们人民究竟要什么自由"。因又撰《人权与约法》一文刊《新月》杂志,指陈:"中山先生的'建国大纲'虽没有明说'约法',但我们研究他民国十三年以前的言论,可以知道他决不会相信统治这样一个大国可以不用一个根本大法的。""'建国大纲'所有,早已因时势而改动了(如第十九条五院之设立在宪政开始时期,而去年(一九二九年)已设立五院了)。大纲所无,又何妨因时势的需要而设立呢?""我们今日需要一个约法,需要中山先生说的'规定人民之权利义务与革命政府之统治权'的一个约法。"其后,梁实秋亦于《新月》发表《论思想统一》文。七月二十日,胡发表《我们什么时候才可以有宪法?》。十月,教育部长蒋梦麟有纠正的令文寄中国公学,胡将令文错误改正后,退回教育部。十一月二十九日,胡又撰《新文化运动与国民党》一文。十二月十三日,胡将有关文字录印为《人权论集》一册,胡于篇首撰"小序":"今日正是大火的时候,我们骨头烧成灰终究是中国人,实在不忍袖手旁观。我们明知小小翅膀上滴下的水点未必能救火,我们不过尽我们的一点微弱的力量,减少良心上的一点谴责而已。"

(吴相湘:《胡适》)

我们走哪条路

自一九二九年秋,冯玉祥在河南发动反南京战乱,即开始以汪兆铭的改组派为倡导、西山会议派附和,进行所谓"扩大会议"运动。一九三〇年三月,改组派陈公博及西山会议派覃振、谢持等在北平公开活动，战乱更见扩大。胡适一年余以来，常与友人聚谈国内问题，并相约就各人专门研究选定一问题提出论文。《新月》刊载《中国的现状》，即一九二九年讨论的总题。一九三〇年讨论的总题是《我们怎样解决中国的问题》。子目分为政治、经济、教育等，由各人分任。并公推胡适撰一概括的引论，作为研讨国内各问题的根本态度。四月十二日，胡将此一"引论"提出讨论，获得同人赞成并鼓励胡公开发表，供全国人的讨论和批评。这就是《我们走哪条路》一文。

《我们走哪条路》一文分别说明"消极的目标"——要铲除的是什么？"积极的目标"：我们要建立的是什么？

胡指出：我们要铲除打倒的五个大仇敌：贫穷、疾病、愚昧、贪污、扰乱。胡以为资本主义、封建制度、帝国主义等等均不在"五鬼"之列。"帝国主义不能侵害那五鬼不入之国"，"故即为抵抗帝国主义起见，也应该先铲除这五大敌人"。胡报据若干统计数字说明中国"贫穷""疾病"之可怕。对于"愚昧"大敌更强调说明："我们号称五千年文明古国，而没有一个三十年的大学（北京大学去年十二月满三十一年，圣约翰去年十二月满五十年，都是连初期幼稚时代计算在内）。在今日的世界，哪有一个没有大学的国家可以竞争生存的？至于每日费一百万元养兵的国家，而没有钱办普及教育，这更是国家的自杀了。因为愚昧，故生产力低微，故政治力薄弱，故知识不够救贫、救灾、救荒、救病，故缺乏专家，故至今日国家的统治还在没有知识学问的军人政客手里。"至于"贪污是我们这个民族的最大特色，这个恶习惯其实已成了各种社会的普遍习惯"。

胡又指出："日本所以能革新强盛，全靠维新以前有了二百五十年不断的和平，积养了民族的精力，才能够发愤振作。"而"我们眼见这二十年内战的结果：贫穷是更甚了，疾病死亡是更多了，教育是更破产了，——避兵避匪逃荒逃死还来不及，哪能办教育？——租税是有些省份预征到民国一百多年的了，贪污是更明目张胆的了。然而还有无数人天天努力制造内乱"。

胡进一步说明："毁灭这五鬼，便是同时建立我们的新国家。我们要建立一个治安的、普遍繁荣的、文明的、现代的统一国家。"——"'治安的'包括良好的法律政治、长期的和平、最低限度的卫生行政。'普遍繁荣的'包括安定的生活、发达的工商业、便利安全的交通、公道的经济制度、公共的救济事业。'文明的'包括普遍的义务教育、健全的中等教育、高深的大学教育，以及文化各方面的提高与普及。'现代的'总括一切适应现代环境需要的政治制度、司法制度、经济制度、教育制度、卫生行政、学术研究、文化设备等等。"

胡旋提出"应该用什么法子，走哪一条路，才可以走到那目的地呢？"的答案："我们的真正敌人是贫穷、是疾病、是愚昧、是贪污、是扰乱。这五大恶魔是我们革命的真正对象，而他们都不是用暴力的革命所能打倒的。打倒这五大敌人的真革命只有一条路，就是认清了我们的敌人，认清了我们的问题，集合全国的人才智力，充分采用世界的科学知识与方法，一步一步的作自觉的改革，在自觉的指导之下，一点一滴的收不断的改革之全功。不断的改革收功之日，即是我们的目的地达到之时。""这个根本态度和方法，不是懒惰的自然演进，也不是盲目的暴力革命，也不是盲目的口号标语式的革命，只有用自觉的努力作不断的改革。""这个方法是很艰难的，但是我们不承认别有简单容易的方法。这个方法是很迂缓的，但是我们不知道有更快捷的路子。""然而我们又知道，用自觉的努力来指导改革，来促进变化，也许是最快捷的路子，也许人家需要几百年逐渐演进的改革，我们能在几十年中完全实现。"

早在一八九七年三月，中山先生即在伦敦发表《中国之现在与未来》文中指出：中国人民长期遭受四大灾难——饥荒、水患、疫疠和生命无保障，都是清廷腐败和贪污的结果。故矢言努力革新，使中国成为一"从外部不可摧毁的国家"。但一九二五年以后，国人习闻打倒帝国主义及军阀之口号，既不知中山先生早期论旨，对胡此文持论均不免惊奇。梁漱溟于《村治》杂志发表致胡公开信，提出疑问。七月二十九日，胡因作一简单答复："军阀问题，我原包括在'扰乱'之内。军阀是扰乱的产儿，此廿年来历史的明训，处置军阀——其实中国哪有军'阀'可说？只有军人跋扈而已——别无高明意见，巧妙办法，只有充分养成文治势力，造成和平的局面而已。""当北洋军人势力正大的时候，北京学生奋臂一呼而武人仓皇失措，这便是文治势力的明例。今日文治势力所以失其作用者，文治势力大都已走狗化，自身失掉其依据，只靠做官或造标语吃饭，故不复能澄清政治镇压军人了。""先生（指梁漱溟）说：'扰乱固皆军阀之所为。'此言颇不合史实。军阀是扰乱的产物，而扰乱大抵皆是长衫朋友所造成。二十年来所谓'革命'，何一非文人所造成？二十年中的军阀斗争，何一非无聊政客所挑拨造成的？近来各地的共产党暴动，又何一非长衫同志所煽动组织的？此三项已可概括一切扰乱的十之七八了。"时中原大战于五月十一日揭幕。六月十三日汪兆铭与冯玉祥、阎锡山合作的"扩大会议"组织就绪。胡此言自是有感而发。其后因张学良率东北军入关。九月二十二日，阎、冯宣告下野。十月三日，蒋介石自开封军次致电南京建议提前召集四全大会，以确定召集国民会议颁布宪法日期。国内时局急转直下，统一情势又告形成。

（吴相湘：《胡适》）

北京大学　独立评论

是年（一九三〇年）十一月二十八日，胡举家自上海迁回北平。在南京过江到浦口车站遇刘瑞恒，得知蒋梦麟辞卸教育部掌出掌北京大学消息。时北大已残破不堪，蒋初意不愿就职，经胡与傅斯年、顾临（Roger S. Greene）等热心筹划，中华教育文化基金董事会给予资助，蒋始北上。北京大学又进入新时代（参见本书《蒋梦麟卷》）。胡适应聘担任北京大学文学院长，主讲《中国中古思想史》等课程（今台北已有印本）。

一九三○年九月十七日，北京大学秋季始业。不幸，翌日"九一八"事变发生，空前国难来临。胡适是日日记有云："此事之来，久在意中。八月初，我与在君（丁文江）都顾虑到此一着。"时国民政府将日军侵略事实提请国际联盟制裁。十一月，胡特寄长信致宋子文，主张政府当局应该接受日本政府在国联提出的五个基本原则，开始交涉。丁文江赞成胡此一主张，但以为"国民党首领就是赞成，也不敢做，不能做的，因为他们的专政是假的"。其后，民气激昂，北平学生南下请愿团竟殴伤蔡元培，顾维钧任外交部部长不一月即辞职。

一九三二年一月二十八日，日军侵略上海，我国军队奋勇抵抗。后因英美调停获致停战。五月，胡特撰《上海战争的结束》一文指出：（一）淞沪战役发现了我国民的抵抗力，增高我民族的自信心。（二）政府表示一点负责任态度。同时，胡又撰《宪政问题》，对当时国难会议多数非国民党的会员赞成早日结束训政实行宪政，孙科发表《抗日救国纲领》主张（旋于是年十月由立法院起草宪法草案，次年四月召集国民代表大会议决宪法决定颁布日期），胡汉民表示赞成宪政以及党外有党等意见，发表评论，以为这些事实说明"宪政运动的开始进展""深信宪政是引中国政治上轨道的一个较好方法"。

胡撰《上海战争的结束》《宪政问题》两文均刊载新创的《独立评论》第一期。这是"九一八"以后，北平若干大学教授发起，"在那个无可如何的局势里认为还可以为国家尽一点力的一件工作"："办一个刊物来说一般人不肯说或不敢说的老实话。"胡适、丁文江等因当时北平警局抄没《新月》杂志等事实，于此初不赞成。一九三一年年底，胡、丁始表示不反对。丁并建议仿《努力》周报办法，捐薪自印。嗣又因胡割治盲肠而延搁。至一九三二年五月二十二日，《独立评论》第一号创刊，揭示以"公心的、根据事实的批评和讨论"，"不倚傍任何党派，不迷信任何成见，用负责任的言论来发表我们各人思考的结果，这是独立的精神"。胡并提出"敬慎无所苟"撰述政论态度。胡与丁文江、傅斯年、蒋廷黻等均谨守这一态度如宗教信仰一样坚定。此一周刊继续出版约四年半，共刊行二百四十四期，发表一千三百零九篇论文章，是"一·二八"至"七七"五年间这一段重要时期的重要刊物，胡称之为"小册子的新闻事业"（Pam—phleteermg Journalism）的黄金时代。

（吴相湘：《胡适》）

危城讲学　艰苦奋斗

胡早在美国留学时即抱定理智的爱国主义，体认国立大学重要性；又曾译述《最后一课》。一九二五年更以费希德建立柏林大学史实勉励学生。"九一八"事变发生，如胡自述："我们北大同学只享受了两天的高兴。九月十九早晨，我们知道了沈阳的大祸，我们都知道空前的国难已到了我们的头上，我们的敌人决不容许我们从容努力建设一个新的国家。我们那八个月辛苦筹备的'新北大'，不久也就要被摧毁了！但我们在那个时候，都感觉一种新的兴奋，都打定主意，不顾一切，要努力把这个学校办好，努力给北大打下一个坚实可靠的基础。"（《北京大学五十周年》）因此，胡努力研究著述，先后撰刊《辨伪举例》《醒世姻缘传考证》《淮南王书》《中国中古思想小史》等，同时尽力协助蒋梦麟推展校务。制订《整顿成绩考查法案》，即其一例。但一般无心求学有意捣乱的职业学生即拟乘机制造风潮，喊口号贴标语，其中有"打倒教育法西斯蒂化"等等。北大校园墙上，各种标语杂陈，且有《反对成绩考查案》一条。胡特撰文指斥："北京大学的墙上有这样的标语，可算是北京大学历史上莫大的耻辱。"同时，胡又撰《论对日外交方针》，主张政府当局应就日本所提五项原则进行与日本交涉东三省善后问题。

一九三三年一月，日军侵略热河又进攻长城各口。丁文江有丰富的地理知识以讨论军事问题，早认定热河的守卫对北平、天津非常重要，曾与胡一再撰文于《独立评论》，主张尽力积极防守国土，同时在不丧失领土主权的范围内与日本交涉，并且应该利用一切国际的关系以缓和当时的危急，以牵制日本使其与中国有妥协可能。不幸当局对几次难得机会均未能把握，而战争恶化，比"日蹙国百里"更有过之。三月三日，胡丁与翁文灏（北平地质调查所所长）会商后上电蒋介石先生："热河危急，决非汉卿（张学良）所能支持。不战再失一省，对内对外，中央必难逃责。非公即日飞来指挥挽救，政府将无以自解于天下。"翌日，翁得蒋复电订五日北上。当晚热河全省陷落消息证实。丁因撰一《给张学良将军一封公开的信》，胡亦撰《全国震惊以后》。三月七日，胡将此两文原稿（刊入《独立评论》第四十一期）送致张学良并加附一信有云："去年夏间曾劝先生辞职，当时蒙复书表示决心去职。不幸后来此志未得实行，就有今日更大的耻辱。然先生今日倘能毅然自责求去，从容交卸，使闾阎不惊，部伍不乱，华北全部交中央负责，如此则尚有自赎之功，尚有可以自解于国人世人之道。"十日，张学良邀请胡、丁及蒋梦麟、梅贻琦谈话，说明已经辞职特约叙告别。

三月十三日，胡、丁、翁三人同往保定谒见蒋介石先生。胡记述有云："他（蒋）

承认实不料日本攻热河能如此神速。他估计日本攻热河须用六师团人，故国内与台湾均须动员，而我们政府每日有情报，知道日本没有动员——万不料日本人知道张学良的军队比我们知道清楚的多多。"（《丁文江的传记》第九〇页）

三月十九日，《独立评论》第四十二号刊载胡撰《日本人应该醒醒了》一文，对日本自由主义稍稍抬头，表示注意。并记述是年二月二十四日，萧伯纳（George Bernard Shaw）与胡谈话。萧伯纳云："日本人决不能征服中国的。除非日本人能准备一个警察对付每一个中国人，他们决不能征服中国的。"（胡适原注："这句话，他前几天在东京也一字不改的对日本的新闻访员说了。"）胡答云："是的，日本决不能用暴力征服中国。日本只有一个法子可以征服中国，那就是悬崖勒马，彻底的停止侵略中国，反过来征服中国民族的心。"胡并郑重强调指出："这是我平生屡次很诚恳的对日本朋友的忠告。这是我在这个好像最不适宜的时候要重新提出忠告日本国民的话。"四月二日，《独立评论》又刊载胡撰《我们可以等候五十年》。时日本宣布退出国联。胡亦改变以前与日本交涉的希望与主张。力言我国不应抛弃国联，即对日"交涉目标是要取消满洲伪国，恢复中国在东三省与热河的领土及行政主权的完整；除了这种条件之外，中国决不能和日本开始交涉"。胡强调指出："国家的生命是千年万年的生命，我们不可因为眼前的迫害就完全牺牲了我们将来在这世界上抬头做人的资格。""我们要准备牺牲，要准备更大更惨的牺牲，同时我们要保存一点信心，没有一点信心，我们是受不起大牺牲的。""全世界的道德的贬义是在我们敌人的头上，我们的最后的胜利是丝毫无可疑的！"胡更举法国割地两省给普鲁士，过了四十八年才收回失地的史实，郑重说："我们也许应该准备等候四十八年！在一个国家的千万年生命上，四五年或四五十年算得什么？"

四月十六日胡复于《独立评论》撰刊《我的意见也不过如此》，对徐炳昶教授希望《独立评论》社的朋友联合宣言"主张坚决的战争"的建议，不能同意："我自己的理智与训练都不许我主张作战。""我极端敬仰那些曾为祖国冒死拼命作战的英雄，但我的良心不许我用笔锋来责人人都得用他的血肉去和那些最惨酷残忍的现代武器拼命。"胡同时对董时进于天津《人公报》撰刊《就利用"无组织"和"非现代"来与日本一拼》一文，表示："老实说，我读了这种议论，真很生气，我要很诚恳的对董先生说：如果这才是救国，亡国又是什么？"如果"脱开赤膊，提起铁匠铺的大刀"——"如果这叫做'作战'，我情愿亡国，决不愿学着这种壮语主张作战"。胡并郑重指斥这种不负责任的言论是"废话"！胡不愿嚣张空论，坚持力主"理智的爱国主义"类如此。

（吴相湘：《胡适》）

保全华北的重要

其时，日本感于世界舆论压力，无意进取北平、天津，央请英国公使作调人以与中国谈判停战。四月十九日，胡与蒋梦麟、丁文江应邀至北平军分会与何应钦详商后，二十日，蒋梦麟往访英国公使（详见本书蒋梦麟篇），为华北停战谈判开辟道路。五月十七日，黄郛受命北上，旋成立《塘沽协定》。

六月四日，《独立评论》刊载胡撰《保全华北的重要》（五月二十九日撰）一文，指出整个的中日问题此时无法解决，而华北的危机目前必须应付，因此主张华北停战：（一）为国家减轻损失。（二）充分明白北平天津与华北是不可抛弃的：①华北是中国的重要富源，是供给全国工业原料与动力的主要区域。②中国已成铁路绝大部分都在华北。③天津关税收入在全国各口占第二位。④平津是北方文化中心，学术机构设备丰富，人才格外集中，教育的影响同时远超东北与西北各省，而学术研究则不但影响全国，并且引起世界各国的注意与承认。（三）平津与华北的保全在国际上的意义是避免战事的扩大而不可收拾。"我深信日本的行为若不悛改，这个世界为了整个世界的安全，必有联合起来共同制裁日本的一日。但今日决非其时。""我们可以断言：现时几个有实力的国家，无不希望我们能做到对日问题的一个暂时的段落。上海的停战是一个段落，今日华北的停战又是一个段落。军事做到一个段落即是使敌人的暴力暂时无用武之地。暴力无用武之地，然后敌人国内的和平势力可以渐渐抬头，而国外的正义制裁也可以有从容施展的机会。"胡因此郑重宣称："如能保全华北而不至于签东北四省的卖身契，我们应该赞成这种办法。"但胡对当时正在进行的谈判未公开发布信息，且有报纸因刊载有关消息而被封禁，以致谣言多、猜疑多，人心不安。特于文末"要求当局随时将谈判的实际情形用负责的态度发表出来，使全国的人可以共同讨论"。并且忠告："政治家在国家吃紧的关头虽然不必全听高调的舆论的指使，但舆论到底是政府的后盾，舆论调子之高，正可以使政治家的还价不致太吃亏辱国。"——但在两年半以后这一《塘沽协定》始公开，而这两年半中日军在华北的变本加厉活动，都以此"协定"为口实。因此，当胡撰《中华民国华北军第七军团五十九军抗日战死将士公墓碑》文中即指出："当五月二十三日（一九三三年）的早晨四时——当我国代表接受了一个城下之盟的早晨——离北平六十余里的怀柔县附近正开始一场最壮烈的血战，这一战从上午四时直打到下午七时，一千多个中国健儿用他们的血洗去了那天的城下之盟的一部分耻辱。""他们在敌军飞机的侦察轰炸之下，不分昼夜赶筑他们的阵地，他们决心要在这最后一线的前进阵地上，用他们的血染中华民族历史的一页。""到了下午，他们接到了北平军分会的命令，因停战协定已定局了，令他们撤退到高丽营后方。但他们正在酣战中，势不能遽行撤退，而那个国耻的消息又正使他们格外留恋这一个最后抗敌的机会。直到下午七时，战事渐入沉寂状态，我军才开始向高丽营撤退，敌军也没有追击。次日，大阪《朝日新闻》的从军记者视察我军的高地阵地，电传彼国，曾说：'敌人所筑俄国式阵地，实有相当的价值，且在坚硬的岩石中掘成良好的战壕，殊令人惊叹。'又云：'看他们战壕中的遗尸，其中有不过十六七岁，也有很像学生的，青年人的热狂可以想见了。'"墓碑述事用白话文，"铭"文也是用白话："这里长眠的是二百零三个中国好男子！他们把他们的生命献给了他们的祖国。我们和我们的子孙来这里凭吊敬礼的，要想想我们应该用什么报答他们的血。"（碑文由钱玄同隶书，公墓建于绥远省大青山麓）

胡于此一再指《塘沽协定》为"城下之盟""国耻"，可见其撰《保全华北的重要》一文时是以非常沉痛心情权衡轻重，终于决定"忍辱负重"撰文公开支持停战谈判。

早在胡适撰刊《论对日外交方针》时，丁文江赞成，傅斯年即极表反对。自胡发表《保全华北的重要》，傅更愤怒不可遏，一反过去对胡执礼甚恭的常态，申言退出《独立评论》社。胡非常伤感：理智的爱国主义之难得同情与谅解、士论之嚣张如此。嗣经丁文江寄长信给傅说明劝解，傅始打消退出《独立评论》社原意。

是年六月十八日，胡自上海乘轮往美国，应邀在芝加哥大学作连续六次演讲，讲词汇印成《中国文运之复兴》(*The Chinese Renaissance*)。八月，胡转往加拿大的班府(Baff)出席太平洋国际协会第五次大会。十月，归国。

当是年春，华北紧急时，胡再三撰文力辟浮言废话之余，复运用歌德式之镇静工夫以治学，撰成《评论近人考据老子年代的方法》《陶弘景的真诰考》《四十自述》。回国后又应《东方杂志》之约请撰《逼上梁山》（文学革命的开始）。旋撰《说儒》《坛经考之二》诸文于一九三四年五月完成。

（吴相湘：《胡适》）

信心与反省

一九三四年五月二十八日，胡撰《信心与反省》一文，指出对于国家民族的信心不能建筑在歌颂过去上，只可以建筑在"反省"的唯一基础之上："今日的大患在于全国人不知耻，所以不知耻者，只是因为不曾反省。""真诚的反省自然发生与真诚的愧耻。"六月十一日，又撰《再论信心与反省》："我们的'向上'还不够，努力还不够。八股废止至今不过三十年，八股的训练还存在大多数老而不死的人的心灵里，还间接直接的传授到我们的无数的青年人的脑筋里。""我十分诚挚的对全国人说：我们今日还要反省，还要闭门思过，还要认清祖宗和我们自己的罪孽深重，决不是这样浅薄的'与欧美文化接触'就可以脱胎换骨的。"引起各方对胡文的热烈讨论。六月二十五日，胡因又撰《三论信心与反省》指出："我们对于固有的文化，应该采取历史学者的态度，就是'实事求是'的态度。""实事求是，才是最可靠的反省。"

胡基于鼓舞信心，九月三日，特撰《写在孔子诞辰纪念之后》一文，指出："平心说来，'最近二十年'是中国进步最速的时代。无论在知识上、道德上、国民精神上、国民人格上、社会风俗上、政治组织上、民族自信力上，这二十年的进步都可以说是超过以前的任何时代。这时期中自然也有不少的怪现状的暴露，劣根性的表现；然而种种缺陷都不能减损这二十年的总进步的净赢余。"胡且举述这二十年的大成就：（一）帝制的推翻。（二）教育的革新。（三）家庭的变化。（四）社会风俗的改革。（五）政治组织的新试验——胡于此强调："单就最近几年来颁行的新民法一项而论，其中含有无数超越古昔的优点，已可说是一个不流血的绝大社会革命了。"

胡更指出"人格只是已养成的行为习惯的总和""信心只是敢于肯定一个不可知的将来的勇气"。"我们可以毫不迟疑的说：这二三十年中的领袖人才，正因为生活在一个新世界的新潮流里，他们的人格往往比旧时代的人物更伟大：思想更透辟、知识更丰富、气象更开阔、行为更豪放、人格更崇高。试把孙中山来比曾国藩，我们就可以明白这两个世界的代表人物的不同了。在古典文学的成就上，在世故的磨炼上，在小心谨慎的行为上，中山先生当然比不上曾文正。然而见解的大胆、气象的雄伟、行为的勇敢上，那一位理学名臣就远不如这一位革命领袖了。"

胡因此强调指陈："我们谈到古人的人格，往往想到岳飞、文天祥和晚明那些死在廷杖下或天牢里的东林忠臣。我们何不想想这二三十年中为了各种革命慷慨杀身的无数志士！那些年年有特别纪念日追悼的人们，我们姑且不论。我们试想想那些为排满革命而死的许多志士，那些为民十五六年的国民革命而死的无数青年，那些前两年中在上海在长城一带为抗日卫国而死的无数青年——他们慷慨献身去经营的目标，比起东林诸君子的目标来，其伟大真不可比例了。东林诸君子慷慨抗争的是'红丸''移宫''妖书'等等米粒小的问题；而这无数的革命慷慨献身去工作的是全民族的解放、整个国家的自由平等，或他们所梦想的全人类社会的自由平等。我们想到了这二十年中为一个主义而从容杀身的无数青年，我们想起了这无数个'杀身成仁'中国青年，我们不能不低下头来向他们致最深的敬礼。我们不能不颂赞这'最近二十年'是中国史上一个精神人格最崇高、民族自信心最坚强的时代。他们把他们的生命都献给了他们的国家和他们的主义，天下还有比这更大的信心吗？"

胡于此非常感慨陈词："可怜的没有信心的老革命党啊！你们要革命，现在革命做到了这二十年的空前大进步，你们又不认得它的了。这二十年的一点进步不是孔夫子之赐，是大家努力革命的结果，是大家接受了一个新世界的新文明的结果。只有向前走是有希望的。开倒车是不会有成功的。"

（吴相湘：《胡适》）

二十年来大进步

十月八日，胡撰成《校勘学方法论》。九日，应邀参加北平私立燕京大学国庆纪念会，发表演说。旋即就此主旨撰成《悲观声浪里的乐观》刊载天津《大公报》。胡指出"在这个最危急的国难时期里，我们最容易走上悲观的路，最容易灰心短气"。"悲观的人的病根在于缺乏历史的眼光。因为缺乏历史的眼光，所以第一不明白我们的问题是多么艰难。第二不了解我们应付艰难的凭藉是多么薄弱。第三不懂得我们开始工作的时间是多么迟晚。第四不想想这二十三年是多么短的一时期。第五不认得我们在这样短的时期里居然也做了一点很可观的成绩。如果大家能有一点历史的眼光，大家就可以明白这二十多年来，'奇迹'虽然没有光临，至少也有了一点可以引起我们自信心的进步。"胡列举教育上的进步、科学研究上的进步、社会改革尤其女子的解放，都是二十年来中国社会的大进步。

胡郑重指陈："这二十三年中固然有许多不能满人意的现状，其中也有许多真正有价值的大进步。革命到底是革命，总不免造成一些无忌惮的恶势力，但同时也总会打倒一些应该打倒的旧制度与旧势力。有许多不满人意的事，当然是革命后的纷乱时期所造成的，所以我们也赞成'革命尚未成功'的名言。但我们如果平心估量这二十多年的盘账单，终不能不承认我们在这个民国时期确然有很大的进步；也不能不承认那些进步的一大部分都受了辛亥以来的革命潮流的解放作用的恩惠。明白承认了这二十年努力的成绩，这可以打破我们的悲观，鼓舞我们的前进。"

是年（一九三四年）十一月一日，全国考铨会议在南京举行，胡自北平南下参加。北返后，在北平师范大学以《中国禅学的发展》为题作连续四次之演讲。

（吴相湘：《胡适》）

民主、"西化"的讨论

自胡适于《独立评论》第一号提出《宪政问题》后，蒋廷黻、钱端升、吴景超、丁文江等均撰文议论"民主与独裁"送刊《独立评论》。尤其丁文江自欧归来倡言"新式的独裁政治"。江南各地于此尤多热烈讨论。胡笃信民主政治，曾发表若干答辩。在这一讨论延续一年有半以后，胡撰《一年来关于民治与独裁的讨论》一文刊载一九三五年一月《东方杂志》。胡文主旨在重申其"反对中国采用种种专制或独裁的政制,因为我不承认中国今日有专制或独裁的可能";"我至今还相信这种民主政治的方式是国家统一的最有效方法"。同时强调:"我现在郑重的说明,我近年观察考虑的结果,深信英美式的民主政治是幼稚园的政治,而近十年中出现的新式独裁政治真是一种研究院的政治;前者是可以勉强企及的,而后者是很不容易轻试的。"因此,胡于结论中对政府当局的宣言表示欢迎(一九三四年十一月廿七日蒋介石与汪兆铭联名通电:"中国今日之环境与时代实无产生意俄政制之必要与可能。"同日,蒋介石对日本记者谈话:"中国与意大利、德意志、土耳其国情不同,故无独裁之必要。"):"这种见解,很可以对一般求之过急的人们下一种忠告。"是年二月十五日,胡南游归来后又撰《从民主与独裁的讨论里求得一个共同政治信仰》。

一九三五年一月一日,胡适乘海轮南行,是其第一次西南之旅。一月五日在香港大学接受名誉法学博士学位。从此以后二十四年中,先后接受欧美各大学的名誉学位共计三十有五。

一月九日,胡到广州,原定在中山大学之演讲,因报纸刊载其在香港讲词引起误会而取消。胡乃往游学海堂及广雅书院,并至黄花岗七十二烈士墓园,凭吊其中国公学同学饶可权墓。十一日,胡飞抵梧州,拜谒马君武博士(胡在中国公学时之总教习,时任广西大学校长)。翌日至南宁,再往游武鸣、桂林、阳朔等地游览,二十五日赶回香港登轮北返。胡曾为《飞行小赞》白话诗:"看尽柳州山,看遍桂林山水,天上不须半日,地上五千里。古人辛苦劳神仙,要守百千戒,看我不修不炼,也腾云无碍。"这是胡生平第一次乘飞机时愉快心情的流露。其后撰有《南游杂忆》一册。

胡适在广州曾与陈济棠讨论"读经"。北返后又见傅斯年有关读经论文。四月八日,特撰《我们今天还不配读经》一文。十二日,《楞伽宗考》脱稿。六月三日,撰《充分世界化与全盘西化》,诚恳向文化讨论者提议:为免除许多无谓的文字上或名词上的争论,如其说"全盘西化",不如说"充分世界化"。"充分"在数量上即是"尽量"的意思,在精神上即是"用全力"的意思。胡并说明其本人曾于一九二九年为《中国基督教年鉴》(Christian year—boor)撰《中国今日的文化冲突》,文中应用两个意义不全同的字:一个是 Wholesale Westernization,一个是 Wholehearted Modernization。潘光旦评介此一年鉴时,指胡适文中前一英文字可译作"全盘西化",后一英文字可译作"一心一意的现代化"或"全力的现代化"。潘表示可以赞成"全力现代化",而不能赞成"全盘西化"。胡承认此一用字的疏忽,而论者仍多用"全盘西化"。故特作此建议。在此前后,胡曾撰《读梁漱溟先生的〈东西文化及其哲学〉》《我们对于西洋近代文明的态度》《请大家来照照镜子》《漫游的感想》《试评所谓中国本位的文化建设》等篇都是讨论中西文化的。胡对于国人习用"中国有精神文明只是物质文明落后"一论点极表反对，屡为文辟斥。

（吴相湘：《胡适》）

两大问题双管齐下

其时（一九三五年六月），日军推行"华北自治"阴谋益亟，胡特引用《红楼梦》语作标题撰一《无不纳闷，都有些伤心》，指出事实发展：日本"外务省完全退居'传达意旨'的地位了"，"日本的近视的武人把我们两个民族间的裂痕割的更深了"。局势显然更趋紧张。而政府管制新闻亦更严，胡因有"全国报纸，快变成'没字碑'了"的痛语，与"全中国报纸无一家能载全世界所已周知之新闻"的愤言。六月二十七日，胡写二千余字长信寄南京王世杰申言："老实说……我们若要作战，必须决心放弃'准备好了再打'的根本错误心理。我们必须决心打三年的败仗，必须不惜牺牲最精最好的军队去打头阵，必须不惜牺牲一切工商业中心作战场，一切文化中心作鲁文大学。但必须步步作战；必须虽步步败而步步战，必须处处败而处处战。此外别无作战之法。今日最好笑的，是政府诸公甘心抛弃北方，而天天装饰南京，好像南京是没有危险似的，此种气象真使全国人都感觉难受。""总而言之：今日当前大问题只有两个：（一）我们如何可以得着十年的喘息时间，我们应该不顾一切谋得十年的喘息时间。（二）我们如认定，无论如何屈辱，总得不到这十年的喘息时间，则必须不顾一切苦痛与毁灭，准备作三四年的乱战，从那长期苦痛里谋得一个民族翻身的机会。""恐怕在今日要双管齐下，一面谋得二三年或一二年的喘息，使我们把国内的武装割据完全解决了；一面作有计划的布置，准备作那不可避免的长期苦斗。"

七月五日，胡见报载：绥远大青山"抗日战死将士公墓碑"，在一切抗日纪念物都应隐藏的命令下，已被遮盖，另刻"精灵在兹"四大字。感愤交集，特写《大青山公墓碑》白话诗："雾散云开自有时，暂时埋没不须悲。青山待我重来日，大写青山第二碑。"

是年（一九三五年）九月，胡当选为中央研究院第一届评议员。十月胡应室伏高信之约请为东京出版的《日本评论》撰《敬告日本国民》一文："我十分诚挚的恳求日本国民不要再谈'中日亲善'了。今日当前的真问题是如何解除'中日仇恨'的问题。""日本国民不要轻视一个四亿人口的民族的仇视心理。""仇恨到不能忍的时候，必有冲决爆发之患，中国化为焦土又岂是日本之福吗？""日本国民不可不珍重爱惜自己国家的伟大成绩和未来的伟大前途——一大块新占有的土地在手里，一个四亿民族的仇恨在心里，一个陆军的强邻在大陆上，两个海军的敌手在海上，这个局势是需要最神明睿智的政治眼光与手腕来小心应付的，稍一不慎，可以闹成绝大的爆炸，可以走上全民族自杀之路。"《日本评论》十一月号既将此文刊载，胡很佩服这种"雅量"，又将中文原稿刊于《独立评论》，并指出日文稿涉及日本军人处均"遭到不得已的删削"。

日军推行"华北自治"阴谋时，北京大学教授常有聚会讨论时局。十一月初集会时，胡适首先报告：宋哲元曾邀约北平各界若干人士至怀仁堂宣布冀察自治的主张，胡与傅斯年均曾慷慨陈词，坚决反对。胡旋申明北大同人应采取的态度：北大不搬走一部图书、不移动一架仪器，坚决留在北平。只要在北平一天，就要作二十年打算。如北平沦陷在日本军阀之手，同人们南下，无论何地，只需搭一座茅棚，就可讲学。各院教授均表赞成。

十一月二十三日，即"冀东政府"出现前夕，北平教育界发表一否认华北民众曾有要求自治或自决之宣言。二十九日，日本宪兵至北京大学"邀约"蒋梦麟校长至宪兵队"谈话"（见本书蒋梦麟篇）。同时，日本宪兵亦曾至胡寓拟"邀约"，值胡外出，未果。

十二月九日，北平各大学学生举行反对所谓"华北自治"示威运动。左翼教授和学生鼓动长期罢课。北京大学学生大会讨论此事。胡与蒋梦麟、傅斯年等均到会并登台发言。胡曾撰《为学生运动进一言》《再论学生运动》劝告学生：努力求学以救国。而《胡适论学近著》（今改编为《胡适文存》第四集）即于是时出版，显示其应变而不失其常。

是年十二月及次年一月，胡连续于《独立评论》撰刊《我们要求外交公开》《再论外交文件的公开》两文，历举《塘沽协定》《通车通邮协定》《何梅协定》《察东谈判》（即《秦土协定》），皆未公布；汪兆铭、唐有壬即由于外交不公开，故不蒙国人之谅解。又谓："如果外间传说可靠，这几年中日交涉都是一般门外汉的急就章！签订范围，可伸可缩，字句含混，可作各种解释，简直是一本烂账！""外交公开，可以求得国民后盾，也许可以减轻外力的压迫；外交不公开，就是当局愿意单独担负屈辱的责任。"

一九三六年一月五日，丁文江逝世，胡极感伤痛，有诗文追悼。二月，胡撰《谈谈胡适之体的新诗》，是对上海文坛以胡的《飞行小赞》是一条新路而发："我自己走我的路，不管别人叫它新旧，更不敢冒充'创造'，我从来没有这种大胆子。"四月，撰《颜李学派的程廷祚》。五月撰《敬告宋哲元先生》《亲者所痛，仇者所快》二文，均针对冀察当局种种言行而尽其忠告。七月，胡启行赴美国，在海轮上撰《敦煌石室写经题记与敦煌杂录序》。八月，参加太平洋国际学会，发表《日本霸权的衰落与太平洋的国际新形势》演讲。九月，参加哈佛大学三百年周年纪念会，讲述《中国的印度化》——胡以北京大学代表参加这一纪念会，按各大学成立时间顺序入场，胡排列倒数第五名！更深刻感觉惭愧：全欧洲大概至少有五十个大学是五百年前创立的，美国这个新国家里满二百年的大学也有好几个，而北大是中国近代第一所大学，当时还只有三十八年历史！其后，胡在美国各地以《太平洋的国际新形势》为题作多次演讲，唤起美国朝野对中日问题之注意力。十一月，胡回国。

一九三七年春夏间，胡发表《读经平议》《再谈谈宪政》《我们能行的宪政与宪法》诸文。七月七日，卢沟桥事变发生。

（吴相湘：《胡适》）

最大的和平努力

先是国民政府早已邀约国内各界人士于暑期至庐山举行谈话会，讨论国是。八日，胡按原订行程离北平南下。十六日，谈话会开始。二十日，胡发表对教育意见，主旨在强调："国防教育不是非常时期的教育，是常态的教育。"时学术教育界人士每于午餐后纷纷集合于胡旅寓房间，有谓中日之间还有谈判之余地，亦有谓只有抗战而已。胡为实行其两年前所谓"双管齐下"办法，暂仍留牯岭。二十五日，胡请陈布雷电告南京：要研究关于华北的一切外交文件，即使不能发表，亦应印成密件，使政府当局知道他们（文件）的实在文字与意义。二十七日，汪兆铭邀请胡与若干人士聚餐，以对日外交为主题。汪宣读南京寄来的一份长文件，叙述一九三五年五月至七月九日的几次军事谅解——即所谓《何梅协定》的历史。胡极力劝汪请中央将此文件公布。二十八日，胡离牯岭，晚抵达南京。二十九日上午胡应美国詹森（Johnson）大使之约谈。下午，美大使馆参赞毕克（Peck）又来访胡。三十日，胡至高宗武家午餐。胡日记有云："在座的有萧同滋、程沧波、裴复恒，此皆南京之青年智囊团也！我们深谈国事，决定了两事：（一）外交路线不能断绝，应由宗武积极负责去打通此路线。（二）时机甚迫切，须有肯负责任的政治家担负此大任。我打电话与（陈）布雷，勉他作社稷之臣，要努力做匡过补阙的事。"三十一日，蒋介石先生邀约胡及梅贻琦、张伯苓、陶希圣等午餐。蒋决定作战，可支持六个月。张伯苓附和之。胡不便说话，临行对蒋公言："外交路线不可断，外交事应寻高宗武一谈。此人能负责任并有见识。"蒋旋即召见高宗武，汪兆铭亦召高长谈。胡日记云："我们此时要做的事等于造一件 Miracle（奇迹），其难无比，虽未必能成，略尽心力而已。"

八月六日，蒋再约胡晤谈，胡特先作一长函预备补充谈话之不足。"主旨为大战之前要作一次最大的和平努力，理由有三：（一）近卫内阁可以与谈，机会不可失。（二）日本财政有基本困难，有和平希望。（三）国家今日之雏形，实建筑在新式中央军力之上，不可轻易毁坏。将来国家解体，更无和平希望。"至于和平外交的目标：（一）趁此实力可以一战之时，用外交收复新失之土地，保存未失之土地。（二）彻底调整中日关系，谋五十年之和平。其"步骤应分两步：第一步为停战，恢复七月七日以前之疆土状况。第二步为'调整中日关系正式交涉'——在两三个月之后举行"。

八月十三日，上海战火爆发，蒋介石先生宣布：对日全面抗战开始。中央政治会议组织一"国防参议会"，邀请各党派及无党派人士参加，胡亦应邀出席此一战时咨询机关。旋受命以非正式使节赴美国说明日本侵略暴行。九月八日，胡至英国驻华大使馆访布来克彭（Blackburn）参赞谈时局。布来克彭告胡：英国海军太弱，在中国海只有四艘巡洋舰，其中一被困在长江，一搁浅受伤损，其余两艘船有何力量？并谓不相信美国对远东将有积极办法。胡旋往访汪兆铭，谈次，胡劝汪不要太性急、不要太悲观。是午，胡至高宗武家久谈。胡日记云："我也劝他不要太性急，不要太悲观。我说：我们八月初做的'在大战前做一度最大的和平努力'工作，是不错的。但我们要承认：这一个月的打仗，证明了我们当日未免过虑。这一个月的作战至少对外表示我们能打，对内表示我们肯打。这就是大收获。谋国不能不小心，但冒险也有其用处。"当晚，胡即乘轮西上汉口转乘粤汉路火车至香港往美国。

（吴相湘：《胡适》）

一切以国家为前提

九月九日，胡在九江途次特用普通商人隐语寄一函致北京大学总务长郑天挺转告各同仁，远致慰勉敬意："久不通问，时切遐思。此虽套语，今日用之，最切当也。弟前后与孟（蒋梦麟校长）枚（周炳琳）诸公分别，携大公子西行，明日可到汉口……弟与端（钱端升）缨（张忠绂）两弟拟自汉南行，到港搭船，往国外经营商业。明知时势不利，姑尽人事而已。台君（台静农）见访，知兄与莘（罗常培）建（魏建功）诸公皆决心居留，此是最可佩服之事。鄙意以为诸兄定能在此时期埋头著述，完成年来未完成之著作，人生最不易得的是闲暇，更不易得的是患难。——今诸兄兼有此两难，此真千载一时，不可不充分利用，用作学术上的埋头闭户著作。弟常与诸兄说及，羡慕陈仲子匍匐食残李的清福。故半途出家，暂作买卖人，谋蝇头之利，定为诸兄所笑，然寒门人口众多，皆沦于困苦，我实不忍坐视其冻馁，故不能不为一家糊口之计也。弟唯一希望诸兄能忍痛维持松公府内的故纸堆，维持一点研究工作。将来居者之成绩，必远过于行者，可断言也。弟与孟兄已托兴业兄（浙江兴业银行）为诸兄留一方之地，以后当继续如此办理。船中无事，早起草此，问讯诸兄安好，并告行，不尽所欲言，伏维鉴察，弟臧晖敬上。"胡念念不忘根本大计——国立大学重要性由此可见。罗常培记述："这封信使同人都振奋起来，在幽居沉闷的当儿，得到无限安慰和鼓励。"（《七七事变后北大的残局》）

十月一日，胡在美国旧金山哥伦比亚电台发表《中国在目前危机中对美国的期望》广播演说。十二日，胡与驻美大使王正廷至白宫晋谒罗斯福总统，报告中国抵抗日本侵略的实际情况，希望罗斯福总统应该果断放弃妥协思想，用明快的眼光来判断是非。——胡当日致电南京报告："觐见总统，彼甚关心战局，问我军能否支持过冬？当答以定能支持。彼谈及九国会议，日本或不参加，中国代表陈述事实后似可退席，请各国秉公商讨对策；但最好同时声明日本宣称之困难如人口出路之类，中国愿考虑以和平方式助其解决，如此则中国可得更大同情。彼又云：依照中立法应先判断战争状态是否存在，而彼坚避免承认战争存在，实已超越宪法权限矣。又云彼今日晚将有演说，仍以求得世界公论同情为目的，临别更嘱不要悲观，态度甚诚恳。"十二月十三日，胡在美国外交政策协会演说宣告：中国是为生存而对日本的无止境侵略作战。自后以至一九三八年七月，胡即在美国及加拿大各地作巡回演讲，说明中国对日抗战决心，争取世人同情与支持。

一九三八年七月二十六日，胡离纽约市赴英国。继续向英人说明抗日战争意义。八月四日，在伦敦写一白话诗寄北平周作人，讽劝其勿为日人利用："臧晖先生昨夜作一梦，梦见苦雨庵中吃茶的老僧，忽然放下茶盅出门去，飘萧一杖天南行。天南万里岂不太辛苦？只为智者识得重与轻。梦醒我自披衣开窗坐，谁人知我此时一点相思情！"不幸，周未听从胡之劝告终沦为汉奸。九月三日，胡以"普鲁士科学研究院通信研究员"身份应邀参加在瑞士卓列克（Zurich）举行的国际历史学会，说明中日关系。是月八日，胡在瑞士鲁塞思（Luceme）写《追哭徐新六》白话诗："拆开信封不忍看，信尾写着'八月二十三'！密密的两页二十九行字，我两次三次读不完。'此时当一切一切以国家为前提'，这是他信里的一句话。可怜这封信的墨迹才干，他的一切已献给了国家。我失去了一个最好的朋友，这人世丢了一个最可爱的人，'有一日力量，尽一日力'，我不敢忘他的遗训。"

徐新六（振飞）年长于胡一岁，留学英法习经济学，归国后，曾任教北京大学，并在梁启超任财政总长时参加改革币制工作，胡即由徐认识梁。其后，胡与徐且结金兰交。徐整顿浙江兴业银行极有成绩。胡出国前寄北大同仁信中之"兴业兄"即指徐。一九三八年夏，美国希望陈光甫前往谈商贷款时，陈健康欠佳，政府拟以徐为首席代表与陈一同西行。八月二十四日，徐自香港乘客机飞重庆途中被日军驱逐机击落罹难。离港前夕即二十三日寄信胡适。十日之后，胡收到徐航函时，徐已为国牺牲。胡捧信思故人，自然深受感动。

其时，武汉会战已激烈展开。九月十三日，英国大使馆代办在武昌晋谒蒋介石先生，探询中国在原则上，能否同意设立汉口安全区（是年一月以来，日本即妄想汉口为自由区，英法与美国为此接触频繁），并面呈日本建议条款。蒋介石当答复：此种无理条款，英国根本不应为之转递。十七日，国民政府任命胡适为中华民国驻美利坚合众国全权大使。

（吴相湘：《胡适》）

和比战难　实际经验

十月一日，外交部部长王宠惠博士致电胡指示任务："该大使就职伊始，朝野期望甚殷。兹将政府对美方针列举于下：

"（甲）欧战发生时各问题：（一）英美对于远东合作素为我国所期待，欧战发生，英或倾向与日妥协且必需求美国援助。我应与美成立谅解，请美严促英国勿与日本妥协，增我抗日之困难。（二）促请美总统实行其'隔离'（quarantine）侵略者之政策，对日采行远距离之封锁。（三）日本企图夺取英法在华利益，望美勿置身事外，尤以维持在上海公共租界之地位及现状为要。

"（乙）美国实行中立法问题：（一）促成美国修正中立法区别侵略国与被侵略国。（二）日本未对华实行战时封锁前仍望美国避免施用中立法。（三）日本断绝中国交通时，应请美国将中立法中禁止军火及军用品之输出暨财政援助等对日切实尽量施用。

"（丙）财政援助问题应继续重视，并努力促美政府于最短期间助成对华现金或信用之借款。

"（丁）军用品售日问题，美国现劝商民勿以飞机售给日本，应相机商请美国扩大其劝告范围，使煤油钢铁亦不售给日本，俾各国对于国联盟约第十六条之实施较易实现。

"（戊）情报问题：美国朝野之主张及活动应多方探采，随时报告。"

五日，胡到达华府，就任驻美大使。八日，奉到蒋介石致罗斯福总统电报：日本似知武力无法解决问题，一再央请德、意调停和平；但中国人民深信惟有美国政府为唯一可以为获取公正和平之领导者；如美国有意发起邀集有关国家举行谋致远东永久和平之会议——如华盛顿会议之先例，此正其时。

其时，胡尚未呈递到任国书，只能与国务院远东司来往。十六日，胡奉蒋介石先生电报：日军在广东登陆，显系恐吓英国，间接对盎格鲁撒克逊国家挑衅。美国势宜给予英人鼓励以形成合作干涉政策，远东问题之解决有赖盎格鲁撒克逊国家之合作，尤以美国之领导为重要关键。十九日，美国务院以罗斯福总统复蒋介石先生书交胡适，内称：远东局势之发展，日在密切注视之中。远东悲惨冲突之解决，是否经由公正之和平谈判，或经由武力演习之炫示，以重建世界此一地区之法律与秩序，日见迫切需要。本人企望基于真正平等标准以转移冲突之因素使趋向和平。本人谨保证：一俟适当时机来临，自当尽力以赴。胡接受此一复书时向国务院官员表示：完全了解罗斯福总统此时未能作任何承诺之意旨所在。胡当即转陈蒋介石先生。翌日又电蒋介石先生陈述"和比战难"理由（此一电报，当时被日本截获，送交元老重臣参考，战后刊载于《西园寺公と政局》第七卷第一八四页。相湘曾于一九五九年持书请问胡先生，胡亦感惊异）："昨日电陈美总统复文，谅蒙钧察。此事可为适屡向公言和谈比战争更难百倍之明证。就最近欧洲大局言：战祸暂似幸免，和平能否维持成功仍有赖下述三要素：（一）有负责尽职、不畏诽谤致力于和平的调停人。（二）弱国在调停人掩护下，愿意承受相当大的牺牲，并且不怕发生内乱。（三）调停人需要有充分的毅力与坚定的决心，使强者受制裁，侵略国能承许遵守其与弱国间所调停之结果。上述三点，缺一不可。往年国际联盟调停中日纠纷，我已接受李顿报告书，只因缺乏上述第三要点，故在日本拒绝李顿调查报告后，调停者亦无可奈何且毫无办法。再如捷克事件发生后，英法两国下定战争决心，或在事件发生后，英国三军不实行动员，仍有和平希望。然就今日欧洲大局言：其困难实比战争未发生前更加困难。殊足使我方玩味。二十余日来，攻讦张伯伦出卖捷克之论调弥漫世界，由此亦可知调停人必须是不惧恶评，同时又是一能予暴力侵略者以制裁的。今美国舆论必定不容许美国领袖去支持一不公正的和平，至于美国以实力主持强制的公正和平的机会，今日尚非其时。罗斯福总统复文内涵弦外之音，谅蒙钧察。适近与国务院友人私谈结论，均认为华南局势最易引起国际纠纷，彼等话语也有弦外之音。适于八月中曾电陈：美苏两国均不愿中国讲和。就目前情形论，此言已得印证不容再有存疑。苏俄不愿我谈和，故以武器助我。美国不愿我溃败故愿经济援助。故就我国现况言：惟有等待时势演变。适以为上述史实之分析，可供参考，用敢缕陈。"

当十九日，胡适收到罗斯福总统致蒋介石先生复信时，又奉蒋十月十五日致罗斯福电，渴望美国予以相当巨额之贷款："举凡阁下之措施，一方足以增加中国之实力，他方足以唤醒日本，俾恍然于其现行之政策之谬误，藉以迅速恢复远东之和平，本人自当竭诚感谢。"二十二日，外交部致电胡："昨日部长约晤美大使，告以日侵广东形势紧迫，美政府对现局究取如何态度？我方切望予我更大之协助，俾增强我抗战力量。同时并盼美方出面周旋，主张公道，以谋和平。英法苏联均惟美国之马首是瞻，美国若主张采取有效步骤，他国不难追随。美大使允即电政府，惟谓据彼所知，现日方尚无和意，且美亦不愿充一传话人。倘和平条件，显系违反九国公约者，亦非美国所愿与闻云云。特电接洽，希于会晤美总统或外长时，力请一面加紧援我，一面运用其力量，促成公平合理之和平。"

二十三日，胡致电外交部报告：广州陷落，海外热诚爱国之华侨多有恶感。然美国态度尚佳，仍积极进行经济援助之谈判。尊电所示，适于旬日前虽曾一度进言，然因其回答：尚未见有公正和平之时机。故适拟于呈递国书后再相机进言。近日谣言纷纷，企望尽速电知事实，以便防止侨胞之离心力。

胡适电文所称"经济援助"即指桐油贷款而言，此一贷款经陈光甫在美半月商谈，已有成议。二十五日，我军宣布撤离武汉。当晚美国财政部长毛根韬特邀胡及陈光甫至其寓所宣布：美国当在此中国抵抗日军能力与精神显现低落时际，同意贷款予中国。二十七日，胡适至白宫觐见罗斯福总统呈递到任国书，从此展开正式外交活动。

十月三十一日，胡以近照送陈光甫，并题白话诗句以互勉："偶有几茎白发，心情微近中年，做了过河卒子，只能拼命向前。"

胡适诗句表现其在"国家最危急的时期"临危受命献身国家的决心。而朝野对胡期待尤殷切。十一月十五日，王宠惠部长又以私人名义致电胡："此间政府同人对美态度最为关心，每周集会二次，咸愿听闻兄处消息。"十六日，胡致电王报告：十月六日美国对日本武力行动之抗议，"实使美政府走上与日本正面敌对之路，其影响关系半个世界"。美英法三国要求开放长江，日本拒绝，胡以为"此似为平行动作起点"。胡又告王："顷与苏俄代办长谈，彼云除非日侵苏领土，苏不致有武装行动。"十九日，胡电王："今日美日正面对抗之主要争点，在九国公约是否有效。"日本昨答复美十月六日抗议，"等于明白否认九国公约之原则"。胡因指出："前日美召回驻德大使，昨德亦召回驻美大使。三日之中，顿成绝交形势，殊非五日前任何人所能悬料。国际动态皆由事变促成。此最可供玩味。"充满乐观信心。

（吴相湘：《胡适》）

苦撑待变　历史启示

十二月四日，胡在纽约市哈摩尼俱乐部发表《北美独立战争与中国抗日战争》演讲。根据美国历史以及留学康奈尔大学时游历独立战争战场经验，以美国独立战争与中国抗日战争相提并论且加以比较。胡提示历史事实，说明美国独立建国运动成功的最主要因素有二：一是华盛顿和他的军民能刻苦奋斗，不顾一切誓达独立目的的决心和作为；一是法国对美人的精神和物资援助；两者相辅相成卒以成大功。因此，胡指出：刻苦耐劳忍痛牺牲是中国民族的特长，是世人所公认；现在对日抗战是民族独立或永被奴役的生死存亡关键，中国人民一定更会表现出刻苦奋斗誓达目的的精神。但生产落后，一切现代作战所需的设备和器物缺乏，这就只有期待爱好自由民主的国家能认识中国抗战的意义和价值而积极予以帮助了。胡再指出：中国抗战与美国独立运动在历史的背景方面虽有若干不同，但两者奋斗的方法与誓求独立自由的目标却是相同，而近百年来中美传统的深厚友谊是没有他国所能比拟的，因此，中国非常期待美国友人的援助，而美国友人本于爱好自由民主的传统，显然也有对中国抗战予以积极援助支持的义务。胡又指陈：华盛顿在佛尔居山谷苦战，需要用七辆车满载钞票才可换得一车麦粉。而中国今日情形还未有如此恶劣！如有美国的援助，中国抗战必定胜利成功。胡于此以充分信心预言：美国参加反侵略之战，中国抗战的最后胜利。

胡在这一演说中第一次提出"苦撑待变"的主张。由于一年余的忧劳，在这次演讲完毕，心脏病发作，几濒于危——胡在康奈尔大学同学，纽约市著名律师、中国大使馆法律顾问雷格曼（Harold Riegelman）忆述当时情形有云："他（胡）将中国当时情形比作美国革命战争中美国军队在佛尔居山谷的处境，他以充分的信心预料美国之参战和中国的最后胜利，以后的演变果然如此。在哈摩尼俱乐部宴会演说后，他和我同到东七十街，我已故的法律事务所伙伴摩利斯·古柏第二世的家中和几位朋友宵夜。我们同坐在一张小沙发上，他忽然站起来说他感觉到剧痛，他的脸上汗流如注。有人递给他一杯威士忌苏打酒，他一饮而尽。我劝他离开，并且委托在座的彼德·格林顺路亲送他回到大使饭店去。这是胡适第一次患心脏病。他此后在医院住了七十七天。但是他不肯遵守医师的命令，在发心脏病的第二天，他还坚持在另一个重要场合再度发表他那篇'佛尔居山谷'演说，然后才进医院。他的医生告诉我：人家好意递给他的那杯威士忌苏打酒，也许救了胡适的命。"

十二月十五日，中美桐油贷款合同，由陈光甫签订。二十九日，胡在医院手拟电报致重庆汪兆铭："铁如兄亲译请转汪院长：上月曾由翁咏霓兄详陈和战问题之鄙见。此时国际形势果好转，我方更宜苦撑，万不可放弃十八个月的牺牲。适六年中不主战，公所深知。今日反对和议，是为国家百年设想，乞公垂听。"时汪早已秘密离重庆潜往越南。

一九三九年一月十日，胡在医院抱病手拟致重庆电："美政府卅日复东京牒，态度之强硬，为向来所未有。而后半明白宣示放弃中立条约修改，须经关系国用和平协商方式为之，日军人正疯狂，必不肯采此和平协商方式。""此三个月中，美政府对德对日均表示最坚定态度，造成不易挽回之局势，使舆论与国会均不便公开反对政党外交政策，故以后发展应较顺利，英美合作更无可疑。""介公俭（二十八）日驳近卫语，美报有扼要登载。汪先生主和事颇引起注意。元旦，政府毅然处分，各报均极重视，认为抗战决心之最明表示。"这是胡向国内说明国际情势好转，务必苦撑待变至更有利。

一月十七日，美驻华大使詹森回国述职抵达纽约，即往医院访胡问病。二月二十日，胡病小痊，医生许可出院，即因美国修正中立法案而积极活动。三月二十二日，胡致电外交部有云："七日来美政府领袖充分利用欧局为促进外交形势，打破孤立主义之利器；同时反战分子亦将用全力维持中立法，以为孤立论之最后壁垒，故此时所争乃在根本原则，而不在细目，弟正日夕注意。"时美国会共有对中立法修正案五件以毕特门（Pittman）最详尽。毕特门对我国素极同情，只因重欧轻亚，故所列修正意见多于我不利。二十八日，胡与毕特门详谈，并通信指出其演说中事实上之大错误及有害我国各要点。二十九日，胡至美国务院说明：此时西班牙内战已完，而欧战只是一种揣测，毕特门案告成立，只有中日战争，当然受其拘束；则是欧洲民主国未蒙其利，而远东为民治主义作战一年半之中国已先蒙其大害。三十一日，毕特门电话告胡：已自行修正其所提案要旨，使中立法仅限适用于正式宣战之战争，中国抗战不受拘束。

四月十九日，胡至白宫晋谒罗斯福总统，谈及中立法案。罗斯福谓：据现在形势，众议院可望通过直截废止中立法，但参议院形势稍复杂，惟毕特门最同情中国，彼必不忽视中国之利害。胡叩询：东京《朝日新闻》载，美总统将有同样牒文致日本。罗斯福笑语胡：此全是捏造！罗斯福并告胡："观察世界形势有两种可能，若世界大战爆发，日本即不攻俄亦必加意防俄，中国形势可以好转。若万一世界大战可免，而欧洲各国听美国劝告，和平协商经济政治各问题，则可断言日本亦必要求参加此和平协商之局面，故无论世界形势如何转变，相信中国必须撑持到底。"

五月二十七日，美国务卿赫尔邀约众议院外交委员会多数议员聚谈中立法案。此为美政府领袖第一次对此问题表示意见。同时，赫尔又以长函致两院外交委员会长说明对中立法案之意见七项。胡电重庆外交部以为"七项之中，对交战国不借款一项，总统及财、外部要人均明知其于我国最不利，但恐难履行，无法避免此原则，至多能将寻常商业信用借款及短期借贷除外而已。其故有二：一为上次欧战各国战债总数约有三百亿，至今分文无着，故不借款与交战国几成为天经地义。二为欧战后二十年中，美国有一派议论谓：美国当年所以参战，实由于其前三年中协约国在美购买军用品太多，经济关系太深，美国不能坐视英法战败，以此故孤立和平各派均反对借款与任何交战国"。

（吴相湘：《胡适》）

过河卒子　拼命向前

其时，日本海军在我沿海对英法船舶勒令停止接受检查，而美轮例外。胡认为日人"似有更深用意，其势明显似在离间美与英法，欲其不合作"；且与美国会中立法案不无关系，特电重庆说明："盖英法与美不同，不但太平洋上之实力悬殊，而实有中立法之束缚，故虽有力量而不能运用。今日之事，此点最为关键。美国海军之调回太平洋，已足使敌人震惊，鼓浪屿之美、英、法海军合作，尤出敌之意外。号称受中立法束缚之美国忽然与英法各调兵舰到厦，各派四十二个陆战队登陆，而美国报纸无抗议，国会无质问，岂非揭破中立法之大谎乎？盖美国总统为海陆军元帅，其权力足以造成作战局面，此点似甚使敌人注意。鄙意以为海上勒停英法船舶之举动，其用意似在耸动美国会内外反战孤立各派，使其更感觉日美海军冲突之危机，使其更感觉美国在远东与英法合作之足以招致战祸，使其更感觉行政首领对外权限之必须减缩制裁也。"

七月二十二日，白宫召集两党领袖会商中立法案，终于决定暂时搁置。廿四日，胡致重庆说明："此次中立法之争，虽无结果，然亦不无进步。毕特门原案之打消，实为一大幸事。""此次争论最可表示：美国政制之特殊情形，又可见中立、孤立论之势力尚未可侮视，其摧破必须靠国际事实之演变，而非言语文字所能转移。吾人对此正不必悲观。廿二年前德国军人深信美国不致参战，故决定以潜水艇政策欲制英国之死命。然不出三日，美政府即对德绝交，不出两月即宣战矣。倘德日等国见此次罗斯福之失败，遂以为美国决心孤立不致干预外事，而彼等可以横行无忌，则今日中立法案之失败，正是世界局势之绝大转机之开始也。"这是胡又一次说明乐观奋斗、苦撑待变。

是月（七月）二十六日，美国宣布废止美日商约。二十七日，胡致电重庆报告："据闻系白宫、外部，与参议院领袖协商之结果，主要原因约有三：（一）为连日汉口、芜湖、北平各地美人受敌军强暴待遇。（二）为江海各埠之美国事业在两年来受敌军种种限制、歧视打击。（三）为政府中立法案之失败与国会制裁日本诸案之搁置，均足使侵略国误解美国立场，故行政首领毅然作此表示，促欧亚之强暴知美政府实有制裁暴行之权力，但不轻易行使耳。参议院两党领袖对此举均表示赞同，国内舆论之一致赞同似可预测。"八月十日，胡发表《中国抗战的展望》演说，更充满乐观信心。三十日，美国民意测验结果，正如胡所预料，是日胡又电报重庆："本日发表之民意测验，关于美政府废止日美商约事，赞成者百分之八十一，不赞成者十九。又关于六个月后商约期满，美国应否禁售军火原料与日本，赞成禁售者百分之八十二，不赞成十八。以上测验最足证明美国行政首领之具体作为最能领导人民意志，而立法机关对行政领袖外交权力之怀疑，实不代表民意也。"

其时，英国正与日本谈判封锁天津英租界等问题。美国此一重大行动正如欧洲若干报纸所称：英国意欲逼美表示态度之目的已经达到，美对日本严重警告之举动已经出现，他国亦将步其后尘，英美合作可能性大为增加。

九月一日，欧洲大战爆发。罗斯福总统极感忧虑，召胡适往白宫告语胡："我想为了和平而在中日两国间进行斡旋，最困难的问题当然是中国东北，我现在有了一个新办法：我们曾与英国签订协定，由两国为了共同的利益而共管太平洋中的堪塘岛（Canton）和恩布德里岛（Enbemly）；我认为为了中日两国的利益与安全，可以用同样的办法来解决东北问题。"胡返回大使馆后，即设法探取这两小岛的情形，结果发现堪塘岛有九里长，最宽的地方五百码，居民只有四十人。恩布德里岛有三里长一里宽，居民只有四人。胡大感惊讶："然而中国的东北呢？却是一个有三千三百万人口和四十一万三千平方里面积的地方。"——十二年以后，胡于撰文时忆述及此特指出："我相信一九四五年罗斯福总统在雅尔塔时，心中是主张仿效堪塘和恩布德里两岛的成例的。"

（吴相湘：《胡适》）

再度提出贷款要求

当桐油借款成功后，国内竟有人不明艰难曲折，指责谓不经由美国务院，今后将发生外交困难。是年（一九三九年）七月十五日，胡以长电致重庆说明："桐油借款，虽由财部经手，然交涉经过，外部皆随时闻知。至（一九三八年）十一月三十日，外部与财部会商时，外部尤极力赞助借款之早成。此皆光甫与适所深知。故传闻所谓外部不悦，向财政部责难云云，殊非事实。现时借款所以有困难：（一）因国会授与总统之紧急财政权力将满期，直到七月五日，费尽全力，国会始准延长两年，财部畏忌国会，将特别谨慎。（二）因中立新旧案，将有不借款与交战国之明文，上次（桐油）借款所以取纯粹商业信用形式，即是避免指摘，然孤立论者犹欲并商业信用借款而加以限制。此次六月底众院通过之中立法新案，即将商业信用借款改为以九十日为限，并不得转期。此种束缚不除，财部不能不有所顾忌也。借款真困难，实在此两端。六月初，宋子文兄托人接洽棉麦借款，美财部婉辞，亦由于此。六月二十一日，适谒外长，谈话中曾表示：桐油借款二千五百万元实已用罄，甚盼第二次借款，能由外长提议。外长答称：此事应为中央贷款主任琼斯（Jesse Jones）商榷，如有关涉外交问题时，财政当局自会与本部商讨云。此言亦可证外交部对我国借款并无困难也。又此次孔院长与美大使馆商洽棉麦借款展期还本及减息事，美外部亦极力敦促财部帮忙，故交涉顺利成功，此事最可证外部之态度。总之，借款事，光甫与适皆时刻在心，并完全合作，美政府外财两部态度皆极好。最近总统提议卅九万万元贷款案，其中有五万万元为借与外国政府购买美货之用，此计划即系财部专家所拟，其用意实欲为我国开借款门路。但此议后来稍有改动，五万万原议，现改为增加进出口银行资本一万万元，此案已提出，大致可望通过，我国借款希望在此。"

欧战爆发以后，重庆电报如雪片飞到华府大使馆，再三催促即向美国借款，以维持法币价值，且恐惧英日同盟，促美国劝说英人。九月八日，胡至白宫面告罗斯福总统：桐油借款第一次应偿之款已付清，桐油运美交货亦多且快；请求再给予中国第二次贷款。罗斯福表示将与财政部长毛根韬商谈。九月二十六日，胡与毛根韬晤谈，美方同意进行商谈。第二次借款之门打开。十月四日，陈光甫至财政部开始作详细谈判。

其时，欧战正亟，日本积极在我国进行以战养战、以华制华阴谋，汪兆铭两次赴日本勾结。美人素重欧轻亚，今视线更分散。前任我国卫生顾问之拉西曼（Rajachman波兰犹太人，重光葵《昭和之动乱》指其"以调查鸦片问题为名，被国际联盟派往中国，他后来就任中国政府顾问"。《美亚报告》英文本中指拉西曼为宋子文顾问）又来美国有所活动，与美国财部财务主管怀特（white，陈光甫［一九三九年十二月十二日日记］当时即看出"此君思想向较左倾"）等多所往返。十一月二十日，五中全会决议：蒋介石兼任行政院院长、孔祥熙为副院长。各部会首长未即发表，中外传说纷纷，拉西曼更鼓其如簧之舌。十一月二十七日，胡乃手拟长电致重庆军委会陈布雷主任："介公兼长行政院，报纸传说各部将改组，上月拉西蒙（Rajachman）飞来美国，即屡对人说宋子文先生将任要职，近日报纸又有子文将长财部或贸易部之说。弟向不满于孔庸之一家，此兄所深知，然弟在美观察此一年中庸之对陈光甫事事合作，处处尊重光甫意见，实为借款购货所以能有如许成绩之一大原因。盖庸之与光甫为三十年老友，性格虽不同，而私交甚笃，一年来光甫在美所办各事业所以能放手做去，无内顾之忧者，多因庸之绝对合作。而贸易委员会现由邹秉文代理，亦能与光甫合作，故桐油之输出及车辆货物之输入，至今顺利。今回第二次借款，用滇锡作抵，此后桐油与锡之输出，皆与美国借款息息相关，弟默察光甫诸人在美所建立之采购输运机构，真能弊绝风清，得美国朝野敬信，不但在抗战期中为国家取得外人信用，亦可以将来为中美贸易树立久远基础。鄙意对行政各部改组消息，颇有顾虑：（一）虑子文个性太强，恐难与光甫合作。（二）虑报纸所传贸易委员会改由宋子良代光甫之说如属实，则光甫所办事业恐不能如向来之顺利。（三）子文今年夏间曾向美财部重提棉麦借款，美财部疑为有意另起炉灶，印象颇不佳。以上各种情形，国内恐无人为介公详说，故弟不敢避嫌疑，乞吾兄密陈，供介公考虑。鄙意以为倘能由介公切嘱庸之摒除手下之贪佞小人，而令其仍任财部，实与光甫在美借款购货事为最有益。否则无论何人长财部与贸易部，必须由介公切实叮嘱，令其与光甫诚意合作，力戒其邀功生事，贻讥国外，而妨害事机。"

十二月二十日，胡至白宫谒罗斯福总统面陈：我国政府希望获得美国现款以稳定币值。罗斯福表示：现款借贷无法办到，对滇锡贷款，当再嘱财长毛根韬及联邦贷款主任琼斯办理。翌年（一九四〇年）一月十三日，胡再谒罗斯福再度请求迅速定议。一月二十四日，胡与陈光甫同往访琼斯商谈。胡申言：中国决不讲和决不投降，一定长期抗战，如得美国援助，最后胜利必属于我（一月廿一日，中外各报刊载：高宗武、陶希圣自上海携出汪兆铭与日本密约，外人不明真相）。二月一日，琼斯至国会作证赞扬中国债信最佳。二十九日，此一法案经国会通过送白宫签署。三月七日，琼斯向报界宣布：以二千万美元借予中国。八日，胡与陈光甫忽接孔祥熙电不同意用滇锡作担保（此议系纽约华昌公司主人李国钦——经营锑钨起家因嫉妒而电孔祥熙）。此一借款几致功败垂成。胡特电孔祥熙说明："国家之困难情形适等均极明了。此间之特殊困难，均已详于十四日英文电中，此次借款用锡作抵，此议实由政府发之。自九月至三月，兄与光甫往来电报盈寸，均无异议，故谈判始终依原议进行。今借款七日始发表，而八日尊电忽令尽变原议，光甫与适此时实难如此翻覆，即向美当局开口，非但无益，徒使毛财长及琼斯诸人为难耳。因彼等已迭向国会及报界宣传我国按期付款，此次借款以锡作抵，全系商业性质，彼等实亦无法翻覆也。尊电所云中美友人云云，当系局外人不明实情，轻易主张，未可轻信。适与光甫事事合作，深知此中困难，故特电陈。务乞复按十四日英文电，速电光甫，依原议进行商订合同，以免贻误时机，此事至关重要，故敢直陈胸臆，千乞垂听。"孔终于同意。四月二十四日，滇锡借款合同由陈光甫签字。

（吴相湘：《胡适》）

世局演变　有利中国

先是自胡提出"苦撑待变"主张，重点非在"待援"，而在国际局势演变对我有利，属以此意函电告国内各方人士。滇锡借款谈判时，国内希望数额至少为一亿美元，期望殷切。是时（一九三九年十二月四日）胡因手拟长电致重庆详细说明："美国政府对远东态度，最近更为明显，美驻日大使格鲁十月十九日之演说，明是一种挑战书，其作战之武器，仍是日美商约废止后之对日经济压迫。现距国会重开不过一个月，距商约失效不满二月，日人近日颇手忙脚乱，造作各种流言：或谓日、美不久将订新约，或谓中国西北各省赤化更深，或谓中国国共水火，不久将决裂，或谓美国若相逼太甚，日本将与苏联携手，共同对付民主国家。此诸说自相矛盾，不能取信于人，白宫与外部均不为所动。上星期外部声明从未与日本商谈新约，并云此问题前途，当看此后如何演变云。对华第二次借款，已由光甫与美财政部商谈多次，光甫与适均盼借款能于国会重开前告成，以现势观之，或有如期实现之可能。至于日美商约之如期废止，决无问题。现问题乃在废约后国会能否通过对日经济制裁案，依适观察，此种提案，下届国会当可提出，赞成者亦必甚多，但阻力恐亦不少，明春恐未必顺利通过，其阻力有三：（一）为和平孤立分子，惧牵入远东战争。（二）为南方各州不愿完全牺牲棉花贸易。（三）因中立法禁美船只开往欧洲战争区域，美航业已蒙大损失，海员失业者甚多，故国会对封锁日本案影响所及，恐有甚大顾虑。此外尚有政治原因，盖明年为大选举之年，总统、副总统之外，众议院全部改选，上议院改选三分之一，两大党方面对国际重大问题，恐有将存审慎态度。故鄙意揣测，日美商约废止后，下一步举动，若全靠国会立法，则必旷日持久，故仍须白宫、外交部运用事势，在行政权限之间，先便宜行事，最低限度，可先做到对日货进口加惩罚税，或利用军用品原料节制法，禁止若干项原料货品售卖与日，此种行政措施，比较容易办到。鄙意明年大选举之前，我方所能期望于美国者不过如此，若敌方对美恼羞成怒，而大发疯狂，则局势演变，或大出今日吾人意表。今年若无封锁天津英租界，侮辱英国男女，及侮辱美国人等事，则七月二十六日废止商约之举，亦未必能如此神速也。"

自汪兆铭南京伪组织出现、德意日三国同盟、日军进据越南，胡电报重庆："美政府必不变更对我态度"后，一九四〇年十月二十日又手拟长电说明"苦撑待变"主张已经时间证明，世局演变极有利于中国："适三年来所上介公及咏霓诸兄电，凡涉和战大计，总不外'苦撑待变'四字，所谓变者，包括国际形势一切动态，而私心所期望，尤在于太平洋海战，与日本海军之毁灭。此意似近于梦想，然史实所昭著，以和比战更难百倍，太平洋和平会议未必比太平洋海战更易实现。至最近一月中，重大演变多端：（一）为美国实行建造两大洋海军，增加海军实力一倍。（二）为日本侵入安南，使美国立时宣布对华三项借款，废铁全部禁运。（三）为德意日三国同盟，使美国人民更明了此三个侵略者对美之同样仇视。（四）为十月四日近卫、松冈同样威吓美国之狂论，使美国舆论大愤，使美政府远东各地美侨准备即时撤退，以示决心。（五）为美国海军部十月五日增调海军后备员三万五千人，使美海军现役员总数现至近廿四万人。（六）为日本忽变态度，先否认松冈谈话，后又声明近卫谈话亦只是随口答报界质问，非事先预备之谈话。（七）为十月八日英国正式宣布十七日缅滇路重开。（八）为美政府遣送海军新员四千二百，陆军防空炮队千人赴檀香山增防。（九）为上月国会通过空前之平时兵役法，凡廿一至卅五之壮丁约千六百余万人，均须登记听候遣送受军事训练。十月十六日为全国壮丁登记之日，亦即全部废铁禁运之日，亦即缅路重开之前夕。凡此九事，皆在一月内急转直下，使人有水到渠成瓜熟蒂落之感。闻十月五日松冈狂论，美国会中领袖曾访问罗总统和战大计，总统曾表示政策大纲云：我们不要和日本开战，但也决不在远东退缩，因为我们不肯退缩，也许日本会侵犯我们，那时我们就难免一战了。但我想日本大概不会如此做，总统之言，似大体可信。连日美方观察，均谓日本已有软化形势，似不敢冒险向美国挑战。至于日本是否将用暴力压迫英国权利中心如沪港各地，则论者颇不一致。鄙意日本霸力全赖海军支撑，此时未必敢冒险将海军作孤注。若日本果软化，则日美海战或尚需稍长时期之酝酿，我国苦撑三年余，功效虽已甚明显，但今日尚未可松懈。此时最可虑者，暴敌在羞愤之中，或将以大力攻我滇边，及用空袭炸毁滇缅各路桥梁车辆等，我方必须早作准备，拼命防御，绝不可误信外间流言，谓敌侵安南意在南进，不在攻我。若误信此说，恐后悔难追，务请留意。鄙意又以为今日大势，自属分明，德国攻英，已告失败，德意已与暴日结为同盟，英美密切合作，已无可疑。罗斯福总统连任，亦似无可疑。当此时机，我国对于国际分野，似应有个比较明显的表示，例如德意既与暴日结盟，既承认其东亚新秩序，则皆是我仇敌，我国似应召回驻德意之使节，使国人与世人知我重气节有决心，似是精神动员之最有效方法。”

（吴相湘：《胡适》）

“赢得胜利、丧失和平”的警告

一九四〇年五月三十日，胡至白宫谒罗斯福总统讨论“欧局发展后之远东局势”。六月二十日，罗斯福延揽史汀生出任陆军部长——史汀生曾于任国务卿时标举“不承认主义”以警告日本侵略中国行为。今就斯职，显示罗斯福对远东之积极态度。七月二日，罗斯福签署禁运法案，开始在日本周围建立一经济约束。六日，外交部致电胡：“本部确悉：英国为日方威逼缅甸停运军火事，正与美政府商洽中。现越南运输全停。缅甸一路为我生死关头，谅为美方所深知，究竟美政府对于英方如何表示其意见？”同时，驻英郭泰祺大使亦有电致胡。胡即竭力向美国务院陈说滇缅路危机，请其设法挽救。十三日，赫尔国务卿曾对英大使恳切劝告。十四日，美国务院告胡“政府正考虑有效之挽救办法”。十六日即英国宣布徇日方要求关闭滇缅路时，美国务院发表申明：“美国政府对于世界各地通商大道之开放，实有正当之关切，并认为类此之行动……将对世界商业横加不当之阻碍。”胡当日致电重庆，报告并谓“外长（国务卿）于答复关于英国运动中日和平之一问时，谓美国政府对于远东局势，仍保持其多年来采取独立自主途径之惯例”。七月三十一日，美总统布告明确禁止任何性质飞机汽油之出口，加紧约束日本。九月九日，胡电报重庆：“废铁全部禁运事，现闻确系由国防委员会提出请政府裁决施行。此后仍是时间问题，其何时走何步骤，皆与国际大局及英美实力密切相关，不能勉强促进。”其后不久，美总统下令全部禁运，严重伤害日本整个经济机构。

美国对远东积极态度，日见显明。胡益充满乐观信念。日常办理外交事务之余，更应邀约撰文驳斥日本“新秩序”谰言且提出正确之观点。如（一）*The World War and the Future World Order*.（*Association of American Colleges Bulletin*，Vol. 26，March，1940.）（二）*What Kind of World Order Do We Want*？ *A discussion with H. G. Wells and Ray L. Wilbur*.（*Town Meeting*，Vol. 6，No. 3，New York，December，1940）

同时，胡对中国日本两国迈向近代化过程所作的剖析，更引人注意。哥伦比亚大学与另一书店同时刊行：*The Modernization of China and Japan*.（In：*Freedom：Its Meaning*，ed.by Ruth Nanda Anshen，New York，Harcourt，Brace&Co.，1940.）*The Modernization of China and Japan*.（In：*Cultural Approach to History*，ed. byC. F. Ware，for the American Historical Association，New York，Columbia University Press，1940.）

其时，杜威博士八十岁诞辰，友好门生撰刊祝寿论文集，胡亦撰《功利主义的政治哲学》一文：*Political Philosophy of Instrumentalism.*（In：*The Philosopher of the Common Man*；*Essays in Honor of John Dewey to Celebrate his 80th Birthday.* New York，G. P. Putnam's Sons，1940.）

胡"做了过河卒子，只能拼命向前"决心由此可以显现。加以自幼深受"容忍"母教影响，今值国家危急存亡之秋，出使是邦，深切了解国家荣辱超过个人荣辱，更不顾"弱国无外交"的俗见，竭力工作，与美人接触尤多方容忍。如陈光甫当时亲身经历：美国务院内"暮气沉沉，只以保全个人地位为目标，其他概非所计，欲求其出力助华，殆如登天之难，能不从中阻挠已属万幸矣。因此又忆及美外部之远东司长项白克（Horn—beck），此君老气横秋，以一动不如一静为妙策，彼对适之讲话有如老师教训学生，可见做大使之痛苦矣"（一九三九年十月十三日日记）。幸"大总统实欲帮助中国"。"大总统对彼（胡）确有好感"（同年五月二十六日日记）。

九月二十六日（一九四〇年），胡在大使馆举行接受美国妇女援华会发起之"希望书运动"捐款赠献典礼。十月二十四日，胡对全美国发表广播《挽救在中国的民主》。要求美国人民不要忘记第一次世界大战的教训："你们打了胜仗，却丧失了和平！"十一月二十八日，胡在纽约市参议会发表广播演说《我们需要哪一种的世界秩序》。十二月十五日，安徽省绩溪县上庄村居民为祝贺胡五十岁诞辰，将上庄村改名"适之村"。时胡夫人江冬秀女士正在乡居。

一九四一年一月二十日，胡参加罗斯福总统连任第三届就职典礼。

其时，日本外相松冈洋右面对美国经济制裁，有意研讨其在中国的立场，曾有所活动。新任野村为驻美大使于二月十一日到华府。中外纷传：日本将要请美国调停中日战争。六月四日，胡电报重庆说明："自野村来任大使后，颇谋改善日、美关系，倡言松冈之轴心同盟，实非天皇与近卫本意，又倡言日本对英、美根本无敌意，又有人谓小仓正恒入政府，可证工商界领袖将渐抬头，军阀将渐失势。又有人谓美国若肯对日略表好感，则日本脱离轴心国家转而保障太平洋和平亦非绝不可能云。凡此诸说，在此时机颇能歆动一般主张全力援英而放弃远东之人士，因闻共和党候补总统威尔基，亦颇为所动。但适曾与外交部长及其他要人细谈，据彼等切实密告，约有数点：（一）海军确有一部分调往大西洋，包括主力舰驶往，但所余太平洋海军力量仍足控制日本，况有新增统制空军力量，尤足使强暴顾虑。（二）调停中、日战争一层，日方至今并无正式之探询与请求，美国亦未曾加以考虑，此种重要问题，美国在详细征询中国政府意见之前，决不轻于考虑也。（三）在目前国际形势之下，美国虽不欲挑起两洋战争，然亦深知日本之野心企图，故美国对远东并无抛弃或软化之意，最近斐岛出口货统制案即是其中一证。"

"苦撑待变"主张经胡再四传扬，朝野人士均受鼓舞。永利化学公司总经理范旭东特请人将此四字镌刻牙章寄赠胡——撑字篆体不见于《说文》，乃借用"掌"字（见拙撰《近代史事论丛》第一册三十四页）。

（吴相湘：《胡适》）

太平洋战争爆发

一九四一年六月十七日，胡应邀参加普渡大学（Purdue University，Lafayette，Indiana）毕业典礼发表《知识的储备》（Intellectual Preparedness）演讲。二十二日，德军开始进攻苏俄。七月二日，日本不顾德国要求，决定不进兵西伯利亚以对付苏俄。二十五日，胡在密西根大学讲《民主与极权的冲突》。同日，罗斯福总统发布命令：冻结日本在美国的全部资产，进一步造成对日本的经济封锁（胡已先一日知悉。今美国历史家称此一命令为"日本的珍珠港"，其重要性可以想见）。七月二十八日，日军进占越南。八月十四日，罗斯福、丘吉尔完成在纽芬兰会谈，联名发表《大西洋宪章》。此为英美合作再进一步的显明表示。罗斯福承诺：本身虽未遭受攻击，仍将参与远东战争，以确保最后胜利。二十六日，美国拒绝日本提出"罗斯福与近卫文磨会议"之建议。

九月四日，胡至国务院，向赫尔国务卿探询所传美日两国会谈之真相。赫尔答复："美日两国所举行之谈话，系属偶然或试探性质，但双方迄未觉得可作为谈判之共同基础，美国政府甚至在考虑涉及中国情势之任何谈判之前，希望与中国政府及其驻美大使讨论全盘问题，美国政府并将与澳洲、英国及荷兰各国举行同样之谈话。美国政府在与日方举行谈话时，心中固不断具有根据基本原则暨政策以解决整个太平洋问题之抱负，此项原则暨政策，美国政府并无予以牺牲之意。美国对日所采行之经济上及政治上之办法，乃系在中国及太平洋其他地方某种情势发展之结果，日本政府对希特勒征服世界计划之明显态度自亦包括在内。除非招致此项办法之情势已有变更或竟消灭时，则上述办法将无变更或取消之望。同样美国政府援助任何国家抵抗侵略时，其政策亦系以基本原则为根据。此项原则包括自卫之原则在内，此为美国议会及大多数美国人民所极力拥护之政策，侵略若继续进行而各国亦仍抵抗不懈时，则各该国家均可望继续尽量得到美国物资上精神上暨政治上之援助。"因此，胡更具乐观信心，在此九十月间，迭电中枢详细分析当时国际情况，判断美国势将参战。十月十八日，日本东条内阁成立。十一月五日，日又派来栖三郎大使赴美国，如美国不接受日本提案，即于十二月初发动战争。

其时，美国早已识破日本电报密码，完全了解日本动向。但赫尔国务卿抱持"不要使反应太尖锐以免使日本有退出谈判的口实"以与野村、来栖商谈。

十一月四日，胡适奉到蒋介石先生致罗斯福电报，提出日军企图进取云南昆明危机以及希望美英空军支援中国抵抗的要求。十二日，罗斯福总统约晤胡适，答复蒋先生函件。二十日，野村、来栖以日本新提案送交美国。二十一日，赫尔国务卿约晤胡适及英澳荷四国使节说明：美国正拟向日本提出对案——临时协定（Modus Vivendi）。胡电报重庆，对前途演变仍具非常乐观信念。正如其法律顾问雷格曼（Harold Riegelman）所忆述："我在华盛顿和胡适讨论一件有关他的政府的法律事件，那天晚上我留宿在大使馆里。那天晚上，两位日本帝国的使者正在白宫等候美国政府关于他们所提：以满洲割让给日本为代价，日本可以从中国南方领土撤退这个要求的最后答复。我当时很忧虑。胡适则恬静安详。我问他为什么这样镇定？他说：罗斯福的决定是可以预料的、必然的。'没有一位领袖可以采取和他人民良心距离太远的行动。牺牲中国来向此一勒索投降，是和美国人民的良心彻底违背的。所以总统必定拒绝日本的要求。他一定这样。'果然他拒绝了。胡适对于他的历史判断是具有最高信心的。"

是月二十四日，美国截获日本密电，确知已将最后限期自原订之是月二十五日推延至二十九日。二十五日，白宫召集会议后，二十六日，赫尔国务卿放弃原拟"临时协定"，改以"十点和平解决办法"面交野村与来栖——其中第三、第四、第五点均涉及中国：（一）日本政府应从中国及印度支那半岛撤退其全部陆海空军部队及警察。（二）美利坚合众国政府与日本政府除支援设在重庆的中华民国政府外，不得予其他任何在中国的政府或政权以军事、政治、经济的支援。（三）两国政府同意并努力取得英国同意：撤销有关中国境内租借地、租界、领事裁判权及《辛丑条约》各项权益。——十二月一日，日本御前会议决定对美英作战。

十二月六日，胡在纽约参加一盛大宴会并发表演说，席次得华府电话：罗斯福总统约晤。当晚胡乘夜车赶回。七日午前十一时，胡至白宫。罗斯福总统郑重告语：美国已将不能妥协意旨以坚定语句告知日本大使，望即电告蒋委员长：从此太平洋上随时可能发生战争，菲律宾、关岛等处的可能性尤大。胡辞出白宫再转往国务院，旋回大使馆。正进午餐时，白宫来电话：罗斯福总统亲自告语胡，日本飞机已在轰炸珍珠港。胡闻讯，深感为民族国家松了一口气，太平洋局势从此大变。

自宋子文于一九四〇年夏，为蒋公个人代表至美国，有关贷款事宜均由宋担任，胡偶或陪同宋商谈，但极少发言。协议完成时，则由胡以全权大使公文致函国务院授权宋签字。

一九四二年二月初，加拿大政府邀请胡至温哥华，作《胜利公债》（Victory Loan）演讲。四月，胡参加宾州大学（University of Pennsylvania）建校二百周年纪念会。二十日，对宾州大学财政商业学院教师学生演说《中国在现在世界斗争中的地位》（China's Place in the Present World Struggle）。五月，胡在美国及加拿大各地巡回演讲，连续约一百余次，颇感疲倦——是年五月十七日，胡致王世杰信有云："今年体质稍弱，又旅行一万六千里，演讲百余次，颇感疲倦。六月以后，稍可休息。我在此三年，不曾有一个 Week—end，不曾有一个暑假，今夏恐非休息几天不可了。"

胡一向乐观，又有风趣幽默感。此时又开始收集有关怕老婆故事、笑话、漫画，以为工作烦剧之余的消遣，且常笑话友好："在这个收藏里面可以找到了解国际大问题的钥匙，大到和战问题也不会例外。你瞧吧：我这里有几百条中国的怕老婆故事，可是没有一条从日本来的。美国、英国、斯堪的那维亚的这种故事也有九百条，可是没有一条从德国来的。倘然我们做一个结论说：人类中间这一种怕老婆的低级种子，只能在民主国家里繁殖，不会产生在极权国家的土壤上，或者还不会错吧？"九月八日，胡辞卸驻美大使职务。以心脏病不能作长途飞行，故仍留美国，观察世局演变，并从事研究工作。先后发表多篇论文：（一）*Peace Has To Be Enforced*。（二）*Looking Forward*。（三）*The Struggle for Intellectual Freedom in Historic China*。（四）*Asia and the Universal World Order* 等。

一九四三年一月，胡应聘为美国国会图书馆东方部名誉顾问。二月，撰成《易林断归崔篆的判决书》。十月，在哈佛大学作连续六次演讲。自是年起，胡开始审判一百余年来，控诉戴东原偷袭赵东潜《水经注校本》的公案。前后耗费十九年时间，寻觅千百证据，为戴东原昭雪。

一九四四年四月，胡在芝加哥演讲《中美人民友谊的基础》。九月，应哈佛大学之聘请授《中国思想史》一学年。其中《中国人思想中的不朽观念》（*The Concept of Immortality in Chinese Thought*）已刊行。

其时，美国学人对中国现代史研究兴趣浓厚，胡亦应邀先后撰《孙逸仙》（*Sun Yat—Sen*）、《辛亥革命》（*The Chinese Revolution*）两文刊载《当代中国》（*Contemporary China*）。

一九四五年五月，胡为中国代表团代表之一，参加在美国旧金山举行之联合国会议，制订《联合国宪章》。八月十四日，日本无条件投降。九月，国民政府任胡为国立北京大学校长。十一月，胡任首席代表率中国代表团赴伦敦出席联合国教育科学文化组织，制订此一组织之宪章。

一九四六年六月，胡离美返国。七月，就任国立北京大学校长。聘汤用彤为文学院长、饶毓泰为理学院长、周炳琳为法学院长、马文昭为医学院长、俞大绂为农学院长。十日十日，举行胜利复员后第一次开学典礼。十一月十一日，至南京出席制宪国民大会。十二月，胡与朱经农等提出《教育文化应列为宪法专章》案，经修正通过。时与会代表多请胡题字留念，胡偶题写"过河卒子"白话诗，经陈孝威刊载报纸。

（吴相湘：《胡适》）

争取学术独立十年计划

胡面对国际情势演变、大学学生情绪激昂，仍怀抱乐观奋斗心情。一九四七年九月二十八日手拟《争取学术独立的十年计划》发表。胡首先指出所谓"学术独立"必须具有四个条件："（一）世界现代学术的基本训练，中国自己应该有大学可以充分担负，不必向国外去寻求。（二）受了基本训练的人才，在国内应该有设备够用和师资良好的地方，可以继续作专门的科学研究。（三）本国需要解决的科学问题如工业问题、医药与公共卫生问题、国防工业问题等等，在国内应该有适宜的专门人才与研究机构可以帮助社会国家寻求得解决。（四）对于现代世界的学术，本国的学人与研究机关应该和世界各国的学人与研究机关分工合作，共同担负人类学术进展的责任。"为达到这一最高目标，必须及早准备一良好的坚实的基础。因此，胡郑重提议："中国此时应该有一个大学教育的十年计划，在十年之内，集中国家的最大力量，培植五个到十个成绩最好的大学，使他们尽力发展他们的研究工作，使他们成为第一流的学术中心，使他们成为国家学术独立的根据地。""在这十年里，对于其余的四十多个国立大学和独立学院，政府应该充分增加他们的经费，扩充他们的设备，使他们有继续整顿发展的机会，使他们成为各地最好的大学，对于有成绩的私立大学和独立学院，政府也应该继续民国二十二年以来补助私立学校的政策，给他们适当的补助费，使他们能继续发展。"

胡强调指出："这个十年计划应该包括整个大学教育制度的革新，也应该包括'大学'的观念的根本改换。近年所争的几个学院以上才可办大学，简直是无谓之争。今后中国的大学教育应该朝着研究院的方向去发展。凡能训练研究工作的人才的，凡有教授与研究生做独立的科学研究的，才是真正的大学。""凡只能完成四年本科教育的，尽管有十院七八十系都不算是将来的最高学府，从这个新的'大学'观念出发，现行的大学制度应该及早彻底修正，多多减除行政衙门的干涉，多多增加学术机关的自由与责任。"

胡再三强调：这一建设中最重要又最简单易行而收效最大最速的，是用国家最大力量培植五个到十个大学的计划。"有了这五个十个最高学府做学术研究的大本营，十年之后，我相信中国必可以在现代学术上得着独立的地位。""这不是我过分乐观的话，世界学术史上有许多事实可以使我说这样大胆的预言。"

胡此一建议，要可谓三十年来对"国立大学重要性"认识之进一步行动：自国立北京大学扩展至全国各地。时值胜利之初，不平等条约束缚早已解除，中华民国位列"四强"之一，罗斯福总统之理想——即拥护中国在国际地位上之真正平等独立。胡自更体认一国学术不能独立，知识不能与外人平等并驾齐驱，所谓"国际地位平等"即不能确实获致且保持长久。"建国之根本大计"蓄藏心中三十年，只因内乱外患交逼，始终无适当时机可容表示。今作此公开建议，语重心长。立即引起国内热烈的讨论与批评。一般论者均承认高等教育与学术不能再听任其自然演变，而应有计划。

一九四八年三月二十五日，胡适膺选为中央研究院院士。三月二十九日，胡出席实行宪法后第一届国民大会第一次会议。时蒋介石曾嘱王世杰向胡致意：敦促胡参加为总统候选人。胡再三坚辞：身体健康不许担此重任。

其时，内战日亟，胡自感忧急，主持北京大学，处理日常校务之余，又应用多年歌德式镇静工夫以研究《水经注》——国内收藏各种《水经注》校本均先后发现，比较参证，兴趣更浓。八月七日，撰《从"牟子理惑论"推论佛教初入中国的史迹》。十一月廿四日，翁文灏辞行政院长职。陶希圣奉蒋介石命专机飞北平，拟请胡出任行政院院长。胡仍以心脏病不能担重任婉辞，并举荐傅斯年、俞大维。陶当以"你何不选任他们二人之一为副院长，将日常院务交予他做？"胡云："我不担任这一职务则已，担任了就要负责任，不能推。"十二月八日，编定《水经注版本展览目录》，为国立北京大学建校五十周年纪念大会之一部分。十二月十三日，撰《北京大学五十周年》刊载庆祝特刊。胡指出："在世界的大学之中，这个五十岁的大学只能算一个小孩子。""它在这区区五十年之中，已经过了许多次的大灾难，吃过了不少苦头。""现在我们又在很危险很艰苦的环境里给北大做五十岁生日。我用沉重的心情叙述他多灾多难的历史，祝福它长寿康强，祝他能安全度过眼前的危难，正如同他度过五十年中许多次危难一样！"

十二月十五日，南京特派专机，迎接胡适伉俪及学人南下。胡仅携带先人手稿年谱及本人著作匆匆登机，当晚安抵南京。

一九四九年三月二十二日，胡至台北安置眷属后仍返上海。四月六日，自上海乘轮赴美国，海行途中撰《陈独秀的最后见解》《自由中国的宗旨》。是月底，胡到达纽约。六月，阎锡山出任行政院院长，邀请胡出任外交部长，力辞不就。七月十六日，胡通知中国驻美大使馆：取消一切约会，不接见任何政府或国会的领袖。八月五日，美国政府公布《中美关系白皮书》。胡蛰居纽约，有五个月未去华盛顿。

胡对《白皮书》之观感，其后公开于其所撰《司徒雷登回忆录——旅华五十年记》（Fifty Years in China by J. Leighton Stuart）序言中："我阅读中国白皮书里面的艾契逊国务卿上总统书，其中有下面的几句话：'中国内战之恶果，非美国政府所能左右。此项结果，不因我国之任何所为或我国能力合理范围以内之所能为，而即可以使之改变者；亦不因我国之任何所未为，而致使之发生者。'我读到这句话的时候，就在旁边写上《马太福音》第二十七章第二十四节（Matthew 27 : 24）。这一节的原文是：'彼拉多看见说也无济于事，反要生乱，就拿水在众人面前洗手，说：流这义人的血，罪不在我，你们承当吧。'"

（吴相湘：《胡适》）

在美教学演讲

一九五○年三月，"中华教育文化基金会"推举胡为干事长。六月，胡撰《斯大林大战略下的中国》（ *China in Stalin's Grand Strategy* ）送刊《外交季刊》（ *Foreign Affairs* ）。九月，胡接受普林斯登大学聘约（Fellow of university Library and Secretary of the Oriental Library with Rank of Full Professor），为期两年。

一九五一年四月二十日，胡出席美国哲学会演说《十年来中美关系急趋恶化的原因》（ *How to Understand a Decade of Rapidly Deteriorated Sino—American Relations* ）。七月，胡在绮色佳镇访康奈尔大学农学院院长马耶斯（W.L.Myers），再度洽谈康奈尔大学与"国立台湾大学"农学院合作的可能性。胡与马耶斯原为康大同班同学又同岁，友谊深笃，只因美国对华政策关系，未能成功。十月，胡又为中央研究院的重建工作，协助筹措经费。"学术教育为建国根本大计"，念念不忘，由此可见。

一九五二年二月，联合国文教组织（UNESCO）聘请胡担任世界人类科学文化史编辑委员会委员。三月，撰刊《普林斯登大学葛思德（Gest）东方书库》介绍其内容。是年夏，普林斯登大学聘约期满，仍任荣誉主持人。十月十九日，胡应台湾大学及台湾师范学院之聘来台讲学。十二月二十六日，胡至台南，翌日飞抵台东，凭吊幼时故居，植树纪念。

一九五三年一月十六日，胡离台北经日本东京赴美，在纽约市旅寓专心研究。四月，撰成《禅宗在中国：她的历史和方法》。八月四日，写定《宋高僧传里的"唐洛京荷泽寺神会传"》。十七日，又撰《平定张穆"赵戴水经注校案"》。十一月二十四日，撰《追忆吴稚晖先生》文。

是年四月五日，胡离台北赴纽约。四月十二、十四日，出席哥伦比亚大学建校二百周年纪念会，发表演说《古代亚洲的权威与自由的冲突》（ *Authority and Freedom in the Ancient Asiatic World* ）。六月十三日，在耶鲁大学讲《容闳毕业一百年后》。九月三日，撰《宁鸣而死，不默而生》。

一九五五年七月十四日，改定《赵一清"水经注释"的校刻者曾用戴震校本改赵书吗？》。九月二十九日，重写《所谓"全氏双韭山房三世校本"水经注》。

一九五六年三月十二日，《丁文江的传记》脱稿。九月，赴旧金山，应加州大学聘请讲学四个月，以中国文化为主题共作讲演十次。翌年（一九五七年）一月三十日，胡自旧金山返纽约市。二月四日，出席杨振宁、李政道、吴健雄三位科学家的欢迎会，致介绍辞。十七日，胡发现胃溃疡，入医院。十九日，施行手术。三月十七日痊愈出院。八月二十九日，胡撰沈宗瀚《中年自述》序文指出：一九二七年到一九三七年，是国民政府建立后的第一个十年，是中国近代历史上最有建设成绩的十年。一九三七年到一九四五年是中华民族对日本抗战的八年。这两个阶段都应该有很详细确实的记录。"我们因为经过了最近十八九年的痛苦，往往忘记了一九二七年到一九三七年的十年里全国公私各个方面的建设成绩，又因为十年苦干的一点建设成绩好像很容易的就被毁灭了，我们就往往有一种错误的见解，往往把大毁坏以前的努力工作都看作没有多大价值了。"

是年（一九五七年）十一月，胡当选为"中央研究院"院长候选人；十一月四日，胡适被任命为"中央研究院"院长。

（吴相湘：《胡适》）

发展科学的重任和远路

一九五八年三月十四日，胡出席耶鲁大学主办"修姆博士基金演讲会"讲述《中国文化史上一种科学治学方法的发展研究》。四月二日，胡自纽约启程，八日，到达台北，十日，就任"中央研究院"院长。旋举行第三次院士会议。五月中，拟定《"国家"发展科学培植人才的五年计划纲领草案》。六月九日，"中央研究院"三十周年纪念会，胡讲述《有证据的知识，才是真正的知识》。六月十四日，胡飞往美国与留美院士商讨发展科学计划。八月二十二日，"行政院"召集小组委员会通过《"国家"发展科学培植人才的五年计划纲领草案》。十一月五日，胡自美返抵台北。二十日，《新校定的敦煌写本神会和尚遗著两种》定稿。一九五九年一月八日，"行政院"会议正式通过《"国家"长期发展科学计划纲领》。二月一日，"中央研究院"评议会与"教育部"举行联席会议，通过《"国家"长期发展科学委员会组织章程》，并宣布："'国家'长期发展科学委员会"正式成立，胡适任主席，梅贻琦任副主席。二月十四日，胡在历史语言研究所讲述《假历史与真历史——用四百年〈水经注〉的研究史作说明的例子》。五月十五日，撰成《注〈汉书〉的薛瓒》。七月三日，胡离台北。七日，胡出席夏威夷大学主办的"第三次东西方哲学会议"，讲述《中国哲学里的科学精神与方法》。九日，胡接受夏威夷大学赠予人文学博士学位。是第三十五个荣誉学位，亦为生平最后一次接受荣誉学位。三十日，胡自夏威夷飞纽约。十月一日，由美返台北。

胡在北平时，每逢星期日下午接见客人，不论小贩市民，均可趋访。今在台北尤平易近人。是年十月，台北市一卖麻饼小贩袁瓞（曾在上海高级中学肄业二年，逃来台北，小贩为生，工余勤奋自修）寄信胡请指教有关英美政治制度，是月二十五日，胡手书复袁瓞极示鼓励："谢谢你十月二十三日的长信，我细读了你的信，很诚恳的感谢你在辛苦做饼、烤饼、卖饼的生活之中，写这一两千字的长信，把'积在心中多年的话，一直没有向旁人提起过'的话写出来寄给我，你提出的问题太大，我很惭愧，我不能给你一个可以使我自己认为满意的解答。我只能说：你说的英国制度和美国制度其实没有什么大分别。你信上叙述的那个'杜鲁门没有带走一个人'的故事，也正和丘吉尔在一九四五年离开唐宁街十号时没有带走一个人，是一样的。我还可以说：我们这个国家里，有一个卖饼的，每天背着铅皮桶在街上叫卖芝麻饼，风雨无阻，烈日更不放在心上，但他还肯忙里偷闲，关心国家的大计，关心英美的政治制度，盼望国家能走上长治久安之路。——单只这一件奇事已够使我乐观，使我高兴了。如有我可以帮你小忙的事，如赠送你找不着的书之类，我一定很愿意做。"十月三十一日，袁瓞又应邀至"中央研究院"。袁以麻饼十只赠胡，胡当即尝食，并与袁开始长达二小时畅谈。最后谈及杜威哲学。胡告袁："社会的改进是一点一滴累积起来的，只能有零售，不能有批发。许多人做事：目的热，方法盲。我们过去有许多人失败的原因，也是犯了有抱负而没有方法的毛病。"

胡与袁讨论世局与哲学以后，又与袁轻声细语忆述儿时生活："我小时候最爱和其他小朋友一起做游戏。后来到美国进康奈尔大学，我喜欢游泳，可是鼻孔里生长了一小瘤，水中呼吸不方便！"袁瓞立即告胡："那真是不约而同！我鼻孔里这个瘤，恐怕割不了，恐怕是鼻癌。如今台大医院正新到一批钴六十，可是太贵，诊治不起！"胡闻言，即持笔作信致台大医院院长高天成："这是我的好朋友袁瓞，一切治疗费用由我负担。"

一九六〇年二月九日，胡在历史语言研究所讲述《禅宗史的假历史与真历史》。三月十日夜，《神会和尚语录的第三个敦煌写本：南阳和尚问答杂征义——刘澄集》脱稿。心脏病复发。十九日，入台大医院诊治。四月五日，胡病小痊出院。七月九日，自台北飞美国西雅图出席学术合作会议，讲述《中国之传统与将来》。十月二十二日，自美返台北。

胡前为沈宗瀚《中年自述》撰序时，即一再指出：抗战八年史实应有详细记载。是年十月九日，胡在纽约阅读黄沈亦云女士撰《亦云回忆》后又特致书力言："日本军人在沈阳发难，到今天已是二十九年了。'七七'与'八一三'到今天已是二十三年了。我们到今天还没有一部中国史家著作的'中日八年战史'，也没有一部中国史家著作的《抗战前的六年中日关系史》，这都是很可耻的事。为什么我们的史家还没有写出《中日战史》（从一九三一年到一九四五年，实在是《十四年中日战争》）这一类的著作呢？一个原因是这些年来国家继续在空前的大患难之中，史料不容易保存，不容易得人整理。还有一个更大的原因就是您说过的'史家似在回避这一题目'。这就是说：社会里还有太多的忌讳，史家就没有勇气去整理发表那些随时随地可以得罪人或触犯忌讳的资料了。”

一九六一年一月二十八日，“‘国家’长期发展科学委员会”举行第五次全体委员会，胡致开会词，充满乐观信心：“这是一个起点，一个有希望的起点。在这样很困难的情形之下，我们能够有一亿一千万台币用在‘长期发展科学与技术的研究’的开山工作上面，我们至少可以说科学已开始得到‘重视’，开始得到‘资助’了。我们当然不可感到满足，我们至少应该感觉我们的责任之大。我们应该感觉古人说的‘任重而道远’五个字的意义。为国家计划发展科学，这个责任‘不亦重乎？’我们的任务是‘长期发展科学’，‘长期’‘不亦远乎’？”“两年的工作，只做了一点探路的工作，开路的工作。从今天起，我们可以平心静气想想这条‘远路’的蓝图了。”二月二十五日夜，胡心脏病复发，入台大医院。四月二十二日，自台大医院迁居福州街台大招待所疗养。六月二十五日，仍回南港“中央研究院”。七月十日夜，胡患急性肠炎。十月十八日，胡夫人回台北。十一月六日，胡在美国国际开发总署主办之东亚区教育会议中讲述《科学发展所需要的社会改革》。十一月二十六日清晨，胡心脏病复发，又入台大医院。翌年（一九六二年）一月十日出院，暂住福州街疗养。

一九六二年二月二十四日，胡至“中央研究院”蔡元培馆主持第五次院士会议。吴大猷、吴健雄等均自美前来参加，胡极感兴奋。下午六时，胡于欢迎酒会中致词：“我对物理学是一窍不通，却有两个学生是名满天下的物理家。一位是当年北大物理学系主任饶毓泰，一位是曾与李政道、杨振宁合作证验‘对等律之不可靠性’的吴健雄女士。而吴大猷却是饶毓泰的学生，杨振宁、李政道又是吴大猷的学生，算起该是‘四代’了。这一件事我认为生平最得意的，也是值得自豪的。”六时三十分，胡忽倾身倒地，医生急救无效。十月十五日胡遗体安葬南港墓园。

（吴相湘：《胡适》）

李宗仁卷（1891—1969）

　　李宗仁，字德邻。广西临桂人，汉族客家民系。中国国民革命军陆军一级上将，中国国民党内"桂系"首领，曾任中华民国首任副总统、代总统。抗日战争爆发，李宗仁任第五战区司令长官，取得台儿庄大捷，这是对日抗战爆发后中国军队首次于正面战场取得的重大胜利。1948年国民党行宪，当选副总统。蒋介石下野后，一度任代总统，欲以和谈挽救国民政府未果。之后出走美国，但最终偕夫人郭德洁于1965年7月经瑞士、中东回到北京，受到毛泽东及其他中共领导人热烈欢迎，于1969年1月30日在北京逝世。著作有《李宗仁回忆录》等。

三位一体

　　广西舞台上之主角为李、白、黄（旭初）三氏，号称"三位一体"，盖分之为三人，合之则一，桂省每一机关及公共场所均悬有三人之照相。白绾军事，以机敏为时所推；黄负政治责任，坐镇后方；李则兼容并蓄，泱泱乎有领袖群伦之风度，其气宇之恢宏、态度之雍穆，似非白、黄所能企及也，凡桂省一切对外问题，均由李氏出头办理。据李自述其身世，曩年卒业军校后，以啬于机缘，曾屈身为体操教习，月俸才十余元耳。旋投入军籍，获充副营长。适有战事发生，营长因畏葸去职，上级命李代之。其时粤、桂间屡有阋墙之争，某岁，桂军挫败，李营编入粤军。师长系粤人，于检阅训话时痛诋桂军之螳臂当车，李怒，率部宵走，入十万大山为游击队。厥后重入军旅，始造成今日之地位云云。此亦一段有兴趣之掌故也。

　　李、白、黄三人各有其独特之个性，但有一混同之点，与人谈话时，纵来客意见与之极端相反，而虚衷受教，夷然不以为忤，则三人如一也。

　　凡观光桂省者，开始即得深刻之印象：公务员均着灰色制服，军人均着墨绿色制服，布质粗劣，上下了无差异。其尤别致之一事，则伊等无一着皮鞋者，皆以广西式之布鞋代之。遍游梧州、南宁、桂林各都市，所见均无不同。倘有人焉，服整洁新式之洋装，或灿然绸制之华服，旁观者不假思索，即断指之为失业者或外来之客。然外客久留其地必与伊等力求同化，即文人改着灰色制服、武人改着墨绿色制服，苟非然者，大众投以异样之眼光，殊令人为之局蹐难安也。然有一例外，使人深感诧异，盖李氏向着长统马靴，从未一着广西式之布鞋也。或谓李氏以地方领袖之尊宜与众有别，或谓马靴足以表现其英武之姿，此皆妄自猜度。某要人以此询李夫人郭德洁女士，女士莞尔曰："无他，避蚊蚋耳。"盖桂省为产蚊之乡，每至黄昏后，信手抓来，可毙飞蚊无算，全省到处皆然。

　　郭女士为李氏之贤内助，亦为一省女领袖，殆与蒋委员长伉俪之为全国楷模者相同。女士不矜不伐，绝不拿出夫人的招牌为其活动之武器，与人对话时温循周到，恪守其女士的身份，尤喜与下层妇女娓娓深谈。当妇女协会甫告成立时，有事须与李宗仁交涉，女士挽李友某长者代白其意，长者笑曰："夫妇之亲，尚容他人为之作电话机耶？"女士答曰："此为团体活动，与家政截然两事，故不如第三者从中斡旋之为得也。"白夫人之性格则系另一范畴，常深居简出，不乐与宾客相周旋。每值戎马仓皇之际，辄居乡自遣，享受大自然之风趣焉。

　　除李、白、黄三氏外，桂省军人中之佼佼者为总参谋长李品仙，军长廖磊、夏威，参谋处长张任民，绥署秘书长潘宜之，龙州边防督办覃联芳诸氏。关于桂军将领之掌故，言之颇堪玩味。盖过去时期，李、白与唐生智所统率之湘军恒立于敌对之地位（西征之役，桂军溯流而上，唐氏因以下野。厥后唐赴平津接收白崇禧所统之部队，白遂解职居港），而双方部曲则有胶结莫解之关系，不可谓非一奇迹也。曩者叶琪、李品仙、廖磊三将领号为桂军中之柱石，伊等均出身于保定军官学校，与唐生智为同窗友。唐发迹最早，学成回湘任营长职，李、廖襆被从之，叶亦服务于湘军另一部队中。迨唐扶摇直上，由师旅长而军长而总指挥而集团军总司令，叶亦隶其麾下，李、廖则分任军师长等要职。此三人者，皆以桂人而久居湘省，所率为湘军，与桂省初若风马牛之不相及，然叶与李、白为葭莩亲，唐失势时，三人皆入桂军中为要角。湘、桂地壤相接，桂军中亦不乏三湘七泽之健儿，然李、廖重绾军符系另起炉灶，非复往者之本钱矣。三四年前，叶在桂林坠马殒命，李、白哭之恸，今者墓木已拱矣。上之所好，下必有甚。桂军诸将领类皆揣摩李、白二氏之作风而得其一鳞半爪，有谈吐类似李者，有深谋远虑肖白者，翠微（叶字）、鹤龄（李字）二氏轩昂伉爽之气概，则信乎李、白二氏之化身也。

　　诸将作战最勇者，首推廖磊与覃联芳。廖昔隶唐生智麾下时，人呼为"廖猛子"而不名，唐每拊其背而与之语曰："猛子若往，吾无忧矣。"然桂省则盛称覃氏之武功，诩为桂军中首屈一指。覃赋性豪放，不治家人生产，薪禄所入不敷其个人挥霍。每值囊空如洗时辄诣省垣求谒李宗仁氏，面请辞职。李窥其隐，辄呼而慰之曰："君又闹亏空矣，如何？"覃应之曰："唯。"李笑曰："无伤，君之'辞职病'惟孔方兄能医之。"即解囊馈以金，覃掬之入怀，欢跃而去。渠下榻乐群社，每得钱，多则一来复，少则二三天必倾其所有，至于资斧无着而后止。李知其然也，临别时必另为备路费。覃性嗜猎狩，蓄猎犬一头，爱之如友。当覃由总部退出囊橐轫充时，往往视钱币如其仇敌，用之唯恐不速，辄以丰肴饲犬。人有问之者，则笑曰："此犬不比寻常之犬，不会钻狗洞，只解搏逐野物。"其诙谐有如此者。

桂省政治里层有一出类拔萃之人物，外间多不能举其名。此君尤不愿锋芒外露，罕与外宾相接触，殆一不尚宣传、从事实际之有心人也，其人即主张桂省应与中央精诚团结之王季文。前岁粤桂之变，王站在一旁静听时局之演变。彼为绝对忠于桂当局者，初不因主张未能贯彻而与李、白分道扬镳，李、白亦绝不以其倾心中枢而稍存歧视之念。盖知其为人谋则忠，而非善自为谋者可比也。尔时桂省虽与中央偶有违言，而未尝投以恶声，留有和平解决之余地，此即王氏不得意中得意之作。王富于政治头脑，对诸种学说颇能穷其奥妙，以是为李、白所敬服，相处以师友之间（李与之为两江亲同乡，礼貌尤为周挚），王亦鞠躬尽瘁以报之。曩者，李、白屡请出任要职，辄逊谢不遑；此次奉令出师，李曰："天下兴亡，匹夫有责，先生可以出而仕矣。"王逊谢如前状。李强之至再，始允接受一顾问虚衔。盖此君对政治非不热衷，对权位则视若浮云，愿作幕中人而不愿献身于政治舞台之上。

与王形迹相似，同为李、白不可少之智多星尚有一人，系广西大学秘书长兼文学院长朱佛定。朱系江苏人，曩岁负笈法国，对各国政治之沿革所得甚丰，而待人接物讷讷然，不以名流学者自诩，其前途未可限量也。

（陶菊隐：《政海轶闻》）

居士之相

李宗仁氏，身体单弱，目光炯炯，眉宇间有英气，闻其未显时，尝偕同学辈，作郊外游，至一刹，遇老僧，遍相诸客而曰："诸君皆因人成事者，惟李居士之相，非碌碌者可比。"众诘之，续曰："李之骨极清秀，凝重而有威，行至眼运，正大丈夫得意之时也，盖金水相生，风云际会，功名重于当世，惟须谨慎，否则病一次，必受挫折一次，言如此，莫谓老僧多舌也。"众皆首肯，李仅一笑置之。革命军北伐，李一举成名，时正交眼运也。民十七，李受环境所激，退归桂林，时李正患目疾。其后每经一次挫折，无不因目疾之故，是以李氏若目疾发作，必有戒心，盖有感于老僧昔日之言也。

（竹楼主人：《近代名人轶闻》）

亨　利

　　李宗仁蓄一特别警犬名"亨利"者，其机警不弱狗明星"琳丁丁"。昼夜随侍，不寸足离，即李列席会议，"亨利"亦蜷伏李之足畔，目炯炯观座客不少瞬。平时李起亦起，李坐亦坐，李行亦行而已。李感其忠诚，故极宠爱，饬二马弁饲之，不许毫发伤，牛肉面包，丰于士兵饮食，不吝也。此犬身高三尺，头尾共长六尺余，毛作紫黑，光泽丽致，爪牙犀利，孔武有力，为李当年鼎盛武汉时，德顾问亨利生所馈者，为纪念故主起见，爱名"亨利"。凡客趋访，每见"亨利"蹲伏办公室外，对僚属进谒，则拽尾示迎，并啮裤管作欢跃，无限亲热，若家人然。遇生客则狺狺以吠，拦阻不得前，强之更狂吠，李氏闻声出视，挥手示意，始贴然就范，其忠于职守者如此。卜昼卜夜，何异李之保镖也。该犬嗅觉又敏锐异常，当李反蒋之役，"亨利"奔波前线侦察，左腿曾中一弹，经军医法，至今创痕宛然。李公余狩猎，亦率往郊外，南雄市民见"亨利"，皆知为李总司令爱犬，莫敢撄者。

（竹楼主人：《近代名人轶闻》）

编练民团

　　编练民团系李、白两人之拿手好戏，其初步从调查户口入手，务求其精确无误，然后按村镇城市之大小分配组织。倘值动员时间，当局可按图索骥，而无临渴掘井之弊。此外对于学生军训要取严格办法。桂省军额平时约有十八团至二十五团，前岁西南之变，骤扩充至二十万，今值对外作战，其数量之激增自为意料中事。

（陶菊隐：《政海轶闻》）

革新人物

　　开始实行宪法的中华民国的第一任副总统，是由李宗仁将军当选。

　　在李将军当选后，各地人民，出于自然的狂欢庆祝，国内外的舆论，一致推崇，这情形，与蒋主席当选总统时又别有一番情景，这不能不使人们予以重视。

　　李宗仁将军是怎样一位人物？为什么能当选副总统？这两个问题的答案是大家都待知道的，据李宗仁自己说：出身是一个贫农子弟，幼时曾砍柴放牛，后来并任中学教员，又复从军，由下级排长干起，逐渐由连营长而师长军长总司令，一直到现在当选为副总统为止，他的一生奋斗的历史，可以说就是中国国民革命的历史的缩影；他的成功是逐渐累积的，他在北伐时期曾经建立了伟大的功勋，他在抗战时期又尽了伟大的贡献，尤其是台儿庄之役，造成了中国对外作战的第一次的光荣的胜利，引起了国际的眩目，奠定了胜利的基础，其功尤不可没。他这次当选副总统，由于他的军事上的成功而为人民所爱戴实在占了很大的成分。

李宗仁固然是一个军事家，但他决不是一个纯粹的军事家，论革命的功勋，如何应钦、程潜诸氏对李氏也并无逊色，而何应钦的成功也许超过于李氏，可是为什么李宗仁却能超胜孙科、程潜、于右任，而夺得了副总统的锦标呢？这个问题必定还有别的因素存在。外国人士均称李氏为"革新人物""自由分子"，就因为李氏是"革新人物""自由分子"，李氏才能当选的。

照中国抗战后的这种情形，实在使人不能满足，实在使人焦虑。李宗仁自己说："今天的世界，真话要不得，说了要吃亏。譬如说：惩治贪污，澄清吏治，有人便以为不然；谈到改革政治，更无人愿意听一听，可见他们不要这些，他们要的是粉饰太平，这种情形，实在使人伤心之至。"李氏他虽然感觉到政治上充满了贪污、腐败、紊乱、无能种种情形，而这些恶势力还压迫他透不过气来；但他究竟是军人，是一个有勇气有毅力的军人，为了爱护国家人民的热情，遂不顾一切地想出来为国家人民做一点事件，他所要做的，是人民所迫切需要的，也是他的责任感所激励着的。现在一般人对于改革政治的要求实在比任何都来得迫切，也许有人认为改革政治与戡乱剿匪更要重要，他们心底里迫切期待着政治的革新，迫切期待着有一个革新人物、自由分子出来掌握政权做出一番使人民满意的事来。在这几个副总统竞选人当中，孙科温和，程潜沉默，于右任老成，只有李宗仁是前进的，是一个卓越的军事家，又兼是一个卓越的政治家，所以人们便把满腔的期待寄托在比较合于这理想的李宗仁身上，无论军政、教育、工商各界国大代表都给以有力的支持，李氏在激烈的宝座争夺战中能够夺得锦标，就是因为他有胜于别人的优点存在，就是因为他能成为人们的理想人物而受到普遍的支持的缘故。

（李家骏：《李宗仁先生传》）

竞选成功的两字诀

李宗仁在副总统竞选里，他提出了显明的政治主张。他说：专凭军事不足以戡乱，须与其他一切配合，政治方面，应该肃清贪污，起用优秀人才。经济方面，实施民生主义。外交方面，强调自力更生。他表明的态度说："本人此次参加副总统竞选之动机，一为提倡民生主义风气，增进国人参加政治之兴趣与热忱；一为翊赞中枢，弼辅元首，实现政治革新，达成革命使命。余自信当选以后，必能辅佐元首，实行民主政治，贯彻民生主义，为全国最大多数人民谋最大之幸福。本届国大之主要任务，在于行宪，宪法实施之功效，不在于宪法之条文与形式，而在于一般官吏在其行为上能倡导宪法习惯，蔚为全体国民宪治之精神。吾人如不具宪法精神与民主修养，甚或缺乏真正实行宪政之诚意，则将为对宪政之诬蔑。当此国家危急，万方多难之时，副总统人选之重要，初不逊于美国人民敦促麦克阿瑟与艾森豪威尔两位将军之竞选总统。"从这几句简单的话里，我们可以看出李氏的抱负与其今后努力的目标，李氏所提的政治主张是适合于当前的要求的，我们所要求的是"革新"，而李氏的胜利就在于"革新"两个字上。

　　李宗仁能不能够实践他的诺言呢？能不能完成他的抱负呢？我们要回答这一个问题，我们必须充分了解李宗仁将军。

（李家骏：《李宗仁先生传》）

钢　军

　　李宗仁氏当选副总统，消息传出，有两个地方立刻全城轰动起来，鞭炮齐鸣，欢声雷动。这两个地方，一个是故都北平，是李宗仁的北平行辕所在地；一个是桂林，是李宗仁发迹的摇篮。而广西对于李宗仁尤有不可分离的密切关系。

　　在广西，一般人常常提起"广西三杰"这一句话，三杰是谁呢？就是掌握着广西军政大权的李宗仁、白崇禧和黄旭初。现在这三杰中的两杰历年都为了国事驰骋疆场，李宗仁主持北平行辕，白崇禧任国防部长兼主华中剿匪军事，只有黄旭初始终留在省内如一个贤内助一样处理省务。但他们三个人虽然不在一起，而三个人却永远密切联系着，他们是战场上的伙伴，政坛上的兄弟，他们的命运是不能分离的，我们要认识副总统李宗仁，我们同时必须认识广西三杰。

　　李宗仁，字德邻，一八九一年生于广西临桂县的两江乡。辛亥革命前三年，考入了桂林的陆军小学，肄业期满正预备大考时，适值武昌起义，桂林城防营乘机暴动，四出掳掠，陆军小学被冲散了，其后他改入陆军速成学校，二年毕业，被派到将校讲习所见习。

　　民国四年袁世凯称帝，民五年广西、云南独立，出兵东下，讨伐龙济光，李氏参与是役。民七年参与护法之役，曾负伤两次。民十年他驻扎在郁林五属一带。民十一年，国父正式任命李氏为广西善后督办，赶走了旧军阀陆荣廷，解决了沈鸿英，复击溃了唐继尧的进犯。

　　十三年，蒋主席率师北伐，将军任第七军长，所向披靡，有"钢军"之称，德安之役，击破孙传芳主力，国军进入南京后，孙传芳猛扑龙潭，乃与何应钦、白崇禧等合力歼灭孙军，国府建都南京。

十六年，共党阴谋益彰，李氏即以国民党中央监察委员身份之一，于是年七月与吴委员敬恒等会衔提议清共，一时各方响应，共党终为全国人民所共弃，奠定其后八年对日抗战及今日戡乱建国之始基。旋率部回广西，锐意建设。民廿年以后，与白崇禧在桂实行"三自政策"及"三寓政策"。三自即所谓自卫、自治、自给，盖认定欲实现民族主义，必须先能自卫；欲实现民权主义，必须先能自治；欲实现民生主义，必须先能自给，尤以三自中之自卫政策，非改变人心，改革兵制不可。乃又创行三寓政策，即寓兵于民，使兵民合一；寓将于学，使文武不分；寓征于募，以行国民义务兵役制。由此三自三寓政策，连带而及于准备剿抗，办理地方事项，如调查户口、丈量土地等，均次第实行，成绩斐然，中外咸誉广西为中国模范省，将军之政治才干，至此益为国人所景仰。

李氏自民廿年当选为中央监察委员后，又特派为湘桂黔边区剿匪总司令，二十五年九月，任广西绥靖主任，兼第五路军总司令。

"九一八事变"起，创导抗日，亟起救亡。二十六年抗战军兴，李氏与白崇禧将军力排众议，毅然自桂联袂入京，共赴国难，旋即以第五战区司令长官，坐镇徐州，台儿庄之役，歼敌精锐部队矶谷板垣两师团，使国军得以部署武汉外围坚强之防务，同时建立举国人士抗战必胜之信念，中外舆论咸对李氏彪炳战绩，致其盛誉，此后七年，率部作战，迭建奇勋。

胜利后，任北平行辕主任，以迄于今，更能于军政上，表现稳健开明作风，将军实堪称为老成持重，深谋远虑之文武全才。

李氏曾于三月三十日在京发表竞选总统之政治主张，略谓：全国才智之士，若均能团结一致，努力推行民生主义，实行耕者有其田与平均地权、节制资本之主张；同时并全力以求民权主义发扬，则共产主义当可自灭。外交方面，倡导厉行独立、自力更生之政策，发挥自力自主之精神，提高人治之效率。内政方面，主张广罗各方贤能，厉行法治主义，裁撤骈枝机关，健全文武制度，经济上更应清算豪门资本，厉行财政监督，改革币制税制。

将军出身农家，故秉性朴诚，而不以名利为念，幼时家境清寒，尝助家人工作于田园间，故深知民间疾苦。稍长又曾充任中学教员，尝试过教书清苦生活。在军队中，自下级连排长做起，追随国父暨总统蒋公，出生入死，艰险备尝，故能深切了解军队中下级生活之困苦，故数十年来，虽统军暨执政，但从未改变其简单之平民生活方式。渠亦自信当选副总统后，必能辅佐元首，实行民主政治，贯彻民生主义，为全国最大多数人民谋最大之幸福。

现在李氏终于当选，以李氏才具魄力，出而翊赞中枢，定能造福国家。

（李家骏：《李宗仁先生传》）

战场上的伙伴

李宗仁是幸运的，他在抗战中建立了第一个大功，他在抗战史上写上了最光荣的一页，他给国人的脑中留下了深刻的印象，不过我们不要忘却，李宗仁的命运几乎是和白崇禧有着不可分离的关系。好像这一次副总统的竞选，如拉拢民社党、吸收西北及回教代表的选票、联络军界的国大代表，白崇禧实在尽了很大的力量。在台儿庄一役中，白崇禧那时也在鲁西指挥作战，他对那一次空前胜利，也同样有着不可磨灭的功勋。

台儿庄胜利完成之后，李宗仁即介绍外籍记者与白崇禧相见，并随同前赴津浦前线右翼台儿庄附近视察。白氏对记者说："中国胜利之途，并不在大规模之决战，而在防止日军之迅速活动，渐次消耗日人的力量。中国士气远超日人，因中国为保卫国家而抗战，惟日军则反是。八个月以来，中国一致抗战之精神，实为有史以来未有之现象。党派停止纷争，全国各省军队，在最高统帅蒋委员长之下，一致奋起抗战，虽以准备未如日人充分之故，初期抗战，不免略受挫折，惟最后胜利相信必属中国。"

李宗仁也同样表示，抗战前途，绝对乐观。他们的意见是一致的。

李白两氏的军事成就大致是相同的。同时他们不但是战场上的伙伴，而且在政治的活动中也始终连在一起。这是不是一种命运的安排呢？这种神秘的关系我们实在不容易推究了。

李宗仁与白崇禧的遇合是非常奇巧的。据说，李宗仁在民国初年，被陆荣廷招赴广西，参助军旅，在广西军旅中居于机要的地位。有一天，李氏微服出游，过一酒肆，入内买醉。看见座上有一个人，面清目秀，英俊温文，饮酒之余，长吁短叹，似有万斛深愁，闷住心头。李氏颇为惊奇，仔细一看，见他身旁置有箱箧铺盖，上面贴着中国陆军第某师某旅司令部的封条，李氏知道他也是军旅中人，就趋前寒暄，询问姓氏。不料那人反问李氏："阁下贵姓大名？幸先见告。"李氏即出示卡片。那人始答：敝人白崇禧，系新从谭浩明军中归田。李氏在那时候早就知道谭浩明军中有一个白崇禧，足智多谋。可惜谭氏固执不化，不能接受白氏的进言，两人关系弄得不好，李氏常常表示惋惜，此番邂逅，一见如故，互诉衷曲，结为密友，聘白入幕，共整军旅。他们两个人的事业基础，就开始从那时候建立起来。

李宗仁、白崇禧两氏，由于友情的密切关系，而使政治生活亦密切地联系在一起。

李氏雅量恢宏，宅心仁慈，乃一忠厚长者，颇克以德服人；白氏则胸饶韬略，号称智囊，治军严肃，用兵如神，运筹帷幄之中，决胜千里之外，实为我国不可多得的参谋人才。两人水乳相投，言行如一，白氏无论在何处，咸以参谋长一职为己任，蒋主席北伐时李宗仁率第七军充任前锋，白崇禧则任前敌总指挥。抗战时李氏任第五战区司令长官，白任副参谋总长。两人始终配合无间，这次李氏竞选副总统，倘没有白崇禧在幕后作积极的活动，联络各方作有力的支持，也许会少了几票给孙科压倒呢。

（李家骏：《李宗仁先生传》）

漂亮的将军

李宗仁是一个天才的政治家，除出广西的政绩值得赞扬外，他主持北平行辕的作风也为人称道。

在三十六年夏间，是中国最不安定的时候。物价连续暴涨，人心极度不安，各省市不断发生骚动。市民抢米、工人罢工、学生罢课，形成了严重的局势。这时忧国之士均为国家前途焦虑，参政员褚辅成等十二人向政府提出了对和平问题解决办法的建议，北方教授五百余人也发表宣言，呼吁和平。而广州、武汉、重庆、成都、昆明、开封、福州、青岛等地都发生学生为"反内战""反饥饿"的罢课运动，时有与军警冲突事件。华北学生为响应各地学生的行动，也酝酿着罢课。但在北平行辕主任李宗仁及北大校长胡适等剀切劝谕之下，预定的"六二大游行"遂平安度过。在这一段时间内，其他重要都市均不断发生惨案，而平津却是在祥和的空气中度过了苦难的日子。李宗仁这种开明的作风，引起了当局的注目，赢得了舆论的推崇。

学潮原是最不容易处置的。如果用高压手段，则很容易引起更大的反抗，把事态扩大起来。即使逮捕捣乱的学生，宣布戒严，虽说这是政府维持治安不得已出此，可是人民所享有的权利与自由无疑地打了一个折扣。在筹备实行民主宪政期间，这种事情总是人民的一种不幸；在政府更是一种损失。我们要知道，自由与法治，如车之双轮，是相辅而行的。凡是珍爱本身的自由，必能珍重他人的自由，这其间有一定法律的界限，人民与人民间如此，人民与政府间也是如此。一个民主法治的政府，执行依照人民意志所制定的法律，其职权不能越出法律所赋予的范围之外，对人民的自由不能加以法外的干涉。人民守法，政府也守法，法轨健全，人人循之以行，社会秩序自然有条不紊。一方面人民集体的活动，要避免在群众心理支配下做出激动过火以致违反法律的事体；另一方面政府尤不可失却忍耐，贪图便利，采取通常法律以外的过度措施，随时限制人民的自由。因为法律之所以尊严，在于得到人民的信仰拥护；人民之所以信仰拥护法律，在于它能保障自身的权利与自由。如果政府为一时便宜行事，施行临时法令，剥夺人民合法的行动言论以至最基本的人生自由，很容易使人民感觉法律与人民的利益分离，而认为它是政府方便行事的工具。万一法律失掉人民对它的信仰爱护，影响所至，权衡得失，未免太不合算了。

所以，李宗仁的疏导学潮是不错的，他处置北平学潮，不用军警，不用枪支，不用弹压，也不用戒严，只用胡适的舌头，稳定了万丈的波澜。上海《大公报》以李氏处置学潮得当，曾著论揄扬，正言报上亦有"漂亮的李德邻"之说。而南京的一部分参政员，还曾打算建议政府传令嘉奖呢。

（李家骏：《李宗仁先生传》）

马歇尔的一个故事

李宗仁将军的政治措施是开明的，但对内乱却始终主张戡伐，且早有这样主张，记得有一次一个记者去访问他，"你对共党问题怎样看法呢？"

李氏先追述一段马歇尔在重庆调处国共问题的往事："马歇尔将军当时很乐观，有一次问我有什么意见，看到马歇尔那么为中国之事奔走，那样地乐观，身为中国人的我，好意思表示悲观吗？但以国共双方二十年的历史来看，就知道是不容乐观的。当时，我曾给一比喻谓，美国青年男女对婚姻完全自由的，是双方爱情的结合。结合尚有百分之五十要离婚。在这简单的男女双方的事都如此不容易结合在一起，直到白头到老。何况思想互异的政党呢！美国人当时出来调处，政府方面容忍为怀，愿与共党谈合作，而共党却借此机会扩张其势力，所以当时美国的调处，政府方面有哑子吃黄连之苦，在重庆时，我曾经向人说过：马歇尔的调处，结局必是进退维谷，不幸竟被我言中了。"

"国共双方不能和，剿匪继续不停，老百姓穷得活不下去了，那怎么办法呢？……今后局面又如何演变下去呢？"

"要把共产党的气焰压低下去，要把共产党的武力消除，对共产思想则不必去除。国民党是素来宽大容忍的，可以不咎既往，而政府本身也确应当进一步地改革。今天有许多缺点，谁都不容否认。这许多缺点，有受了十几年历史影响来的，有许多是人为的，我们要把这些缺点去掉，实行孙总理的遗教，主要的是节制资本平均地权，到目前为止，我们没有做到节制资本，却反培植了所谓豪门资本。至于说到平均地权，那更谈不到了，惟有确切实行三民主义，建国大纲，这样是可以拯救中国的。国民党反对共产主义统治中国，共产党则认为唯有共产主义可以统治中国，两党思想上根本不同，不能合作，那么打下去，必然拼得你死我活。"

上面一席话里，李氏不但主张戡乱，而且主张革新，这就是他所以发动"革新运动"的缘故罢。

（李家骏：《李宗仁先生传》）

中国的罗斯福

"知己知彼，百战百胜"，竞选与战争是一个样子的，如果不知道自己的实力，不认清对手的能耐，那么竞选是没有把握的，李宗仁对于这一层，是曾经考虑过的。

要当选副总统，必须具备副总统的资格，首先有人说："对民主宪政要有信心和事实的表现，对法治要有决心和素养，对党国要有悠久的历史和贡献，对建国要有伟大的理想和抱负，对行政要能融合立法与党派，要有军事天才，要负国际的声誉。这就可以当选副总统。"其次，又有人开列出来："声望和地位要崇高，在党国要有悠久历史，要年富力强，要在国民党内拥有实力，要有从政的经验和能力，要具有军事的天才和地位，更重要的，要得到蒋主席的信任。"这也是当选副总统的条件。另外《南京人报》为举行选举副总统预测，他们也出了一些问题，考问他的读者，那位当选副总统的人的原因：一、是否能协助蒋主席？二、是否有军事天才？三、是否有从政经验？四、私生活是否严肃？五、国际声誉是否良好？六、是否合于当前的政局？七、是否能协调各党各派？八、还有文字学问等，就以上各条件而论，李宗仁实在均能符合。

南京《新民报》很早提到过："李宗仁的作风有点像罗斯福，中间偏左的政策。因此一般青年知识分子相当热烈地支持。其次青年团在国民大会代表数字相当多，照过去的种种关系，自然而然会同情李氏。"关于这点，一个小报的多余解释是这样的："说到青年团，确要占国民大会二分之一左右的票，党的力量也比不上团的冲劲，李宗仁将军怎样把握这些票呢？原来近二年内青年团的高级分子，两广人物起着决定的作用，谁能在国民大会争得团的同情和拥戴，谁就有希望。"

其实，谁也不能够忽略李将军的本身条件，像政治经验和军事天才方面，刚出版的《新闻杂志》说得好："具备政治这个条件的，只有李宗仁和孙科两人（孙科在军事方面，还逊李氏一着），李宗仁主桂政颇久，广西的地方行政和团队兵役，成绩超越，在国内是首屈一指。李氏的政治上作风，也颇有开明之处，为人称道。"他们并且举出抗战期间的桂林建设，以为那时政治中心虽是重庆，可是文化人在重庆的都感觉到那里的气氛和雾一样的浓重，就纷纷地集中到自由气息比较深厚一点的桂林。到过后方的文化界朋友，会至今还念念不忘那山水甲天下的桂林，訾洲的烟雨舜洞的熏风。——李宗仁的勋绩和他在地方的建树。

于是，在这里，舆论界更具体地指明："李宗仁在军人中实具有儒将之风，在北平，以一个行辕主任的军职，和教育界人士相处得很好，正是李氏具有相当文人气质的缘故。"那个例证是：胡适之先生给李将军的信提到："前天看报纸上记的先生愿作副总统候选人的消息，我很高兴……我极佩服先生此举，故写此信表示敬佩并表示赞成。"他们说："由这封信里，看出李氏又得到教育界的帮助了。"去年大学潮期间，首都舆论方面，同时也忘不了这样说："李宗仁将军处在历来为全国性学潮渊源地的北平，而卒能运用一贯开明的作风，平安地度过风险，大大地表扬他的政治才能，博得中外不少的好评。"

国际上评论的最好例子，美国第一流大报纸——《纽约时报》正当李宗仁将宣布参加竞选以后，就以显著的地位刊登出李氏的照片，并对其历史和主张加以介绍：那里誉之为"中国六个军事领袖之一的李宗仁将军其可能被选为副总统，成分很高"。上海《大美晚报》也曾经以专栏刊载介绍李氏的历史，他们推崇他不将为才力最高的将帅与战略家，而且具有卓越的行政能力，这就在建设广西的政绩和两年来处理华北军政的情形，有了有力的明证。

李宗仁将军的国际的声望也是不成问题的，李宗仁将军出任中国第一任副总统已预获国际最好的评誉。而且，这里一个"花边新闻"。李宗仁是军人，军人支持李氏竞选是毫无疑问，那些理由："广西军人已成了政府支柱之一，打硬仗有办法，在军人中都站得起来！"就是李宗仁将军在以前表示参加竞选的时候也曾说过："在军事，实在可以为大总统一臂之助。"

至于协调党派这一方面李宗仁也是成功的，他除获得国民党大部分的国大代表的拥护外，还获得友党的支持。民社党党魁张君劢是竭力敦劝李宗仁候选副总统的，据说张氏在未出国前，曾派专人到蚌埠去看李的旧部夏威将军，请夏威转达张君劢的意见，当时夏因不明李的意思，不敢贸然转达，等到李在平表示竞选副总统，夏在京方将张君劢的意思说出来。李宗仁抵京后，胡海门曾亲到大方巷访问李氏，表示民社党对李的拥护。而且，在前民社党河北省党部召开执监联席会议的时候，就曾经有过决议，凡民社党提名的国大代表，均应拥戴李氏，那时胡海门就有一件公函径送北平行辕表示愿全力支持之。李宗仁既得到了民社党的全力支持，他自然更觉得当选副总统是有充分把握了。

（李家骏：《李宗仁先生传》）

惊险的镜头

副总统选举开始，于四月二十三日，宝座的争夺战遂进入短兵相接的阶段，各方活动均非常激烈。第一次的选举揭晓李宗仁得票最多，其次序为李宗仁七百五十四票，孙科五百五十九票，程潜五百二十二票，于右任四百九十三票，莫德惠二百一十八票，徐傅霖二百一十四票。六位候选人所得票数均未超过代表总额之半数（即至少一千五百二十三票），依照《总统副总统选举罢免法》第四条第三款之规定，应由得票最多之前三名李宗仁、孙科、程潜三位候选人中，由全体代表重行作第二次投票。二十四日举行第二次投票，三位候选人互相争去拥护于右任、莫德惠、徐傅霖三氏的票子，选举结果，还是李宗仁当先，李宗仁得一千一百六十三票，孙科得九百四十五票，程潜得六百一十六票，惟三人所得票数均仍未得代表总额之过半数，依照《总统副总统选举罢免法》第五条；副总统选举程序准用同法第四条第三项第一款之规定："以得票总额过半数之票数者为当选，"及同项第二款之规定："如无人得前项所规定过半数票时，就得票比较多数之首三名重行投票，圈选一名，如无人当选时，举行第二次投票。"所以决定第二天再选。

四月二十四日是星期六，就在当天夜里，竞选形势突然起了急剧变化，程潜于二十四日下午曾晋谒蒋主席，当晚八时假中央饭店孔雀餐厅，约集支持渠竞选之国大代表及助选委员会主持人茶话，渠即席表示，本谦让克己之旨，放弃副总统被选举权，对支持渠竞选者，并志谢忱。程氏今复发表书面谈话，原文如次："本人此次参加副总统竞选，原冀为民主宪政而努力，承代表诸公，鉴其拙诚，力予支持，感荷无量。现已投票两次，仍无人当选，而竞选者，固皆本党同志，无论何人当选，均足欣慰，国家多事，团结至要，和谐为团结之基，克己为民主之本，爰本此旨，放弃被选举权，敬请爱我之诸位代表先生，于其余两位候选人中，另择一位接近诸公理想者，各投下神圣的一票，本人但愿副总统提前选出，大会圆满闭幕，新政府早一日成立，即人民早一日苏息，个人进退，不足介怀，诸友隆谊，永志弗忘。"李宗仁于二十五日清晨二时亦决定放弃竞选。其助选会当夜向《新民报》发出放弃竞选之启事，谓有人散发传单，公开攻击李氏，李氏为表示其光明磊落之态度，已向国大主席团声明放弃副总统竞选，另一候选人孙科，二十五日晨获悉程、李两氏相继放弃竞选后，亦立即决定向国大主席团声明放弃候选人资格。其助选委员会发表："孙副主席为肃清外间流言，并加强团结力量起见，于二十五日晨声明自动放弃竞选副总统，听候国民党的决定。"

这究竟是怎样的内幕呢？南京《中央日报》的号外里说："孙科放弃竞选之决定，系为澄清谣诼，解除误会，促进团结，树立良好民主模范。"《中央日报》记者并附加按语云：中国国民党在国民大会中占有多数议席，惟对于首任副总统候选人，大选之前未经决定。中央临时全会对于孙、于、李、程四氏已许可其自由竞选。本党亦从未有假借任何名义操纵选票之事，因此国民大会选举副总统时，两次投票均无人能超过代表总额之半数。代表在会场内外之活动至为热烈，充分表现民主自由之精神。惜若干报纸竟有互相攻击之言论与新闻，致令谣言蜂起。其最足以引起误会者，为本月廿三日《新民报》所载南京服务社启事，其中竟谓："有人认为大总统蒋公与李先生曾有一度因政见不合，难免彼此心理不相调和，蒋公因而不愿支持李氏。"又谓"国民党某有力人士欲以党之全力使某公竞选成功"，并指某有力人士为陈立夫先生，更有一段竟称"蒋公应利用其国际威望，不时欧游访问，藉以增进国际对我谅解，李先生倘能膺选，对于安定时局胜任有余，对外亦足具条件"。此种幼稚宣传，原可付诸一笑，不料即由此而引起国大代表及一般社会之谣诼。在各种谣言传布之中，报纸及传单之互相攻击，遂使各候选人之间发生误会。于是孙科乃继程、李两氏之后，亦声明放弃竞选。

这是一个突变，不但使全国人民惊异，即国大主席团亦弄得手足无措。除临时决定大会停开一天外，即积极进行调解。为了这一件事，蒋主席极为震怒，一面表示绝对保证选举自由，一面劝告三人继续竞选，民社、青年两党亦发表联合声明，对此表示意见。"关于副总统选举，已于本月廿三廿四两日继续举行两次，选者与被选者均依法进行，情况大体良好，乃廿五日正准备进行第三次投票，而法定候选人程潜、李宗仁、孙科忽先后以放弃竞选闻，三氏果无必须放弃之原因，吾人不能不认为其举措似欠考虑，若以环境关系，势非相率放弃不可，则吾人不能不为宪政前途抱莫大之隐忧。过去关于制宪原则，曾经各党派及社会贤达长期协商，去岁制宪国大，吾人亦曾参与致力，但本届国大法定名额为三千零四十五名，我民、青两党合计不足总额九分之一，维护宪法之尊严，吾人虽引为无可旁贷之天职，但会场自由和谐空气之维持，则仍有赖于国民党之努力，现既酿成如此之纷扰，吾人不能不引为遗憾。今大会已因此次不幸事件，不得已休会两日，而时局严重，中外观瞻均期待大会圆满结束，副总统依法生产，事实昭然，不容发生任何枝节，显而易见，因此，我民、青两党不能不本以往维护宪法之初衷，团结御侮之宗旨，内有以平抑国人郁凝之怨望，外有以正友邦之观感，凡有损宪法精神之任何举措，吾人决无法苟同。至选举进行，必严格遵守自由之原则，谨此奉行大会同仁，敬希亮察。"

民社党主席张君劢也说："自民国以还，历次总统选举，皆有风潮，此次选举总统，总算顺利产生，讵意副总统竞选至决定阶段，候选人相率声明放弃，掀起轩然大波，此乃对于法治与民主认识不足之故。所谓法律犹匠人之规矩，凭之以成方圆，不能丝毫挟杂情感与意气，要有以法律'悬之国门不能易一字'之精神，若凭一己好恶，任意高下其手，不足以言法治，民主政治之要义，须承认公平竞争，一切问题须公开讨论，以理由服众，问题自易解决。英、美政治之可贵，在举国上下具有一丝不苟之庄严守法精神，此种庄严守法精神，为立国之本，值得效法。副总统之人选，本党原冀国民党提出一人应选，前曾明白宣言，后国民党以自由竞选方式出之，既定自由竞选，即当新生代表自由意志之投票，以树立民主政治之规模，本党甚盼勿以副总统竞选之故引起不良后果，有负国人殷殷之望。民主国家选举以前意见纷歧，司空见惯，一经选举确定，过去种种涣然冰释，吾国行宪伊始，深望养成民主风度，对悬而未决之副总统问题，能本宪法自由竞选精神，速得圆满解决，以免腾笑中外。"

青年党主席曾琦发表谈话："此次选举，余自始即主张兼采'西方民主精神'与'东方礼让精神'，故对总统、副总统均不愿出而竞选，诚以国民党当国廿年，人才众多，地位优越，少数党理宜让其当选，俾负较多且重的责任，现大总统既经选出，副总统选举，忽生波折，此诚大会之不幸，尤为宪政之危机，余实不胜忧虑，所望竞选者，皆能本政治家之风度，以民意为从远，不因波折而退却，不以失败而灰心。余尝谓，政治家宜具三风：一曰风度，进退出处，磊落光明，荣辱得失，处之泰然，此风度也。二曰风骨，富贵不能淫，贫贱不能移，威武不能屈，此风骨也。三曰风谊，扬人之善，成人之美，急人之急，忧人之忧，此风谊也。能以三风昭示全国，则竞选无论成败，均为国人所敬仰，如近日三原于髯翁之风范，即可为一实例，昔张江陵尝谓：'得失毁誉，成败关头打不破，天下事无可为者。'诸葛武侯自言：'吾心如秤，不能为人作轻重。'余信当国者必均有此雅量，现值戡乱建国之际，宜懔'师克在和'之旨，勿为亲者所痛，仇者所快，庶免共产党窃笑于旁，须知纷争务宜避免，和谐乃克团结，竞选之孙、李、程三君，皆属同一党籍，谅无不可和谐之理，余甚盼其能以西人赛球之道德，示国人以宪政之模范，俾大会仍将顺利闭幕也。"

胡适亦说："许多纠纷的发生，每由对于无记名投票制度缺乏充分信心。我看了头两次副总统选举，印象极好。第一次投票时，我还担任监察职务，得到切近观察的机会。我看见秩序良好，绝无病且弊，整个过程，对于参与的同人，实具有教育的价值。吾人于此应得强烈信念，认清秘密投票可以充分保障选举的公平。任何外来压力，或为贿赂，或为威胁，均难生效。各投票人利用秘密投票的武器，足可有效地抵抗或挫败任何外来不当的压力。所以我盼望各位候选人和他们的助选人都能对于秘密投票完全信赖。我更盼望将来多数投票的结果，大家都要欣然接受。"

到了二七日，白崇禧向国大代表传达蒋主席意旨："李主任宗仁对于放弃竞选本甚坚决，本定廿七日晨离京飞平。惟廿六日晚奉蒋主席召见，恳切劝慰，仍望其继续参加副总统竞选。对于恶意宣传，主席已甚明了。对造谣生事，尤为震怒。至于代表投票，主席并郑重声明绝对自由，故李主任已表示仍继续参加竞选。本人奉蒋主席命，转达各位代表，敬希共体时艰，在举行下次大会时，完成此次国大之神圣任务。"经过这样解释以后，于是国大的阴霾一扫而空，重见灿烂的阳光了。

（李家骏：《李宗仁先生传》）

"姑娘找对象"

自喻为"姑娘找对象"而终于找到理想的对象的李宗仁将军的政治主张却是特别

值得一提。他不是乡下姑娘那般羞答答的，心里想而嘴里不肯说。他要说竞选副总统，他就表示了本人的愿望，他也说明了他的主张，他是具有天才的，他在北平第一次发表演说就兼顾到各方面，不少蒙古代表至今还珍重他有关边胞福利的诺言，他几次的演说，具体地提出了他的明确的、有力的主张。在政治上，主张改进中国政府，须采三项步骤，即增加政府之效能，肃清贪污，及扩大政府基础。李氏认为欲增加政府之效能，首须要行政机构之简化，然后能减少官样手续，以谋办事之迅速。然政府欲发挥充分效能，非肃清贪污不可，而肃清贪污之最有效方法，无过于破除徇私习气，凡查出此类情事，即加以严惩，则将有助于贪污之铲除。而肃清贪污之积极方法，乃在提高政府人员之薪给，以培养其洁己奉公之心，至少要使其能维持自身之生活并赡养其家属，盖衣食足而后始知廉耻。中国今日政府固亟需求其效能而廉洁，然亦亟须扩大政府之基础，政府机关应容纳更多有资格能力而品行端正之男女，不问其党派为何。同时人民须加以政治教育，使能善为运用新宪法所赋予之权利。尤应保障人民言论、出版、集会、结社、学术研究之自由。政治改进外，中国经济问题非早日解决不可。战时及战争结束以来，中国饱受通货膨胀及重大收支逆差之苦，政府必须集中力量，努力谋币制之稳定及预算之平衡。消极方面，政府应减去一切不必要之开支，人民亦应厉行节约。

他在南京对国大代表的一次演说中又如此表示，宗仁如蒙不弃，当选副总统，则必以最大的诚意与努力，辅弼总统，实行下列各事：（一）北伐抗战及剿匪的经验，辅弼总统戡平叛乱，其必要的方略，则为加强地方武力，配合国军作战，以挽救东北，肃清华北，安定华中，巩固华南。在政治、经济各方面，采取必要措施，以振奋士气，收拾民心。（二）本多年来从政于地方的实际经验，辅弼总统实行民主宪政，提高行政效率。其急要办法，则为登用各方贤能，肃清贪污官吏，促进地方自治。（三）本一向服务平民社会的经验，辅弼总统改善经济状况。其必要措施，则为平均人民负担，清算豪门资本，厉行财政监督，实行耕者有其田。（四）本一向尊重边疆少数民族利益的作风，辅弼总统解除少数民族的痛苦，接受少数民族合理合法的要求。（五）本一向亲仁善邻的信心，辅弼总统增进邦交。从有效使用美国的经济援助着手，以增进美国友谊。运用和平方式，以改善中苏关系。并从保障侨胞利益着手，使侨胞愿意尽其国民外交的责任。李氏最近并强调地表示：宗仁平日不说空话，不说则已，说必做到。如果宗仁当选了副总统，得以辅弼贤明的总统治理国事，那么今日所说的话，今后是否实践？仅可供全体代表及全国人民随时考验。

在四月十一日那一次广西大学旅京校友会的欢迎茶会中，他再度将他的政治主张作明确地阐述，他说："广西大学系艰难困苦之中创立长成，但未能达到理想的程度。本人对教育事业向极注重。民十七年在武汉政治分会主席任内，在财政极度困难中，曾拨二十万元作为武汉大学之开办费，湘鄂两省银行亦为当时设法筹拨款项，乃得成立者。由此足证明本人从来对教育文化及经济之建设事业决不忽视。"李氏继述广西对北伐抗战诸役中之贡献后，关于今后中国问题，李氏认定应以军事为目标，以政治经济之改革为治本。并谓："此项改革，必须从中央做起。因此中央负责者不仅应具有改革之决心，更应有正确适宜之方案。本人参加副总统竞选之动机，一为倡导民主风气，同时为基于对国家之责任感，愿以个人三十余年从事军政工作之经验，辅助元首，由中央着手，来从事彻底之改革。本人如能获选副总统，即愿作为人民与政府之桥梁，使各方面之意见能转达元首，以供采择。"李氏继称："对内乱之斗争，非单纯之军事斗争，而为一种政治斗争，亦即三民主义与共产主义之斗争。因之吾人如不能实行三民主义，则虽戡平内乱，亦不能获取人民一致之支持。如以民生主义出论，平均地权，节制资本两事，今日不特未能实行，豪门资本乘机崛起，积成巨富，使中国社会由大贫小贫之分变为贫者益贫，富者愈富之现象。故今天非清算豪门资本，不足以平民愤，不足以表示政府改革经济之决心。本人并相信此种政治与经济之改革运动，既为全国一致之要求，则必然可以成功，必然可以由政治经济之改革而达到建国戡乱之目的。"最后李氏分析今后国际局势，中国今后对外交方针，必须把握住独立自主之原则，对内必须肃清内乱，进而作为保障亚洲安全之中流砥柱。

　　从以上几篇演说看起来，我们可归纳为几点：李宗仁的全部主张在军事方面主张戡乱，但专凭军事不足以完成戡乱工作，必需其他一切配合。政治方面应肃清贪污，起用优秀人才。经济方面，实施民生主义，外交方面则强调自力更生。而他提出的一个最响亮的口号，就是"革新运动"。李氏在竞选最后决战中，他对程潜助选团的代表说：中国今后的前途，将于明天数秒中决定，诸位都是我基本的队伍，希望诸位投给我神圣的一票，争取最后的胜利。李氏说：中国需要改革，在军政经济方面都需要有一个扭转乾坤的革新，尤其重要的是党务的改革，我们必须增强党的组织与革命性，把腐化作风一扫而清。谈到共产党，李氏认为无论在技术、武器任何方面，都不及我们，绝不能与本党比。李氏认为政治革新才可以戡乱，才可以收事半功倍之效。李氏说他希望同情这革新运动的都投他一票。李氏继回述他和程潜见面时的情形，程到京的那天晚上，他去看他，两人谈到当前时局，都主张用新人、行新政，两人主张相同。因此程表示如他失败他的票可以给李，李氏最后表示，倡导革新运动的人是不会失败的。是的，由于戡乱军事的进展失利，由于政治上的贪污风气的流行，由于经济危机的严重，由于外交地位的一天一天地低落，每一个国民谁不是从心底里发出了要求"革新"的强烈的呼声。李宗仁是抱有伟大的雄心的天才军事家和政治家，他提出了这样一个有刺激性的口号，当然要博得多数人的拥戴了。

（李家骏：《李宗仁先生传》）

夫妻情笃

最近李夫人郭德洁，常代表李奔走京沪各处，作其政治上之活动。李在桂得以发展自治方略，受各方重视者，郭力实多！前者郭以微感不适，就医香港，李得讯躬往侍疾，郭病痊，李复重犒医护，以示崇敬夫人。吾友佣僧戏咏之云：

爱情注重在精神，忙煞将军百战身，

戎马倥偬亲慰疾，平生知己郭夫人。

贫贱糟糠不可忘，英雄儿女亦情长，

缠绵病榻殷勤问，煎药还须自己尝。

（坦荡荡斋主：《现代中国名人外史》）

运在眼上

桂系中有杰出才数人，李宗仁其一也。李之躯干，不甚魁梧；然目光则炯炯有神，眉宇间英气勃勃！人与之觌，莫不肃然敬之！闻其未达时，肄业桂省军校，一日偕同学数辈，作郊野游，过古寺，入内参观，寺僧年逾古稀，闻客至，迎入方丈，殷勤款待；因擅柳庄相术，遂在室遍相诸客，默察良久，始发言曰："诸君皆系因人成事者，相均不足为奇，惟李居士之相，非碌碌者可比。"言犹未毕，众请僧尽其辞，僧含笑续曰："李居士骨极清秀，凝重而有威严，行至眼运，正大丈夫得意之秋也；盖金水相生，风云际会，功名炫于当世；惟须谨慎，否则病目一次，则功名事业，必受挫折一次，言尽于是，勿谓老衲哓哓多舌也。"众皆首肯，惟李一笑置之。因其年少气盛，此种迷信论调，实不能折服其心耳。

（坦荡荡斋主：《现代中国名人外史》）

每遇挫折必害眼疾

革命军北伐之际，李年三十有五，正交眼运，故所率第七军，参加作战，迭著奇勋；如汀泗桥之役，使号称"常胜将军"之吴佩孚，仅以身免。浔阳之役，孙传芳已战胜着，李则率部由通山修水绕攻，遂将其驱出赣境。龙潭之役，南京已陷危境，经李之第七军，予以痛击，因而名誉亦自是益盛！蒋总司令介石遂令其驻节武汉，以四集团军总司令兼政治分会主席职权，总管湘鄂两省军政，倚畀之隆，一时无俪！至民十七年，李病目，就医海上，卒因事解除兵柄，退隐桂林。其后凡患目疾，无不遭遇挫折，老僧之言，居然不爽分厘，亦奇事也！

（坦荡荡斋主：《现代中国名人外史》）

主张自由恋爱

李夫人郭德洁女士，貌端丽，才敏赡，当李充旅长时，驻防某地，获友介绍，因与郭订交；久之，双方遂走入精神恋爱之途径，而宣告结婚。夫妻间情感之笃，至无伦比！记李一次于总理纪念周中演说，谓："广西现在仍属多见树木，少见人伦，人生之恋爱问题，是若何正当？若何伟大？一未婚之壮男，与成年女子恋爱，第三者任以何名义，均不能加以干涉；而且恋爱是无阶级性的，贵为帝王，且可与平民恋爱；何况教师不能与女生发生恋爱？"其主张婚姻解放，异常彻底，迥非腐化头脑之军政分子，所可企及也。

（坦荡荡斋主：《现代中国名人外史》）

抱打不平的"祸"与"福"

李未遇时，一日独游郊外，杂花生树，佳鸟时鸣，信步所之，不觉途远。观赏间忽口渴，因向一村落趋赴，盖欲觅人家乞浆饮也。则见一家有老妪，与一垂髫女，方拥抱而泣。李异之，以未便唐突，乃询诸其邻。知女以色艳，为省署某职员所涎，拟强纳为小妾，惟女已受聘于农家子某，惧某职员势，不能拒，故母女日夕对泣。李闻语，义愤填膺，跃然曰："吾当除彼狼虎，全此央。"因前告妪："勿再泣，宜即备衾具，俾女于归夫家；至省署事吾必能为了之，不足忧也。"妪始犹弗信，李复大言曰："我当今之豪侠士，讵乃诳汝曹耶？"语已，掉臂行。返家后，探闻某职员系省长内戚，故敢恣暴民庶如此。于是计惟往刺毙之，女家祸或可解。及夕怀刃径入省署，执某职员数其罪而戮焉。事旋为逻者悉，缉捕殊严迫，不获已遂远遁，投军入军营，嗣以叠著战功，得不次超擢，以有今日云。

（坦荡荡斋主：《现代中国名人外史》）

美国人的"二儿子"

　　李宗仁一向不肯露锋芒的，他很熟悉蒋介石"不能容人"的性格，十余年来一直装着"忠厚无用"的样子，唯恐遭蒋之忌，如民国三十年夏白崇禧决定将香港的《珠江日报》复刊，去征求李宗仁的意见，李坚决主张不要复刊，说："现在决不要让别人感到我们广西还要做什么事，愈少做事愈好。"这次居然一变过去"雌伏"的惯例出而竞选"副总统"，而且竟敢揭穿蒋介石、陈立夫为支持孙科所采取的行动，公然向蒋介石采取攻势，先后判若两人，这是什么道理呢？根据上述材料可以看出，由于美帝国主义对他撑腰，他的出面竞选，本来是司徒雷登亲自到北平去劝出来的，特别是在李宗仁声明退出竞选之后，司徒雷登马上对孙科行使压力，"劝"孙科也退出竞选，造成僵局，致蒋介石、陈立夫不得不对李宗仁让步，这一着对于李宗仁的"当选"是有决定作用的。因为：程潜既"奉令"声明退出（当然是"奉"蒋介石的"令"，别人既无权"令"他，程潜也不肯听别人的"令"），程潜的票子也一定"奉令"转移到孙科名下去，所以李宗仁会说"没有自由"而以退为进，声明退出竞选。这时候，蒋介石、陈立夫等可能表面上敷衍李宗仁，一面却继续进行选举，那么孙科成了唯一候选人，就胜算可操。当此要紧关头，司徒雷登马上出面干涉，压迫孙科退出，才造成有利于李宗仁的条件。从这一点上可以看出：李宗仁已成为美帝国主义在中国的"第二个干儿子"，而且"洋爸爸"对"第二干儿子"的照顾，比对"第一个干儿子"（蒋介石）更热心些。"有了小儿子，就不疼大儿子"！美帝国主义是否就抛弃蒋介石，现在还不能作肯定的答复，但已显出这个倾向是毫无疑义的。

（翊勋：《蒋党内幕》）

美国人看李宗仁

　　美帝国主义为什么看中李宗仁呢？先看美国新闻处（国务院机关）电讯中所述美国资产阶级的报纸对李宗仁怎样捧场：

　　《纽约先驱论坛报》称：李宗仁的当选，乃显示一主张革新分子荣获一崇高之地位……李向来即要求一诚实有力之政府，先得人民之支持，然后即可能击败共产党，故李之当选不宜忽视（华盛顿四月三十日电）。

　　克利扶兰俄亥俄《正言报》五月三日社论称：过去几个月由各方来的消息，所说的无非是国民政府军事上的败绩和国民党政治机构的继续腐化与霸占，上周国民大会推选李宗仁将军为副总统，确是一个难得的好消息……他一向为和平中国作战，他有很丰富的政治经验……知道忠实的政府所应做的事情；他知道中国在反抗共产党方面获胜的唯一希望，乃是尽可能提供最好的政府。李宗仁将军希望获悉各方面的意见，这在向来是百分之百以国民党故步自封的政府各界中，是一种新的倾向。他坚持实行基本的军事、经济、政治改革；这些行动，蒋介石曾避不采取。李宗仁将军并不是蒋介石"唯命是听的人"，他对中国有见解，也是二十年来统治阶级内部最好的见解（同上五月四日电）。

《费城日报》五月一日评论称：李宗仁将军代表国民党内部反动分子的反对派；这些反动分子是中国行政系统民主化的主要障碍，他们阻挠马歇尔国务卿的努力……（同上电）。

美国反动派为什么这样捧李宗仁呢？因蒋介石已失尽人心，没有希望了，在中国反动阵营中选来拣去，只有李宗仁还可能起骗人作用，所以抬他出来使一些害怕革命的人们对此发生幻想，使中国反动派可以重新组织力量。其次，中美反动派已选择两广为最后负蜗之所，但两广人民过去吃了蒋介石集团很多亏，蒋介石要退到两广去，是不可能见容于两广人民的，宋子文虽是广东人，也无能为力，而李宗仁一向在外面，一切危害人民的事不能算到他的账上去，容易起欺骗作用。第三，李宗仁与李济琛的私交素好，如果李宗仁把蒋介石挤下了台（这当然要由美国主子决定），有拉拢李济琛等合作的可能。于是李宗仁就成为美帝国主义者武库中最后一件法宝。

（翊勋：《蒋党内幕》）

三巨头联手治广西

抗战之前，广西"闭门而治"时代，系由李、白、黄三巨头掌握。李宗仁治军，白崇禧主党，黄旭初主政，他们三人在广西民众心目中的地位恰是顺着"李、白、黄"的次序，当时无论在任何公共场所，除挂有国父遗像及故主席林森照片外，李、白、黄的照片，始终是由右至左地并排高悬的。犹忆民廿六年，记者初到广西时，曾有异样的感觉。从衡阳搭汽车至黄沙河（湘桂交界处一小站），在河的南岸，即见"建设新广西"的大牌坊，景象一新，至今依然萦绕脑际，旋由桂林经柳州至南宁，留下极深刻的印象。举几个最显著的例子，广西公教人员一律穿灰土布中山装，记者为适应环境起见，不能不脱下"刺目"的西装，及见省府主席黄旭初也穿同样的灰土布中山装，在桂林街上走来走去，使我对于这位广西土佬似的人物，不禁油然起敬，黄旭初以绵密刚毅称，审慎持重，其人做事精明，缺少野心，这也是他们三人能长期合作的重要因素。他每天八点钟一定到办公厅，"合署办公"就是黄旭初最先发明的，据说可以节省经费，效率加强，现在却成为全国时髦的东西了。在黄旭初下面当县长是很苦的，并且要有三种本领：一要能跑（因县长必须时常下乡），二要嘴利（政令要召保甲长当面指示推行，随时还要应付质问），三要手勤（有时出告示须自己动手），凡是参加过桂林"县政干部人员训练班"的，这一套成为必具的条件。此外，对于外省人才，尽量延揽，抗战期间，桂林文化之高，并非偶然中。往时广西有贵州过境的鸦片烟，黄旭初出奇策，拦之抽过路钱，叫作"禁烟罚金"，但绝不许人民吸烟，在桂林的"特查里"娼妓烟赌集中区，税收奇重，以收寓禁于征之效。

（佚名：《中国政治内幕》）

决赛时刻

国民大会于休会三天后，于二十八日重开。选举结果李宗仁仍得票最多，得一千一百五十六票，孙科得一千零四十票，程潜得五百一十五票。得票最多者仍未超过代表总额之半数，依法应再举行第四次选举，就李宗仁、孙科两人中圈选一名，二十九日是选举的最后决赛的一天，情形最为紧张热烈。李宗仁、孙科两对夫妇，均亲自出马，调兵遣将，面授机宜，用尽心机与气力，来利用每一分钟，争取胜利。李宗仁夫妇在四次选举中，均立在会场门口，握尽了二千余代表的手，孙科夫妇也在会场内活跃，要求代表们"投我一票"。当投票完成开票进行的时候，不特李宗仁、孙科两人的情绪紧张，即助选国代也分别为了李孙两人的票数起落而不时变更他们的喜悦或焦急的心情，越到最后，情绪越紧张，掌声越盛，终于爆出了震撼这巍峨大厦的欢声。"李宗仁得票一千四百三十八票，当选副总统！"（孙科一千二百九十五票，较李宗仁少一百九十五票而落选）

李宗仁当选副总统后，即表示"辅佐元首，革新庶政，完成戡乱建国使命"。

（李家骏：《李宗仁先生传》）

张自忠卷（1891 — 1940）

张自忠，字荩忱，山东临清人，天津法政专门学校毕业，1916 年入冯玉祥西北军。历任国民党第二集团军军官学校校长、二十九军三十八师师长、察哈尔省政府主席、天津特别市市长。抗战时期曾参加台儿庄作战。1940 年 5 月在襄河南岸南瓜店与日军作战时牺牲。

佚　名

将军讳自忠，字荩忱，山东临清人，家素封。祖讳春林，耆儒硕德，乐善好施，为一乡之望。父讳树桂，尝官江苏赣榆令。母氏冯，生子女七人，将军行五。幼随读父任，稍长入临清中学，继入天津法政专门学校，攻苦力学，卓异侪辈。时当鼎革之初，将军痛国势之积弱及外族之侵凌，乃奋然投笔从戎，于民国三年为陆军第二十师学兵。旋投第十六混成旅隶冯公玉祥部下，并入教导团，勤奋刻励，深为冯公及各长官所器重，洊升排、连、营长。

十三年首都革命，将军率部过丰台，遇英兵梗阻，将军不屈不挠，据理力争，卒成任务。北伐时，将军率部攻战，厥功尤伟。十七年擢升第二十五师师长。所部纪律之严，训练之精，为全军冠。又尝任国民军学兵团团长。及国民革命军前第二集团军军官学校校长，主持干部训练多年。平居夜不解衣，饭不分爨，与士卒同食宿，遇疾病抚慰不遗余力。尤能知人善任，严明赏罚，部属有过犯，惩责不稍宽假；其贤能有功者，则赏擢，绝无吝滞。故能深得士心，愿同生死。学员数千人，嗣多为中坚干部。其部队之坚强善战，累创顽敌者以此。

"九一八"以后宋公哲元长第二十九军，将军任第三十八师师长，因益锐意整训，日夜以复地雪耻励所部。喜峰口之役，歼敌步两联队、骑兵一大队，是为将军抗敌之嚆矢。二十四年兼任察哈尔主席，旋调天津市长。时寇谋冀、察日亟，而全面抗战时机未熟，不得不助宋公仰体俯察，苦心折冲。

二十六年春，并奉派赴日考察。继奉命留驻平津，忍痛含垢与敌周旋。时舆论多不谅察，而将军弗恤也。及全面战起，乃不顾一切，乔装南下，特授命为第五十九军军长。迨临沂一战，首创强敌，其忠勇爱国之心始大白于世。当敌之攻徐州也，以临沂为徐州唇辅，敌势所必争，其第五师团夙号精锐，板垣又为敌之悍将，益以飞机巨炮，其锋锐不可当。将军奉命往援，率部一日夜驰百八十里，知不可以徒守，乃以全力向敌猛攻，鏖战七昼夜，斩馘乃余级，敌师大溃，遂造成抗战以来第一次之胜利。其后因有台儿庄之捷，盖攻临沂之敌既溃，我乃得拊敌之背，成夹攻之势也。二十七年四月升任第二十七军团长，仍兼掌第五十九军。

徐州会战后，将军以疲敝之师掩护大军西进，车马悉界伤病，而躬为之殿，故得从容突围，一无损失。九月武汉会战，又以孤军坚守潢川，虽敌人广播亦不讳遭遇极坚强之抵抗，其受创可知矣。是年十月升任第三十三集团军总司令。将军生平与七十七军冯军长治安交最厚，是时遂以冯兼任副总司令。两军既合，兵势益振，旋复兼任第五战区右翼兵团总司令，战区司令长官李宗仁深倚重之。二十八年三月，京山钟祥之役，杀伤敌军六千余人。五月敌以三师团进窥随枣，将军亲率两团渡河截击，大破于田家集，敌狼狈溃退，因是有鄂北之捷。同年冬奉令出击，将军亲临前线，指挥冲杀，并以奇兵绕敌侧背，一再予敌重创，造成光荣之胜利。计先后毙敌联队长三，伤敌旅团长一，斩获无算。

二十九年五月，敌又抽集重兵犯襄樊，将军复率部渡河断其归路，血战九昼夜，敌伤亡枕藉，图窜河西，将军复追至方家集，大破之。十六日敌援军大至，将军在重围中，督战益力，左右请稍退，不许。自晨至申，身被六创，卒战殁于襄河东岸之南瓜店。幕僚卫士随殉者，以数百计。凶信既传，举国震骇，灵榇过渝之日，识与不识，皆为流涕，盖将军之感人深矣。

溯自抗战军兴，将军奉命转战各地，所部未尝离第一线，二三年来大小百余战，其平生造就之干部，牺牲殆尽，而犹能前仆后继杀敌致果者，则实赖将军精神之感召。盖将军无时不以为国牺牲勉部属，每战则必身先士卒，抱牺牲一切之决心；至与士卒同甘苦共患难，则尤数十年如一日，始终未尝稍渝。故部众无不感奋，乐与效死。

将军性沉毅，对上服从唯谨，每奉令不避艰险，虽赴汤蹈火必达成之。平居寡言笑，好深思，于各种学术钻研不遗余力。军中每得暇，辄曝卧田野间，手书卷终日无倦容。并以此倡导部属，尝曰："生为现代军人，必具现代知识，苟不力求进步，鲜有能自树者。"又尝曰："国危至此，军人之属，唯发愤与必死，差堪自赎耳。"呜呼！将军自抗战以来，每言必为国死，今果为国死矣。夫国家民族非吾人必死之心，无以求生存与独立，将军在日，恒以此义导部属，今者更以此身劝国人。倘袍泽士庶闻风兴起，群以必死自矢，则区区倭寇何足平，炎黄之裔孰敢侮。将军之死，为不死矣。

将军生于中华民国纪元前二十一年（西历 1891 年）七月，享年五十。德配李敏慧夫人以身殉。子二：长廉珍，毕业北平中国大学；次廉静，肄业中央军校，早殇。女廉云，尚在阁。孙四，均幼。

(《张自忠将军传略》)

虎口脱险

民国二十六年八月八日那天，张将军乘敌人监视比较松懈之时，曾移住于美国同仁医院。不久，发现医院附近布满了日方的便衣侦探时，又再化装逃出医院，避居在一个西籍友人家，旋迁居于北新桥。终因风声日紧，知已无法立足，才决心离开北平。

张自忠第一次离平时，是化装成一菜贩，在车上放了一些残乱的菜蔬，假装在城里卖完了菜，推车出城返家的形象，希望有幸混过。不料快到西直门时，远见许多日军正在强行拉夫，张自忠深恐被日军拉去当力夫，只好推车循原路回到北平城里。第二次企图离平时，则化装为一小贩，肩挑藤筐，从彰仪门混出城。不意走到长辛店，正遇着我方的游击队与日军交火，颇为激烈。张自忠无法通过，只好在一老妇家中，求宿一夜，及次日凌晨，前面的战斗似在进行当中，通过的希望仍然很小，不得已，只好又潜返北平城。

在北平又住了四天，第五日，适遇大雨倾盆，张自忠认为这是逃走的最好机会，便将先日所准备的一套孝服穿上，伪装孝子上坟的模样。骑一自行车，车上放着装了香、烛、钱帛的篮子，从德胜门混出城外。原计划直奔通州，当走到半路途中，乡民纷纷传说："通州附近，日军正在大拉壮丁。"他不愿冒险前进，便又折回杨村到天津的大道，尽力奔驰，不敢稍息。因为时光已经不早了，怕日军在路上布置岗哨，不准通行。

及穿过杨村时，正遇见一些日军官兵，混在一块寻欢作乐，挟着许多被掳来的中国的妇女，在疯狂地饮酒。张自忠乘其不注意防范时，便猛踩自行车，通过他们的前面（因别无路可走，也来不及作后退的打算）。等到日军发觉时，他已经跑了很远。日军也没有穷追，仅放了一阵乱枪而已。他继续前进不多时，天已昏黑，又正下着大雨，便在一家茶店中，向一位跛足老者乞宿过夜。那时，他离开北平已经两天多了，路上没有吃过一点东西，饿得非常难过，就请商于老者，幸得老人同情，给了他一块烧饼和一杯温茶。他捧着这顿丰盛的晚餐，便狼吞虎咽地立即吃光了。

第二天，快要到天津的时候，才把孝衣和自行车先后抛掉，小心翼翼地走过日本宪兵的检查站时，谎称菜贩，再把衣袋中的钱钞奉上。在宪兵的一声"走"之下，才溜进了外国租界。从此便脱离了虎口，继奔前程，投入抗日的大本营——南京。

(王觉源：《近代中国人物漫谈》)

既慷慨又从容

民国二十九年五月，张自忠与日军苦战经旬，至南瓜店之役，已经弹尽矢穷，心疲力竭，且其身已中敌六弹，犹屡仆屡起。及五月十六日，终于血尽气穷，以身殉国。其忍辱负重之精神，与其死事之壮烈，不但为对日抗战史上第一人，即求之于古名将中，亦不可多观。人谓"慷慨成仁易，从容就义难"。而张将军乃决心成仁，立志取义，抱必死之决心，谋定而后动，故其成仁取义，实慷慨、从容兼而有之。

张自忠殉国的消息传到重庆以后，蒋中正委员长大为震悼。同时也怀疑：何以总司令战死，副总司令及军长、师长均未阵亡？遂下令彻查，并严令找回张将军的忠骸，否则，重办高级将领。继张将军任五十九军军长的黄维纲奉令后，亲率部队，再渡襄河搜寻，终于发现张将军的坟墓（据说为日人所安葬，并树立木牌，可见敌人对张自忠也是敬仰的）。乃将其灵柩先由陆路运至宜昌，停于东山寺。事先并未公布，及消息一经传出，宜昌民众不期集而吊祭者，逾数万人，有的悲呼嗟叹。有一位老妇人得此消息，且含泪煮面食，捧香烛，前来吊祭。情景之感人，实非笔墨所能形容。

（王觉源：《近代中国人物漫谈》）

梅花伴忠魂

张自忠的忠骸灵柩，由宜昌运抵重庆储奇门时，素车白马，吊者塞途，民众鹄立江边大道，默默哀泣，蒋委员长亲临致祭，抚棺痛哭。所有军政大员，一律臂缠黑纱，登灵堂吊祭。十一月十六日，卜葬于重庆北碚梅花山山麓。一代英雄长伴梅花。

（王觉源：《近代中国人物漫谈》）

清明廉洁

二十九军中，以书生，而且受过相当高级教育的书生投笔从戎者，张自忠实为一较著名的人物。不但志行高洁耿介，持躬正直，操守清廉，有声于二十九军。因之取予之间，毫无苟且。其夫人李敏慧，在上海养病，不但医药费用短绌，即生活之资，亦不宽裕。有劝之寄其节余公费的一部分回沪，以济夫人之急者，张将军则一口拒绝，谓"前线将士正在艰苦中作战，余何忍以国家之财，济私人之用"！至其个人生活，亦常如苦行僧，节衣缩食，自以为乐。虽常处繁华环境之中，绝未染上骄奢、淫佚、腐化之习。

（王觉源：《近代中国人物漫谈》）

意志超群

其所部旅长赵登禹，喜峰口一役，得扬名中外，但当苟安以后，富贵尊荣之际，竟沉沦于烟霞癖。英雄自溺，至为可惜！丁春膏（华北烟酒税总局局长）、雷嗣尚（北平社会局局长），累劝之秘密戒除，终于诺而未行。同样的，张自忠也曾一度烟霞成癖，但一闻忠告，虽在叱咤之间，却能从善如流，说戒立戒，毫无留恋。亦足见其刚强毅力的英雄本色，自非等闲之辈可以企及。

（王觉源：《近代中国人物漫谈》）

捆了他一个嘴巴

天津市长萧仙阁，系一卑鄙的亲日小人，不仅不得人缘，亦素为二十九军将领所鄙视。在宋哲元寿母宴庆中，更被李筱帆当众捆了一大巴掌。约半年后，在某次会议席上，萧因信口狂言，与张自忠发生冲突。张愤极，也捆了萧的面颊。好事的新闻记者随处宣传："萧市长连吃两块锅贴，面不改色。"从此，人亦多称萧为"锅贴市长"。此固可知萧仙阁人格之卑下，亦足见张自忠之疾恶如仇。非其立身正直，心存侠义者，又莫克臻此。

（王觉源：《近代中国人物漫谈》）

忠夫烈妇

张将军的夫人李敏慧女士，未随张将军转战各地，一直因病留沪养疴。及张将军殉国，左右初犹力予隐瞒，恐有伤其病体，稍后，始得闻张将军殉国之耗，绝食七日，泣血而死。这较之鲁咏安（前浙江省政府主席）之如夫人，坠楼殉夫，更为节烈。消息传出，国人再一次的大震动。忠夫烈妇，同时出于一门。在重庆开追悼会时，蒋委员长题额："相成忠杰。"政府亦明令予以褒扬，并将其生平事迹，宣付国史馆，单独立传。此乃民国历史上，第一位女性立传的人。生死尊荣，世之所稀。

（王觉源：《近代中国人物漫谈》）

张自忠殉国记

一个大雨滂沱的黄昏，时针指在四点半上。雨越下越大了，天色越变越黑了，我心中正想着这么阴沉可怕，也许是象征着什么不幸吧！

不幸的消息果然传来了。我们接到电讯，据说张总司令自忠已经在五月十六日那天率部突破日军，使全部日军崩溃后以身殉国了。这是多么令人伤心的噩耗，当时我们谁也不会相信。记得几月前我在鄂北某地谒见他的时候，张将军的和气诚恳，谦恭的态度，还如昨日的事一般。如今这不幸的消息传来，那是对我们说，以后将永不再见这位可敬的将军了。这是国家莫大的损失，也是我们民族莫大的损失，所以我总希望这消息是误传的。然而电讯又来了，这消息愈来愈真。我们十七日接到的电报，更得悉张将军英烈殉国之前后确情，真不由得感动得掉下泪来。记者现在动笔写着追记张将军的生前，心都震抖，不知从何处下笔，兹先从他的略史讲起吧。

张自忠将军字荩忱，原籍是山东。这位山东汉子真是不失山东大汉的本色，为人忠诚慷慨。然而虽是一位军人出身，对人却异常和蔼，人人见之，莫不敬爱。卢沟桥事变前，原隶廿九军，属宋哲元部下。当七七事变的时候，他曾困于北平，当时张将军曾被全国上下一致痛骂，多不明其居心若何也。后来他到底意志坚决，屹立不变，遂冒了许多危险，设法离开北平，逃到南京进谒蒋委员长，蒋委员长就派他到第五战区作战。蚌埠一役，将军颇建功勋。

这里更有一段佳话，也许有许多人知道的。就是张将军在徐州失陷前见李司令长官的时候，李将军跟他说："我们南方一个统帅，如果离开了他的部队，那部队里就会出乱子的。但是你们北方的军队却不同，统帅虽然离开了也没有什么乱子出哩！"他听了以后非常感愧，当时虽然说不出什么，但过后，他曾对李将军左右说："李将军的话甚是，但我希望他直接给我命令，不要对我太宽待了，倒使我难过。"自此以后，张将军在李司令长官的指挥之下，更百尺竿头，奋勇直上。其忠勇之精神，壮烈英俊之体魄，如今不但给日阀侵略者以迎头痛击，就是一向李司令长官也对之爱护备至。抗战以来，第一次大胜台儿庄之役，将军建功不少。后来继之徐州大会战，又立奇勋。李将军更爱之万分，对于将军之英勇善战，逢人便愿提及。徐州一役，广西牺牲了不少男儿。中央最高领袖也极力予以补充。其时，李长官虽是得极少数之机关枪及子弹，但李将军在论功行赏之条例下，竟以所得之全部送给了张自忠将军所率的部队。这直使张将军感激涕零，兴奋到万分！

以后怎么样呢？鄂北第一次大胜的战绩可以告诉我们了。张将军可以说是首屈一指的功臣。当日人把我们数十万壮士正包围得紧紧的时候，善战勇敢的张将军，又来给他们以中央突击。鄂北第一次大胜，右翼方面给日人最大的打击就是那位张自忠将军所指挥的。

第二次鄂北与豫南胜利的捷报又传来了。日我现在正混战于豫鄂的沙场，我们这位忠勇的张自忠将军，竟于五月十六日而以身殉国了。据各方消息证实，这次张将军殉国的情形真是太英烈了。他并不是给日人的炮火所击死的。他虽中了日人的子弹受了伤，但是最后他却是自杀而亡的。正因为他已受了重伤，他更不愿退缩，他要报仇，不仅报他自己一个人的仇，且为无数的烈士报仇。所以他还要冲上去，但是他的伤势更重了，他仍不愿意退缩，他更不愿意死在日人的枪下。于是他作壮烈的殉国而自戕了。这事迹太新鲜刺骨了！太悲壮英勇了。

在他临终之时，他曾对他的卫士说：“你们快走，我自有办法，对国家，对民族，对长官，良心平安，大家要杀日报仇！”他的话是多么忠实，希望我们每一个军人都警惕吧！这是他对他的卫士的最后遗言，也是他对全国四万万五千万同胞的遗言。

（《申报》一九四〇年六月十四日）

陈璧君卷（1891 — 1959）

陈璧君，广东新会人，生于马来亚槟榔屿。1908 年随抵马来亚宣传反清革命的汪精卫赴日本，参加同盟会。1912 年与汪结婚后去欧洲。1932 年当选为国民党第四届中央监察委员。1938 年公开投降日本，曾任汪伪广东省政务长。抗战胜利后被捕，1946 年 4 月被判终身监禁。1959 年 6 月 17 日病死于上海监狱。

人称妖妇

陈璧君是汪精卫（兆铭）的妻子，亦妻以夫贵之一人。汪家班通称为"汪夫人"，私称为"陈七姑"（早年国民党内有称汪精卫为"汪四兄"者）。中国革命北伐统一全国以后，陈璧君与孙中山先生的夫人宋庆龄、故行政院长孔祥熙的夫人宋蔼龄、先烈廖仲恺的夫人何香凝、邵元冲的夫人张默君、张学良的夫人于凤至、冯玉祥的夫人李德荃、李宗仁的夫人郭德洁等，都是中国近代政坛上，知名度很高的名女人。这些政要夫人，浮沉政海，大都能保令名以终，有的则尚在海外颐养余年。惟陈璧君却受了盛名之累，被人目为"妖妇"，吴稚晖（敬恒）则指汪精卫为"汪精怪"，陈璧君为"牝鸡司晨"，亦为不满其夫妇的缘故。

陈璧君这"妖妇"之得名，缘于党国元老萧佛成（铁桥，暹罗华侨，民国二十九年去世）。当民国二十五年西安事变，蒋委员长蒙难，全国上下，皆以共赴国难相号召时，汪精卫正在欧洲，以蒋委员长凶多吉少，即匆匆返国，认当今之世，舍我其谁？但他在返国途中，忽闻蒋公脱险返京，又大为失望。萧佛成此时独居泰国不返，友人去函劝驾亦不应。曾以私函覆监察委员刘侯武（广东国大代表，六十四年卒）说："人妖汪精卫回国，国事尚可问乎？"萧佛成生性刚直，疾恶如仇，故不觉其言之直且爽也。民国二十七年十二月二十九日，汪精卫发表所谓艳电，出走河内，僭号南京，卖国求荣之劣迹昭彰。萧佛成的预见固可谓知几，而陈璧君"妻受夫累"，或为"自取其咎"。当时一般舆论，凡写文章、为言说，作宣传报道者，便常以"人妖""妖妇"连称。从此，这一对政坛连理，亦开始令名莫保，走上了穷途末路。

（王觉源：《近代中国人物漫谈》）

信念不坚被敌利用

中国对日抗战，汪精卫之背叛国家民族，屈膝降敌，其最初勾结日本之穿针引线者，就是陈璧君的介弟陈耀祖（广东省主席，后被人刺杀）与高宗武（以后消息始终不明）透过川岛芳子等日本特务进行的。因汪精卫与陈璧君夫妇原来极不满于国民政府与党国领袖，以故对于中国抗战国策，亦始终采取怀疑与消极观望的态度，甚至有时还背道而驰。他们这种态度，并非始自七七卢沟桥事变。原来他们的抗战信念，是以自己的权利地位之是否利达为转移，始终就不坚定。直到"八一三"战后，德国大使陶德曼居间谋中日和平时，汪精卫犹讽刺幽默地说："人家叫陶德曼（逃得慢），我们可得叫'逃得快'（因我抗战已退守武汉）。"即足见其用心与国家观念大有偏差。

抗战到了武汉时期，汪派人物颇多有幸灾乐祸的心理。周佛海等组织"低调俱乐部"，即希望以达成中日谋和为目的，此时亦最为起劲。

物必先腐，而后虫生；到了重庆以后，日人以汪精卫一向领袖欲极强，又野心勃勃，而陈璧君自大骄横，利欲熏心，又能左右汪精卫的言行，因此乃有"利用汪精卫以对抗坚定抗战的蒋委员长"的阴谋决策。并多方设计策动汪精卫脱离抗日阵营，另组新的政府，以与重庆国民政府抗衡。汪精卫私飞昆明，远走河内，就是日本阴谋策划所促成的。

（王觉源：《近代中国人物漫谈》）

踏上末路

民国二十七年冬，武汉失守，国民政府播迁重庆。正当扰攘未完之际，汪精卫忽然脱离抗战阵营，由重庆飞昆明，转往河内。十二月二十九日，发表所谓"艳电"，响应敌相近卫文磨的和平通申。当汪精卫离开重庆临行之前，一连数日大宴宾客，亦大发牢骚；宴罢送客，更破例走送很远，似犹依依难舍。这与其平日态度不免反常，亦足征其叛国投降的行动，原是早有预谋。他在河内停留了三四个月，一面与日本进一步联系，一面则勾结抗战阵营中的动摇分子。次年三月二十一日，曾仲鸣在河内被刺，汪为之心寒，始急作离开之计。

这刺客原来计划所要刺杀的目标是汪精卫，却不料是日晨适曾仲鸣妻方君璧远来河内，亦寄寓汪处，汪、曾、方早系通家好友，及晚临睡时，汪将自己的大床让给曾氏夫妇，自己则移寝于曾原睡之小床。刺客未曾早知，仍按原定计划行动，结果曾仲鸣作了汪的替身，汪也算是命不该绝。汪虽苟活未死，总不免兔死狐悲，徬徨恐惧起来。日人为安定其心情起见，越数日，乃用一艘小轮送汪，由河内出航，直驶上海。

汪精卫脱离了河内险地，到了上海；可是上海英、法租界里的爱国分子亦极活跃。汪无奈，只好严加戒备，深居简出。初居江湾东体育会路，一栋小洋楼，此地原是日本特务头子土肥原贤二在沪时的公馆，署名"重光堂"。附近一家日本名料理馆"六三花园"，便作了汪精卫会客应酬的地方，日人认为这是最安全的区域。未久，日人影佐祯昭接替土肥原任"日本大本营特务部长"（简称梅机关），他对汪愈为亲近，亦加紧工作，凡伪府组织、人事安排，多所谋划，并誉汪为当代最伟大的政治家，推崇备至。汪不自量，更乐昏了头。南京的傀儡政府，也就是在这时具体设计开创起来的。

（王觉源：《近代中国人物漫谈》）

昙花一现

汪精卫在沪经过一年余，为搞所谓和平，没有经费。汪自称："为要争取光荣的和平，不作日本工具，便不能向日人要钱。"嗣经周作民、唐寿民向上海金融界筹借得百万元。交款时，要陈公博写收据，陈怒，拒其要求，拂袖而去。周佛海谓陈曰："这有什么关系？我们成功，不怕要债；我们失败，向谁讨债？"终由周佛海经办手续，取得百万。周虽由此立下大功，得到汪的信任，大行其道，掌握了汪之财政；但汪家班搞和平，组伪府，开始即毫无信心，周佛海之言可证之。

汪精卫有了开办经费，筹备完成，乃于民国二十九年春，由沪至南京。三月二十九日正式成立伪政府，城狐社鼠，群魔乱舞，汪精卫更踌躇志满，顾盼自雄。汪一生素诋军人政治，但他在南京伪政府时代，则尤爱玩弄军队，出入扈从之盛与警戒之严，实开金陵首都的新纪元。有人说："汪为安全固有之，实尤有显示凛凛威风之意在。"伪府成立未久，他接受陈璧君之建议，居然制了"大元帅"军服及陆海空军最高统帅的制服，遇有机会，必然穿着起来，起起有容，仿佛什么将军元帅似的。时有好事者为集句以赠汪云："曾以能书称内史，又因明易号将军。"汪闻之，颇有啼笑皆非之感，最后并责怪陈璧君好事，不该作这些铺张。伪府开幕以后，汪日夜应酬，唯酒无量。日人称他为海量，亦斗酒百篇的文曲星。民国三十年六月，汪以伪主席身份访问日本，日皇以外国元首之礼迎之，待以国宾。据传：日本发动太平洋战争之决定，是首相东条利用汪精卫说服了日本天皇促成的。是年十二月八日，日本对美、英宣战，先日偷袭珍珠港。九日汪伪政府跟着对美、英宣战。果尔，加速日本的崩溃与南京伪政权之垮台者，则正是汪精卫的"一言丧邦"。南京伪政权的组成，亦仿重庆国民政府，设五院和十余部会，汪精卫以伪主席兼行政院长。汪伪政府自成立至民国三十四年八月十五日日本投降，仅四年五个月，真是昙花一现而已。

（王觉源：《近代中国人物漫谈》）

妖妇之见

吴稚晖先生谓陈璧君为"牝鸡司晨"。伪朝成立之初，陈璧君对汪之政治活动，自然本必未改。她当时对伪政府的见解主张，从周佛海的日记中，可以见到不少有关"汪夫人"的记载。民国二十九年一月二日，"十一时谒汪先生，适汪夫人自港回，谈广东军事情形，并商广东省政府主席人选"。三月二十六日，"旋赴援道（任）处，商统税接收办法。并谒汪先生，商机密费支配问题。为补助广东问题，几与先生及夫人闹僵"。十一月十日，"召见易钟汉，询广东财政情形，知汪夫人一系，视广东为私产，亦有特殊化之倾向，令人痛心"。十一月二十六日，"当即赴汪先生处，报告经过。公博（陈）、思平（梅）、汪夫人均在座。当决定最后致蒋（委员长）一电，劝告和平……至于汪先生就任正式国府主席，余主于签约后，日使呈递国书前举行。汪夫人及公博，则主早办，汪先生亦有此意。因此决定后日中政会提出"。十二月十三日，"旋赴汪公馆，与汪夫人及陈耀祖商广东问题"。十二月二十三日，"汪夫人率汪琦来见，谈华南特工，嘱其务于香港设一秘密电台"。

陈璧君对汪精卫一切大计之"牝鸡司晨"，和其自私的作法，看了周佛海上面这些日记，可见陈七姑当时纵尚未能完全左右到汪精卫，最低限度，她是能影响到丈夫的；更何况她个人另成一个系统，以广东为私产，且有特务组织。

（王觉源：《近代中国人物漫谈》）

一手遮天

汪伪组织中的显要角色，似有"不重生男重生女"的怪迹象。如伪府两大台柱，坐第一把交椅的陈公博（陈璧君之弟，伪立法院长）的李夫人，显赫利达的周佛海（财政部长、上海市长）的杨夫人，都具有"老虎"的雅号，亦属于"牝鸡司晨"之流。其他小角色甚多，阴气森森，充塞伪府各院部。伪府老板虽属汪精卫，但汪府大政全决定于公馆，公馆灵魂则陈七姑而已。

陈七姑操管公馆家政，自不必说，连汪精卫的个人生活，也要由陈七姑调理安排。晚饭后，汪很少出门，除有客人外，便关在楼上，夫妻相对，自寻消遣。汪公馆经常有三个厨子。一个专炒菠菜，因汪爱吃菠菜。炒菠菜，要火功足，菜更碧绿可爱；此厨独具此绝技。一个专做西餐，经常烧咖啡、制西点，很少作西菜。一个叫陈彬的，专做粤菜，取其适合全家口味。正式宴客，辄为一大拼盘，六大菜，两甜菜，四色小菜，丰啬适度，并不浪费。陈彬有京沪名厨之誉，外人有欲宴汪夫妇者，投其所好，辄纳资陈彬，请他代办。有人借用陈厨至其本宅，烹调一席者，亦非花高代价不可。汪公馆每天调排饮馔，亦陈七姑家务事中，最重要的一部分，虽在病中或忙碌时，亦不稍忽。汪公馆落难以后，闻陈厨在南京新都电影院侧一小巷内，开设一家无店名的菜馆。座位虽极狭窄，但经常食客盈门，大都是为仰慕"汪公馆厨子"之名而来的客人。

（王觉源 :《近代中国人物漫谈》）

一落千丈

在南京伪政府时代，陈七姑璧君是汪精卫公私生活的影响者，同时陈七姑亦有其自己的"皇后道"和特务组织。关于这一点，周佛海最不以为然。凡陈氏亲近家族和其义姊妹与驯服的部属，自成一系，且多列土分封，专事聚敛，亦自成一贪污集团。如陈七姑之弟陈耀祖，任广东省伪主席，被人刺杀后，又推荐其义妹婿褚民谊（有谓为汪之襟兄）当傀儡，政由宁氏，祭则寡人。徐良任伪外交部长，陈七姑荐其侄某为总务司长，实即代陈璧君作了太上部长。汪精卫旗下，周佛海掌握财政、特务大权，形成为湖南派，为陈七姑所最难忍。周任警政部长时，以李士群为次长，代行部务。及李改任部长兼江苏省主席后，即离周走了陈七姑路线，为陈大事聚敛，且与湖南派公开对立。伪府派系之争，亦愈演愈烈。未久，李士群中毒死，传系周佛海的杰作。陈公博则尚具骨气，不大过问七姑的事。

汪精卫过了几年伪"国民政府主席"及伪"军事委员会委员长"的官瘾，没有受到国法制裁，先就病死于日本东京，陈璧君便成了寡鹄孤鸾。虽伪立法院长其兄陈公博，继任了伪主席，她的地位也一落千丈，没有过去伪"第一夫人"之受汪家班尊敬了。及日本投降，陈公博先锒铛入狱；汪派"汉"字号人物，无一能逃国法拘捕，周佛海且死于狱中。陈璧君虽系女流之辈，但过去炙手可热，罪恶正复不少，现在除自杀以谢天下外，也只有束手被擒作楚囚，听候国法的审判了。

（王觉源 :《近代中国人物漫谈》）

树倒猢狲散

汪精卫是在日本投降之前死的。他在民国三十二年去参加日本举行所谓的"大东亚各国会议"时，适其脊背原被刺时未曾取出之子弹，疼痛难忍。这子弹是民国二十四年秋，他在南京中央党部开会拍照时，被刺客孙凤鸣狙击，射了三枪，刺客虽被张学良制服，而汪背脊之子弹终未取出。现时旧创复发，乃返南京就医，经过手术一月之后，痛反加剧。民国三十三年，因复赴日本治疗，伪府则由伪立法院长陈公博代主席。通常医院一般重病患者，总是躺卧在床上的；但汪则躺不下来，日夜正襟危坐于特制的椅子上。由颈项至腰腹部，且都用石膏绑缚，终日不能转动，动则痛苦难当。加以他原有糖尿病，由于子弹作祟，打针服药，亦不见效。汪自知病将不起，乃预留遗嘱，安排后事。他此时似已完全清白，觉今是而昨非，对其前途，亦料到必无善果，故其遗嘱四点：一、不铺张。二、不国葬。三、墓碑只写汪○○墓。四、时局稍定，归葬广州廖仲恺墓旁。

越半年余，民国三十三年秋，汪终病死于日本东京医院，尸体用专机运回南京大殓。时伪府显要多主修改汪的遗嘱，按国民政府元首崩逝礼仪举行国葬。独陈璧君坚持不可。"应遵照其遗嘱，不能改变。"人之将死，其言也善，汪似已有"自知之明"，且已预见到前途。而陈璧君此时似亦醒觉过来了，觉得非分之举，反足以自取其辱。结果并未完全依照汪之遗嘱，将汪卜葬于南京梅花山孙（中山）陵附近，谭故行政院长延闿墓之间，而未安葬于广州廖墓之旁。不过事颇稀奇，抗战胜利后，忽被发觉汪墓不知何时被炸掘开，尸骨亦不明去向。时陈璧君已被捕下狱，子女风流云散，汪家班亦树倒猢狲散，也无人出面追究查问了。汪死而有知，当深悔不以"楚囚"死，空负"少年"时头颅矣。

（王觉源：《近代中国人物漫谈》）

遗臭万年

汪精卫病死日本，世人始终将信将疑。外传为体内遗弹旧创复发所致。果尔，照常理而言，亦不至丧命。据日本医生说，汪所患的实为"粉骨病"。过去举世罹患此症者，不过三人。病疾如何？外行自不得知。惟汪以一个昂藏七尺之躯的美丈夫，病中身体逐渐缩小，判若两人，有人即疑是被日人谋害，像吴佩孚之死于日医不明不白的牙痛病一样；有人则谓，事实上日人似无此必要。开始走霉运的人，自然也不会有人仗义执言去追究它，和其尸体被盗后的情形是一样。也有人说："汪临终之际，大呼'东条误我'……"不过汪在病重时，东条的确曾赴医院探过病，知已无救。究竟是东条误了汪还是汪误了东条？这笔账现在也无法算清了。

汪精卫生平有过三次可死而未死的大风险：一是民国前三年，潜伏在北京银铃桥下，行刺清摄政王载沣，事败下狱，按清吏作法，是绝不可活的。他也作诗见志云："慷慨歌燕市，从容作楚囚，引刀成一快，不负少年头。"确是悲歌慷慨，亮节清风，举世共仰，清廷上下，亦为惋惜，幸绝处逢生，且因以成名。二是民国二十四年秋，在南京中央党部开会被刺，幸仅负伤，张学良救了他的命。三是二十八年三月，在河内寓所，刺客弄错了目标，误中副车，貌似阳货的曾仲鸣，便作了汪精卫的替死鬼。凶手为一吴姓青年志士，当被擒获，系于法国监牢。抗战后获释，并任职某警政机关。终于不幸死于车祸。

汪精卫一生三经巨险皆不死，终逃不过三十三年，已身败名臭之后病魔毒手这一关。"周公恐惧流言日，王莽谦恭下士时；假使当时身便死，一生功过有谁知？"读了这首诗，谁都要为汪太息。他若早死于"艳电"之前，纵不流芳，又何至遗臭？陈璧君也不会以苦难的铁窗生活而终。

（王觉源：《近代中国人物漫谈》）

争睹妖妇真面目

汪精卫死后大约一年，民国三十四年八月十四日，日本正式投降。陈璧君在日，亦被盟军逮捕，约是年秋末冬初，盟军复将之押解来中国。某日上午约十一时左右，抵达上海杨树浦路底虹江码头。上海新闻界事先得到军方司令部的通知，听到这一骇人听闻的消息，一时大为轰动。如中央社、申报、新闻报、大公报等，当即派遣记者前来采访新闻。这时，中日战争状态虽早已结束，但沪东郊区交通既不太方便，且仍在我军警监视之中，因此这一群记者，首先都集合于四川路底，由军方司令部派军车护送，很快就到了虹江码头。

虹江码头一带，重庆还都来的记者，多半尚未来过，只觉得冷静得很，很少看到行人。所有房舍，以前都由日军作了伪装，着了保护色。四郊之垒，战壕纵横，战时景象仍多存在。记者们在码头上等候了约半小时，这艘盟军起解陈七姑的船才靠拢码头。这艘庞大的客货两用的日本轮靠岸时，大家都不免紧张起来，尤其是记者们，等船跳板一放落下来，便欲冲锋陷阵式地上船，一睹陈璧君的庐山面目为快。但陈七姑是由盟军一宪兵上尉领宪兵八名解送来的，美宪兵以来人太多，恐生意外，为安全起见，拒绝大众登轮，只允中国官方负责人员先上去办理中美双方交接手续，将陈七姑璧君领带下船。于是我军方司令部科长刘上校，偕二三职员登轮与美宪兵上尉交涉。

（王觉源：《近代中国人物漫谈》）

避重就轻

陈璧君虽作了阶下囚，但盟军与我军方都未以一般囚犯相待。大家或看过京戏中的《女起解》（一名《苏三起解》），心理上总不免有点难过。陈七姑在起解轮途中，住的是一间头等双人房舱，她还带了一个看护小姐似的中国少女，陪伴照顾。此时陈七姑不过五十多岁，因其眉目清秀，平时又保养得好，虽在难中，风度不坏，仍未显现苍老。过去有人常以"老太婆"称之，并不太适切。她戴一副金丝无边眼镜，鬓旁插一朵白色的小花，或是为纪念其亡夫；身着米黄色旗袍，和同色的短大衣；足着淡黄平底皮鞋，全身黄，更衬托出她的容颜，要比实际年纪为轻。她也可算是一个善于装饰的人。但她初抵国门，却不知有"故国不堪回首月明中"的感怀否？

当刘上校等人走进她的卧舱时，她正和侍候她的少女，收拾简单的行李。她虽表现很沉着，默无一言，相信其内心，也一定十分紧张，明知将要受到法律审判或更有点恐惧。刘上校待其收拾妥当之后，便请她离船上岸。她刚踏上跳板，岸上守候多时的摄影记者，镁光灯便闪闪不停，争取镜头。她虽力持镇定，举止总不免有点着慌，头也俯下去了，好像是在躲避拍照一样。待她走上码头时，一群不甘落后的外勤记者，又一拥而上，把陈七姑包围了起来，马上提出许多问题，向她请教。她也和平日对付新闻采访者一样，她究竟是洞庭湖里的麻雀，见过风浪的，应付新闻记者的采访，仍不离一般政客那一套，对所有问题都避重就轻，巧妙答复。专谈旅途生活和景物一些不着边际与无关宏旨的事情，比较现实一点的问题，则都听若未闻，或推说不知。记者们与她周旋了约半个小时，没有得着一点要领，除获一睹伪朝国母陈七姑颜色之外，咸不免有浪费时间之感。

（王觉源：《近代中国人物漫谈》）

狡辩到底

陈璧君起解到上海，即寄押在提篮桥监狱。经过法院审判处徒刑之后，随即送往苏州老虎桥监狱执行。真的，昔为伪国母，今作阶下囚了。据传她在法院受审时供称："要说汪精卫是日本人路线的汉奸，那么走美国路线的，不是亲美的汉奸吗？走俄国路线的，不是亲俄的汉奸吗？"陈璧君此语，虽在指桑骂槐，却抹杀了敌我之分，近乎强词夺理。但人在这生死关头，对丁生，总是留恋的；对于死，总是恐怖的。揣陈璧君的企图，此时若能侥幸洗脱自己一点"汉奸"罪嫌，减轻一分刑责，总是好的，就算心满意足了。

她在监狱服法院的判刑，没有"死"的威胁感，自又觉得心安理得，生活亦渐具兴趣。为消磨铁窗长日无聊，便自动请求教女犯人念书，有时亦去参加女红工作。据说，孙夫人宋庆龄，曾赴狱中看过她。宋氏与廖夫人何香凝，还想联名保她出狱，但被她拒绝了。大约已明狱外的环境，对她反不适合之故。大陆陷共前夕，她又由苏州解回上海提篮桥监狱。传闻，中共后来也加之以"劳改"。终于病死于医院。据另一种不同的传说，宋庆龄、何香凝保陈璧君出狱就医，是确有其事，不过没有成功。因宋、何皆为中共新贵人物，与陈七姑皆民初参加革命的同志，且系广东同乡。曾替她向毛泽东进言疏通，要求担保外出就医。毛泽东则以陈璧君必须先向人民坦白认错，自我批评过去的罪行。中共并特在提篮桥监狱内召开一次"群众大会"，要陈璧君公开斗争自己。她虽经过了五年拘禁，但依然相当倔强，且慷慨激昂地说："如果说中共和苏联友好，是为了国家民族的前途；那么，当年我丈夫于抗战形势不利于我情况之下，离渝与日本人周旋，在日本军阀占领区里，为哀哀无告的人民服务，彼此用心，又有什么分别？要说我丈夫卖国，则卖国者，恐怕不只我丈夫一人。"并列举许多事实，证明汪精卫与日本人争执交涉，绝非卖国。她洋洋说词，始终无一言片语自谴。她这种说词，与她初解至沪，受法院审判时这论调，实同调而异曲，虽在含沙射影，却不敢明目张胆骂中共。

（王觉源：《近代中国人物漫谈》）

不堪改造瘐毙狱中

"民国"四十八年三月（国府已播迁来台十年），陈璧君以久困铁窗穷愁交迫，已病入膏肓。虽由监狱医生施以诊治，但医生是蒙古大夫，药石自然无灵，终于是年六月十七日晚九时许，瘐毙狱中。她过去风光，自然早成过眼烟云。自民国三十四年秋冬之交起解来沪，六易囚处，过了十四年的牢狱生活。一代"伪第一夫人"，下场竟是这样惨淡，自作孽啊！

（王觉源：《近代中国人物漫谈》）

陶行知卷（1891 — 1946）

陶行知，安徽歙县人，中国人民教育家、思想家，伟大的民主主义战士，爱国者。是中国人民救国会和中国民主同盟的主要领导人之一。曾任南京高等师范学校教务主任，继任中华教育改进社总干事。先后创办晓庄学校、生活教育社、山海工学团、育才学校和社会大学。提出了"生活即教育""社会即学校""教学做合一"三大主张，生活教育理论是陶行知教育思想的理论核心。著作有：《中国教育改造》《古庙敲钟录》《斋夫自由谈》《行知书信》《行知诗歌集》。

生平略历

陶行知，安徽歙县人，于前清光绪十七年九月十六日生于歙县西乡王墩源村。原名文濬，继以相信阳明"知行合一"之说，易名知行。后发现"行是知之始，知是行之成"的道理，乃再易名行知。家境清贫，幼受父教，天资聪慧，十五岁至歙县入徽州耶稣堂内地会所立之崇一学堂，跳级毕业，为校长唐俊贤（英人）所器重，资助入南京金陵大学文学系。在校以擅长国文、算术、物理诸科闻名，并创办《金陵光学报》，设立演说会，举办爱国捐，举凡关于社会福利及学术研究等莫不热心为之。民国三年以第一名毕业于金大。借债去美留学，先后入伊利诺大学和哥伦比亚大学肄业。初学市政，继改教育，为名教育家杜威先生所器重，后得硕士学位。

民五回国后，应南京高等师范学校之聘而长教务，对于教学方面颇多革新。民九担任中华教育改进社总干事，并在《新教育》杂志上常常发表改进中国教育论文，为先生改造中国教育之嚆矢。同时又与朱其慧、晏阳初诸先生发起组织中华平民教育促进会，编平民千字课，亲往各省县推行平民教育工作，为世人所赞许。后以欲实现他的创造中国新教育主张，乃于民国十六年，受中华教育改进社之委托，和赵叔愚先生合力创办晓庄学校（原名南京市试验乡村师范学校），提出"生活即教育"，"社会即学校"，"教学做合一"等口号，为中国教育辟一新途径。

民国十七年冬，接受圣约翰大学博士学位。继因主张抗日，为不抵抗主义者所深恨，乃下令通缉。"一·二八"后，在上海、宝山两县交界处，创办山海工学团，主张

"工以养生，学以明生，团以保生"，并发明"小先生制"，进行普及教育。并组织生活教育社，发行《生活教育》半月刊，以发表新教育主张。同时，创办中国普及教育助成会，以助中国普及教育之发展。继又创办国难教育社，起草《国难教育方案》，进行国难教育，以唤起国人共赴国难，解决国难。"一二·九"后，与全国各界发起全国救国会，到处宣传国难，讲演中国之出路问题，以发动国人奋起救国。民国二十五年冬，受全救会之命，担任国民外交使节，遍游欧美二十八国，宣传中国人民挽救国难主张，以正世人视听，发动侨胞出钱出力，共赴国难。

抗战发生后一年，民国二十七年秋，始由欧美回国。过香港时，即发表他有三件大事要做：（一）创办晓庄学院，以培养高级人才；（二）在港创办中华业余补习学校，以教育方式，发动侨胞救国；（三）创办一难童学校，选拔有特殊才干之难童，作人才幼苗之培养。旋得赈济委员会代委员长许静仁（世英）先生之同意，并允担任经费，行知先生专任创校之责，即今日名闻于世的分组学习的育才学校于民国二十八年七月开学。后物价飞涨，赈济委员会之经费不能增加，先生即日困在经费之中，想尽方法。幸得育才之友及美国援华会所赞助，筹措经费，支持至七年之久。创办社会大学，为在业青年解决高等教育之补习。并致力于民主运动，为民主同盟中常委之一，发行《民主》星期刊，为民主运动前导。

先生平生致力于人民教育事业，所以世称之为大众教育家。先生时喜以他的主张，写成妇孺农工都懂的诗歌，所以世又称之为大众诗人。十余年来，又为独立民主奔走，为坚强的民主战士，深获人民爱戴。先生著作有《中国教育改造》《古庙敲钟录》《斋夫自由谈》《知行书信》《知行诗歌集》（共五集）。不幸于民国三十五年七月二十四日午时，在上海因脑充血逝世，世人惜之。

（《陶行知先生传略》）

初　见

孙中山先生死后，在全国举行追悼会，更激发了革命情绪。我们打听到广东革命军，仍在积极准备北伐。但南去的道路很远，没有去成。忽然有一天，有一位同学拿了一份《乡教丛讯》月刊来，说起陶知行先生想办乡村教育，来改造中国，他过去热心改造中国教育，后来又办过平民教育促进会，最着重贫苦人民的教育。现在想办试验乡村师范，培养新教师，来建立一百万所乡村小学，改造一百万个乡村，达到改造中国，使中国富强的目的。我听了很高兴。

大约是一九二六年的十二月，我怀着一颗景慕的心去会这位革命的教育家，在南京和平门外燕子矶一所乡村小学里，我们见面了。他说，好极了，你来参加，我们竭诚欢迎，我们试办这所学校，是要来试试改造中国的道路。说话笑嘻嘻的，穿着蓝色绸长袍，黑马褂，围着皮围脖，头上戴一顶呢礼帽，手里提一根文明棍，那一副金边眼镜，格外显出他的尊贵。虽不是西装革履，仍不脱大学教授派头，他和我们一同吃了饭，就乘着人力车回城去了。

心里想，这位从美国哥伦比亚大学留学回来的绅士派教授，居然能放下架子，到乡下来办学校改造乡村么？可是，对他的理想和试验精神，对他那种自由的很和蔼的态度，感到一种愉快，觉得这种试验是有光明前途的。他似乎有一种力量能吸引住青年人的心，仿佛有一个奇迹，在他导演下，就要在我们眼前出现了。

（白韬：《陶行知的生平及其学说》）

奇怪的考试

春天的阳光照耀着幕府山下一溜儿的树木，发出青灰色的光彩，空气显得特别新鲜，虽然是三月天气，晓风依然刺人肌肤，我们的队伍一共不过十来人，大家脱下长衫大袍，穿上草鞋，踏着薄冰向劳山下的晓庄进发，今天开始下乡过农人的生活了。

我们到达晓庄时，只见那个村落不过三五家茅棚，是一座荒漠的乡村。陶行知先生早已在那儿等候了。他也穿上草鞋，满面笑容的迎着我们说："你们诸位下乡了，以后要和农民做朋友，为中国三万万四千万农民服务，要改造中国乡村，替中华民国创造一个新生命，今天就要举行一个特别考试，看看是否能吃得起苦。"

从农民那里每人借到了一把铁锨，又划了一方荒地。就这样，我们开始在劳山开起荒来。起先，我们把草鞋当套鞋儿穿在鞋子外面，免得把脚刮破，但在翻松了的湿软的初垦泥上，草鞋和鞋子都陷落下去，拔不起来，有人开始索性抛掉鞋袜赤脚。也有人，脚上和手上都起了泡。个个人都满身大汗，累得气呼呼的。陶先生不住的在地上走动着。

"嘻嘻，嘻嘻"，他张开嘴笑着说，"今天的考试，是破天荒第一次，你们的成绩，足足够一百分"！他说着也拿起那笨重得不听使唤的铁锨来，在地上翻动泥块。

（白韬：《陶行知的生平及其学说》）

奇怪的开学典礼

一九二七年的三月十五日，在劳山脚下一座坟茔地上，放上一张八仙桌儿，几条长凳，这些都是临时从附近村民那里借来的。太阳从劳山后面升起，照着对面的紫金山射出紫蓝色的光芒，充满生意的嫩草发散出一阵阵清香，村民们三三五五成群的向山麓走来，其中有拖鼻涕的小孩，有梳小发结的老太婆，有拄拐杖的老头，有结实的面庞红勃勃的农村青年男女，他们是来看热闹的，也有的是被邀请来参加的。城里的来宾不多，只有陈鹤琴、江恒源、姚文采等先生。这一簇人拥在山村的旷野里，正在举行着晓庄师范开学典礼。主席是校长陶知行先生，他在光天化日的露天大礼堂上，致生动而有力的开会词，他说：

"今天是我们试验乡村师范开学的日子，我们没有教室，没有礼堂。但我们的学校是世界上最伟大的，我们要以宇宙为学校，奉万物作宗师。蓝色的天是我们的屋顶，灿烂的大地是我们的屋基。我们在这伟大的学校里，可以得着丰富的教育……"

他说话时的语调带着很重的徽州土音，语气是非常肯定的，好像并不是夸大而是要实行的，大家静静的听着，心里在想这位校长的气魄很大，他全身似乎都充沛着创造的精力，不由得不使人感到新奇。接着，他又说了：

"今天到会的农友很多，他们是我们的朋友，以后我们要他们帮助的地方很多，我们需要和大家做亲密的朋友，向他们好好的学习。你们不要以为乡下人无知识，一般大学生念过不少自然科学的书，到了乡下便不认识麦子，说韭菜何其多也！嘻嘻，你们看，乡下人不比我们认得的东西多么？……"

从这一天起，中国的乡村教育运动便在这偏僻的山村里诞生了。陶先生以十分愉快的心情，走到一家农民家里，就在牛栏旁边放下几张八仙桌儿宴请来宾，吃的是青菜豆腐，但大家心里十分愉快。

（白韬：《陶行知的生平及其学说》）

和牛大哥同睡

这时候，陶先生把全副精力都放在筹划学校上，他把教授辞了，安徽中学的校长也辞了，搬到乡下来住，他又号召大家自己动手建筑校舍，他写了一首自立歌勉励大家：

> 滴自己的汗，
>
> 吃自己的饭。
>
> 自己的事，
>
> 自己干；
>
> 靠人，靠天，靠祖上，
>
> 不算是好汉！

在校舍没有建筑起来以前，大家住帐篷露营，陶先生自己也露过营，借住过老百姓的家。他住在一位陆老头儿家里，三间草房，东首住主人，中间放农具杂物兼会客吃饭，西首拴着一头大水牛，遍地堆积着牛粪。陶先生就借住在西首牛大哥旁边，有一星期左右，他见了人便笑盈盈的说：和牛大哥同睡，只闻牛粪香。后来，这位人民教育家又是人民诗人，曾有"一闻牛粪诗百篇，风花雪月都变节"之句，叙述要做大众诗人，写大众的疾苦甘乐，就得和老百姓共同生活。

他不尽是理论家或事情的发起人，常常喜欢用自己的行动来指引别人干。他在晓庄，提倡"师生共生活，共甘苦，是最好的教育"。他也毫不例外的和大家一起穿草鞋、挑粪、种田、种菜、养鱼，他请唐家洼一位出色的庄稼人唐老头教大家耕种的方法，他自己也做了唐老头的学生。他说，三百六十行，行行出状元，行行都有我们的老师。那时候，大家都自己扫地、抹桌、烧饭……所有生活上的事不用听差、伙夫，陶先生也亲与其事。有一次轮到他烧饭，他在烧火，就研究烧火的科学道理，如何节省柴草，如何使火功恰到好处，不至于把饭菜烧坏。他写了一首诗，讽刺不会烧饭的人道：

书呆子烧饭，

一锅烧四样：

生、焦、硬、烂。

有些所谓学者教授，批评他是许行主义者，有的说他是苦行僧。只有他和他的同志知道，他们是在干一件大事，就是发下宏愿，要改造中国教育，使消费的教育一变而为生利的教育，使亡国的教育一变而为救国的教育。用陶先生的话来说："他要教农民自立、自治、自卫。他要叫乡村变为西天乐国，村民都变为快乐的活神仙。""一心一德的来为中国一百万个乡村创造一个新生命，叫中国一个个的乡村都有充分的新生命，合起来造成中华民国的新生命。"

（白韬：《陶行知的生平及其学说》）

向农民学习

他和他的同志，不仅下了决心要替中国三万万四千万农民服务，为他们一心一德创造幸福，不避艰苦的在各方面苦心锻炼自己，而且为了接近群众，了解群众的实际痛苦，以便和他们共同奋斗，一起创造新的社会，很虚心的向群众学习。除掉请农民来校传授经验，共同举行娱乐会，平时互相亲密的交友之外，当时，又提出："会朋友去"这一个活动，不论师生都要到附近村庄上去帮助村民解决困难，而且每一个人都要找一两位最要好的农民做亲密的朋友，便于更进一步了解他，接近他，更好的和农民打成一片。他也是这个活动中的积极分子。

平时，这种活动每星期只有一次，花一整天或一个下午，到了夜晚师生团团坐起来，围着灯，像家庭似的漫谈各人的种种活动情况和总结心得。陶先生经常出席这个会议，报告他的心得，提出许多建议。他有好几个亲密农友，以后找他的人多起来了，女人、老头、青年小伙子，不断的来找他解决疑难问题，他总是很耐心的用心听乡下佬唠唠絮絮的一些琐碎小事，而且眯着眼睛笑嘻嘻的给他们满足的回答。他和农民真是老朋友，替他们办事总是那么认真和热情奔驰。附近几十里的农友都认识他，老远就互相打招呼。

二十年来，我始终看到他是一贯对人民低头甘心为牛不以为苦，而以为乐，不以群众为肮脏无知，而是诚心诚意做他们的忠实朋友，虚心向他们学习的。

他对人民舍得花钱，而自奉非常菲薄，也不以为苦，反以潇洒出之。例如有一次，江宁师范请他去演讲，他天不亮起来，徒步而去，走到镇上饥肠辘辘，便买了油条在街上一面走一面吃，该校徐校长特为派了学生到镇头去迎接，久候不至。迎接的人以为陶先生一定举止阔绰，并不注意路上碰到身穿学生装，一边走一边啃油条的人，回校一看，坐在会客室里的正是方才啃油条的人。他左右的师生也都艰苦朴素，除一小部分外，二十多年来也都坚持不移，他常说："手中一文钱，百姓一身汗，将钱来比汗，花钱容易，流汗难。"所有这一些，后面我还要提到。

（白韬：《陶行知的生平及其学说》）

炮火打不散

在这期间，我们搬过几次家，又搬回了晓庄。南京的情势，像天气似的虽然经过了暴风雨之后，但天气仍然变化不定，最初是退到长江以北的孙传芳又纠合了一部分军队，渡过长江，攻入龙潭，向幕府山进攻，直逼南京，大炮又在天空怒吼起来，南京的革命军像潮水一样拥往前线，晓庄已经成了第二道防线。我们便迁入太平门金大农场去住，孙传芳终被打退了。

但隔不了几天，忽然有一天的破晓，太平门的城墙上机关枪密集的扫射起来，两军对阵，一方冲锋，一方退却，我们在城下看得清清楚楚，原来第六军程潜部队的一部分在缴他另一部分的械，据说这部分是红军。南京城内外，又显出特别紧张和混乱。听说，这是宁汉分裂的开始，上海"四一二"苦迭打，已扩展到军事政治各部门。英帝国主义等没有出兵直接来消灭中国革命，却在革命阵线内部找到动摇妥协、自私自利的资产阶级，来分化国共合作的统一战线了。

陶先生这时候被阻隔在北方，他写信给我们说，我们乡村教育同志决心为农民服务，别人恐吓不了，炮火也打不散。

（白韬：《陶行知的生平及其学说》）

从野人生活出发

陶先生从北方回来之后，时局有个很短时间的沉寂，他开始发展他的理论，根据他的理想来建立学校，这个时期是他天才的发挥新教育理论的黄金时代。他的理论常常在每天太阳未出土前的寅会上发表，借以打通师生的思想，好一致动手去干。他的演讲很短，不用提纲，用幽默的富于风趣的语调发出，但字字紧严，句句动听，使人从不感到乏味，差不多隔三两天，他就报告一次，由记录下来，经他整理，后来集成一本教育论文集，题名《中国教育改造》。

我觉得陶先生那时候的思想，有一个基本特点，就是从实际出发。他的理想是要改造中国教育，创办一百万所乡村学校来改造一百万个乡村，借以改造社会，进入大同世界。我们不管他的想法如何迂阔，如何严重的带着教育救国论的幻想，但他所拟定的办法是眼睛向下脚踏实地的从实际出发，动手干，不徒托空言，不满足于理论，讲义之类。他一再对我们说，中国过去的老八股洋八股教育是条死路，前面是万丈悬崖，同志们务须勒住马，另找生路。

"生路是什么？就是建设适合乡村实际生活的活教育。我们要从乡村实际生活产生活的中心学校；从活的中心学校产生活的乡村师范；从活的乡村师范产生活教师；从活的教师产生活的学生，活的国民。"

他在寅会上对大家讲了之后，又用大幅白布画了一幅乡村师范建设图。图中央有一个圆圈中写活师范；周围连接着不少小圆圈，中写活中心学校；每一个活中心学校周围又伸出许多触角，上书实际生活。

陶先生不单这样说，说了他就召集会议讨论怎样把图样变成事实，他好像是全校的总工程师，师生是工程师和工人。他常常喜欢说，校长是大家当的，大家·起动手来创造学校。在他擘划之下，前后办起了万寿宫学院、吉祥庵学院、和平门学院……他自己兼任和平门学院院长。

怎样从实际生活出发呢？光是调查研究和农民做朋友是不够的，必须和人民过一起的劳动生活，从这些实际生活中去体会和创造。他把大礼堂题做"犁宫"，犁宫的大门口他写了一副对联："和马牛羊鸡犬豕做朋友，对稻粱菽麦黍稷下功夫。"

这副对联是我们当时实际生活的写照，我们自己动手做饭、养牛、养猪、自己挑粪下田干活。人民的生活苦，我们这批初学劳动的外行，过得更苦。生活太苦了，有些人受不了，批评说，这简直是过的原始的野蛮生活。这批初从学校和城市里来的知识分子，发出这样的怨言，提出要过现代生活。陶先生很肯定的对大家说，我们要："从野人生活出发，向极乐世界探险。"

他说，农民在封建制度下最不进步，但过了几千年生活，天天过去好像毫无问题，我们要替农民谋幸福，就要使劲把乡村教育摆到野人生活上去，因为野人生活上困难多，问题多，要求我们解决的问题，又急如星火，不容我们苟安。如果我们不过这种生活，发现不了问题，对于农民的生活虽然嘴里讲得头头是道，但其实是一知半解，心里是觉不到的。其实，他所说的从野人生活出发，就是从实际生活出发，后来，他把那两句名言又写成一联，挂在学习室里当标语。

陶先生这种实事求是的实际精神，贯彻到每一件大小事情上去，他在晓庄为了解决吃水问题，遍寻农民和筑井工人在大小山坡和洼地觅取泉源，他教我们向当地农民学习做土砖砌房，向工友老高学习烧饭，向吕老师学习做物理仪器，向秉志老师学习养蛇捉虫研究生物。乡下土匪多，他就召集师生和当地农民讨论治安办法，组织了农民自卫队。

他和那些从外国回来的博士、教授或一般学校出来的念书人，只凭理想或书本知识做事，或机械抄袭外国，不问实际情况，不屑于动手，是迥乎不同的。也和有些人单凭计划，决议，机械硬搬，或想当然的，浮在上面发号施令，不深入实际，不亲自动手的人，也是有天渊之别的，陶先生把这一流人统统给他一个封号，叫做"书呆子"。

如果你把事情做错了，陶先生从来不盛言怒色的斥骂人，他总是笑嘻嘻的说："书呆子！"或者说："书呆子做事一定吃亏。"

（白韬：《陶行知的生平及其学说》）

手脑双挥

陶先生的思想特点除从实际出发而外，第二个特点就是动手干。照现在流行的话说，就是实践。他在晓庄时代，动不动就说："干呀！"他对任何艰苦困难都毫不畏缩，在他的干字之下，似乎具有无限的勇气和精力，他以此自励，也鼓动大家。他日常也喜欢用干字来代替其余的字，他把写文章叫动手干，吃饭也叫作干。他之所以如此，是有他的哲理的。他说，动手干，创造一切；世界是劳动人民双手干起来的，高呼双手万能。他埋怨过去的书呆子教育，拼命把死知识往脑袋里塞，结果变成了大头鬼，两只手却被束缚得长成十指尖尖如葱，因此成了肩不能担，手不能提的废人，这些人吃饭不种田，穿衣不织布，住屋不造房，还摆起老爷架子，吃着没知识人的饭，还嫌不卫生，受人栽培还骂人愚笨，这种教育教人富的变穷，穷的变得更穷。他把这种教育叫作吃人教育，这种传统教育是中国封建社会所谓劳心者食于人的士大夫阶级（封建统治阶级及其帮凶）遗留下来的，他坚决反对少爷小姐，大声疾呼的喊："解放儿童的手！"他写了一首儿歌，大意是：

> 小朋友，
>
> 小朋友，
>
> 你有一对好宝贝：
>
> 身上摸摸有没有？
>
> 找不着么？
>
> 你有，你有，
>
> 不会没有。
>
> 告诉你吧，
>
> 就是你的一双手。
>
> 踢毽子，
>
> 拍皮球，做游戏，送粮果儿进嘴，说不尽的快乐，
>
> 哪一样不靠它？
>
> 就是打倒帝国主义，
>
> 也要靠它！

陶先生自己动手创造了学校，自己动手学会了种菜、烧饭，他教所有的儿童、青年都要在动手干的过程中去学习。学校里买了一只无线电收音机，大家不会用，坏了不会修，他就派人到上海去学，学会了回来教大家拆装修理，后来把新从法国回来的电气工程师丁柱中先生请来，大家跟他安置发电机发电，建设了无线电广播台，所有这些都是由大家动手干的。

不仅如此，为了学会管理学校行政，大家还得分任会计、文书、保管、教导等，师生共同负责。所以，当你走进学校，分辨不出师生。

陶先生从办晓庄一直到临死为止，二十年来，我差不多都和他在一起，起先是师生，后来是同事，也是战友，我细心观察他，从来没有脱离实践过，就是在他隐蔽在上海过地下生活时，也常亲自去教小孩和工人，有时研究天文和化学，就亲自到空地去观察夜晚天空的星座，或是拿起试管来做试验。他一生的成就，得力于实践独厚，我发现他的许多理论，都是干了之后，才提出来的。

但他的干，并不是盲干、蛮干；他教人要多用思考，多用脑子去想。他说，中国工农的头脑几千年来像个真空管，就害的不会思想的病；但知识分子只会想，不会动

手干。他曾戏对我们说：世界上有三种人，第一种人奉头脑做总司令；第二种人奉肚皮做总司令；第三种人奉肚脐以下三寸的地方做总司令。

当然，他并不是禁欲主义者，他说这话的意思是教人用头脑去思考问题之后，再去解决问题。这和毛主席要大家开动机器去思考问题，有同样道理。

陶先生把实践和思考结合起来之后，他给他的这一概念叫做"手脑双挥"。他本来喜欢给人家题"双手万能"四个字勉励大家作为学习的标准，后来改写"手脑双挥"了。他有一首小诗道：

> 人生两个宝，
>
> 双手和大脑；
>
> 用手不用脑，
>
> 饭也吃不饱；
>
> 用脑不用手，
>
> 快要被打倒；
>
> 手脑都会用，
>
> 才算大好老。

他说中国工农墨守成规之所以不进步，因为他长个脑袋不会想；中国知识分子只会读书做书蠹不会有发明，因为他把双手拢在袖里不拿出来用。只有一手挥动斧头干，一面用脑袋想，手脑联盟去双挥，才会有创造、有发明、才会日日新又日新。他看了我们的小木工厂，并以它来举例。

因此，他不止一次的劝导青年人和儿童说，你们要做自然科学家就要钻到大自然和实验室里去干；要做社会科学家就得去干革命，他讽刺那些专作书本研究的所谓理论家，实际上是书蠹虫书呆子。他不但对全校师生，凡是到他学校里来参观的教育界人士，达官贵人，他都这样劝导人家。那时候不叫教育部，叫作大中华民国大学院院长的蔡元培先生，曾不止一次的来学校参观，陶先生对他说，中国的大书呆子教小书呆子，这样一辈辈下去，中国就变成书呆子国了。我们这里提倡劳动，全校不用一个工友，所有一切日常事务，连扫地抹桌都得自己干。我这个校长也得烧饭，扫地。真的，他的办公室日常由他自己洒扫，而且受全校清洁检查委员会检查。他说，人生了一双手不会用，天天要人服侍，不成了废料。他坚决提倡动手干，后来又把它发挥为手脑双挥来反抗当时死读书的传统教育，这就在他的新教育理论上奠下了又一块基石。

（白韬：《陶行知的生平及其学说》）

陶氏的思想基础

那时候，陶先生给我们最深刻的印象，不是他的聪明才气，也不是他的诚恳朴实，而是他的亲民和亲物。这位下乡的留学生，出身农村，所以在乡下很快就和农民结成好朋友。他把农民捧得很高，自己甘愿当他们的小学生，有事常去请教他们。他是农民的知心朋友，对农民有无限的忠诚。他在这时期不但广泛的交结了许多农友，而且首先他就替农民做了许多事情，如建立农村小学，开办农民夜校，建立农村医院，和农民合作开民众茶园，农村木工厂，农村合作社等等。他常常找农民谈家常，细心的听完了之后，他就在那些最平凡琐屑的农民话语中，找出什么是农民最感痛苦，最迫切需要解决的，他以此洞烛了农民内心的甘苦和情感。根据这些，他提出具体而有效的办法，而且常是建议性质的去征求农民们自己的意见，和他们讨论。农友们常笑着说："陶叟（陶先生之意，南京土语）说的对！"他就进一步和他们计划实行，总是拿出最大的力量来帮助农民干。他说，对农民可以有三种不同的办法：一种人是陪着大家一起干，一种人是包办或包而不办，一种人是出个命令叫大家照着干。我们要采取第一种办法，和农民共同来干，农民的问题要靠他们自己起来解决，我们几十个几千百个人怎么包办得了？我们和他们一起干，不但做个领头人带头教他们做，而且我们自己也可以向他们学习。

他从和平门回来，那年（大约是一九二八年）夏秋大旱，住民没水喝，学校开了一口井，但水少人多，大家争前恐后，有时甚至用武力解决。他就以此为例说，我们觉得这桩事与全村人的生活有关，要全村人来解决，于是就开了一个村民大会，到的人有老太婆，也有小孩，公推一位小学生当主席。他和许多师范生组织了一个顾问团，指导我们的主人开会。他插在群众中间和大家一样，并不突出。他很尊重群众的意见，说老太婆说话最多，最扼要。事情解决得很好。事后，他发表感想道：

"民众运动，要以对于民众有切身关系的问题为中心。""不要以为老太婆小孩不可培养，只要有法子，只要能从他们迫切的问题着手。""民众没有指导是不行的，和平门饮水问题，倘无相当指导，可以再过四五十年还没有解决。""做民众运动是要陪着民众干，不是替民众干，要想培养中华国民，非如此不可。"

由此，我们可以了解陶先生不但深切的爱护群众，真心诚意的为群众服务，而且尊重群众，以群众为主人，十分虚心的向他们学习，从和群众亲密的共事中去体会一切，把它提高到原则的高度来再去工作。从他发表的几点感想来看，至今仍为做群众工作的同志所应遵守的准则。

陶先生这种亲近人民与人民为友，向人民学习的精神和思想行为，数十年来如一日，这就是为什么许多外国留学生，许多自命不凡不可一世的知识分子，默默无闻的死去，而陶先生独能有辉煌成就的主要原因，也就是产生中国人民教育大师思想的源泉。如果陶先生离开了人民，不和人民站在一条战线上共生死、同甘苦，不代表人民说话，不处处为人民谋幸福，他就不会有日后的成就。

但我在前面所说的亲民，只是构成陶行知和陶行知思想学说的一个基本因素。他还有另一个优越的基因，那就是亲物。亲物的涵义就是和实际事物接触。陶先生反对读死书，换句现在流行的话来说，就是反对教条主义。他同时反对只说不做的空谈家和空头理论家，他提出"亲物"这一个主张来代替传统的错误思想。我开始听到他提出这个主张是在一九二七年的春天。他在寅会上发表他的学说，目的在打通当时全校师生迷恋书本的传统想法。这件事，看来容易，但实行起来困难颇不少。他亲自领导大家有计划的去亲近各种事物，如研究鱼类，他就在校内的池塘里养鱼，订出养鱼教学做的计划，请专人来指导；如研究园艺和农业，他就购买了几百亩地，请农业专家邵德馨先生来教大家种地，而且订出计划；他又聘请了许多专家学者，师生共同订出计划建立了生物室、仪器制造室、晓庄中小学等等，来使大家能有计划的深入的去亲近事物，借以了解事物，获得知识。他对研究社会科学也谨严的循着这一道路。当时，他为了大家能具体深入体会农民生活，了解中国农村，他教大家过农民生活，拜农民为师，和农民去做朋友，并从金大约了几位对农村调查有经验的人来带领大家干。他平时爱说：知识是前人干出来的经验总结。在开学典礼时，他提出"以宇宙为学校，拜万物作宗师"，便是根据这一理论来的。他把校内图书馆题名为"书呆子莫来馆"，充分表现出他在教育上的唯物观点。

记得有一个夏天的黄昏，纬棨在塘里洗澡，几乎淹死了。他第二天对大家说，就以学泅水而论，光读游泳指导书不够，必须到水里游去，才识得水性，才逐渐学会控制水的能力。如果只是捧住书死读一辈子，下了水仍不免被淹死。

他又说，你们都看到过农民栽过山芋苗，也看到邵先生栽过，仿佛很容易，但一到你们下手时，便摸不着门路，很多都枯死了。有人说，烧饭有什么稀奇，还值得我去学。但你去试试看，书呆子烧饭，包你又焦又烂。我们过去的老教育办法，走错路了。它教人把眼睛都变成睁眼瞎子不去看世界，看万物；它教人把双手都自动绑起来不去接触事物。读了植物学分辨不清稻粱菽麦黍稷，读过电学的人电灯坏了要请工人修，这有什么用？这都是吃的不去亲自动手干，不亲近实际事物的亏。

亲民与亲物，从实际出发，动手干，这就是陶先生初期的教育思想，虽然非常朴素，但这个思想是他的全部理论的基础，也是促使他不断进步的一个主要因素，日后，他和他的同志把它大大的发展了。

（白韬：《陶行知的生平及其学说》）

教育上的大革命

陶先生具备了上面所说的思想，就形成了他在教育上的大革命。大约在一九二九年便提出了"生活即教育"，"社会即学校"的学说。他从教育方法开始，逐渐发展成生活教育的理论体系。用他自己的话来说，我从美国回来用杜威的一套到处碰了壁，到了山穷水尽，不得不另找出路。

原来五四运动以后，衰老的中国觉醒了，开始了新文化运动，一部分人看到俄国工人的革命成功，和中国人民反帝运动所表现的伟大力量，因而追求根本改造中国的道路，如李大钊、毛泽东、瞿秋白等同志；一部分人则主张教育救国，在哲学上信奉杜威的实验主义，陶先生便是其中一人。他回国后便组织中华教育改进社，鼓吹教育改造运动；后来又和晏阳初办平民教育，自编平民千字课，亲自到工厂作坊贫民层里进行动员组织。那时，他身体不好，他妹妹劝他注意休息和卫生，他回信说，他下决心为贫民服务，抱"我佛不入地狱，谁入地狱"的精神干去，可见那时他把全身精力都贯注在这一事业上。他发现中国农民占人口百分之八十，农村是中国改造的基本问题。一九二七年辞武昌高等师范（武汉大学前身）校长不就，携仅有的一千元和赵叔愚先生到南京郊外去办试验乡村师范，这在他是一个尝试：他企求摸出一条改造教育之路来改造中国。

他自己承认他从改革教育方法入手。先提出教学法去代替教授法，主张怎样学就怎样教，教的法子根据学的法子。所以五四运动以后，小学教师用的教科书教授法都改成教学法了。又过了一些时候，他主张学的法子应该根据做的法子。有一次，在南开大学演讲，仍拟用"教学合一"这个题目，把这意思告诉南开校长张伯苓先生，张先生劝他改用"学做合一"这个题目，于是，他才豁然贯通，直称为教学做合一。这就产生了现代中国教育史上有名的教育学说：教学做合一的理论，引起了教育上的大革命。

可是，奇怪得很，他最初很少讲过什么叫做教学做合一，一直到一九二七年底，教育界已经相当流行，那时不但一般人误解这一教育方法，就是晓庄师生也有些不大了然，把教学做分家，写成教的方面、学的方面和做的方面。他立刻纠正说，这是一件事的三个方面，"事怎样做，就怎样学，怎样学就怎样教；教的法子根据学的法子，学的法子根据做的法子。""一件事对己说是学，对人说是教，对事说是做。"不仅陶先生自己后来做了许多报告和文章，来阐明这一原理，他的许多师友也写了不少关于这方面的书籍。

我们只要提出几点来就可以捉住这一原理的精神和实质。在教学做合一中，最关重要的中心一点就是做。陶先生曾花费很多精力来阐明做的涵义。怎么做法呢？

第一，他说，"在必有事焉上下工夫"，事就是日常生活中的事，就是实事求是的意思。如果教学做合一不从这里下手，那么，教师把用嘴巴教书，学生把用耳朵听人家讲书，也可以称为做了。我们信奉教学做合一的人，就是要把实际生活上所碰到的事，拿来研究，得到解决问题的办法，才算真做。这种办法和说法是和陶先生当时提出的从乡村实际生活出发，产生活的学校这一主张相吻合的，假使没有这一点，他的理想和理论就会落空。

第二，他说，"在劳力上劳心"的人，才是真做。胡思乱想不是做，盲动蛮干也不是真做。陶先生分析世界上有四种人，一种是劳心的人，一种是劳力的人，一种是劳心兼劳力的人，一种是在劳力上劳心的人。只劳力不劳心的人不用脑子思想，不开动机器去考虑研究周围事物，对一切事物就不免囿于故常，不能创造发明；而且大多数人都沦于愚昧无知，被人欺压，造成"劳心者治人，劳力者治于人"的不平等现象。光劳心不劳力的人不免故弄玄虚，变成玄学鬼，对周围世界并无改造力量。只有在劳力上劳心的人，即一面动手干，一面思考的人，才能以人力胜天功，世界上的一切发明都是从这里来的。它能改造世界，使世界变色。他又举了一个中国古代研究科学的原理说，《大学》上有"致知在格物"一语，朱子解释为"在即物而穷其理"，本没有毛病。但王阳明根据这句话去实行时，便误入歧途，他先教钱友同格竹，格了三天，病了。于是他自告奋勇，亲自出马，面对竹子冥思默想，格了七天，格不出什么道理来，也病了。他不怪自己不对，反说天下之物，没甚可格，可格者，只有自己的心。假使他不走入歧途，而能在实际行动中去研究事物，也许中国科学的嫩芽，不至于因此枯萎。

陶先生对这一研究事物的方法的发现，表示了极大的兴奋，他认为在劳力上劳心是一切发明之母，是消除劳心劳力的阶级社会进入大同社会的阶梯。除掉陶先生不了解阶级社会是私有财产之后才产生的东西，而广大劳动阶级之所以流于愚昧无知，乃是封建地主阶级和资产阶级剥削压迫的结果。劳动阶级连生活都无法维持，他们哪有机会进入知识宝殿去研究发明，要消灭阶级进入大同社会，要消灭劳心者劳力者的分隔，只有在被剥削压迫的工农劳动阶级直接起来革命，推翻地主资产阶级的统治，才有可能。伟大的苏联革命，三十年来已经进入陶先生所说的大同世界了，他们已经用陶先生所说的方法——在劳力上劳心，培养了大批新型知识分子，这个伟业，单靠教师或单靠教育方法的改革，是不行的。中国现时的新民主主义革命，正是要把我们引到陶先生所说的极乐世界去，引导到科学发明的世界去，一切知识分子都应该为完成这一事业而努力。

撇开这些不讲，我们单就陶先生的思想方法或教育方法来说，他是有非凡的贡献的，他站在一元论的唯物主义的哲学基础上，为青年儿童，为人类，打开了一条走入神秘世界去探求事物奥妙的通路。使我们人类可以在接触和改变事物的行动中，逐渐了解外在事物的内部，这和传统的教育观念认为知识是注入的，是别人打入脑子里去的，即所谓传授，无异是一个大革命。

不仅如此，"在劳力上劳心"还含有行动和革命的意义，我们在教导我们的后代，不单用行动去认识世界，而且要去改造世界，在改造世界的过程中，进一步认识世界。陶先生这个学说的价值，不在文字上研究得完美，而在事实上实行了之后发生了效力，陶氏自己和他的门人，二十多年来都信奉不渝，竭力以赴，他和那些坐在书斋或办公室里做文字游戏的文人学者是大异其趣的。"在劳力上劳心"这一教育学说，在解放区，特别是将来的新中国一定会得到充分发展的。新的工农知识分子，将在这一原则下培养出来。

（白韬：《陶行知的生平及其学说》）

改名行知的由来

陶氏既发明教学做合一的教育方法，又把"做"规定为"在劳力上劳心"，这就很自然的相信"行是知之始，知是行之成"了。这个发现是和王阳明有直接关系的，王阳明主张"知是行之始"，他教人"去人欲，存天理"，然后明心见性，才可以致良知，这本是宋儒以来的唯心派理学家的哲学，陶氏研究了之后，把它翻了半个筋斗，变成行是知之始，行而后知，不行使不知，并强调衣食住行男女之间等人欲所构成的生活和社会，才是我们做学问下工夫处的基础。

发现了这个真理之后，便在犁宫里发表了那有名的演说，"伪知识阶级"，从天不亮讲到中午，反复说明一切知识都是从做中得来的，知识不过是前人工作经验的总结，而书籍不过是工作经验的记载簿。他妙语横生的举发行钞票为例说，发行钞票是要有准备金的，发表文字的准备金就是经验。没有准备金的钞票不能兑现，就是伪钞；没有经验发表空文字同样不能兑现，就是伪知识。接着，他把三千多年来中国著作界的紊乱情形，做了一个清算，举出许多书籍都是伪造的。他大声疾呼的反对贩卖假知识，说过去封建皇帝收买老八股是别有用心的，唐太宗口快已经把这个秘密戳穿，说"天下英雄，尽入吾彀中"，现在，这种贩卖伪知识的怪现象，竟仍然普遍存在，岂不误人子弟，亡国灭种。他把中国近四十年来的"废科举，兴学校"的新教育运动嘲笑为换汤不换药，"洋八股和老八股虽有新旧之不同，但同样不是从经验里发生的真知识"。他劝人从做中去学习真知识，前人的著作，只能作我们做时的参考。他最后，劝大家下决心拒绝中外的伪知识，努力探求真知识。

自从这次演讲之后，我们便建议他改名行知，而且在他那本征求意见簿上，和他开玩笑的写道："先生既相信行是知之始，为何仍名知行？倒不如翻它半个筋斗。"这以后（大约是一九三〇年）他就改了。后来，他写了一首小诗发表在《生活教育》半月刊上：

> 行动是老子，
>
> 知识是儿子，
>
> 创造是孙子。

（白韬：《陶行知的生平及其学说》）

陶行知与胡适

谈到这里，我想起徐特立同志的话来，一九三八年，徐老在重庆和我谈起生活教育的理论，他竭力推崇陶氏的教育学说，说他继承了中国哲学的优良之点，而且把它发扬了，是谭嗣同以后中国第一个哲学家。可惜，当时陶氏不在重庆，以后我们也一直没有谈起这些问题过。陶氏死后，在上海出版了一本《陶行知先生纪念册》，有一位朋友写了一篇纪念他的文章，大意是说陶氏对人民教育事业极有贡献，但论起他的学术来，则不如他的同乡胡适之云云，在同一本书上就有邓初民先生反驳的文章说，陶行知主义就是陶行知主义，胡适是不能和他相比的。

这两位徽州歙县人，幼时同乡同学，后来又同在拜金主义的美国学习过。不过陶氏家贫，靠了他的天资聪颖，得某传教师之助，和他母亲的辛劳，才享受到高等教育。胡适为书香之家，他父亲对于中国哲学就颇有研究，家学渊源。论起他们两个人的造诣和贡献来，胡适重考据，对前人的工作经验做了一些判断和注解，但不能和朱熹相比。陶氏平时是很反对人做朱熹的，他常对人说，你们少做些注解工作，多做些发明和创造工作。所以，陶氏本人在学术界也是发现多，他的确继承了中国哲学优良的一面而把唯心的腐败的一面除掉了，就完全变成他自己的新东西，他对外来的学说也是采取这个办法，结果就完全创造出一个新教育哲学的理论体系，奠定了中国新教育的哲学基础，这就是邓先生所说的陶行知主义。这个东西，胡适是没有的。

胡适之在五四运动时代提倡白话文，有过功劳。也写过白话诗《尝试集》，如果有创造的话，这就是他的创造。胡适之作白话诗十余年，抗日前正当文化界倡导大众化文化运动的时候，他乘飞机到两广去，空中写了一首诗，自以为是从此摸开了新诗的门径，可惜手头无此诗，大意是说："古人千修百炼，才能成仙升天，看我不修不炼，也能凌云无碍……"

陶氏看了，颇不以为然，立刻和了一首，大意是："天上一日戏，地下千万滴，百姓流汗难，老爷游戏易，自己不劳动，还要吹牛皮……"最后一句是一位小先生替他改的。

这两位徽州人，从美国回来后，同样信奉杜威的实验主义，为什么有这样的不同呢？因为他们走不同的道路：一位向新世界走，一生不避危难艰苦，坚决站在人民方面奋斗，为人民服务，摆脱拜金主义的那一套，这就是陶氏一生成就之所以伟大处。胡适完全是投倒在资本主义文化下的俘虏，曾提出所谓中国文化全盘欧化的论调，这和陶氏反洋化教育（意即帝国主义的文化侵略）是完全站在相反的反民族立场上的。不特如此，九一八以后，正当全国人民感亡国之危殆，号召人民抗日，痛斥不抵抗主义的国民党政府之际，在胡适所主编的《独立评论》上，曾发表怪论为汉奸寻找历史根据，说什么南宋时候，秦桧对金人主和妥协是对的，因为南宋国力薄弱，根本抗不了金人，而岳飞抗金是错误的。这不是明明为当时"抗日则三月即亡国"的国民党汉奸理论张目么？这位所谓"学者""哲学家"于日本投降，国民党反动派正在美帝国主义嗾使和扶植下，向解放区和全国人民民主势力进攻时，忽然装出悲天悯人的样子，打了一个电报给毛主席劝解放军放下武器，仿效英国工党。要不是受国民党反动派所授意，也不免天真到糊涂了，但我想胡适不会糊涂到如此，这实在出于他的立场或出之于他的哲学上的认识吧。我以为这样的哲学或所谓学术，在中国还是越少越好。

（白韬：《陶行知的生平及其学说》）

陶行知与杜威

陶氏是杜威的学生，二十多岁从美国带了杜威的学说到中国来，这位门生很有一番抱负，希望把他老师的一套搬到中国来。平心而论，在近代资产阶级国家里的教育学说，要算杜威的比较进步，他用资产阶级的民主眼光把近代各种教育学说做了一个总结，也可以说是集大成者。陶氏于一九二〇年执教东南大学时，联合北京大学，邀请杜威到中国来讲学。杜威氏在上海、北平、南京等地宣扬他的"教育即生长，教育即生活，学校即社会，在做上学习"等教育主张。因此，在民国十四五年左右，全国各地都风行着："学校社会化，教育生活化"等时髦标语。陶先生也把杜威教给他的资产阶级的那一套，在中国搬运了好几年。后来，他说，到处碰壁，此路不通。为什么不通呢？原来，美国是后起的资本主义国家，杜威的教育目的实际上是为资产阶级培养国民和人才，而在表面上则信奉自由主义，说什么凭了给青年儿童以足够的近代社会所需要的职业知能，就可以自由向前发展。他在方法上，受自然科学和心理学影响主张实验主义，提出教育即生活，学校即社会等。美国那时资本主义已经得到充分发展，而且转入帝国主义阶段向外侵略，连封建剥削和受帝国主义压迫的影子也看不到，中国则刚刚相反。所以，杜威的教育主张，在那时的美国还勉强行得通，拿到中国来，当然要碰壁了。

陶氏不得不猛然转过头来，投入中国的实际社会，企求另找出路，但他手里拿的那把工具仍然是杜老师给他的实验主义，他在南京乡下的晓庄，开办了试验乡村师范。在这个时期，他推翻了杜威的学说，把"教育即生活，学校即社会"，翻了半个筋斗，改成：

> 生活即教育，
> 社会即学校。

这就是生活教育的萌芽。陶氏批评杜威的那一套是假的，他说"学校即社会"等于把社会搬进学校，只是一个缩影，没血没肉，好像小鸟关在鸟笼里一样，没有生气。实行生活即教育，社会即学校，教育即与整个社会和生活血脉相通，不必社会化，生活化了。陶氏开始在寅会上发表这个主张，解说得非常模糊，他说：生活即教育，是生活即是教育，不是生活便不是教育，是好生活即好教育，是坏生活即坏教育。他又根据当时训练小学教师的五个目标说，是健康的生活即健康的教育，是劳动的生活即劳动的教育，是科学的生活即科学的教育，是改造社会的生活即改造社会的教育。是有计划的生活即有计划的教育。

他又给生活教育下了一个简单的定义道：生活教育为生活所原有，所自营，所需要（Life education meansan education life by life and for life）。这只是生活教育理论的诞生，很粗糙，缺点很多，拿来普遍应用，还有很多困难。然而，它的产生是中国教育界破天荒的大事，关于这个学说，陶氏那时只到此为止，以后我还要专门来谈一次。

陶氏说，杜威在美国为什么主张"教育即生活"呢？因为美国是资本主义国家，只能做些零零碎碎的试验，在苏联就不同，据说杜氏从苏联回国后思想改变了，如果来中国，他一定主张生活即教育。其实，这并不是一个主要原因。杜威的学说，基本上就是为资本家服务的。杜氏说，康德主张学校由私人办，因为由国家办便被政府利用。杜威主张由政府办是对的，但美国的政府是资产阶级的政府，杜氏希望在个人自由发展与政府之间能够取得协调，充其量不过和资产阶级妥协。

陶氏的"生活即教育和社会即学校"真正价值在哪里呢？无疑的，就是教青年儿童走入实际社会去斗争，去进行革命。革什么命呢？革封建主义与帝国主义的命。这在陶氏虽只用反传统反洋化教育这个口号，而实质上就是进行的这种革命，以后的事实就是很好的说明。所以，陶氏当时也料到要实行生活教育，就要在思想战线上和几方面开仗，首先是本国的传统教育，其次是从各帝国主义输入的带侵略性的洋化教育。

杜威能不能参加这个革命，是个疑问。一九三六年左右陶氏从美国来信说，在一个美国进步文化界座谈会上，杜威和美共领袖同在一张桌上喝咖啡，不认识，还要他来为他们介绍，觉得很奇怪。他这位老师，是一位十足的旧资产阶级自由主义者，美国中小学教师为了保障自身利益，组织教师联合会，他也反对，连陶氏也颇表不满，说他老了。

可是当这个信奉自由主义的老人，连仅有的资本家恩赐他的一小小自由也快被剥夺时，他也有些愤愤了，一九四五年给陶氏的信上说，世界上的民主是不可分割的，别国的民主受到损失时，美国的民主能保持到几时，也颇有疑问。现在，法西斯已在美国抬头，思想检查，压迫逮捕进步人士已在美国盛行，杜威的自由主义思想，已经受到最后的打击。

陶氏的学说，泰半来自于杜威，可是青出于蓝而胜于蓝，他吸收了杜威的好的一面而且把它发展了。

（白韬：《陶行知的生平及其学说》）

美国派的自由主义者

这位从美国回来的教育革命家，充满了热情，带着中国田园诗人的朴质与潇洒。他在晓庄山麓造了一座茅庐，周围是山林，田场，和自种的菜圃，风景非常美丽，幽雅，他在房子四周植了五株垂柳，名其住屋为五柳村，很有柳宗元所说的五柳先生传的风趣，这是陶氏唯一的私产，当他避难上海，学校经费困难时，曾几次想把它变卖掉，附近人民因爱戴先生，都不忍买，也卖不起价。记得房屋落成时，北固乡全体农民曾敲锣打鼓送了一副匾额给他，上书"众望所归"四个大字。

这位怀着雄心的田园诗人，很少住在家里，经常仆仆风尘，奔走于京沪和城乡之间，为学校筹款，以后从师范、小学、幼稚园，一直办到中学、大学，学校范围达数十里，规模大了，便改称晓庄学校，他的大门在和平门，后门在燕子矶，陶氏常说，我们以社会为学校，学校没有围墙实际上也就没有校门。这样大规模的学校，经费是完全靠陶氏向社会募集的。

富有风趣和诗意的陶氏，实际上是美国派的自由主义者，什么时候你和他在一起都不会感到拘束，任何事情，你爱干就干，他不会勉强你。那时候，他对组织和纪律的态度是可有可无，认为最好不妨碍个人自由。

他对党派的态度也是完全自由主义的，校里有很多国民党党员，他们建立区分部，也有共产党党员，那些曾投奔孙传芳联师阻挠大革命的国家主义派（现更名青年党），也在校中活动着，陶氏对这些党派一视同仁，不偏不倚，有人讽刺他，封他为五色陶知行。他笑笑说，只要是诚心来为农民服务，我们应该宽宏大量，常以"无所不包"引以为荣。

大约是一九二七年的冬天，美国名教育家克伯屈（也是杜威的得意门人）先生从苏联游历后转来中国，他在晓庄待了一天，拍了活动影片，把学生的种种活动都摄入镜头，带走了，他很满意陶氏的事业，并把苏联的种种情形告诉陶氏。克伯屈离校不久，陶氏曾对乡村教育研究会的同志们说，这次克伯屈先生来告诉我，他在离莫斯科不远的地方，看到一位夏弗斯基先生办的一所学校，主张很有一些和我们晓庄相同，他问我们可通过信，我说没有。我问他夏弗斯基是否是共产党员？他说，不是。我又问他，既不是共产党员，又怎么能在共产党政府下办教育呢？他说，因为他要实验一种新教育，所以苏联政府许可他试验。我又对他说，这一点倒又和我相合，我在国民党政府之下办教育，而我也不是一个国民党员。

（白韬：《陶行知的生平及其学说》）

艺术家的生活

陶氏是一位很诙谐，乐观，富有风趣的人。我们每星期六晚上都举行一次同乐会，他常来参加，他说的故事时常把人引得大笑。后来，他领头组织了晓庄剧社，编了一出锄头舞，想发展农村戏剧运动，可惜当时受田汉所领导的南国社影响太大，陶氏本人也颇有些浪漫谛克的色彩，成立不久便排演田汉的《南归》《苏州夜话》及《生之意志》等剧。他在《苏州夜话》中饰老画家，《生之意志》中饰老父，均惟妙惟肖，饰女儿和儿子者为秋芳及维棨，不但在校中公演而且到城里去公演，震动了当时的教育界。

陶氏在这方面的成就不大，以后也没再继续下去，当时有人问他："什么叫艺术？"他的回答是："能自慰慰人的，就是艺术。"其实照现在的目光看来是不对的，这不过说明陶氏为一自由主义者而已。

陶氏写诗，别具风格，颇有些近于冯玉祥先生。这位大众诗人，开始写晓庄山歌，农民们在他的办公室里引吭高歌，他就把它记录下来，然后写成自己的山歌，再唱给农民听，并请农民改正，这就是后来有名的《锄头歌》和《镰刀舞歌》。从这时候起，我才见到他陆续写大众诗，有了创作，他总喜欢念给大家听，有不顺口的，当场就改，并问你的意见如何。

他高兴时，也会做一二首诗和你开个顽笑，虽然滑稽有趣，但含有真理，他有一次对一位摩登女士唱道：

二刀毛

二刀毛!

自己的孩子，

自己抱。

不抱孩子的妈妈没人要。

我从迈皋桥，

唱到夫子庙，

人人都说呱呱叫。

因为当时女子读了书就做太太享福，自己一点不劳动，连生下来的孩子也要叫奶妈带，陶氏对这种人非常不满，所以他劝在校的女学生个个要劳动，个个人要能自立。陶氏一家，母亲、妻子、妹妹都是勤劳自立的好榜样。后来，我屡次发现他好用大众诗来规劝人家。有一位女工叫朱宾如，当时陶氏提倡知识分子与工农结婚，她便和一位教师结婚了。婚后，态度大变，喜欢漂亮游乐，轻视劳动，他写了一首诗劝她，大意是："已经上了岸，何必又下海……"

（白韬：《陶行知的生平及其学说》）

见得与见不得

既谈到男女关系，顺便提一下陶氏在这方面的见解。那时，他主张男女学生结了婚之后，能在乡下办夫妻学校，可以照顾到中国一半不识字的妇女，他写了一首《村魂歌》道：

男学生，

女学生，

结了婚，

做先生。

哪儿做先生？

东村或西村。

东村魂，

西村魂，

一对夫妻，

一个魂。

学校里的男女学生，自由恋爱，也就免不了，每当月上柳梢或晨光微动中，常见爱侣情话。这在乡下人是看不惯的，有人反映给他，他召集男女学生讲了半天，说明"自由恋爱"是对的，但不能妨碍自己的学习和整个学校的工作，尤其要注意乡下是个封建环境。

有人问他恋爱的标准如何，他说志同道合，互相爱悦。有人提出德行是唯一的标准。他反问道："好，现在有一个老太婆，品德高超，你爱她么？我看你还是选择年轻美貌的女郎。"说完，哈哈笑个不止。

不晓得什么时候，晓庄的恋爱故事，传到国民党政府的大官员耳朵里。有一天，部长大人责问陶氏道："听说你的学校里，男女关系有些浪漫，我看到男学生和女学生合骑一匹驴儿，这倒有碍校誉。"

陶氏一本正经答道："对，两人合骑一匹驴的确与校誉有碍。但他们骑在驴子背上，上见得天，下见得地，中间还可以见人。比那些大人先生坐在汽车里，偷偷摸摸，上见不得天，下见不得地，中间见不得人，不好多么？"

（白韬：《陶行知的生平及其学说》）

为农民除害

这时候，正值国民党反动派向帝国主义和封建势力投降，实行清党以后，把全副精力都用去讨伐异己，忙于混战，无暇把血腥的魔手抽出来杀戮这批秀才，所以陶氏的事业仍能苟延残存下来，但情势一天天对学校不利。他抱着一贯不问政治的自由主义态度，努力为农民除害兴利，怀着建立新乡村和新中国的幻想。

那年大旱，蝗虫像乌云似的飞过江来，它们所过之区，树木光秃，禾苗消灭，连多年的茅舍也啃个精光，像被火烧过似的。农民们怀着恐怖的心理，焚香膜拜，口中喃喃祷告，祈求上天保佑。此外，则到处锣声喧天，想拒止蝗虫停落下来，但这个可怕的昆虫终于像一阵黑烟似的落满大地，农民到处发出悲苦无援的叹声。这时候，陶氏联合附近几乡农民组织灭蝗队，又成立灭蝗总部，他自己也参加田野扑灭工作，拉着农民在咕哝着治蝗的方法。

兵灾天荒，土匪蜂起，在国民党中央政府的城门外，一到太阳斜西，行人就绝迹，黄昏以后，处处是犬吠声，乱枪声，妇孺喊救声，焚烧村屋的火光，不时从左边或右边起来、这是土匪纵的火。我们常手执木棍斧头逃到劳山之巅去，听到山下农民凄惨的号救声，掠过黑暗的冬夜，心里就有一阵难过。在这情形之下，陶氏发起组织了农民自卫队，得到四乡农民热烈的拥护。

（白韬：《陶行知的生平及其学说》）

冯蒋在晓庄

那时候冯系人物薛笃弼任国民党政府内政部长，送了一百多杆破步枪给学校，学生便武装起来，冯玉祥氏又派了一位营长来担任教练，于是每天清晨学生便和农民一起练起武来。冯玉祥氏自己也来参观过学校，教学生打过枪。陶氏和他是同乡，冯又佩服陶之为人和他的主张，所以相见之后，友情较好。陶亲自陪他参观，招待他吃饭，以后又领他到附近山林去游玩。冯以后在陶氏住宅前面盖了一座茅舍，取名为冯村，日后就不时住到这里来，这在蒋介石心里是颇不顺眼的，他嫌疑陶氏与冯阴谋反对他，其实，哪有这回事？不过，读者要知道冯玉祥煊赫一时，为什么现在有起闲情逸致来呢？说来话长。

原来，自从宁汉分裂，国民党反动派向帝国主义和封建势力投了降，他一面向英美帝国主义投降，革命军渡过浦口到了山东华北地区之后，和日本帝国主义冲突起来，日寇直接出兵占领济南，杀了蔡公时，当时全国人民愤怒，但蒋介石又终于向日本帝国主义投了降，以后国民党反动派就堕落而为藏垢纳污的集团，万恶的军阀，卑鄙的政客，吸人民血膏的土豪劣绅，地痞流氓都滚进国民党去了。在卖国独裁的屠夫蒋介石领导之下，他便勾结帝国主义和封建反动势力来向工农和全国人民开刀，一面把军队开到南方各省去剿杀毛泽东、朱德和叶挺、贺龙等同志所组织的工农红军，一面派出大批军警逮捕杀戮工农及革命分子。此外，蒋介石为了建立他个人的全国大独裁，不时和地方的大小军阀发生混战。

大约是一九二八年左右，中国北方有过一次大混战，那便是阎冯倒蒋战争，后来山东韩复榘倒戈，阎冯失败，冯便被蒋软禁在南京。

革命的人民是不会屈服的，在共产党领导下，到处仍然有革命的行动，反动派内部也不稳。这时候，反革命的蒋介石成了血腥的屠夫，他唯一对人民的方法是杀，杀，杀，此外就是把国民党内部的李仁潮、胡汉民等软禁于汤山。

这位屠夫，忽然有一天，不知怀着什么鬼胎，陪着妖艳的老婆也到晓庄来参观了。来时，气势赫赫威严，戴了白手套，佩剑带枪的卫队，从和平门一直密布到观音门（在燕子矶附近），如临大敌似的。

他们夫妻一到，便走进那所晓庄小学的茅屋内，宋美龄娇滴滴的不断的喊："蛮好，蛮好！"

陶氏那天事情很忙，学校里本来每天派定学生轮流担任招待员，那天恰巧是刘世厚君，他便领他们参观一遍，老蒋怏怏而去，认为陶氏不亲自来恭候他，是看他不起。

事有凑巧，那天老蒋去游燕子矶头，又碰到秉农山先生在那里给学生上生物课，对蒋并不理睬，仍上他的课，这本是一般教授的工作态度。老蒋心眼窄，一打听是晓庄教授在上课，心里更怀不满。这就种下了杀机。

（白韬：《陶行知的生平及其学说》）

封闭晓庄的内幕

一九二九年年底，无锡民众教育学院的学校当局说我政治上有共党嫌疑，把我辞退了，便离开该院仍回到晓庄，陶氏要我参加蟠龙学院（即群众教育学院）的筹备工作。那时节，国民党反动派虽已向帝国主义投降，但群众反帝的情绪仍然高涨。南京的反帝烽火终于由下关的英商和记洋行数千工人燃烧起来了，城市小市民、大中学学生也卷入了这个运动，成万的人举行游行示威，英勇的喊出反对国民党卖国政策，驱逐英美日帝国主义出中国。人民的伟大力量，使帝国主义战栗起来，当群众的示威行列走上街头时，除国民党反动派派出大批军警镇压外，停泊在长江里的英日兵舰，也发射大炮，直接干涉中国人民的爱国运动。从这里，我们可以很明显的看出，英、美、日等帝国主义企图直接干涉一九二五至一九二七年的中国人民的伟大革命不可能时，便变更花样，在革命内线中找到动摇妥协、腐败自私的地主资产阶级的国民党，自此以后，各帝国主义便联合起来扶植这一个反动集团，来向中国人民进攻，意图扑灭中国人民近百年来的民族解放运动，而国民党反动派便变成中国历史上最反动、最无耻的民族败类和国民公敌了。

以卖国贼蒋介石为首的国民党政府，除东剿西征用兵大批大批的屠杀中国人民，进行内战以外，这时候的刀锋已开始指向文化界。而那时候的文化界也是五四以后，最活跃的阶段，大批进步书籍如马克思的《资本论》，恩格斯的《贫困的哲学》之类的书已风行起来，文艺界正热衷于普罗文学的争论。上海文化界已普遍进行组织，有文化界左翼联盟，鲁迅翁和郭沫若先生是主帅。宁汉分裂后，白色恐怖已渐渐笼罩到上海，而且日渐加浓，黑暗的日子终于来临了，许多杂志书籍被查封了，文化人也陆续失踪了，许多人被逮捕囚禁，严刑拷打，百般凌辱和杀头活埋，于是在上海有人权自由保障大同盟的组织，鲁迅翁领衔发表宣言，痛斥国民党反动派的无耻屠杀和凌辱中国革命进步志士，号召大家组织起来保障人权自由。宣言传到晓庄，立刻沸腾起来，一场剧烈的舌战之后，便组织了分会。

就在这个前后，晓庄又爆发了一件事情：时值春季，草深花香，江南景色如画，正是各校学生春日旅行修学之时。晓庄小学的学生发起到栖霞山去旅行，采集标本，师生计议已定，但口袋里空空如也，往返要求路局免费不得许。小孩子反问道："我们是工农子弟,我们的父母出钱流血汗好容易筑成铁路,让阔佬写意,不让我们去旅行修学,这事合道理么? 我们要一起去说理!"

在这理直气壮的一致要求下,师生结队到和平门火车站上,经过与车站的人一场争论,车站上也说不出什么大道理,只好让他们不打票上栖霞去了。陶氏对这件事是很赞成的,他在当时晓庄的大壁报上发表了一首诗来鼓励大家,其中有"生来不自由,生来要自由,谁是革命者,首推小朋友!"之句。

这事传到国民党反动派当局耳朵里,那还了得,骂:"陶知行要造反了!"

于是啊,忙坏了国民党一群坏蛋,他们派遣了特务来侦察,这时候反动派的特务还幼稚,还没有现在那么普遍和阴险毒辣,下流无耻,他们像一个失去灵魂的幽鬼,偷偷的站在阴森的角落里,窥观一切,偶尔也有时站在路口上,但一经人们投以庄严的眼光,他就骇得躲起来了。有一天夜晚,我和纬棠到秋芳那儿去,碰到一位青年特务在诱惑她,我们一进门就指着骂不要脸的特务鬼呀,动手要饱以老拳,那特务吓跑了,但后来有一位姓俞名仲箎的终被收买,当了内线的特务,受谷正伦指挥,谷是当时国民党反动派政府的南京卫戍司令。

一九三〇年反动派的血手已伸到晓庄上空,但乡村五月的空气仍然是甜香而又静美的。大家仍忙于工作和学习,陶氏一向在城里为经费奔走。一天的清晨,东方只发麻花亮,我们偶然听到村上的狗叫声越来越紧,像是出了什么事,下床从农家的小窗洞里向外一看,只见大队的灰色士兵和穿黄制服的宪警约有五六百人,手持上了刺刀的步枪,腰贯手榴弹和麻绳,正迎面而来。我们一看势头不妙,便连忙逃入附近麦田中。那大队人马,如临大敌似的,离校本部一里许,那指挥者一声口笛,便分为左右两队,俯首直冲,向校部包围上去。 一个冲锋到了校里,犁宫被包围了,但里面鸦雀无声,原来一个人也没有。那时学校分得很散,师生都住在老百姓家里,这个意外使得那个指挥者呆住了。他是受了上峰的命令,说晓庄聚众千余,有枪数百支,准备用暴动颠覆政府,务必包围而歼灭之,如有反抗,格杀勿论云云。但好像开玩笑似的,那指挥者暴跳如雷的叫道:"枪,枪,枪,你们的人枪呢? 我是奉命来缴械的!"

"什么枪呀? 你是说内政部送的破枪么?"有一位同学说,"放心,你们要,我们奉还就是了,枪已修好不少,修理费也奉送!"

一会儿一百多支枪都堆在威风凛凛、杀气腾腾的指挥者前面了,他似乎因为没有发生战斗,也未能杀人,不能邀功请赏,而感到不满似的。

"封闭,封闭,封闭你们这个造反的学校,你们都是反革命分子,土匪!"他们露牙切齿的骂着,大家听到他出口污辱人,都气愤的走开了。

"封条贴在哪儿呀?"有一位宪兵拿着卫戍司令部的朱笔大纸条,问那个指挥者。这又给他来了一个难题,晓庄周围几十里,无边无门,真是封条贴向何处? 这一下又给他呆住了。然而，毕竟"英雄"不凡的指挥者是有办法的，他立即骂那人道：

"混蛋，贴在这里和那里，不是都行！"他一手指着犁宫，又指指"书呆子莫来馆"，因为这两处的茅屋比较阔气。

他们在这里整整翻了一天，但一无所获，傍晚把百多支破枪拖走了。但第二天一早，又派了一个连包上来，反动者自以为得计，可是仍旧扑了个空。他们开始驱逐学生，但师生均住在老百姓家里，又感到无处下手。这够国民党一群反动派伤脑筋的了，他们后来终于想得一计：派兵一连长期占领晓庄。

学校被封后，国民党的《中央日报》上发表了一篇胡汉民在国民党中常会上的报告，大意是说，陶知行办的晓庄学校勾结"反动分子阴谋不轨，本党为肃清首都祸患于未然，特勒令封闭，陶行知本人事先未能防范，亦不能辞其罪"云云。后来（大约是一九三三年）通过冯玉祥先生启封晓庄时，蒋介石对冯表示，封闭晓庄是胡汉民的主张，并不是他的主张，而其实种因于蒋去晓庄时，陶氏未亲自招待，而对冯则比他好，这就是事情的内幕。所谓勾结反动分子大概是指冯了，真是亏他想得出。

（白韬：《陶行知的生平及其学说》）

陶氏被通缉逃亡

学校被封之后，我们发起护校运动，师生整队到国民党政府的教育部去，责问他为什么封闭我们的学校，要部长负责说出正当理由来。部长推不在，不敢出来，改由次长朱经农出来答说，但他含糊其辞，说这是上峰的命令，要大家静候解决云云。既不得要领，便分队向南京各大中学校教育界及社会人士呼吁，陈说国民党反动派的罪行。后来，我们又印了大批护校的宣言传单，在戏院、学校及公共场所散发，反动派便开始捉人了。许多同学已关进卫戍司令部，而且征骑四出的追索着一批积极分子。那时，晓庄已不是我们的活动中心，因此迁入城里。

有一晚，我们正在中大附近的成贤街某朋友住处，谈论着我们的活动和反动派的所谓紧急处置，发着红光的昏暗电灯下，突然出现了陶氏。他依然那么从容而悠闲的笑着，他走进屋来，我们便都静下来，朝他凝视着，似乎在等候他说出什么喜讯或噩耗。果然，他变得很严肃的开口了，几乎是一个字一个字吐出来的：

"我是来向你们告别的！"

大家惊疑的望着他，依然屏着声气，在听候下文，他接着微笑说：

"他们下令通缉我了，这是蒋的密令，大约明天早晨就要执行，我得趁今晚十一点半的快车，赶到上海去！"

他吐完这些字，灯光变得更昏暗了！满屋子的寂静，没有一个人愿意先说话。还是陶氏开口了：

"你们，留在这儿，得当心呀，他们已经下决心来干我们了，我建议你们下乡。"

态度是那么慈爱而又严肃，他坐了一会，又来回的在斗室中踱着，足足在那里逗留了一二小时。最后，他默默的掏着口袋，留了一些钱给我们说："必要时，你们得向上海跑，不要硬拼！"

他恋恋不舍的走了！他辛辛苦苦，朝出晚归，不避烈日寒霜，不避艰苦困难，惨淡经营达四年之久的晓庄学校，曾博得中外人士敬仰，在国内起着推动作用的乡村教育的发祥地——晓庄，竟被国民党反动派用枪杆摧残掉了！

以一个自由主义者，政治上不带任何色彩，仅仅不过为了捧出一颗纯洁的赤心来，为农民服务，为民族求独立富强，为中国教育寻求新路，赤手空拳，纯良朴实的吃苦耐劳的工作着，竟因此遭了反动派的嫌疑，而被迫害着。这在陶氏心里不得不引起一个疑问，不得不使他研究"以后怎么办"？

陶氏是个倔强者，他是不会被反动派吓倒的，正如他那晚和我们离别时说："我们还要干！"

（白韬：《陶行知的生平及其学说》）

大屠杀

陶氏离开南京后，我们的活动仍很积极，那时的主要活动是在文化界、教育界和学生界，暴露以蒋介石为首的国民党反动派的罪行，以掀起人民大众继续反帝反封建，特别是反蒋的革命运动。散传单、集会宣传是我们常用的办法，在戒严情况下游行示威已经不可能。有一次，在中大学生集会中进行了宣传并散发了大批传单，反动派立刻捉起了大批青年学生，我乘黄昏时光逃到城外一座小镇上。另外几个人逃入紫金山南麓的孝陵卫。不到几天，他们又潜入城内继续宣传反蒋，号召人民起来武装起义，在夫子庙他们燃放爆竹，聚集了大批观众之后，立刻就进行了宣传。这次，我们优秀的石俊被捉去了，以后被反动派投入监牢，严刑拷打之后在雨花台枪决了，同时被捉去的还有好几个人。以后接连不断的有人被捕，残暴无耻的反动派连小孩也捉起来，投入牢狱施以野蛮的严刑。其中有一位姓袁的小孩不过十二三岁，原在晓庄小学读书，反动派把他捕去，给他好的吃，好的穿，许他种种好处，甘言蜜语，企图引诱他，收买他，要他供出什么来。他们又在屠杀们设的军事法庭的壁上开了一个小孔，每当晓庄被捕同志被审问时，他们就叫小袁来认，并要他说出这个被审问者的历史和活动，但小袁给他们的答复是："你们这批野兽汉奸，反革命，多么无耻，混蛋……"他骂他们，他大哭大闹。没有人性的国民党老爷，便把他一并在雨花台枪毙了。还有一位女孩子，已经回到安徽和县老家去，反动派的宪兵把她捉来，路上乘火轮，她在惊慌中跳入长江自杀，军警用铁篙把她身上戳了一个大窟窿，从江中钩起来，投入南京卫戍司令部的监狱，打得皮塌肉开之后，也上了雨花台。就这样，许多革命志士和无辜的老百姓受到了凌辱、暴刑并丧失了生命。在这里，我还须提一下，一位廿多岁的诗人和童话作家叶刚，他和几位青年被国民党老爷活埋掉了。一九三〇年的春天，我们都离开晓庄在城里活动，他却待在晓庄和国民党驻守的连里士兵纵谈着革命问题，劝他们抛弃反动派走到革命的人民大众方面来。他又向连长谈起这些问题。连长告了密，说他是沪宁路的暴动总司令，当晚用汽车装到城内卫戍司令部，老爷们听说是暴动总司令，惊惶万状，不敢送到雨花台去执行枪决，当晚就在城里活埋掉了。

六月的南风正吹着南京乡村的杏子黄熟的时候，我从离城四五十里的一个小车站坐上夜车，逃到了上海。不久，牛顿同志来对陶氏说，卫戍司令部通缉十余人，我和在座的几位都在内，除一部分遇难外，幸而一部分已逃走了。至此，晓庄已星散。

反动的国民党已完全投入帝国主义和封建势力的怀抱，猛烈的屠杀起人民大众来，他们的口号是宁错杀一千个，不放走一个共产党。这时候，共产党一面掩埋了躺在血泊里的战友，一面擦干眼泪，继续领导人民大众进行反帝反封建的革命。那位企图向国民党反动派妥协而达到革命目的，竟昏聩到压制群众运动，收缴工农枪械的右倾机会主义者的陈独秀，早已被清算出去了。但革命的正确道路还未找到，毛泽东同志还没有出来领导全国人民。因此，在革命的道路上还有一段险恶的路程，谁也不会忘掉那时候的所谓立三路线的"左倾"机会主义。

（白韬：《陶行知的生平及其学说》）

苦闷中寻找出路

我到上海不久，便找到了陶氏，那时我们十几个人住在法租界一家小旅馆里，只有一张小床，我们大家都睡在地板上，恼人的臭虫常使人深夜不能入睡，陶氏常在半夜以后回来，情绪是那样波动，他一心想念着他的事业，痛恨着暴君蒋介石，这时候，变得非常沉默，然而内心正燃烧着热烈的火焰。"我们还要干！"这是他常常拿来鼓励大家，也是鼓励自己的话。可是，当他一想到怎样干法的时候，他便有些惆怅了！他为了逃避特务的迫害，后来不得不隐蔽在一位很富有的同乡的家里，夜晚才能出来，孤独使他格外增添了苦闷。那时候，我住在打浦桥的日晖里，和田汉先生邻近，南国社里一群青年男女，大都是左翼的文艺工作者，陶氏时常去玩。但他常是半夜乘了同乡的汽车去，一去就约我们到郊外去兜风。

八月的上海是那么闷热，弄堂里的水门汀走道上睡满了人，手里不停的挥着扇儿，嘴里仍不断的喊热，清凉的海风并不能驱散暴日的暑威，但使人们心里最沉闷燠热的是政治上的黑暗和人民的遭难。有一天，我们已经睡熟了，大概已经过了午夜，他把汽车开来，在我们的住屋下面拼命的叫喊着，好容易把我们叫醒了。他提议到吴淞口去看海潮。车夫开足了马力，车在原野上像飞似的掠过了田园，一股股清香的稻禾，不时扑上鼻来，我们都心旷神怡的谈笑着，大家心里都在想着："我们又回到乡村了"！但谁也没有说出口来。

喇叭"嘟嘟"几声，喘着气的汽车，突然停在海滨旅馆门口。我们步行到了海边，潮水已经在退了，沙滩里的螃蟹特别多，我们一边捉着玩，一边谈笑着。皓月当空，爽风从海心吹来，畅快异常。后来，又到海滨旅馆吃了点心，直到破晓时分，才回到繁杂的上海。

那夜，我们谈了些什么，现在已记不清楚，但有一个印象仍清晰的记在心头，那便是陶氏苦闷彷徨的情绪。他的确走上十字街头，不是向左便是向右，中间的道路已经走不通，碰了壁回来了。

当他抛弃了杜威的那一套，正满怀高兴，大踏步走向农民群众，面向中国实际，企图对民族和人民有所贡献，对新教育事业有所作为时，忽然晴天来了一个霹雳，始则封闭他的学校，继则通缉了他。他原是一个无党无派的中间人士，平时竭力表示只问教育，不问政治的超然态度，而且小心翼翼的遵守着反动派规定的教育法规。他原是以自己不是一个国民党员而在国民党政府下办教育自许，认为杜威在资本主义国家只能做一点一滴的小试验，倘使杜氏到中国来也会赞成他这样大规模的以整个社会、整个实际生活为教育的实验的。可是，曾几何时，这个自由主义者的美妙的好梦，被蒋介石一纸密令便完结了！

他满怀好意走到农村，希望减轻农民们的压迫，解除他们的痛苦，他又馨香盼祷的企求中国民族独立富强，可以从军阀和帝国主义的魔掌下摆脱出来。这位大慈大悲的仁人君子，其言、其行是可以告之神明而无愧的。但蒋介石给他的回答是："不许动，让我绑起你来，关你的禁闭！"

这条中间道路，已经碰了壁，几乎把头碰掉！而超然派的自由主义者也当不成了！我怎么办？我怎么办？我向左转，参加真正的革命队伍，共产党么？想起这些，他茫然了，他还不能下决心，他留恋着过去的一切！这就是使陶氏跌入苦闷之渊的唯一原由，也是他快结束这种思想的时期了。

（白韬：《陶行知的生平及其学说》）

法国公园之夜

我们从一家罗宋餐馆（白俄开设的）出来，街上行人已逐渐稀少，夏末的夜晚仍旧是那么热，我们在街头漫游着，经过法国公园时，已经到关门的时刻，守门的安南巡捕不许进去。陶氏手拿鹅毛长扇，悠然自在的像孔明似的和巡捕谈笑着，以他的诙谐口齿，终于说服了巡捕，允许我们进去了。游园的士女已不很多，但三三两两情语绵绵的时髦男女，不时可以在半暗不明的树丛中碰到。我们选择了一丛密林后面的长靠背椅上落了座，那里很隐蔽，游人很少，我们可以毫无顾忌的漫谈起来。

纬棠在田汉编导的卡门一剧中曾饰一阔少，出演成功，陶氏说他是勇武的美少年，以后又谈到剧中的一位美貌的女郎，又谈到恋爱之类，总之是苦闷中的一些琐谈。不知怎么一来，话锋一转，直指向中国革命问题，从国民党反动派围剿江西红军，一直谈到反动派对上海文化界的围剿已经开始，特务活动已经加紧，左联最近的活动如何如何等。陶氏交友广阔，他对各方面的消息都能听到，一件件从他慢腾腾的嘴里说出来。他说明目前的革命斗争在上海隐蔽的进行着，而且非常剧烈。他痛骂国民党反动派，说他们是一群无耻的坏蛋，而蒋介石迟早是要失败的。

"你愿意加入到这斗争的队伍里去么？"不知是谁，突然这样问起陶氏来。

"你是问我，愿不愿意加入共产党么？"

他这样问那人，没有作正面的答复，只说，要我像青年学生工人那样走到街上贴标语，散传单，游行示威，喊口号，我要考虑，我以为要做的斗争很多。

以后没有再谈下去，这说明陶氏除对当时李立三路线怀疑外，主要的是由于他仍在自由主义的圈子里打滚，希望学校能够恢复，黄金的晓庄时代又会飞回来。因此，他仍在怀疑、犹豫、彷徨和苦闷之中。

（白韬：《陶行知的生平及其学说》）

实验主义者的幻灭

反动派在各地文教界进行了逮捕和屠杀，稍具爱国心和进步心的学生、教师、文化工作者以及稍对蒋介石统治微露不满的各色人等，均以"共产党"或"反革命分子"的罪状，疯狂的施以捕杀，于是逃到上海的人也多起来了。

大约是一九三〇年的夏天，陶氏在孟渊旅馆召集晓庄师友，举行了一次座谈会，那次座谈的性质完全是检讨过去四年的晓庄工作，但谈论的范围从乡村教育、乡村运动，一直到中国革命问题。参加那次会议的人，大都是从事实际乡村改造运动的人，大多数都碰了壁，遭受到反动派的污辱和迫害。贵州的老教育家黄齐生先生那时已参加中华职业教育社徐公桥的乡村改造运动，也赶了来参加。

开始只泛泛的一般检讨了晓庄运动的成败，但问题的关键在于中国革命问题，许多人都只单纯的痛恶蒋介石，喊出要打倒蒋介石，但如何打法呢？这不是个人的力量所能办到的。于是有人提出只有靠革命的工农大众，团结起来，在革命的政党共产党领导之下坚决的对封建势力及帝国主义斗争，才能求得民族和人民的解放，新的教育事业，才可能顺利发展。这时候，有一位年老的乡村运动者，表示了不同的意见。他说，晓庄之所以遭受打击，完全是由于采取了过火的行动，犯了左倾幼稚病，惹起了政府的注意，假使我们只对农民进行教育，改良农作物，一面提高他们的文化政治水平，一面改善他们的生活，如此不也可以达到乡民自治自卫，自给自足，进而至于国富民强吗？说这话的，正是一九四六年春因奔走国内和平民主而殉国的黄齐生老先生。二十年后，黄老先生因身受的经验教训太多也投到人民的真正救星共产党队伍里来了。不过，当时黄先生还是一位农村改良主义者。在座有一位青年批评他是温情的改良主义者，说他受蒋介石的教训还不够多，说他还在做美妙的梦，说他的理想建筑在沙滩上，简直是幻想，反动派封闭晓庄不是给我们这批革命的幻想家一记响亮的耳光么？

辩论是很剧烈的，有人涨红了脸，说话的声音有些发抖，有人猛力的抽着烟卷，有人来回在房间里踱着。陶氏始终沉默的坐在那里，没有疑义这些争论引起他内心的更沉重的苦闷。忽然又有一位青年说，晓庄学校是信奉生活教育的，他不但标榜反传统反洋化教育，而且在脚踏实地的从中国社会人民的实际生活出发，来反对传统的洋化的一套，在这个斗争中以求建立新的一套，创造出人民的极乐世界。没有问题，这是一个革命，而且这个革命实际上是反封建（中国传统的老教育老文化）反帝国主义（帝国主义侵略的洋文化洋教育）的伟大革命，不过用教育的形式出现罢了。既然要实行这种革命的新教育，又要和中国的实际革命离开，不是很可笑么？这一席话射中了陶氏的心灵。他再也不能沉默了。他说："这话对呀，我们是实际的革命者，我们已经打了一回仗，但还没有来得及回敬人家一拳，就溃败下来了。我们今后不能再静坐在书房里计划或理想什么，也不能再一点一滴的从一个村、一个乡来做试验工作了。我们要联合更多的人来做这件工作，我们的基本队伍就是农民，中国革命要得到成功，非三万万六千万农民起来不可！现在工人已经有了红色的政党——共产党，我想农民也应该有一个绿色政党（意思是农村到处是青枝绿叶的世界）。"

"你的意思是我们不再办学校，用教育来救国了？"一位问。

"也不再做实验新教育的美梦了！你是说，我们得组织农民党来领导农民革命！"另一位问。

"我的意思，真是这样，教育不过是达到农民解放的一个工具，这个工具是主要的，但最重要的还是武器。"陶氏滔滔不绝的说着。他又站起来很严肃的说："你们知道么，列宁革命之所以成功，就靠他有一支劲旅，可以打败敌人！"

这一场舌战，总结了晓庄工作，陶氏经过一番内心的思想斗争，实验主义已开始在他心里幻灭了。

（白韬：《陶行知的生平及其学说》）

亡命日本

座谈后不到几天，反动派的特务已经密布上海，当了特务的陶氏叛徒，当他把南京的晓庄同志捉尽打散之后，也跟踪来沪，时常盯我们的梢！外间也有逮捕陶氏的传说。大约是一九三〇年的秋天，陶氏悄然离沪，东渡日本。他走后，特务俞仲篪便忽然有一天，带了他的爱人到我的寓所来访。那时候，纬棨、凤韶、一冰等都住在我们附近。忽然纬棨也来了！他和俞仲篪开玩笑，骂他不要脸的披起蒋介石给他的老虎皮（指军装）来。当晚，我对纬棨说，特务魔鬼已经光临了，我们得赶快退避三舍。第二天清晨我就搬了家，在秋雨溟蒙的夜晚，乘上了沪杭路火车到了杭州，又坐上了浙江绍兴一带的冒冒船，溯富春江而上，沿岸山水幽美，直抵闽浙赣边境的江山县，隐蔽在一所中等学校里教书。

当年寒假，我又潜回上海，才得悉我走后纬棨便被特务以同乘汽车到北四川路上海大戏院看苏联影片为引诱，一气把他送到上海公安局以后转南京，关在卫戍司令部里，经过酷刑。一天的清晨，牢警点名喊他，拿了一支铅笔走到监禁他的囚室小洞口去，问他可有什么话要留下来，他拿起笔来向那个坏蛋的鼻梁上掷去，他引吭高歌，唱着："起来，饥寒交迫的奴隶！"走出牢狱，和他同时绑赴雨花台的，还有十几个青年。反动派用人力车拉着他们，两旁大队的军警警戒着，他们沿途喊口号，唱国际歌，沿街人民热泪盈眶的目送他们去就义。纬棨的爱人郭凤韶，为了想设法营救他，一个月内又投入特务的陷阱，被骗到了南京，被奸污后又投入牢中，打得皮肉开花，血流满身，夏天穿的一身印花布旗袍便和肉泥黏在一起撕不下来了，以后也上了雨花台。总计晓庄同志被杀被监禁的有数十人，这不过是反动派所造成的杀人血海里的一小滴而已！那时候，正是国民党反动派对全国革命青年实行肉体毁灭的时期，仅南京卫戍司令部一个监狱，每天天不明就有几十人被送上雨花台。蒋介石在十年内战中，除在各地监禁几十万革命分子外，被他屠杀掉的至少有五六十万青年男女，革命先烈流的血可以成河，白骨可以堆成山，而母亲和妻儿流的泪可以造成湖！可是，反动派并没有吓退革命的人民，烈士的血也没有白流，经过他们的灌溉，才有了今天！真如陶氏在《镰刀歌》中写道：

> 野草烧不尽，
>
> 春风吹又生，
>
> 刀儿，刀儿，荷荷！

大约是一九三一年的春天，陶氏从东瀛归来，隐蔽在北四川路，我们仍只能夜晚约在小饭店里会面。时隔半年，景物全非，昔日的友好和学生，死的死，逃的逃，被投在监狱里的则在呻吟。陶氏的凄怆之感，是可以想得到的。但态度，仍很坚定，只简短有力的说，我们要为死难者报仇！

我们问他在日本时，可有什么感觉？他说，我到日本人最尊敬的明治天皇墓去瞻仰过，我在那里逗留良久，想看察一下日本人民对天皇的态度，那些军人，或士绅贵族之类，一走到明治墓前就顶礼膜拜。我看到不少乡下人和工人也去玩，但他们只立在那儿咕噜着什么，就走开了。因此，我认为日本劳动人民并不崇拜天皇，日本之所以强，强在它的科学发达。

从这些话里，我们可以了解当时陶氏的见解虽有独到之处，但仍为皮相之谈，他对近代历史的发展规律，实在还很模糊。

（白韬：《陶行知的生平及其学说》）

第一流教科书和童话

陶氏在逃亡中欠了不少债，他就隐住起来做著作家，替商务印书馆译了不少世界名著，常常整天伏在案头写作。他说，我每隔一二小时要站起来在房里散散步，否则要害痨病翘辫子了！可惜，"一·二八"日本人一把火把东方图书馆焚毁了，他译的书，一本也没有出版。

我们那时在上海办了《儿童半月刊》和《师范生杂志》，我常常替杂志写些童话寓言之类的作品，他读了这些作品，似乎很感兴趣，见面就和我谈这方面的问题，以后又写了几封很长的信给我，叙述他对儿童读物的意见。后来，他打算出书信集，我又把那些信统统还他了，我们在这方面谈论得很多，几乎三五天在小饭店里见一次面，见面时就谈这些问题，不久我迁入横浜桥福星里住，他住在附近，就不时到我的住所来玩，也谈论着写作。我们之所以热心于写作并不是想成著作家，而是丧失了地盘，失去了自由之后，不得不隐蔽起来采用这种工作形式来继续为教育事业服务，继续进行反蒋反帝的工作，并且借以养活自己和帮助在灾难中呼援的战友，这种靠著作过活和开展事业的生活，陶氏和我们在上海共同继续达六年之久。

我们那时候，提出写现实的抗争生活，但也不放弃那引人入胜、富于诱惑人去深思的理想。我认为理想是引人去出生入死英勇斗争的泉源之一。我说苏联在文艺理论方面虽反对浪漫主义，反对未来派，反对王尔德的艺术至上论，主张写现实，反映现实，但在艺术作品中，并不反对理想。他很同意这种说法。我们共同研究了北欧童话作家格林弟兄、安徒生等的作品，研究了《伊索寓言》，又研究英国现代作家吉卜林的作品，和一位波兰革命作家写的童话。对已经过时了的公主王子之类的滥调，不必去提了，大部分是含着封建毒素的，一部分是怪诞无稽、想入非非的，但也有一部分表现了人民对当时权贵的憎恨讽刺和自己的愿望。旧童话之生动有趣，富于想象，是很合儿童蓬勃的生长力和好奇心理的。不过当时出版界所出的儿童读物，只迎合这一方面，竭力灌注封建、迷信、怪诞无稽的思想，却非常有害。我们根据写现实，暴露黑暗，引向光明，为理想而斗争的原则，开始写童话、寓言、散文、诗歌等。陶氏写了一篇童话《白鸽》，还写了不少儿歌。不久，他提出：我们写一篇东西，就要使这篇东西发生力量。因此，他认为第一流儿童读物，应该具备使儿童想了又想的力量，应该使儿童想了就动手干的力量。应该使儿童想了，干了使他和社会都产生新的益处。

陶氏接着就去研究教科书，这是他多年没有解决的问题：民国十六年，他在晓庄提出"教学做合一"，反对死读教科书，说书是一种工具只可以用不可以读，譬如我们用刀，就要拿它去杀敌或切菜，如果我们一天到晚拿起刀来，光是念刀啊、刀啊，有什么益处？

可是，能够用的教科书太少了，那些书都是千篇一律的。比方甲家书馆是"小小猫，快快跑，小小猫，快快跑"；乙家书馆却是"小小猫，小小猫，快快跑，快快跑"，这些书都是以文字为中心，空空洞洞，毫无实际内容。就是退一步说，做什么事，用什么书，有书用了，但也支离破碎，既不能完整的有系统的教给学生，也不合于学习的进度。这就逼使生活教育者不得不回过头去研究教科书问题了。

陶氏研究的结果，认为我们须将一个现代社会的生活或应有的力量，一样一样的列举归类组成一个整个的生活系统，编成一套生活用书或教学做指导书，接着他又列举了七十条应该培养的生活力，组成康健生活、劳动生活、科学生活、艺术生活、社会改造生活等五大类。他说，我们做什么总有个目的，这些指导书的目的，就是指导儿童青年过现代生活，培养现代生活中必须有的力量。他又认为，要辨别这些书的好坏，就要：

一、看它有没有引导人动作的力量；

二、看它有没有引导人思想的力量；

三、看它有没有引导人产生新价值的力量。

　　他说："中国教育之通病是教用脑的人不用手，教用手的人不用脑，所以一无所成。"他主张教人手脑双用，能动手又能动脑，所以才能开辟新世界，产生新价值。他有一首小诗道：

> 人生两个宝，
> 双手与大脑，
> 宁做鲁滨逊，
> 单刀辟荒岛。

　　他的教育思想，着重在创造。他说，要把中国无能的亡国旧教育，变成新教育，只在念头之一转，双手之一动；只要我们大家从此下决心，左手拿着科学，右手开着机器生产、建设、创造，必能开辟一个新天地来。后来，他把这些思想写成一篇文章，题名《教学做合一下的教科书》，用笔名何日平发表在《中华教育界》上，现收在《知行教育论文选集》里。

　　这时候，他刚从日本回来，受日本科学发达，因而富强的思想很深，我们虽不能说他陷入科学教育救国论的幻想，但他这时候对自然科学发生很浓烈的兴趣，而对政治斗争感到到淡薄，确是事实。陶氏以为要中国从古老的农业文明，过渡到工业文明上去，离开科学就做不到。这是千真万确的，但须等到我们打倒帝国主义和封建势力，实行土改之后，才有这个条件。帝国主义和封建势力存在一天，任凭你如何去提倡科学教育也不能把中国过渡到工业文明上去，创造出一个新天地来。陶氏说这些话未免过早一些，我想一二年之后，自卫战争彻底胜利了，全国都投入生产建设时，陶氏的话就有更大的决定意义。

　　不过，我们就他对教科书的认识来说，他的理论是对的：我们的一切教材，都必须从实际生活出发，向理想提高。这些教材是根据当地当时人民的需要和人民革命的需要，按照群众心理、学习进程编制起来，去启发和指引他们向敌人和自然进行斗争，以取得胜利的。因此，它就必须含有引导人去动作和思想的力量，它就必须要有改变人思想的力量，它就必须有化思想为力量，因而使人民群众在斗争中取得胜利产生新价值的力量。这样的教科书正是我们今天所需要的。

　　陶氏有了这些想法之后，他就约了一批人组织了一个教科书编辑部，并找到了出版商，答应出版这部书，想把理想变成事实。他自己担任编国语。可是，这种工作很繁难，一年之后，我们没有交出一本，陶氏自己也未缴卷，但在另外一方面，陶氏及其友人，却有了一些新收获。

（白韬：《陶行知的生平及其学说》）

科学下嫁运动

原来陶氏提出了科学下嫁运动，他说，资本家专有了科学，他们设立了科学研究室，开办了大学和专门学校，可是能够享受现代自然科学成果的，只有他们和他们的子女。我们现在要做相反的工作，我们要使做工种田的人，拾垃圾的孩子，烧饭的老太婆也要能享受近代科学知识，要把科学变得和日光、空气一样普遍，人人都能享受，这就需要来一个科学下嫁运动。陶氏想到的事，他就要动手干。于是，组织了自然科学园，参加这工作的人有不少从英美法回来的专家，丁柱中、高士其等人，便是其中的主角。我们这批中途出家的人，就一边在实验室内自学，一边做通俗化的工作。陶氏自己也当起学生来，和他的大儿子一同研究天文和化学。我们打算编一套儿童科学丛书；由陶氏主编，准备出三五百本，把近代生物、化学、物理、天文、矿物、数学、农业、生理卫生等各方面的知识都包罗进去，用它来代替无用的旧自然科学教科书。这一套丛书就是根据陶氏的教育理论编的，着重在指导儿童动手去做实验，所以关于如何去找材料，如何动手做，说得非常详细，务使学者看了书上说的就会去做。从做中引导到近代的新奇发明上去，引导到科学原理上去，引导到日常生活和环境的改造上去。特别注意就地取材，找中国材料，因为过去中国人研究自然科学都是举外国例子找外国材料，不但容易丧失自信心，而且不易找到这些材料，这就大大妨碍动手干。至于这些书之注意通俗有趣，浅近明白，也是较严格的。陶氏提出"玩科学把戏"这个口号，号召大家动手来玩科学把戏，来领着儿童玩把戏，玩熟了，玩得有趣了，再把它写下来。陶氏自己也这样做。他和我们一起到上海工部局北区小学去玩科学把戏给儿童看。有一次，到陈夫人办的音乐馆去参观，他亲自动手玩给那些儿童看，又教儿童玩给他看，他仔细在旁边观察儿童的动作、表情和每一句话。回来，他就把它写下来。

用这个办法所写成的书，是行动的指导书，是指引人开动脑子如何去改变自然、征服自然和环境的指导书。写这些书的人大多数是专家，或决心研究通俗科学为大众服务的人，他们在动笔之前，不仅须浏览许多科学著作，吸收和消化前人的科学成果，而且必须亲自动手玩一下，为了这个目的，我们建立了一个小小的试验室。

为了进一步推广自然科学，陶氏又创办了儿童科学通讯学校，内设天文、气象、物理、化学、生理卫生、农业等科，加入的少年儿童有百余人，每月按时发讲义，学生根据这些讲义就可以自己动手做试验，如有不懂或其他疑难问题，可以随时来问，随时予以详尽的指示。这个学校办了三四年之久，大家都是尽义务的，后来连讲义印刷费也付不出来了，只好停办。

与此同时，我们又为中山文化教育馆编辑了一套大众科学丛书，图文并用，陶氏自己也编了一本天文，第一批稿子共交去五六本，但事隔十余载，迄未见出版。

陶氏为使不识字的人民，也能享受科学成果，他接着就办空中学校，利用无线电台来向人民广播科学知识，每天由他的二儿陶晓光登台广播二十分钟，广播稿由各人事先拟定。

这个广播要使大家听得懂，才生效力。知识分子咬文嚼字，满口名词的腔调，群众打开话匣一听便感到头痛，把机钮一扳去听弹词或京戏，我们便完全失败了。那么，我们用什么办法来解决这个困难呢？

（白韬：《陶行知的生平及其学说》）

大众化——向老妈子学习

一九三三年至三六年之间，上海文化界正在纷纷讨论着大众化问题，知识分子层由于切身的痛苦感觉，已经感到非依靠人民大众，非唤起人民大众觉醒起来，才能把民族和人民从沦亡和痛苦的深渊里挽救出来。这时候，横在知识界眼前的唯一问题是如何把革命的知识送给群众，使群众和我们一起来行动。这就是所谓大众化问题。关于这个问题，知识分子常常在座谈会上、书斋里和咖啡座上咻咻不绝的争论着，他们引经据典，他们也常常自诩自己的文章是如何浅近通俗。总之，他们老是在文字和理论上打圈子，他们的思路好像苍蝇一样，在空中飞翔着，但只划了一个圈子又急速的停落在原来的位子上。陶氏这时不但在口头提出到群众中去学习，而且他号召知识分子与工农结合，大家都到工厂、农村中去办学校。"你要到群众中去打滚，忘记你是一个知识分子，然后你在思想上、感情上、生活上才可以和群众打成一片，才可以发现群众需要什么，欢喜什么。这样，你写出来的东西，说出来的话，才能打中群众的心眼儿。"

"如果你很忙"，他又说，"你家里或你的周围总有老妈子、娘姨或其他人，你就拜他们做老师吧。要断定你的文章是否真正做到大众化，我看只有请教老妈子来批准。"

有一天的清早，他笑容满脸的走到我们的写字间来说："为了大众化我向你们推荐两位老师：第一位老师是你们自己的耳朵，文章写好了，先念给自己的耳朵听听看，是否有不顺耳的地方，如果有就把它修改一下。这样念几遍，改几遍。第二位老师是老妈子，你请她坐下来，念给她听，如果她听不懂，就得把稿子塞进纸字篓重写，倘使只有些地方不明白，那么就需要修改一下。你念她听的时候要观察她的表情，她微笑、点头、高兴的地方，就是你的成功处，记在心里，以后可多用。但我以为最好的办法，你念了之后，反过来请老妈子讲给你听听看，看老妈子是怎么说，你就怎么写。"

他说，他已经请教过小妹，这位老师替他改了好几篇文章，他觉得比原来的好多了。他要我们也来试试。我们就用这个办法写科学广播稿。

陶氏这种实际精神和甘心情愿当群众的学生，是他之所以出人头地，与一般文化人知识分子最不同的地方。

（白韬：《陶行知的生平及其学说》）

陶氏的治学和治事

陶氏生前，就有不少人，甚至他的学生，说他不研究学问，不是一个学者，说他浅薄。说他没有一个书室，没有丰富的藏书，这还像个有学问的学者么？这些人是用什么眼光在看他啊？无疑是用旧时老学究的眼光在看这位伟大的教育家。用陶氏的话来说，这批人是书呆子。他们目光里的学者是哪种人呢？头大嘴尖，手细脚软，谈论起来则中外古今，或言必称英美，三句不离杜威、孟洛、柏拉图或孟特士鸠、卢梭等等，以示其学问广博。到他的书斋里一看，则金碧辉煌满架满桌，胪列了许多中外古今的洋装书和线装书，唯恐人不知其知识之广博，藏书之丰富；出外则手挟洋装厚书，写文则引经据典，其实是一位书画和文抄公而已，他摆出这一大套架子，借以吓唬青年学生，正如我所看到的许多大小老爷手持文明棍或携带跟班，借以吓唬小百姓一样。老实说这些人，除掉夸夸其谈，发发议论，写写文章而外，你要他走出书室来干实际工作，不但手软脚软，他那个大脑袋也恍惚依稀起来了。

陶氏生平反对这种人，他自己就做上了一个光荣的范例。他读书，他研究学问，他都抱着一个目的，问一问，这能够帮助我解决人民和民族的危难吗？他办晓庄学校，他要普及乡村教育，他把杜威的著作研究了之后，认为搬教条不能解决中国的农民教育问题，于是他撮其精华，抛其糟粕，自己到实际工作中去探险和摸索。他研究科学大众化运动时，他在中外古今的著作中遍寻着能够解决中国劳苦人民获得科学知识的办法，于是，他就特别爱好从学徒出身，后来跟英国大化学家戴维做徒弟，发明发电机的法莱第；他爱好贩报儿童爱迪生如何发奋研究科学竟成了发明大王的事迹，他爱好工人出身的史梯芬逊如何研究蒸汽机而发明火车。一九三三年左右，美国有一位教育专家仿佛是华虚朋到中国来，和他谈论了许多近代的新教育问题，他对那位专家说：我现在正在研究普及大众教育问题，几十年来我虽然时而提平民教育，时而提乡村教育，时而又提出普及教育和大众教育等，但我的目的只有一个，就是如何使中国人民大众获得知识去自救救人。用我们现在时行的话语来说，就是读书研究或学习，只有一个目的，那便是为人民服务。

陶氏在治学上的第二个特点为贯彻实践。他的许多理论都是从实践中得来的。平时研究学问，也着重到实践上去用工夫。如果在实践中遇到了疑难问题，有书籍可看时，他总是想尽方法把它买来，看了书，立刻就拿去应用。例如一九三一至一九三五年，我们从事大众科学运动，他自己买了许多关于天文方面的书，一边看书，一边就在西摩路的旷场上指手画脚的注视天空的星座，用这个办法，他认识了所有星座。有人批评他不读书不研究学问，完全是书呆子的庸俗看法。陶氏生平常讥讽那些自命好读书的学者道：

　　　　读死书，

　　　　读死书，

　　　　读死书。

这些只会读不会用的学者，实在是封建时代残余下来的士大夫阶级，等于社会上的寄生虫。因此陶氏说这种士大夫的读书教育是亡国教育，他提倡用书，认为书本只是工具之一。例如研究天文，除书本外，他一再想买架天文望远镜，可惜太贵了，他买不起，只借来用两晚，便送还给商家了。我们那时，为了研究物理化学建立了实验室，为了研究普及教育办了许多工学团和工人识字班。陶氏于死前一二月，还托人带信给解放区的教育界朋友说，要他们自己动手办一二所学校，有了实践的园地，才可以开花结果，创造出新东西来。

如果是一件新创事业，无例可援，无书籍可参考，他就亲自动手去干，在干中一点一滴的积累经验来改进工作，常用"摸黑路"这一句含有深意的话，鼓动大家去从事新创的开辟工作。

陶氏一生，从办平民教育、晓庄学校、乡村教育、普及教育、国难教育、工学团运动、育才学校，一直到社会大学等一系列的活动，标记着他一生辛劳的奋斗，也指出他一生在学术上的成就，是从这一系列不断的实践或斗争中得出来的。陶氏的著作和那些坐在书室里专门读书的所谓学者比起来，实在太少了，只有几本薄薄的小册子。可是，他的每一句话都有力量，每一篇文章都是从事实际教育工作者的指针，无怪乎，他的学说不胫而走，到处流行，就是他的敌人也为之叹服。这是什么原因呢？没有别的，只不过他的话均为经验之谈，都是经过实践考验的，和文抄公的搬教条，自有天壤之别了。

陶氏在治学上的第三个特点为勇于创造。这是由于他具备第一和第二个特点来的。他研究学问是为了解决中国人民大众的文化教育问题，说句通俗话是抱了为人民服务才去研究，不是为了个人名誉地位或为研究而研究，其次是研究学问是为了解决实际问题，所以实践是主要的研究方法。由此，陶氏才不至于被中外古今的书籍所束缚，才不至于被名家学说所骇倒，拜倒于偶像之下，把前人的学术奉为教条。他能自由自主的去运用任何学说，辨别其真伪，同时发挥和创造出新理论来。陶氏晚年，特别提倡创造精神，发表了创造宣言。就是他这种研究精神的进一步发挥。

陶氏的虚心学习，和一般文化人外表伪装谦虚，而内心则老子天下第一是根本不同的，他常说，一切都是在前进的，你自己满足了，那就完了。一九三九年，我们在雾都重庆的上清寺一带散步，劝他把生活教育的理论，研究出一个体系，最好由他自己抽空把它写出来。

他一边走着，毫不思索的答道："当一种学说，自己以为完成了完整的体系，那它就完结了！"

所以，他能自强不息，老而益壮。他不被前人所束缚，也不被自己的思想和学说所限止，跳出这些无形的牢笼，自由飞翔于学问的天空，日新月异。

说到陶氏治事，他有美国人的实际精神，要就不干，要干就干到底，干出实际效果来。这个人的毅力是很惊人的。我在这里，只需举一二个大小例子。一九三三年左右，我们在研究通俗自然科学，他提出两大号召：第一希望大家不断的有小创造和小发明出来；第二中国人的一举一动一言一语都含有不科学的地方，希望大家不夸大，不想当然，一切都要有科学根据，办事要有科学态度，如果谁违犯了这一规约，就罚谁两毛钱请客。他常常和我们开玩笑，大家不放松他，竭力想抓住他的弱点，哪知他一言一语、一举一动都很谨慎的遵守规约，一次也没机会抓到。有一天，我一个人在房里用电熨斗烫领带，上面没有衬一层布，就直接喷水在上面烫了，他偶尔闯进来看到了，说这是不科学的，应该罚啊！过后，我发誓要和他比赛，但总究一次也没抓到过。这个人做事是很有恒心的，他说干就干，而且要干出一个结果来。那时候，经费很困难，他要办自然科学园，他就不顾任何艰辛，日夜筹划着。又例如一九四〇年皖南事变前后，国民党反动派到处和他为难，不给他办的育才学校立案，不唯不出钱帮助他反而恐吓捐钱给陶氏的人说，你们帮助危险分子。又派人到学校来故意找麻烦。反动派经济上封锁和政治上要恐吓的流氓手段，结果，使陶氏办的学校，师生几乎断炊。那时学校内部也有些波动，有人劝他停办，和他开玩笑说，何必背着大石头在嘉陵江里游泳呢？他说，我是背着爱人游泳呢！那时，他的血压已经很高，时时有中风的危险，但他不顾一切的奔走着。他用这种惊人的毅力，坚持工作，有人送他一个绰号叫做陶呆子。其实先生的实际精神实在是一切事业成功之母，我们在大时代里的人，更要学习他。

陶氏治事不唯有实际精神，有坚韧的毅力，而最重要的还是他抱定为劳苦大众服务的目的，一切工作，一切事业的开始，他都是朝着这个目的设想和计划去钻研的。因此，他在普及教育的工作中，就有小先生、传递先生、工学团以及即知即传等理论与方法的发现。由于他兢兢业业，一生坚持了这个目的，时时为人民大众着想，事事为人民求幸福，所以他一生的精力和时间，没有一点浪费过，获得了辉煌的成绩，被人尊之为人民教育家。

陶氏治事的第三个特点是有魄力，当他了解了情况，觉得此事非办不可时，他就拿出大无畏的精神来领着大家向前冲锋，他从办晓庄一直到办社会大学，其中每一件事业，都被反动派所迫害，但他毫无畏惧，他运用一切社会力量，运用可能用的一切办法和反动派搏斗着，一直到死为止。

任何天大的危险困难在他面前都变得不足道了，他常常微笑的说道：

> 人生不怕碰钉子，
> 碰到一根化一根。

他经常劝人要化阻力为助力，在他的头脑里是没有困难的。他像一团烈火似的向前射去，碰到任何阻碍，都把它熔化了。这团烈火就是为人民事业所给予他的魄力。

此外，他对于他的工作都抱着远大的理想，计划着如何开展，如何达到目的，因此气派是很大的。

由于以上的关系——有目的，有气魄，有毅力，有实际精神，因此，你和他在一道工作老觉得很乐观。好像从他身上发射出一种特别电流来，使你充沛着希望和精力，精神上感到愉快。

至于工作时的科学调查，数字的力求精确，事情的力求原委和事实根据，从不混糊一点，他问起你一件事来，总是仔仔细细，他提倡打破沙锅问到底的精神，要弄出个究竟来，平时最反对笼统，讽刺一般中国人口头上的也许、或者、似乎、可能，差不多为笼统国里的笼统哥。

他治学和治事，实际上是一件事，在这件事上有一个特点，就是善于总结经验。常常把做过的或正在做的事，打开脑筋去想，然后用简短明确的语句，把他的概念总结成一句话或一个口号，这就是他的工作结晶也就是他的学说或理论，如"在劳力劳心"，"行是知之始"，"小先生"，"传递先生"等等。

平时，对人的和蔼、民主、诚恳和朴素是社会上一般人所熟知的。他在治事上的缺点，当然也不在少，但我以为较严重的是组织性不够，这是知识分子自由主义者的通病，陶氏竟也不能免，因此，在他的事业上也不免暴露出自由散漫的空气，晚年较好一些。

（白韬：《陶行知的生平及其学说》）

我有了新发现

我在前面已经说过，一九三二年左右，陶氏在上海发动自然科学大众化运动，他和我们一起当小学生，在实验室里玩科学把戏。有一天，我拿了许多干电池和湿电池试验电磁感应，这是发电机原理的发明家法莱第所早已玩过的。他看了很有趣，便一个人立在那里玩了半天。第二天一早，他推进我们办公室的门大呼道："我有了新发现，我有了新发现！"

大家都惊喜的望着他，以为他在自然科学上有什么新原理发现了。

他不慌不忙，一边说，一边用手做着手势道："我昨天玩电池，把铜丝从阴极上接到阳极上去，然后电子流从阴极射出，通过铜丝，流到阳极上去了。"

大家心里想，这很平常，有什么新发现呢，

"嗨嗨！"他接着说，"这没有什么，可是，我要告诉你们，存在我心里多年的问题，这一下被我想通了"。

从前不是有人问过我么，教学做合一的过程，究竟和克伯屈根据杜威学说所提出的设计教学法有什么不同呢？当时，我只能说它们相近似，不过设计教学法不是真做，而是教师坐在书桌旁，口喷香烟，眼盯天花板，空想出来的，现在，我完全想通了。设计教学法的过程是：

一、引起动机；

二、决定目的；

三、拟定计划；

四、着手试验；

五、屡试屡验之后，得出断语。

我们过去批评设计教学法，一开始只是引起动机，而教学做合一首先就是行动，行动生疑难，疑难生假设，假设生试验，试验之后生断语，这个过程虽基本和设计教学法不同，比它前进了一步，但它仍有缺点。这个缺点是没有把行动和断语连接起来，就犹如没有用铜丝把电池上的阴电极和阳电极接连起来，因此，发不出电流，也就发不出光和热了。此刻，我把教学做合一的全部过程贯通起来了：

一、行动生困难；

二、困难生疑问；

三、疑问生假设；

四、假设生试验；

五、试验生断语；

六、断语又生行动。

如斯，便把前后两个行动连接起来，像阴阳二电极用铜丝接起来一样，就会通上电流，发出光和热来了。我把这个过程叫做"反省的行动或行动的反省"。

"Reactive"他又用英语加重说一句。

这的确是一个了不起的发现，原来他在试验电流时竟联想到人类思想的过程，最后，把人类认识外界事物过程的秘密找出来了！

这个思想的过程或概念乃至理论形成的过程，实际上是我们人认识外在事物的过程，也是我们学习的过程，远在百年前马克思在唯物辩证法认识论中，就天才的发现这一真理了。他们都一再提出当人类实践时，即人类和外在事物接触，才能由现象认识到事物的本质，而这种认识是逐渐的，人类可以由现象认识到本质，由第一本质认识到更深一层的第二本质。可是，把它的过程全部列出来，而且有效的运用到学习上去，可以说陶氏还是第一个人。自此以后，陶氏发明的教学做合一，才有了较丰富的具体内容，才有路可循的去执行这一著名学习方法。陶氏初期对教学做合一的解释，以及他提出来的两大原则："在必有事马上下工夫"和"在劳力上劳心"，虽建立了这一学说的基础，但空泛的原则，使人无法实行。

可是，就是有了这一过程，仍旧有些模糊，所谓断语究竟根据什么下呢？行动又起些什么作用呢？陶氏没有做过明确答复。为使读者明了起见，现在把我过去解答《什么叫教学做合一》一文，节录如下：

行动究竟起些什么作用呢？为什么陶氏特别着重做呢？

如果人没有感觉，没有眼、耳、口、鼻、皮肤等，他就不能求得知识。一个又聋又哑，又瞎眼的人，他只能靠皮肤的感觉来认识外界，求得知识。如果连皮肤感觉也没有，他就什么也不知，什么也不觉，这种人叫做死人。

可是光靠感觉也不够，感觉仅仅只能把我与外界初步联系起来，等于是一座桥梁，使我们能够接触事物。同时，感觉往往是不可靠的。要认识外界事物的实质，还需要经过抽象的思维过程：即分析、比较、研究、综合的过程，然后才能进一步认识事物的本质，这是一个创造过程。就像蜜蜂在花丛中搜集种种花粉与汁，把它造成蜜一样。所以马克思说："观念只不过是被放置于人类头脑中，并在人类头脑中改过的物质而已。"人类反映外界事物并不像照相机，要经过头脑的改造作用。所以他又说："研究必须搜集丰富的材料，分析材料的种种发展形态，并探研这种形态的内部关系。"搜集材料主要靠感觉，分析和探究材料的形态与内部关系，因而得到认识事物的本质（断语），就要靠抽象的思维了。在这里，搜集或活的观察或做或行动是根本的东西，所以陶氏说它是老子。有了这个，才能进行抽象的思维，才能认识事物，得到知识。有了知识，再去行动，再去思维，如此前进不息，才有新的创造，所以说它是孙子。

有些人反问我道：教学做，一切学问都要从做中去亲自得来，那太麻烦了，你们都是爬行的经验主义者。这些人，还没有学会走，就想跑。他弄错了，这里所说的做，是指必须求得感性知识做基础，或旧经验旧知识做基础，才能吸收他人或消化他人的知识，变成自己的知识。接知如接木，没有感性知识或旧经验做基础，是吸收不了别人的知识的。譬如，我们研究无线电，要理解它，必须有摩擦生电的感性知识，必须见过放电现象，了解赫芝波。然后，便能进一步了解无线电是什么了，并不是什么都要亲自去做。又例如，我们从分光镜中，分析某种物质发出一定的线景，然后对着天空某一星座分析其光景，也有同一线景，我们便知道某星球上也有某种物质，并不需要跑到星空去把星摘下来做标本，加以分析才知道。

从实际出发去学习前人的经验或理论，可以有两种办法：一种是毫无工作和生活经验，或对该事物毫无所知的人，应在做上教与学，就是使得有感性知识做基础，才能大彻大悟，把别人的知识化成自己的知识。另一种办法是有工作和生活经验，或对该事物已有初步认识或经验的人，我们可以和别人的经验（知识或理论）对照起来反省自己的行为，而达到消化和吸收他人知识的目的。陶氏把前一种方法所获得的知识叫做亲知，而把后一种叫做闻知。

看了上面这一大节说明，我们便可以完全明了行动是人获得知识的基础。我们靠行动去触觉外界事物，而分析、研究和综合这一系列抽象的思维活动，是我们接触事物之后下断语的方法。十年来，解放区的工作人员，运用这一方法发动群众抗日和爱国自卫战争，推翻和正在推翻封建势力，建立新民主主义政治经济文化，取得了伟大的胜利。

今天，谁都知道当一个新的革命任务到来时，就要到群众中去鼓动宣传，使群众行动起来，在行动中进行进一步搜集材料，调查研究，不断总结经验，推动行动。在不断的行动，不断的总结，总结又指导行动的连锁式运行中，不仅把任务或运动从低潮到达高潮，完成了艰巨的伟大革命任务，我们对中国社会知识，对中国现时的革命运动以及工作知也能在经验或理论上更提高一步了。就是说，我们同时获得了丰富的理论知识，把我们自己也改造了，更前进一步了。这是一切中国革命工作者的工作方式，是我们不断完成革命任务，把胜利推向胜利的法宝，也是我们研究或学习的重要方法。

陶氏没有到过解放区，解放区的人也没有听到过他的发现，但二者的基本精神不谋而合，这是由于二者都着重实践的结果。但解放区所创造的独特工作方法或学习方法比陶氏更丰富，更多样化，更大规模的史无前例的，更前进了一步。陶氏还没有完全抛掉杜威的思维方法。如果，我们今天把解放区的工作方法或学习方法排列起来，是很复杂的，根据不同情况不同形势与任务而随时变化的，如果谁要依照老公式办事，就会有人在你前面大喝一声："你落伍了！"不过，我们可以列出一个基本精神来：

一、根据客观发展形势，提出当前革命任务；

二、发动群众自觉起来行动；

三、在行动中不断调研和总结，推进行动；

四、累积许多小经验，汇成理论，进一步推动革命。

这就是我们今天的工作方法，也是我们不断提高自己和创造新世界新知识，逐步深入客观事物本质的方法。这个方法基本上和陶氏的方法——从行动到行动，从低级行动到高级行动，从不知或不完全的知到知，从困难到胜利，从小胜利到大胜利，从一个胜利到另一个胜利的法宝。这个过程是实践的过程，也是人类认识世界的过程。过去，光喊实践，实践，行动，行动，或喊做呀，干呀！如何实践法，行动法，干法呢？现在，我们有一个明确的道路了。不过，我们和陶氏之间还是有区别的。

我们有更明确的奋斗目标、方向、路线、立场等等，而我们最大的特点是群众路线，依靠群众的自觉，依靠群众的力量，不是任何个人英雄、才子伟人的独特的行动，这就是说我们依靠群众的集体力量去掌握世界，认识世界和改造世界，个人在集体行动中起一定的作用和力量，个人也在这个集体行动中获得了知识，改造了自己。如果我们把这个精神贯彻到教学方面去，那我们对儿童和青年学生或群众的一切教育实施，都要发动学生自觉的、自主的起来干，依靠他们集体的力量去追求真理，改造自己。

（白韬：《陶行知的生平及其学说》）

在低气压下奋斗

陶氏在上海潜心研究学问和从事普及自然科学运动，是在半秘密状态之下进行的。开始，深住简出，只有很少数知心朋友才晓得他已潜回上海，也只有在夜晚，才出来走动。那时候，正在国民党反动派十年围剿的时期，上海文化界的左翼作家如胡也频、柔石、冯铿……早在一九三〇年就被反动派捉到他们专门镇压和屠杀人民的淞沪警备司令部，在上海郊外的龙华活埋掉了。许多优秀作家和文化人被投入上海郊外的漕河泾大监狱，有的被送到苏州监牢，有的被送往杭州监牢，有的被反动派提往反动政府所在地的南京，他们在城里所设的大小监牢容不下去了，又在和平门外晓庄附近，建筑了一所规模宏大足容几千人的大监牢，所有上海法租界和公共租界的大小监牢也都关满了所谓政治犯，帝国主义和国民党反动派结成一气在镇压中国革命人民。上海的文化界非常消沉了，全国的文化界也蒙上了一层灰暗，只有无耻的文人才做反动派的帮凶，帮他们写文章出杂志宣传反动派的理论。可是，反动派出的书报杂志，没有人要看。而左翼文坛的主帅以及许多革命的文化工作者并没有为反动派气焰凶恶的屠杀和监禁所吓倒，他们善于运用了各种隐蔽的方式和敌人作不妥协不休止的斗争。鲁迅先生以锋利的短剑似的小品文，在各种灰色报章上发出战斗的信号，《申报》《附刊》《自由谈》是他经常发表作品的地方，为了逃避检查官的狗眼，他几乎每篇都署了不同的笔名，其中曾以何家干这个笔名，发表了好几篇文章，群众一看到他攻击反动派的辛辣文章，就感到痛快，纷纷予以讨论。陶氏也正以"不除庭草斋夫"这一笔名在《自由谈》上发表感想，幽默的讥刺反动派，对前进的人民予以鼓励。后来，他又连续发表了《古庙敲钟录》，直接提出他的教育主张向广大人民宣传。但是，国民党反动派仍旧侦骑四出的在侦察和逮捕稍存进步之心的每一个文化人，每一个革命之士，白色恐怖依然更严重的笼罩着上海。

一九三一年九月十八日，霹雳一声，日本帝国主义借口万宝山事件，发动对中国的侵略战争，一天之内占领了沈阳、长春、吉林、营口、抚顺，数天内便占领了全东北，张学良的军队奉命"不许冲突"，士兵含泪痛哭撤退，造成历史上的奇耻大辱。我们住在北四川路，那里日本人很多，他们开庆祝会狂喜得手舞足蹈。而我们天天看到报上大字连载的退却消息，把头都气昏了，陶氏气得咬牙切齿痛骂反动派，并积极提倡抗日运动。我们一同走过北四川路邮政总局门外，看到上海学生所书写的"同胞们起来洗雪亡国大耻！"的惊心触目的大标语时，愤恨得捏紧拳头。上海的人民大众觉醒起来了，街头巷尾、酒馆茶店、工厂学校都在沸腾着。有些人痛骂张学良，但大多数人都知道这是反动头子蒋介石下密令，不许东北军抵抗的。他严令当时在北平的张学良把军队调到关内来围剿红军，他无耻的秘密对军队士官说："东北丢掉了，不要紧；不是我们革命的责任，我们的责任是剿共。"反动头子蒋介石受了人民的哺育不去抵抗外来的侵略主义者，反向人民积极进攻，又公开无耻的说什么"攘外必先安内"的亡国言论。日本帝国主义之所以敢于侵略中国，完全是国民党反动派剿共，把祖国元气杀戮尽了，才引进来的。蒋介石专心一致打自己的亲姊妹，只好哀求国联出来干涉日本，但帝国主义是一鼻孔出气的，国联派李顿率领调查团来调查一下就完了。之后蒋介石便索性投到日本帝国主义怀里去了！做了中国第一号卖国贼。

但中国人民是不甘当亡国奴，不愿被卖国贼出卖的。"九一八事变"后的第四天，即九月二十二日，中国共产党即发出宣言，号召组织群众反抗日本帝国主义，组织东北游击队，直接去抗日。

在反动派恐怖镇压下的上海群众，终于冲破了低气压行动起来了：首先是最敏感的青年学生，二十四日上海数万大、中、小学生罢课抗议国民党反动派的不抵抗主义。三万多工人也举行罢工抗日，接着上海市民十余万人举行反日大示威，许多工人都纷纷离开日本工厂。"九一八事变"的第十天，京沪学生万余人群集国民党中央政府门前示威请愿，痛斥国民党政府对日妥协不抵抗，签订卖国协定，出卖祖国。当晚反动派便用军警把七千多学生押回上海了。后来，又第二次赴南京请愿。这时候，北大的学生也率领北平和济南的学生到南京来请求国民党政府停止内战，实行抗日。但国民党反动派却把一部分学生拘禁起来，南京和上海学生便总罢课起来援助，北大学生示威团率领十多万学生齐向国民党中央党部和国民党中央政府请愿，要求一致抗日。卖国的反动派，竟丧心病狂在四周密布军警流氓特务等，一声呼啸，蜂拥而出，拿着刀棍铁棒向学生冲击，国民党政府心又不足，复命令士兵开枪射击，用刺刀乱戳，顿时死伤学生多人。无耻的国民党中央党部竟发布文告说："学生行动越轨，军警乃自卫手段，正当处理。"可谓无耻之尤！这批坏蛋也当面说谎，耍流氓腔道"学生自行落水身死"云云，鲁迅先生看到这种情形痛心极了，曾为文大骂反动派。

国民党已投降日本帝国主义，谁要抗日，谁要提一提抗日，刀枪就向着谁头上砍去。于是，低气压又窒息着人们透不过气来，但斗争依然进行着。

（白韬：《陶行知的生平及其学说》）

陶氏大转变

国民党反动派和日本法西斯在中国人民面前不断的屠杀、劫掠和压迫，特别是反动派对外来侵略者可耻的卑躬屈膝，奴颜事敌，出卖祖国，而对人民的正义爱国行动则显出了凶暴的武力镇压，把全国人民都教训得觉悟起来了，大家心里都一致的坚信，要救祖国于危亡，救人民于水火，只有靠人民自己起来干！这在知识分子层是特别敏感到的。陶氏亲与其事，而且一直受反动派的迫害，感觉自然是分外亲切的。

大约是一九三二年，陶氏在《中华教育界》月刊上发表了一篇救国论文，大意是教人节育，他说本来是一个富有之家，因为多生孩子，土地便逐渐分散和减少而为贫苦之家了。照他的说法，中国农村之所以贫弱，之所以有地主、富农、中农、贫农、雇工之分，完全是由于多生孩子，土地一分再分的结果。这是资产阶级经济学家马尔萨斯人口过剩的陈腐理论，是地主资产阶级用来欺骗人的谎话，陶氏显然错误了。他那时候提倡五生主义（即少生、好生、贵生、厚生、共生的世界），到处劝人节制生育，研究节制生育的办法。不久，在北方天津出版的《大公报》副刊上有位署名子钵的发表论文批评陶氏观点的错误，他说，中国农村之所以贫穷，完全由于封建地主统治阶级勾结帝国主义剥削压迫的结果。

真理是在子钵先生这一方面，仿佛是那年的夏季，子钵先生到了上海，才知道他是陶氏的入室弟子尚仲衣教授。陶氏为了弄清这个问题，特为召集留沪文化教育界朋友开了一次座谈会，会上热烈争辩着中国目前社会性质和我们革命的任务，一致认清了中国是一个半封建半殖民地的国家，中国之所以弄到穷困衰弱，完全是由于外有帝国主义侵略，内有封建地主及买办阶级勾结帝国主义剥削压迫老百姓的结果。因此，我们文化教育界要和人民站在一起，宣传鼓动他们和我们一起动手来打倒帝国主义和封建势力，中华民族和人民才有出路，我们本身也才可以有光明灿烂的前途。

这次座谈会在陶氏一生起了极大的作用，陶氏的许多模糊观念、错误想法以及种种幻想，都从头脑的宫殿里清洗出去了。他认真的阅读这方面的书，又把著名的托派高语罕（后化名王灵毕）找来和大家论战。结果，托派说中国已完全资本主义化只带一点封建尾巴的错误理论，失败了。陶氏刺笑他们只见到滴点的大城市，把广大的封建农村置之不顾，的确是胡说。

一场笔战和舌战之后，陶氏对中国革命认识明朗化了，他和尚教授的友谊也进了一步，从此尚也参加陶氏主持的生活教育社，结成亲切战友，共同奋斗。可惜，这一位优秀的教育工作者，我们可敬的战友，后来在抗日时期改任广州中大教授，一次乘汽车赴香港，中途翻车，不幸逝世了。

我们还是来谈陶氏吧，从那时起，他就有了大转变，开始认清要驱逐日本法西斯，拯救中国于危亡；要把站在生存边际（陶氏常说的语句，意思那站在边沿上的穷苦大众，稍稍一动即有落下去跌死的危险）的劳苦大众解放出来；就要打倒帝国主义，就要推翻以蒋介石为首的国民党反动派的统治，但这样一个伟大事业，不是靠什么伟人学者呼来一阵神风就可以把这些吃人的恶魔吹掉，必须依靠人民大众，才有这种伟大的力量。

因此，陶氏日夜思虑着如何发动人民，依靠人民自己的力量，来解放自己。

仿佛是一个昏暗的秋天，飞着毛毛雨，陶氏穿着一件旧雨衣，一走进我们的编辑室，喜气洋洋的说："我又想通一个问题了。我打算办工学团。"

什么叫工学团啊？这真是一个古怪名词，大家都觉得陶氏好翻新花样，忽然又从办自然科学园，普及大众自然科学运动，一跳又跳到工学团上去了。但没有等得及大家发问，陶氏自己来解释了。

"什么叫做工学团呢？工就是做工。工以养生，就是教人民大众生产劳动来养活自己，不游荡闲散，依靠别人。学就是科学。学以明生，就是教导人民大众研究社会科学和自然科学，一则明了自己为什么会受苦受难，被人欺负压迫，如何才能求得出路；一则用自然科学来增加生产和破除迷信。团就是团结，就是团体。团以保生，这个意思就是教人民大众团结起来，结成坚固的团体来保卫自己的生存权利，如果有什么混账王八蛋来欺负压迫老百姓，咱们老百姓就起来和他干——啊！"

陶氏加重语音把后面两个字拖得特别长。"此刻，我想到人民大众需要五种教育：科学教育、劳动教育、文化教育、艺术教育而外，还必须加一门武装自卫教育。有了它，人民才可以抵御一切侵犯者。因此，我们坚持人民应该自动武装起来保卫国土和家乡的主张！"

（白韬：《陶行知的生平及其学说》）

山海工学团

过了几天，他走来对我们说："我已觅定沪太路（从上海通到太仓的公路）旁的孟家木桥做校址，经费也筹到一些了，还捐到一架风琴和留声机，现在就想送去，你们去看看么？"我们跨上了汽车，从中山路疾飞而过，一会儿便停在公路旁一座小木桥前面。

"到了，"陶氏打开车门走下来说，"这就是孟家木桥！"

我们拿下东西，步行到校，只见是一家民房，由老百姓协议，自动让出来的。屋前有一片广场。两位木匠师傅正在忙忙碌碌，锯木料、打用具，弄得满头大汗；室内又有一位工人在编芦席。他们看到陶氏和我们走进来，都微笑点头和陶打招呼。接着工学团第一任团长马侣贤和许多外来的青年男女及儿童也围上来了。

"这个工学团，"陶氏对大家说，"既是工厂，又是学校，也是社会。大家都要跟木匠师傅或其他师傅学习做工，依靠我们自己的劳力来创造这个学校不行么？"

大家说，行啊，我们已经改造了好几座民房，做成卫生室，替老百姓和我们医病，辟了三个教室，一间厨房，一个图书室，一个小工场。可惜此地村子小，同志们住得很分散呢！

我们跟着陶氏，时而穿过一座竹园，时而钻进一座树林，有时跨过小浜，在稀朗的小农庄里穿来穿去。陶氏观察了一遍山海工学团的校舍之后，回到了团长办公处。他说："我们应该赶快替老百姓做些有益的事，他们对我们的捐助太热情了。只有亲密依靠老百姓，得到他们的帮助，工学团才可以办起来。"

"小学校一二天后，就可以开学了，附近来报名的娃儿已经有廿多名。侣朋和张健两位小朋友和他们玩得极投机，教他们唱歌、游戏、讲故事，比大先生还好。"侣贤同志报告着。

"那么，就要他们担任教师吧，只要你们多教教他们就行。农民的青年工学团，可能办得起来么？"陶氏用征询的口气问着团长。

"可以，只要再过些时。"团长似乎很有把握，但接着又低声说，"比较困难一些，因为他们要干活呢！"

　　陶氏把眼镜脱下来，拭了一下，然后又慢慢的戴上去，在他遇到困难或要和人激辩时，时常有这样的举动，他咳了一声然后说，让我们大家来试试。

　　陶氏对这个问题，常常萦回脑际的思考着。怎样把乡村中各种不同生活、不同职业、不同年龄的人组织起来，进行工学团教育呢？这真是个问题。靠他那个聪明的大脑袋搜断枯肠去思索，固然必要，但最重要的还是去实地干。陶氏因此就经常到孟家木桥去，亲自和农民谈话，总是找那些老实头的泥腿，娓娓不倦的谈着。他从他们嘴中发现那一带种棉花、养鱼、种菜园、到上海拉粪以及做工的人很多。他根据这些情形，立刻提出来说，我们根据他们的职业性质来办工学团，不就解决困难了么？比如我们可以把专门种棉花的农民组织成棉花工学团，一边可以研究棉花种植法，提高产量，一边合作进行推销棉花，或集股办纺织合作社，一边组成一个棉花农人的团体，进行学习和自卫。我们还可以组织养鱼工学团、菜园工学团、拉粪工人工学团、瓦木匠工学团、纺织工人工学团、儿童工学团、妇女工学团。

　　陶氏的理想，立刻就在大场孟家木桥实现出来了。以后这个工学团办得很有成绩，从儿童、中学，各种职业的农民工学团，一直办到师范，名震全国，各地前往参观者，络绎不绝，从远方跑来学习的青年男女也多起来了。陶氏的工学团主张，实在是教育上的新发现，是生活教育理论更具体化，更切合人民需要的一种形式与内容，因此，它能在短期内得到了成功。今后，我们在普及工农教育方面，仍需要参考和运用他所发现的理论，必须化工厂和农场为学校，进行劳动生产、科学、民主团结、阶级友爱等教育。

（白韬：《陶行知的生平及其学说》）

小先生运动

　　陶氏在很早以前，即看到儿童的力量。晓庄启封之后，老蒋只答应发还一小片荒山，另加一所村民办的小学，其余仍被国民党中央党部的蒙藏政治学校霸占着。陶氏为了满足那里农民们的要求，急于想先恢复晓庄小学，但当时竟派不出适当的人去。他想了一想，就委晓庄小学的学生胡同炳任校长，提拔几个较大的识字较多的孩子为教师，他把这所小学题为余儿岗儿童自动学校。过了几天，有一位同志参观了那所自动学校回来说，精神很好，儿童们做事比大人还顶真，当地老百姓都欢喜呢。陶氏听了，嘻嘻大笑。第二天，他写了一首诗来给大家看，那首诗道：

有个学校真奇怪，

小孩自动教小孩，

七十二行皆先生，

先生不在学如在。

另外一件事，尤其感动了陶氏，那便是汪达之同志在苏北淮安县河下镇办了一所新安学校。这所学校的儿童七人，为了实现陶氏"生活即教育，社会即学校"的主张，便组织新安旅行团，到上海来旅行修学。这七位孩子自动跑到上海找到陶氏，他高兴极了，介绍他们到各工厂、学校、机关去参观。到处开会欢迎这批孩子，他们也到处演讲。有一次在沪江大学演讲他们的教育主张，博得该校全体师生的称道。事后有一位教授对陶氏说，这些孩子真行，几乎把我这位教育系教授的饭碗打破了。陶氏在送给这七位孩子的诗中，写道：

一群小光棍，

数数是七根，

小的十二岁，

大的未结婚，

没有父母带，

先生也不在，

谁说小孩小，

划分新时代。

另外就是当时山海工学团有几位特殊的儿童如侣朋、张健等，直接在该校担任教小孩。陶氏把这些孩子统称之为小先生。他把这个发现，又和中国知识分子之少，文盲之多，要迅速普及人民大众的教育，非运用各种识字的人来即知即传联系起来。这就更增进了他提倡这一小先生运动的信心。他把国民党反动派天天虚伪的空喊推广民众教育的欺骗宣传和腐败的计划，加以研究之后，讽刺的说道："根据杭州国民党老爷们拟定的消灭文盲计划，需要一百二十年，该市才能肃清文盲，而且前面割草，后面又长；如此，他们便可以坐在办公室里向市民收教育捐，无尽期办下去。但运用即知即传的办法，总动员来干，就比他们快多了。"

陶氏又把这一发现和当时推行乡村妇女教育不易联系起来。他发现要妇女进夜校读书，须过很多关，如怕鬼、怕丈夫不愿、怕婆婆骂、怕小孩无人照顾……如果运用小先生，把教育送上门去，不就解决这些矛盾了么？总之，他把小先生制发现之后，认为是解决帝国主义宰割下农业国家的普及教育的最好办法。在他后来所发表的《普及现代教育之路》一文内，说明在半封建半殖民地的中国，要普及现代教育，有许多困难或矛盾，他把这些叫做先生关、娘子关、买卖关、衰老关、饭碗关、孤鸦关、瓜分关、课本关等，要克服这些困难或矛盾，用陶氏的话来说，要攻破这些难关，只要我们抛弃老一套的办法和传统的学校观念，重用小先生就可以。

陶氏有了这个信念，便着手在山海工学团实行起来，他把在校的小学生做小先生譬之为电子核，要他们回到家里教父母姊妹或邻住小孩和大人，这些围绕在小先生周围的叫电子。不经常来校而是来问字或突击的譬做游离电子。小先生教了别的小孩，这个小孩又找了几个人去教，这就有了二代，如果第二代小孩又去教另外几个小孩，这就有了三代。陶氏鼓励那些教的代数多的小孩，在他身上挂红绿布条，有一代加一条。

大约是一九三四年的四月四日儿童节日，他在山海工学团举行小先生总动员大会，到会的儿童有好几百人，一队一队拿着他发给的红绿旗子。他号召每一个儿童都要教人，把每一个字，每一句话，都要像刺一样向敌人刺去。那天，宝山县的教育局长冯国华先生也来出席，他非常佩服陶氏的主张，立即在他的县里大规模推行起来。后来，这位局长因此得罪了国民党反动派，被撤职了。抗日战争发生后，国民党老爷和军队都吓跑了，这位被撤职的局长因被人民爱戴，在上海近郊领导人民组织游击队抗日，不幸殉国。

陶氏提倡小先生运动之后，不过年把，全国各地都响应了，但国民党的ＣＣ特务头子陈立夫有意污蔑陶氏说，陶行知没出息，提倡小先生运动，上海长三堂子里把不接客的小姑娘称做小先生呢！

但教育界不乏明哲之士，大家仍旧运用陶氏的小先生办法，反动派没办法，只好改称导生了。

陶氏听到陈立夫的污蔑之后，微微笑笑说："照陈立夫这样说法，那么大先生不成了妓女了么？"

（白韬：《陶行知的生平及其学说》）

从报贩工学团谈起

当你从静安寺电车站下来，如果发现一大堆肮脏的卖报小孩，团团围住一个人，而那个人一手拿报，一手在袋里摸钱，嘴边笑嘻嘻的，定眼一看，不是别人，正是陶氏。他和沪西一带的报童，亲昵得像父子家人。他读报给他们听，问他们可认得报上的字，知道报上讲些什么？很快，他就把这一批被遗忘在街头的流浪儿童组织起来，给它题个名号叫做卖报儿童工学团。他除在报童中寻出一二个稍识字的儿童为小先生外，又要他们自选一个团长，负责领导。他派方友竹去帮助这群小孩。有一天，他很郑重的问友竹，卖报儿童工学团里需要一间房子进行集体学习，可找到没有？应赶快设法。大约过了好几天，友竹才在一位报童家里找到一间房子，他对陶氏说，房子找到了，是一个卖报儿童的家，木板钉成的板屋，很窄小，他一家大小睡觉、煮饭、吃饭、工作都在那里，房里堆满了破破零零的脏东西，但孩子的妈妈很好，她说，穷人子弟一辈子也没指望读书，连个数字也不识，你们能来教，好极了，我愿意收拾出地方给你们用。她说着就和我们一起动手，打扫整理干净了。

陶氏听说，哈哈大笑高兴起来。他说，阳光照不到的贫民窟里，正是我们所应去办教育的地方。这时候，他除掉在大场、江湾、梵王渡、漕河泾、北新泾等上海郊外的乡村办了许多工学团为农民服务外，逐渐向上海市内发展。他替沪西劳勃生路的纱厂女工们办了一个托儿所，来援助那些贫苦无助的妇女。他提倡知识分子应该和劳动工人结婚，来互相改造。在他号召下，铭勋同志等和女工结了婚，共同在工人中进行教育工作。

这时候，他建立了一个明确的认识，使他在思想上更前进一步了：他从事实上认识到中国革命要得到成功，只有工农联合起来革命，打破了过去以为中国革命只要单靠农民，所谓绿色政党的思想。因此，他把一九二七年写的《锄头歌》加以修改，添上一段道：

> 光靠锄头不中用呀，
> 联合机器来革命呀。
> 漪雅嗨，
> 雅荷嗨。
> 联合机器来革命呀，
> 漪雅嗨
> 雅荷嗨。

（白韬：《陶行知的生平及其学说》）

普及人民需要的教育

反动派当时在教育方面提出推行民众教育，提倡生产教育，其实是进一步麻醉欺骗人民，和借此转移文化教育界的视线。正在那时候，全国有名的乡村教育团体和从事乡村改革运动的人，在无锡举行了一次乡村工作会议，讨论今后工作方针，出席的团体有晏阳初主持的定县平民教育促进会，有梁漱溟主持的山东邹平乡村建设研究院，有中国农村经济研究会，有无锡民众教育学院，有中华职业教育社徐公桥实验区，还有其他许多团体。生活教育社也有人参加。

会上梁漱溟先生根据他的理论，竭力主张中国农民不怕穷，穷在没有守秩序和好好生产；帝国主义也不可怕，怕在我们自己推翻了旧制度旧秩序，而又没有新的。他以为教农民们守封建秩序，从帝国主义侵略到的城市，退到乡村来，用中国旧时分散的家庭式的经营生产，既可以抵御帝国主义资本侵略，又不至于发生阶级斗争。他所用的办法，是重用乡村里的地主士绅来组织学董会，办乡学，校长即乡长，政教合一。有人批评梁氏这一套是企图恢复封建制度，建立地主王朝，是一种复古运动。可是，他主持会议时，在会上有剧烈的争论。

至于晏阳初办的平民教育促进会，则完全抄袭西洋，他们以为中国之所以贫弱，由于人民贫弱愚私四大根源，所以他们提倡生计教育以救贫，卫生教育以救弱，文艺教育以救愚，公民教育以救私，可以说是一种维新运动。他们倒果为因，不了解贫弱愚私是由于帝国主义和封建势力对人民剥削压迫的结果。

民众教育学院，追随梁晏之后，主张和办法大都和他们大同小异，但有识见的师生已感觉到此路不通。所有中国这些乡村教育运动或民众教育运动，都不是站在人民大众的立场上，实质上只不过为地主资产阶级和帝国主义培养奴隶与顺民而已！

当薛暮桥同志返沪，把会上情形详细叙说了之后，我们很想陶氏发表一些意见。因为他在国内首先和晏阳初等创办平民教育促进会，亲自参与和推动过这一个运动。后来，他办晓庄乡村师范，数年间，全国都办起乡村师范来，又开辟了乡村教育运动。近代中国教育史上的几次大运动，几乎和他分不开。因此，他的意见，一定含有沉痛的经验。

过了好些时候，他发表了很简单的意见。他说，反动派在那里提倡生产教育，我们今天最迫切要做的事是使生产的劳苦大众受教育，不是生产教育而是生产者受教育。

受什么教育呢？受工学团教育，受人民所需要的教育。人民需要的是反抗帝国主义的教育，是反对剥削压迫的教育，是起来做主人的教育，而不是其他。其他都是次要的。我们要在上海来着手普及这种教育。

因此，他邀了一些朋友，于一九三三年组织了一个中国普及教育助成会，一边计划，一边进行筹款，会址设在威海卫路中社。工作进行得虽不顺利，但不久，除上海四乡的工学团而外，又发展到无锡和南京等个别农村。不过，最重要的是在沪西、虹口、杨树浦和浦东一带的工厂区域，逐渐建立了工人夜校和识字班等。

（白韬：《陶行知的生平及其学说》）

国难教育运动

陶氏主持的事业在人民拥护下，日益发展，为了把工作进行得更顺利，我们组织了一个委员会，参加者陶氏外，有宗麟、劲夫、洞若等同志和我，当时大家分了工，我担任了编辑工作，《生活教育半月刊》改由我负责，并交生活书店发行。我们又组织了编辑部，为了避开特务的耳目，编辑部是不公开的，大家按时去办公，陶氏经常坐在写字台上，不是看各地来的信件，便是写回信或写文章。那时，《生活教育半月刊》上有"行知行谈"一栏，是他个人发表教育论文的园地，常署名"衙"这个他自己创造的新字来一面代表他的名字，一面代表他行而后知的教育思想。

从那时候起，《生活教育》杂志的内容大大不同了，着重推动国难教育，痛斥国民党反动派的卖国行为，鼓吹抗日运动。但反动派禁止人民抗日，不许发表抗日和仇日的言论。老爷们设立了一个图书杂志审查委员会来专门做这一件事。每逢有抗日字样时要以××来代替，要公开号召抗日，公然反对蒋介石的卖国行为当然是不可能的，所以必须用曲曲折折、隐隐约约的遮眼法来逃避检察官的眼睛。就是老爷们一时疏忽幸而漏网了，如果再被发现，就有坐牢、拷打或禁止发行的危险。陶氏在这方面特别谨慎，几乎每一篇重要文章，都仔细阅读过，他是杂志的实际负责人。很快的，这个杂志便成了抗日教育的宣传者，得到各地教师们的热烈拥护。

后来，上海各杂志编辑人又组织了座谈会，进一步分工与集中力量鼓吹抗日和反对卖国政府的罪恶行为。

每年暑冬两假期，散在全国各省，北至哈尔滨，西至兰州，南至广东、广西甚至南洋群岛办学校的晓庄同志，都要到上海来聚聚。陶氏便运用了这个机会办假期讲习会，一面互相交换经验，一面请上海文化界人士做有关时事、政治、经济、文化等方面的报告，鼓动抗日，推进抗日教育。后来，许多上海的中小学教师也参加了。

一九三五年一二·九运动发生了，北平学生冲破了反动派的水龙、皮鞭、大刀和枪刺，举行示威游行，反对国民党秘密卖国，反对国民党承认日寇导演的华北五省自治和冀察政务委员会的伪组织，示威学生万余人，一致喊出："打倒日本帝国主义"，"停止内战，枪口一致对外"。反动派竟令宋哲元的军队，拿大刀砍杀学生，致有多人死伤，但人民的爱国热血在反动派高压下更沸腾了，十六日又有五六万学生和市民举行示威游行。

自从这个爱国运动爆发后，全国人心大振，立刻各地的学生都起来响应。上海大中学生八千余人在军警严重戒备下，也终于爆发了大示威，包围了国民党上海市政府，要吴铁城回答为什么捕杀抗日人民，要他担保以后不许逮捕和禁止人民的抗日行动。我和纯采同志回到住所，把这些情形告诉他，他高兴极了。他说，北平学生南下代表快到了，我们准备迎接他们，和他们建立关系，以便建立一个南北统一的抗日大联合。

那时候，我们在上海提倡国难教育，北平学生也提出非常时期教育方案，反对反动派的平时教育。但这个运动是抗日运动的一部分，反动派不允许人民办。

陶氏在寒假教师讲习会上，首先提出组织国难教育社。他说，我们要团结起来，用大众的力量来争取。接着，他拟定了国难教育方案：规定国难教育的目标为推进大众文化，争取中华民族之自由平等，保卫中华民国领土与主权之完整。规定教育对象为大众，联合起来解决国难，要知识分子将民族危机向大众广播；规定一切前进的大众、小孩、学生、教师、技术人员都可以任教师；规定国难时期的非常课程应集中在解决国难所需要的知识上；规定教育方法为在行动上取得解决国难的真知识……使它在解决国难上发生力量。他认为只有民族解放的实际行动才是救国教育。最后，他指出只有用武力抗日，只有大众起来抵抗，才能起死回生。他又指出："中国不但可以抵抗，并且可以久战，获得最后胜利。"

在这个方案中，显然的，陶氏的教育思想又大踏步前进一步，他完全脱出了旧教育的圈子，用大众的力量自动组织起来自动进行自己所需要的教育，而且有了明确的奋斗目标，有了进一步依靠群众的思想。他提出大众的国难教育必须对流，要消除领导者与被领导者，或教者与学者之间的隔板，就要上下对流，接受群众的领导，否则便会脱离群众的要求，把国难教育变成一个麻木不仁的东西。

（白韬：《陶行知的生平及其学说》）

摩擦发生火花

在终年不息的参加群众性斗争中，陶氏更前进了。他对过去生活教育和教学做合一的教育主张，有了改进和新的发展。过去，他对生活教育的解释，非常空洞，只说出一般的原理，说是生活即是教育，是好生活即是好教育，是坏生活即是坏教育。而且空泛的规定生活教育为生活所原有，所自营，所必需，并不能解决实际问题。大约是三五年前后，满力涛同志首先质问他说，照你那样解释，生活既是教育，自古以来，有生活即有教育，又何必我们去办教育呢？据满力涛同志的意见，教与学对立，生活与教育对立，所以才发生火花，产生教育的作用。

这个质问，立刻引起陶氏的极大注意，他研究了之后，便把他原先的解说加以补充，指出生活教育的特质：第一是生活的，只有生活与生活的摩擦，才能发生火花，起教育作用。第二是行动的，所谓生活与生活摩擦，便包涵了行动的主导作用，行动产生理论，发展理论。第三是大众的，生活斗争是大众唯一的教育；大众自己办的教育，大众为生活解放而办的教育。第四是前进的，前进的生活可以引导落后的生活。第五是世界的，冲出传统学校鸟笼，马路、弄堂、工厂、店铺、监牢、战场，凡是生活场所，都是我们教育自己的场所。第六是有历史联系的，前人的经验也要有选择的接受，不能跌入经验主义的泥沟。

陶氏明白的说明生活教育是大众在生活斗争中求自己解放的一种行动。这就把教育明朗的规定为大众求解放的工具，这就把教育与群众结合起来，与群众需要结合起来，与群众的斗争，也就是与群众的实际革命斗争结合起来，这就是结合实际，结合群众，结合革命的一种新教育。

陶氏明白的指出，生活中发生矛盾，引起行动或者摩擦，才能发生火花引起教育作用，他指明实际生活是矛盾的根源。可惜，他说得较含糊。现在，我们才十分明确的知道，所谓生活上的矛盾，不外是阶级社会中这一阶级或统治剥削阶级与另一阶级或被统治剥削阶级的矛盾，此外就是人与自然的矛盾。这就是毛泽东同志所说的自然斗争和社会斗争，人类一切知识都是从这两种斗争中产生的。这就是目前我们新教育的重要内容与根据，离开这个根本的东西去谈教育，都不免空洞无物，变成死读书的士大夫教育。如果，主张生活与教育矛盾，才起作用，那就是二元论者。不错，教育者与学者或某种新思想新事物与旧思想旧事物是矛盾对立的，例如土地改革中的封建思想，这就须经过严重的斗争，但这不仅是思想斗争，我们不要忘记了这是一个社会斗争或社会革命，也就是人民大众的实际斗争生活。先进分子在群众中的鼓动教育作用，只是实际社会已存在的东西，只是群众需要迫切解决的矛盾。因此，在这里教育者与学者不是对立，而是统一，统一在共同利益上和共同奋斗目标上。也就是说，教育与生活是统一的一致体。否则，就是脱离实际，脱离群众。如果教者与学者有矛盾，或教育与实际生活有矛盾的话，前者不是学者受旧社会旧思想熏陶太深，一时不易领悟，需要启发他，经过长期的思想斗争；就是出身阶级成分不同，需要说服他放弃本身自私自利的一时小利，而为人民大众的长远利益着想。后者，则完全是教育脱离实际、脱离群众利益的结果。

我们明白了这一点，就可以了然，剥削统治阶级为什么实行欺骗麻醉教育，为什么实施高压强迫训导，为什么要思想统治。这就是由于剥削阶级的教育是违犯群众利益的，是违犯真理的。也就不难明白，人民大众的新民主主义教育的基本学习方法是启发其自觉，这是由于新教育是代表大众利益的，是他们解决矛盾所迫切需要的，从师生关系或教育与生活的关系来说，它是统一的。

陶氏在这方面虽说得模糊，但较之一九二七年明确得多了。他已指明教育不过是人民大众谋解放的一种工具。就是要在两大斗争中取得胜利的工具。这两大斗争表现在人民大众实际生活上，并不是并列的，它虽同时进行，人有生活就脱离不了这两种斗争，但也是有前后缓急之分的，例如以目前中国人民大众的斗争来说，社会斗争是主要的，其次才是自然斗争。到了战争胜利结束，和平时期到来，则生产建设的自然斗争，所谓工业化或机械化电气化的斗争就要占主要地位。就以社会斗争来说，各个时期也是不同的：在抗日时期，民族矛盾第一，因此我们有抗日教育；而到日本投降，大地主大资产阶级向人民大众进攻的时候，则国内卖国独裁的大地主大资产阶级与人民大众的矛盾占主要地位，因此，陶氏在国民党地区大声疾呼民主教育，而在解放区则普遍进行时事阶级教育。如果不认清这些重点，也就会犯错误。

如此，我们又可以得到另一个结论，实际斗争生活即是教育，但不等于自由主义者说，凡是一切生活都是教育。我们的教育，必须有计划、有步骤、有进程向前迈进。这个所谓计划、步骤、进程，不是一些资产阶级的教育家瞎喊儿童本位主义，儿童只是一个次要的条件，主要依据是整个民族人民解放斗争的目标，各个不同情况下的具体任务与人民大众的生活。根据这一些，我们才能拟定合于客观情况需要即人民需要的计划、步骤、内容、进程等等。如此，才可以集中力量，有效的进行斗争和获得知识。一盘散沙、无政府状态的让学生或教师自流，那不是生活教育或新教育，而是放弃领导的无政府教育。另一种便是传统教育，他不是抄袭外洋主观主义凭空规定出来，就是根据封建势力和帝国主义需要定出来的计划、内容、进程等，这些我们就需要来它一个肃清。现时，我们在教育上大谈结合实际、结合群众就是要肃清这些残余。

由此，我以为陶氏在教学做合一中所规定的过程，应该加以补充，生活生矛盾，死人没有生活所以没有矛盾，活人除自然环境自然压迫痛苦外，还有阶级压迫剥削与痛苦，所以又加上一个阶级矛盾。因此我们可以说生活生矛盾，矛盾生行动。这就是我在三一节所说的根据客观发展形势，提出当前行动任务。如斯，陶氏所说的行动才有根据，否则，我们无缘无敌行动，岂不成了狂人；如果无目的的乱七八糟行动，不又成了妄动。

（白韬：《陶行知的生平及其学说》）

救国会的诞生及其活动

一九三一年至一九三六年是陶氏在教育理论上达到最高成就的年份，也是陶氏积极参加人民大众求解放斗争的年份。"一二·九"发生不久，他立刻组织了国难教育社，高举抗日教育的大旗走向工农群众。在他号召之下，许多青年男女和教育界人士都站到他的旗帜之下来奋斗了。

有一天下午，他叫人带了一个字条给我，说下午三时上海各界在宁波同乡会开各界救国联合会，要我赶去参加。到时已济济一堂，只见花白长须的沈钧儒老先生，已在致开会词。从那天起，惊动世界，曾在抗日和民主和平运动中起过积极作用的救国会便产生了，陶氏被选为理事。

自此以后，上海人民和文化界又活动起来了，抗日的正义呼声掩盖了反动派无耻卖国的滥调；千百万人民气壮山河的行动，压住了反动派的凶焰。出版界也顿时活跃起来，报导抗日行动和号召抗日，驳斥反动派亡国言论的书报杂志，也似雨后春笋般的怒长起来。多年以来，无聊文人林语堂和后来投日汉奸文人陶亢德所提倡的幽文学、明清语录体文以及他们所出版的《论语》《中庸》之类，被抗日杂志和大众化文字所洗刷了。

在救国会统一领导下，上海的群众运动，特别是游行示威加多了。几乎一切平常的纪念日都成了游行示威日，连影星阮玲玉出殡也成了群众的抗日游行示威。有一次在新闸路，示威群众数万人秩序井然的游行着，不断的喊着抗日口号，途为之塞，所有的汽车不得不停下来，领导游行的沈衡老、陶氏等立刻站上汽车顶，向群众发表抗日号召。一九三五年的"一·二八"上海抗战纪念日，上海各界救国联合会领导各公团到抗日将士墓前去公祭，在国民党反动派大批军警和帝国主义大队巡捕弹压下，首先由沈衡老等救国会领袖四人一排，手臂挽着手臂，擎着大旗在前开道，上海市民数万人尾随，在烈士墓前大声疾呼国人起来抗日救国。国民党派特务在群众中破坏，当场被群众检举公审，并饱以老拳。

陶氏对工人教育干得更有情绪了，他领导国难教育社同志在沪东、沪西和浦东，大量开展工人夜校、识字班和训练班等。工人成了救国会里的主力军，每次示威，都有大批工人参加，他们并积极和日厂老板进行斗争，有一位工人梅君在斗争中被日寇打死了，上海各界一致声援，陶氏为他出特刊，并写了一首挽歌，悲壮的呼号工人继续行动起来复仇。

他有一次对我们说，工人力量伟大，你只要坐一路公共汽车从杨树浦走过，当工厂放工的时候，马路上的工人群众像人海似的从各个工厂里吐出来，那数万人的队伍多么雄壮伟大，你要是和他们在一道，就会感到很大的勇气和力量。他劝每个知识分子都要常到那些地方去，和工人在一块，对他们进行教育。

（白韬：《陶行知的生平及其学说》）

出国与二次被通缉

一九三六年的夏天，世界新教育会议在伦敦举行，他被邀出席，但国民党反动派不发出国护照给他。那时，反动派怀恨抗日分子刺骨，老爷们把抗日的人民称做人民阵线，这些人主张抗日和反动派的降日主张背道而驰，老爷们认为这些都是捣乱分子、不稳分子、危险分子，而结果就加一个罪名说是暴徒。反动派曾在暗中追踪救国会派领袖和积极分子的行动，并千方百计的寻找口实或罪状逮捕他们。老爷们又怕陶氏出国后，会在全世界人民面前暴露反动派种种无耻卖国的罪行，当然更不愿意放他出去了。

他不得已，只好一面把上海方面的工作交给我们大家，一面到香港去设法。临出国前和沈衡山、邹韬奋、章乃器四人署名发表《呼吁团结御侮》的宣言。他先到英、法、比、德等国，以国民外交使节的资格，宣传日本法西斯侵略中国的种种暴行和中国人民的正义抵抗及呼声。

几乎每星期左右，他都有信给我们，报导他在国外的行动，他也要我们把国内的行动不断的告诉他，以便国内外的行动一致。来信总是殷殷勉励我们，长篇大论的写来，涉及的事情太多，现在已记不清楚。在我脑海中只有几件事，留下深刻的印象。他说，他在德国乡下和老百姓谈话，开始德国老百姓以为他是日本人，当说出自己是中国人的时候，那德国人很高兴，诅咒日本法西斯和希特勒一鼻孔出气，奴役和掠夺全世界人民连德日本国人民也在内。他很高兴的告诉我们，德国人民反对希特勒魔王。就是在法西斯国家里面，也有我们的战友。

在新教育会议上，他做了关于生活教育、教学做合一及小先生等报告。事后，他写信告诉我们，在他的报告中，最令人注意的是小先生。印度和加拿大代表尤感兴趣，代表们并打算回去也照样试试。印度代表还坚决要求陶氏到印度去宣讲他的教育主张。他在信尾带总结似的语气说，小先生是殖民地和半殖民地被剥削压迫民族普及大众教育的好办法。

不久，新教育会议结束，他便到了美国，联合当地华侨组织救国运动。他又向美国人民作种种宣传，呼吁美国人民同情中国人民的抗日运动，起来要求该国大资产阶级的帝国主义政府停止发售军火和废铁给日本来屠杀中国人民。显然的，他在美国工人中得到了很大的成效，美国太平洋岸的码头工人拒绝装运废铁到日本去，因此废铁堆积得像连绵的山岳似的躺在那里了，他拍了好些照片，把美国的真实情形，向中国人民报导。

他有一次在信中很愉快的说，我发明了一个宣传办法，在华侨开设的洗衣局里，他和老板商定，在每一件衣服口袋里，都塞进一张传单，劝美国人民帮助中国人民抗日。

他又联合杜威、罗素等英美名流，对美国知识分子和上层人士进行宣传工作。在美国演讲是可以卖钱的，陶氏每次演讲的入场券只能卖上美金五角。他又卖唱，但他的歌唱实在不高明，他在信上说，我在此地搜集到一张新安旅行团团歌留声片，一边开放留声机，一边学唱，居然学会了，在一次的华侨集会上，他唱得很成功呢。他把在美国的捐款和他卖讲所得的钱，全部寄回国内作为救国经费。

陶氏出国后，国内人民抗日斗争更蓬勃了，国民党的镇压运动也就更疯狂和无耻起来，可是，人民站在反动派和日本法西斯双重屠杀压迫前面并未畏缩，相反的，更英勇更慷慨激昂起来。上海每一次的抗日示威游行都有数万或十几万人，会在南市徒手和反动派的军警对抗过；也会在老靶子路及南京路和帝国主义的巡捕作过流血斗争，前仆后继，英勇奋斗，谁也不愿退缩。有一次，上海数万市民游行到了北火车站，一致要求赴京请愿抗日，市民们意志坚决，人人卧在轨道上，要求乘火车，反动派不许，派了大批军警来镇压，双方相持一天。有一次，上海学生数千人占据了北火车站，自动开火车赴京请愿，开到无锡，便遭反动派的军队武装押回来了。

反动派已在上海大批捕捉抗日分子，特务满布了上海市街，我们的编辑部已被特务暗中光顾了，许多人都失去行动自由，暗中被特务盯梢、恐吓等等。不少救国会的中层骨干分子失踪了。大批大批的抗日志士被屠杀、被监禁、被上电刑、灌辣椒水、冲凉水、上老虎凳等种种惨无人道的酷刑。

忽然，有一个清早，张宗林同志来说，沈衡山、邹韬奋、李公朴、章乃器、沙千里、史良等被捕，解到南京去了！陶氏也在被通缉内，幸而已出国。这就是世人所说的救国会七君子之狱。

（白韬：《陶行知的生平及其学说》）

陶氏的私人生活

陶氏几乎没有一般人所说的私人生活，他终日为人民大众事业，忙碌的奔波着，他对于自己的妻子儿女和对待一般同志没有什么差别，他也不常在家里，大家都觉得他对子女太不关心了。我很少看到过这样为人民而忘我的人过，他这种伟大的精神，深深的感动了人。提起他的家庭是很凄凉的，他妹妹文汉先生逝世后，所有家务和四个小孩的教养，全由他六七十岁的老母亲负担。老太太勤俭持家，烧饭扫地，全自己动手，家里一直不用老妈子。后来，移住上海，年老多病，才雇了一位娘姨帮忙。他母亲早几天还在我们家里玩，劝我们节省过日子，青年人苦些不要紧，但不久就突然患脑溢血，送医院不治而死。他和他的大儿陶宏，亲视老太太溘然长逝，便对陶宏说，我们睡吧，祖母身体不好，想不到她会活这样长。说罢，他就呼呼大睡，而陶宏则无论如何睡不着。可见陶氏理智很强，很洒脱得开。陶氏一贫如洗，靠了一些朋友的帮助，才把母亲安葬到南京晓庄去。

他的妻子则患不治之症多年，在他出国不久，也去世了。他的家早已离散，大儿得朋友帮助去中国科学社学习，三儿跟亲戚去南京，二儿和他最喜欢的四儿蜜桃，则留在上海和我们住在一起。陶氏不溺爱他的子女，也不像庸俗的父母把子女当私有品过分照顾他们。但他对母亲的爱和对子女的感情和关心他们的教育，则并不弱于人。因为穷，不能送子女一个个进资产阶级的大中学校，他从小就帮助儿女发展他们的爱好，等到高中程度他就送他们进专门机关跟教授学者做学徒，如此，几个儿子都有了专门的造就。

他平时不喝酒、不吸烟，无任何嗜好，他喜欢吃点糖果、花生米之类，大概因为忙碌，没有吃饭的缘故吧，他拿出一把来和你一边吃，一边谈笑着。如果有什么好电影、好话剧，他就招呼你一起去看。他到处都有亲密的青年朋友，他似乎唯一的爱好就是青年和群众。他常说，人要不落伍，不老气横秋，就要和青年在一起。

任何受苦受难的青年人，只要找到他，他总是亲热的伸出双手来援助。他设法找人送钱或送书给在狱中受难的青年。当他十分窘困的时候，如果袋中有一毛钱他也会给你。

这个倔强的斗士，受国民党反动派政治和经济上双层压迫，但他从不消沉。他那幽默和潇洒的作风，常使人感到可亲又可爱。

有一次，他光脚到国泰大戏院去看戏，那所剧场比较阔气，观客差不多都是些中上层社会的中外人士，司阍看他身穿旧学生装，光着脚，不准他进去，怪他没有穿袜子。他一声不响的候在那里。一忽儿，有个摩登女郎，光腿露臂而来。他看她进去了，连忙对司阍人说，她不也光脚么，你为什么许她不许我进去？司阍人理屈，很客气的请他进去了。

他在上海这一段生活，仍和在乡下一样艰苦朴素。平时靠卖字、卖稿、卖讲所得维持学校和家庭生活。出国前，他通知二儿晓光到他的住处去取回他的东西。拿回一只网篮、两只破箱，打开一看，除几件破衬衫外，尽是些书信、书籍、杂志和一堆破袜子而已。

（白韬：《陶行知的生平及其学说》）

回国三愿

一九三八年的夏天，他回到到香港，发表谈话，愿意在抗战中从事三件工作：一是创办晓庄研究所培养高级人才；二是办难童学校，收容教养在战争中流离失所的苦难儿童；三是办店员职业补习学校，动员华侨抗日。回到武汉时，有人请他到安徽去任教育厅长，他辞而不就。后去广西桂林，在桂正式成立生活教育社，他在会上号召生活教育社同志须担任四种任务：一是力求自己长进，把自己的团体变成抗战建国的真正力量；二是影响整个教育界共同进步；三是普及抗战建国的生活教育运动；四是普及反侵略的生活教育运动。并号召大家随时随地，凡是有群众的地方如伤兵医院、难民收容所、防空壕都是进行教育的地方。他说，生活教育理论在战时更显出它的优点来了。

冬季，他回到多雾的重庆，出席国民党召开的国民参政会。他和我们谈起想办晓庄大学，国民党不允许，只许他办农学院，但到重庆和国民党老爷一谈，他们连农学院也不许他办了，特务头子陈立夫恐吓他说，你的学生和朋友中，很多是共产党。陶氏回他道：他们是否共产党，额角头上未刻字，我不知道。但就是共产党，他办事认真，又有能力，一心抗战为国家人民服务，又有什么不可呢？

陶氏说完，哈哈大笑，他觉得民族国家危亡如此，这批家伙太自私了。大学办不成，研究所因限于经费也渺茫得很，只有香港店员补习学校，有吴涵真等先生主持，已办了起来。至于难童学校，在香港时已成立董事会，由张一麟老先生任董事长，许世英已答应从赈济款项里拨一些款帮助他。如何进行法呢？他正在考虑。

我们曾一同去参观了反动派家属办的儿童保育院。从武汉迁到四川去的八九所保育院，开始几乎完全是我们帮他们办起来的，替他们组织，替他们规定办法，替他们拟教育方针、课程，后来又为他们编了一套教材，那时成立了一个设计委员会来处理这些问题，陶氏和我都被邀参加。但由于主持人都是些官僚太太居多数，里面腐败的事情也就不堪设想。有几件事情，最使陶氏伤心：

在歌乐山一所保育院里，一个八九岁的女孩子因患疟疾，未医治，病得快要死时，被遗弃在一间房里，无人过问，以致被老鼠吃掉半个颊面，犹张眼流泪。在另一所临时的天后宫保育院里，吃饭时，小孩挤在一起争夺，大孩吃饱了，小孩乱哭乱叫，一口也没吃到，就一直挨饿。在一间阴森森的暗房里，一片呻吟声，定神一看，潮湿的地上，躺了一批生病的可怜难童，有一二个不知什么时候已死去，还躺在那里，未被注意。天天都有些老爷太太到保育院去，他们把那些生得漂亮伶俐的儿童，都一个个领去做儿女或义子去了。泸县保育院，竟不断有人去把稍具姿色的十四五岁女儿童领去给军官做老婆或什么的了，这是以后，大约一九四〇年的事。

陶氏气愤极了，他说："我要选一些天才儿童来为国家培养专门人才。不管缺嘴或麻子，只要有可培养的天才，我都要。"这样，他就下决心到难童中去选择学生。

（白韬：《陶行知的生平及其学说》）

育才学校

经费有了头绪，学生也有了着落，他就到处寻找校址。他对我们说，最好在北碚的北温泉附近，找个风景优美的地方，如斯我们便可以请到一批优秀的文化人，乘空到乡下来透透气，顺带教教小孩。他自己到处爬山越岭的寻觅，终于在合江草街子镇凤凰山顶上找到一座庙宇叫古圣寺，走上石级一看，两边山岭环抱，前面一片广阔，远望巍峨的南山，在八九十里以外，气宇宽大，风景壮美幽静，庙宇共有四进，有几百间房屋，空气流通，阳光充足，地上干爽。

校址勘定后，他请我们去北碚玩，并把我们的编辑部同志陆维特、魏东明和孙铭勋等同志都调去了，以后只留我一人在重庆一边编辑《战时教育》，一边和各方取得联系。他计划中的难童学校，虽然是个儿童学校，但规模和气魄都很大，而且在中国还史无前例。

这个学校像普通大学，共分四组（系），即文学组、音乐组、绘画组、社会科学组和自然科学组。每一个组都三个活动单位。他到处聘请教授，所有各系主任，都为一时有名作家和专家，如艾青任文学组主任，章泯任戏剧组主任，贺绿汀任音乐组主任等。

主任和教授聘定之后，他就着手到各保育院挑选天才儿童，怎么选法，有什么标准呢？这是一个难题。

陶氏的回答极简单。他说，我办这所学校的目的，就是把一批有某一方面发展前途的天才儿童挑选出来，所谓天才和中国普通叫做才子的意思不同，不过在某一方面例如音乐或文学方面具有特殊的可以发展的幼苗。平常学校把这些天才幼苗绞杀掉了，我们要从小就把这幼苗培养起来，使他可以得到开花结果。

怎样去选择这些幼苗呢？他要专家们来计划，例如音乐组须声带和发音器官好，听觉特别灵敏等，而儿童平时在这方面的爱好与表现，也是重要条件之一。他派了各组的工作人员到各保育院去测验，不过一二月工夫，学生都络绎到校。古圣寺内来了一批活菩萨，立刻活跃起来：山冈、林下、池边、田间，到处有歌声，到处是叽叽喳喳、跳跳蹦蹦的孩子。

陶氏为这批孩子，煞费苦心，他一壁募款，聘好教师，一边还在日夜设计如何教育这批儿童，洞若同志在教育计划方面给了他很大的帮助。首先规定自由研究学术的校风，师生是朋友也是战友，大家可以互相争论，但彼此都须服从真理。除共同活动如早操、社会活动、周会和生产等等外，各组都有自己的生活日程表，规定各个普修和特修的课程。一般说，开始特修科很少，以后逐渐加多。因此，他虽是一个专门学校，但让儿童在各种知识和科学方面都有一个普遍发展，便于对专门科学的深造。在计划中，也就特别关心儿童德智体的平均发展和情操与知识同时并重的教育。

在设施方面，这个学校和陶氏历来所办的学校一样，注重实践，他为音乐组费尽心力买了两架钢琴和其他一些乐器，他为自然科学组买了许多仪器，戏剧组除买了不少书籍和道具外还自制了一些。这个学校也特别着重和群众打成一片，四周的乡民都是学校的朋友。那时候，只有一个问题在实践上没有解决，曾有人问陶氏学国语和数学如何实行教学做合一呢？他回答得模糊，只说，这比如磨刀，刀磨快了，就可以去用。现在，我们才知道写话和编墙报就是最好的国语教学做，而平时记伙食账和日用账也成了最好的算术教学做。

陶氏这样，在凤凰山顶竖起了天才儿童教育的旗帜，和他在南京上海办的学校一样，吸引了全国人士的注意，也就遭到反动派的忌克。

（白韬：《陶行知的生平及其学说》）

三寸金头

武汉失守，国民党反动派避入天险之都的四川，对抗日更动摇了，一部分汉奸如汪精卫等公开投敌，到南京组织伪政府，一部分则留在重庆阴谋策动投降，对抗日运动积极分子采取了打击，对进步青年的镇压尤为残酷，激于爱国热情涌到部队去工作的纯洁青年，整批整批的被关进集中营，有的则被屠杀，国民党桂永清部队一次就用机枪把工作队青年扫射光了。后方各大中学校的学生失踪、被捕、被暗杀的不知其数，被投入集中营的则更多。据说，当时国民党教育部所在地的川东师范临时集中营就经常关着几百人，一次敌人空袭，老爷们把门反锁而去，被炸死者就有一二百人。国民党反动派头子蒋介石一面效法秦始皇焚书坑儒，把抗战书报查禁后加以焚毁，对进步知识分子加以暗杀外，他又做法西斯头子希特勒的徒孙，在上饶、天水、丰都全国设立容纳几千几万人的巨大集中营，放出大批特务，到处捕捉，投入营中，抗战后期被禁锢集中营受折磨的有为青年至少在五六十万人以上。

同时，他又公布了许多法规，高呼统一思想，实行最反动的思想统治，防止人民说他的怪话。所有这一切举动，反动派都是为投降作准备的。

在反动派统治思想、企图窒息人们自由思想的时候，有一天，北碚附近的复旦大学不知举行了什么纪念会，国民党一些老爷们都出席了，陶氏也被邀出席。老爷们训话后，接着就请陶氏演说，他站起来诙谐有趣的说道："现在有人主张思想统治，在各校很时髦的流行起来。我们中国人过去最时髦的是裹小脚，脚裹得越小越好，大家称之为三寸金莲，认为美极了，这是士大夫阶级在玩弄女人。现在总算进步了，已经发展到头上，提出所谓思想统治，这就是要把大家的思想缩小到官定范围内，越小越标准。这就是等于用块裹头布来裹头了，头裹得越小越好，成了三寸金头，就可以到处钻营私利。"

陶氏说出沉痛的幽默，师生不断的鼓掌，把在座的国民党老爷们羞愧得脸上红一阵、白一阵。

陶氏眼看反动派如此倒行逆施，憎恨透顶了。

（白韬：《陶行知的生平及其学说》）

碉堡生活

陶氏入川后，即住北碚，身外无长物，既居不起高楼大厦，连普通房子也租不起。他在乡下小山岗上找到了一所旧碉堡，略加修葺以后，即搬了进去。不久，国民党老爷们在附近砌了楼房，他那所碉堡和他们成了极讽刺的对照。

碉堡主人现在是一对新夫妇，陶氏此时已和吴树琴女士结婚，结婚仪式很简单，没有任何铺张。当他们情意已浓、双方同意结婚时，就在育才学校举行了婚礼，师生为他们庆贺，热闹了一番，我们先一天接到他来信邀请去参加，便立刻买一块红布，写了一首陶派诗贺他，诗道：

> 红烛照喜堂，
>
> 情人今成双。
>
> 祖父变新郎，
>
> 祖母成新娘。
>
> 合家乐陶陶，
>
> 全校喜洋洋。

陶氏那时已有孙女，乘此和他开开玩笑，他自己就是好开玩笑的人。婚后，他们住在碉堡里，生活非常俭朴，他那时候号召大家进行寸土运动，便以身作则动手把屋子周围的空地都种上了蔬菜。

他住在碉堡里将近二年之久，在这里筹划过育才经费，拟定过晓庄研究所发展计划，接见过育才师生共商建校办法，讨论过文艺、音乐、自然及戏剧等发展前途和教育方针，他又帮助他的夫人研究制药，发明金鸡纳霜代用品，因当时川中疟疾流行，药物被敌人封锁，人民痛苦万分。陶氏无偿的送药给贫民治疗。他又帮助一位李君研究土法改良炼钢，得到成功，将详细经过呈报国民党经济部，以便大规模试办，充实抗战力量，但昏庸腐败的国民党老爷却置之不理。后来，陶氏又四处张罗经费，俾李君一面继续研究炼钢，一面试验江中小鱼雷艇，以便袭击长江中的敌舰，李君在欧洲学习造军器多年，陶氏想尽一切办法，把仅有的一点钱，毫不吝啬的供给他并和他计划研究方案，以冀对抗日有所助益，表现了高度爱国热忱和抗日决心。

走进这座碉堡来的，都是些进步文化人、青年和群众，这就引起国民党老爷们的怀疑，使得当地区政府不得不去对陶氏说明他们的苦衷。

（白韬：《陶行知的生平及其学说》）

爱满天下

有一次，我到北碚去找他，突然害起严重的痢疾来，一个人住在育才招待所里。深夜，他从二里多路外，打着灯笼，提了一壶开水来，问我病情怎样。第二天一清早，他又陪我到一位德国医生那里去治疗。病魔一直纠缠着我，卧床达四月之久，当时医药困难，他想尽种种办法，终于找到了特效药以米定和药特灵，细雨溟濛的冬天，他亲自送来。后来，我也逐渐痊愈了，他又帮助我休养。这一段诚挚的感情，永远铭刻在我的心头。

我说出这一节事实，不过说明陶氏平时对灾难中的战友、青年和儿童，是和爱护自己一样爱护的。对于一切被反动派打入痛苦深渊的人民，他都拿出极大的同情来爱护他们，他是这些人的慈父和真正的保护人。凡是接近过陶氏的青年、儿童和群众，都会有这个感觉。他痛恨人民所痛恨的人，而又能爱人民和爱人民所爱的人。他常以爱满天下自励。但这种博爱精神和基督教无原则无阶级的爱，大大不同了。他教导大家爱劳苦大众爱被剥削压迫的人，同时又教导大家痛恶鄙视和打击那些无耻的剥削压迫人民的坏蛋。

陶氏最厌恶自己内部闹意见、不团结，劝大家"和为贵"。有一次，育才同人间有些误会，而且误会到他自己，有人表示不干了，校内空气异常紧张。他说，当敌人向我们进攻时，我挡头阵，打冲锋，如果内部互相争夺闹意见，我就首先离开吧。我第一次看到他那样沉默。但他第二天就又找大家来谈了，他向人解释，并要大家对他提意见。他对自己人从不记仇恨，你有什么不对，他很诚恳的和你直说。如果你对他有什么误会，他除解释外，常说让时间来洗刷这一段误会吧。

（白韬：《陶行知的生平及其学说》）

为难童请命

陶氏后来为了更好照顾育才学校，便离开碉堡迁到凤凰山来，我们一起住在合作社里，茅屋四周古松参天，夜晚山风吹刮松林，松涛如海水奔腾，幽雅甜美，但四面壁立，薄薄的草屋抵挡不住冬寒，他和我们设计糊窗制天花板。那时，政治逆流日趋黑暗，《战时教育》杂志已经被反动派暗中查禁得无法出版。生活书店被搜查，各地分店被封闭，店员被逮捕。韬奋同志一再严词责问国民党政府为何如此非法逮捕职员、封闭书店和暗禁抗日书籍，老爷们概不置答。后来，他又去找老蒋，才知道政府原先想入股收买他的书店，不许，便用卑鄙、龌龊的手段绞死这唯一的进步书店，以达到独霸出版界，宣传他们的法西斯独裁卖国言论。同时，妥协投降、反共反人民的恐怖空气，已掩盖着雾都和全国，使人人惴惴不安。

《战时教育》停刊后，陶氏对我说："反动派不允许我们讲话，我们偏要到处讲，随时随地讲。"我们就在会客室出个大壁报。他立刻挥毫题眉为"凤凰山大壁报"，他是投稿最积极的人，但由于工作繁忙，只能写些短诗、短文和一些书信，他和他夫人共同翻译了好几篇马恩的著作，如恩格斯《在马克思墓前的致辞》等。

二百多个孩子的教养，给他压得透不过气来，他日夜忙碌着，无暇写文章。那时，反动派除在政治上压迫他，时常造谣污蔑他办的学校，同时在经济上也对他实行封锁，不给他任何帮助，还恐吓那些捐款给他的人，想用饿死难童这个全无心肝的手段来捏死这所学校。陶氏毫无畏惧之色，他说："让我们来做个新武训吧，我讨饭也要把这个学校办下去，决不使儿童饿死。"

凡是可以捐到钱的地方，不论多少，他都去奔走求援。他说："我是在为难童请命啊！大家少吃一口，对难童就是很大的帮助了。"

他自己节衣缩食，把捐到的涓涓滴滴都拿去哺养儿童。常穿着敝衣奔走于富贵大人和太太之门。他从英国回来时曾买了一件晴雨夹大衣，穿久了，又脏又破，他便把它翻过来穿。一次去找一位阔大人，卫兵不许他进去，好容易到了第二道门，那个通报室的人，向他上下打量一番，看到他那件翻穿的又破又脏的大衣说："先生，对不起！我们老爷向来不接待这样装束的人，请你回去吧。"

陶氏不慌不忙，掏出一张名片来递给他，那人只好恭顺的送进去了。

政治上黑暗，抗日动摇，人心惶惶，加上国民党老爷们的囤积居奇，日用必需品如粮食、燃料等，天天飞涨，陶氏的经济也就越加困难。最后，他喊出："我逼得不得不和米价赛跑啊！"有人劝他放下背上这块累赘的大石头，意思要他自动宣告育才关门，他说："我背着爱人呢！现在要背，将来还要背下去。"

（白韬：《陶行知的生平及其学说》）

步步下降

在极端困难和不断遭到压迫危害的严重情况下，陶氏表现了更大的英勇，坚持进步，坚持真理，痛恨倒退，他像一头狮子猛吼着，只要一有机会他就用幽默的口吻讥刺国民党反动派。有一回，他和我们一起去重庆对岸的南山参观一所学校，国民党的老爷们和官府机关，为了避免空袭，在那一带风景秀丽的山岚上，建筑了许多辉煌的别墅和官舍。战时占极重要地位的国民党全国经济资源委员会也在那里，恰巧那一晚该会举行所谓精神总动员大会，夜晚在旷场上搭起楼台，灯光辉耀，机关里的大小职员到了几千人，老爷们也在军乐抑扬声中，纷纷上场。

照例在官员梦呓似的训话一通之后，就请来宾演讲。陶氏被邀上台。他很幽默的说道："我们要坚决抗战，一直抗到底，不能抗到一半就睡觉，凡是中国人民，无论男女老幼，都要把自己最好的一份力量拿出来打敌人。尤其不能自己打自己人。中国的一个中字，立起来是一个堂堂正正的'中'字，如果自己相打起来，右手打左手，结果两只手都打断了，倒下来，便成了日本的'日'字，这不是很可痛心吗？"

他接下去又对许多职员说道："不要灰心，事不论大小，人不论地位，只要我们坚决干下去，我们是会成功的。最近就有人说我陶行知是步步下降，我回国时办大学，后来办中学，现在降级使用当小学校长，教小娃娃了。有人看到我的许多同学、同事和我的学生，因为善于趋炎附势，个个飞黄腾达，步步高升，不是面团团而为官商大亨，就是官至委员、部长、厅长，趾高气扬，别人也羡慕得很。说我没出息，才步步下降。但我是坚持为国家、为老百姓服务的精神，在任何情形下，就是只让我当一名小学校长我也要贡献出一切力量来服务。而且很愉快，我相信我们一定会胜利。"

他这场话，说得职员们连连鼓掌不止。这种威武不能屈，富贵不能淫，贫贱不能移，坚持进步，坚持真理，坚决为人民服务，而痛恨国贼、贪官和一般庸俗的自私自利者的伟大精神，感召了大众。使被压迫者扬眉吐气，而使声势煊赫的恶徒们在大众面前，不得不低下头来。

(白韬：《陶行知的生平及其学说》)

凤凰山夜话

一九四○年的冬初，因为反动派到处禁止抗日活动，国家前途越来越险恶，反动派到处向人民的抗日军队进攻，南北都发生了为亲者所痛仇者所快的摩擦。我打算投奔八路军，到敌后去直接抗日。

在我们住所的一间小房里，点着一盏摇晃着的豆油灯，陶氏很恳切的问我是否愿意担任育才副校长，以便他可以无后顾之忧，专心在外边募集款项，我把上面的打算告诉他。

他考虑了很久，才说："对，到敌后游击区去，才可以最大限度的发挥我们的力量。生活教育者应该到群众最多的地方去，站到斗争的前线去。何况，光明是在那里，我们要把希望放到那里去。就是艰苦一点，也不要紧，青年人爬山越岭是不怕的。"他似乎有无限感触似的谈着，声音有些暗哑。我们两人默默的对着暗淡的灯光，他的夫人不知什么时候已经回到他们的房间去了。

良久，他又继续说道："我是时常想念着那个地方的，国民党反动派不容我们，就让我们都到敌后游击区从事群众抗日教育吧。那里虽有千山万水，虽有敌人的封锁清剿，但比待在这儿总痛快些。"

"我这个身体，"陶氏低沉的说，"不能让我自由啊！游击区的军民虽然会给我一匹马代步，也许会有一个人照料我，但我对革命又有什么大贡献，能接受得起这样的优待！"因陶氏患血压高病症多年，不能爬山和奔跑，而且随时有爆发脑溢血的危险。

"就只怕反动派不许你去啊！"我对他这样说。

"是呀，国民参政会中代表汪派的廿一位教授，曾不断发出污蔑共产党和八路军的谣言，许多国民党反动派也无赖的诋毁共产党，明明是他们在华北联合敌人进攻八路军，他们却含血喷人说八路军制造摩擦。又假造了许多文件，印刷了许多宣传小册子，暗地里又颁发了限共灭共的几十条办法。"

"这是制造分裂，准备投降！"陶氏瞪大眼睛，语气很严肃的说着，"我们相信共产党提出的坚持抗日，坚持团结，坚持进步的方针，是目前救国家民族的唯一方针。他们也是实际上坚决执行这一方针的人，许多中间派人士听到反动派在参政会上无耻的造谣和叫嚣，都不相信。他们提出，让我们真正无党无派的中间人士，亲自去调查真相吧。立刻就点破了造谣者的真相，他们自然不允许通过这个提议。后来，中间人士又提出让我们到延安去看看他们是否真正抗日。反动派造谣的丑陋面目，又一次被揭穿，又是一个不许可。"

"我那时想，如果这个议案通过了，我便可以有机会到延安和抗日民主根据地去。现在，只有一个办法，再出国一次，先到英法或美国，然后绕道国外去抗日民主根据地。"

那晚，我们谈到深夜，他娓娓不绝的谈论着，我们在这方面谈得很多，他曾提到，他为人民解放和民族独立奋斗了几十年，一直到现在还是无党无派。"如果我想入党的话，可以毫不思索的请求加入共产党，而且毫无保留的听从一切决议，我亲眼看到这个党自成立一直到现在，始终不变的艰苦奋斗，为老百姓和民族求解放。"

（白韬：《陶行知的生平及其学说》）

在成都时的新发现

在这期间，陶氏为了筹款，曾去成都一次。回来，他对我们说，这一次在成都躲飞机，我有了新发现。大家连忙问他什么发现？

"有一天，我在成都街上，突然遇到空袭警报，成都我们不熟，只好跟着群众跑，成都的防空洞和战壕既少又不好，市民们慌慌张张的乱跑着。我开始跟群众跑到少城公园，看看已挤满了人，便又跟着群众跑到城外。

"一忽儿，飞机就飞上头顶，嗡嗡的声音，慑人神魂，贡贡的爆炸声，如大雷灌耳。把那些老太太吓慌了，一个个跪在地下念阿弥陀佛，阿弥陀佛，而炸弹就在她们附近爆炸着，有些人被打倒了。另有一些群众，一大堆大堆的聚集在一起，看见飞机从东来就向西跑，从西来就向东跑，头上又都裹着一块白布（四川人民的习惯如此），目标显明，危险极了。如果你也像群众一样，东跑西逃，也就有吃炸弹的危险。

"这时候，我隐蔽在一个土堆后面，一边喊大家趴下来不要动，一边想道，我们可以跟群众去，而且必须跟群众去，才可以发现问题，但不能做群众的尾巴。跟群众去了之后，了解群众的情况和要求之后，必须集中起来，要群众跟我们来，走向真理，走向胜利。"

"这就是我对群众教育的新发现！"陶氏很高兴的结束了他的话。

这位随时随地为人民着想的斗士，他时时，事事，无时无地不在研究问题，因此，他的发现常是合于实际需要的宝贵真理。这个发现和现时我们做群众工作的一条原则，"来自群众回至群众"是非常接近的。

当场，有人问他，群众的思想，有些地方是很落后的，例如迷信和恶习之类，有人蹲在群众中久了，就被同化了。怎么办呢？

他回道："你要在迷信的大海里游泳，不被淹死，就穿上泅水衣吧！"

陶氏在这里所说的泅水衣就是真理，他要大家不断求进步，不断用理论或真理武装自己，才不至于迷失方向。

（白韬：《陶行知的生平及其学说》）

城中生活

反动派的投降阴谋越来越显明，他们的反共高潮也就达到了最高峰。一九四一年一月，正当皖南新四军军部奉命北移，准备渡过长江。反动派突然派了十余万人之众，把新四军团团围住，进行袭击，围歼了军部，军长叶挺被俘，副军长项英被打死，杀死军干万余人，造成了千古奇冤。并宣布新四军为叛军，取消了新四军的番号。

在后方，国民党则大量捕捉和暗杀抗日分子，仅重庆市一地被列上黑名单的文化界和其他方面的人士，就有四百名。许多救国领袖如邹韬奋等，都名列黑籍。反动派已开始按图索骥的捕捉名单上的人物，他们除用秘密逮捕和夜晚围抄等办法外，又用一些流氓手腕，派三个两个特务尾随你，他们一有机会就拳足交加的打你一顿，说你欠他的钱，或吐痰在马路上违犯新生活规则，一下扭进警察局，以后就再也不要想走出来了。

陶氏派人通知我们，赶快离开凤凰山，防遭特务下毒手。陶氏自己的行动，也受到了限制。他进城后，两手空空，无法租到房子，就借住在阎宝航先生的家里三楼上，房子很小，只有一张小铁床，一桌一凳罢了。我们进城后，没有地方住，也挤在他屋里。那一晚，我们公推他睡床，他坚决要让我们去睡，后来大家就都并排睡在地板上。

起初，大家还有几个钱可以进小饭店吃烧饼和阳春面，后来，一天天花光了。陶氏在万分困难下，改由自己做饭，用一个小炭炉，慢慢的烧着，顿顿都是他上街去购买，有时手托一包切面，如果有人遇到他，他就会把手中的面条向你面前一送，"喂，请吃面！"就咧开嘴巴笑了。

这段生活是很艰苦的，他一面担心着育才师友的安全，一面又担心二百多难童的生活，至于他自己的千辛万苦则安之如素。

在国民党的暴政之下，再也活不下去，许多名流学者和进步文化人，纷纷化装，冲破了反动派的重庆监视，有的逃到了解放区，有的逃到香港。我和丁华、维特两同志，在一个寒冬的夜晚，向他去告辞。

他送我们出门，叮嘱一路留心。最后，他依依不舍的说："你们到了光明区，加紧努力；我只要有一丝留在重庆的机会，我都要在这里奋斗，我愿我们能够再相见！"显然！浓烈的感情使他难受起来，他说了一声祝你们一路平安，我们就急速的消失在黑暗中了。

过了川江，我们回头看看灯光辉煌的山城，回想起过去在这座战时首都的城内，和大家所干的种种抗日活动，更想起慈祥的老师和战友的陶氏，不知他如何度过这一段艰难的日子，不禁为之泫然流泪。

（白韬：《陶行知的生平及其学说》）

惠　书

大约有六年之久，彼此音信隔绝。直到一九四六年二月，达之同志第一个接到他从重庆发出的简短信件，说育才照旧坚持下来了，现在又办了社会大学，并附来了几期《民主教育》。

那时，政治协商会议正在重庆召开，国民党第一次发动的内战被解放军打下去了，国内人民要求和平民主的浪潮，也高涨起来，共产党提出的和平民主团结的方针，得到全国和全世界人民的拥护。反动派不得不暂时低下头来，答应人民的要求，才有协商会议的召集，但反动派心里是不乐意接受的，他们千方百计的来破坏这个会议。陶氏在重庆组织了政治协商会议促进会，用人民的力量来监督反动派，力争会议的完满成功，使中国人民能从战争的痛苦深渊里爬出来，走上和平民主的道路。

会议结束不久，国民党老爷就把自己的庄重诺言撕毁了。反动派在美帝国主义帮助和怂恿下，一边积极运兵准备进攻解放区，一边则对国内民主势力逐渐加以压迫。他们又故意放烟幕弹，喊出"教育第一"的口号。陶氏到了南京，看到这种情形，立刻喊"什么第一，民主最急！"的呼声。

我们把解放区的种种建设和文化教育发展的情形，写了很详细的信告诉他，并要他来解放区玩玩。不久，他就托一位奥国朋友带来了回信。

信中充满着欢悦，大意是说："我在上海碰到美国记者罗尔波先生，他告诉我许多解放区新鲜活跃的事情，你们那里的一切都是新生的，是民主中国的先进地区，不仅美国朋友津津乐道，我尤其高兴。"

"他还告诉我，亲眼看到成群的乡下人进城演戏，登台演说，成群的乡下姑娘和大嫂在大街上跳舞唱歌，这位外国友人惊奇极了。

"他又告诉我说，他曾去参观过新安学校，在被敌人彻底破坏的废墟上，如今又高耸起楼房；附近的儿童和群众又照旧涌进学校来。新安旅行团在民主政府培养下更壮大了，他们的活动，吸引了外人的极大注意。

"詹生先生带来了你们的信和更多的消息。我们提倡多年的生活教育和小先生，在解放区得到了很大的发展，而且前进了一步，这使我极高兴！此刻，我的心是向着你们那里。"

信中的大意，略如上所述。在后来的几封信中，都很简短，曾说起，他正在计划大规模的普及民主教育，并帮助上海朋友办社会大学。关于来解放区参观的事，他只托朋友带口信说，国民党封锁得厉害，他有等候其他方面人士组织团体来解放区时，一齐来。

（白韬：《陶行知的生平及其学说》）

社会大学与民主教育

陶氏死后不久，育才和社会大学都被反动派封闭掉了。因为前者培养出来的学生，大都成了为人民服务的革命分子，而后者也一样，这便成了反动派的眼中钉，必欲置之死地而后快。育才我还了解一些，社大则知道得太少。陶氏在来信中只略略提及。不过，早在十多年前，他在上海时，有一位王大令先生办空中大学时，他就有办社会大学的思想，为一般职员、失学贫苦青年和想求上进的人们，得到入大学深造的机会。这和资产阶级办的大学，要家里有钱，有高中毕业资格，还要有三五年的时间，以及皇宫般的建筑，是迥然不同的。那种大学只有地主资产阶级的子弟，才进得去，不要说穷人，连富农、中农和一般小资产阶级，也很难进去。陶氏举办这所大学正是为这些被统治阶级屏弃于大学门外的青年人设想的。他说，只要有学生，有教授，还要有一个办大学之道，不问有无基金，也不问设备和校舍陋不陋，大学就可以办起来。

陶氏办大学之道和反动统治阶级办大学之道，恰恰针锋相对，他说："大学之道，在明民德，在亲民，在旨于人民之幸福。"这就是培养为人民服务的新知识分子。而统治阶级所培养的只是为少数地主资产阶级服役的工具。

陶氏要知识青年去亲近人民群众，要他们和人民在一起，使人民自觉的联合起来求解放，如此使人民得到福、禄、寿、喜的幸福，即人人有饭吃，有工做，有书读，能享受健康和结婚的快乐生活。这里，不仅说明了陶氏的民主教育目的，也表明了他培养新知识分子的方法，那就是亲民，向群众学习，和群众打成一片。我们解放区的大中学校，都应该向这个方向走。

日寇投降后，反动派与人民为敌，陶氏便大声疾呼民主教育，要全国青年和教育界总动员起来，向反动派要民主，和他作斗争，以求达到前面所说的人民幸福。

他又号召教师和青年学生用自我教育来加紧改造自己的思想意识，建立"人民第一""天下为公"，民主精神和平等自由的新思想。总而言之，说句解放区流行的话，就是建立甘心为人民做勤务员或长工的人生观。他说："这些都是我们以前所没有学过的，不但要再学习，而且要将所学贡献给人民，为人民大众而服务。"

在这里，陶氏除指明培养新知识分子的方针办法外，又指出改造旧知识分子的方针和办法——方针是建立为人民服务的人生观，办法是自我再学习。

（白韬：《陶行知的生平及其学说》）

陶氏与新民主主义教育

现在解放区的新民主主义教育，是毛泽东同志根据整个中国革命情势和需要，手定出来的。他英明的指出新民主主义教育发展的方向和具体内容为民族的、大众的和科学的。一九四二年在延安文艺座谈会上又号召文化工作者为工农兵服务。至此更明显的指出教育者须为人民大众中担任战争前线和生产前线的工农兵服务，把我们的教育对象从少数地主、富农、资产阶级身上转移到广大的劳苦人民大众身上去，他们才是真正解放民族和他们自己的人，他们也真正是建立未来幸福世界的主力军。在一九四四年陕甘宁边区的宣教大会上，他又为我们指出实施新教育的一条主要原则："群众需要与自愿"。因为当时各地办冬学的经验，认为一度轰起来之后，不久就会冷冷清清的走上垮台，很难持久。毛泽东同志告诉我们，这是由于教育工作者犯主观主义和教条主义毛病的结果，要把群众教育办好，就要根据群众自己的需要，而不是根据我们主观主义的理想去规定方针和内容教材等；在办法上，也不是老一套，更不能强迫命令，必须出于群众的自愿。

根据毛泽东同志这些英明的指示，十多年来，中国解放区的文化教育，不管战斗如何剧烈，环境如何动荡，以及物质如何艰难，但在南北各区，都如火如荼的猛烈发展着，人民政治文化之迅速增高，像奇迹似的出现了。虽然我们还有很多很多缺点，不过方向正确了，新民主主义教育的理论基础与具体实施方法，也有了规模。

陶氏虽看到了解放区文化教育，像雨后春笋般的蓬勃发展，表示了无限的敬慕之意，也听到过关于新民主主义教育的理论，由于身在国民党反动派地区，不能自由的发表意见，我从没听到他谈过这一名辞。一九四六年我曾在信上提到这些问题，没有得到回答。

这几年来，有许多文化教育工作者，常问起我生活教育的理论，或陶行知先生的教育主张与理论，究竟和我们的新民主主义教育有什么区别呢？有些地方的教育工作者对陶氏表示了轻蔑的态度，公开在杂志上讽刺他是爬行的经验主义者，说他是教育救国论者。于是，引起另一部分人的不平，要我出来讲几句话。四五年冬，我曾抽空写了一篇《论新民主主义教育与生活教育》，从发展的观点给生活教育做了一个分析，指出它们之间的大同小异，先不同而后越走越相同的精神，可惜这篇稿子一直躺在手提包里，没发表机会，被遗失了。本想候与陶氏见面时，给他看，和他讨论，但这个机会也永远不会有了。

现在，就让我们来研究一下，它们之间的关系吧。要弄清这个关系，先要把两种教育的特点找出来，然后比较一下就不难明了。

先来分析新民主主义教育。我认为它和中国任何时代的传统教育，或任何资本主义国家教育，最大的不同点，也就是它的最显著的特点，不外以下几点：

一，为大多数劳苦人民服务。把教育权从地主资本家手里拿过来，由人民掌握，为人民服务，不再为少数人的专有品。这也就是说，把教育这把武器送给群众，使他们今天可以用来求解放，明天用来建设近代化科学化的幸福世界，以达到实现新民主主义社会。

二，从实际出发的实际主义精神。新民主主义教育从方针原则计划实施等方面来说，反对主观主义；从教育内容来说，反对教条主义；从训练来说，反对形式主义。它和封建士大夫的读书教育不同，它和资本家欺骗大众的虚伪和麻醉教育不同，它和光动手干不思考研究的徒弟式教育也不同。它既不抄袭走向死亡的英美帝国主义的资产阶级教育，也不超越时代的去仿效社会主义国家苏联的教育。它是要我们老老实实依据中国的具体环境，脚踏实地去干，所以新教育的实施方针中第一个原则，就是从实际出发去改变社会和征服自然，不尚空谈，不咬文嚼字，不言必称英美苏联，而对于自己现实的斗争环境则一无所知。

这种实际精神，就是教导人民在创造世界和改变世界中去获得知识并创造自己。这就是说，为用而学，学了就要有用，因此又有一条原则，叫做学用一致。

这种实际精神，就是要我们从半封建半殖民地的中国社会出发，教导人民反帝反封建，建立一个新民主主义国家，然后根据新社会的政治经济及人民物质和精神生活的发展情况，再提高一步，走向社会主义教育，再由此走上共产主义社会教育。这就说明了为什么现在解放区的教育，老是谈结合实际，结合战争，结合土改，结合生产以及结合其他任务的唯一原由。

三，着重实践。新教育在方法上有两个基本原则，而其中最重要的一个原则是实践，这是新教育方法上的灵魂，一切离开这一原则的教学方法，都不是好方法。关于这一原则，我在谈教学做合一中已比较详细的谈过，兹不赘。

四，着重自觉。这是新教育方法上第二个重大原则，这在反中国传统的封建式教育和反独裁的法西斯教育上，尤为重要。一切封建社会、资本主义和法西斯主义社会统治阶级对人民大众所进行的教育方法，不是采取欺骗麻醉，就是强迫训练，因为他们是违犯人民利益，违犯真理的，他们恐惧人民觉悟。而我们，则刚刚与之相反，我们要人民觉悟起来翻身做主人，我们是站在人民和真理方面，只有我们才可以采用启发人民自觉的方法来教育人民。现在是如此，将来更须如此。一切违反这一教育方法的人，都应该作自我检讨。

关于新民主主义教育的特质，谈到这里，我想主要的已分析出。现在，让我们来看看陶氏的生活教育主张吧。最好，让我们从他近二十多年来的整个教育活动以及他所发生的效果上去分析他和考察他，不要只看他的著作，更不要断章取义。如此，我们就可以分析出如下的特点：

一，为劳苦大众服务。陶氏从办平民教育和乡村教育起，我们就可以说他是为人民办教育。但陶氏无明确的政治主张，无显明的奋斗目标，就是有也是非常模糊不清而且带有严重的小资产阶级情调的幻想主义的；而在方法上，他也犯教育救国论的幻想。不过，国民党反动派和帝国主义不断的把陶氏教育得一天比一天进步了。"九一八"以后，他就开始在思想上转变，不久他就很快站稳劳苦人民大众的立场，坚决进行反帝反封建的革命。他说，教育是人民大众求解放的工具，他相信人民有足够的智慧可以办教育，可以教育自己觉悟起来，可以用他们自己的力量来解放自己。因此，他到处办工学团，到处办工人夜校。这种为人民大众服务的人民大众反帝反封建的教育，你说它和新民主主义教育，有什么大区别么？

二，陶氏从野人生活出发，向极乐世界探险的实际主义精神，和我们的从实际出发，是一句话的两种说法。陶氏提出的生活教育学说，实在也就是从这种实际精神产生出来的必然产物，不过，我们比他更走前一步了，今天我们在共产党对整个中国革命方针的正确领导下，可以从现实出发，一步一步推向新民主主义、社会主义。因此，我们已找到一定的方针、目标、步骤，几乎连各个时期的具体任务，也为我们指出，我们现在只需谈结合。陶氏是没有这种便利的，特别是在他初期。当有人怀疑陶氏的生活教育，只能在光明的解放区如陕甘宁边区才能实现，而在黑暗的国民党区域则不能实现，因为他说过"是好生活即好教育，是坏生活即坏教育"的话。在重庆千厮门码头上他对崔载阳先生和我谈起这件事，并从口袋里把那人给他的责难信和他的回信给我们看，要我把他的回信在《战时教育》上发表出来。他很愉快的说："在进步的解放区过的是光明的好生活，当然是好教育；但我们在大后方（指国民党统治区）黑暗倒退的地方，过的是被压迫被剥削的黑暗生活，我们所受的教育也就是反压迫反剥削的教育，在这种反黑暗的教育里我们才可以求得光明，因此，也是最好的育。"由此，我们可以看出陶氏的教育主张在任何情况不都是不脱离实际的。

三，教学做合一这个教育方法，开始是脱胎于实验主义，所以招来了经验主义的非难。但经过陶氏本人的努力，他把这个学说加以修正和补充，特别是他拟定了教学做合一过程之后，我们可以说它已和我们今天所说的实践法极相似。

一般工农分子的经验主义，囿于一己狭小的老经验，故步自封，不求长进，不看书，不接受古今中外人的经验知识，而陶氏则反斯，他提倡"用书"来吸收他人的经验。

一般资产阶级的实验主义者，含有拜金主义的臭味，认为一旦实验有效，发生发财致富的价值，就以为是真理了。陶氏初期的思想，在这方面是很含糊的，但当"九一八"以后，他走到人民大众反帝反封建的队伍里来时，情况就大大不同，因而，也很快就纠正这个毛病。

四，集体自觉是一九三八年陶氏回国后提出来的。当时，我们提出两项教育意见来和他商议：一是在抗日中为了赶上时代需要，须普遍进行集体自我教育；一是在方法上应采取自动自觉，反对反动派对青年儿童的强迫压制。

后来，他又看到反动派教育部长陈立夫提出管教养卫合一的教育主张和所谓政教合一，民众教育合一的保国民学校（即每保办一学校）之后，有一天，我和他一同从北碚乘汽车到重庆去，他在车上一边把CC特务头子的文章指给我看，一边说："这种压迫统治人民的教育，人民一定反对，所以老爷们要用行政力量来强迫接受。我们要提出和他们相反的方法，那就是教人民集体自觉。"

尽管陶氏的生活教育内容和方法上，还有很多和新民主主义教育不相同的地方，尽管它存在着许多弱点，但从上面这些基本精神看来，它们是大同小异。因此，我们可以说，新民主主义教育思想是毛泽东同志和陶氏共同创造起来的。这说明陶氏的教育学说为什么在解放区到处受到人民欢迎的真正理由。

陶氏成就之所以如此伟大，之所以能在学说上达到如此的成功，主要在他依靠人民大众的思想，主要在他和人民大众并肩作战，以求民族和人民的自由解放。陶氏开始是完全以一个美国派的自由主义教育家出现的，但当他碰到了大钉子，逐渐认清现实之后，他就英勇的走到人民大众反帝反封建的阵营里来，而不顾一切的和共产党成了亲密的战友。陶行知先生是一个前进的教育家，但不要忘掉，他在国难时期和八年抗日时期，他是一个彻底的爱国主义者；同时，他又是一个新民主主义者，这在爱国自卫战争中尤显明。因此，我们可以说他是一位前进的政治家或人民的政治家。要做一个教育工作者，不问政治或对政治漠不关心，实在是一件莫大的错误，因为你将不知道把你的群众和青年儿童带向何处去？你也就有被人民唾弃的危险。陶氏在这方面的成就，是我们很好的榜样。

（白韬：《陶行知的生平及其学说》）

永　别

一九四六年七月的雨季中，一连几天，反动派的飞机都在头顶上轰隆隆的叫着，他们不断的用机枪扫射，杀害人民。西方和南方的边际，在不很遥远的那绿色田野的尽头，发出隆隆的大炮声，在多雨的夏天，像阵雷似的传来。反动派的军队正在向人民解放区大举进攻。

忽然，天空密布了乌云，闪闪的金光，在云端飞跃着，一阵猛烈的暴风雨来了，立刻雷电交加，盖住了所有的大炮声。傍晚，雨止，夕阳从云边射出辉煌的光芒。我躺在病榻上，突然有一位同志来对我说："陶行知先生死了！"我顿时如遭雷击。正在痛恨和怀念李公朴、闻一多二先生惨遭国民党反动派屠杀之际，我仿佛又堕入梦境，认为陶氏不会死得这样突然，也许是谣传吧。可是，一会儿报纸来了，日报上用黑边框在显著的地位登载了他患脑溢血逝世的消息。但寥寥数十字的电报，不知其详。三天后，我接到他一封从上海发出的短信，说他在沪卖字兴学，益增悲思。过了很久，我看到上海出版的《文汇报》和许多杂志上的纪念文章，以后又接到纪念陶先生委员会出版的纪念册，对于他的死才知道得清楚。

原来，国民党反动派在上海准备了一张黑名单，凡是名列黑榜者，反动派准备一个个予以暗杀。陶氏名列第一。在昆明黑名单中的一二两名，李闻二先生已遭毒手，上海当然也将立即执行。陶氏视死如归，他一连几天几夜书写对联，卖字筹划育才经费，又于一夜内，整理了十万字的诗稿，准备以不怕死的精神来对付反动派。哪知，竟因此引起痼疾爆发，突患脑溢血死了！正如加拿大的文幼章先生所说，陶氏的死，是反动派杀害的。

陶氏死后，一群群的青年学生、工人、农民、伤兵、店员、教师以及文化教育界的许多知名人士，不绝的去哀悼他，个个人都放声大哭！每一个人都抱着悲愤的情绪。"忍气吞声，前仆后继！"这副挽联，喊出了一切人的悲壮呼号。

为了纪念这位举世闻名的人民教育家和民主战士，让我们实践他的遗嘱：

"我提议为民主死了一个，就要加紧号召一万个来顶补！……"

（白韬：《陶行知的生平及其学说》）

陈衡哲卷（1891 — 1976）

　　陈衡哲，江苏武进人。1914 年考取清华学堂官费留学生，赴美国瓦沙女子大学专修西洋史，兼学西洋文学。1920 年应北京大学校长蔡元培之聘，成为中国第一位西洋史女教授。抗日战争胜利后留居上海，1949 年后，曾任上海市政协委员。

偶然一见　相知永远

　　她虽没有得过任何博士学位，但其真才实学，却为胡适、马君武及其同时学者所深推崇赞扬的！我虽早闻其名，对日抗战之前，我并不认识她。直到抗战期中，在重庆一次偶然的机会中，始得初识其人。余原以为她是江浙人，这才知道她原籍是湖南衡阳，对我攀起乡亲来，还以老大姐自居。她的伯父陈梅生（眉生）先生，并是湖南省有名的大儒。民国初年，曾继王湘绮（壬秋）之后，担任过衡阳东洲船山书院山长（后改称院长）。我们初次见面，谈得相当投缘。记得有一次，我们同从教育部走出来，我要回相国寺任家花园，她要回李子坝，我被邀顺便先到她家作了一次客。谈到将近黄昏的时候，才握手道别。

　　从此以后，还见过两次。我对她的印象，似已有相当的认识。后来她的朋友或学生，也为我介述过她的种种，算是相知已深了。在我的脑海中，也就常有着她的影子存在，但自重庆分手后，我一直得不到她的消息。来台湾以后，"民国"五十年（1961），我在中央研究院会见过胡适之先生，便探到任叔永与陈衡哲夫妇的消息。胡说："任先生已于今年在上海去世。莎菲（胡氏对陈常称其别号）目病加剧，几近盲视的程度。所幸他夫妇俩，都能识得重与轻，这是最能使老朋友安慰的地方；但此生或已相见无期了。"言下颇有无限今昔之感！更不料胡氏一语竟成谶，仅逾数月，"民国"五十一年（1962）二月，他自己归了道山。

（王觉源：《近代中国人物漫谈》）

名媛闺秀

陈衡哲，原名燕，字乙睇，号莎菲，名号皆具有文学意味。原籍湖南衡阳，却生长于江苏常州（今武进）。生于清光绪十六年（一八九〇）。虽系名门之后，但双亲皆早故。幼依舅父庄蕴宽（思缄，清末大儒）而居。庄为国学大师，且为她延师授读。陈氏在舅父与名师双重熏陶之下，故于国学与诗文，皆具相当基础。光绪末季，始随舅母由广州至上海，肆业于教会女校。民国三年，考取了清华大学留美，为该校第一届十名女生中之一。后人多以清华老大姐称呼她，即源于此。她留美，初入纽约瓦沙女子大学，专修西洋历史与西洋文学。继入芝加哥大学，仍治历史与文学。时与胡适之、任鸿隽等，皆留美的风头人物。

民国九年，获芝大英文文学硕士后，正拟进修博士学位，适上海商务印书馆，商请其回国担任编纂工作。时蔡元培（孑民，浙江绍兴，光绪壬辰科进士）先生二度出长北京大学，开风气之先，打破国立大学传统的限制，聘请陈氏为北大第一位女教授，教西洋史兼英文系课程。姚从吾、劳干诸名教授，皆出其门。陈氏时年近三十，由胡适之作合，于是年秋，与比她长四岁的任鸿隽（叔永，四川巴县人，原籍浙江吴兴，秀才出身，留美，曾任广州大元帅府秘书）博士结婚后，夫妻唱随，遂以教育工作为职志。她在北京女子师范大学、南京东南大学、成都四川大学等校，都以讲西洋史为主，文学为副。声誉之隆，与并时之赵元任、胡适之、徐志摩、朱经农、马君武、梁启超、闻一多、郁达夫诸鸿儒学者，既蜚声于讲坛，亦称霸于文坛。"九一八"事变之后，北平中国科学社诸教授（任叔永为负责人之一）感于平津风云日紧，发起迁社至川，故陈氏亦得随夫入蜀。两氏同任职于川大。直到民国二十五年，由于四川军人的攻击（见后），乃与任叔永先后由川大辞职回平。时陈氏年已四十五，燕居，即以写作与培育子女（女以都、以书，子以安，后皆有成）为务。及对日抗战军兴，乃自平经汉口、九江移寓庐山。从此频频播迁，民国二十八年，始经广州赴香港，转昆明。民国三十年夏，又移香港。香港沦陷，复回昆明，任教西南联大。终定居于重庆。抗战八年岁月，她真可谓劳人草草，马未停蹄。

抗战胜利后，夫妇俩再度赴美。陈氏任美国会图书馆指导研究员。期满返国。"民国"五十年（1961）任叔永病逝于上海。陈氏则目病加剧（似为今称之白内障），教学一生，由于环境与健康关系，至此便难以为继了。"民国"六十五年（1966），病逝于"上海医院"，享年八十有七，葬于苏州。

（王觉源：《近代中国人物漫谈》）

双料才女

陈衡哲以中西文学，皆具深厚基础。因之，有关文学与史学之写作著述，亦极丰富。兹择其优者，略而言之。民初，她不过二十左右时，所作题为《一日》的短篇小说，即有为我国新文学史上冠军之誉。所赋《月》《风》二诗，胡适则评为"两首妙绝"。胡适固深佩陈氏的才华，陈氏亦久仰胡适的博学，深引为文字知己；惺惺相惜，自成了学术上的好友。陈比胡小两岁，胡写信或见面时，皆直以"莎菲"称陈氏，也就无怪其然。"莎菲"乃陈氏的别号，她发表文学作品，笔名偶亦署上"莎菲"。她的文学作品，以在《新青年》《独立评论》《北京晨报》发表者为最多。其他报纸、杂志，亦偶可散见。中英文著作，亦复不少。其最脍炙人口者，为民初所著《西洋史》二册，及英文的《论中国文化》，传之中外。抗战时期，昆明西南联大师范学院，有一次集全国民初以来所出版的西洋史、欧洲史、外国史教科书，聚十数专家公开来研究。所得结论，咸推陈衡哲民初出版的《西洋史》二册，列为三十余种之冠。这是出自众目昭彰，众心所许的真才实学功夫，谁都不得而私的。

《独立评论》是我国当时极富权威的杂志。宋哲元以该刊所载："冀察不应以特殊自居"一文为不当，要封《独立评论》的门。事虽经胡适之先生在无伤尊严之下，作了解决；但《独立评论》之有胆说话，从此也赢得了南京中央政府及京沪学术界的重视。本杂志的创始人，皆全国当时知名的学术精英，有胡适、傅斯年、翁文灏、陶孟和、陈衡哲、丁文江、蒋廷黻、任鸿隽等约十人，皆为基本社员。胡适担任主编。胡氏如离平不在社时，常由陈衡哲代主编务。其时陈之迈，年仅二十余岁，民国二十四年，尚任清华讲师，也是撰文投稿人之一。后来陈之迈作了一篇文章，发表于台湾某刊上，不明何因，竟将任鸿隽与陈衡哲之名，从《独立评论》的"创始人"中删除了。这样不顾历史事实，明知固昧，道义上固然说不过去；如果对历史消真灭实，也就失了一个学者的研究态度。其中果另有其他隐情，那便不是局外人所能想得到的。我们爱护学人，尤其爱护历史，都觉困惑不已，也觉不吐不快。

（王觉源：《近代中国人物漫谈》）

亦刚亦柔

陈衡哲生平待人接物温和、诚恳、亲切、精明、能干，皆兼而有之。同时也有倔强的脾气，疾恶如仇的热肠。不畏强梁威胁，亦不趋炎附势。很少疾言厉色的火爆，也无虚伪欺饰的矫情。既有湖南人的豪情与坚毅，亦不乏江浙人的细致文雅。从表面看来，她很像一个不容易接近的人。一言一行，什么都讲究规矩，错了规矩，常不假人以辞色。她这种脾气，学术教育界的朋友，都是知道的。她常对学生晚辈们说：你不要怕人"恨你"，恨是不要紧的。人家了解之后，就不会恨了。但你绝不可让人"看不起"，那可能会糟透了。"恨"与"看不起"，是截然不同的两种心理因素。

陈氏的夫君任叔永，素有清明廉洁之誉。在北平时，自始就担任了"中华教育文化基金会"的干事长。这是一个管理美国退还中国庚子赔款的机构。多年来，任氏对于这笔基金的保管、支配、运用，都尽了当尽的职责。当汪精卫在南京任行政院长时，多次想移用这基金会存在纽约保存及投资的基金。任氏初虽据法力争，且说董事会通不过；但仍怯于汪精卫的权势，心中又不免有点游移难安。陈氏则极力支持任氏不要怕，断然扬言以告任氏曰："我非牝鸡司晨，也不怕人恨。应本责任与道义立场来说话。纽约所存庚款，谁也不许移拿借用。我们宁可让人恨，而不能让社会人看不起。"汪精卫素知陈氏个性倔强，从此亦不再提及此事。纽约这笔存款，才得保全。陈氏这种亦刚亦柔的特殊个性，由此便更出了名。

（王觉源：《近代中国人物漫谈》）

华洋杂糅

我比陈衡哲大约小了十岁。我们在重庆初会时，她大概五十不到，还有中年妇人的活力，生气勃勃。她中等身材，方形脸，颧略高，也显出了她刚强的个性。生而近视，经常戴一副金丝边眼镜，并不失其"神气十足"的姿态。有人说她的脚是属于改组派的，这也毫不足怪。因为缠足原是中国妇女的陋俗，直至清末时代，除旗人与农家工作妇女之外，凡大家贵族或有闲的女子，多数是缠足的。得风气之先者，便率先解放了。即令解放了，仍多少有点变形，而非天然形态了，故称"改组派"。陈氏之足，即此　类型，但不经道破或不十分注意时，是绝对看不出来的。陈氏口才很好，能说好几种地方方言：常州话、上海话、北平话和少许广州话。因其生长于江苏常州，对原籍的纯长沙话、衡山话，反一句都不能出口。英语说得最纯正流利，如仅闻其声，而不见其人，反以为她是美国人。她亦富有如英、美太太们的亲切态度。所以当罗素来华到北大讲学、泰戈尔来华游历，陈氏也是被"中华教育文化基金会"推选出来，负接待责任的人之一。她英语虽然说得好，但与国人谈话时，却有夹杂英语的习惯，又常为不懂英语者所难耐。因为她有浓厚的中国世家风范与规矩，又有英美式的礼貌与习惯，所以也才使她成了一个华洋杂糅、中西合璧生活的人物。这也就是她常说的：

"不依规矩，不能成方圆，没有习惯，便会朝三暮四"的注脚。

（王觉源：《近代中国人物漫谈》）

陋室传经

北平原是中国民国前的政治中心、文化古都，也是中国住家最理想的地方。陈氏居留北平，时间亦最长。朋友告诉我：任家当年住在北平西单牌楼察院胡同二十九号，是一所极为宽敞北京式的古老房屋。前面园子，花木扶疏，有柏树、翠竹、花果等。宅后有土地、荷池、树木、石山洞。具有都市中的乡村风味。宅内大小客厅、大小书房、卧室、浴厕、厨房，无不宽阔修整。且有当时亦鲜见的暖气水汀装设。陈设中西参半，中西书籍，装柜分列。窗明几净，雅洁异常。走廊宽长，尤其下雨时是儿童们最好的玩乐地方。抗战前夕，任氏夫妇因离平南下，该宅曾借给陈之迈居住过。嗣陈之迈应召参加庐山会议离平。不久，日人占领北平，陈之迈亦未再返。本宅以后如何，便不得而知。不过陈衡哲后来在昆明所住青云街、黑龙潭，上海所住枫林桥中央研究院，重庆所住李子坝，各处的房子，都比不上北平的住宅，相差远甚。

陈氏之家，不论在北平、上海、昆明，我都没有去过。其为纯中国传统兼有美国化的一些形象，但无浓厚的宗教色彩，乃是可以想象得到的。我仅到过她住在重庆市郊李子坝的家。那时由于战时环境与客地寄居，一切多因陋就简，自然都讲究不起来。不过我很欣赏挂在她家客堂壁间，陈氏自撰自书的五言对联。字不太好，联语倒很贴切。联云："黉门培博士，陋室好传经。"上联，不脱教育家的风范，似寓有补阙励学两义在内；下联，似怀念北平故居，又能安于现状。两句平淡话，含蓄得体，非知其情者，不能悟解。

（王觉源：《近代中国人物漫谈》）

乐于助人

陈衡哲因具有嫉恶的性格，自有一种侠义心肠。对日抗战时期，她以孔（祥熙）、宋（子文）两人，一个掌经济的权衡，一个执金融的牛耳，弄得社会的经济生活不能平衡，很不满意。这当然是受了左派人士思想的影响。因而偶有迁怨于政府的想法。其时，中央想借重她，发展她做监察委员，国民参政会成立，又选她当参政员，皆辞不就。谢冰心后来之能入国民参政会为参政员，据说即为陈氏辞让后所推荐的。谢冰心即谢婉莹（来台后，曾在台大任过教授），为五四时代兴起的新文学家。曾在燕京大学任教，其夫吴文藻先生，任燕大社会系主任。谢氏亦留美学生，在北平时，与陈氏原为通家之好。陈氏之所以推荐谢氏者，并非是"己所不欲，而施于人"的心理。实由于后来自己把政府国策的道理想通了，对孔、宋亦释了疑怨；本国家兴亡有责与爱护和期待朋友有所建树，才想出来的两全办法。

在昆明时，西南联大有程某者，与陈氏毫无亲故关系，意欲提前赴美深造，当时还没有留学考试制度，便商之于陈氏。陈氏于分析当时国内外战况之后，随告程某曰："记住！天下不久将有大变，还要我们大家来艰苦撑持一个短时期！赴美今尚非其时，将来我当为君图之。"抗战胜利后未久，经由陈氏的推荐，程某果得偿其夙愿。陈氏之乐于助人，由此亦可见之。

（王觉源 :《近代中国人物漫谈》）

中西合璧

陈氏一己和其家庭的生活，一向俭朴自持，不失清白家风。我前文已经说过：她有西方式的礼貌和习俗，也有中国式的传统和规矩。平时虽极温和亲切，有人一旦失检，有乖法度，常会不客气的大开教训。家中事无巨细，多必躬亲。为人精明能干，不易受骗上当。北平家里所雇的厨子，在当时的北平，是相当有名的。雇用的女佣，也是标准能干的北平老妈子。她离开北平以后的家，便常为着厨子和女佣伤脑筋，这也就是因为自己太精明能干的缘故。她的饮食，中西无嫌，力主丰俭适度，重视营养，不许浪费。她亦无偏食习惯，只以新鲜精细为主。养成了饮西式下午茶的习惯。多利用这时间，会客谈话，或启导家人晚辈。平时亦不爱吃零食，唯于湖南的五香萝卜干、酥糖，洞庭湖的莲子例外，家中也经常备着。

因其为人随和，对于宾客的交接，常一见如故。她爱客好客，原是有名的。因之，座上客常满，茶杯不够时，临时辄要乞之于邻。与初会的客人常爱说："随便常来我家玩，不要客气，要自由、随便。"对子女晚辈介绍客人时，先必确定对客人的称谓：如伯、叔、姑、姨、兄、弟、姐、妹等，并要切记，再见便熟。与长辈对话时，须用"称谓"，不能用"你"或"你们"。晚辈坐着，看见长辈走来，必须即时起立。这就是中国传统的礼貌规矩。湖南、北平、上海、常州、四川的世家，现在仍多保存未变。如称太太们，她不主张中国人用"安娣"这类称呼。因此大家都称她为"任太太"，也不用"教授"这类的称呼。

任氏夫妇，皆留美出身，却未过度洋化，数典忘祖。不但有传统的俭朴修养，也最富有爱国爱家的思想。由其言行中，皆可看出来。虽说生活是中西合璧，美国气氛并不浓厚。家庭用品，既少西洋货色；她的写作，也鲜见"上帝"这类字句。她的三个子女，也早养成了文具用国货的习惯。例如铅笔（当时尚无原子笔），全家没有一支外国货，都用当年唯一的"中华铅笔"。其他用品，亦大体不离这一原则。

（王觉源：《近代中国人物漫谈》）

反对纳妾惹出风波

陈氏尊重女权，反对男人纳妾，本其一生的素志。过去在报刊上所发表的文章中，已多论及这类问题，不过没有提出具体的对象与事实而已。民国二十四年，其夫任叔永在成都任四川大学校长，陈氏亦在川大任教。不料陈氏在四川环境之下，作了几篇反对纳妾的文章发表后，竟遭到川军某些将领的反击，指责陈氏"侮辱了川省妇女界"。在这顶大帽子压榨之下，便惹来了很大的是非风波，逼得任氏夫妇，先后离开了川大。

这风波发生的远因，固出于陈氏一贯尊重女权，反对纳妾的思想。"纳妾"在中国社会上，已是司空见惯的事；而反对纳妾，也不是近世的新问题。中国近世有一个怪学者辜鸿铭，字汤生，是一个中西哲学和文学皆有成就的人。他与一个美国太太辩论"纳妾问题"时，曾有："只有一只茶壶用四只茶杯，未见一只茶杯用四只茶壶"的妙论。过去四川有些军人就是讲究"一壶四杯"多妾主义的。而陈氏一生，正是以反"一壶四杯"作妇运号召的。近因，则起于陈氏被邀参加某将军的一次家宴。他家群妾侍侧，宛如封建皇家三宫六院的嫔妃一样。陈氏已经感到头昏脑涨。宴后，某将军请她登榻烧两口玩玩。这本是鸦片家庭平常一句客套的应酬话，不料陈氏却误会了，以为这是姬妾辈的事，当即婉拒了。但她愈想愈不对，认为这是对她的一种侮辱，私心很不自安！乃兴辞而归，便提起笔来，在胡适等出刊的《独立评论》上连续发表了几篇文章，于是惹下了大祸。

陈氏的文章，因为有看不起川军将领某某等人姬妾成群的生活，不免有所讽刺。且明白指出："中国男人，尤其是由军阀统治，副官姨太太作主的边疆割据省份，其对于女人的侮辱和谩骂，原是全世界任何民族不能比拟的，下流到不能再下流……将军们的姬妾之多，有的数十房，少亦十房左右。有的且派十八九岁的姨太太，到上海去留学。每位一栋租界上的房子，奴仆如云，用钱如水。而川康之山民，有十八九岁的大姑娘，尚无遮羞之一片布者……"

陈氏文章发表过后，便惹火了某将军的"姨太太们"，发表《反对川大校长任鸿隽的宣言》。宣言中提到"某将军"时，还妙笔生花，称为"我们的丈夫"。妙极了，真可谓为"自甘下贱，不知羞耻"已甚。幸好没有在"丈夫"之下，加上一个"们"字。此宣言，自然不是姨太太们的杰作，而是有人代庖的。同时，为了对抗辱骂陈氏，还在成都办了一家小报，专门负责针对陈氏信口雌黄，随便侮辱。妙语如珠，风传一时，我在此停笔，不想多所引述了。当时汪精卫有一次在讲演中说："我国以孝治天下，而骂人动辄伤人的母亲，辱人的姊妹。"明白的人士，自然心中有数，闻弦歌而知雅意。任氏夫妇，眼见下流的辱骂展开，将来更会什么话、什么事，都会骂得出口、做得出来。文斗不成，或会加上武斗，秀才碰了兵和遇了自甘下贱之辈，就会吃大亏了。只好自认晦气倒霉，避退三合。陈氏当即辞去教职返平。任叔永亦于民国二十六年采取同一步骤，暂回北平老家休息。一场无妄之灾的风波，才算平息了下来。

（王觉源：《近代中国人物漫谈》）

命名中山妻的由来

与上述"纳妾"颇有关联的一个命名——"中山妻"，似乎也是陈衡哲所创造出来的。在她以前，的确没听别人说过。这典故与其真实意义何所出？陈氏亦未说明过。据她的解释说："清末民初时代，虽已跨进二十世纪，但中国的婚姻习惯，仍多沿袭封建的传统观念，咸以通婚大家世族，为晋身显贵的终南捷径。士大夫阶级，仕途苟不得为清望官，婚姻苟不结上高门第，则其政治地位与社会阶级，都会因之降低或沦落。这种情形，很可能延续到后辈若干代。为了避免或挽救这种现象，有些人便从各种管道发展，男的便非高门世族的女子不娶。其已结发有妻者，有的便把'家乡太太'，对外隐秘，对内储存起来，另娶一位世家的或摩登的太太。"这位新太太，陈氏无以命名，便名之为"中山妻"。她并谓："不必妄取证例，我的好朋友傅孟真先生，他的学识才能，固是值得赞扬的；但他一生的成功，就有赖于他娶得浙江俞门俞大彩小姐为'中山妻'。在学术、地位、事业各方面，都得到她的帮助不少。类此情形者，还有很多，就都不必说了。"

据一般人看来，所谓"中山妻"，既不出于中国经典，也不见于西洋汇书；该算一个摩登名词。既说不是"续弦"或"兼祧"，说是"媵人"或"同居人"也不合，在中国婚姻习俗上，确有点不伦不类。龚德柏（老报人，国大代表），曾放大炮式的说过："中山妻这名词，在中国传统习语上，没有她的名分，实际上就不殊于姨太太，在家族之间，没有她的地位、社会地位，既不能彰彰公然提出；法律地位，也是途途不通；如被当事者向法院告诉起来，还难免有'重婚'之罪。如是姨太太，便不会有这些麻烦。但姨太太与交际花草，实际又只是批发与零售的不同。那中山妻与姨太太就更难分轩轾了。自然也有特殊的情形，中山妻亦有为发妻、元配或家乡太太所望尘莫及者，那又另当别论了。"龚氏这段妙论，是继陈衡哲闲话之后，在朋友闲话中所说的。闲话就闲话，习惯成自然，亦不必去计较。

（王觉源：《近代中国人物漫谈》）

陈果夫卷（1892 — 1951）

陈果夫，名祖焘，字果夫。浙江吴兴东林镇人。民国时期政治人物，是国民党内右派。陈果夫及其弟陈立夫与蒋介石关系密切，在大陆时期为蒋所倚重，负责国民党内组织及党务，有"二陈""CC系"之称。著有《中国教育改革之途径》《通礼新编》等。

持躬节俭

陈果夫先生，办理党务，十数年如一日，其为党之牺牲精神，始终不渝，殊非一般藉党而升官发财者可比。闻陈氏对党擘划，煞费苦心，因此用脑过度，体弱多病。近则更罹肺病，经中西名医诊治，尚无大碍，陈亦并不因病灰心，依然为党服务如故，虽夏葛冬裘，仍照常工作，其勇于责任心，与忠于职务之精神，殊足令人钦佩也。先生持躬甚俭，朴实无华，其家庭生活，尤极简单，非一般要人所可望其项背也。且以多病之身，仍醉心于文化事业，对于印刷工艺，恒孜孜研究，乐此不疲。曩年迁寓首都时，值南京房租飞涨，而陈氏以廉价，租得城西荒凉寂寞之螺丝转湾之印刷所余屋数间，朝夕印机声轧轧，从者均以为苦，而陈氏不厌其烦。间尝闲跶工场，视工友之劳作，恒顾而乐之。迨迁鼓楼附近之二条巷，房屋虽较精致，而租价殊昂，深觉无谓。适复成桥附近之常府街仁德印刷所后院宽敞，且有空地一块，遂与立夫先生商酌，就该空地共同经营一新厦。其会客室布置，亦极简洁，所有陈设，除书籍鲜花外，并无若何点缀，固与往昔无殊，较之旧寓客室中，仅少一"不荐税局差事"之标语耳。或者兴迁伊始，尚未注意及此也。有人叩以毗邻印所，胡不厌烦，先生笑称："吾正以机声轧轧，足资兴奋，且此间距第一公园甚近，空气清新，与车马喧阗之鼓楼二条巷较，其雅俗为何如耶？"人以是赞先生赋性之恬淡，诚富贵而不能淫者矣。

（竹楼主人：《近代名人轶闻》）

主张恢复《三字经》

某期中央党部纪念周，由先生报告，先生素重旧道德，是日所报告者，为改进教育问题，大致谓："今日之教育目标，小学宜重修身，中学宜重齐家，大学则治国平天下，而小学课程，宜恢复旧有之《三字经》，因其含义极深，足以砥砺道德。至于目前中国之教育，病在贵族化，一般经济力量不充者，时有半途而废之憾，结果学不成，业不就，蜕变而有流氓——女学生且一变而为妖怪矣。即本部工作人员，或亦不乏其人也。"一班红唇粉面肉腿卷发之女听众，至此不觉面泛桃红，俯首赧然。

（竹楼主人：《近代名人轶闻》）

发明的菜谱

陈果夫先生富于思想，他在江苏省政府主席任内时，曾创立一座江苏省立医政学院，自兼院长，每月必假省庐宴各教授一次。省庐的厨师是向在谭延闿先生家做厨子的，他能以极平淡的菜蔬，做出极精美的佳肴来，并且每次必不相同，可谓名厨。果夫先生以他自己理想的菜教厨师调制，叫做天下第一菜。那菜中是用番茄、虾仁，略加火腿丁，炒成后投以油炸锅巴，味色香都有，极为可口。果夫先生他曾开过一次江苏全省物品展览会，把各地的名产都集中起来，以供研究。江苏一省，即以饮食而论，名目繁多，如镇江之肴肉、滴醋，江宁之板鸭、小肚，无锡之肉骨头、面筋泡，苏州之酱肉、酱鸭，枫泾之熏鱼、熏蹄，扬州之酱菜、干丝，高邮之双黄鸭蛋，盐城伍佑之泥螺，兴化中庄之醉蟹，仪征十二圩之点心，淮安之莼菜、汤包，淮阴之鳝鱼细粉，都各有特点。果夫先生以饮食有关文化，更创天下第一菜，以佐苏人的兴致。

（陈邦贤：《自勉斋随笔》）

得一奇石

果夫赴洛阳出席二中全会时（"一·二八"之役，国府与中央党部均迁洛）寓西宫细柳街棉湖里，晨兴极夙，日偕其幕僚散步洛河之滨。洛河中产石子，足与南京之雨花台石媲美！其大者直径五六寸，小者直径则三四分不等，自润而圆，形如鸭鹅卵者最多，花纹斑斓者，则别有风趣！开封古物陈列所中，陈列有洛石二百多事，其以形态似者，有龟、有鱼、有老人，为最肖；有以花纹显者，有陶器之麻布纹，有似汉壁画，有似近代图案画，为最美；其以色彩称者，有深青、深蓝、浅黄、浅绛、金红等；至颜色参错，花样翻新者，如金如底部，有深青梅花，雨夹雪点；浅黄底部，有红花红叶，艳于秋枫。均因出于天然，故奇丽美妙，胜人工织乡之图画多多！尤令人感觉特殊者，即无论形态、花纹、色彩，莫不气魄雄厚，决非雨花台产所可比拟也！果夫游时，洛水河床，已淤十之六，一日忽在沙渚，拾获一石，色洁白如玉，上有行书"亦有"二字，笔画分明，殊深讶异，携归寓庐，即作长画并石，寄赠中央财委会秘书闻亦有，以与其字正相同也。后虽有人踵迹寻石，然欲求如此有字者，则终不可得矣！

（坦荡荡斋主：《现代中国名人外史》）

颇重细节

果夫近任苏省政府主席，兼民政厅长，处理庶政颇重合理化，故苏省政治，日臻佳境！而其遇事明察隐微，尤为常人所难！如其一日公暇，轻车简从，至民众教育馆巡视，入门后，见庭前花圃，植凤尾松一株，青葱可爱，第细视所悬标志，竟大书垂丝海棠数字，心异之而未言，升入礼堂，则机声轧轧男女工友，杼轴栗六，初无管理指导之人。乃折入艺术室，见壁挂中西画图，虽然五光十色，琳琅满目，而画派错综，并无标识，且亦漫无分判。更趋一陈列所，见各类人种模型之间，而外人竟高高踞上。果夫睹斯现象，遂废然以返。越日某厅举行谈话会，果夫亦翩然莅止，偶谈及孔教六艺，不禁怵触前情，慨然举其所见，以相告诫，谓："明明系凤尾松，而偏标以垂丝海棠，此殆从前旧标志，而执事者贪图省事，因循未换；讵知该民教馆为省却一番手续，竟不恤贻人以错误观念；然则毋宁不教之为愈了？又如织布工作，应教授以组织方法，今一任几许工友，恣意漫织，既非教育机关，直有类于旧式之工厂耳。壁间挂列画图，非不五光十色，但既不说明中西画派种类之区别，又不指示作风优异之特点，使观众莫明其妙，又何所乎民众教育之本旨乎？最可叹者，则为陈列室之人体模型，竟以外人首列其上，显系此种模型，来自外国，为外人所制造者，吾人更何必购置陈列，以自贻其羞！设观众而慨念及此，将更贻予何种印象耶？所谓社教机关，原以民众导师自期，今矛盾如此，将若之何？而不令人痛心也！"

（坦荡荡斋主：《现代中国名人外史》）

组织骑射会

果夫近以江南文弱，素为世人所轻，而亟思矫正之；特发起组织骑射会，征求同志加入，其缘起文颇典雅！兹并志如次："昔者缮校掌之夏官，射御列于始教，凡所以起窳惰之习，树强武之基；降至典午，斯风浸复，然宣武横槊，佐其雄谈，王济紫策，称为善骑，从来判文教修之际，无废挽强超乘之材；矧于近今，则犹有说，国难凌烁，庶俗混媮，以脆弱之民，当训练之众，一旦有事，兽禽靡，求当前之勿挠，必养成于夙昔；而坚强之意旨，寓于强固之体魄，未有手不能缚鸡，而雄于万夫者，尤未有不习干戈，而能执之以卫社稷者也。兴亡之责，特在士夫，观感所资，请自隗始！此为

发起斯会之初志一。公务人员，为民坊表，退食燕止，何以自修？时际艰屯，岁不我
俟！当以人一己百之劬，增益有所不能，修养以为国用；讵宜酣嬉荒佚，自跻于堕落
之林，骑射之技，平时锻炼，实以代表茹苦之胆薪，临事效命，庶足展健强之身手，
此为发起斯会之初志二。江南文弱，著称于时，饮醇披纨，习为常素，上者倚声谱曲，
弹棋品茗，矜为雅事；下则博塞游冶而已。如斯积弱，何以图存？同人等不惭绵薄，
思以武健之风，振颓靡之俗，潜移默转，必有其时，凡我素心，当不河汉，是为发起
斯会之初志三。职兹数因，敢征同气。"云云。

（坦荡荡斋主：《现代中国名人外史》）

著述二部

　　果夫对于苏省建设，恒能不遗余力；公暇著作有关常识之书籍，亦复孜孜不倦！
计其最近完成之作品，有《水》与《模范青年》两书。《水》之内容，为分析自来水或
天然水之质料与功效，阐明非煮沸不可之理，阅之，于卫生上，当宏有裨益！《模范
青年》内容，系描写一青年，品行如何端正，人格如何高尚，极守礼义廉耻，足为全
国青年之模范。闻此两书，并已改作剧本，交由上海天一影片公司拍摄，以便免费放
映，藉为通俗教育之补助。

（坦荡荡斋主：《现代中国名人外史》）

后院点火

　　民国二十二三年江苏省政府改组，陈果夫代顾祝同为主席，省府委员及各厅处长
名单拟定后电告南昌蒋介石，请求批准（形式上只要行政院通过即任命，实际上则要
蒋介石决定了，再在行政院会议办一手续，然后由行政院呈请国府任命），两次去电均
不答复，陈果夫知道其中必有缘故，就去一电呈，说："如有更适当胜任者，请钧座直
接指定。"蒋介石回电了，对周佛海连任教育厅长，赵棣华任财政厅长，叶秀峰任建设
厅长，项致庄任保安处长均同意，原定的民政厅长程天放改为秘书长，民政厅长则要
陈果夫在辜仁发、唐肯两人之间择一提请任命。唐、辜两人都是"剿匪省份"的行政
督察专员，陈果夫知道是杨永泰捣鬼，一打听，知道唐肯是江苏人，老练圆滑，不易
应付，辜仁发是山西人，比较戆拙，于是决定选择辜仁发，提请任命为江苏省民政厅
长，江苏省政府改组成功了。政学系虽得了一个民政厅长，但委员中绝大多数为CC，
凡是辜仁发提出案子，省府会议均不予通过。而陈果夫要民政厅办的事情，辜仁发也
置之不理，这样僵持了几个月，便宜了一些本来应该换掉的县长、公安局长，他们虽

失去靠山，准备下台，却多做了几个月，多刮一些地皮。最后陈果夫打听到辜仁发在山西原籍有一个老婆，又在外面娶了一个，就派他的喽啰到山西去把辜仁发的元配嗾着南下，与辜仁发吵闹，辜仁发最初以为乡下女人来了，给她几个钱，就可以打发回去的，不料背后有人操纵，除向法院控告辜仁发重婚罪外，还在南京大发传单，把辜仁发骂得一钱不值。这件事闹得很大，CC 又动员各地有关的报纸加以渲染，弄得辜仁发不能下台，只好丢掉民政厅长不做。在这一纠纷中，CC 打了一个胜仗，但程天放却因没有做到民政厅长（陈果夫虽同时推荐程天放与余井塘两人继任民政厅长，但他却当面向汪精卫声明，要程天放做秘书长，故行政院会议通过了余井塘继任），一怒而离开陈果夫，后来竟倾向到政学系一面，靠政学系之力做了一任驻德大使。

（翊勋：《蒋党内幕》）

活在先人的光环里

在党政军三方面，蒋主席亲柄最多者为军事，次之为政治，党务差不多悉委陈立夫、陈果夫两氏之手。大家都知道主席的投身革命，和先烈陈英士先生是有着极密切的关系，英士先生曾予将主席以很大的助力，换句话说，主席的事业基础，一半是英士先生所促成的。果夫与立夫二氏是英士先生的子侄行，两人走入政界，便是这一个渊源。主席对于陈氏兄弟一直是另眼看待，而陈氏兄弟有了这一层渊源，在个人的事业前途上，先已有了一个稳固的立脚点，由对于党的忠诚与本身的精明干练，组织才能极强，逐渐取得党的中坚地位。十余年来，两氏始终获得大多数党员的推重，这当然是因为两人能得蒋主席绝对信任的缘故。毫无疑问的，陈氏兄弟今日除在军界并无直接发言权外，在党务方面握有百分之七十以上的权力，在政治方面握有百分之四十左右的权力，他们的一举一动，在党政方面都起很大的作用，有人说，陈氏兄弟是今日党的灵魂，这话并不过分，党团合并之后，明了内幕者，已知陈氏兄弟所占的重要地位，却是极显然之事。

（佚名：《中国政治内幕》）

奇特的痰盒

第一次与果夫先生见面，除了他那只消瘦清癯的面孔外，给你印象最深的，恐怕就是他那只特制的小痰盒。大小约一立方寸，色质光亮耀目，有如贵妇人装置钻石之小盒。这是他的一件随身必携品。不管是出席国府纪念周或者某人的宴会，都不可缺少。登台讲课时，打开书本后，第一件事就是由中山装右边的衣袋里掏它出来，摆在讲座上。受训的同学们，或者难免不将这个小痰盒的印象，连同他的讲词，一同装进脑子里带回去，经久不忘。

陈先生是害肺病的，大概讲了十多分钟话，就得咳嗽一阵，把一口浓痰，往那只小痰盒中吐进去。这小痰盒，我说它是一件奇特的造作，不只是形式的玲珑小巧，便于携带而已；妙处尤在于痰吐进去，不需用盖盖住，随便摆在衣袋里，也不会再流出来的这点。如果陈先生并不那么重视它如家珍，而肯将它的构造用法，也像其他的知识经验一样，传授他人，对于没有吐痰常识的同胞们，或者较诸几篇卫生论文，几条"禁止随地吐痰"的标语，还来得有效力，我想。

（何瑞瑶：《风云人物小志》）

病得不轻

陈先生的肺病，已是害了有二三十年的历史了。据时常接近他的人说，十多年前，就时常听见他的咳嗽声，面容也是这样的清瘦少血色。我虽未曾学过医，没有由病人的面孔上体认出病象的深浅的本领；不过，如果我活了这二三十年的见闻可靠，我是敢下这样的判断的：他的病并不平常！

（何瑞瑶：《风云人物小志》）

卫生专家

他虽害了这许多年严重的肺病，但同时他却是一位最讲究卫生的专家。远的我不提，就以他到重庆来的这两三年的起居生活来说说吧。两三年来，他都住在小温泉中政校里。他在中政校的住所，是一座颇为讲究的小洋房。前面正临着那条幽美的花滩溪小河——南温泉的眼睛，温泉十二景，这河就占了大半。——河上游艇上下，情态怡适；背后是一座高可二百尺的小山，山上多长翠竹青松，鸟声风声，晨夕不绝；洋房四周，多栽住种花草，花香草色，四时宜人，虽在千数百人的学校中，也很少有尘嚣的气息。他现在虽已卸中政校教育长的职务，但还负有中央党部军事委员会等机关一部分的责任；所以工作是很辛忙的。可是他却能将每天的时间支配得很有分寸，何时睡觉，何时起床，何时用膳，何时办公，何时会客……都丝毫不紊。早上他起得很早，盥洗后，第一件工作，就是到园中散步运动，吸收大自然间清晨的新鲜空气。每天除了那些必须办的公务与应酬之外，他还要匀出一点时间来读书研究。他年来的研究中心是水利、风俗、卫生等学问。而对于卫生，似尤有心得。校中有一个颇称完善的医务所，可说就是他致力医药卫生的成绩；他的肺病，二三十年来并没有因工作的繁忙而加剧，也未尝不是得力于此。他之所以研究卫生学，并不光是为了自己，而且以此教人，以此创作传世。他在中政校，每月除了若干次的定期训话外，还担任讲授《卫生常识》这个课目。他以他多年的经验与研究所得，著了一本《医政漫谈》，颇得一般人推许。书本上记录的，是他人的理论；他自己的病体，才是他研究的现成工具。他不断地研究，不断地体验，所得来的学问，是真学问，他有理由去教人相信。他害了病，却能利用这个病来做研究学问的对象，这是一件十分聪明的事。所以他之能成为一位卫生家，并非偶然。

（何瑞瑶：《风云人物小志》）

冷面师长

他实际负责中政校的校务，时间虽只有三年半；但中政校好似就是他的家，从开办到现在，他并没有与它长久疏远过。就他主政江苏时，每个月也要抽空回校去巡视一两回，对那群弟子们讲讲话。十多年来，由他栽培出来的中上级干部，现在已散布到全国的每一个角落，每一个部门，去共同担当起艰苦的抗建工作了。而这群干部，对于他的爱戴，似乎也是始终不变的。这里，且就说说我在本团所看见的一些情形，做一个例。团中每期调训的学员中，中政校毕业的可不少。团中的规矩，凡是一连担任两小时功课的讲师，讲完一小时后，便可到休息室里休息十分钟再讲。休息室的门外，虽并没有挂着"禁止学员入内"的牌示，但既是专为讲师休息而设的，讲师下了来，总得让他安安静静地休息一下子，才是道理；而且那里面的空气十分严肃，穿上一身丘八服装走进去，哪怕你有多高的地位，多大的权威，到了这里面来，都会无形中被剥夺干净而感到拘束、难堪、起坐不安；可是，一碰到陈先生下了来，那里面就常常会挤进许多人——他的学生。这个问候老师的健康，那个报告治区的地方情形……十分钟的休息时间，就只好花费在这些应对中了；而且，有时有些人连说话的机会也没有，只对要谒见的人看一眼，就给上课号"吹"出去了。他对于他的学生的态度，并不显得格外亲昵；尤其是如果有别的客人在座，与客人谈话是那么的温热客气，转过来对他的学生，又是那么一副严严正正的师长面孔，还觉得有点近于"冷酷"。虽然来谒见他的人，有的也许是阔别多年的了，而他也仍然是如此。这个态度，竟也引起这许多人始终的爱戴，说来未尝不是他在校中的教育的成功。

（何瑞瑶：《风云人物小志》）

授课有方

他的身体，似乎时时都在病中；但他的精神可很好。他每次来团讲授两小时的课，从未曾迟到或早退过一分钟；而且声音始终能保持着相当的响亮，绝不像一个多年的肺病患者。他担任的课程是《党员须知》。这是一门专讲条文要则的功课，枯燥乏味，听者讲者，都觉得不易对付；但陈先生却能提起精神来将死的条文，变为活的话语，滔滔述释。而且，也许由于他在党中的历史久远吧，听者对于某些地方，也很感兴趣；而他也爱以有趣的个人私事，来增浓听者的趣味。有一回，他讲到"总理与总裁"这一章时，于叙述了民国廿七年全国临时代表大会决定恢复领袖制，设总裁代行总理职权，取消一切小组织之后，仿佛就这样说过："有些人曾加给我和立夫一个'C.C.'的头衔，而大事攻击呢，实在可笑！其实，国家到了这个地步，大家团结一致，抵御外侮，尚感力量不够，还允许分化对立吗？——爱造谣滋事的人，真没有办法！"

说过后，就是微微的一笑。《党员须知》他是主稿人；而现在又由他亲自来对我们讲述，他的话或者是可相信的。

（何瑞瑶：《风云人物小志》）

没有病人的小性子

一个肺病患者，最易犯的一种精神病，就是爱使小性儿，发脾气；而陈先生却胸怀坦荡，永不悲观。就躺在病榻上，他也仍然谈笑自若，从未曾低头叹过气。对于个人如此，对于国事也复如此。国家不论遇到多大的艰险，他也只有埋头想办法度过，绝不说"中国不亡岂有天理！"这些泄气话。就是这个乐观态度，造成了他的政治地位，救活了他的命。现在他又在《中央周刊》上继续发表他的"医政漫谈"了，你看看那轻松幽默的笔调，可也相信这是出自一位肺病的老祖宗之手？

（何瑞瑶：《风云人物小志》）

自陈不叫果夫

此外，我还要在这里说的，就是果夫先生的原名并非"果夫"。有一回团里编印教职员通讯录，由我来调查各讲师的次篆、年龄、籍贯等，我问起他的次篆时，他就很感兴趣地对我说："'果夫'就是我的字，我的原名是'祖焘'。好多年来，我在各方面用的都是'果夫'这个署名，所以人家也就把它当做我的名字看了。'祖焘'这两个字，现在除对家里人写信还用外，其余全都不用它了。我的弟弟立夫，'立夫'也是他的字，他的原名是'祖燕'。现在常常看见许多人把他的名与字倒过来用，是错的，我的名字不打算更改了。但立夫还要另外换一个才成；因为'立夫'这两个字，现在同名的人太多了……"

他像说一个有趣的故事似的，不耐其烦地为我反复叙述着。由这点，也可看出他的趣味是多方面的。

（何瑞瑶：《风云人物小志》）

别有收获

陈先生除了服役于党政，以及潜心研究水利、风俗、卫生之学外，对于新闻事业，也深感兴趣。去年在新闻学会的成立会中，他曾发表了一篇题为《新闻、广播、电影三位一体》的讲演，引起新闻界十分注目；经国际编译处翻成英文向国外宣传后，过了许多时候，还不时接到由纽约、伦敦、华盛顿等地新闻界送来的拥护函电，这也很可以使他老人家得到一点精神上的安慰了。

（何瑞瑶：《风云人物小志》）

对付流氓

果夫先生在办理募兵的时候，还有很多事情值得一谈，这里提出一件事：

上海码头上一般流氓，知道他们送出去的都是从各地招来的新兵，于是就乘机敲小竹杠，每名新兵上船，须缴款一角至三角，同时巡捕房方面，包打听和巡捕等等，平时暗中帮忙，也要酬谢。因此在这方面花了不少钱。久而久之，发生的事情一天天增加，码头上的这些人，欲望也一天天大起来，每一个士兵被敲的竹杠，竟涨到五角以上，因此使他们很难应付。这时刚巧山东的张宗昌到了上海，果夫先生手下有一位叫李徵五的，此人和张宗昌有些关系，就由李徵五请托张宗昌帮忙，同时果夫先生又亲自拜托淞沪警察厅长及上海县长，把码头上这些流氓的气焰压了下去。后来他们在中国地界的小东门，租了一栋房子，挂了一块"揭普道路募工驻沪办事处"的招牌，对外说是招募工人，实际办理募兵工作。由于与警察及县公署等机关有了联络，所以工作进行还算顺利。不料一个月后张宗昌的宪兵换了防，对于后任的宪兵队长，还没有来得及联络，新队长听说那个道路募工办事处是招兵机关，就派了大批宪兵来，把他们招来的新兵和管理员，统统驱走，房内的一切桌椅家具，抢个精光。果夫先生看到此种情况，知道在中国地界已无法立足，不得不迁到租界里去。码头上的流氓，得了这消息，又大涨其价，每一新兵，必须付一块钱小费，才可放行。果夫先生将此情形，电告蒋公后，到民国十五年春间，派了杨虎来协同工作。以后不再在下层联络，而请上海的闻人黄金荣帮忙，问题才得解决。同时，广东方面的情势也渐渐好转，所以租界当局，也不再干涉，于是果夫先生等就在朱葆三路的一家旅社里，包下四层楼的全部房间，让招来的新兵们居住，上船的时候，排了队伍在马路上走，也没有受到干涉，这情形一直到民国十六年为止。

（晓恬：《当代名人故事》）

以功抵过

民国廿三年省府决定疏浚苏北六塘河之前，秘书室给果夫先生送去一个县长沈某被控的文卷，足有半尺多高。果夫先生花了一个多钟点，看完了全卷，发现他被控各节，都是前任主席任内的事，虽然查明属实，但所犯过失，都很轻微，并非罪不可赦者。再查此人的出身，是满清卅三标的一个士兵。报告中说他文字还不差，当时果夫先生就没有批，想在省府召集六塘河流域各县县长来省开会时，看了他的人再说。后来各县长来省开会，果夫先生点到他的名，特别对他端详了一下，觉得此人仪表不差，应对也很得当，断定此人短处虽多，一定有他的长处，否则，何以能由士兵而上升到现在的地位？所以等会议结束以后，果夫先生特别约他到办公室谈话。果夫先生第一句话就问他："疏治水道这件工作的重要性，你明白没有？"

"我完全明白。"沈某回答。

接着，果夫先生指着案头半尺多高的控案，向他说："这些公文，都是地方人士控告你的文件。你的短处，你过去的所作所为，我都明白。在这里，我看不到你一点优点，但我想你能从一个士兵干到现在的地位，一定有你的长处。我现在暂不办你的罪，如果你对六塘河的疏浚工程办得不好，我将把你一并治罪。假如你办得特别好，可以将功抵罪。这全在你自己去抉择了。"

沈某回答他从前确有许多过失，今后一定彻底改过。六塘河工程，一定特别努力去做，请主席放心。后来六塘河工程完成，建设厅向果夫先生报告，沈某主持的一县成绩最好，而且最先完成。果夫先生就将他的功过抵消，同时另调他县，成全了他的自新。

（晓恬：《当代名人故事》）

不能瞎奖

监察使某先生（抗战前，江苏省设有若干位监察使，负责若干县的地方监察工作）有一次从苏北视察回来，到省府向果夫先生报告说宿迁县长某人很好，省府应当特别嘉奖他。果夫先生问他好在哪里？他说县城内特别清洁，街道上的垃圾都由两旁住户分别负责扫除，公家用的清洁夫很少。果夫先生听了才知道所谓好者原来如此。果夫先生记得很清楚，在一年之前，省府派员视察各县工作特点时，曾听到报告宿迁县的清洁卫生工作特别好，原因是前四任的某县长，强制人民，养成了这一种习惯，相沿至今，已四五年之久，所以此事不能归功于这位新县长，如要嘉奖，应该嘉奖强制人民养成此清洁习惯的前任县长。果夫先生把这情形告诉了那位监察使，他才恍然明白。果夫先生认为对一个人的赏罚，不能看得太简单，固然不能随便定罪，也不能随便归功。

（晓恬：《当代名人故事》）

明察知人

有一次中央某部长到江南巡视，巡视完毕后到省府看陈主席。果夫先生问他巡视过的几个县长，以哪一个最好，哪一个最坏？那位部长答复的使果夫先生很为惊奇，因为他认为最好的县长，竟是省政府认为最不好，民政厅正拟予以撤换的一位。后来果夫先生问他那位县长好在哪里？某部长回答说：这位县长很有条理，报告得清清楚楚。这时果夫先生知道君子可欺以其方的道理。因为这位部长先生，最喜欢清清楚楚的统计，而那位县长，对此道恰好是内行。他每次到省里来述职，也是拿了这些统计来的，而那些统计的正确性，却是颇有问题的。省府因为他各种实际工作的成绩很差，而言过其实，所以正想撤换他呢。

果夫先生在他的大作中特别提到苏北的著名旧军阀马玉仁，此人在地方上潜势力很大，平时作恶多端，自被打倒以后，仍旧不甚安分，他在黄沙河下游占有数万亩的土地。果夫先生初到江苏时，曾向地方父老及以前两任主席，询问马氏详情，他们异口同声都说他桀骜不驯，决不能用，最好把他杀掉，以绝后患。果夫先生认为他现在并无太大的坏处，杀他于心不安，应该另求其他的办法。乃命该区行政督察专员及县长先善加劝导，一面安他的心，一面勉励他从事地方建设；并且告诉他现在的省主席最喜欢从事建设事业的人。这样的潜移默化，隔了一年，马玉仁果然到省府求见果夫先生，要求开浚黄沙河。黄沙河是苏北入海的一条小水道，本来在省政府的疏浚计划之内。这时马玉仁自告奋勇，请求省政府补助经费进行疏浚，虽然他的动机，大半是为了他在下游有一大片土地的缘故，但总是件好事。所以果夫先生听他报告以后，除当面予以嘉勉以外，立刻命令建设厅给予补助，并派技术人员，陪同前往。马玉仁得到这样的结果，便万分高兴地回去，立即开始工作。到第二年，他又来到镇江请见主席，报告办理情形，果夫先生再予鼓励和补助，同时顺便问问他的家世，谈谈治家教子之道。于是他更为感动，一意向善。到廿六年马氏族里修族谱，没有列他的名字，他特别登报声明，他已经不是从前的马玉仁了。可见他确是由旧军阀一变而成为建设时代的新人了。不久之后，果夫先生又介绍他加入国民党，要他对国家民族尽忠尽孝，用其所长，努力抗战工作。此人后来率领地方武力，与敌周旋，竟因弹尽援绝，为国成仁。果夫先生说：这个大家认为最坏的坏人，结果做了好人，轰轰烈烈而死。可见天下人，除非大憝元恶，无不可以感化教诲，因材器使的，全在用人者之运用如何而已。

（晓恬：《当代名人故事》）

一度疾病缠身

　　果夫稳重，立夫活泼，少时同入浙江武备学校，毕业后，果夫入北平大学习法科，立夫则入北洋大学习理工科。迨民十五年国民革命军，自粤北伐，二人乃入蒋总司令介石麾下，帷幄赞囊，建树极多！嗣国府奠都南京，复同以功跃为中委，兼任中央党部组织部长秘书长重职，努力党务，昕夕弗遑，遂致羸弱成病，所幸起居有时，饮食有节，更复注意运动，乃得渐复康强，脱离疾苦。足见人果讲究卫生，虽劳亦不瘁也。

（坦荡荡斋主：《现代中国名人外史》）

蒋家天下陈家党

　　CC 的来源说法有二：一即陈氏兄弟，"陈"字的英文字母第一个是 C 字，CC 就是"二陈"的缩写；二是"中央俱乐部"的缩写。不管是哪一个说法对，反正都是以二陈为中心的集团。因此，在谈及 CC 团时，首先谈一谈陈氏兄弟。陈果夫出身商人，前面已讲过他做上海物品交易所时的历史，民国十五年当选为国民党中央监察委员，"三月二十日"事件后做中央组织部长，北伐后，国民党中央党部与国民政府迁往武汉，陈果夫在广州任后方总司令部的秘书长，民国十六年"四一二"后，又担任蒋记中央党部的组织部长，蒋介石下野时连带去职。民国十七年蒋介石复职时又任组织部长。经过他的手办理"第三次代表大会"圈定"代表"、指定"代表"等办法，"九一八"后汪、蒋合作，他出任江苏省主席，组织部长由他的兄弟立夫担任；以后担任农民银行理事长及国民党党校"中央政治学校"教育长。陈立夫出身于北洋大学，习采矿工程，留学美国，民国十七年返国任蒋介石的英文秘书，为国民党党务系统特务工作的创始人，不久即当选为"中央执行委员"，经过一个共产党叛徒代他写了一本《唯生论》，就成为国民党的"理论家"。兄弟两人霸持党务，许多党棍子都投其门下，所以有"蒋家天下陈家党"的谚语流传全国。

（翊勋：《蒋党内幕》）

误人子弟

CC 的另一特务工作，就是在学校中建立特务组织，抗战前在上海各大中学组织的叫做"青社"，最初由吴醒亚领导，吴醒亚死后由潘公展领导。"青社"的社员，由 CC 发给手枪，可以随时威胁教职员和同学，加入了"青社"，可以不上课，不考试，照常升级，照常毕业，毕业后升学或就业，都由 CC 所把持的行政机关负责，每月还有二三十元津贴，足够在小舞场中夜夜跳舞。中学毕业会考，过去是很严格的，有很多学生为了应付会考，逼出病来，但"青社"社员在考试前可以先偷题目，考试后又有"特别加分"，只要有三十分就好加到六十分，会考就及格了。所以就有一批浮薄青年，加入这个特务组织。加入之后的工作，就是监视有正义感的爱国的进步学生与爱国的有正义感的教员，随时做情报，今天说甲"反动"，明天说乙是"人民阵线"。那时在上海各大中学都有，大学中尤以暨南大学最为嚣张，暨南大学校长白鹏飞在礼堂讲话，特务学生掏出手枪来，喊"滚下去，滚下去"！白鹏飞不安于位，于是由 CC 的何炳松去代替他。何炳松上任后，带了一批 CC 特务去当职员及教授，但特务学生仍极嚣张，致好几次由吴醒亚亲自赶去解释。暨南曾发生一个笑话：训导处规定学生不准一人住一间宿舍，必须两三个人合住一室，但有许多学生霸住一室，既不搬出也不让别人搬入；训导处职员去干涉，一个学生把袋一拍："老子有手枪，老子不搬！"训导处职员也把口袋一拍，说："老子也有手枪，老子一定要你搬！"民国二十五年的复旦大学风潮，就是潘公展想做复旦大学校长，而策动特务学生捣乱而起。CC 团这套行动使许多旧社会的士绅学者（甚至如国民党老党员曾任江苏民政厅长的胡朴安等）都一致认为是"贼夫人之子"（害人子弟）。

（翊勋：《蒋党内幕》）

初出茅庐第一功

世人皆知陈果夫功成名就，是由乃叔英士先生熏陶脱颖而出的，其实有是与不是。当逊清末叶，有志之士，愤虏阗茸，列强觊觎，以经济侵略，文化侵略，乃至暴力侵略（自鸦片战争以至八国联军），沦中国为次殖民地，国亡无日，非推翻满清专制政府，不足以建立独立自由平等的国家，乃起而革命。陈果夫实其中之杰出者：自幼习闻庭训，感觉学诗学礼，学成在家庭中不过为一好子弟，社会上不过为一好士绅，于救国大义，实难大显身手，于是毅然投入陆军小学，学万人敌。适辛亥八月十九日武昌起义，果夫即投袂而起，溯江而上，加入学生军，在汉口一带，浴血苦战累日，九月十二日，冯国璋纵火大焚市廛，汉口不守，余军退入武昌，予见学生军诸多青秀，招待住冯启钧公馆。九月十三日，黄克强先生受任战时总司令，移驻汉阳，翌日令调学生军集中前线，委予作向导，十五日拂晓，引一班（数约百余）学生军渡江，绕龟山走入伯牙台，阒其无人（十三晚在都督府会议，总司令部，予主在汉阳城内知府衙署，参谋长李书城主在伯牙台，隔襄河对峙作背水阵势，总司令认可，故初驻伯牙台），出询龟山守军，告以昨夜迁往昭忠祠去，问何以迁，则曰襄河西岸敌兵，亦临河布防，彻夜枪声不绝，弹落台前，其势不可不迁。又问昭忠祠何在，则曰不知，予等乃进城，遍寻不着，时已过午，学生军饥不得食，忿火中烧，群起向予责难，势正窘迫，有一学生出头排解，语言切当，众怒稍霁，复拉出一人作向导的向导，沿途乘便，问该出头者姓名，来自何处，答以姓陈名果夫，来自上海。予复问，汝识英士先生否，告以是其乃叔，又问，汝衔叔父命而来乎，答曰，非也，自告奋勇耳。予听之而深佩之，薄暮抵昭忠祠，找经理处命人造饭，以饱一日未食的学生军，入见黄总司令，报告学生军领到了，其中有一陈果夫，是英士阿侄，和蔼可亲，且有胆识，语未毕，黄总司令命予引见，询以上海情形，并谓此间正要与上海联络，苦不得其人，汝年幼身体不大壮，无需留此，可持余函回见陈都督，互通情报，而走笔疾书，命果夫东下，厥后武汉与上海情报之灵通，深得果夫之力，此一事也，亦可谓果夫初出茅庐第一功矣。癸丑讨袁失败，总理以下都亡命日本，果夫独留上海，溷迹阛阓，克自树立，时与东京通声气，余尝呈报于总理，总理问，汝得何人报告，如此详晰，答曰，陈果夫也。 总理深器之，厥后英士殉国，果夫益自励，竭志尽忠，辅弼总裁，其功绩昭昭在党国史上，固不待予辞费了。

（居正：《陈果夫轶事》）

陈公博卷（1892 — 1946）

　　陈公博是一个富于多变的人物。他早年参加中国共产党，是中共一大代表，尔后脱党而去，跻身国民党行列，以"左派"自诩。后演变为反蒋的改组派的代表人物，但不久又与蒋合流，是蒋的座上客。最后，他追随汪精卫，叛国投敌，成为中国的第二号大汉奸。探析陈公博一生变化多端的政治面貌和最终被钉上历史耻辱柱的命运，无不给世人以深刻的沉思和警示。

生平略历

　　陈公博，广东南海人。光绪十八年（1892 年）八月二十九日生。其父陈致美在清末曾任广西提督，一八九七年解职后住广州，曾与一些会党结交，决定于一九〇七年在东江和北江发动反清起义，并把陈公博带在身边，作些文书工作。起义旋失败，陈致美被判处永远监禁，陈公博逃回广州，不久又避居香港，一九〇八年返粤，投考育才书社，学习英文，生活相当困苦。

　　一九一一年十一月，广东光复，陈致美出狱，当选为省议会议员，兼都督府军事顾问。陈公博因有这层关系，也当选为乳源县议员。一个自任民军领袖的湖南人黎萼，还邀请陈公博出任司令部参谋，陈跃跃欲试。陈致美训斥陈公博："你有多大年纪？有多少学问？要当议长，当参谋。"陈公博只好辞去议员、参谋，去学生军当兵。一九一二年二月学生军解散，九月陈致美病死，陈公博回育才书社任助教。两年后考入广州法政专门学校学习，还为香港的一家报馆写通讯。

　　陈公博对学法律毫无兴趣，为了"溶解一下头脑"，一九一七年考入北京大学哲学系。在北大他抱定"养心性，寡交游"，"不管闲事，专管读书"的宗旨，连轰轰烈烈的五四运动"也没有努力的参加"。不过在新旧思潮的激荡下，陈公博承认，他的思想"确是复杂而在那里变化"。蔡元培、陈独秀、胡适等都曾给他"一些思想上的影响"。

　　一九二〇年陈公博北大毕业回到广州，十月，他与北大同学谭平山、谭植棠一起，筹办起侧重介绍新文化的《群报》。时汪精卫任广东教育会会长，陈以文字见赏于汪，

汪任陈为该会评议和宣讲员养成所所长,同时陈还任法政专门学校教授。同年陈独秀
到广州,陈公博震于俄国十月革命的成功,遂同意陈独秀的意见,与谭平山、谭植棠
在广州成立广东共产主义小组,并着手组织社会主义青年团。

一九二一年七月,中国共产党在上海举行第一次代表大会,陈公博作为广东代表
出席参加,在会议过程中发生法国警察搜查会场的情况,他遂带着新婚妻子李励庄,
不等大会开完就到杭州游逛去了。

一九二二年陈炯明公开叛变孙中山,中共中央认为陈公博与陈炯明关系暧昧,需
要审查,陈大为不满,于是自行宣布脱党,当然根本原因是他根本否认马克思的学说,
认为中国不能实行共产主义。翌年二月,陈由日本赴美国,入哥伦比亚大学学经济。
一九二四年他完成了硕士学位论文《共产主义运动在中国》,论文附录有中共建立初期
的六个文件英译本,具有较高的资料价值。

一九二五年,陈公博由美返国,任广东大学教授。这时他加入了国民党。七月,
国民政府在广州成立,陈公博任军事委员会政治训练部主任及广东省政府农工厅长。
八月,廖仲恺被刺,陈继任国民党中央农民部长。国民党二大于一九二六年一月在广
州召开,陈当选为中央执行委员。七月,北伐战争开始,陈主持总司令部政务局。十
月,陈任湖北财政委员会主任,十一月,调任江西政务委员会主任。

一九二七年三月,国民党第二届第三次中央全会在武汉召开,陈公博当选为中央
常务委员、工人部部长。四月十二日,蒋介石发动政变,接着汪精卫则搞“七·一五”
分共,陈公博认为“现在国共已到不能不分的时期”。九月,宁、汉、沪三派取得妥
协,产生了国民党中央特别委员会,陈以该会产生不合法统为由,拒不参加。陈还利
用张发奎、黄琪翔率四军回粤之机,赶走李济琛、黄绍竑,控制了广州,任广州军事
委员会分会委员兼政治部主任。十二月十一日,中国共产党趁广州空虚之际发动起义,
陈公博与张发奎、李福林等把起义镇压了下去。

一九二八年二月,蒋介石利用国民党二届四中全会,排斥汪精卫集团。陈公博等
不甘失败,这年的五六月,他们办起了两个刊物,其中之一就是陈公博主编的《革命
评论》,该刊主张恢复一九二四年国民党的改组精神,标榜代表工农、小资产阶级。同
年冬,陈公博等在上海正式成立“中国国民党改组同志会”,奉汪精卫为领袖,陈公博
为总负责人。

一九二九年,在陈公博等的策动下,张发奎在湖北宜昌一带起兵通电拥汪反蒋。
接着陈公博策动反蒋的张桂联军,美其名曰“护党救国”。一九三〇年改组派又参与策
划反蒋的“中原大战”,组织“扩大会议”,这些军事、政治活动,无一例外地遭到失
败。一九三一年一月汪精卫宣布解散“改组同志会”,陈公博复电赞成。

一九三一年,蒋介石囚禁胡汉民,反蒋各派齐集广州,召开“非常会议”。

"九·一八"事变后，国民党各派暂时妥协，在上海召开"和平统一会议"，确定在宁、穗、沪三处召开各自的国民党第四次代表大会。陈公博在上海汪记大会上被选为中央执行委员。一九三二年蒋、汪合作形成，陈公博任实业部长。

一九三五年十一月，汪精卫被刺，出国就医，蒋介石自兼行政院长，陈公博遂辞职赴欧洲游历。一九三七年"七·七"事变发生后，陈回国任国民党中央民众训练部部长、军事委员会第五部部长。一九三八年国民政府西迁四川后，陈又兼四川省党部主任委员等职。

一九三八年十二月，汪精卫背叛祖国，率其党羽离开重庆逃往越南河内，陈公博昧于民族大义尾随前往。二十七日并携汪投敌声明由河内到香港，发表于《南华日报》上，即所谓"艳电"。

陈公博并不完全赞同汪精卫离开重庆和组织伪政权的作法，但在一九四〇年一月发生高宗武、陶希圣携走日、汪密约在香港公布，汪处境狼狈，陈以其和汪历史上的深厚渊源，加上陈璧君到香港劝诱，陈遂答应陪汪落水。

汪伪政权于三月三十日粉墨登场，陈公博任伪立法院长兼伪军事委员会常务委员、政治训练部长。十一月，又兼任上海市长。一九四一年汪伪成立清乡委员会，陈兼副委员长。

一九四四年十一月，汪精卫病死于日本，陈公博就任伪行政院院长，代理国民政府主席。

一九四五年八月，日本宣布无条件投降，陈公博偕其妻李励庄及林柏生、周隆痒等人，在日本顾问小川带领下，乘飞机逃到日本。经国民党政府交涉，十月十三日陈公博等六人被引渡回国受审。陈在狱中写了《八年来的回忆》一文，尽量讨好蒋介石，为汪精卫和他自己开脱汉奸罪行。四月十二日，江苏高等法院开庭，审判长孙鸿霖宣读判决书："陈公博通谋敌国，图谋反抗本国，处死刑，剥夺公权终身。"六月三日，陈公博在苏州狮子口江苏第三监狱被执行枪决。

（闻少华：《陈公博》）

风流誓言

实业部长陈公博，革命健将也，风流倜傥，丰姿翩翩，艳迹遍传南北。陈夫人阅报载其风流韵事，尝提出质问，陈即极力申辩，并赌毒咒云："如有外遇，当不得善终。"夫人之疑始释，而陈之自由亦始得恢复。后，友人问陈何以笨至如是，赌此毒咒以束缚自身乎？陈笑言："报上所载是否属实，姑置勿论，纵有其事，亦无关系，盖我们革命党人随时准备牺牲，当然是不得善终的。赌咒不赌咒又有何分别？"滑稽哉陈子！可以言夫子之道矣！

（《东南风》）

梨花映海棠

陈公博，倜傥风流，西服革履，骤视之，固俨然裘马少年也。歌场舞榭，时有其足迹。南京夫子庙侧，歌女曹俊卿，年华双十，娇冶绝伦，陈许为天人，特加青睐。曹亦以陈贵为国府要人，曲意逢迎，深得陈欢。适陈夫人李励庄南返省亲，陈出资一千五百金，包定一月，乘汪精卫辞行政院长往沪之际，亦挟曹之沪，暗藏金屋于法界内。其对人言在沪就医，实则所谓呻吟病榻者，殆亦于芙蓉帐里享受温柔福耳。讵个中秘密，不知如何泄露？沪报争为文以记其艳。据闻此因陈至中央饭店理发时，曹已先在，彼此交谈，适为某报记者所见，而陈之艳闻乃传播于外。陈以妍伶足为官玷，乃赋诗一首，以解嘲，其诗云：

"病起偏挣到舞场，最怜短袖太朗当；老人两鬓如霜白，忍看梨花映海棠。"

（竹楼主人：《近代名人轶闻》）

一睹丰仪

某次陈（公博）部长设宴于中央饭店，所至皆党国名流，灯光酒影，觥筹交错，会隔室有胡某，应友人之召，亦饮于此，酒阑灯烬，兴尽悲来，乃击箸高吟其"三十功名漂泊尽，八千里路见封侯"之句，既毕，忽有侍者趋前请曰，陈部长欲一睹丰仪，胡端坐如故，盖名士自有名士风度也。未几，侍者复请，并有陈部长随从二人同至，于是座中朋辈，促往见，胡犹不即离席，相持十数分钟，部长亦至，就门隙窥之，胡以不获固辞，随侍者出，竟相值，侍者作介后，部长即邀之入室闲谈，颇多倾倒之辞，越五日，部长即饬人赍五百金以赠之，且致书曰："摇落乃人生之痛快事，君能痛快，故赠。"

（竹楼主人：《近代名人轶闻》）

"卖肉"与"买肉"

某日，陈公博、顾孟余、陈绍宽、居正、叶楚伧，共饮于石青阳所营之小菜馆，语及娼禁问题，座中除叶外，均主强禁，陈公博云："禁公娼无异促多人犯法，盖'食色性也'，凡妇女不得解决其食性，又不能公开'卖肉'，必沦为私；男子不得解决其色性，又不能公开买肉，则必求于私，虽触犯刑章，不计也。"陈绍宽云："革命政府，贵重事实，既知公娼互为消长，则不如公开之为愈也。'一二八之役'，国人尝詈吾海军之无用，不知吾人早已自知其为水上金鱼，可视而不可食，故当时宁避不出战，明乎此，自可言开禁公娼矣。"时叶反两陈之说而调侃之曰："人谓君为风流部长，今聆伟论，当拜下风，吾当为一般元绪公祝君福也。"

（竹楼主人：《近代名人轶闻》）

死有余辜

日本投降以后，汉奸迟迟不办。后来总算在捕捉、审问了，但只是三四号的小汉奸，没有动手办头二等的大汉奸。人民盼望办大汉奸，颈项伸得丈二长。总算最近在开手办大汉奸了，但还只是一个，便是陈公博逆贼！

陈罪是当死的，我想他自己也早知道了，姓陈的大概倒有先见之明，不是大汉奸陈群已早畏罪服毒自杀了吗？恐怕早已皮肉烂掉了。陈公博则曾经连忙逃往日本，与别几个同道泰然自得的不同，岂不是因为罪孽深重，不逃要有杀身之祸吗？

他自知罪当死刑，人民也恨他切骨，非置于死地不足以泄愤恨。并且检察官宣布他有十大罪状，颇可能法官要判他死刑的。法院的办法大概与陈公博的预想相一致，而且不是偶然的。

然而这该死的东西又不甘心爽爽快快地死去，还想以最卑污的手段希图减轻罪名哩！他的口供，或称辩辞里有一段云：

"日本投降后，南京还留有一部分军队，还有中央军校一千多个学生，由我和周佛海率领，准备守卫南京，防止匪军……"

这就是说：他同周佛海逆贼相同，也曾领了日军与伪军以图抵抗日军。他分明白认又是带领日伪军的汉奸，一点没有疑义。不过他把抗日军称为匪军了，这就表示他有功劳了，有功劳就可以将功折罪了，丑恶！丑恶！死有余辜！

且慢，陈贼果然当死，但同时也不可放松了同样有罪恶的人，使他"死而瞑目"。他的供词或称为辩词，屡次提到周逆佛海，现在他在哪里，何日开审？听说那六万字长的辩词中还曾提出陶希圣等人。我希望有人提出要求，把这六万字的辩词，亦都发表出来，大家看一看，陈逆与那些人有什么关系，也就是有哪些人与陈逆有关系的？

我们受过敌伪重重损害的人民，当然要求除奸务尽，别叫遗漏的。可是某些地方或机关，亦断不能因为对于某人有嫌，或者因阻碍他们的什么事情或丑行，就利用人民要求惩办汉奸的呼声，随便给人一个汉奸嫌疑之类的名称拘禁起来，经过一个时期，再把他放出去。一切这等毒辣行为，一切人民必须严厉地反对！传说这等事情已经发生了。

其实，是不是汉奸，人民都知之甚明，也就是知之甚确，决不会错误的。捕捉汉奸的机关如与人民略有联系或采纳民意，就断不会发生错误。所以挟嫌诬陷，决不能说是出于错误。不是有过人民认为是汉奸而以"地下工作者"之名释放出去的吗？既有这许多地下工作者在，即使捕捉汉奸的人是远地来的，也不会有错误了，否则"地下工作者"这话有些靠不住。如果想一手掩住天下人的耳目，结果一定不能自圆其说，处处露出马脚来了。

（《消息年月刊》）一九四六年四月十一日）

自白书

陈公博在苏州法庭，有一篇长约六万余言，计十七页的自白书。当庭朗诵两小时，闻者莫不怒容相向。

过两天，就要审判陈璧君。陈璧君自然也有一篇自白书。我们可以预料。

我们希望读到这"二陈"的自白书。一则在上海读者对于汉奸秘史或丑史之类的东西还在大感兴趣，二则这里的确可能有历史资料。

在下和胡适之博士一样，略有一点"历史癖"。但对于近代中国的这一部历史啊，我简直是大大地伤过脑筋。窜改、捏造、粉饰、夸张之处，随遇皆是，这还成什么历史！

为了要让国人知道汉奸的真面目，汉奸自白书的公布是并不可怕的。这件事情的本身就是教育。如果汉奸该死，那么他们的自白，当然是胡说八道，不可相信。后世读史者，必会拍案大骂，一股忠贞之气必会油然而生。

不公布这些汉奸自白书是没有理由的。可能的理由或许是这些汉奸曾经说到——一、他们和"重庆"如何如何，怎样曾经为了要促成"合作"而苦心奔走过。二、他们怎样掩护过国民党的沦陷区的"地下工作"，怎样为国家民族保存了元气。三、他们怎样替日本，实际上也是替他们的"同胞"，尽过防共、反共、剿共的工作，这一点也是应该谅邀恩赏的。

我们并不相信汉奸这一套。只要政府敢正面把那自白书公布，而且义正词严地驳斥他们一顿。单单是枪毙陈公博和陈璧君是不够的，还应该把这事当作是对后辈中华子子孙孙的政治教育。

但我们也不希望有赝造的自白书，或割裂了的自白书。否则世间又多了一种"李秀成供状"，这还像什么历史？

今世流传的"李秀成供状"是曾国藩命令幕僚别拟窜削的。凡不利于满清统治阶级的语句，都一概"免登"。自然拿陈公博、陈璧君来和太平名将忠王相比，是很不合适的。这里我们只是顺手举一个例子，以证明检查制度是"古已有之"而已。

这两个姓陈的既然敢当堂自白，堂上就可以把这混账自白书公之于世，以证明汉奸之所以为汉奸，是忠心日本主子的，是以反共为丰功伟业的。

（《消息年月刊》一九四六年四月十一日）

嗜财如命

有人说陈公博是个"好色贪花，嗜财如命"的贪污种子。看他对同盟社记者，散布出"自杀"的烟幕以后，而自己冒着风险，竟自率领妻妾携具多金，逃亡日本的作法，就可知这人的贪佞程度该如何了？活该又演出一幕"起解"的丑剧来，押解回国的时候，他还对检查他饮料的宪兵说："你放心，我绝不能死！我之来到日本，实在有不得已的苦衷……"这一幕丑态，真可以在历来卖国求荣的奸佞传中，划一笔新的记载，可笑亦复可叹。

其实，陈的贪赃枉法，实在是笔难罄书的，姑举一端，以志其余。

陈的最得意时代，亦即其闹得天翻地覆、秽名狼藉的时代，则厥为其伪上海市长任中。盖伪府阵营，论功行赏，当以陈、周、褚而为汪逆三大臂助；陈以邀功受赏，得先主上海市。上海市长，伪府时代视为经济心脏地区也。陈既长沪市，亟欲拢大权于一身，于是大刀阔斧，第一步即抓住警权，乃以伪市长之身，自兼伪警察局长，而以逢迎得意之前沪西警察局长卢英副之。卢英者，包办罪恶之魁首也，以陈身兼市局，为逢迎计，乃于愚园路卢之私邸，设一密室，室在地窖中，螺旋式建筑，左右环绕，外人即偶入其中，七转八绕，亦必歧其出处，而有既入迷宫之慨，入一室，出乃又一室，一室之中，又有门户若干，其中辟一精室，玲珑剔透，凡上海珍宝，悉置其中，铺陈豪华，百珍俱备，室中央置一象牙床，床之正中，赫然烟灯一具，有"老枪"一，为一整犀牛角制，一吸而尽，余香袅袅，清宫珍物也。卢以之敬局座，兼为"讲斤头""谈码子""做生意"之秘密所在焉。室有夹壁墙，并有机关设备，床徐然一推，即可轻轻滑入壁内，隔帐视之，痕索毫无。陈颇得意此室，每日下午四五时后，则必莅室。玩女人，则有上海千娇百媚之娘儿，一颦倾城，再笑倾国，迷阳城，惑下蔡。讲斤头，则千万亿兆，顷刻之间，可以控纵裕如，凡人之所欲，卢无不为之，众恶渊薮，其实俱出自此"密室"也，无怪卢英每招摇过市，洋然自得者，密室之设，其力非小。陈喜雀战，每和输赢数十万，虽上海巨绅，亦有畏色焉。陈半生搜括所得，盖得自此密室不少。

（胡开明：《汉奸内幕》第一辑）

好色贪花

今春，陈逆北来，以"伪代"之尊，华北伪吏为博欢心，为设筵于怀仁堂，以临时叫各坤伶侑酒，并各唱一曲。执其事者，乃以传令式传各坤伶往，事传于坤伶孟小冬，孟乃向来人，道三项条件：（一）去了就唱一段戏，（二）吃饭陪酒不可能，（三）到了就唱，唱完就走。主其事者勉应之，以无孟恐陈逆见嗔也。孟匆匆而来，草草一曲即藉辞他去。而坤伶若李××辈，则备经陈逆赏识，李且即席膜拜，大喊"干爷"不止，陈逆乃各赏若干，其花花世界，有如是者。

又陈逆所昵，外妇莫国康之外，尚有多人，胥皆名葩奇植。莫为一女子体育教员，以色艳被陈选为秘书，尚兼任某项工作，邀宠一时，并曾挂名为《地方行政月刊》社长，有"皇后"称。然则，据报载则此艳称一时之伪皇后，被押抵沪时，已憔悴风柳矣！陈又恋一舞女张某，先是女色娇艳，为一孙某纳为外室，某夕，陈见而悦之，孙遂进献，陈藏之金屋于海格路海格大楼十二号。平日海格大楼电梯以节电故不开，惟陈来则始开电梯，此女于陈被逮后，不知何所之矣。

陈逆就逮后，为陈逆爪牙之卢英，亦以瘐死沪上狱中闻。盖当第三方面军往逮时，既包围其住宅，先将其家人卫士者流，尽缴械后，卢硬充好汉，挺身而出，卫者铐其双手，卢拒之，曰："我虽然做了汉奸，可是我有我的道理，我跟你们走就是，手铐太失面子！"卫者恶词对口："你做了汉奸还要面子！"立铐起，卢强挣之，被享以枪柄，拖曳以去。卢以养尊处优，纵横一时，囹圄之中，不堪其苦，遂以瘐死。

（胡开明：《汉奸内幕》第一辑）

函拒周佛海

"江记伪府"之中，陈（公博）、周（佛海）两逆，争宠一时，各不上下。盖陈逆主伪府运营，周则掌经济权柄，同室操戈，其明争暗斗情形，实难喻其极。虽一书翰之私，亦不遑稍让焉。

先是周主伪财部事，大权独揽。饱暖思淫，人欲之流；纳小玲红后又被夫人拆散，其演过一场棒打鸳鸯后，一时声迹稍敛，夫人亦亟思觅一牢笼，缚周心意，因经人之介，得录坤伶白玉薇为寄女焉。白玉薇者，北平戏曲学校肄业之女伶也，知书识礼，亦通文墨，惟其貌仅属中姿；夫人虽别有用心，以视周逆则殊觉流水无情也，然夫人阃命，又慑于雌威，不敢稍违。一夕，玉薇向义母进言，拟一晋谒当时之"伪"主席

汪。周乃修书一封，婉言托陈逆使带往汪公馆，陈得周手书后，怫然不悦，以一女伶
戏子，而竟欲出入于"主席"公馆之中，深不以为然。于是手复一函，函极简短，草
草数行曰："吾兄大鉴，手示警悉，汪公馆之中，向少接见此业中人，吾兄雅嘱，恕碍
难从命"云云，周以碍于夫人之命，乃以此函交玉薇视之，遂作罢，此函白尝出以示
人，固知陈、周之间，各怀异志，虽一书翰之间，犹乃如此。

又周逆大妇，以周逆"位极人臣"，享尽荣华，但犹引为不足，尝自叹曰："我们
这有钱有势的人，要什么有什么，然亦有时处处不能称心！盖富则富矣，六愁七情，
又岂仅'富贵'全能办到哉。"

（胡开明：《汉奸内幕》第二辑）

筷子穿甘蔗

他在未出洋之前，曾学都法政、哲学、经济，这是大家知道的。可是，谁也不会
想到，他小时曾做过军人，习过武艺哩。他有一种绝技，即是把一根广东甘蔗插在泥
土里，用一只筷子，像射箭似的向甘蔗正中掷去，能对穿一个小孔，甘蔗却仍直立着
不动，这样的功夫，能为一个文人所有，倒是件很有趣味的事。

（丁民：《当代中国人物志》）

没有结果的"除三害运动"

上海人一眼看穿，甘心向敌献铁的人岂有为民除害的动机，这也不是新戏法，是
抄了敌方的旧文章。日本在沪的青少年团因日本国内节衣缩食而旅沪日侨则骄奢淫逸
无度，曾一怒焚去虹口日本娱乐场两处。这件事还有"政治斗争"的背景，上海是一
块大肥肉，伪方"馆内""馆外"两派争相攫取，后得日本人的支持，伪市长一席落于
"馆内派"陈公博之手，"馆外派"时想攻夺；所谓"青少年团"据说是"馆外派"的
武器用以打击"馆内派"的。这件事表演起来又染了贪污官僚的作风，几家大舞厅依
然无恙，是暗中"塞狗洞"的缘故。

敌人支持陈出任伪市长，第一因其"资望"仅次于汪，第二认为他尚非贪官污吏。
陈就该伪职时曾有"不妥协、不畏难、务达扫除上海一切黑暗势力之目的"的口头表
示。他是个不嗜烟赌的，把"短期内禁绝烟赌"列为第一目标。那时候敌人对他尚有
礼貌，他的话敌人也像比较肯接受。他自以为做起来必顺手，在上海造出点"政声"
来未尝不是落水后的遮羞法。

但禁烟与敌人毒化中国的政策相抵触，禁赌又与他们腐化中国人的心理违反。敌

人希望中国人全都变成了赌徒、烟客，才配做"大日本帝国的顺民良民"，才能根绝所谓"抗日分子"和排日思想。所以他们对于"不贪污"的陈一开始便感到头疼，而不愿再给他好颜色了。陈想禁烟吗？南市到处都有燕子窝，都有日本人或朝鲜人保镖，伪警不敢在太岁头上动土。陈想禁赌吗？南市及沪西一带林立的大赌窟无不有伪特工的背景，且雇有白俄保镖，用汽车迎送赌徒以保障其安全，赌场附近放有步哨（备有手提机关枪），伪警亦望而却步。舞不是陈所欲禁的，舞风之盛及新设舞场之多，自然不在话下。

陈的政策行不通，从此也不再唱高调和管闲事了。这次"除三害"运动竟会波及他的"声誉"，是他意料不到的事。同时伪警当局对这件事又认为与警权和警捐有关，侵犯警权事小，摧残警捐事大。当捣毁烟窟赌台那天，"青少年团副监"刘仰山发表谈话："青年感情激烈，行动稍有越轨，诚不胜遗憾。"而伪警察局副局长苏成德则公然加以谴责："此举对社会治安颇有影响。希望以后注意宣传而勿采取行动。"

（陶菊隐：《天亮前的孤岛》）

人之将死

当命令抵达之时，公博方为典狱长书楹联，联语云："大海有真能容之量，明月以不常满为心。"犹未觉，而狱卒已持令来，公博本极机警，视状已觉，因曰："请稍待，当毕此一联。"仍为悬腕书之，字体无殊于平昔，书竟，掷笔而起，返抵监室，划磷寸，出纸烟燃之，草草收拾一过，持平时所用一小茶壶，首趋陈璧君室，磬折为礼，曰："夫人！恕余先行矣，此去应有面目见汪先生于地下，幸自珍卫，一壶虽微，狱中无他物，谨以为献，睹物如睹余也。"陈璧君为之痛哭失声，握手勿释，公博仅略一蹙额曰："人生总须一别，亦总须一死也。幸夫人稍抑悲怀。"乃脱手掉首行，复与狱中诸难友一一握别，抵庭，已为设桌椅，疾书遣函数过，时已近午，本尚欲作一书呈当局，见时已晚，自语曰："言之亦奚益，不如其已。"谓庭上曰："因余之故，有误午餐时矣，弥觉歉疚，即此行乎？"直前与庭上推检人员握手为礼，随行刑者趋刑场，至旷地，弹自其脑后发，以两弹毕命。

公博平时，风流自赏，衣履整洁，常戴法国便帽，披玄色氅，如佳公子，人颇病其失于稳重，而能临命不乱，一如平时，虽其政治上之出处，有可议者，但其忠于一人，克全终始，人于其死也，有为之怃然者。以视今之受国厚恩，一旦势去，则朝秦暮楚，见颜事仇，视公博应多愧色。

（许金城：《民国野史》）

烟酒不离口

即是现在，他还有二件嗜好，一是吸烟，一是饮酒。吸烟是大概在报馆里服务的时候学会的。为了吸烟可助文思，却便这样成了习惯。饮酒的量，十分庞大，在当代党国要人中，怕只有叶楚伧可以和他比拟。但是他酒量虽大，每次总还是不饮醉不止的。

（丁民：《当代中国人物志》）

一长串穷困的日子

陈公博曾经过一长串穷困的日子，说起来实在也够可怜的。幼年时，因他父亲在广西做满清的提督，生活还过得不差，后来他父亲不干提督，竟结交当地及香港的会党，造起反来（那情形很可能受了一点洪秀全太平天国的影响），他手下一般毫无知识而又血脉贲张的兄弟们，在杀贪官污吏的口号下，杀了四名矿山上保护煤矿的士兵。官方下令抓人，他父亲便在此事件中被捕下狱。陈公博那时虽还只是十多岁的孩子，但因从小搬瓦弄石，自认有了一点身手，所以一直跟在他父亲身边，摇旗呐喊。出事以后，恐怕也要遭到毒手，使只身避居到了香港，靠他一位名叫傅佐高的父执介绍，到一家报馆当校对，月薪十二元，工作由下午三时起至夜间一时止。那家报馆因为太穷，许多编辑和记者都是义务职，脑子里毕竟没有什么东西，在焦闷烦忧之下，他便学会了抽烟，而且愈抽愈多，终其生无法戒除。

陈公博的父亲被捕以后，广东总督张人骏以"啸聚莠民，图谋不轨"的罪名，奏请斩首。幸亏他一位老友华承云向陆军部尚书铁良关说，才改为永远监禁。陈公博看到案子已结束，为了便利探望父亲并照料母亲，便辞职回到了广州。但因家中并无积蓄，生活问题无法解决，同时他求知欲特强，急切希望继续求学。后来靠朋友帮忙，借到了一点钱，考进了一间培养穷苦子弟的育才书社，学习英文。那里供给膳宿，每月只要两块钱学费，勉强挨了三年，正当辛亥起义那年，在育才书社毕了业。

在这三年中，陈公博负债累累，第一个债主是他父亲的朋友华承云，每月寄他十五元。第二个债主是他同学梁朴衍的母亲，这位老人家三年内借给他三百多元。第三个债主是同学刘祖英，这位同学没有钱可借，但时常拿衣物给他当。这时候陈公博和他母亲商量，老是向别人伸手终不是办法，应该想法赚些钱。商量的结果是在家里养几头猪，另外做些手工替人穿牙刷。但陈公博和他母亲实在不懂养猪的方法，东拼西凑买了几头小猪，不到半年，就死了半数，偷鸡不成蚀把米，终于不敢再尝试。穿牙刷每百支仅得工钱一分二厘，实在蝇头微利，无补于事。在这期间，每天虽然照例还有两餐，而每餐的饭菜以不超过五分钱为限，实在可怜到了极点。

（晓恬：《当代名人故事》）

父子议员

辛亥革命成功，旧历九月十九日广州独立的时候，他父亲大摇大摆地出了狱，不久又当了广东省议会议员，又兼了都督府军事顾问。陈公博自己也当选了家乡的县议员，不久又升为议长；而他父亲同狱的湖南人黎某，出狱后自任民军领袖，招兵买马，又请陈公博兼任参谋。时来运转，真是做梦也没想到。那时陈公博才二十岁，一个乳臭刚干的少年，竟如此嚣张，实在有些荒唐。

陈公博的父亲毕竟上了年纪，老成而有见地。他看到儿子如此不知天高地厚，极为担心，也极为震怒。一天，把陈公博叫来，狠狠地痛责了一顿。他说："你有多大年纪？有多大本领？要当议长，又当参谋。你如果要做事，先去当大兵，民国安定以后，再好好读书求学，否则这议长和参谋，会害了你一生。"

对于这一顿教训，陈公博想想的确有道理，便辞了议长和参谋，去当了一名学生军。但不多久，南北统一，学生军也解散了。

（晓恬：《当代名人故事》）

困苦留学日子

民国元年九月，陈公博父亲不幸病死。这一突如其来的家变，给陈公博一个沉重的打击。于是他苦挨了一段时间，最后下定决心，遵照他父亲的遗训，克服一切困难，继续求学。先在育才书社母校谋了一个助教的工作，并兼了香港一家报社的通讯员，作为求学的费用，考进了法政专门学校。三年毕业以后，又进了北京大学读哲学。北大毕业，做了两年事，民国十二年，又买棹前往美国，进哥伦比亚大学研究经济学。

到美国以后，生活当然还是困苦。他自己说："三年中在美国，只去过一次波士顿，什么黄石公园、洛杉矶，都无力游览。"为了生活，寸步不能离开纽约。因为中国方面已无法接济学费，只有在夜间到中国城的华侨学校兼任教员，月得八十元，藉以维持学费。美国华侨的堂斗是骇人听闻的，有所谓安良堂、协胜堂，各结党徒，以烟赌为业，每年总要发生一次或数次堂斗，打死几个人。他们开起火来，是不问是非的，如果一个姓李的给姓陈的打死，凡是姓陈的都被他们视为报复的对象。华侨堂斗是司空见惯的事，陈公博在纽约三年，碰过到两次。因此关心他的同学都劝他不要再到中国城去教书，但是他不教书就无法生活，所以陈公博对他的同学说："你们关心我，我很感激。但去教书可能被打死，不去教书可以饿死。打，不一定打死；饿，却是一定要饿死的。"

还有一点也可以看出他生活的穷苦。他在哥大研究了三年，已得了硕士学位，只要再经过一次博士学位的考试，就可以得博士。但哥伦比亚大学的规定，凡是要考博士的，必须把论文印刷三百份送给图书馆，才能得博士学位证书。而三百本论文的印刷费要美金一千元。陈公博哪里有这么多钱？他考虑了好久，最后写了一封信给当时担任广东财政厅长的廖仲恺（廖以前曾帮助陈公博，那时廖正请陈公博回来当法政专校校长），希望他再帮一次大忙。廖回他一封信说，如果你回国，他可以设法汇你一笔旅费，若是考博士，他不愿再帮助。后来廖先生就汇去了六百元美金，恰恰足供陈公博回国的旅费。他踌躇了好久，想想得一个博士头衔，终无实用；得了博士，不能归国，更为困难，于是决定舍博士而循欧洲大陆返国。

这些情形，都是陈公博在他写的《我少年生活的回忆》和《我和共产党》两篇文章中坦白自供，应属可信。

（晓恬：《当代名人故事》）

办报纸

陈公博历任国民党的中央委员，在国民党组织里，也算相当重要的一员，其反共是不成问题的。就是在抗战期间，他和汪精卫搞所谓"和平运动"，同样以反共为目标。但是他不但很早参加了共产党，而且还是广东共产党的创始人，这也许不是一般人所知道的事了。

这件事必须从头说起。

当陈公博在北大毕业的时候，他和同班同学谭平山、谭植棠（谭平山的侄子）等几个人商量，回广东办一张报纸，他们办报的动机，据陈公博自己说，并不是谋利，也不是要出风头，而只想本其所学，介绍新文化。至于什么是新文化？他们也很模糊，只是介绍各种未曾输入广东的学说。这种思想，大约是受了北大校长蔡元培先生的影响。

于是他们就在广东办了一张定名为《群报》的报纸，股东都是北大的同学，集资三千元，由陈公博担任社长兼总编辑，谭平山和谭植棠叔侄俩分任新闻编辑和副刊编辑。但这报纸仅仅出版了二天就关了门，原因是广州发生了政变，陈炯明以粤军回粤为名，由漳州起兵，驱走了在广东当权的莫荣新。当陈炯明起军越过惠州的时候，莫荣新恐怕有些报纸为粤军张目，命令所有报纸一律停刊。但等粤军占领广州，莫荣新逃走以后，各报立即自动复刊。《群报》重新出版，但由北大同学区声白介绍了两个与陈炯明有关的人参加了报社，一个叫陈秋霖，一个叫陈雁声。陈秋霖专写短评和散文，陈雁声代替了谭平山的职务，负责编辑。陈公博和谭平山则在晚上写社论，看大样，白天专在法政专门学校及高等师范教书。

这时候，北大教授陈独秀在上海和俄国共产党发生了关系。他们认为广东是革命策源地，地位重要，于是俄国便有两个人以经商为名到了广东。这两个俄国人，首先和无政府主义者联络，因为区声白是研究无政府主义的，遂连带地和陈公博也有了往来。这时广东虽然由陈炯明当政，内部的暗潮仍起伏不定。在政治上有胡汉民和陈炯明的摩擦，在军事上有许崇智和陈炯明的争执，而这时的国民党，既无组织，又无训练，宣传也不够，陈公博等觉得中国前途殊可忧虑，加以那时震于列宁在俄国革命的成功，陈公博便和谭平山叔侄赞成陈独秀的主张，他们三人就联合起来成立广州共产党，并开始作社会主义青年团的组织，公开在广州宣告成立，展开活动。

由于陈公博和谭平山都在法专和高师教书，所以社会主义青年团成立以后，声势很大，参加分子有各学校的教授和学生。广州共产党遂利用这个青年团作外围，吸收一般青年知识分子参加。

这时陈独秀又应陈炯明的聘请来粤担任广东教育委员会的委员长，自上海到了广东。教育委员会设立了一所宣讲所，陈公博担任了所长，从此便积极推进共产党的组织工作。以后全国各重要的都市，都纷纷成立青年团，到民国十年，中国共产党便利用暑假的机会在上海举行第一次代表大会。

（晓恬：《当代名人故事》）

参加中共一大

共产党在上海召开第一次代表大会，陈公博被举为广东的出席代表，在七月初，他带着他的妻子从香港转到上海，住在大东旅馆。这时他认识了周佛海、李达、李汉俊、张国焘等。毛泽东因为在北大图书馆做过事，和陈公博算是较熟的朋友。这次代表大会，所谓南陈（独秀）北李（大钊）都没有参加。但有两个俄国人，一名马令，一名吴庭斯基，却代表第三国际前来监督指导。会期四天，据陈公博在《我与中国共产党》一文中说：在这四天中，有几件事使他极不满意。例如：

第一件事是开会地点问题，当时原议每天晚上开会都须更换地点，以免被人注意。但一连四天，都在贝勒路李汉俊家中开会，陈公博觉得很诧异。那天上午恰巧张国焘找他，陈公博便问他为什么与原议不符？张国焘说："李汉俊是有问题的，他的主张不是列宁理论，而是考茨基理论，他是黄色的，不是红色的。我们在他家中开会，他似乎有些恐慌；他愈恐慌，我们偏要在他家中开会。"陈公博说，他当时心里想：同志间应该相见以诚，相见以义才对，张国焘这样做法，简直和李汉俊为难。现在第一次代表大会便有这种倾轧现象，以后的结果可以想见。同时看到上海方面的同志，俨然成为两派，互相倾轧，互相排挤，因此参加大会的热情冷了一半。

第二件事，因为张国焘去过俄国，故推他为主席，张国焘不免趾高气扬，然而那时他是没有主见的，一切都唯俄国代表马令和吴庭斯基的马首是瞻。当时有几件提案竟把陈公博气得几乎退席。其中有一件是禁止共党人员参加政治，连校长也不能当。当时陈公博起来争辩说："共产党是应该斗争的，为什么连校长都不准干？"张国焘硬要通过，而多数居然赞成。可是到了第二天晚上开会时，张国焘又提出取消昨晚的决议。陈公博质问为什么大会通过的案子可以取消？张国焘说这是俄国代表的意见。陈公博气极了说："昨日我本来不赞成，而会内竟否决我的意见，现在议案已通过，只因一个俄国人反对，又取消决议，这样不必再开会，只由俄国人发命令好了。"张国焘哑口无言，但陈公博觉得这样的大会已毫无意义。

这次大会，因为没有改换地点，终于发生了问题，有一天晚上，他们在楼上开会，两个俄国代表已到会，其他代表尚未到齐，忽然有一个陌生人前往李家询问经理在不在家。仆人觉得可疑，便上楼报告。两个俄国人很机警，主张立刻解散，大家便纷纷逃走。

陈公博是一名硬汉，他平时痛恨张国焘不顾同志的危险，专与李汉俊为难，现在有了些警报，又张皇失措地逃走，心中又好气，又好笑。他看着各人都走，他偏不走，便在那里跟李汉俊聊天，看看李汉俊的为人到底如何，为什么张国焘和他如此作对？正在他们聊天的时候，有三个法国警官和四名中国便衣密探到了楼上。这几个人上楼以后，两个人监视陈公博不许离开座位，也不许说话，其余的人监视着李汉俊往各处搜索，大约一个多钟头，什么都看过，惟有摆在抽屉中的一张《共产党组织大纲草案》却没有被发现，真算他们的运气。然后盘问他和李汉俊两人，但盘问了半天，也问不出什么名堂，便一窝蜂走了。

这件事结束以后，陈公博为舒畅一下紧张的神经，第二天带了太太到杭州西湖去玩了三天。回到上海以后，周佛海去找他，告诉他第一次代表大会最后移到嘉兴的南湖船上去开完了。因此，他便乘船回到广东。

（晓恬：《当代名人故事》）

"这笔账也不要算了"

中国共产党正式在上海成立以后，陈独秀不久便在第三国际的指示下，辞去广东教育委员会委员长的职务，到上海来主持一切。广州方面的共产党，便由陈公博和谭平山、谭植棠三人负责，而谭平山为人落拓不羁，什么事都马马虎虎，谭植棠是热心有余而活动不足，因此所有书记、组织和宣传等一切工作都集中在陈公博一人身上。陈公博在学校教书，以每月多余的薪水，充作党的费用。这样辛辛苦苦地支持了一年，忽然他的思想发生了问题。他喜欢求知，不喜欢盲从，自己做了共产党员，而且又负了广东共产党的责任，但是对于共产党的理论只是懂得一些名词，如辩证法、唯物史观、阶级斗争、剩余价值等等，到底它的来源是怎样？意义是什么？他实在没有懂得多少。这时候，他便有了到美国去留学的念头。

不久之后，第三国际派了一个名叫斯理佛烈的荷兰人，偕同张继到了广东。张继和这个荷兰人约陈公博在长堤的西豪酒店谈话。张继提出国民党和共产党合并问题，（还不是国民党容共问题）这问题是张继早已和那个荷兰人谈过而且有了成议的。当时陈公博并不赞成这主张。他的理由是：第一、国民党的主义和共产党的主义不同，今日即使合并，终究要分离，与其将来分裂，不如各行其是。第二、陈公博先问合并之后，共产党是不是存在，他们说不解散。陈公博说共产党既然不解散，那么共产党员就有了两个党籍，同时也有了两个上级机关。如果两个上级有了不同的命令时，党员无论服从了哪一党的命令，对另外的一党来说，就是叛党，叛党即是反革命，叫党员何以自处？张继和那第三国际的人都无词以对……

就在这个时候，国父孙先生从桂林回师转道广东北伐，师次梧州，陈炯明下野，退到了惠州，态度十分可疑。孙先生便免了他省长的职务，而由伍廷芳接替。但这时陈炯明把他所有的部队集中到了广东，剑拔弩张的情势，很明显地可以看出陈炯明要发动叛变了。

由于这形势的紧张，更坚定了陈公博赴美留学的念头，以便及早离开这是非之地。但因为出国护照未得美国领事签证，对他母亲以后的生活也要作一番安排，而且还要候船，所以又耽搁一段时间。就因为这缘故，上海谣传他帮助陈炯明叛变，连香港的报纸也登出了这样的消息。而陈独秀、谭平山等都明知陈公博与陈炯明不但毫无关联，而且对陈炯明非常不满意。但却没有一人挺身而出，为他辩白。陈公博认为人之相知，贵相知心，像这样明知朋友遭受冤枉而却默不做声，这种人连做普通朋友都不配，哪里谈得到共同奋斗？由于以上这种种原因，于是陈公博便斩钉截铁地声明：自即日起脱离共产党组织，以后独立行动，不再受共产党的羁束了。

陈公博作了这声明以后，一切准备妥当，便于民国十一年十一月上旬从广州到上海，再东渡到日本，在那里逗留了三个月，十二月十二日才从日本动身到美国。

去美三年，陈公博于民国十五年春间回国。到了广东，遇见了谭植棠。谭告诉他共产党已将他开除党籍了。他对谭植棠笑着说："这笔账也不要算了，到底是共产党开除了我，还是我开除了共产党，这是一个打不清的官司，算了，算了！"

（晓恬：《当代名人故事》）

热衷仕途，悲惨下场

　　陈公博天资聪明，对经济与哲学两门学问很有研究，文章也写得很好，不失为一有用的人才。但此人有两大毛病：贪恋女色，喜欢拈花惹草，此其一。此外热衷禄位，爱慕虚荣，大有不可一日不做官之概。他参加汪精卫的伪组织，据说原本很勉强，最后弄到受国法制裁，一枪毙命，如果不是他太糊涂，就是热衷做官所得的结果。

　　民国二十六年，全面抗战初起的时候，陈公博当军事委员会的第五部部长，主管国际宣传工作。但几个月以后，政府西迁，军委会各单位人事更动，陈公博就离开了第五部，而由政府派为赴欧专使，到欧洲去做宣传和联络工作。

　　陈公博走马欧洲，原是想分化德意日轴心国的联合阵线，而加强我国与西方国家的联系。可是他一到欧洲，发现那边的情势对我国的抗战非常不利：一方面是德意日轴心国沆瀣一气，狼狈为奸，打着反共反苏的旗帜，做穷兵黩武、侵略扩张的勾当。另一方面，英国的张伯伦首相，还是拿着洋伞，到处奔走，推行他的绥靖政策，而美国则唯英国马首是瞻，一时不会干涉日本的侵华行动。陈公博第一站到达罗马，首先和意大利的外长齐亚诺晤面。齐亚诺是墨索里尼的女婿，他在上海当过意大利总领事，和陈公博原是熟识的朋友。所以一见面，齐亚诺就很明确地暗示陈公博，他们对中国的抗战不可能给予帮助，因为墨索里尼已倒向日本。谈了几次以后，齐亚诺更露骨地向陈公博表示：中国唯一的途径是跟日本谋和。这在陈公博心理上起了很大的影响。

　　后来陈公博回国，到达了大本营所在地的武汉，不久因武汉会战失利，他西上入川。这时候，中央发表他担任国民党四川省党部主任委员。从此，他埋头于党员与群众的组训工作，大约将有一年的时间，表现得相当积极。但由于前线战事的节节失利，少数人对抗战前途有了悲观的论调，而出现了一个"低调俱乐部"。汪精卫、周佛海等就是这"低调俱乐部"的主要分子，陈公博却没有参加。

　　民国二十七年一月底，陈公博在成都收到汪精卫从重庆拍来的电报，请他即日赴渝一晤。陈公博即起程直达重庆。他见到了汪精卫，汪便开门见山，告诉他中日和平已趋成熟，日本近卫首相已表示了如下的五项和谈原则：

　　一、承认伪满洲国。

　　二、内蒙共同防共。

　　三、华北经济合作。

　　四、取消租界及领事裁判权。

　　五、中日互不赔款。

汪精卫并说明只要我们答应此五原则，日本一定在两年之内撤兵，问陈公博有什么意见。"关于四、五两条，我倒没有意见，其余一、二、三条，我看是行不通的。"对于这问题，他们谈论了很久，但没有取得一致的意见。后来，汪精卫突然告诉陈公博，他要很快就离开重庆。

听到这话，陈公博大为吃惊，他不假思索地表示了反对的态度。陈公博说："在当前的局势之下，我们只有抱定主张，坚定了一个大原则，那便是我从前说过了的：党不可分，国必统一。这些年来，我们已受够了党分裂的痛苦，我们再不能各走极端。事实上我们原是为救国而组党，如果党再不断地分裂，那么，还从哪里谈救国？"

可是，汪精卫似乎拿定了主意，他犹大放厥词地说："公博，你要知道，我们现在已经不能再战了。现在已经到了非谋和不可的地步。而我如果在重庆主和，人家一定以为这是政府的意思，所以我只有离开重庆，使大家知道这是我汪某个人的主张。如果我和日方的交涉，能有较好的条件，然后由政府接受，这是可行的途径。而且，假使敌人再攻打重庆，我们就要亡国。现在我们已无路可退，再退就只有退到西北，结果必然成为共产党的俘虏。"

两人的谈话，到此为止，双方并没有达成什么协议，但也没有到破裂的地步。

不久之后，汪精卫到了河内，又到了香港。陈公博虽然反对他的主张，却割不断他们的老关系，因此也到了香港。

在香港，又碰到了顾孟余。顾与陈是汪精卫手下的两员大将。但顾孟余纯粹是一个学者的风度，宁静淡泊，不慕名利，他更坚决地反对汪精卫主和。就在香港举行的一次干部会议席上，顾孟余和后来在伪政府中担任宣传部长的林柏生大吵一架。林柏生辱骂顾孟余，顾的性情一向很温和，但在此大关节上，却丝毫不肯让步，居然拿起茶杯抛掷林柏生，林也举起椅子还击。顾先生就此愤而退席，也和汪从此断绝了关系。

这次干部会议之后，汪就到了上海，正式地干起他的"和平运动"，当时，陈公博还是留在香港，到最后，由于汪的一再催促，才勉强地到了上海，从此落水，成了汉奸中的第二号头目。伪府正式开锣，群魔粉墨登场。陈公博当上了"伪立法院长"，又兼伪"上海市长"，以后汪精卫病倒，夭了日本，他又代理伪"国府主席"。

这样的安排，陈公博自然志得意满。所以上台以后，干得十分起劲，只是一方面日本始终控制得很紧，不肯放松一步；而在自己的阵营里，又分了很多派别，好像以他自己为首的公馆派，以周佛海为首的馆外派，排挤倾轧，各不相让。而丁默村、李士群、吴四宝那一帮从黑道上蹿起的家伙，更在上海使棍弄枪，闹得很不像样。这形形色色，使他的干劲受到了很大的影响。以后珍珠港事变爆发，陈公博盱衡大局，知道日本必然垮台，抗战胜利，很快就会到来，换句话说：他们的傀儡戏，不久就要鸣金收兵。到那时候，他自然更明了自己落得个怎样的下场。所以从民国三十年珍珠港事变以后，他就表现得很消极，只是寄情声色，过一天算一天了。

这一天终于来到。民国三十四年八月十四日，日皇宣布接受《波茨坦宣言》，无条件投降。于是伪中央政府的一群伪官，纷纷作鸟兽散。除了周佛海因为有地下工作的身份，仍在上海伪"中央储备银行"坐镇以外，只有陈公博还留在南京，等候重庆最高当局的接收命令，后来因为有一名叫周镐的军人到了南京，颐指气使，闹得很恶劣，为了避免遭受侮辱，同时也免得成为重庆接收的阻碍，才偕林柏生、诸民谊等飞到日本，静候重庆的命令。

后来，陈公博接到命令，与林柏生等回国，接受国法制裁。他在苏州监狱中度过了一段相当长的铁窗生活，最后被判处死刑，这自然是汉奸应得的结果，并不足惜。

陈公博被枪决是在民国三十五年的端午节，那天上午八点钟，他正在狱中应典狱长的请求，写一副对联。联语是"大海有真能容之量；明月以不常满为心"。快写完时，发现身后站着几名法警，他就问："是不是要执行了？""是。"警长回答了一个字。"请劳驾等几分钟，让我把对联写好。"

写好对联，又要求回囚房收拾衣物，穿上一件蓝袍，然后到同判死刑的诸民谊、和被判无期刑的陈璧君那里去诀别。

最后到法庭应讯，写了两封遗书，一封给家属，一封呈当道。那时快到正午，便向监刑官、书记官、法官一一道谢，才安详地走向刑场。

走到半路，他又回头向行刑的法警说："请多帮忙，给我个干净利落！"法警望着他，但并不作声。等他再走了几步，突然一枪，子弹穿胸而过，人向前扑倒，即气绝身亡，结束了他的一生。

这是陈公博个人的悲惨下场，也是令人心酸的时代悲剧！

（晓恬：《当代名人故事》）

被判决的瞬间

十二日下午四点十三分，陈逆公博静静地听见了"判决死刑，剥夺公权终身，并没账财产"的宣告，在这暮春三月的苏州，花花草草都正在欣欣向荣，法庭外松柏上的小鸟正在啾啾歌唱，阳光是那么和煦，天气是那么温暖，一整个的宇宙正沉醉在"生"的快乐之中，然而，对于陈公博，却只见一具无情的绞架，一步步向他迫近！

四点钟整，苏州高等法院第一法庭里挤满了听众和各报的记者，突然一阵骚动，门外人山人海的老百姓们让出了一条路，一辆马车在警卫森严中抵达高院。陈公博来了，他还是穿着开审那一天穿的蓝灰色哗叽夹袍，手里拿了一顶黑毡帽，步履从容，走进了第三候审室。法庭里的人们刚刚坐好，法警高呼一声"开庭"，大家又紧张起来。首先进来的，是审判长孙鸿霖，接着是首席检察官韩焘，首席推事石美瑜，推事陆家瑞和一位书记官。审判长对法警轻轻说了一句话，法警就走了出去，一回身，陈公博就跟他走了进来，在强烈的水银灯下，陈公博的表情似乎只是疲惫，在开审的那天，他的眼睛里还闪烁着斗争的火焰，但今天却自己早已知道什么都完了。他的手里还拿着那顶毡帽，黑色的皮鞋烨烨有光——但是，谁知道他再能穿戴几天！

书记官站起来说："陈公博汉奸一案，今日宣判。"陈公博抬起了头，仰面静静听着，他没有什么惊慌，但是他不住地眨着眼睛，他的嘴唇是紧闭的，但是似乎正在嚼什么东西，他的身体岿然不动——他曾不曾作过"万一侥幸之想"呢？

审判长的声音坚定、恳挚、沉着。他坚定地站着宣读判决主文。审判长宣读主文以后，陈公博仍旧是岿然不动，但他似乎在咽什么，喉结那么一上一下的，动得利害。一位穿得很漂亮的女记者跑过来替他照一张相，陈公博似乎没有看见，真能视死如归么？还是"憨不畏法"呢？

审判长面若冰霜，朗朗念着判决理由：至于被告之抗辩，无非企图减轻罪责，不足采取，被告昧于大义，甘作罪魁，特处极刑，以昭警戒。审判长接着就和蔼地对他说："判决书就可以送到，依照特种刑事案件施行条例，本案无论被告不服与否，均应送最高法院复判，故送请复判为本院之职责，如有申辩，仍可提出，但如有申辩状则顶好快一点，在十天之内送到。"

陈公博侧耳静听，仍旧很镇定，他说："上次审判的时候，我已经说过决不声辩了。"但孙审判长就告诉他，这是于法不足为据的。

陈公博说："荷蒙庭上允许，本人的声辩书和自白书，都蒙允予发表，本人心事已了。本人很谅解检察官的地位，他是不得不然的，上次检察官的话，也已经有过了表示，本人在政治上是失败了，人格上是没有失败的。"

他微笑着向庭上鞠了一个躬，法警把他拥了出去，时间是四点二十一分。

有一位旁听的小姐，在赞美陈公博的头发梳得漂亮，但是我却想起了旧时枪毙强盗，强盗常常高呼着说："二十年后又是一条好汉！"于是彩声雷动。陈公博这个人一生最大的毛病就是拼命要博得一声喝彩，以致心劳力绌，明知道是死路，也要走一走再说。他已经极"表演"之能事了，会不会过几天再写一首《被判死刑有感》的歪诗呢？

（《申报》一九四六年四月十三日）

郭沫若卷（1892 — 1978）

郭沫若 ，四川省乐山客家人，著名文学家、剧作家、诗人、历史学家、古文字学家、书法家、学者、社会活动家。著述颇丰，致力于世界和平运动。中国新诗奠基人，是继鲁迅之后公认的文化领袖。著有《中国古代社会研究》《甲骨文研究》《蔡文姬》《青铜时代》《中国史稿》《甲骨文合集》等。

不穿上衣

郭面孔长方，皮肤粗黑，常穿一淡黄色辣呢裤，西装———一件拜伦式白麻纱衬衫，非至接见重要宾客时，不穿卜衣。

（竹楼主人：《近代名人轶闻》）

一生完了

郭在南昌，识彭亦兰，致起家庭风波，每逢谈到恋爱问题，辄云："我这一生是完了，恋爱只有让你们青年去独享吧。"

（竹楼主人：《近代名人轶闻》）

妻管严

郭氏被日本夫人，管束甚严，财产权完全由夫人主持，所有稿费及版税，均由夫人保管，郭氏每日零用，必经夫人许可。据云郭之夫人，每月必储蓄二百元，为将来郭子教育费用，此款绝对不许郭氏过问。

（竹楼主人：《近代名人轶闻》）

誉妻成癖

　　郭又喜描写其妻。计沫若所写之书，除别有历史根据，限于时空，不能附入其妻者外，凡属自由撰著，均必将其妻叙入，郭意殆欲使其妻名彰后世，同有千秋也。古人有誉妻成癖者，郭氏为其亚流欤？

（竹楼主人：《近代名人轶闻》）

白崇禧卷（1893 — 1966）

白崇禧，字健生，广西临桂县人，回族，阿拉伯名"乌默尔"，意义与"崇禧、健生"吻合，当代作家白先勇之父。毕业于保定军校，属国民党桂系中心人物，地位仅次于李宗仁，与李宗仁合称"李白"。系陆军一级上将，有"小诸葛"之称。1911 年参加武昌起义，历经北伐战争、抗日战争，指挥过诸多著名战役。国共内战，在武汉与四野周旋，终不剩一兵一卒，退撤台湾。1966 年在台湾去世。著有《白崇禧口述自传》等。

误国贼

民十五北伐时，白崇禧率部入湘，抵湘边某地，白氏于宿营中，忽得奇梦：行田野间，前一兰若，叩门而入，遇沙弥，引之游，殿宇高耸，备极壮丽，前殿额题"祸国殃民之殿"。沙弥曰："将军欲入观乎？"白颔之，入则牌位累累然，细审之，胥当时要人也，而己之名亦在焉，大骇。白曰："仅此殿乎？"曰："尚有。"复导致后一殿，题为"福国利民之殿"。其中亦陈列牌位甚多，正中一大牌位，上书"当今……李公文清之位"，巡视一匝，见中山先生之名讳，亦在焉。白问："所谓李文清者，已出世乎？"沙弥曰："然，已出世。"问："在何处？"曰："不远，即在附近村庄中。"白凛然而寤。翌晨，白氏特屯军一日，访李文清其人。轻车简从，行村落间，遇一私塾，咕哗吟哦。白入，见数孩子游戏庭间，一一问其名，至最后一人，则李文清也。询其家世，自言农人子，今甫十二岁。白返，召李父至营中，盖一乡间老叟也。白谓："汝子极聪颖，予拟之赴京沪读书，以求深造，翁其允之乎？"李父大喜，亟召文清来，曰："今有一达官，欲携汝出外读书，其速屏挡随行。"文清双目炯炯，注视白面曰："携汝何人？"曰："白崇禧。"文清怫然不悦，厉声责曰："汝，误国贼也，只知吸人民脂膏，此种人，予不愿焉。"白闻言默然，李父怒其无理，欲责之，白急告谓："童子何知，幸勿加责。"遂又向文清述城市之繁华，意动其心而往。而文清仍谓："误国贼之钱，予不愿用也。"白无奈，挥之去。下午，白又出营散步，田间小儿一群，各携竹杖为兵器，正操演阵法，一童子坐高岗上，为总指挥，近视之，则李文清也。李见白行近，即对群儿曰："祸国殃民之人来矣，可群起攻之！"于是皆持杖近白欲殴，白瞿然而返。于拔营前进时，白复召李父来，出大洋五百元为赠，曰："善视若子，他日或将成名也。"李父感激而去。此事民十七白氏在武汉时，某报曾载之，有举以询白，白谓："有之，但事实稍有出入耳！"惟计李文清之年龄，及令当已弱冠，未知现在何处，当面咒白氏时，其胆识在儿童时，已有不凡，殊使人心仪也。

（竹楼主人：《近代名人轶闻》）

有奇癖

又闻白氏有奇癖，喜闻脚臭，每夕就寝，于洗脚前，必抱脚狂嗅多时，有询其何以嗜此。白云："此极有益卫生，市上所售之灵宝丹等均不及此远甚。"

（竹楼主人：《近代名人轶闻》）

不怕百姓造反

犹忆武汉桂系崩溃时，几乎把桂军实力弄至"上无梁，下无瓦"。于是在广西开始练民团，这个谋略据说是"小诸葛"白崇禧策动的。有人到广西参观后，多以白健生"教揉升木"为危，容易致人民造反，健生对这般人常笑着发出妙论："我是不怕老百姓造反的，如果政府怕百姓造反，根本就不是好政府，如果怕人民革命，结果也未必能避免革命。"这几句话充分说明单纯的统驭政策，实属大错，政府应谋政治上的刷新，以求取广大民众的拥护，十几年来广西提倡廉洁，做得相当成功，在李、白、黄之中，白崇禧的魄力极大，说到就做到。记得战前正当陈济棠在广东倡行祀孔祀关岳，大修文武的时候，白健生却在广西打烂神庙，破除迷信，桂林有一所城隍庙，香火甚盛，健生便首先下令打烂城隍庙，此令一下，地方绅士急起来了，首先便向白健生的老太太请愿，白老太太便叫儿子免拆，白健生见绅士们走内线破坏，于是心生一计，便召集各绅士说："拆庙势在必行，但我可以出一告示，贴在城隍庙上，声明如有灾殃，由我白崇禧一人承当？"果然皇皇告示，贴到城隍庙去，立即派一连兵去执行拆庙，这时候，连长推排长，排长无法再推，于是先焚香祷告一番，然后动手，此虽为一小趣事，足见白崇禧的作风。

（新中国编译社：《中国内幕》）

"笨诸葛"

谈到了何应钦、陈诚、胡宗南三个蒋介石嫡系军人，其中牵涉到白崇禧，白崇禧今天已甘心情愿跟着蒋介石为反共反人民而卖力，担任国防部长后，时常飞南飞北，为镇压民变，部署内战出力。人民解放军反攻到长江边之后，蒋介石任命白崇禧为华中地区"总司令"，与东北的陈诚、西北的胡宗南同为"三大将"。白崇禧虽非蒋之嫡系，但也有一说之必要。

白崇禧是广西系军人的领袖之一，一般认为他擅长军事，足智多谋，绰号"小诸葛"。民国十四年冬，广西的李宗仁、黄绍竑归附国民政府，白崇禧是李、黄派到广州去的代表，广西军编为国民革命军第七军，李宗仁任军长，黄绍竑为副军长兼党代表，白崇禧为第一旅旅长（那时国民革命军的编制，军辖三师或四师，师辖三团，没有旅的一级，但第七军的编制特殊，军下无师，辖七个旅，每旅为两个团，比一二三四五六军兵额较多）。民国十五年北伐时，白崇禧任总司令部参谋长兼东路军前敌总指挥。民国十七年张作霖出关以后，白崇禧任北平军分会委员长，并实际掌握北平政治分会；蒋桂战争桂系失败，李、白狼狈返桂，不久黄绍竑被蒋收买，入南京任内政部长（后调浙江省主席），广西军政由李宗仁、白崇禧主持，并称李白。"九·一八"以后，设西南执行部（党）及西南政务委员会（政府）于广州；粤桂两省久成半独立状态，李宗仁常驻川粤，桂省全由白崇禧主挂，尖刻者称李宗仁为白崇禧的"人使"。民国二十五年陈济棠失败，西南两机关撤销，粤军改编，广西因内部团结，蒋介石无隙可乘，于是派李宗仁为第五路军总司令兼广西绥靖主任，白崇禧为第五路军副总司令兼广西绥靖副主任（蒋介石曾任命白崇禧为浙江省政府主席，调虎离山，而把黄绍竑派回广西结果被桂系拒绝了）。一般人认为李德邻（宗仁）忠厚大度，才不胜德；白健生（崇禧）精明强悍，德不胜才。这个批评并不恰当，李、白两人都是封建军阀，反人民的罪人，根本没有什么"德"之可言，就讲"才"，白崇禧察察为明，目光浅短，斤斤较量小得失，不识大体，无容人之量，是小有才而好自用的人物；接近桂系的某政客，对李宗仁的评语为"大智若愚"四字，虽然称谀太过分，但也有几分道理。民国二十七年徐州撤退就是白部署的，每一辆汽车什么时候走，走哪一条路，他都要详细规定，结果情况的发展和他预期的不一样，下面不能机动作主，致突围时狼狈凌乱不堪，损失甚大（这和蒋介石亲自布置淞沪撤退一样，限定某时某刻炸毁昆山东面的青旸江铁桥，到时候，还有三万兵未过河，炸桥部队以命令时间已到，就执行炸桥，河东的部队因此气愤万分而向河西开火）。白崇禧的"精明干练"大抵如此。"七七"以后，白崇禧到了南京，与蒋介石等商议抗日大计，蒋很器重他，委他做参谋副总长，调桂军北上抗战，任李宗仁为第五战区司令长官（时蒋兼一战区长官，阎锡山为二战区长官，冯玉祥为三战区长官，何应钦为四战区长官）。某次蒋介石对他的亲信人员秘密宣布："抗战一开始，不知何日了结，万一我中途身死，我的位置由白健生代替；白健生如再死，则由何敬之代替。"这一番话很快就传到白崇禧那里，而且有一些蒋介石嫡系人物因为白崇禧已被蒋指定为"第一继承人"而去讨他的好。这个"小诸葛"从此对蒋感激涕零,拼命把广西部队调出北上作战。武汉撤退之后,蒋委白为西南行营主任,节制三、四、九等战区,似乎把东南半个中国都交给他了。但到日寇侵入南宁时,广西境内兵力单薄,只有请调"中央军"入桂,而昆仑关一役,第二军李延年、第五军杜聿明几乎全军覆灭,因此陈诚就竭力攻击白崇禧,结果西南行营也撤销了。那时,桂系军队已损失了三分之二,蒋介石的目的已达到,于是白崇禧就到重庆去当一个毫无实权的参谋副总长。足智多谋的"小诸葛",被蒋介石稍施诡计,就像一个小孩子那样被玩弄于掌股之上。因此有人把"小诸葛"的"小"字改掉,背地称他为"笨诸葛"。

广西军队被蒋介石削弱了,白崇禧虽知道上了蒋介石的当,但他却转而死心塌地为蒋介石效力,冀求在蒋介石的卵翼下分些残羹冷饭,变成蒋介石的党徒了。

(翊勋:《蒋党内幕》)

狼狈而去

白崇禧将军专任国防部长了。不禁使我想起民国三十三年春间,"小诸葛"白将军赴川西一带视察军训。成都公毕,游罢峨嵋,道经乐山,乃检阅当地驻军。原来此处驻军为卅二补训处,处长即何应钦外甥韩文源。崇例沿场四周,戒备森严,加之韩文源刚就任警备司令,当地宪兵也归他调度,排场更得威风。白将军训话完毕,又往武汉大学演讲,韩文源理当奉陪,且为表现殷勤,竟将宪兵也带往该校戒备。

这天合该有事,武大王校长因远居郊外,尚未及时赶到,就由教务长朱光潜等招待白将军等在会议厅先行茶叙。此时大礼堂上,已挤满欲一睹白将军风采的学生。过了一会,王校长才乘车赶到校门附近,守卫的宪兵,竟喝令车夫停止前进,车夫乃告以车上为武大王校长,并坚持前进,不料宪兵却大动肝火,举手掌掴车夫;说时迟,那时快,车夫闪避不及,一撒手王校长同车子翻了跟斗。恰巧为武大学生看见,乃奔往大礼堂向全体同学报告:"王校长被门口宪兵从车中推到地下了。"同学闻言,一面派人赶往门口慰问校长,与宪兵交涉;一面在大礼堂商讨追究办法,并一致认为应由韩文源负责,并齐声高呼:"驱逐韩文源!""要韩文源当面赔罪!""不准宪兵停留校内!"群情鼎沸,教务长朱光潜来劝解也被轰走。正在难解难分之际,王校长亲自赶来向同学说:"刚才的事情,我一定负责追究,不叫武大丢人,希望同学镇静下来,听白部长讲演。"这才稍息众怒。

接着白将军与韩文源同至大礼堂台上。白将军把原定要讲的话还未说完,台下听众已散去,他却声色俱厉地说道:"今天你们学生的举动太不成话,宪兵是奉行他的职守……"台下嗤声大作,并且有人提出责问:"难道他打翻王校长的车,是奉行职守吗?""学校范围,也是宪兵奉行职守的地方吗?"白将军听了不禁面色发青,愤然地说道:"老实说,有许多地方请我讲演都请不到,你们能听我讲还要闹吗?"台下又是一阵哈哈。这时他勃然大怒:"好!你们应该明白,政府解散个把学校是不算回事!学风坏到如此……"同时转向台上的教授们说:"今后希望院长主任要对学生严加管束。"他忘记自己是军训部长,说这话有越权之嫌,因此台下嗤笑声更大。就在这时,忽然有操湖南腔的学生,跑到台前,大声喊道:"报告白部长,韩文源的部下实在罪大恶极,时常有殴打同学、教授和教授太太的事情发生,像今天这样的事情已非一次了。"这位同学如数家珍地举出韩文源及其部下的罪恶,一时掌声骂声不绝于耳,韩文源面红耳赤,但仍老着脸皮说:"怎么弄到我的头上来了!"

白将军被这位同学弄得目瞪口呆,不知如何下台,而台下"驱逐韩文源"的喊声震耳欲聋。正在白将军下不了台的时候,幸亏站在台旁的军事教官灵机一动,鼓动全身之力,高喊一声"立正",颇出全场意外。白将军究竟不愧为"小诸葛",随机应变,敬了一个礼,悻悻而退。

（《消息半月刊》）

注重交通

白近为谋发展桂省经济起见,于垦殖工商等业外,极力注重交通,现公路已遍达全省之村镇,而电话邮递附之;故商旅出其途者,莫不称为便利!桂省山水,本有盛名!国人往游者寡,即由交通之阻碍使然。白氏兹举,颇可招致游人,而吸收其游资;将来果再加以点缀与宣传,俾与西方之瑞士山水并称,则不但海内游客,麇至其间,即东西洋之游人,亦必络绎于桂境,人杰而复地灵,殆不虚欤?

（坦荡荡斋主:《现代中国名人外史》）

梁漱溟卷（1893 — 1988）

梁漱溟，著名的思想家、哲学家、教育家、社会活动家、爱国民主人士，著名学者、国学大师，主要研究人生问题和社会问题，现代新儒家的早期代表人物之一，有"中国最后一位儒家"之称。梁漱溟受泰州学派的影响，在中国发起过乡村建设运动，并取得可以借鉴的经验。著有《乡村建设理论》《人心与人生》《东西文化及其哲学》《印度哲学概论》《中国文化要义》等。

我生在这样一个家庭

距今五十年前，我生于北京。那是清光绪十九年癸巳，西历一八九三年，亦就是甲午中日大战前一年。甲午之战是中国近百年史中最大关节，所有种种剧烈变动皆由此起来。而我的大半生，恰好是从那一次中日大战到这一次中日大战。

我家原是桂林城内人。但从祖父离开桂林，父亲和我们一辈便都生长在北京了。母亲亦是生在北方的；而外祖张家则是云南大理人，从外祖父离开云南，没有回去。祖母又是贵州毕节刘家的。在中国说南方人和北方人不论气质上或习俗上都颇有些不同的。因此，由南方人来看我们，则每当成我们是北方人；而在当地北方人看我们，又以为是来自南方的了。我一家人，兼有南北两种气息，而富于一种中间性。

从种族血统上说，我们本是元朝宗室。中间经过明清二代五百余年，不但旁人不晓得我们是蒙古族，即自家不由谱系上查明亦不晓得了。在几百年和汉族婚姻之后的我们，融合不同的两种血，似亦具一中间性。

从社会阶级成分上说，曾祖、祖父、父亲三代都是从前所谓举人或进士出身而做官的。外祖父亦是进士而做官的。祖母、母亲都读过不少书，能为诗文。这是所谓"书香人家"或"世宦之家"。但曾祖父做外官（对京官而言）卸任，无钱而有债。祖父来还债，债未清而身故。那时我父亲只七八岁，靠祖母开蒙馆教几个小学生度日，真是寒苦之极。父稍长到十九岁，便在义学中教书，依然寒苦生活。世宦习气于此打落干净；市井琐碎，民间疾苦，倒亲身尝历的。四十岁方入仕途，又总未得意，景况没有舒展过。因此在生活习惯上意识上，并未曾将我们后辈限于某一阶级中。

父母生我们兄妹四人。我有一个大哥、两个妹妹。大哥留学日本明治大学商科毕业。两妹亦于清朝最末一年毕业于京师女子初级师范学堂。我们的教育费，常常是变卖母亲妆奁而支付的。

像这样一个多方面荟萃交融的家庭，住居于全国政治文化中心的北京，自无偏僻固陋之患。又遭逢这样一个变动剧烈的时代，见闻既多，是很便于自学的。

（梁漱溟：《我的自学小史》）

父　亲

遂成我之自学的，完全是我父亲。所以必要叙明我父亲之为人，和他对我的教育。

吾父是一秉性笃实的人，而不是一天资高明的人。他做学问没有过人的才思，他做事情更不以才略见长。他与母亲一样天生地忠厚，只是他用心周匝细密，又磨炼于寒苦生活之中，好像比较能干许多。他心里相当精明，但很少见之于行事。他最不可及处，是意趣超俗，不肯随俗流转，而有一腔热肠，一身侠骨。

因其非天资高明的人，所以思想不超脱。因其秉性笃实而用心精细，所以遇事认真。因为有豪侠气，所以行为只是端正，而并不拘谨。他最看重事功，而不免忽视学问。前人所说"不耻恶衣恶食，而耻匹夫匹妇不被其泽"的话，正好点出我父一副心肝——我最初的思想和做人，受父亲影响，亦就是这么一路（尚侠、认真、不超脱）。

父亲对我完全是宽放的。小时候，只记得大哥挨过打；这亦是很少的事。我则在整个记忆中，一次亦没有过。但我似乎并不是不该打的孩子。我是既呆笨，又执拗的。他亦很少正言厉色地教训过我们。我受父亲影响，并不是受了许多教训，而毋宁说是受一些暗示。我在父亲面前，完全不感到一种精神上的压迫。他从未以端凝严肃的神气对儿童或少年人。我很早入学堂，所以亦没有从父亲受读。

十岁前后（七八岁至十二三岁）所受父亲的教育，大多是下列三项。一是讲戏，父亲平日喜看京戏，即以戏中故事情节讲给儿女听。一是携同出街，购买日用品，或办一些零碎事，其意盖在练习经理事物，懂得社会人情。一是关于卫生或其他的许多嘱咐，总要儿童知道如何照料自己身体。例如：

> 正当出汗之时，不要脱衣服；待汗稍止，气稍定再脱去。
> 不要坐在当风地方，如窗口、门口、过道等处。
> 太热或太冷的汤水不要喝，太燥太腻的食物不可多吃。
> 光线不足，不要看书。

诸如此类之嘱告或指点，极其多，并且随时随地不放松。

还记得九岁时，有一次我自己积蓄的一小串钱（那时所用铜钱有小孔，例以麻线贯串之），忽然不见，各处询问，并向人吵闹，终不可得。隔一天，父亲于庭前桃树枝上发现之，心知是我自家遗忘，并不责斥，亦不喊我来看。他却在纸条上写了一段文字，大略说：

> 一小儿在桃树下玩耍，偶将一小串钱挂于树枝而忘之。到处向人询问，吵闹不休。次日，其父亲打扫庭院，见钱悬树上，乃指示之。小儿始自知其糊涂云云。

写后他交与我看，亦不作声。我看了，马上省悟，跑去一探即得，不禁自怀惭意——即此事亦见先父所给我教育之一斑。

到十四岁以后，我胸中渐渐自有思想见解，或发于言论，或见之行事。先父认为好的，便明示或暗示鼓励。他不同意的，让我晓得他不同意而止，却从不干涉。十七八九岁时，有些关系颇大之事，他仍然不加干涉，而听我去。就在他不干涉之中，成就了我的自学。那些事例，待后面即可叙述到。

（梁漱溟：《我的自学小史》）

瘠弱而又呆笨

我自幼瘠瘦多病，气力微弱，未到天寒，手足已然不温。亲长皆觉得，此儿怕不会长命的。五六岁时，每患头晕目眩，一时天旋地转，坐立不稳，必须安卧始得。七八岁后，虽亦跳掷玩耍，总不如人家活泼勇健。在小学里读书，一次盘杠子跌下地来，用药方才复苏。以后更不敢轻试。在中学时，常常看着同学打球踢球，而不能参加。人家打罢踢罢了，我方敢一个人来试一试。又因为爱用思想，神情颜色皆不像一个少年。同学给我一个外号"小老哥"——广东人呼小孩原如此的；但北京人说来，则是嘲笑话了。

却不料后来，年纪长大，我倒很少生病。三十以后，愈见坚实，寒暖饥饱，不以为意。素食至今满三十年，亦没有什么营养不足问题。每闻朋友同侪或患遗精，或患痔血，或胃病，或脚气病，在我一切都没有。若以体质精力来相较，反而为朋辈所不及。久别之友，十几年以至二十几年不相见者，每都说我现在还同以前一个样子，不见改变。因而人多称赞我有修养。其实，我亦不知道我有什么修养。不过平生嗜欲最淡，一切无所好。同时，在生活习惯上，比较旁人多自知注意一点罢了。

小时候，我不但瘠弱，并且很呆笨的。约莫六岁了，自己还不会穿裤子。因裤上有带条，要从背后系引到前面来，打一结扣，而我不会。一次早起，母亲隔屋喊我，为何还不起床。我大声气愤地说："妹妹不给我穿裤子呀！"招引得家里人都笑了。原来天天要妹妹替我打这结扣才行。

十岁前后，在小学里的课业成绩，比一些同学都较差。虽不是极劣，总是中等以下。到十四岁入中学，我的智力乃见发达，课业成绩间有在前三名者。大体说来，我只是平常资质，没有过人之才。在学校时，不算特别勤学；出学校后，亦未用过苦功。只平素心理上，自己总有对自己的一种要求，不肯让一天光阴随便马虎过去。

（梁漱溟：《我的自学小史》）

经过两度家塾、四个小学

我于六岁开始读书，是经一位孟老师在家里教的。那时课儿童，入手多是《三字经》《百家姓》，取其容易上口成诵。接着就要读四书五经了。我在《三字经》之后，即读《地球韵言》，而没有读四书。《地球韵言》一书，现在恐已无处可寻得。内容多是一些欧罗巴、亚细亚、太平洋、大西洋之类；作于何人，我亦记不得了。

说起来好似一件奇特事，就是我对于四书五经至今没有诵读过，只看过而已。这在同我一般年纪的人是很少的。不读四书，而读《地球韵言》，当然是出于我父亲的意思。他是距今四十五年前，不主张儿童读经的人。这在当时自是一破例的事。为何能如此呢？大约由父亲平素关心国家大局，而中国当那些年间恰是外侮日逼。例如：

清咸丰十年（西历 1860 年）英法联军陷天津，清帝避走热河。

清光绪十年（西历 1884 年）中法之战，安南（今越南）被法国占去。

又光绪十二年（1886 年）缅甸被英国侵占。

又光绪二十年（1894 年）中日之战，朝鲜被日本占去。

又光绪二十一年（1895 年）台湾割让日本。

又光绪二十三年（1897 年）德国占胶州湾（青岛）。

又光绪二十四年（1898 年）俄国强索旅顺、大连。

在这一串事实之下，父亲心里激动很大。因此他很早倾向变法维新。在他的日记中有这样一段话：

> 却有一种为清流所鄙，正人所斥，洋务西学新出各书，断不可以不看。盖天下无久而不变之局，我只力求实事，不能避人讥讪也。（光绪十年四月初六日日记《论读书次第缓急》）

到光绪二十四年，就是我开蒙读书这一年，正赶上光绪帝变法维新。停科举、废八股，皆他所极端赞成；不必读四书，似基于此。只惜当时北京尚无学校可入。而《地球韵言》则是便于儿童上口成诵，四字一句的韵文，其中略说世界大势，就认为很合用了。

次年我七岁，北京有第一个"洋学堂"（当时市井人都如此称呼）出现，父亲便命我入学。这是一位福建陈镜先生创办的，名曰"中西小学堂"。现在看来，这名称似乎好笑。大约当时系因其既念中文，又念英文之故。可惜我从那幼小时便习英文而到现在亦没学得好。

八岁这一年，英文念不成了。这年闹"义和团"——后来被称为拳匪——专杀信洋教（基督教）或念洋书之人。我们只好将《英文初阶》《英文进阶》（当时课本）一齐烧毁。后来因激起欧美、日本八国联军入北京，清帝避走陕西，历史上称为"庚子之变"。

庚子之变后，新势力又抬头，学堂复兴。九岁，我入"南横街公立小学堂"读书。十岁，改入"蒙养学堂"，读到十一岁。十二岁十三岁，又改在家里读书，是联合几家亲戚的儿童，请一位奉天刘（讷）先生教的。十三岁下半年到十四岁上半年，又进入"江苏小学堂"——这是江苏旅居北京同乡会所办。

因此，我在小学时代前后经过两度家塾四个小学。这种求学得不到安稳顺序前进，是与当时社会之不安、学制之无定有关系的。

（梁漱溟：《我的自学小史》）

课外读物

我的自学，最得力于杂志报纸。许多专门书或重要典籍之阅读，常是从杂志报纸先引起兴趣和注意，然后方觅它来读的。即如中国的经书以至佛典，亦都是如此。他如社会科学各门的书，更不待言。因为我所受学校教育，以上面说的小学及后面说的中学而止，而这些书典都是课程里没有的。同时我又从来不勉强自己去求学问，作学问家，所以非到引起兴趣和注意，我不去读它的——我之好学是到真好才去学的。而对某方面学问之兴趣和注意，总是先借杂志报纸引起来。

我的自学作始于小学时代。奇怪的是在那样新文化初开荒时候，已有人为我准备了很好的课外读物。这是一种《启蒙画报》和一种《京话日报》。创办人是我的一位父执，而且是对于我关系深切的一位父执。

（梁漱溟：《我的自学小史》）

自学的根本

在上边叙述了我的父亲，又叙述了我的一位父执。这是意在叙明我幼年之家庭环境和最切近之社会环境。关于这环境方面，以上只是扼要叙述，未能周详。例如我母亲之温厚明通，赞助我父亲和彭公的维新运动，并提倡女学，自己参加北京初创第一间女学校（名"女学传习所"）担任教员等类事情，都未及说到。然读者或亦不难想象得之。就从这环境中，给我种下了自学的根本：一片向上心。

一面是从父亲和彭公他们的人格感召，使我幼稚的心灵隐然萌露对社会对国家的责任感，而鄙视那般世俗谋衣食求利禄的"自了汉"生活。更一面是从那维新前进的空气中，自具一种迈越世俗的见识主张，使我意识到世俗之人虽不必是坏人，但缺乏眼光见识那就是不行的；因此，一个人必须力争上游。所谓一片向上心，大抵在当时便是如此。

这种心理，可能有其偏弊，至少不免流露一种高傲神情。若从好一方面来说，这里面固含蓄得一点正大之气和一点刚强之气——我不敢说得多，但至少各有一点。我自省我终身受用者，似乎在此。

特别是自十三四岁开始，由于这向上心，我常有自课于自己的责任，不论何事，很少需要人督迫。并且有时某些事，觉得不合我意见，虽旁人要我做，我亦不做。固然十岁时爱看《启蒙画报》《京话日报》，几乎成瘾，已算是自学，但真的自学，必从这里（向上心）说起。所谓自学应当就是一个人整个生命的向上自强，要紧在生活中有自觉。单是求知识，却不足以尽自学之事。在整个生命向上自强之中，可以包括了求知识。求知识盖所以溶发我们的智慧识见，它并不是一种目的。有智慧识见发出来，就是生命向上自强之效验，就是善学。假若求知识以致废寝忘食，身体精神不健全，甚至所知愈多头脑愈昏，就不得为善学。有人说"活到老，学到老"一句话，这观念最正确。这个"学"显然是自学，同时这个"学"显然就是在说一切做人做事而不止于求些知识。

自学最要紧是在生活中有自觉。读书不是第一件事；第一件事却是照顾自己身体而如何善用它——用它来做种种事情，读书则其一种。可惜这个道理，我只在今天乃说得出，当时亦不明白的。所以当时对自己身体照顾不够，例如：爱静中思维，而不注意身体应当活动；饮食、睡眠、工作三种时间没有好的分配调整；不免有少年斫丧身体之不良习惯（手淫）。所幸者，从向上心稍知自爱，还不是全然不照顾他。更因为有一点正大刚强之气，耳目心思向正面用去，下流毛病自然减少。我以一个孱弱多病的体质，到后来慢慢转强，很少生病，精力且每比旁人略优；其故似不外：

一、我虽讲不到修养，然于身体少斫丧少浪费，虽至今对于身体仍愧照顾不够，但似比普通人略知照顾。

二、胸中恒有一股清刚之气，使外面病邪好像无隙可乘。——反之，偶尔患病，细细想来总是先由自己生命失其清明刚劲、有所疏忽而致。

又如我自幼呆笨，几乎全部小学时期皆不如人；自十四岁虽变得好些，亦不怎样聪明。讲学问，又全无根柢。乃后来亦居然滥侧学者之林，终幸未落于庸劣下愚，倒反受到社会的过奖过爱，此其故，要亦不外：

一、由于向上心，自知好学；虽没有用过苦功，亦从不偷惰。

二、环境好，机缘巧，总让我自主自动地去学，从没有被动地读过死书，或死读书。换句话说，无论旧教育（老式之书房教育）或新教育（欧美传来之学校教育），其毒害唯我受得最少。

总之，向上心是自学的根本；而所有今日的我，皆由自学得来。古书《中庸》上有"虽愚必明，虽柔必强"两句话，恰好借用来说我个人的自学经过（原文第二句不指身体而言，第一句意义亦较专深，故只算借用）。

（梁漱溟：《我的自学小史》）

五年半的中学

我于十四岁那一年（1906年）的夏天，考入"顺天中学堂"（地址在地安门外兵将局）。此虽不是北京最先成立的一间中学，却是与那最先成立的"五城中学堂"为兄弟者。"五城"指北京的城市，"顺天"指顺天府（京兆）。福建人陈璧，先为五城御史，创五城中学；后为顺天府尹，又设顺天中学。两个学堂的洋文总教习，同由王劭廉先生（天津人，与伍光建同留学英国海国）担任。汉文教习以福建人居多，例如五城以林纾（琴南）为主，我们则以一位跛腿陈先生（忘其名）为主。

当时以初设学校，学科程度无一定标准。许多小学比今日中学程度还高，而那时的中学与大学似亦颇难分别。我的同班同学竟有年纪长我近一倍者——我十四岁，他二十七岁。有好多同学虽与我们年纪小的同班受课，其实可以为我们的老师而有余。他们诗赋、古文词、四六骈体文，都作得很好，进而讲求到"选学"《昭明文选》。不过因为求出路（贡生、举人、进士）非经过学堂不可，有的机会凑巧得入大学，有的不巧就入中学了。

今日学术界知名之士，如张申府（崧年）、汤用彤（锡予）各位，皆是我的老同学。论年级，他们尚稍后于我；论年龄，则我们三人皆相同。我在我那班级上是年龄最小的。

当时学堂里读书，大半集中于英算两门。学生的精力和时间，都用在这上边。年长诸同学，很感觉费力；但我于此，亦曾实行过自学。在我那班上有四个人，彼此很要好。一廖福申（慰慈，福建），二王毓芬（梅庄，北京），三姚万里（伯鹏，广东），四就是我。我们四个都是年纪最小的——廖与王稍长一两岁。在廖大哥领导之下，我们曾结合起来自学。

这一结合，多出于廖大哥的好意。他看见年小同学爱玩耍不知用功，特来勉励我们。以那少年时代的天真，结合之初，颇具热情。我记得经过一阵很起劲的谈话以后，四个人同出去，到酒楼上吃螃蟹，大喝其酒。廖大哥提议彼此相称不用大哥、二哥、三哥那些俗气；而主张以每个人的短处标出一字来，作为相呼之名，以资警惕。大家都赞成此议，就请他为我们一个个命名。他给王的名字，是"懦"；给姚的名字，是"暴"；而我的，就是"傲"了。真的，这三个字都甚恰当。我是"傲"，不必说了。那王确亦懦弱有些妇人气；而姚则以赛跑、跳高和足球擅长，原是一粗暴的体育大家。最后，他自名为"惰"。这却太谦了。他正是最勤学的一个呢！此大约因其所要求于自己的，总感觉不够之故，而从他自谦其惰，正可见出其勤来了。

那时每一班有一专任洋文教习，所有这一班的英文、数学、外国地理都由他以英文原本教授。这些位洋文教习，全是天津水师学堂出身，而王劭廉先生的门徒。我那一班是位吕先生（富永）。他们秉承王先生的规矩，教课认真，做事有军人风格。当然课程进行得并不慢。但我们自学的进度，总还是超过他所教的。如英文读本 *Carpenters' Reader*（亚洲之一本），先生教到全书的一半时，廖已读完全书，我亦能读到三分之二。《纳氏英文文法》，先生教第二册未完，我与廖研究第三册了。代数、几何、三角各书，经先生开一个头，廖即能自学下去，无待于先生教了。我赶不上他那样快，但经他携带，总亦走在先生教的前边。廖对于习题一个个都做，其所做算草非常清楚整齐悦目。我便不行了，本子上很多涂改，行款不齐，字迹潦草。比他显得忙乱，而进度反在他之后。廖自是一天才，非平常人之所及。然从当年那些经验上，使我相信没有不能自学的功课。

同时廖还注意国文方面之自学。他在一个学期内，将一部《御批通鉴辑览》圈点完毕。因其为洋版书（当时对于木版书外之铜印、铅印、石印各书均作此称）字小，而每天都是在晚饭前划出一点时间来做的，天光不足，所以到圈点完功，眼睛变得近视了。这是他不晓得照顾身体，很可惜的。这里我与他不同。我是不注意国文方面的。国文讲义我照例不看；国文先生所讲，我照例不听。我另有我所用的功夫，如后面所述，而很少看中国旧书。但我国文作文成绩还不错，偶然亦被取为第一名。我总喜欢做翻案文章，不肯落俗套。有时能出奇制胜，有时亦多半失败。记得一位七十岁的王老师十分恼恨我。他在我作文卷后，严重地批着"好恶拂人之性，灾必逮夫身"的批语。而后来一位范先生偏赏识我。他给我的批语，却是"语不惊人死不休"。

十九岁那一年（1911 年）冬天，我们毕业。前后共经历五年半之久。本来没有五年半的中学制度，这是因为中间经过一度学制变更，使我们吃亏。

（梁漱溟：《我的自学小史》）

中学时期之自学

在上面好像已叙述到我在中学时之自学，如自学英文、数学等课，但我所谓自学尚不在此。我曾说了：

> 由于向上心，我常有自课于自己的责任，不论什么事很少要人督迫……真的自学，必从这里说起。自学就是一个人整个生命的向上自强，要紧在生活中有自觉。

所以上节所述只是当年中学里面一些应付课业的情形，还没有当真说到我的自学。

真的自学，是由于向上心驱使我在两个问题上追求不已：一人生问题；二社会问题，亦可云中国问题。此两个问题互有关联之处，不能截然分开，但仍以分别言之为方便。从人生问题之追求，使我出入于西洋哲学、印度宗教、中国周秦宋明诸学派间，而被人看作是哲学家。从社会问题之追求，使我参加了中国革命，并至今投身社会运动。今届五十之年，总论过去精力，无非用在这两问题上面；今后当亦不出乎此。而说到我对此两问题如何追求，则在中学时期均已开其端。以下略述当年一些事实。

我很早有我的人生思想。约十四岁光景，我胸中已有了一价值标准，时时用以评判一切人和一切事。这就是凡事看他于人有没有好处，和其好处的大小。假使于群于己都没有好处，就是一件要不得的事了。掉转来，若于群于己都有顶大好处，便是天下第一等事。以此衡量一切并解释一切，似乎无往不通。若思之偶有扞格窒碍，必辗转求所以自圆其说者。一旦豁然复有所得，便不禁手舞足蹈，顾盼自喜。此时于西洋之"乐利主义""最大多数幸福主义""实用主义""工具主义"等等，尚无所闻。却是不期而然，恰与西洋这些功利派思想相近。

这思想，显然是受先父的启发。先父虽读儒书，服膺孔孟，实际上其思想和为人乃有极像墨家之处。他相信中国积弱全为念书人专务虚文，与事实隔得太远之所误。因此，平素最看不起做诗词做文章的人，而标出"务实"二字为讨论任何问题之一贯的主张。务实之"实"，自然不免要以"实用""实利"为其主要涵义。而专讲实用实利之结果，当然流归到墨家思想。不论大事小事，这种意思在他一言一动之间到处流露贯彻。其大大影响到我，是不待言的。

　　不过我父只是有他的思想见解而止，他对于哲学并没有兴趣。我则自少年时便喜欢用深思。所以就由这里追究上去，究竟何谓"有好处"？那便是追究"利"和"害"到底何所指，必欲分析它，确定它。于是就引到苦乐问题上来。又追究到底何谓苦，何谓乐？对于苦乐的研究，是使我探入中国儒家印度佛家的钥匙，颇为重要。后来所作《究元决疑论》中，有论苦乐的一段，尚可见一斑。而这一段话，却完全是十六七岁在中学时撰写的旧稿。在中学里，时时沉溺在思想中，亦时时记录其思想所得。这类积稿当时甚多，现在无存。

　　然在当时感受中国问题的刺激，我对中国问题的热心似又远过于爱谈人生问题。这亦为当时在人生思想上，正以事功为尚之故。

　　当时——光绪末年宣统初年——正亦有当时的国难。当时的学生界，亦曾激于救国热潮而有自请练学生军的事，如"九·一八"后各地学生之所为者。我记得我和同班同学雷国能兄，皆以热心这运动被推为代表，请求学堂监督给我们特聘军事教官，并发给枪支，于正课外加练军操。此是一例。其他像这类的事，当然很多。

　　为了救国，自然注意政治而要求政治改造。像民主和法治等观念，以及英国式的议会制度、政党政治，早在三十五年前成为我的政治理想。后来所作《我们政治上第一个不通的路——欧洲近代民主政治的路》，其中诠释近代政治的话，还不出中学时那点心得。的确，那时对于政治自以为是大有心得的。

（梁漱溟:《我的自学小史》）

自学资料及当年师友

　　无论在人生问题上或在中国问题上，我在当时已能取得住在北中国内地的人所可能有的最好自学资料。我拥有梁任公先生主编之《新民丛报》壬寅、癸卯、甲辰三整年，六巨册，和同时他编的《新小说》（杂志月刊）全年一巨册（以上约共五六百万言）。这都是从日本传递进来的。还有其他从日本传递进来的，或上海出版的书报甚多。此为初时（1907年）之事。稍后（1910年后）更有立宪派之《国风报》（旬刊或半月刊，在日本印行），革命派之上海《民立报》（日报），按期收阅。这都是当时内地寻常一个中学生所不能有的丰富资财。

　　《新民丛报》一开头有任公先生著的《新民说》，他自署即曰"中国之新民"。这是一面提示了新人生观，又一面指出中国社会应该如何改造的，恰恰关系到人生问题中国问题的双方，切合我的需要，得益甚大。任公先生同时在报上有许多介绍外国某家某家学说的著作，使我得以领会近代西洋思想不少。他还有关于古时周秦诸子以至近世明清大儒的许多论述，意趣新而笔调健，皆足以感发人。此外有《德育鉴》一书，以立志、省察、克己、涵养等分门别类，辑录先儒格言（以宋明为多），而任公自加按语跋识。我对于中国古人学问之最初接触，实资于此。虽然现在看来，这书是无足取的，然而在当年却给我的助益很大。这助益，是在生活上，不徒在思想上。

《新民丛报》除任公先生自做文章约占十分之二外，还有其他人如蒋观云（智由）先生等等的许多文章和国际国内时事记载等，约居十分之八，亦甚重要。这些能助我系统地了解当时时局大势之过去背景。因其所记壬寅、癸卯、甲辰（1902年—1904年）之事正在我读它时（1907年—1909年）之前也。由于注意时局，所以每日报纸如当地之《北京日报》《顺天时报》《帝国日报》等，外埠之《申报》《新闻报》《时报》等，都是我每天必不可少的读物。谈起时局来，我都很清楚，不像普通一个中学生。

《国风报》上以谈国会制度、责任内阁制度、选举制度、预算制度等文章为多；其他如国库制度、审计制度，乃至银行货币等问题，亦常谈到。这是因为当时清廷筹备立宪，各省咨议局亦有联合请愿开国会的运动，各省督抚暨驻外使节在政治上亦有许多建议，而梁任公一派人隐然居于指导地位，即以《国风报》为其机关报。我当时对此运动亦颇热心，并且学习了近代国家法制上许多知识。

革命派的出版物，不如立宪派的容易得到手。然我终究亦得到一些。有《立宪派与革命派之论战》一厚册，是将梁任公和胡汉民（展堂）、汪精卫等争论中国应行革命共和抑行君主立宪的许多文章，搜集起来合印的；我反复读之甚熟。其他有些宣传品主于煽动排满感情的，我不喜读。

自学条件，书报资料固然重要，而朋友亦是重要的。在当时，我有两个朋友必须说一说。

一是郭人麟（一作仁林），字晓峰，河北乐亭县人。他年长于我两岁，而班级则次于我。并且他们一班，是学法文的；我们则学英文。因此虽为一校同学，朝夕相见，却无往来。郭君颜貌如好女子，见者无不惊其美艳，而气敛神肃，眉宇间若有沉忧；我则平素自以为是，亦复神情孤峭。彼此一直到第三年方始交谈。但经一度交谈之后，竟使我思想上发生极大变化。

我那时自负要救国救世，建功立业，论胸襟气概似极其不凡，实则在人生思想上，是很浅陋的。对于人生许多较深问题，根本未曾理会到。对于古今哲人高明一些的思想，不但未加理会，并且拒绝理会之。盖受先父影响，抱一种狭隘功利见解，重事功而轻学问。具有实用价值的学问，还知注意；若文学，若哲学，则直认为误人骗人的东西而排斥它。对于人格修养的学问，感受《德育鉴》之启发，固然留意，但意念中却认为"要做大事必须有人格修养才行"，竟以人格修养作方法手段看了。似此偏激无当，浅薄无根的思想，早应当被推翻。无如一般人多半连这点偏激浅薄思想亦没有。尽他们不同意我，乃至驳斥我，其力量却不足以动摇我之自信。恰遇郭君，天资绝高，思想超脱，虽年不过十八九而学问几如老宿。他于老、庄、易经、佛典皆有心得，而最喜欢谭嗣同的《仁学》。其思想高于我，其精神亦足以笼罩我。他的谈话，有时耻笑我，使我惘然如失；有时顺应我要做大事业的心理而诱进我，使我心悦诚服。我崇拜之极，尊为郭师，课暇就去请教，记录他的谈话订成一巨册，题曰《郭师语录》。一般同学多半讥笑我们，号之为"梁贤人""郭圣人"。

自与郭君接近后，我一向狭隘的功利见解为之打破，对哲学始知尊重，在我的思想上，实为一绝大转进。那同时还有一位同学陈子方，年纪较我们都大，班级亦在前，与郭君为至好。我亦因郭而亲近之。他的思想见解、精神气魄，在当时亦是高于我的，我亦同受其影响。现在两君都不在人世了。

另一朋友是甄元熙，字亮甫，广东台山县人。他年纪约长我一二岁，与我为同班，却是末后插班进来的。本来陈与郭在中国问题上皆倾向革命，但非甚积极。甄君是（1910年）从广州、上海来北京的，似先已与革命派有关系。我们彼此同是对时局积极的，不久成了很好的朋友。

但彼此政见不大相同。甄君当然是一革命派。我只热心政治改造，而不同情排满。在政治改造上，我又以英国式政治为理想，否认君主国体、民主国体在政治改造上有什么等差不同，转而指责民主国，无论为法国式（内阁制），抑美国式（总统制），皆不如英国政治之善。此即后来辛亥革命中，康有为所倡"虚君共和论"。在政治改造运动上，我认为可以用种种手段，而莫妙于俄国虚无党人的暗杀办法。这一面是很有效的，一面又破坏不大，免遭国际干涉。这些理论和主张，不待言是从立宪派得来的，然一点一滴皆经过我的往复思考，并非一种学舌。我和甄君时常以此作笔战，亦仿佛梁（任公）、汪（精卫）之所为。不过他们在海外是公开的，我们则不敢让人知道。

后来清廷一天一天失去人心，许多立宪派人皆转而为革命派，我亦是这样。中学毕业期近，而武昌起义；到处人心奋动，我们在学堂里更待不住。其时北京的和天津的、保定的学生界秘密互有联络，而头绪不一。适清廷释放汪精卫。汪一面倡和议，一面与李石曾、魏宸组、赵铁桥等暗中组织京津同盟会。甄君同我即参加其中，是为北方革命团体之最大者。所有刺良弼、刺袁世凯和在天津暴动的事，皆出于此一组织。

（梁漱溟：《我的自学小史》）

初入社会

按常规说，一个青年应当是由"求学"到"就业"，但在近几十年的中国青年，却每每是由"求学"而"革命"。我亦是其中之一个。我由学校出来，第一步踏入广大社会，不是就了某一项职业，而是参加革命。现在回想起来，还不免是一件太危险的事！

因为青年是社会的未成熟分子，其所以要求学，原是学习着如何参加社会，为社会之一员，以继成熟分子之后。却不料其求了学来革命。革命乃是改造社会。试问参加它尚虞能力不足，又焉得有改造它的能力？他此时缺乏社会经验，对于社会只有虚见（书本上所得）和臆想，尚无认识。试问认识不足，又何从谈到怎样改造呢？这明明是不行的事！无奈中国革命不是社会内部自发的革命，缺乏如西洋那种第三阶级或第四阶级由历史孕育下来的革命主力。中国革命只是最先感受到世界潮流之新学分子对旧派之争，全靠海外和沿海一带传播进来的世界思潮，以激动起一些热血青年。所以天然就是一种学生革命。幼稚、错误、失败都是天然不可免的事，无可奈何。

以我而说，那年不过刚足十八岁，自己的见识和举动，今日回想是很幼稚的。自己亲眼所见的许多人许多事，似都亦不免以天下大事为儿戏。不过青年做事比较天真，动机比较纯洁，则为后来这二三十年的人心所不及。这是后来的感想，事实不具述。

清帝不久退位，暗杀暴动一类的事，略可结束。同人等多半在天津办报，为公开之革命宣传。赵铁桥诸君所办者，名曰《民意报》。以甄亮甫为首的我们一班朋友，所办的报则名《民国报》。当时经费很充足，每日出三大张，规模之大为北方首创。总编辑为孙炳文浚明兄（四川叙府人，民国十六年国民党以清党为借口将其杀害于上海）；我亦充一名编辑，并且还做过外勤记者。今日所用"漱溟"二字，即是当时一笔名，而且出于孙先生所代拟。

新闻记者，似乎是社会上一项职业了。但其任务在指导社会，实亦非一个初入社会之青年学生所可胜任。现在想来，我还是觉得不妥的。这或者是我自幼志大言大，推演得来之结果吧。报馆原来馆址设在天津，后又迁北京（顺治门外大街西面）。民国二年春间，中国同盟会改组，中国国民党成立，《民国报》收为党本部之机关报，以汤漪主其事，我们一些朋友便离去了。

做新闻记者生活约一年余。连参与革命工作算起来，亦不满两周年。在此期间内，读书少而活动多，书本上的知识未见长进，而以与社会接触频繁之故，渐晓得事实不尽如理想。对于"革命""政治""伟大人物"……皆有"不过如此"之感。有些下流行径、鄙俗心理，以及尖刻、狠毒、凶暴之事，以前在家庭、在学校所遇不到的，此时却看见了，颇引起我对于人生，感到厌倦和憎恶。

在此期间，接触最多者当然在政治方面。前此在中学读书时，便梦想议会政治，逢着资政院开会（宣统二年三年两度开会），必辗转恳托介绍旁听。现在是新闻记者，持有长期旁听证，所有民元临时参议院、民二国会的两院，几乎无日不出入其间了。此外若同盟会本部和改组后的国民党本部，若国务院等处，亦是我踪迹最密的所在。还有共和建设讨论会（民主党之前身）和民主党（进步党的前身）的地方，我亦常去。当时议会内党派的离合，国务院的改组，袁世凯的许多操纵运用，皆映于吾目而了了于吾心。许多政治上人物，他不熟悉我，我却熟悉他。这些实际知识和经验，有助于我对中国问题之认识者不少。

（梁漱溟：《我的自学小史》）

激进于社会主义

民国元年已有所谓社会党，在中国出现。这是江亢虎（汪精卫之南京伪政府考试院副院长）在上海所发起的，同时他亦就自居于党魁地位。那时北京且有其支部之成立，主持人为陈翼龙（后为袁世凯所杀）。江亦为光绪庚子后北京社会上倡导维新运动之一人，与我家夙有来往，我深知其为人底细。他此种举动，完全出于投机心理。虽有些莫名其妙的人附和他，我则不睬。所有他们发表的言论，我都摒斥，不愿入目。我之倾向"社会主义"，不独与他们无关，而且因为憎恶他们，倒使我对"社会主义"隔膜了。

论当时风气，政治改造是一般人意识中所有，经济改造则一般人意识中所无。仅仅"社会主义"这名词，偶然可以看到而已（共产主义一词似尚未见），少有人热心研究它。民国元年（1912 年）8 月，中国同盟会改组为国民党时，民生主义之被删除，正为一很好例证。同盟会会章的宗旨一条，原为"本会以巩固中华民国，实行民生主义为宗旨"，国民党党章则改为"巩固共和，实行平民政治"。这明明是一很大变动，旧日同志所不喜，而总理孙先生之不愿意，更无待言。然而毕竟改了。并且 8 月 25 日成立大会（在北京虎坊桥湖广会馆之剧场举行），我亦参加。我亲见孙总理和黄克强先生都出席，为极长极长之讲演，则终于承认此一修改，又无疑问。这固然见出总理之虚怀，容纳众人意见，而经济问题和社会主义之不为当时所理会，亦完全看出了。

我当时对中国问题认识不足，亦以为只要宪政一上轨道，自不难步欧美日本之后尘，为一近代国家。至于经济平等，世界大同，乃以后之事，现在用不到谈它。所见正与流俗一般无二。不过不久我忽然感触到"财产私有"是人群一大问题。

约在民国元年尾二年初，我偶然一天从家里旧书堆中，捡得《社会主义之神髓》一本书，是日本人幸德秋水（日本最早之社会主义者，死于狱中）所著，而张溥泉（继）先生翻译的，光绪三十一年上海出版。此书在当时已嫌陈旧，内容亦无深刻理论。它讲到什么"资本家""劳动者"的许多话，亦不引起我兴味；不过其中有些反对财产私有的话，却印入我心。我即不断地来思索这个问题。愈想愈多，不能自休。终至引我到反对财产私有的路上，而且激烈地反对，好像忍耐不得。

我发现这是引起人群中间生存竞争之根源。由于生存竞争，所以人们常常受到生活问题的威胁，不免于巧取豪夺。巧取，极端之例便是诈骗；豪夺，极端之例便是强盗。在这两大类型中包含各式各样数不尽的事例，而且是层出不穷。我们出去旅行，处处要提防上当受欺。一不小心，轻则损失财物，大则丧生失命。乃至坐在家里，受至亲至近之人所欺者，耳闻目见亦复不鲜。整个社会没有平安地方，说不定诈骗强盗从哪里来。你无钱，便受生活问题的威胁；你有钱，又受这种种威胁。你可能饿死无人管，亦可能四周围的人都在那儿打算你！啊呀！这是什么社会？这是什么人生？然而这并不新奇。财产私有，生存竞争，自不免演到这一步！

这在被欺被害的人，固属不幸而可悯，即那行骗行暴的人，亦太可怜了！太不像个人了！人类不应当这个样子！人间的这一切罪恶，社会制度（财产私有制度）实为之，不能全以责备哪个人。若根源上不解决，徒以严法峻刑对付个人，囚之杀之，实在是不通的事。我们即从法律之禁不了，已可证明其不通与无用。

人间还有许多罪恶，似为当事双方所同意，亦且为法律所不禁的，如许多为了金钱不复计及人格的事。其极端之例，便是娼优。社会上大事小事，属此类型，各式各样亦复数之不尽。因为在这社会上，是苦是乐，是死是活，都决定于金钱。钱之为用，乃广大无边，而高于一切；拥有大量钱财之人，即不啻握有莫大权力，可以役使一切了。此时责备有钱的人，不该这样用他的钱，责备无钱人，不该这样出卖自己，高倡道德，以勉励众人。我们亦徒见其迂谬可笑，费尽唇舌，难收效果而已！

此外还有法律之所许可，道德不及纠正，而社会无形予以鼓励的事，那便是经济上一切竞争行为。竞争之结果，总有许多落伍失败的人，陷于悲惨境遇。其极端之例，便是乞丐。有的不出来行乞，而境遇悲惨需人救恤者，同属这一类型。大抵老弱残废、孤寡疾病的人，竞争不了，最容易落到这地步。我认为这亦是人间的一种罪恶。不过这种罪恶，更没有哪一个负其责，显明是社会制度的罪恶了。此时虽有慈善家来举办慈善事业以为救济，但不从头理清此一问题，枝枝节节，又能补救得几何？

此时普及教育是不可希望的，公共卫生是不能讲的，纵然以国家力量勉强举办一些，无奈与其社会大趋势相反何？大趋势使好多人不能从容以受教育，使好多人无法讲求卫生。社会财富可能以自由竞争而增进（亦有限度），但文化水准不见得比例地随以增高，尤其风俗习惯想要日进于美善，是不可能的。因根本上先失去人心的清明安和，而流于贪吝自私，再加以与普及教育是矛盾的，与公共卫生是矛盾的；那么，将只有使身体方面、心理方面日益败坏堕落下去！

人类日趋于下流与衰败，是何等可惊可惧的事！教育家挽救不了，卫生家挽救不了，宗教家、道德家、哲学家都挽救不了。什么政治家、法律家更不用说。拔本塞源，只有废除财产私有制度，以生产手段归公，生活问题基本上由社会共同解决，而免去人与人间之生存竞争——这就是社会主义。

我当时对于社会主义所知甚少，却十分热心。其所以热心，便是认定财产私有为社会一切痛苦与罪恶之源，而不可忍地反对它。理由如上所说亦无深奥，却全是经自己思考而得。是年冬，曾撰成《社会主义粹言》一种（内容分十节，不过一万二三千字），自己写于蜡纸，油印数十本赠人。今无存稿。唯在《漱溟卅前文录》中，有《槐坛讲演之一段》一篇，是民国十二年春间为曹州中学生所讲，讲到一点从前的思想。

那时思想，仅属人生问题一面之一种社会理想，还没有扣合到中国问题上。换言之，那时只有见于人类生活需要社会主义，却没有见社会主义在中国问题上，有其特殊需要。

（梁漱溟：《我的自学小史》）

出世思想

我大约从十岁开始即好用思想。其时深深感受先父思想的影响，若从今日名词言之，可以说在人生哲学上重视实际利害，颇暗合于中国古代墨家思想，或西方近代英国人的功利主义。以先父似未尝读墨子书，更不知有近代英国哲学，故云暗合。

大约十六七岁时，从利害之分析追问，而转入何谓苦、何谓乐之研索，归结到人生唯是苦之认识，于是遽尔倾向印度出世思想了。十七岁曾拒绝母亲为我议婚，二十岁开始茹素，寻求佛典阅读，怀抱出家为僧之念，直至二十九岁乃始放弃。放弃之由，将于后文言之。

（梁漱溟：《我的自学小史》）

学佛又学医

我寻求佛典阅读之，盖始于民国初元，而萃力于民国三年前后。于其同时兼读中西医书。佛典及西医书均求之于当时琉璃厂西门的有正书局。此为上海有正书局分店。据闻在上海主其事者，为狄葆贤，号平子，又号平等阁主，崇信佛法。《佛学丛报》每月一期，似即其主编。金陵刻经处刻出之佛典，以及常州等处印行之佛典，均于此流通，任人觅购。《佛学丛报》中有李证刚（翊灼）先生文章，当时为我所喜读。但因无人指教，自己于佛法大乘、小乘尚不分辨，于各宗派更属茫然，遇有佛典即行购求，亦不问其能懂与否。曾记得《唯识》《因明》各典籍最难通晓，暗中摸索，费力甚苦。

所以学佛又学医者，虽心慕《金刚经》所云"入城乞食"之古制，自度不能行之于今，拟以医术服务人民取得衣食一切所需也。恰好有正书局代售上海医学书局出版之西医书籍，因并购取读之。据闻此局主事者丁福保氏，亦好佛学，曾出版佛学辞典等书。丁氏、狄氏既有同好，两局业务遂以相通。其西医各书系由日文翻译过来，有关于药物学、内科学、病理学、诊断学等著作十数种之多，我尽购取，闭户研究。

中医古籍则琉璃厂各书店多有之。我所读者，据今日回忆，似以陈修园四十八种为主，从《黄帝内经》以至张仲景《伤寒》《金匮》各书均在其中。我初以为中西医既同以人身疾病为研究对象，当不难沟通，后乃知其不然。中西两方思路根本不同，在某些末节上虽可互有所取，终不能融合为一。其后既然放弃出家之想，医学遂亦置而不谈。

（梁漱溟:《我的自学小史》）

父亲对我信任且放任

此节的最好参考资料是我所为《思亲记》一文（见先公遗书卷首）。吾父对我的教育既经叙述在第二节，今此节不外继续前文。其许多事实则具备于《思亲记》所记之中，兹分别概述如下：

父亲的信任我，是由于我少年时一些思想行径很合父意，很邀嘉赏而来。例如我极关心国家大局，平素看轻书本学问而有志事功，爱读梁任公的《新民丛报》《德育鉴》《国风报》等书报，写作日记，勉励自己。这既有些像父亲年轻时所为，亦且正和当时父亲的心理相合。每于晚饭后谈论时事，我颇能得父亲的喜欢。又如父亲向来佩服胡林翼慷慨有担当，郭嵩焘识见不同于流俗，而我在读到《三名臣书牍》《三星使书牍》时，正好特别重视这两个人。但这都是我十四五岁以至十九岁时的事情，后来就不同了。

说到父亲对我的放任，正是由于我的思想行动很不合父亲之意，且明示其很不同意于我，但不加干涉，让我自己回心转意。我不改变，仍然听任我所为，这便是放任了。

不合父意的思想行动是哪些呢？正如《思亲记》原文说的：

自（民国）元年以来谬慕释氏，语及人生大道必归宗天竺，策数世间治理则矜尚远西。于祖国风教大原，先民德礼之化，顾不知留意。

实则时间上非始自民国元年，而早在辛亥革命时，我参加革命行动，父亲就明示不同意了，却不加禁止。革命之后，国会开会，党派竞争颇多丑剧，父亲深为不满，而我迷信西方政制，以为势所难免，事事为之辩护。虽然父子好谈时事一如既往，而争论剧烈，大伤父心。此是一方面。

再一方面，就是我的出世思想，好读佛典，志在出家为僧，父亲当然大为不悦。但我购读佛书，从来不加禁阻。我中学毕业后，不愿升学，以至我不结婚，均不合父意，但均不加督促。只是让我知道他是不同意的而止。这种宽放态度，我今天想起来仍然感到出乎意料。同时，我今天感到父亲这样态度对我的成就很大，实在是意想不到的一种很好的教育。不过我当时行事亦自委婉，例如吃素一事（守佛家戒律）要待离开父亲到达西安时方才实行。所惜我终违父意，父在世之时坚不结婚；其后我结婚则父逝既三年矣。

（梁漱溟：《我的自学小史》）

当年倾慕的几个人物

吾父放任我之所为，一不加禁，盖相信我是有志向上的人，非趋向下流，听其自己转变为宜。就在此放任之中，我得到机会大走自学之路，没有落于被动地受教育地步。大约从十四五岁到十八九岁一阶段，我心目中有几个倾慕钦佩的人物，分述如下：

梁任公先生当然是头一个。我从壬寅、癸卯、甲辰（1902 年—1904 年）三整年的《新民丛报》学到很多很多知识，激发了志气，受影响极大。我曾写有纪念先生一文，可参看。文中亦指出了他的缺点。当年钦仰的人物，后来不满意，盖非独于任公先生为然。

再就是先舅氏张镕西先生耀曾，为我年十四五之时所敬服之人。镕舅于母极孝，俗有"家贫出孝子"之说，确实有理。他母亲是吾父表姐，故而他于吾父亦称舅父，且奉吾父为师。他在民国初年政治中，不唯在其本党（同盟会、国民党）得到群情推重信服，而且深为异党所爱重。我在政协《文史资料选辑》中写有一文可参看。惜他局限于资产阶级的政治思想，未能适应社会主义新潮流。

再就是章太炎先生（炳麟）的文章，曾经极为我所爱读，且惊服其学问之渊深。我搞的《晚周汉魏文钞》，就是受他文章的影响。那时我正在倾心学佛，亦相信了他的佛学。后来方晓得他于佛法竟是外行。

再就是章行严先生（士钊）在我精神上的影响关系，说起来话很长。我自幼喜看报纸。十四岁入中学后，学校阅览室所备京外报纸颇多，我非只看新闻，亦且细看长篇论文。当时北京有一家《帝国日报》常见有署名"秋桐"的文章，讨论宪政制度，例如国会宜用一院制抑二院制的问题等等。笔者似在欧洲，有时兼写有《欧游通讯》刊出，均为我所爱读。后来上海《民立报》常见署名"行严"的论文，提倡讲逻辑。我从笔调上判断其和"秋桐"是一个人的不同笔名。又在梁任公主编的《国风报》（一种期刊，出版于日本东京）上见有署名"民质"的一篇论翻译名词的文章，虽内容与前所见者不相涉，但我又断定必为同一个人。此时始终不知其真姓名为谁。

后来访知其真姓名为章士钊，我所判断不同笔名实为一个人者果然不差。清廷退位后，孙中山先生以临时总统让位于袁世凯，但党（同盟会）内决议定都南京，要袁南下就职。《民立报》原为党的机关报，而章先生主持笔政，却发表其定都北京之主张。党内为之哗然。又因章先生本非同盟会会员，群指目为报社内奸。于是章先生乃不得不退出《民立报》。自己创办一周刊标名《独立周报》，发抒个人言论。其发刊词表明自己从来独立不倚 independent 的性格,又于篇末附有寄杨怀中(昌济)先生长达一二千字的书信。书信内容说他自己虽同孙(中山)、黄(克强)一道奔走革命,却不加入同盟会之事实经过(似是因加入同盟会必誓言忠于孙公并捺手指印模,而他不肯行之)。当时他所共事的章太炎、张溥泉两位,曾强他参加,至于把他关锁在房间内,如不同意参加便不放出(按此时他年龄似尚不足二十岁),而他终不同意。知此事者不多,怀中先生却知道,可以作证。《独立周报》发刊,我曾订阅,对于行严先生这种性格非常喜欢。彼此精神上,实有契合,不徒在文章之末。

其后,章先生在日本出版《甲寅》杂志,我于阅读之余,开始与他通信,曾得答书不少,皆保存之,可惜今尽失去。其时正当孙、黄二次革命失败,袁世凯图谋帝制,人心苦闷,《甲寅》论著传诵国内,极负盛名。不久章先生参与西南倒袁之役,担任军务院秘书长。袁倒黎继,因军务院撤销问题,先生来北京接洽结束事务,我们始得见面。但一见之后,即有令我失望之感。我认为当国家多难之秋,民生憔悴之极,有心人必应刻苦自励,而先生颇以多才而多欲,非能为大局负责之人矣。其后细行不检,嫖、赌、吸鸦片无所不为,尤觉可惜。然其个性甚强,时有节概可见,九十高龄犹勤著述(我亲见之),自不可及。

(梁漱溟:《我的自学小史》)

思想进步的原理

思想似乎是人人都有的,但有而等于没有的,殆居大多数。这就是在他头脑中杂乱无章,人云亦云,对于不同的观点意见,他都点头称是。思想或云一种道理,原是对于问题的解答。他之没有思想正为其没有问题。反之,人之所以有学问,恰为他善能发现问题,任何微细不同的意见观点,他都能觉察出来,认真追求,不忽略过去。问题是根苗,大学问像是一棵大树,从根苗上发展长大起来;而环境见闻(读书在其内),生活实践,则是他的滋养资料,久而久之自然蔚成一大系统。思想进步的原理,一言总括之,就是如此。

(梁漱溟:《我的自学小史》)

东西文化问题

我既从青年时便体认人生唯是苦,觉得佛家出世最合我意,茹素不婚,勤求佛典,有志学佛。不料竟以《究元决疑论》一篇胡说瞎论引起蔡元培先生注意,受聘担任北大印度哲学讲席。这恰值新思潮(五四运动)发动前夕。当时的新思潮是既倡导西欧近代思潮（赛恩斯与德谟克拉西），又同时引入各种社会主义学说的。我自己虽然对新思潮莫逆于心，而环境气氛却对我这讲东方古哲之学的无形中有很大压力。就是在这压力下产生出来我《东西文化及其哲学》一书。这书内容主要是把西洋、中国、印度不相同的三大文化体系各予以人类文化发展史上适当的位置，解决了东西文化问题。

（梁漱溟：《我的自学小史》）

回到世间来

　　《东西文化及其哲学》一书，在人生思想上归结到中国儒家的人生，并指出世界最近未来将是中国文化的复兴。这是我从青年以来的一大思想转变。当初归心佛法，由于认定人生唯是苦（佛说四谛法：苦、集、灭、道），一旦发现儒书《论语》开头便是"学而时习之不亦乐乎"，一直看下去，全书不见一苦字，而乐字却出现了好多好多，不能不引起我极大注意。在《论语》书中与乐字相对待的是一个忧字。然而说"仁者不忧"，孔子自言"乐以忘忧"，其充满乐观气氛极其明白，是何为而然？经过细心思考反省，就修正了自己一向的片面看法。此即写出《东西文化及其哲学》的由来，亦就伏下了自己放弃出家之念，而有回到世间来的动念。

　　动念回到世间来，虽说触发于一时，而早有其酝酿在的。这就是被误拉进北京大学讲什么哲学，参入知识分子一堆，不免引起好名好胜之心。好名好胜之心发乎身体，而身体则天然有男女之欲。但我既蓄志出家为僧，不许可婚娶，只有自己抑制遏止其欲念。自己精神上就这样时时在矛盾斗争中，矛盾斗争不会长久相持不决，逢到机会终于触发了放弃一向要出家的决心。

　　机会是在一九二〇年春初，我应"少年中国学会"邀请作宗教问题讲演后，在家补写其讲词。此原为一轻易事，乃不料下笔总不如意，写不数行，涂改满纸，思路窘涩，头脑紊乱，自己不禁诧讶，掷笔叹息。即静心一时，随手取《明儒学案》翻阅之。其中泰州王心斋一派素所熟悉，此时于东崖语录中忽看到"百虑交锢，血气靡宁"八个字，蓦地心惊：这不是恰在对我说的话吗？这不是恰在指斥现时的我吗？顿时头皮冒汗，默然有省。遂由此决然放弃出家之念。是年暑假应邀在济南讲演《东西文化及其哲学》一题，回京写定付印出版，冬十一月尾结婚。

（梁漱溟：《我的自学小史》）

并不像人们说的

　　由于一个偶然的机会，五月八日晚上，在来喜饭店欢迎司徒美堂先生的宴席上初次见到了"民主斗士"梁漱溟先生。说来惭愧，对于梁先生，心仪已久，未识荆州，前些时候看《和平日报》，在《政协会花絮》里描写他说："讲话最多，常常摇头晃脑，"形容得很不堪的样子。可是昨天的印象，却是一个纯真朴实的学者，讲话有条理、有热情，在激动的时候，常常把话中断一下，好像嫌他的口才不能表达心情。像他这么一位年高的教授为了民主而奔波、而奋斗，还要受到黄色报纸的攻击，我深深地觉得心痛起来。

（《消息半月刊》一九四六年五月二十日）

对政局的态度

梁先生很称赞马歇尔的公正和热诚，他说："问题的争执是在长春，关于这个问题，长春未被中共攻下之前，民主同盟曾经提过建议：双方停战，让中央接收长春、哈尔滨，然后一切由协商解决。中共答允了，政府不答允。后来马歇尔提了四点建议，这四点的内容，马使希望暂勿发表，我在这儿不说（编者按：建议内容，已见本刊七期"马歇尔的锦囊妙计"），他把建议先征求了中共的意见，再去见蒋先生，蒋先生不能接受。后来，马歇尔又约民主同盟商谈，和他谈的是张君劢、罗隆基两位，他们提出了民盟方面的折中意见，马歇尔认为很好，他认为这个办法一定行得通了，再去见蒋主席，长谈达七小时之久，还是没有结果，马氏很灰心。四月二十九日，民主同盟再作最后努力，晚上去见马氏，这时候，他已经不打算立刻再进行调解工作了。"

最后，他又说："马歇尔事后对我表示，说日本人走上了自杀的道路，而现在，中国人正在用另一种方式自杀。"讲到这里，他眼圈已经发红了。

记者请另一位先生问梁先生，本刊发表过的《毛泽东论三次世界大战》那篇报导中所说的话，有没有补充？梁先生点点头，肯定了那个谈话，但没有继续谈下去。

（《消息半月刊》一九四六年五月二十日）

出口皆哲学

梁漱溟先生是我的老师，我愿意把我心里的老师写出来。只是这样写出来，不说好，不说坏；否则，非"标榜"，即"背本"也！

先说一段故事，他的侄女出嫁了，新姑爷是他的得意门生。于是便请他训词，他说了一段夫妇应当相敬如宾的理论后，举例说明之："如像我初结婚的时候，我对于她——手指着在座的太太——是非常恭敬，她对于我也十分的谦和。我有时因预备讲课，深夜不睡，她也陪着我：如替我泡茶，我总说谢谢，她也必得客气一下。因为敬是相对的，平衡的……"话还没有完，忽然太太大声的叫起来："什么话！瞎扯乱说！无论什么到你嘴里都变成哲学了……"太太很生气了，他便不再说，坐了下来完事。"无论什么到他嘴里都成了哲学"，这是一个恰切的评价：他是哲学化了人生的。

（人间世社：《二十今人志》）

天才演说家

但我们明白，单是嘴不能成就哲学，梁太太的这句考语只算是就其外现者言之罢了。漱溟先生的嘴，的确也不坏，无论在什么场合，自叫他站在讲台上，永远不会使听众的注意散失。他是那样慢腾腾一句一字的重复述说，好像铁弹般一颗一颗的从嘴里弹出来，打在各个人心的深处；每一句话下文，都无可捉摸，不是与你心里高一着，即站在相反的理由上，而这理由，在两三分钟后，你必得点头承认，不由得说："他思想真周密！"

（人间世社：《二十今人志》）

问题中人

所以我说他不单是嘴好，要紧的是思想周密，肯用心。我觉得哲学家之所以异于人者，肯用心而已！所谓观察深刻，见解高超，思想周密……一切哲学家所必具之特点，均可由肯用心训练出来。一事一物，在旁人不成问题者，哲学家以为成问题，研而究之，哲学以出。其所以成问题不成问题者，在肯用心与不肯用心而已！漱溟先生常说他是问题中人；有问题就得思索，就得想；问题未得解决前，他比什么还要痛苦；他可以不吃饭，不睡觉。他告诉我们说："我初入中学时，年纪最小。但对于宇宙人生诸问题，就无时不在心中，想到虚无处，几夜——简直是常常睡不着觉。那时我很憔悴，头发有白了的，同学都赶着叫我小老哥。"这位小老哥一生就是找问题、想问题、钻问题、解决问题、又生问题，循环无已。

（人间世社：《二十今人志》）

前后永远不一致

漱溟先生无时不在问题中，无时不是很用心的去求得解决问题。因为他用了心，很周密的想过，他的结论自然为他宝贵，咬得极真极透，不轻易因为人的反对而动摇；那就是说他有时过于固执与夸大。他是见得到、说得出、信得及、做得真。等到若干时以后，他自己感觉到不对时，他也可以很快的改变，改变到和以前相同的方面去，于是他又可以说出他转变了的这一套来，叫人首肯。梁任公不惜今日之我与昨日之我挑战；漱溟先生是今日之我常新，过去了就让他过去了的。有人批评漱溟先生的哲学前后不对嘴，其实这正是他的可爱处。他常常说起以前的哪里不对，哪点理论不通、幼稚；他一样的说他前后不对嘴，他说："前后一致那是说永远的错误！"

（人间世社：《二十今人志》）

吾曹不出，如苍生何

我们说漱溟先生是哲学家，其实他并不如一般哲学家们的大谈其哲学；他是一个社会主义者，是一个实践者，是一个努力于现世的人。他对于现社会的热忱恐怕很少人及得他。我们不会忘记了五四前后有一本《吾曹不出，如苍生何！》的小册子传诵遍了知识界，那便是漱溟先生的热忱的流露，他痛嫉当时社会的污浊而毅然以天下大事为己任，他主张接受西洋文化，他也主张复兴民族精神。

他曾经一度——七八年的长时间——暗中出了家，到现在还以不茹荤为习惯。我们说他出家是指出他心理现象和思想的归趣言，形式上并未和俗人两样。《印度哲学概论》便是他研究佛学的发表为书者，后来有《东西文化及其哲学》的演讲，他的思想便开始变迁，直到现在的"乡村建设"。

这变迁很简单：因为人生问题感到烦闷，便往佛学中走进寻，稍有所得，便徘徊忘返；可是佛学能救一人而不能救天下人，他便研究到儒家和西洋哲学，发现东西文化之趋异，亦即发现了今日中国问题的主因。他以为中国百年来所以混乱，是东西文化相冲突的结果。是社会组织构造的崩溃，所以一切都陷入无秩序状态中，要中国有办法，根本上是建造新的社会秩序，而此新社会秩序必然是东西文化的沟通、调和，必然中国绝对多数的农民自动起来本着固有民族精神，容纳外来科学技术以组成一最进步的团体。乡村建设运动即是本此意念而努力。他抛弃了都市生活到一个偏僻的乡村里去——邹平，他很高兴的天天念着为中国开前途。

漱溟先生是很崇信中国的儒者之道。现在，他由出世的佛家转到入世的儒道；由全盘接受西洋文化转到复兴中国民族精神，这点是赞美他的人赞美他，攻击他的人攻击他的。他酷爱和平，想在维持现状的和平下培养民族生机，有人说他是不免太中庸了些；但我很赞成他，甚至于他再信佛开佛会，跪在佛前祈祷赐给和平，以待乡村建设的成功，我也赞成。我也是只求和平的人，和平得到了，什么都有办法了！

（人间世社：《二十今人志》）

憨直为人

　　他还有个性格，就是不很会生气，而且相信人人都是好人。他讲哲学会转弯，可是他待人却是直来直去。他有一种诚恳的微笑，使见者有很大的感动。分明你想去欺骗他一件事情，到了他面前时，你便不由得会把实话说出来了。关于这，他很满意，他说："我相信人，可是我也没有吃过相信人的亏。"自然，他是老相信人，他永远不会觉到吃亏的。有些人说他是个怪物，很神秘，我不承认这话。我只觉得他是个平常人，一举一动都不超出人所应有之外；在他旁边，可以得着不少的道理，可以得着日常生活最好的处置法，他有宽容，有谦虚。我最爱他的两段话，顺手抄在下面：

　　　　对于与我方向不同的人，与我主张不同的人，我都要原谅他。要根本以为对方之心理好，不作刻薄的推测。因自己之知识见解也不必都对。我觉得每个人对自己之知识见解，都不要太自信；应觉自己不够，见闻不多，尝觉自己知识见解低过一般人，人人都比我强。这种态度，最能够补救各种方向（派别）不同的彼此冲突之弊，冲突之所由起，即在彼此各自为路。如此，则你妨碍我，我妨碍你，彼此牵制抵牾，互相拆毁。各自为路，就是各人对自己之方向主张自信得太深、太过；对对方人之心理有过于苛薄的看法，有根本否认对方人的意思。此种态度，为最不能商量的态度，不能取得对方人之益。看不起对方人，根本自是，就不能商量，流于彼此相毁，于是大局就不能不受影响了。故彼此都应在心术上有所承认，在人格上有所承认，只是意见须商量；彼此能商量，然后才可有多量的对的成分。我叹息三十年来各党派，各不同运动的人才，都不可菲薄，但他们有一个最大的缺点。此缺点就是在没有上面所述的那种态度：对对方不能相信相谅，而自己又太自信。所以虽是一个人才，结果毁了别人，也毁了自己。毁在哪里？毁在态度上。人本来始终是人与人互相交涉的，越往后其人生关系就越复杂、越密切，彼此应当互相提挈合作才是对的。可是和人打交涉，相关系，有一个根本点：就是必须把根本不相信人的态度去掉。把此种意思放在前头，才是彼此往来相关的根据；否则，就没有往来交涉的余地了。如从不信任的地方就对人，越来越不信任人。转过来从信任的方面走，就越来越信任人。不信任人的路，是越来越窄，是死路；只有从信任人的路上去走，才可开出真的生命，事业的前途。

　　　　对旁人人格总不怀疑，对自己知识见解总怀疑不够，人类彼此才可以打通一切。这态度是根本的，顶要紧的……彻始彻终不怀疑人家心术，彻底怀疑自己的知识见解不够。彻始彻终追求下去才能了解各派，了解各派到什么程度，才可以超各派到什么程度。最后的真理是可能的，只怕你不怀疑，不发生问题，不去追求。真理同错误，似乎极远，却又极近。任何错误都有对，任何不对都含真理。他是错，已经与对有关系，他只是错过了对。如何的错，总还有一点对。没有一丝一忽的对，根本没有这回事。任何错都有对，任何意见都含有真。较大的真理是错误很少，最后的真理是错误的集合。错就是真，种种的错都集合起来，容纳起来，就是真理。容纳各种派，也就超越了各种偏，他才有各种偏。最后的真理是存在这里。我说每种学说都有他的偏，而不是说没有最后的结局。凡学问家都是搜集各种偏，而人类都是要求统一。不断地要求统一，最后必可做到统一。最有学问的人，就是最能了解错误来源的人。最高见解的人，他能包括种种见解。人类心理有各种的情，常常在各种的偏上，好恶可以大相反。可是聪明一点的人，生命力强，感情丰富；这样的人，能把种种错都包容进去，所以他就能超。圣人能把各种心理都容进来，他都有，所以他才能了解旁人。圣人最通天下之情。真理是通天下之意见，是一切对或一切错误的总汇。孟子说："圣人先得我之同然。"（孟子所谓同然。有所指，现是借用他的话）圣人都有同然。性情极怪的人，圣人也与之同然。圣人完全了解他，所以同然，圣人与天下无所不同然。最有高明见识的人，才是能得到真理的人；对于各种意见都同意，各种错误都了解。

这当然也是很普通的话，但生乎今之世，见了一切人与人间，更觉得有意思。似乎每个人必有细想一下的必要。

这便是我心里的梁老师了。他的学说与主张，自然非简单的可以随便批评；我只觉得他有许多可学的地方，如像用心、认真、干、相信人、找问题、建设"合理人生态度"、不倦的教人"齐心向上学好求进步"、能和我们青年打得拢、不骂执政者、不做政客、不要钱、不迷信外国人和中国古人……

（人间世社：《二十今人志》）

卢作孚卷（1893 — 1952）

卢作孚，原名魁先，别名卢思，重庆市合川人；中国著名爱国实业家、教育家、社会活动家；家境贫寒，辍学后自学成才；1925 年创办的民生公司是中国近现代最大和最有影响的民营企业集团之一；1952 年在重庆服用安眠药辞世。建国初年，毛泽东曾对黄炎培说："在中国近代历史上，有四个人是我们万万不可忘记的，他们是：搞重工业的张之洞，搞纺织工业的张謇，搞交通运输业的卢作孚，搞化学工业的范旭东……"卢作孚跨越了"革命救国""教育救国""实业救国"三大领域，生涯中充满艰辛、风险和挑战，并且在几个方面都各有成就。有《卢作孚文集》。

对子女的教育

父亲（卢作孚）对子女的教育常常也主要是透过学校（主要是小学、中学）集体。他想到的多建议学校去推行，让更多的子弟共同受益，德、智、体、群、美五育兼顾，互为影响，效果极好。瑞山小学和兼善中学都提倡劳动，提倡社会服务，绿化和环保卫生都自觉出力，自觉保持。在瑞山小学，实用小学，音乐、舞蹈、舞剧、图画、写生各项活动，由教师根据学生的特长分别组织，也可由学生自由挑选。活动或表演范围常超出校园，扩大到城区和农村。每逢地区大型运动会或盛大节日，学校均参加演出，广受市民的欢迎。有时瑞山小学还组织到北碚联欢，到重庆剧院演出。"九一八""一·二八"周年纪念日，两小、一中师生都到街上、剧院演出宣传。所有这些活动，父亲都鼓励孩子们积极参加。由于自幼受到父亲的直接、间接关心鼓励，孩子们很自然地融入这些团队和活动之中，多成了其中的主角、骨干。这对他们的成长，对他们日后学业、事业的发展、社会交往，特别是培养爱国情操有着莫大影响。在树立爱国思想方面，父亲的言传身教对孩子们的启发更是十分深远。

（卢国维：《父亲对子女的教育》）

鼓励孩子出外旅行

为培养孩子们的胆识，父亲鼓励我们利用寒暑假期出外旅行，比如让我和二弟（卢国纪）一个暑假乘船去泸州、宜宾、屏山（原定去乐山转成都，后因水退航道太浅未果）；一个寒假乘车经内江去成都，在晏阳初先生家里住了两个星期，目的是体验西方生活（晏阳初先生夫人是英国籍），学英文和与华西大学英、美、加拿大老师家人交往。我在兼善中学初中毕业时，向父亲要求去全国最好之一的上海中学上高中，父亲立即答应，鼓励我大胆去上海报考。我以备考第二名入学，一年届满就达到了班上第五名（全班五十六人，其中数学第一。后因"八一三"上海抗战开始，转学到重庆南开中学），这大大增强了我的信心。上海中学放寒假时，父亲鼓励我旅行，提供了南北两条线路给我选择。时因北平局势紧张，我选择了南线，即从上海经杭州、南昌、九江、南京回上海的一线。途经南京见到父亲老友即《新民报》创办人陈铭德先生时，陈说父亲曾建议他向我"抽税"，即要我交一篇旅游见闻稿给他。我回到上海写好后寄给陈老伯，约一周后陈将刊载我的游记的报纸寄给了我，并在信上夸我写得好，盼望以后继续投稿。

（卢国维：《父亲对子女的教育》）

三段谈话

父亲还有三段谈话是孩子们印象最深的。一是国民党组建青年团后编写的十二项《青年守则》里面有两项即"有恒为成功之本"和"助人为快乐之本"是很有道理的，值得参考。二是应养成节约的好习惯，但为学习所需的费用和医药、健康需要的钱不能省。再就是求学不能躐等，基础始终要打好，要循序渐进。

（卢国维：《父亲对子女的教育》）

启发孩子

为启发孩子们的幽默感，父亲常讲一些类似《读者文摘》的趣闻小品，从友人处听到的政治笑话，乃至成都等地流行的讽刺对联给孩子们听，讲完又同我们一起大笑。孩子们也常将从学校或老师处听来的消息讲给他听，家里常见这样的轻快气氛，这几乎形成了传统。我的外孙女在家庭的影响下，很自然地形成了幽默感，大大有助于她在校园里与人交往，到国外留学时也顺利地融入了当地社会。

（卢国维：《父亲对子女的教育》）

待人接物的示范

在抗日战争时期，父亲不像以前和战后那样常去数千里以外办事，政府机关和企业单位都在重庆，孩子们上学也都在重庆郊区，周末多能见到孩子们。但这也是他最忙的时期。他便利用周末去朋友家访谈、或去工厂参观、或去北碚视察等机会带同孩子们一道。乘车和步行途中是轻松闲谈的机会，同朋友交谈又让孩子们得益，同时也是一种待人接物的示范。

（卢国维：《父亲对子女的教育》）

培养子女增长见识

我随父亲拜访友人时常有机会同老伯伯们闲谈，最多次数的是张岳军（张群）、黄任之（黄炎培）和晏阳初。老伯伯问及当前的学习和未来的志向，表示了肯定和鼓励，对我后来的影响不小。特别是黄任之，他将我看作他的子侄和学生，在我的婚礼上作证婚人讲话时，都津津乐道地提到过去关心我的一些轶事。我的弟弟妹妹们先后也有参加，随同父亲去参观的厂矿有修造船厂、钢铁厂、机器厂、纺织染厂、煤矿、水泥厂等。除此以外，还有轮船、公路管理干部培训基地。去北碚和温泉次数较多，主要是去看新的建树和环保工作。这些活动使厂矿职工、船员、地方建设和管理人员得到鼓舞，子女增长了见识，父亲自己也得到适当休息。

（卢国维：《父亲对子女的教育》）

主张读重视全面发展的好学校

对孩子们的学校教育，父亲主张应上比较重视全面发展的好学校。除上述瑞山小学、兼善中学、上海中学、重庆南开中学外，儿女们所上的大学还有中央大学（我和二弟）、金陵大学（大妹国懿、二妹国仪）、重庆大学（三弟国纶）。

（卢国维：《父亲对子女的教育》）

搞企业管理必须先掌握技术

父亲常说，搞企业管理必须先掌握技术，上大学选专业应该选技术专业。我有志于航运，于是选学了机械并偏重内燃机，后来到民生公司工作，战后与同事们一起被派到美国、加拿大实习和监造船机和新船。其后在香港三年间参加船队营运管理工作。船队返回内地后，根据自愿到东风船厂（即父亲以前创办的民生机器厂），最后于 80 年代初调长航总局又做了四年技术性管理工作（与西欧三国的公司合作生产新型船机设备）。大妹从金大园艺系毕业后去美国弗罗里达大学研究生院进修园艺，获农学硕士学位，后随丈夫定居美国加州。二弟亦系中央大学土木工程系毕业，后到天府煤矿公司和市煤炭工业管理局工作。二妹金大化学系毕业，后到中科院长春应用化学研究所和南京大学做研究工作。三弟在重大铁道管理系财会专业肄业，后毕业于西南铁路局高级业务训练班，并先后在重庆和成都铁路局负责财务管理工作。他们都有高级技术职称。

（卢国维：《父亲对子女的教育》）

启发儿女们的学习方法

父亲有时也以自己的好经验启发儿女们的学习方法，例如数学要多做习题；语文（中英文）要多朗读、多背诵；课前要预习，课堂上做笔记或画红线、加眉批，课后及时复习等。读好的历史小说有助于学好历史和古、近代语文。我和弟弟妹妹都受到感染，从而掌握了这样的一些方法，感到极为有效。

（卢国维：《父亲对子女的教育》）

提倡劳动

由于在父亲的主张下，小学、中学提倡劳动，大学在校实习和暑假校外自洽实习多（后者主要是父亲的鼓励），我因而熟悉劳动，热爱技术操作，也不惧六十至七十年代的下放劳动。在这方面深得工厂老工人的好评，年轻工人多称我为"掌门"。我深感一生有形无形得之于父亲的教益实在太多，可惜的是没有能全面实现他对自己的期望。又因所处年代，对子女的教育也多无能为力。幸得改革开放，子女有机会读了父亲的著作和听到父母、亲友以及"老民生"等前辈关于父亲生活、工作的忆述，也受到感染和教育。现正协助他们引导再下一代的全面发展。

（卢国维：《父亲对子女的教育》）

寓教于乐

　　父亲对我们的教育，从童年时启迪智力开始，循序渐进，培养我们服务社会的能力，教我们如何做人、如何做事。

　　弟兄姊妹中我最小，我生于一九三一年，那时父亲的事业正处于蒸蒸日上的时期，他整天忙于做事，忙于他的事业。在民生公司的档案里，有一九三三年九月《工作周刊》刊载我父亲的一次讲话，他说："近来民生公司的朝会，设在午前七点半钟举行，自己从早跨进公司，一直要做到晚上十一或十二点钟才能回家睡觉，计算起来每天整整要工作十四个钟头以上。"事实就是这样，他每天回家时已经很晚，我们早已就寝，一大清早我们还没有起床他又上班去了，虽然天天和我们住在一起，却难得见面。不过，不管父亲工作有多忙，却十分关心我们，所以只要有机会，总是要挤出时间同我们谈心，给我们提问题或者是讲故事，实际上也是在用一种特殊的方式教育我们，我们十分珍惜和父亲在一起的时间，也都特别爱听父亲讲故事。

　　开始，父亲要我们猜谜语，如"一个老汉八十八，清早起来满地爬，打一物"；还有"早上四条腿，中午两条腿，晚上三条腿，打一动物"。他又问过许多问题，如像树上三只鸟，猎人开枪打下来一只，树上还有几只？我觉得这个问题太简单，开口便回答，还有两只，父亲笑了，他开心地说："打下来一只，那两只早飞了，树上哪里还有鸟？"接着又问："一个方桌截掉一个角，还有几个角？"我又是简单地回答还有三个，父亲说，你去拿张纸折起来看看。这一折纸才知道，去掉一个角不但没有减少，反而变成了五个角。问题虽然十分普通，却可以启发我们去思考，懂得世上的事并不都像算术题的 3—1=2、4—1=3 那样简单。

　　父亲讲了不少故事，有一次他讲，一个人去世了，他的三个朋友去给他送葬，为了表示对死者的哀悼，甲往棺材里放了二十块钱，乙也放了三十块钱，丙说你们太吝啬了，于是他开了一张一百元的支票，放进棺材，然后把另外两个人送的五十元拿出来，算是他送了五十元。停了停，父亲诙谐地说，其实这个丙才是最吝啬、最奸猾的，因为支票装进棺材埋进土里再也不能兑现，他不但没有花一分钱，反而拿走了另外两个朋友送的。

　　五十块钱故事讲完了，父亲告诫我们，做人要实在，待朋友要真诚，不能像这个丙一样欺骗朋友，占别人的便宜。

　　父亲还讲过一个他初任设在北碚的嘉陵江三峡地区江巴璧合四县特组峡防局局长

时的故事。初到北碚，他提出的宗旨是"化匪为民，寓兵于工，建设三峡"，他认为要把北碚建设成一个模范乡镇，首要的任务是建立秩序，这就必须肃清匪患，保证社会的安定。有一次峡防局抓住了一个匪首，虽然明知他的姓名，但这个人却很狡猾，抵死不肯说出真名实姓，不承认他就是那个匪首。父亲决定亲自对他进行审讯，把这个人带来以后，父亲并不问话，经过一段时间的沉默以后，父亲突然疾呼其名，匪首竟应声而答曰"有"。于是这名匪首不得不认罪，经过父亲对他进行教育，他表示愿意改恶从善，受到了宽大。后来，他不但带领自己的部下放下武器，还以他的亲身经历劝说、动员其他的股匪改过自新，回家务农。这一次，峡防局不费一兵一卒、一枪一弹，平定了一批匪患，峡防局士兵也得以赢得时间从事工业生产，为建设三峡、建设北碚铺平了道路。

　　有时父亲也要我们讲故事给他听，哥哥、姐姐都讲过，记得我曾经讲过一个司马光救朋友的故事，说的是司马光幼年时和同伴在一起玩皮球，皮球掉进了一个大水缸，一个同伴去捡球，不料自己却掉进了缸里，别的同伴吓慌了，纷纷逃回了家，但司马光却不逃，他捡来一块石头，把水缸砸破，缸里的水流尽了，同伴也就救出来了。父亲听得很认真，很开心，这不是因为我讲得好，而是他心里满怀着对子女的爱，听我们讲得有条理，他就高兴。这个故事后来在依仁小学还成了我参加演讲比赛的得奖项目。

（卢国纶：《父亲的教子之方》）

车上的教育

　　父亲在上个世纪三十年代辞去了北碚峡防局局长，但仍然兼任着北碚嘉陵江三峡乡村建设实验区设计委员会副主席的职务，他始终关心着北碚的建设，经常过问北碚各方面的工作，他的工作有一个规律，就是星期一到星期六在重庆民生公司上班，而星期天则是到北碚去工作，了解情况、召开会议、听取汇报、作出决定。因此他每个星期六晚上就要乘车去北碚，星期天下午再返回重庆。那时，重庆到北碚的公路要经过歌乐山、青木关，路程较远，加上是碎石路面，坑坑洼洼，特别是青木关到北碚那一段，车行速度很慢，所以单程就要两个多小时，父亲有时就把我和哥哥或者姐姐一起带到北碚去，利用乘车的时间，了解我们在学校的学习情况，同时帮助我们学习。从小学的算术开始，到中学的代数、几何、英语，方法是背公式或者是父亲出题我们回答，如分解因式或解方程等等。这种学习是很困难的，因为车上没有纸笔，即使有纸笔也没有办法演算，那就只能心算，然而这种学习方法效果却十分的好。

　　因为父亲工作很忙、很累，还这样关心我们的学习，我们就必须动脑筋，题答对了，父亲才高兴，为此我学习得特别认真，心算的速度因而得以大大提高。

父亲更多的是教我们如何做人、如何做事。"忠实地做事，诚恳地对人"是父亲的准则，他说，为人要善良，待人要宽厚，做人要诚实，要分清是非，要负责任，要守信用，承诺的事，哪怕是一件小事，也一定要做到。他要求我们对人要谦虚，要尊重别人，任何情况下都不要骄傲，不要趾高气扬。父亲对我们说，心中要装有民众，不要时时都想到"我"，把自己放到民众中去，你想到的就不是"我"，而是"我们"。父亲说，人要有大志，但必须脚踏实地，从小事做起，父亲要求我们办事一定要有计划，既要有长远的计划，也要有短期的计划，每天都要把次日要做的事想好，应该做什么，怎么去做，会有什么困难，用什么办法去解决这些困难，任何事情计划好了，就能够事半功倍；做事一定要保证质量，要做就一定要做到最好；人的一生会遇到很多困难，多动脑子，努力工作，战胜困难是人生的一大乐趣。父亲还说，做事的目的不是为了自己，不是为了挣钱来保障自己的生活，而是为了社会、为了民众，因此，做事一定不要计较报酬，工作有成绩，对社会有贡献，这就是最好的报酬。父亲还告诫我们，一定要注意节约，不但生活上要俭朴，更要注意节约时间，人的一生，时间是有限的，浪费时间无异于浪费生命。

（卢国纶：《父亲的教子之方》）

身教胜于言教

父亲这样教育我们，他首先就做出了榜样，从他一生的经历中，我们学到了许许多多的东西。首先是父亲的学习精神。父亲自幼酷爱学习，童年时他便和大伯卢志林一起从合川乡下到县城去上学，每天清早起来，走到城边，城门还没有开，就在等待开门那一点点时间，他也要就着城门上那微弱的灯光读书，这种刻苦学习的精神使他获得了极大的成功。因为家庭经济困难，大伯中途辍学，父亲也只读到小学毕业。

父亲出于救国的理想，为求得真知，坚持自学，一九〇九年，他才十六岁，就能够帮助别人补习中学数学，并编著了《代数》《三角》《解析几何》等书，以后还正式出版发行了《应用数题新解》。一九一三年以后，仅有小学文化的父亲竟先后担任了江安县立中学、合川县立中学的数学教员和四川省立第二女子师范学校的国文教员。到了五十多岁，已经是记忆力减退、不适合学习的年龄段了，为了民生公司向加拿大贷款造船的需要，又在青年时期自学英语的基础上，以惊人的毅力跟着孙恩三先生在工作之余学习英语，两年以后，就可以直接用英语同加拿大大使对话，而不需要经人翻译，而我这个高中毕业班的学生坐在旁边却听不懂，实在是深感望尘莫及。

一九八四年，我和二姐国仪分别从成都、南京到北京去，在北京的期间我们去看望了父亲的老朋友孙越崎老伯，那一年孙老伯已经九十一岁了，精神还很健旺，在弄清了我们的住地以后，不顾我们再三推辞，当天晚上他就到二姐的住地来看我们，同我们一起回忆起他在一九三八年与我们的父亲的初次相识和此后的交往。孙老伯说，一九三八年他任河南省焦作市中福煤矿公司总经理，那时中福煤矿公司的设备为躲避日寇的战火，撤退到了武汉，一方面急于将公司的设备运到后方，一方面要考虑设备运到后方以后没有矿山该怎么办。他到四川考察了天府煤矿和北川铁路以后，三月二十日前后在武汉翁文灏家里和我父亲见面，当时我父亲兼任天府煤矿公司和北川铁路公司的董事长，他们只商谈了五分钟，就达成了协议，一方以天府和北川的矿区和铁路作价，一方以中福煤矿的机器、材料作价，共同组建天府矿业股份有限公司，双方虽未签订书面协议，但却信守诺言。协议履行得十分顺利，中福公司的设备、材料由民生公司的轮船运到重庆，天府矿业股份有限公司于五月正式成立，我父亲任董事长，孙越崎任总经理。煤矿开工以后，相当长一段时间开采出来的是石头，煤炭产量没有增加，股东们有意见了，他们说，我们要你开煤矿，你孙越崎怎么开采起石头来了。孙老伯感到压力很大，告诉了我父亲，父亲亲自到矿区去考察以后，告诉股东们，建设煤矿、开采煤炭是从地面开始，肯定先出石头，石头挖完了，煤炭自然也就出来了。股东的意见平息了，生产得以顺利进行，后来天府煤矿年产量达到五十万吨，差不多占重庆用煤量的一半，为解决抗战期间重庆的生产和生活用煤发挥了重要的作用。一九四九年，孙越崎正策划率资源委员会所部起义之际，陈诚有所发现，准备对他采取行动，父亲得知这一情况以后，不避风险，亲往孙家通知孙老伯，使他得以有所准备，及时撤离广州，前往香港，躲过了这一劫。孙老伯说，你们的父亲言必信、行必果，确实做到了忠实地做事、诚恳地对人，他很庆幸自己能得到这样一位好朋友。一九九六年他在《中华文史资料文库》第十二卷上发表的《中福煤矿的坎坷道路》一文中曾说："卢作孚和民生轮船公司为抗战立下的功劳是不可磨灭的，我永远记得他。"孙老伯这一次对我们的讲话，回忆的往事，一是表达他对我父亲的怀念，二是又一次用老一辈的言行对我们进行了教育。

父亲在事业上是如此地执著，如此地尽心尽力，在生活上却是十分地克己，他不吸烟、不喝酒、不打牌、不近女色，只有奉献，没有索取，父亲在我们心目中的形象是完美无缺的，他所做的一切都是对我们最好的教育。

正如父亲要求我们的那样，他本人也十分重视民众，北碚的许多公共设施，都以民众冠名，如民众体育场、民众会堂、民众医院、平民公园等等，民生公司的定名源于孙中山先生三民主义中的民生主义，公司的宗旨也是"服务社会，便利人群，开发产业，富强国家"。

父亲在生活上很有特点，从创办民生公司开始，他就穿那种用黑白两色棉纱织成的我们称之为麻子布的棉布中山服，剪光头。为了他的装束，闹了不少笑话。有一次他到上海国际饭店去探望一位朋友，因为衣不出众，被电梯服务员拒之门外，不让他进入电梯。抗战初期到武汉一个战干团去演讲，迎接他的人把他的副官当成了交通部次长。后来张群也曾对他说："你的跟班都比你穿得漂亮。"一九四四年，他到美国出席国际通商会议，还是这身装束。当时也在美国为乡村建设学院募捐的、著名的平民教育家晏阳初先生对他说："作孚，外国人很注意衣冠。你这样不修边幅，恐怕会吃亏。"又对他说，"阁下这个头，外国人看，会以为是个和尚。"有了他的挚友晏阳初的劝说，并且亲自带他去定做服装，教他系领带，他才开始穿西服、打领带、留头发。

　　父亲不仅自己穿那种麻子布的服装，还要求我们也跟着穿，从小我和哥哥、姐姐就穿这种麻子布的衣服。现在看到儿时的照片，一个天真的孩子却穿着老气横秋的衣服，实在可笑，但就是这种衣服，一穿就是十几年，直到 1945 年，母亲才为我做了两套黄色卡叽布的中山装，算是一场服装革命了。

（卢国纶：《父亲的教子之方》）

家　世

　　卢思家传字辈的排行是：显达仲高魁、国荣兴士海。卢思属魁字辈，本名卢魁先。父亲卢高贤（字茂林）秉性刚直，自幼聪慧。茂林的一位叔祖父（达字辈，全名不详）当年任清（光绪）政府驻前俄罗斯国公使馆参赞。叔祖父很器重茂林的性格和天资，两次写信回合川，拟将茂林带去圣彼得堡上俄国学校加以培养，后因茂林学识基础太差，且不愿远离父母而作罢。另一做武官（其官阶名不详，相当于现在的师长）的叔祖父（亦为达字辈，全名不详）则在中法战争中，带兵出征安南（即越南）。出发前曾托同乡人带信和两百块银元回家给茂林的父母，但被带信人吞食。直到叔祖父凯旋撤军返昆明后方知此情，但不久便因战场所染瘟疫复发并恶化而去世。

　　卢思之父卢茂林生于合川县肖家场，幼、少年正处于民族内忧外患日趋严重的晚清同治、光绪年间，曾读过私塾，后随家人务农，稍长经合川县城黎性舅家长辈介绍并安排去县城学裁缝。黎家并介绍和主持其与李家女定亲。李家女先过门到肖家场家里做童养媳，茂林在城里裁缝铺工作几年后回乡成亲，并在肖家场镇上继续做裁缝。后得城里亲友介绍给一位贩卖麻布的行商（商贩），跟随其往返合川、隆昌间做麻布贩卖生意。

　　此种麻布系细薄洁白，主要供夏日长衫用的布料，俗称"细麻布"。当时没有公路，四川盆地县城间都是山间、田间的大石板路。没有车，全靠步行。商贩都肩挑货担，晓行夜宿。数年间茂林克勤克俭积蓄了一些钱，就带着长子卢魁铨（号志林，即卢思的哥哥）并雇了一个伙计自己做起生意来。由于讲信用，能替用户和厂商两方面考虑，因而在买卖双方都受欢迎。但大革命前夕，四川大部分地区（包括农村）很乱，川东至川中一带亦然，路途上治安不好，城里市况也不如前，因而就停了下来。当时卢思放弃升学也是为了不愿父兄长期奔波辛苦。

志林在跟随父亲做麻布生意前曾在私塾读书，后转刚刚改制的合川县立小学读了一年。他的中文学得很好，楷书也写得好，后来对二弟即卢思的帮助很大。两弟兄都学颜真卿和柳公权的字，后来偏重柳字，二人的字体很相似。

（卢国维：《卢作孚青少年时期二三事》）

少年卢思

卢思生于合川县城北门外杨柳街高尺坎一三合院平房（与北京四合院不同的是当街一面只有墙壁、大门、小天井而无房间，是租用的院内的厢房）。卢思童年活泼、聪明，身体也好。邻里街坊都喜欢他。不幸五岁时患病，病愈后因服药过度伤及声带致哑，持续约两年。其母（即我的祖母）数十年间常同儿孙说起当年她为此而焦急万分："听人说名贵中药'天生黄'可治声哑，可价钱比金子还贵，我们哪里买得起啊！只有听天由命了。唯一能做的就是保住他的身体不再生大病。"幸得疼他爱他的大哥魁铨一边上私塾，一边教他识字、写字，用自己用过的教科书教他学习，还千方百计逗他欢喜。卢思也常常跑去私塾，趴在窗口无比羡慕地看着小伙伴们读书。这样的日子好不容易熬过了两年。

有一天傍晚，已是七岁的卢思拿着一篮子纸钱、祓纸，到家院附近老堤上去烧。受到烧纸烟熏，他呛咳起来。这一呛竟给他带来好运，他一下子叫出声来。他试了再试，旁边的人也听见了，才相信是真的。这下他三脚两步朝家里跑。还没进院子门就呼唤"奶母"（我家上一辈未成年时习惯称母亲为"奶母"），到了家里一下子扑向母亲怀里，仍然大声喊着。当时父亲去了隆昌，只有大哥和三弟魁甲（两岁）同母亲在家。母亲见卢思能讲话了，双手将他紧紧搂在怀里，老小四人悲喜交集，哭成一片。

从此卢思生活正常了，不久随大哥去北门外李家私塾发蒙。卢思这时已是 7 岁。第二年秋报名考入合川城里的瑞山书院（完小）。

在瑞山书院学习期间，课堂上他认真学习，课堂外他又是嬉戏活动的中心，他还常常扮鬼脸逗乐同学。

上学的日子他都凌晨早起，在北门和校门外等候开门时，都凭着微弱的煤气路灯（手动压缩空气的气化煤油灯）看书。每学期学校发给的新书不多几天工夫就自学完了。其中数学（算数）习题也赶前演算，较难的题目或其他功课偶尔也和大哥一起讨论。他在小学期间就认为讨论是一个加深理解和记忆的好方法，更常将数学的理论应用于其他学科的学习。这种超前求知的兴趣和习惯，他一直延续到后来。小学毕业前他就把初中的数学题做完了。

正由于浓厚的兴趣、勤奋的学习和独到的方法，他在学校里的成绩始终突出地保持第一。临届毕业时，合川县城一位后来负责编写县志的知识分子张森楷和合川南津街县立中学校长都很注意他。二人同瑞山小学校长一样，都鼓励他升县中继续学习。但他为了两个原因决定放弃升学：一是升学上初中实在不能满足他的求知欲，教学进度太慢；二是父兄二人因年景不好，已结束小贩生意，大哥仅在福音堂小学找到一个教国文的工作，不可能既要养家又要负担他的不断增大的学杂费。

他了解到成都的补习学校教学方法灵活，可以学到高中程度，就决定去成都。他独自一人于当年夏末，循着父兄多次走过的石板路，一直步行到成都，寄宿在合川会馆。几天后即去红照壁街联系补习学校并报名读初中程度班。从一开始就运用小学时期的办法，自行加快进度。在这里比正规学校好办，学生促老师没有问题。老师也乐于教他这样的学生。数学习题老师要求选做，他都全做。对国文他认为背诵可加深记忆，亦可促进理解。他总结了两条，就是数学要多做题，语文要多背诵，并常以此来启发儿女。

（卢国维：《卢作孚青少年时期二三事》）

报考清华

一九一二年初夏时节，时年十九岁的卢思（他当时系用此名），在辞却川东夔关监督的任命后不久，受几位留学生朋友的影响、鼓励，在成都报考北京清华大学。清华招生分为两个等级，甲等入学后只需再学半年强化英语即可去美国，乙等则需先在北京学完大学四年本科课程才能去美国读研究生。

卢思因经济条件关系自然无法考虑乙等。但报名甲等考下来，中文、数学、中外史地均获高分，英语却未能及格，致未获录取。卢思的英语原本是在留学生朋友指导下自学的，目的是为了学好高等数学和微积分，因为这些教科书当时只有英文本。

失望之余，卢思仍继续积极参加建立民国后的革命活动和坚持自学。不久见文告，得知清华将在北京再举行一次招生考试，即想去北京参加，并改报考乙等。他计算准备和路程时间，料定能来得及。经兼程步行，先从成都到重庆，问明渝汉间大致的船期即赶回合川向父母禀报并筹措去京费用。连路费、大学一年级学费及食宿费一起，共需三百元，是一笔不小的数字。这次他决定改考乙等，即念大学本科，在一年级时争取最好成绩以便获得二至四年级的奖学金。这是留学生朋友介绍给他的经验。

回家得到母亲和长兄的支持，母亲拿出积蓄所得的一百五十块银元给他，不足部分还需借贷。父亲和卢思本人对于借贷都有些犹豫。借或不借，一天下来未有定论。父亲为此提出干脆放弃的主张。卢思反复思考，又同大哥商量后一起去说服父亲。这是为求学深造，日后当优先偿还，未来在教育事业方面多作回报就是了。本着这些想法，卢思独自去合川县东南距嘉陵江畔约一公里的黎家沟，找被认为最开明的黎大舅娘想办法。让卢思喜出望外的是大舅娘一口就爽快答应，借给他一百五十元，还留他吃了午饭，说了许多鼓励他的话。原来大舅娘早就听说他小学成绩优秀，毕业后因家贫未能升学，为此曾深感惋惜。

从黎家沟回来，卢思就赶紧收拾行装，第二天凌晨去大南门外渠河嘴搭乘木船，趁"桃花水"流速，傍晚即抵重庆盐码头。上岸急赶到朝天门，方知"蜀通"轮已于当天早上离渝东下。

那时由重庆去北京都是先乘船到汉口，再换乘京汉铁路的火车。可是下游船航班不多，通常都要等几天甚至十几天才有一班。这艘"蜀通"轮已开出，卢思就无法在清华大学第二次招生前赶到北京了，从此便失去了进大学深造的机会。两度失望对卢思的打击实在不小。他在重庆踟蹰游荡了好几天，思考再思考，最后终于重新振作起来，决定再去成都，同几位志同道合、不着迷升官发财的革命党人朋友一起探讨新时期的革命前途和下一步的计划。

对于这次经历，卢思总结了以下几条：第一，凡事要"决立即行"，在保证信用和有利造福乡里的信心下，不应迟疑和顾虑太多；第二，求学不能躐等（"躐等"即超越正常学程），第一次不应报考甲等；第三，交通不便是人民生活和国家政治经济发展的大障碍。这第二项即求学不应躐等，他常用以告诫自己的子女，第三项则成为他后来发展航运事业动机的萌芽。

民生公司在重庆南岸老君洞的半山坡上建了一个民生村，是为民生职工盖的宿舍，几乎全部是一幢幢设备条件比较好的平房，作为公司的总经理，住一幢最好的宿舍也无可厚非，但父亲却把它们全部分给了职工，自己倒和几个职工住在红岩村2号，一处条件相当差的并不宽敞的旧宿舍里。

随着民生事业的发展，父亲兼任了天府矿业公司、渝鑫钢铁厂、恒顺机器厂、四川机械公司等等许多大企业的董事长或董事，每个企业都要给他舆马费，年终还要分红，这些合法的收入加起来远远大于他在民生公司的工资，这些收入能使我们过上相当富裕的生活，但是在家庭经济条件并不宽裕的情况下，他却从来不把这些钱拿回家，而拿回家的则只有他那一份为数不多的民生公司的工资。各个单位给他的舆马费和分红，转到民生公司以后，全部按照他的指示捐给了科学、文化、卫生和教育事业。在民生公司的档案里，一九四〇年二月九日民生公司编辑的《公司消息》就有这样的记载："卢作孚日前条知会计处，从一九四〇年一月份起，各方送卢作孚的舆马费及应得的红酬，悉数捐入北碚兼善中学。"

（卢国维：《卢作孚青少年时期二三事》）

当寻常人 做平凡事

父亲要求我们要公私分明，不能因为父亲的地位而觉得自己与众不同，在任何情况下都不能搞特殊。在具体的事情上，如果我们错了，他会告诉我们该怎么做，做对了的，他会态度鲜明地表示赞成。

一九四六年末到一九四八年底，我转学到南京就读于金陵中学。从十岁起，还在读小学时我就开始住校，现在终于改成了走读。那时，大哥已进入民生公司工作，于一九四七年五月被派往加拿大建造新船。二哥在南京中央大学，大姐、二姐在南京金陵大学读书，平时他们都住校，所以，这是我和父母、哥哥、姐姐相处最多的一段时间。

父亲鼓励我们从事平凡的劳动。我们家租住的房屋外面有一块空地，别的人家用它来种花养草，而我们家却是用来种菜。那时学校基本上没有家庭作业，所以，放学以后我们就经常去菜园，松土、浇水、搭架。

每逢果菜成熟、端上餐桌的时候，看到孩子们劳动出了成果，父亲心里特别高兴。

有一次在假期里，我随父亲去上海，住在民生公司上海分公司楼上的阁楼里，早餐要自己准备，我就为父亲准备早点，晚上又为父亲擦皮鞋，以当时的传统观念来看，一个大公司总经理的公子、一个高中学生擦皮鞋，似乎有些不合时宜，但对我主动做这种小事，父亲却大加赞赏。回到南京以后，每逢周末或者假期，这些事就由我包了下来。一九四七年夏，民生公司南京分公司的汽车驾驶员吴师傅教我学开车，仅仅学了三天，父亲知道了，便坐上汽车要我开给他看，我当然知道这是他对我的鼓励，但毕竟我才学了三天，万一出事怎么办？怀着忐忑不安的心情，我把车开到山边小路上转了一圈，通过了父亲对我的考验。那时驾驶执照分两种，考职业执照要求很高，但考自用执照就简单了，不需桩考，只要开车到大街上转一圈就算合格了。所以，过了不久，我就取得了驾驶执照。从此，假期里父亲就让驾驶员休息，要我去开车，成了公司的义务驾驶员，为我创造了一个社会实践的机会。

有一天，我送父亲去加拿大大使馆，会见结束以后，大使和父亲一起外出，大使让他的车空着走在前面，和我父亲一起坐在我开的车上。大使馆内是一条弧形的道路，从左边的门进去，右边的门出来，路很窄，门也不宽，大使的车出门时还倒了一下才开出去，我算好角度，没有倒车，一下就开了出去，大使立刻竖起了他的大拇指。后来父亲对我说，做事就应该这样，无论大事、小事，都一定要做好。

父亲对我们的支持和鼓励，培养了我们爱劳动、尊重劳动群众的作风。

（卢国维：《卢作孚青少年时期二三事》）

家书的教育

对于我们一生中的许多大事，父亲从来不强制我们必须这样做或者必须那样做，总是让我们自己去探讨、去思索、去决定，但他会给我们一些很好的建议和意见，只要我们的想法没有错，他就会坚定地支持。

一九五〇年，父亲在北京参加全国政协一届二次会议以后回到重庆，借住在金城银行的一处很小的平房里，位于离民生公司比较近的民国路（今五一路）。我在读的重庆大学虽远在沙坪坝，但我们每个星期都要回家和父母一起共度周末，父亲就要我和他一起学毛主席著作，特别是反复地学习《实践论》《矛盾论》。

有一次父亲问起我对今后的工作和生活有什么打算，我告诉父亲，我现在选学的是铁道管理，愿意把毕生的精力都奉献给人民的铁路事业，父亲表示很满意。

一九五一年初，正当我在重庆大学铁道管理专业读到二年级的时候，学校实行院系调整，决定自二年级以下，撤销企业管理系的铁道管理专业，我必须赶快作出决定，是转入工业管理还是商业管理专业，然而从内心深处我却不愿意放弃铁道管理。恰在此时，报上登出了西南铁路工程局举办会计统计人员训练班招收学员的消息，这对我可以说是一个千载难逢的机会，于是我们作出了一个大胆的决定，放弃重庆大学的学业，报考铁路。

但是，这个决定却受到时任重庆市建设局副局长的四叔卢子英的坚决反对，而且不同意由他帮助开一份报名时必备的单位介绍信，他认为我应当坚持学业，留在重大，读到大学毕业。四叔的意见不是没有道理的，但他不了解当时学校的变动和我以铁路为职业的志愿。那时，父亲在川南参加土地改革，我唯一的希望就是能够得到父亲的支持，不得已，我给父亲发去一份电报，内容是"纶兰入铁路训练班可否"，同时又写了一封信给父亲，说明我们为什么作出这样的决定。

这时我和我妻了冯俊兰已经在派出所开了一份介绍信报名并参加了铁路训练班的招生考试，虽然考试成绩不错，据说是名列第三，但第一批录取名单中却没有我们，这时，能不能得到父亲的同意，从而能不能得到建设局的介绍信就非常关键。正在此时，收到了父亲的回电："完全赞同。"有了父亲的支持，一块石头落地，我就完全放心了。

不久，又收到了父亲的回信，内容是：

国纶孩：

　　十天前接着你的电报，或许由于电码错误，语意有不明了的地方，但明确地了解你和俊兰要进铁路局，决不迟疑地立刻回了你一个电报："完全赞同。"这个电报是发由重庆民生公司转的。发了之后，才知道有错误，为什么不直接发到民国路 20 号，而由民生公司转呢？直接发到民国路，可让你早些时间得着，且免有转电的贻误。

　　你十七日写的信，我在二十七日才得着。我今天写的信，也许你要下月七日才接着。那时也许你已考起了，你已动身往成都；也许你没有考起，这封信也无从鼓励你。

　　你的电报似乎是说同俊兰一起进铁路局，你的信上又没有提起俊兰，不知道是你俩同时去考呢，抑你单独去考？如只一人去考，或只一人考起，其余一人是否依然留校读书？想孩与俊兰已经考虑过了。

　　只要好好学习，在工作环境里同在学校里是一样的，而且在工作环境里比较在学校里还要切实。在学校里不易同时得到经验，在工作环境里容易同时得到学问。只要你工作之余同时读书，所得比学校还亲切。读书不一定在学校里，你的父亲就是一个例子。学习环境，由你选择，其着眼点在如何有为人民服务的机会和服务的能力。进铁路局是在目前取得机会，未来亦一样可以增进能力。生活的保障不应是你觅工作的目的，替你父亲减少一个拖累更不应是你觅工作的目的。能力与好的工作态度就是生活的保障。只需你注意能力与好的工作态度，不须注意生活的保障。你并没有拖累着你的父亲，成为你父亲的包袱。父亲做事并非为了你要读书，你不读书父亲亦不能就不做事。平时也许谈笑说：你到大学毕业了我对第二代的责任就算尽完了。但并不是说要你最后取得一张凭照，而是要你学成，能从工作中去学成是一样的，而且更好。如果铁路局没有考起，亦必有另外招考的机会，平时在学校，假期即到工作的地方，亦是一样。祝你一切快乐，不问在任何环境，必求前进。

　　　　　　　　　　　　　　　　　　　　　　　　父　作孚字

　　我和我妻子冯俊兰都如愿考上了铁路训练班，于是我们离开了重庆大学，先后在重庆菜园坝和江津德感坝学习了三个月，在江津学习的期间收到了父亲生前给我的最后一封信，全文是：

纶孩：

　　你的母亲接到你先后来的两封信，知道寄给你的钱你已收到了。俊兰需要维他命B，已告诉她的九姐帮助买寄。你带够学习所需要的书籍没有？学习的时候必须好好学习，工作的时候才能好好工作，如果需要任何学习有关的书籍，只要写信来，一定给你和俊兰买寄。

　　你的母亲比你在重庆时更忙了，忙着学习，忙着生产，忙着到互助会开会，忙着到段上宣传，由一早到深晚，没有空余时间，需要你的父亲替她作书记给你写这一封信，你的父亲在家病了五天，今天是最后一天，明天出院到公司办事去了。

　　清秋（注：二姐卢国仪小名，父母对她的爱称）过泸县有信来，到李庄又有信来，她感觉沿途受人民欢迎，深切了解人民是何等欢迎他们去参加当前国家最伟大的革命事业——土地改革，深切了解农民大众是何等盼望殷切，只有为人民服务的人们最受人民欢迎。

　　国纪还没有来重庆学习的定期，国维函告工作颇有一些成绩，训方（注：大嫂陈训方）亦有工作希望。

　　有时间还盼望你写信回家，告诉你和俊兰学习和群众生活的情形。

　　祝你和俊兰学习进步身体健好。

父　作孚

七·十五

　　父亲在信中以自己为例，谆谆教育我们，要在工作岗位上努力学习，提高能力，好好工作，并且再一次教育我，工作的目的是为人民服务，而不是为了保障自己的生活。特别是父亲抱病写的第二封信，仍然记挂着我们的学习和生活。两封家书，期望之心、爱子之情，溢于言表。

　　按照父亲对我们的要求，我们弟兄姐妹认真学习、勤于劳动、努力工作，在不同的岗位上，做出了应有的贡献。

　　父亲曾对他的一个朋友说，他留给子女的遗产不是物质财富，而是做人的原则和做事的本领。对于父亲的讲话，我深有体会，父亲一生创办了许多企业，这些企业又为社会创造了许多财富，但父亲却从不占为己有，正如梁漱溟先生所说的："公而忘私，为而不有。"他一生两袖清风，自然也就没有什么物质财富可以留给我们，但父亲留给我们的却是远比物质财富更为宝贵的精神财富。

（卢国维：《卢作孚青少年时期二三事》）

父亲的座右铭

父亲去世两个月了，他的身影还常常在我眼前晃动。父亲如果再坚持一个半月，就能过上"米寿"的生日。他原本和母亲商量好，一定要相依相伴活到一百岁，这样就可以看到国家更加富强，人民更加幸福，看到他们疼爱的孙儿和曾孙儿女考上大学。

父亲这辈子心愿很多，能实现者寥寥。我决心尽一切努力，让他了却这个在医学发达的今天并不算奢侈的愿望。在父亲去世前的一两年里，他和母亲皆因衰老而体质日渐下降，我为此曾叫过五次救护车，送两老住过七次医院，饱尝京城求医问药的艰难。尽管如此，我还是尽可能找最好的医院、请最好的医生为他们诊断治疗，并打定主意，哪怕他们患上瘫痪或老年痴呆，都要侍候到底。可惜天不从人愿，父亲既没有瘫痪，也没有痴呆，而是突发脑血管破裂，经手术抢救，生命延续了十三天还是撒手人寰。没有一声呼喊，也没有一丝呻吟，父亲一生忍辱耐苦、与世无争，就连与命运作最后的抗争，也是如此的隐忍和缄默。有朋友安慰我说："你父亲是爱你，不愿给你带来太多的麻烦。"可是父亲哪里知道，他的突然离去，反而使我的心像灌进了铅般的沉重。这些天来，痛定思痛，写下这些文字，既是为了告慰九泉下的父亲，也是为了抖擞起精神，照料好年届九旬的老母，继续前行的路。

父亲一生追求光明，恪尽职守，但因战乱和人祸，一腔热血和抱负难有实现的机会。可是他却有个业绩昭著、令世人敬仰的父亲，即我的祖父卢作孚。祖父才五十九岁就离开人世，却登上了生命的巅峰。他留下的民生公司、北碚实验区、《卢作孚文集》，其中任一项都足以改变历史，曾被梁漱溟先生誉为"胸怀高旷，公而忘私，为而不有，庶几可比之于古之圣贤"。祖父以辗转"革命救国""教育救国""实业救国"等领域的丰富理论建树、实践经验和高尚精神情操，为世人示范了一条"修身、齐家、治国、平天下"的成功之路。但他的儿子、我的父亲在这条路上走得却很不轻松。父亲的名字是祖父给取的，寄托着他对这个长子的厚望。还在父亲十一二岁时，祖父的一位好友就语重心长地叮嘱他："卢作孚的长子不好当啊！"父亲从此把这个告诫当成座右铭，记了一辈子，也践行了一辈子，并以世人所难为的克制和耐力感受着这句话如山的分量。在一九三一年五月十八日的《嘉陵江日报》上，曾刊登过一封父亲写给祖父的信。信中说，学校刚进行了临时测验，"这次算术得 97 分，国语得 94 分。我想着我有这样大的进步，真是无限的快活呢！我每星期五便与你写一封信来，我就好把我每周的成绩和每周的经过告诉你，好吗？"写这封信时，父亲不满十二岁，正在家乡合川读小学。祖父将这封透着稚气的家信送给报纸发表，可见他当时是何等的快乐！父亲为了祖父有更多的快乐，就更加勤勉地学习上进。与因家贫只有小学毕业文凭的祖父相比，父亲要幸运多了。一九三六年七月，祖父便送他远赴上海，到著名的上海中学念书，为的是让他"开阔眼界，进一步打好事业的基础"。时任四川省建设厅厅长的祖父，特地在给民生公司的代总经理宋师度的信中关照："卢国维十一日乘民贵，或十二日乘民权，由渝赴申投考学校，应买之船票，请嘱世铨照买之后，通知会计处拨弟账为感。"可惜父亲刚读了一年，就因日军的炮火而中断学业返回故里。高中毕业后，父亲考上了从南京迁往重庆的中央大学机械系。他的校友、后来在华东师范大学中文系任教的钱谷融教授告诉我："你祖父当年很有名，我们听说他的大公子也在中大念书，都争着去看，可你父亲却特别谦虚朴实，令我很有些意外。"谦虚朴实得令人意外的父亲，在国家和民族需要的时候却毫不犹豫地挺身而出，自愿报名参加中美抗日远征军，先后担任美援武器装备和前线战况翻译。父亲在耄耋之年，亲笔写了一篇题为《驻印抗日远征军译员生活忆趣》的回忆录，其中写道："我当时是重庆中央大学机械工程系毕业班学生。中大教育长朱经农在学校传达了征调文件后，我心情久久不能平静，知道这是一项艰险的工作，却又是报效国家、锻炼自己的好机会，故主动争取前往。我的父母亲从一开始也完全支持我去应征。"而当时许多富家子弟却装病的装病，出国的出国，躲过了这次征调。回忆录在《北京观察》刊发时，编者加了一段按语："文中不但回忆了抗日远征军的浴血奋战，更以被俘的日军战区司令寺内寿一的日记，活生生地证明了中国军队在敌人心目中的顽强战斗力，因而从一个侧面显示了自身的重要史料价值。"父亲这篇长达一万五千字的回忆录，是他关于自身经历的唯一一篇回忆录。这一年零六个月的"戎马"生涯，应该是父亲生命中最为光彩夺目的一页。一九四四年随部队战斗在缅印边界的父亲，有一次被派往印度的加尔各答出差，在那里巧遇转道去美国出席国际通商会议的祖父。父子久别重逢，彼此都很兴奋。那时的祖父，已经在构思战后国家现代化建设的宏伟蓝图。

抗战结束，父亲大学毕业考进了民生公司，担任技术员。在祖父创办的企业里工作，"卢作孚的长子"就更"不好当"了。父亲唯有更加勤勉，更加谦虚，也更加自律。在民生公司一九四七年的人事档案里，记录着父亲给人的印象是："笃行慎言"；给他的评语是："该员原任外勤工作，刻苦耐劳，好学不倦，言行谨慎，实为一有为青年。"就在那年，父亲和其他十多位工程技术人员一道，被公司派往加拿大监造祖父在那里订购的九艘轮船。新船陆续造好后，除"荆门"和"夔门"两艘先行开回长江外，另外7艘都开往香港暂避内战烽火。父亲是一九四九年四月随"玉门"船经巴拿马运河到达香港的，母亲和我也先后去了香港。父亲在香港民生公司仍担任技术管理工作。为了给公司节省开支，父亲和他的同事组织船员成立了维修工程队。凡属船舶的一般维修护理都由工程队自己承担，不再依靠外面的修理厂。有一次，父亲在公司开往澳门的班轮上，检修机舱排风系统故障，因舱内温度太高，氧气不足而致晕倒。当时祖父、母亲和我正好也在那艘船上。我现在还模糊记得，船员们七手八脚把穿着草绿色工作服的父亲抬到床上，给他做人工呼吸。祖父见到父亲这种状况一定是心急如焚。但是他没有给儿子特别的庇护。身体复原后的父亲，继续率领工程队工作在生产一线。后来，这七艘新船连同其余十一艘民生公司在海外航行的船只，都完好无损地开回了祖国大陆。祖父一生创造的财富无可计数，但他都献给了人民，献给了社会，没有留给自己和家人。母亲常常给我讲一件她亲身经历的事情。那是抗战后，我们和祖父、祖母一大家人住在重庆红岩村。有一次家里打牙祭炖了一只鸡。一身疲惫的祖父踏进家门闻到鸡汤的香味，惊喜地问道："今天晚上有鸡吃呀？"母亲每每说及此事，眼里都噙着泪水。著名社会学家孙恩三先生在《卢作孚和他的长江船队》一文中写道："在他的新船上的头等舱里，他不惜从设菲尔德（英）进口刀叉餐具，从柏林进口陶器，从布拉格进口玻璃器皿，但是在自己的餐桌上，却只放着几只普通的碗和竹筷子。"我们一家到香港后也过着清贫的生活。初时我们住在九龙狮子山下一间简易平房里，周围没有几户人家，交通也很不方便。有一次祖父到香港，看到这个境况很难过，当即吩咐父亲另找地方安家。我们后来住的地方，是位于九龙界限街的民生公司宿舍。这是栋四五层高的楼房，中间围成一个天井。我们家住三楼，是那种带一厨一卫的单人间。全家的睡卧、起居、会客、吃饭都在一间房里。那时我们家吃得也很差，几乎每顿饭都只有一个素菜，一块廉价海鱼。因为小弟弟刚出生，鱼基本上是给他吃。

我很馋，却不好意思和他争。天井对面五楼有位邻居是香港民生公司的经理级干部，家里经济条件不错，吃得也不错，我和他们家的孩子很要好。于是我有时就在他们家开饭的时候，借故留下蹭饭吃。至今记忆犹新。大概是看到我实在太过少不更事，父亲在我上小学的时候，就教导我要练出"泰山崩于前而色不变"的本事。当时我猜不透他的用意。直到经历了诸多沧桑变故之后，我才体味到深藏在这句话后面的极尽其责的父爱。对于父亲而言，一九五二年二月八日，便是"泰山"在他眼前崩塌的日子。我们一家在香港得知了祖父不幸逝世的消息。那是一个昏暗的夜晚，父亲独自闷坐在藤椅上，眼圈红红的，家里顿失往日的温馨和欢笑。我当时不满六岁。不知道，也不敢问，究竟发生了什么事。但香港的报纸已铺天盖地报道了这个噩耗，其中不乏煽动性的宣传。许多朋友都劝父亲去美国或留在香港暂避。有位祖父的朋友还主动安排父亲到他的企业工作。但父亲婉谢了大家的好意，和母亲一道打点行装，二月下旬就带着我和弟弟踏上了归途。回到大陆后，父亲放弃了在机关或研究所工作的机会，带着全家到位于重庆郊区青草坝的民生机器厂落户，一待就是二十八年。父亲去的那家工厂是我祖父在上世纪二十年代末创办的，主要用来为民生公司建造和维修船舶，是当时四川最大的机器厂。抗战时期，工厂承担了极其繁重的修造船任务，为保障长江和川江这条运输大动脉的畅通，立下了不朽功勋。父亲进厂的时候，工厂已公私合营并进而国营。在"阶级斗争要年年讲、月月讲、天天讲"的时代，父亲的上进之路无异于"走钢丝"。"反右"斗争开始以后，工厂的党委书记专程、也是仅有的一次来到我们位于山顶的简陋的家，动员父亲给党提意见。我父亲不知其来由，就照实说："有什么意见，我平时都提了，现在没有啦。"父亲的诚实使他躲过这一劫，却没有躲过"文革"浩劫。"文革"中，他被军宣队作为揭开工厂"阶级斗争盖子"的"反面典型"揪了出来，受尽折磨和凌辱。"文革"后期，我有次从农村回家探亲，曾试探着问父亲，有没有为当年从香港回来的决定后悔过。他毫不犹豫地回答我："从来没有！"并给我解释做出这个决定的两个原因：一是遵从祖父生前在信中的嘱咐，要他"回来参加新中国建设"，"到工厂向工人学习"；二是因为祖母尚在，他是长子，必须尽孝。父亲还给我讲了一件往事。一九三七年七月中旬，祖父奉国民政府之命，率团去欧洲考察。到上海后接到家里电报，得知他母亲病逝。他当即中断行程，折返重庆北碚为母亲治丧。恰在此时，抗战爆发，祖父强忍着失去母亲的悲痛，毅然投入抗战，从此再没去过欧洲。给我讲这番话时的父亲，还戴着"内控历史反革命"和"国民党残渣余孽"两顶帽子，其源盖出于他是卢作孚的长子，并参加过中美抗日远征军。那时祖母和我二姑一家已被下放到东北农村劳动改造。母子俩远隔天涯，唯有将揪心的思念寄托于茫茫星空。值得庆幸的是，他们都熬到了"改革开放"。八十年代初，父亲把祖母接来我家住了一段时间。母亲竭尽全力伺候祖母，我刚上小学的女儿聪明乖巧逗老人家喜爱，我和弟弟则赶上恢复高考的"末班车"，从农村考上了大学。这一切，让年过八旬的祖母在饱经世态炎凉后，享受到四代同堂的天伦之乐，也了却了父亲回归时的夙愿。

父亲的忠孝之心也关照到家族的其他长辈。祖父排行老二，他上面有位大哥。小时候，大哥对他关爱备至，他对大哥也敬重有加。大哥结婚以后没有孩子，我祖父便商请祖母同意，将我父亲名义上过继给他们。从此父亲五兄妹都称呼他们为"爹""妈"，而称祖父祖母为"爸爸"和"婶"。我们则称祖父的大哥嫂为"大爷爷""大婆婆"。大爷爷过世较早，我们全家都视大婆婆为亲人，几十年如一日，从不分彼此。"文革"中，大婆婆的家被抄，存折被封，没有了生活来源。我父亲不顾自己蹲"牛棚"、扣工资、三个子女都在农村的困难，每月坚持给她寄生活费，从不间断。"文革"后期的一个夏天，大婆婆患癌症住进了城里的医院。在别人唯恐与她沾边的时候，我父亲吩咐母亲和我们，每天坚持从地处郊区的家里，跋山涉水给大婆婆送汤送饭。他自己凡有休假，也会前去探望。老人家靠了这些资助和亲情，得以活到"四人帮"垮台。同时得到父亲资助的还有他的三叔、三婶等。得知父亲去世的消息，他年逾九十的四婶如闻"一声惊雷"，泣赞父亲"至尊至孝"，忆起每逢新年伊始，父亲总要用书面或电话向她和她的儿女祝贺，并关心她的住房和生活情况，不由悲叹"老迈之躯其何以堪"？父亲不仅是祖父的长子，也是卢氏家族这一代的老大。在弟妹的眼中，他是一位好兄长，无论是直系、旁系弟妹，都一律称他为"大哥"。他们还记得小时候大哥带他们一起玩耍，记得大哥常常拿钱给他们买糖果、买学习用具，甚至还记得大哥"连在昆明读书和在国外办事时，每次来信问到我们"。在他们心目中，大哥的"心灵如同外表一样都是那么绚美"，"庆幸有这样一个博学、仁慈、重事业、重亲情、顾大家的好兄长。他忠实地追寻父亲爱国建业、努力奋斗的宏志，为'民生'的发展做出了重要的贡献"，"庆幸卢家出了个这样的'忠孝仁爱'的表率"。今年 7 月，父亲的弟妹不顾自己的高龄，带领他们的孩子，从美国和国内各地齐聚北京，最后一次陪伴他度过了几天幸福快乐的日子。对于我们三姐弟来说，父亲更是一位严父。也许因为他把自己无法实现的理想都寄托在我们身上，从小对我们的管教大有"炼铁必成钢"之势。那时他身上总是揣着一个小本子。本子上少不了这样的内容："某月某日某点到某点，和某个孩子谈话。谈话内容如下：1，2，3……"这样的谈话基本上是自上而下的，所以严格说来应该叫"训话"。训话一般都安排在休息日。平时父亲从不过问我们的学习和课外活动，给了我们充分的自由。可是到了训话时间，我们都必须正襟危坐，专心听讲，外面有再好玩的游戏招徕，也绝不敢请假缺席。父亲的训话内容虽因我们的近期表现各异，但更多的还是修身养性、学好科学文化知识之类大家都受用的道理。他的话无论轻重，从来都干净利落，条理清楚，绝无一句赘言，一如他的为人。我们三姐弟在他的鞭策下，在学业和表现上都不敢怠慢，总是用优良成绩和各种奖项回报他的期望。可是父亲好像从不满足，他永远会在我们的前头树立新的标杆，让我们没有停下来消闲的机会。小学考初中，父亲要我报考市里一所重点学校。可班主任教我们填志愿表时却说，根据上级规定，所有考生第一志愿只能填报本区的学校。考上本区学校，我就可以天天回家，何乐而不为？哪知放学回家吃中饭时给父亲知道后，他立即放下碗筷拉着我的手就去了班主任家。大概因为他态度诚恳，理由充分，班主任和有关领导居然同意我修改第一志愿。我后来凭自己的优异成绩考上了父亲心仪的那所重点中学，虽然不得不离家住校，却从此确立了我这一生小有作为的基调。而父亲在小本子上为我们做出规划部署的习惯，则一直保持到他体弱多病不能再提笔为止。父亲对我们的鞭策和提调，还延续到他的第三代、第四代。我的女儿和弟弟的女儿出国留学，他都要亲自去找资料、选学校、买参考书，并且随时关注她们在国外的学习和生活情况，让我们一点不敢马虎。他去世前，已经在为身边刚满三岁的外曾孙筹划未来的方向，曾好几次对我说："这孩子聪明，好好培养，将来一定有前途。"

　　父亲又是一位令我们永远怀念的慈父。三年饥荒年代，父亲将从香港带回的仅有的物品——几套西服连同领带，拿去旧货市场卖了，换"高级点心"和高价蛋，给我们三个正在疯长身体的孩子吃。去上海出差,他逢休息时间就从位于外滩的长航招待所乘公共汽车斜穿市区,到当时的郊区五角场买烤红薯填肚子,省下全国粮票带回家给我们充饥。无独有偶,父亲的一位大学同学苏笈寿伯伯在怀念他的文章中写道:"到了70年代末,他有一次来上海出差,我到他下榻的招待所去拜访,他送我一袋绿豆,是用旧布口袋装的,约有两三斤。那时大家生活非常清苦,这袋绿豆经他千里迢迢带到上海,在我的眼里,已经是一份很珍贵的礼品了。""文革"前,我因"出身不好"被打入另册,中学毕业上不了大学。父亲希望我当科学家的梦想破灭,转而托一位正在当校长的世交朋友,替我找了一份中学教师的工作。可是当时被主流意识冲昏了头脑的我,死心塌地要下农村,以求脱胎换骨踏入"红门"。父亲对我的选择没有任何责难,而是和母亲一道坦然送我上路。然后就坚持不懈地给我和农场的知青朋友寄书、寄报,还花了一百八十块钱,相当于他一个多月的工资,给我们买了一台上海出的"美多"牌收音机,要我们在穷乡僻壤天天听时事广播。没想到,却听来了"金猴奋起千钧棒",砸得神州遍地哀。成堆成山的书籍被焚毁,大中小学教师靠边站,两个弟弟无书可读也到我那里落了户。父亲仍然不气馁、不松劲,虽然不能当面训话了,可教导我们识大体、走正道、要相信光明前途的信件却从未中断。他还设法找来中学物理、化学课本,要我们抽时间学习,将来有机会就上大学深造。他这些想法,在当时看来可谓"天方夜谭"。但在那烽火连数年,"家书抵万金"的日子里,我们每逢到镇上赶场,最大的心愿就是收到父亲的来信。从那些充满亲情和爱意、清秀工整、没有一个涂改痕迹的文字,我们根本没想到父亲当时正经受着心灵和肉体的煎熬。在最困难的时候,他和我母亲相互鼓励:"为了三个可爱的孩子,我们无论如何都不能自杀。""文革"结束时,四川省委统战部的一位干部曾对我父亲说:"您的档案是我见过的知识分子档案中,最清白干净的。"父亲在给我复述这句话时,眼里闪过孩童般的纯真。其实,在我心目中,一辈子"刻苦耐劳,好学不倦,言行谨慎",而且素有洁癖的父亲,焉能不清白、不干净?"文革"中,军宣队规定,厂里的"牛鬼蛇神"每天上班必须带上"白袖章",上面用黑笔写上各自的罪名。父亲带的白袖章上写的是"国民党残渣余孽"。不少"牛鬼蛇神"都有意无意地让白袖章卷成一个圆筒,巧妙地将"罪名"遮蔽起来。但我的父亲却例外。每天早上出门之前,他都亲自将白袖章整理得一展平。"国民党残渣余孽"几个字清晰可见。我曾不解地问他为什么要这样做?他说:"我心中无鬼,怕什么?""心中无鬼"的父亲,照样挨斗、挨打、进"牛棚"、挑抬重物、挂黑牌罚站、被人按着跪在地上拖行……过着不知明日复何在的日子。这一切我们都是后来听厂里的朋友讲的,父亲自始至终都守口如瓶。对父亲这样的忍让和克制,我们很不以为然,总是劝他把心里的苦水倒出来,但都无果而终。现在父亲已逝,我痛悔由于自己的疏忽和延误,永远失去了探索父亲内心世界的机会。但是,至少有一点我是清楚的，父亲独自吞咽"胯下之辱"，是不愿再给这个百废待兴的国家添乱。好学不倦的父亲在命悬一线的日子里，还利用英语的扎实基础，自学了德语和法语。当时，他所在的船厂从欧洲进口了一批机器设备，说明书全是外文，没人看得懂。父亲便自告奋勇把资料全部翻译出来，又指导工人安装调试，始将一堆"废铜烂铁"起死回生。父亲用自己的超人毅力实践了祖父的言传身教："穷则独善其身，达则兼善天下。"八十年代末，父亲带我去香港探望在那里工作的弟弟。一位美籍华人朋友特地赶来香港与我们相会。那位朋友劝父亲移居香港。父亲一如当年回答我的问题那样斩钉截铁："我是为了爱国才回去的，现在何必再出来。"那年父亲刚好满七十。"改革开放"使他看到了国家的前途和希望，也激发出他报国的痴情和余热。退休之后他仍废寝忘食地工作，以自己的信用和经验，为国家创办了一家航运企业，并引进外资为所在城市创办了第一家国际租赁公司。"现在何必再出来"，的确是他的肺腑之言。可那位朋友仍继续劝他："你不要以为我们在国外的人就不爱国，也许我们比国内的许多人还要爱得真切，爱得深沉。再说，以你的资历和你父子两代的人缘，到香港来说不定对国家的贡献还更大。"这番话终于打动了父亲。于是我们在离开香港 38 年后又回到香港住了十二个春秋。重返香港的父亲，仿佛焕发出当年的活力。自己筹资办公司找到立足之处，又四处联络旧日的朋友，为大陆的"二引进"、两岸的"三通"和香港的回归，出资出力，献计献策。他还把这些爱国人士的真知灼见转呈给中央有关部门参考。这些年来，在我们三姐弟的协助下，通过父亲的关系引进的外资，已有上亿美元，创建的项目达数十个之多，但他和我们都没有向国家要过一分钱的回报。

二〇〇七年十月十四日这个星期天，是个晴朗的秋日。我们一家四代陪着父亲和母亲，到京郊疗养胜地九华山庄度假。父亲经过一段时间的中西医结合治疗，每天两次外出呼吸新鲜空气和晒太阳，身体状况大有好转，加上关乎国家前途命运的十七大即将召开，他显得格外高兴。我们看在眼里，喜在心里，相信他的百岁心愿一定能够实现。十五日，我特别仔细地关照保姆，不要因为父亲身体见好就放松警惕，必须加强护理和监控。父亲是在十七大召开的第二天出事的。那两天，他守着电视机观看实况转播，说起国家的愿景、两岸的统一，滔滔不绝、兴奋不已，失控的血压不幸导致硬化的脑血管破裂，使他带着未尽的心愿乘鹤西去。保姆为此不断地念叨：

"爷爷要是不整天看电视，还像平时那样出去晒晒太阳，哪里会……"

在父亲灵堂的正中，挂着一幅父亲的晚辈朋友送的挽联。上联是："丧乱曾经，青春作远征，一生清朗入江魂。"下联是："孝慈共同，耄耋成苍穹，千秋气节映高松。"盖棺论定，父亲无愧于卢作孚的长子。他的灵魂一定会进入天堂，陪伴在祖父、祖母的身边，永远不再分离。

（卢国维：《卢作孚青少年时期二三事》）

是位完人

我一生奔走东西，相交者可谓不少；但惟有作孚兄是我最敬佩的挚友。他是位完人，长处太多了，只能拣几点略述。

作孚有理想、有大志，他深知要使中国富强，必须发展交通。长江是交通重道，需要轮船，所以他组织民生轮船公司，以应时代的需要。

（晏阳初：《敬怀至友作孚兄》）

极富创造力

他极富创造力，具有实现理想的才干和毅力。他组织公司的资本，向朋友或外国借款。他自己并不想赚钱，忘我忘家，绝对无私。抗战时，他有一次病了。他的家人想买一只鸡给他吃，连这钱都没有。由此可见他人格的高尚。所以知道他的人，都敬佩他。

（晏阳初：《敬怀至友作孚兄》）

生活非常简朴

他生活非常简朴，常年穿着一套中山装，人长得很小，属于瘦的瘦劲一型。为了节省梳头的时间，他剃光头。张岳军先生有一次跟他开玩笑："你的跟班都比你穿得漂亮。"

（晏阳初：《敬怀至友作孚兄》）

绝顶聪明

他是个绝顶聪明的人。抗战期间，因为得跟美国人打交道，他跟我妻雅丽读英文，晚上有空时来读一点。半年之间，就能看英文报。那时，他大概五十岁左右，英语说得不算流利，但简单的可以应付。

（晏阳初：《敬怀至友作孚兄》）

对乡村改造发生兴趣

我现在已记不清究竟哪一年与他始交。我们在定县的时候（1929 年至 1936 年），他已经对乡村改造发生兴趣。曾请了一位何姓的朋友来参观我们的工作。一九四〇年，我们在四川巴县歇马场创立"中国乡村建设学院"，他是学院的会计董事。

（晏阳初：《敬怀至友作孚兄》）

听从劝告

有二三件小事，我记得很清楚。四十年代，他到美国为他的公司借款，我那时也在美国为乡村学院捐款。我对他说："作孚，外国人很注意衣冠。你这样不修边幅，恐怕会吃亏。"我带他去一家裁缝铺做西装，教他打领带。领带并不好打，一而再，再而三，他终于学会了。我又对他说："阁下这个头，外国人看，会以为来了一个和尚。"听我的劝告，他留起了头发，很用心地学梳头。

（晏阳初：《敬怀至友作孚兄》）

从容不迫

作孚对人的观察很敏锐。他知道对怎样的人应该说怎样的话。他不说闲话，言必有物。用字精当，从容不迫，有条有理，就像他做事一样：很沉着，有组织，有思想。

（晏阳初：《敬怀至友作孚兄》）

一言难尽

他先回国后，中国乡村学院请他去讲演。他说："人都以为在美国很享福，你们的院长在美国募捐，住一个小店。有一次我去看他，他正在洗袜子。捐款是天下最苦的事，其苦一言难尽。"这话是别人后来告诉我的。

（晏阳初：《敬怀至友作孚兄》）

了不起的实业家

我常说："生我者父母，知我者作孚。"像作孚这样一位正人君子、爱国志士、了不起的实业家，国人应当敬重。然而，他的结局竟是如此悲惨。我为国家伤心，我为挚友哀痛。

（晏阳初：《敬怀至友作孚兄》）

与晏阳初的交往

祖父卢作孚和晏阳初先生的深厚友谊，在我国乡村建设史上早已传为佳话。他们第一次见面是在一九三五年十月。那时，晏阳初去江苏无锡参加第三届全国乡村工作讨论会，会后参观了浙江县政建设实验县兰溪，然后到了南京，巧遇也在南京的卢作孚。回到定县后，晏阳初在《关于出席乡建学会会议等经过情形的报告》中，特意谈起他见到卢作孚的情形时说："我们彼此相知已久，却从未会过面。这次在南京会面之后，一见如故。大家谈谈奋斗的经过，不禁引为同志。"从此，他们开始了长达二十余年的密切交往。在乡村建设方面，他们更是志同道合、相互支持、相互砥砺。鲜为人知的是，晏阳初先生还曾担任过卢作孚创办的民生公司的董事会监察人和常务董事。

因为祖父与晏阳初先生是莫逆之交，卢家和晏家也就成了世交，深情厚谊绵延至今。我从小常常从父辈的讲述中，听到两家人之间交往的点点滴滴。

祖父非常敬佩晏阳初先生坚持不懈献身平民教育的精神。他有次在中国乡村建设学院演讲时说："人都以为在美国很享福，你们的院长在美国募捐，住一个小店。有一次我去看他，他正在洗袜子。捐款是天下最苦的事，其苦一言难尽。"这件事后来有人告诉了晏阳初先生，使他非常感动。

（卢晓蓉：《卢作孚与晏阳初交往拾零》）

宋庆龄卷（1893 — 1981）

宋庆龄，伟大的爱国主义、民主主义、国际主义和共产主义战士，举世闻名的20世纪的伟大女性。她青年时代追随孙中山，献身革命，在近七十年的革命生涯中，坚强不屈，矢志不移，英勇奋斗，始终坚定地和中国人民、中国共产党站在一起，为中国人民的解放事业，为妇女儿童的卫生保健和文化教育福利事业，为祖国统一以及保卫世界和平、促进人类的进步事业而殚精竭虑，鞠躬尽瘁，做出了不可磨灭的贡献，受到中国人民、海外华人华侨的景仰和爱戴，也赢得国际友人的赞誉和热爱，并享有崇高的威望。著作编有《宋庆龄选集》。

贤淑配偶

虽然处兹世道文明，男女平权之日，天挺哲人，苟更得一贤淑配偶，其利益将不惟可以助其齐家，抑且可以助其治国，及共谋天下之平。法兰西有革命家谓："内得贤助，足使革命精神，愈增振奋，革命事业，易达成功。"此言非谬，盖于创造中国国民党之总统孙中山先生见之。孙先生致力革命，计四十年，其目的在求我中国之自由平等，虽天不遗，赍志而终！然而已广播革命种子，于四万万人之心田，则后人果能继续努力，以求贯彻，将来之大有收获，当可断言。惟孙先生所以能如是者，其亲爱精诚之至德，由于天所特赋固已；而其得助力于党中英俊，如汪（精卫）蒋（介石）胡（展堂）蔡（孑民）戴（季陶）黄（克强）陈（英士）廖（仲恺）谭（延闿）诸人，亦属良多；就中尤有"一妇人焉"，赞襄帷幄之内，周旋戎马之丛，患难赖以扶持，艰苦藉以安慰，更由精神之交感，进作美满者伉俪，俾其革命事业，益得发皇光大者，则宋庆龄女士是！

（《现代中国名人外史》）

得享受高等教育

宋籍浙而寓申，早年失怙，与其昆弟姊妹，胥赖太夫人抚育成立，太夫人信耶道，知书史，持家政井井有法，尤能督教子女，所谓母兼师者！良有以也。

（《现代中国名人外史》）

不是花瓶

宋曾留学美国威尔斯连大学，该校为美国有名女子大学之一，出其门者，皆成大用，加以旧学极优，故于民元孙任临时总统时，即充其秘书，总统在中国当时为创举，而女职官尤开未有之风；然而宋于草檄磨盾，既获倚重，军政机密，亦恒参预，与近之所谓"花瓶"者迥异焉！

（《现代中国名人外史》）

志同道合

迨癸丑，民党讨袁失败，随孙东渡扶桑，孙因庐夫人对己之革命事业，不能赞助，遂议与宋缔婚，幸庐自愿脱离夫妻名义，于是孙宋之姻缘，乃告成立，时民国三年十一月二十五日也。论者谓："伊时孙已卸除政权，且为袁氏专国下之亡命，而宋此际，乃与之结缡，其眼光之宏远，心志之坚毅，诚可谓不以富贵萦念，不以危难撄情，非寻常巾帼所能企及矣。以后孙西南护法，迭次躬征，宋固无役不从，即赴各地讲演，亦无不追随左右。故宋对孙，不只为问暖嘘寒之贤内助，亦且为运筹帷幄之良参谋，使非具有特别才能，更乌足辅弼成其伟大事业也？"

（《现代中国名人外史》）

贤内助

孙爱读书，所购中西书籍，极为繁富。惟以军政冗杂，于书卷遂读遂置，无暇清理，重欲翻阅，辄感困难。及宋充秘书后，为之时时检点，牙签楮片，标志厘然，凡有所需，无不立奉，于是孙之著述上，乃大获便利。即其震动一世，堪有千秋之《三民主义》《建国方略》等稿件，在广州蒙难时，微宋冒险携出，力为保持，则虽欲据兹烬余，整理补苴，以成今日之观，亦乌乎能？

（《现代中国名人外史》）

生死经历

孙于广州蒙难时，大元帅府已为陈逆炯明部包围，府僚请暂避，孙犹坚不肯行，嗣宋见势益危，且以陈逆狼子野心，不速行，必有奇祸！于是力劝孙行！孙乃许可，惟犹虑宋罹难，宋曰："公但行，侬自有避免法，且侬一妇人，纵以身殉国，庸何伤？盖中国可无侬，不可无公也。"孙去后，宋乃化装佣媪出府，由副官马湘护送，遁至马伯麟寓暂憩后，偕马超俊夫妇等，直趋沙面西桥。时叛军如临大敌，检查极严，幸沙面工部局允入界，乃得借宿一工人家。翌晨得岭南大学校代租电船一艘，迎宋至校内，更托美人努文，护送至黄埔永丰舰，与孙晤聚，如庆更生，互相欣慰。然而迥念当时由枪林弹雨中，冒险以出之情况，殊又不禁栗栗也！

（《现代中国名人外史》）

国母情怀

孙总理逝世后，宋以郁无聊赖，遂历游国内外各名胜地，既藉以作愁绪之排遣，且兼事政治经济社会风习之考查，及乎倦游归沪，息影莫利爱路十号故居。每日虽仍读书习字，浇竹莳花，但因追随总理半生，声望崇隆，故其会客室内，犹多名流政客之足迹。外间遂有悬揣，嗣经某报探询，得其记室胡兰睦发表谈话，略谓："孙夫人为三民主义之拥护者，当然富于政治热情，惟涉世极深，蒿目时艰，轻易不发一言。前年发起民权保障同盟委员会，实主动于杨杏佛诸人，迄该会中途而废，夫人曾未出一谋。至因牛兰之案，亲为乞援于京沪当局，亦只基于国际学者之立场，不涉政治臭味。反动分子因是而诬夫人祖赤，殊出意料！夫人曾愤语吾曰：'孙先生称国父，余被誉为国母，国人公意，自难谦辞。故惟誓遵总理全部遗教，期达革命成功，岂有与反三民者为友，自毁过去荣誉，不为国母，而为国贼乎'？"观此，足证夫人怀抱之光明磊落矣！

（《现代中国名人外史》）

精神贵族

记者曰："宋夫人对于本党总理孙中山先生，曾极尽其辅翼调护之功能。而北平寓邸，总理之最后呼声中，于关心民国前途外，亦尝殷殷以其后此之生活为忧。且谆嘱何香凝女士，幸勿以其无产，遂相轻视，而须善为维护，以贯彻彼此深厚之交谊。何素尊重宋夫人，自决不致以贫富生死易心，斯嘱固为过虑。然而宋夫人于承受总理之衣服书籍等外，毫无资产可护，当为明确事实。矧此无产继承之说，何亦曾公开言及，则其为事实，不尤明确之极哉？果若是者，宋夫人之近况，必已陷至艰困地位，特其赋性高洁，不愿向世人道耳。"

（《现代中国名人外史》）

杨虎城卷（1893 — 1949）

著名抗日爱国将领，民族英雄，陆军上将。号虎臣。1910年在家乡组织以打富济贫为宗旨的中秋会。1911年武昌起义爆发后，率会众参加陕西民军与清军作战。1912年投身于孙中山先生领导的辛亥革命运动。1915年率众参加陕西护国军，在华县、华阴等地截击袁世凯军。次年所部被编为陕西陆军第3混成团第1营，任营长。因与张学良发动"西安事变"，后被蒋介石迫害致死。

虦改虎城

杨为陕西蒲城人，原名九娃，后来改名杨虦。北伐时，因与中央函电往返，嫌虦字不甚习见，于是始专用"虎城"。

（《中国内幕》）

名声飞扬

当民国五年，袁世凯叛国称帝，蔡松坡在滇省首先起义，各地也随之响应。当时陕西的党人，都潜赴渭北，号召三辅英杰，如胡景翼、曹俊甫、曹世英、焦子辉、刘廷献、李歧山、井向慕、郭坚、王飞虎等相继在陕举事。南至三原，东达黄河，北尽绥米，西抵陇上，全是民党的势力范围。杨虎城时在曹俊甫部下任团长，独树一帜，杨虦的名字便开始为陕西人士所知道。

（《中国内幕》）

常胜将军

民六护法之役，护国军张又安营有一次和段方的陈树藩在三原血战，陈军有一旅一团之众，张营处境非常危殆。当时，在耀州的曹俊甫闻讯，即派杨虎城往援，杨奉命后疾驰三原，相与肉搏，陈军降杀大半，主将曾纪贤仅以身免，严锡龙也不知下落，三原遂为护国军占领。事后召开各部军事紧急会议，公举胡景翼、曹世英为陕西护国军总司令，将全部军队分编成三大支队，第一支队曹世英自兼，第二支队胡景翼兼，第三支队由郭坚、高峻统率，分由泾阳、咸阳、交口向西安各门进攻，杨部则驻宝鸡口，牵制并袭击陈树藩援军。从此以后，"常胜将军"的徽号，便加在杨虎城的身上了。

（《中国内幕》）

东征西讨

是年十二月二十日，靖国军包围西安，陈树藩据城中轰击，靖国军藉着城墙的掩护，没有多大损伤，陈势日窘，在城内奸烧掳掠。后来靖国军东路不知怎的发生了内讧，陈军就趁机反攻，靖国军功亏一篑，全军大挫，张又安也同时身殉。陆海空大元帅孙中山先生闻讯，特任于右任氏为陕西督军，胡景翼、曹世英分任两翼，重振军威，转战数月，陕省版图大半又入靖国军治下。时杨虎城奔驰渭河南北，东征西伐，马不停蹄，确是劳苦功高。陕西之有光荣的革命历史，杨虎城在当初实是特别卖力过的。

（《中国内幕》）

鸟枪换炮

十四年春，杨部驻扎耀州，为容易使人识别起见，一律加带红帽圈，"红帽圈军人"便引起了西安一带人民的注目。同时姬汇伯、王玉亭部击退了麻振武和吴新田，夺获轻重枪炮无算，于是扩编为一个炮兵团，杨部之有大炮，便是这时开始的。井岳秀闻讯往说，杨老实不客气的拒绝了。

自后，刘镇华要独占陕西，率兵包围西安，杨虎城困守数日，幸援军星夜赶到，内外夹攻，刘军全线溃退，陕省复为国民军所有。国民联军总司令冯玉祥以为杨虎城功绩广大，除亲自慰劳外，并将其所部扩编为国民联军第十军，杨遂一跃而为军长了。

（《中国内幕》）

官至封疆

迨蒋介石任北伐总司令，将所有北伐军队，改编为四个集团军，蒋氏自兼第一集团军总司令，其余则由冯玉祥、阎锡山、李宗仁三人分任之。冯受编后，改编杨虎城为第二集团军第二军，不料出师不利，首先和当时那兵精粮足的奉军相遇于豫东一带，大败几至不可收拾。杨自叹倒霉，遂将兵权交与李子高、孙蔚如，已则东渡遨游日本。

及十七年北伐告成，杨虎城自日返国，中央论功行赏，将其部队改编为陆军第二十一师，李、冯等分任旅长，孙蔚如任参谋长，驻胶东一带，担任剿匪的工作。十八年二月，又由中央改编其所部为第十七师，冯钦哉仍旧供职，李子高因病退休，其职改由孙蔚如兼任。同年冬，冯、阎在许昌、漯河独立，杨部奉命开赴豫西，参加战役。杨久欲一尝省主席滋味，又因士兵思念故乡，奉命后个个奋勇，人人拼命，于是长驱而入洛潼，直逼西安，冯玉祥留陕各部队，一一被其收抚。中央念其战功，除将所部扩编为第十七路军外，复于二十一年春，特任杨为陕西绥靖主任，比之靖国军时代的杨虒，自然身价百倍了。

（《中国内幕》）

汤用彤卷（1893 — 1964）

汤用彤，字锡予，哲学家、教育家、国学大师。祖籍湖北省黄梅县，生于甘肃省渭源县。毕业于清华学堂。留学美国，入汉姆林大学、哈佛大学深造，获哲学硕士学位。回国后历任国立东南大学、南开大学、北京大学、西南联大教授。1951 年后任北京大学副校长。汤用彤是现代中国学术史上少数几位能会通中西、接通华梵、熔铸古今的国学大师之一。学术著作如《汉魏两晋南北朝佛教史》《印度哲学史略》《魏晋玄学论稿》等。

思想造诣

吾友汤锡予，少年报考入北京清华学校留美预备班。其时校中缺一国文课教师，即命锡予以学生身份充任，其时锡予之国学基础已可想见。及留学美国，进入哈佛大学哲学系，获博士学位，则其对西方哲学之研寻亦有成绩。归国后在南京中央大学哲学系任教，又好学不倦，屡去支那内学院从欧阳竟无听受佛学，则其于中、印、欧三方思想之同有造诣，亦可知。

（钱穆：《忆锡予》）

一面如故交

其后遂转应北京大学聘。余是年亦转任教北大。某日，锡予来余寓，适余外出未相值。翌日，锡予母来告吾母：“锡予少交游，长日杜门枯寂。项闻其昨来访钱君，倘钱君肯赐交，诚汤家一家之幸。”翌日，余亟趋访，一面如故交。

（钱穆：《忆锡予》）

重新撰写讲义

锡予告余，在北大任教主要为东汉魏晋南北朝“中国佛教史”一课。此课在中大已任教有年，并撰有讲义，心感不满，须从头撰写。余心大倾佩。余授课有年，所撰讲义有不满，应可随不满处改定，何必尽弃旧稿，从头新撰。因知锡予为学，必重全体系、全组织，丝毫不苟，乃有此想。与余辈为学之仅如盲人摸象者不同。然锡予与余乃绝少谈及其治佛学之经过，及最近重新撰写讲义之一切。

（钱穆：《忆锡予》）

不发一语

随锡予来北京后，又来蒙文通、熊十力两人，皆与锡予同在支那内学院听欧阳竟无佛学者。时十力对欧阳竟无唯识新论有意见，撰文驳斥。四人相聚，文通必于此与十力启争端，喋喋辩不休。自佛学又牵涉到宋明理学。遇两人发挥已意尽，余或偶加一二调和语，锡予每沉默不发一语。有时又常与梁漱溟相聚，十力、漱溟或谈及政事，余亦时参加意见，独锡予则沉默依然。其时北平学术界有两大争议，一为胡适之诸人提倡新文化运动，主西化，曰"赛先生""德先生"（即科学、民主）；又主"哲学关门"，亦排斥宗教。一则为时局国事。北京阢陧在前线，和战安危，众议纷纭。独锡予于此两争议一无陈说。

（钱穆：《忆锡予》）

极高明而道中庸

但锡予亦决非一佛门信徒，处身世外者。锡予有老母，有长兄，其妻室、其子女余皆熟稔。锡予之奉长慈幼，家庭雍睦，饮食起居，进退作息，固俨然一纯儒之典型，绝不有少许留学生西方气味。而其任职处事，交游应世，又何尝有少许佛门信徒之形态。然则锡予之为学似一事，其为人则又似一事。而在锡予，则融凝如一，既不露少许时髦之学者风度，亦不留丝毫守旧之士大夫积习。与时而化，而独立不倚。"极高明而道中庸"，锡予庶有之矣。

（钱穆：《忆锡予》）

毕生好学

故锡予既不可谓是一佛学家，亦不可谓是一西方哲学家。既非擅交际能应世，亦非傲岸骄世，或玩世不恭。锡予之毕生好学，矻劳不息之精神，则尽在其为人处世之日常生活中表现。徒读其书，恐将终不及其为人。徒接其人，亦将终不得其为学。锡予之为学与为人，则已一而化矣。余与锡予交，不可谓不久，不可谓不亲，惟所能言者，仅如此。

（钱穆:《忆锡予》）

和气一团

孟子曰："柳下惠圣之和。"锡予殆其人乎！居今世，而一涉及学问，一涉及思想，则不能与人无争，而锡予则不喜争。绝不可谓锡予无学问，亦绝不可谓锡予无思想，而锡予独能与人无所争。但锡予亦绝非一乡愿。《中庸》言："苟非至德，至道不凝焉。"人性有异，而德不同。伊尹之任，伯夷之清，皆易见，亦易有争。锡予和气一团，读其书不易知其人，交其人亦绝难知其学，斯诚柳下之流矣。

（钱穆:《忆锡予》）

有意于致中和

今再扩而论之，世界人类三大型之思想，亦尽由于民族性之相异。而民族性相异，则根据其区域之天时地理积久酝酿而来。亦可谓欧洲型近于伊尹之任，印度型则近于伯夷之清，而中国型则近于柳下惠之和。故欧洲型一主于进，印度型一主于退，而中国型则主执两用中。即中国高僧，亦多为慈悲救世而出家，不为逃避生老病死之四大苦痛而出家。而其救苦救难，亦似偏少耶稣之十字架精神。唯谓中国人乃无视于一世之苦难，则大不然。则锡予之为人为学，与世无争，而终不失为一性情中人，亦正见其为一有意于致中和之中国学人矣。

（钱穆:《忆锡予》）

以中国人来宏扬中国传统之道

余与锡予交，其时已成《先秦诸子系年》，方为《近三百年学术史》。锡予告余："君好藏《竹书纪年》，古今异本几尽搜罗，予窃慕之。愿藏《高僧传》，遇异本必购取。"其日常随身亦必携一本《高僧传》，累年如是。则佛法僧之宝，锡予所慕，最在僧之一宝；即此一端可以想见其为人为学之大要矣。"人能宏道，非道宏人。"当由僧侣来宏扬佛法，非可以佛法来宏扬僧侣。锡予之为人为学，则非欲以僧侣来宏扬佛法者，实乃以中国人来宏扬中国传统之道。此则读锡予书者不可不知也。

（钱穆:《忆锡予》）

为人为学之大要

余之《近三百年学术史》成稿，草为一序，曾论及南北朝之南北为学相异。锡予告余："君此一意，对于编写佛教讲义启益良多。"则知锡予为学无门户，无界域，和通会合，不自封闭之精神所在矣。而如余以一不通西方哲学，不通佛学，仅仅稍窥中国几本古典籍，亦得与锡予为密友，岂不可从此想象其为人为学之大要乎？

（钱穆：《忆锡予》）

他山之石

及锡予书成，已抗战军兴，余屡劝锡予为隋唐天台、禅、华严三宗续有撰述。锡予谓心力已瘁，亟求休息，无他奢愿矣。及余《国史大纲》成书，询锡予以此下为学当先。锡予告余："君于古今典籍、四部纲要窥涉略备，此下可开始读英文书，或穷研佛典，求新接触，庶易得新启悟。"锡予之意，非欲余改途易辙。"日知其所无"，乃能"月无忘其所能"。锡予之治佛书，正多从中国典籍与西方哲学中悟入，而岂如近代专家之学即就佛书为佛学之所能同类并视乎？

（钱穆：《忆锡予》）

为钱穆选书

是年余与锡予同离昆明赴上海，又随余同赴苏州。沿街英文书满目皆是，锡予为余选购三书，嘱先试诵。余语锡予，街头英文书堆积如山，何竟为予仅选此三书。锡予言，君北平所藏五万册书，今皆何在？试先读此三书入门，何早安排，为此奢图。余之开始读英文书始此。然一年后，即转赴成都，读英文书工夫，递减即止。而于佛书，亦少精研。余之孤陋一如往昔。回念锡予此一番语，岂胜惘然！而予与锡予，自苏州别后，亦仅得两面，亦不稔锡予此后为人为学之详矣。

（钱穆：《忆锡予》）

晏阳初卷（1893 — 1990）

晏阳初于1890年10月出生，中国平民教育家和乡村建设家。晏阳初早期开展平民教育运动时，认为中国的大患是民众的贫、愚、弱、私"四大病"，主张通过办平民学校对民众首先是农民，先教识字，再实施生计、文艺、卫生和公民"四大教育"，培养知识力、生产力、强健力和团结力，以造就"新民"，并主张在农村实现政治、教育、经济、自卫、卫生和礼俗"六大整体建设"，从而达到强国救国的目的。著有《平民教育的真义》《农村运动的使命》等。

艰难求学

晏为四川巴中人。现届不惑之年，家世素习耕读，其父能诗文，善岐黄术，以时事日非，隐居不仕，其长兄亦工于文学，且知兵，尝为军府幕友，赞帷幄，颇驰誉当时，不幸早殁，遗孤儿弱女各一，后悉赖晏成立。晏十三岁，已毕四书五经，堪父知世界新潮，趋重科学；于是乃令肄业保宁某教会学校，备其造成科学之基础。晏本聪慧才多，加以昕夕研讨学术，故成绩优良，逾于同辈。其父更欲其深造，乃令负笈省垣（成都），考入省立中学校后，复以敦品励学，迭获奖品。课暇，且恒撰文鬻资；以是，不惟减免家中接济，有时更可接济家中。

（《现代中国名人外史》）

朴实多才

晏为一实行家，故生平不尚空言，及发表文字。但其家藏有不少书报杂志，而暇时亦每作文艺之欣赏。尝谓："处今国家多事之秋，作农村建设工作，必须有较大效率，不徒费，尤须适用。惟此种任务，农村中之老弱，实无力于负担，然我辈对此老弱，亦不应疏略，而应予以相当知识，国家观念。至农村中勇敢诚朴可爱之青年，其自强之心，求学之热，处处象征其不甘为亡国奴，而愿作一新国民，如是，我辈当负责领导及训练，以完成其志愿斯可。"又谓："救中国之危亡，不应徒在缓急快慢上较，须先抓住国家之命根，疗治其症结，培养其元气，抱定主义，下大决心，苦干若干年，乃至我生不足，由后人续向既定之目标，有前进，无后退，有牺牲，无顾虑，敢谓以中国如此悠久之历史，宽广之土地，伟大之民族，一定有其光明灿烂之前程！"晏体虽似瘦弱，意志则极坚强，理智力更高人一筹，故即着眼不到之事，人欲施以欺谩者，亦必为其识破。至于骑射，狩猎，弹琴，歌唱，拍球，游泳，溜冰，驭车等技能，亦均别具身手，为恒人所不逮，然晏固视为余事也。

（《现在中国名人外史》）

平易爱才

　　晏具有干才如此，人或以才称之，而晏则不自承也。顾晏虽不自以为才，对于人之才，又每誉不绝口。至于其创办平教会，颇喜求才以为己助，其求才之法，既认定其为才，无论其县界，省界如何，甚至国界如何，均必竭诚聘用之。观其所撰《平民教育同志歌》第一句，即为"茫茫海宇寻同志"。故其爱才重才，用人一视才否，不重朋党，不徇面情，最才而用，无求备一人，可知！更如晏籍四川，平教会中，川人占极少数，其与人之部落思想，实迥异也。

（《现代中国名人外史》）

张资平卷（1893 — 1959）

张资平，是20世纪30年代初我国红极一时的作家之一，策划筹建了现代文学史上最重要的文学社团之一"创造社"。同时也是个历史复杂和颇有争议的一位作家。他的作品有众多的读者。他是"创造社"中最多产的一位作家。被誉为"中国现代言情小说的开山祖师"。

"某夫人"被偷

张资平，居于真茹之自建小洋房中，某日忽被一梁上君子光临，除将贵重首饰衣物等偷去外，并将张之黑色皮包顺手带去。此皮包适藏有张新作题名"某夫人"之长篇三角恋爱小说一部，准备于第二日早晨赴沪付印者，不幸当夜被偷去，张大呼："倒霉，倒霉，三四百元稿费又丢了。"张妻以其如此看重稿费，对于她的首饰衣物倒不在意，大不谓然。

（《近代名人轶闻》）

靠写小说发财

所著多角恋爱小说，为一般青年学生所爱读，因此张遂以写小说而发财，建别墅于真茹，以度其优游之写作生活。

（《近代名人轶闻》）

只会写 不会干

张氏虽擅长描写两性之爱，但非恋爱能手，见女性时恒露局促不安之态，且大腹便便，类似商人模样，一副尴尬面孔，尤为摩登女子所厌恶。一日张乘电车至北四川路，车中有二摩登女生坐其侧，手挟张之《最后幸福》一书，正翻阅间。

甲女生曰：张资平不知是怎样的一个人？

乙女生曰：大概是一个多情的男子，你看他描写男子，是多么的有情呵！

甲女生曰：是咯，总恋过许多女人吧！

乙女士曰：听说他很漂亮。

甲女生曰：哈哈！你想同他来一个三角吗？

软语之中，夹着一阵娇笑，乙女生双颊绯红。张氏惊喜交加，正欲毛遂自荐，蓦然回首，从车旁玻璃映出自己尊容，顿告灰心。不久二女下车，张亦随之，待一双倩影已渺，犹踌躇街头不知所措也。后张以此语人，咸谓其太无勇气而自失良缘，张亦惟有苦笑置之而已。

（《近代名人轶闻》）

梅兰芳卷（1894 — 1961）

梅兰芳，名澜，又名鹤鸣，乳名裙姊，字畹华，别署缀玉轩主人，艺名兰芳。祖籍江苏泰州，生于北京的一个梨园世家。梅兰芳是近代杰出的京昆旦行演员，"四大名旦"之首；同时也是享有国际盛誉的表演艺术大师，其表演被推为"世界三大表演体系"之一。代表戏京剧有《贵妃醉酒》《霸王别姬》等；昆曲有《游园惊梦》《断桥》等。所著论文编为《梅兰芳文集》，演出剧目编为《梅兰芳演出剧本选集》。

福孟醋波

梅兰芳尝偕福芝芳赴北戴河避暑，比翼鸳鸯，海滨游泳，双双艳影，一幅杨妃出浴图，纷载各画报，已纸贵洛阳，艳事争传矣。及梅初返北平，忽四夕未归寓所，福芝芳焚急万状，侦骑四出，始知梅藏迹孟小冬金屋中。盖梅以北戴河之游，孟独向隅，是以流连款洽，数夕温存，藉弥缺憾。不料福恚甚，声言将觅死，梅恐发生危险，遂跄踉归。梅自妻王氏故后，福以子贵，俨然大妇，至是乃责孟之不应蛊惑男子。缘平时梅已认福为正室，几于倡随必偕，每星期仅至孟处一次，今忽勾留四夕，事属破格，故而掀起醋波。当时孟闻之大愤，谓："彼独何人？身份同，出身亦同，何得妄自尊大？迫人太甚，决不相下。"并将兴问罪之师。幸经家庭中有鲁仲连者出为调停，规定日期，以免争执。于是援照王氏从前待遇福芝芳办法，每星期二五两夕准赴孟处，此外不得越雷池一步，小小风潮，始告一段落。未几，孟因此仍下堂求去。

（《近代名人轶闻》）

像个十六岁小姑娘

"梅兰芳像个十六岁小姑娘。"

在梅剧团演过《宇宙锋》散场的时候，观众里有位中年太太这样赞赏地说。梅兰芳明明是一个道地的男性，并且还是一个上了五十岁年纪的男性，但表演旧剧里的女性，即是那么婀娜多姿，刻画入微，叫你看不出半点壮年男性滞重粗豪的举动来。从唯美的技巧形式上说，梅兰芳在这方面的造诣成就是相当认真和深刻的。

但，如果说，艺术必须建立在真实的基础上，那我就感到梅兰芳的演出，只是一个虚假，不顺乎天真自然，不管他在演技上，给了你一个完全女性的感觉，而实际上你却明明知道他是一个一切合乎正常的男性。因此，梅兰芳表现的愈是逼真，而充其量也不过是叫你拿来当做奇迹去欣赏，而半点也不可能是引起观众情感共鸣的伟大艺术。这就使我深感到，一种超越的演技对梅兰芳先生是苛重的负担，梅先生的成就不是轻而易举的，这不知消耗了他的多少苦心仿造，但看到他只是完成了一个奇迹，而不是真实的艺术，就不禁要替梅先生的聪明才干叫屈了。

改良平剧有二个方面：一个是从内容到形式做根本上的改革，一个是改良旧剧上不合理的形式，仍旧在旧内容上，使它更向美化。梅先生走的是后一条路。看了《宇宙锋》，看他在这方面作了相当努力，例如减少检场人在演剧时候的出现，俗例，赵女装疯都是由一个不伦不类的检场人当场换装的，而梅先生却采取了下场换装方法，很完美地做了好几个分场，这确要比较旧俗美化得多了。这个可取的作风，在同一剧团里，俞振飞的《辕门射戟》，王琴生的《放捉宿店》，就看不到，仍是一派俗套。因此就这一点来说，也看出梅先生比他们要用功进取得多。

（《消息半月刊》一九四六年五月二日）

闯上海

梅兰芳第一次到上海，先唱堂会，后才在戏院子里正式演唱，这在他的“舞台生活四十年”上，已经叙述过了，我今再在记忆所得上，补述一二。

这时是民国二年，梅兰芳在北京已经红起来了，这声誉渐渐传到了上海。上海丹桂第一台的许少卿，到北京去邀角，约好了王凤卿与梅兰芳，其时杨荫孙（苏州人，比国留学堂，是北京银行界一位高级职员，人称杨二爷）适告假回乡结婚，他的新夫人，是施肇基的甥女儿，结婚的地点是在张家花园（又名味莼园）。因为上海那时还没有可以安设三四十桌酒席的大餐厅，只有张园的“安垲地”，还叫以应用，这一天的喜筵，可称一时之盛。

本来由戏馆里请来的名角，打泡戏也没有唱，如何先唱堂会呢？但当时北京银行界，到上海来吃喜酒的人很多，梅兰芳就是北京银行界捧出来的人，怎么可以不答应呢？许少卿当然不愿意，后来一般金融界里的人，由冯耿光领头，包他一星期的满座场子，不是为了赔偿许少卿，就是为了捧梅，也应该尽这个义务。许少卿本来只知道赚钱，又拗不过捧梅派的声势，只得屈服了。这一次的堂会，实在与梅有益的，经大家一宣传，满座的场子，竟不止一星期。

杨荫孙在未去北京之前，是时报馆息楼里的朋友。后来，他是北京交通银行行长了，不久忽然辞职归家，终日念佛，不知有何感触，言语之间，似有精神病，不久便逝世，年纪不过五十多岁吧。

（《民国野史》）

惊绝梅兰芳

张上将军之入都，江西同乡在顺治门外大街新建筑之江西会馆演剧欢迎。张顾而乐之，酒半，亲至后台觅梅兰芳等名伶闲话，且看化妆。谈此，出纸烟欲吸，而未带火柴。王蕙芳从身旁摸出一物，豁然一声，而火发荧荧。张之侍从，拔刀猛斫，蕙芳倒地，惊定大哭，盖误会也。

（《民国趣史》）

梅兰芳与皮黄剧

关于梅兰芳，吾人之感慨甚多：

梅之皮黄技术，可谓已登峰造极，即云"前无古人"，亦非夸大，老伶工、老走票之孙菊仙、陈彦衡，皆作如是批评。说者以为梅个人之技术已走至尽极，今后除就皮黄剧之整理、改造献致个人之力量外，殆已无更大之表现可言。世论忽视皮黄剧，以为其本身便非现质的，无法表现时代。其实时代之解释，当为"具有时代意义"的。吾人如承认《打渔杀家》一类皮黄剧不失为具有时代性者，吾人如不因袭"五四"时代之浅薄见解，但骛形式而以"封建"一语随便抹杀一切，则对于皮黄剧之整理改造，应持以相当尊重之态度。吾人初以此属望于梅兰芳，以梅在今日伶工中，为较具备此资格者也。惟经过数年来之事实，证明梅之于皮黄剧，除职业外无兴趣，而况其亦垂垂老矣！

（《辰子说林》）

观梅兰芳演出

是夜以梅艺员饰上元夫人，偕四仙女，且歌且舞。其为舞也，周折疾徐，皆有法度，亦动中自然。其徐也，则如明月初升，春云乍展；其折也，则如落花依草，急雪回风；其进而益疾也，则翩若惊鸿，宛若游龙，令观者目不及瞬，手不及指，而倏忽变化，不可方物……其为歌也，在该艺员所演诸剧，皆唱弋阳腔，惟兹剧则独唱昆曲，笙箫并奏，倚而和之；其声静而文，柔而和，缓而不靡，沉而不弱，如听空中仙乐，近寂而远闻；如聆微风过箫，音往而神在。记者于此，诚不自知壹听壹击节也，且抑扬顿起，皆乎舞蹈之节相应，不差累黍，故一曲终，万掌齐拊，相与叹为绝技。计自开演至今，一切表情，诸剧及装演神仙故事，无不曲尽其妙，若以歌舞论则究以此剧为首屈一指，故是夕观者人山人海，皆欢喜赞叹。

（《时报》）

绝代佳音

其声色艺之佳可称三绝。以色论，洵可称天仙化人。以声论，则婉转滑烈，近于流莺，吐音之际，一字百折，有如柔丝一缕，摇漾晴空，且忽然扬之使高，则其高可上九天，忽然抑之使低，则其低可达重泉，上如抗，下如堕，可谓极其能事。及曲终之际，则余韵悠然，古所谓余音绕梁三日者，斯为得之。以艺论，则喜怒哀乐处处传神，能令观者忽然而喜，忽而悠然以思，忽而穆然以会于剧场之上如亲见故人，出其性情而与之相接。至于舞蹈之际，则端庄婀娜兼而有之，容貌之间，则幽闲贞静之气达于面目。

（《大公报》一九三四年六月十七日）

新婚趣史

北京著名花旦梅兰芳色艺超群，冠绝一时。都中名士，如樊山、实甫辈亦效法小杜龟年故事，宠之以章句，字里行间，皆以梅郎呼之。某日为梅郎合卺良辰，贺者自公卿大夫以迄走卒贩夫，咸来道喜，门庭若市，几不能容。有清季天潢某，以珠缀"鸿鸾禧"三字赠之，张于中堂，见者捧腹，诚所谓本地风光者也。又诸名流多有题赠，如樊樊山之滑稽联云："安从辩你是雌雄，想月华金樽，也曾脂粉登场，为他人作嫁。毕竟可儿好身手，趁椒风锦帐，莫不葫芦依样，合正路弗由。"联亦谑而虐矣。其何以为新郎新娘地耶，可发一噱。

（《民国趣闻》）

昂贵的寿险

上海天蟾舞台，由北京聘到名伶梅兰芳、王凤卿，订立合同，每月包银一万八千元。满期后，补演十天。及登台演唱，大有人满为患。该舞台经理许少卿，查悉有人妒忌，在市遍发传单，大致谓诸君如往该舞台观看梅兰芳、王凤卿演戏者，务须谨防危险赠品，于十天内留意等情。虽此等举动，不值一笑。惟既希图谣惑，当即据情报告老闸捕房，立派包探前往保护，而资镇静。闻梅王二伶，近日曾向华安保险公司保险。梅保一万两，王保五千两，以备不虞云。

（《民国趣史》）

一扇足矣

丙辰冬，福州南台大火，延烧数千家，灾情极重。旅京闽省人士，思有以救济之。乃援前次江皖筹赈办法，邀集京师名伶，演义务剧一日。以所得剧资，汇济灾黎。即在吉祥园开演，其中主要角色，为谭鑫培、梅兰芳。谭梅二人之艺，皆一时无两。而兰芳色艺双佳，近皈依来尤众。提调兹事之人，拟俟演剧过后，以百金为酬。先以此意婉告兰芳，兰芳辞而不受。惟托人言于林畏庐老人，拟乞得画扇一柄，以为光宠。畏庐老人闻而嘉其义，立绘一团扇赠之，且题一绝云："自写冰纨赠畹华，盈盈比玉更无瑕。最怜宝月珠灯下，吹彻银笙演葬花。"兰芳得扇，异常珍爱。知者皆传为佳话云。

（《民国趣史》）

一哭梅兰芳

丙辰年，名伶梅兰芳，自京来沪。隶天蟾舞台，座客常满。乃十四日《北京亚细亚报》，竟误传死耗，谓昨晚（指十三言）得沪电，梅郎惨死于暗杀，且详载其原因。一再呜呼，深致悼惜。一若梅郎之死，业已千真万确者，宁非至怪之事。考是晚梅郎正演《佳期拷红》一剧，刚报挨棒，又传饮弹。不知梅郎见之，将何以为情也。该报之记载曰："暗杀乃最不道德之行为。世界各国，虽时有所闻，甚为社会上所不许也。中国近年以来，此风甚炽。且均发现于沪上，如宋教仁、郑汝成暨陈其美等各暗杀案，均属惨无人道。然犹曰伊等为一时政客军人，因忌生妒，尚有致死之由。若梅兰芳者，不过一著名伶人，虽曰姿容绝世，技艺超群，尚无遭人暗杀之价值。今亦被人狙击，惨死于沪。虽道途传说，系由某媛爱情不达，遂至出此无情手段。然据情度理，必出于忌者为多。以一伶人之优胜，尚足以因忌致死。则稍有能力者，安往不遭人所忌，咸将有不知死所之感矣。此风一倡，适足为人心世道之忧。故特详叙其事于左，非为梅郎惜，实为人道危也。"

（《民国趣史》）

再哭梅兰芳

又曰："久享剧界大名之梅兰芳，惨死于沪上。昨晚（十四号）京中已得有沪电，各园散发传单其死之非伪，无可疑。呜呼梅郎！以绝顶之聪明，又有盖世之丰姿。其对于旧剧，能各得其神，新剧亦能曲尽其妙。且于人情世故，莫不形容异致。虽云优伶小技，然有关于人心世故，实非鲜浅。今竟以死于非命，彼苍者何其忌才之甚。至其致死之原因，闻系沪上某贵媛（闻不仅一人）看梅郎之剧，情往神驰，欲得一面为欢，屡以柬招梅郎。在一般轻薄者，固为极好之机缘，无上之艳福。乃梅郎均行拒绝，其洁身自好，由来久矣。不知梅郎致死之祸胎，即伏在是。盖某贵媛等以召之不来，因爱生嫉，遂买通奸徒，用枪狙击。而绝顶聪明盖世丰姿之梅郎，遂吞弹而与世长辞。呜呼！亦云惨矣。方梅郎初莅沪时，沪上剧界因竞争而生嫉妒，散布种种谣言，将予以不利，梅郎不为动，而仍演剧如故。讵如既得容于前，卒不免于后。因此而戕身，尤为可哀。虽然梅郎此死，亦足以千古。但不知素爱聆梅郎之剧者，此后到歌舞场中，应作如何之感想耶？更不知都中文人墨士，素与梅郎厚者，得梅郎之凶耗后，应费多少之心思，发诸诗歌，以达其惋惜之忱耶？"

（《民国趣史》）

谢幕之后

昨午五时，史量才君约梅至馆晤河东爵士。梅见爵士，后殷勤问起居，并谢客岁在香港优待盛矣，谈笑甚乐。

（《大公报》一九二三年十二月二十五日）

情不自禁

舞剑时夭娇娇婀，彩声不绝。某名士随观随念公孙大娘舞剑篇，一般妇女皆回顾而笑。

（《大公报》一九二三年十二月二十五日）

老外也钟情

七时许赴英国总领事之宴，由费曦庵君偕往译谈。闻英领事对于梅之艺术服装，多所询问，尤希望其明岁决定赴英京博览会云。

昨晚英美法日四国领事，约同友人甚多，到场观剧，至梅舞剑一场，互为赞赏。

某君告知，昨留日本友人来函，谓东京《朝日新闻报》，知兰芳明岁游英，欲以赈灾名义，邀梅绕道一临。使扶桑士女，得于红氍毹上重睹丰姿，而惠恤灾黎，亦属善举。想梅必允赞助，现正倩人婉商之。

（《大公报》一九二三年十二月二十五日）

新颖之极

廉锦枫梅唱原板反二黄一段，昨据姜妙香云，彼系内行，且系青衣出身，当梅歌时，渠几不知为何调，细聆方悟。足见腔调新颖之极，姑志之以告顾曲者。

（《大公报》一九二三年十二月二十五日）

同一志趣

梅于洛神剧词中，尚欲增加唱句。昨发电至京，与友人商酌。有人谓与张之洞、樊樊山发电磋商寿文，樊樊山、蔡仍煌发电倡和诗钟，同一兴趣，均成佳话。

（《大公报》一九二三年十二月二十五日）

梅开汉口

汉口函云，梅兰芳这一次到汉口，是被许多人注意的事，这是他第二次去汉口了，第一次却早在十二年以前。汉口虽然是中国大都会，可是在近几年来被不景气袭击，二十年的大水灾，把一个纸醉金迷的都市，浸在水里有一个多月的光景，而且各县不断的匪扰，更造成农村破产的景象，试问这一个都会还会繁荣吗？梅兰芳到汉口来的确是出乎意外的事。

章遏云竟将梅兰芳邀到汉口了。章遏云本是一个名坤角，可是她现在不唱戏，却做了老板。她拿了三万元的资本，将汉口新落成的一所大舞台租得，组了一个班子，开幕的人马是她自己和王又宸，第二批是马连良，第三批是言菊朋。不用说，生意比较在北平当然会好得多。第四次邀角，视线便移到梅兰芳的身上。梅兰芳在去年六月里，本来曾经和汉口的新市场大舞台接洽过一次，后来有人告诉他汉口经济濒于破产，恐怕上座不很踊跃，所以就中止到汉，这一次章遏云又邀他，章遏云本是他的门徒，又是上海闻人杜月笙的干女儿，他不得不答应，最初他只允许演七天。

梅兰芳带了金少山、谭富英、姜妙香等人到了汉口，还是三月二日的事。汉口人为梅兰芳，居然竟疯狂了，因为这是他得了一文学博士的头衔后第一次到汉口来，票价竟提高到四元六角，在一般人的预测，这七天的上座，恐怕要失败的，因为汉口人的经济力量负担不起呢。结果却出乎意料，这七天没有一天不是满座，而且更有一些人愿意花一两元钱，在里面站一站，便发明了空前的"站票"名称，结果大舞台续约到十五天，零碎又有几天义务戏他正要预备回上海了，不料去年六月还他没有成功的新市场大舞台，却愿意拾章遏云的余屑，更愿意出重价，结果梅兰芳在包银多多益善的条件之下又应允了新市场，在新市场唱了六天，每天是二千八百元，在汉口大舞台一天只有二千五百元。

梅兰芳到汉口可记的事，先后唱了二十五天戏（义务戏在内），一共卖了十二万多元钱（每天平均五千元上下），他自己竟得五万核钱之多。五天当中，唱过了六次《霸王别姬》，在最后一天，也是《霸王别姬》大轴，直到本月一日演完，二日乘中国航空公司沪汉线的飞机回上海了。他来汉口的时候，也是从天而降的。还有一点趣事，本来梅兰芳还可以在汉口勾留几天，因为三月三十日他的太太在上海养了一个儿子，梅兰芳一喜之下，戏也不唱，就飞回上海抱娃娃去了。

（《盛京时报》一九三四年四月十五日）

虞姬更有魅力

十七夕梅演《霸王别姬》，七时即客满。临时台上下添座数百，不得座退回，尚有千余人。有人谓此剧精彩，全在虞姬。故此次无小楼饰霸王，而上座无隙地。可见是来看梅兰芳的虞姬，并非要来看霸王，闻者均笑。

（《大公报》一九二三年十二月二十五日）

宋子文卷（1894 — 1971）

　　宋子文，民国时期的政治家、外交家、金融家。广东文昌（今属海南）人。1925 年任国民政府财政部长。1928 ~ 1930 年间通过谈判收回关税自主权，使中国有权确定关税税率和监督税收。1942 年担任国民政府外交部长后曾与美国国务卿科德尔·赫尔签订《中美抵抗侵略互助协定》，次年与外国谈判收回各国在华的治外法权。1945 年出席联合国大会任中国首席代表，同年 6 月去莫斯科与斯大林会谈，8 月签订《中苏友好条约》。1949 年去香港，后移居美国纽约。1971 年 4 月卒于旧金山。

莫愁片

　　宋子文氏，每次往返京沪汉杭各处，均乘其自备之"塞可斯"水陆两用飞机，习以为常，盖所以避意外之险，与节省时间也。惟宋每次于乘机之先，啖"莫愁片"三，以免登机有头晕之患，故克登高如履平地，一无所苦，且较乘卧车，尤为舒适也。一日，由汉飞杭，由杭飞沪，返邸后，颇觉不适，觅医诊治，故外间有谓其在汉府感冒也。但据其左右云：宋氏实因眩晕，胸中作恶，并非感冒，因在汉口登机时，误携他种药片，乘机啖药时，亦未察觉。而由汉抵杭，经七小时长时间之飞航，乃不能支，益觉头晕，胸中烦闷，某医劝其可静养一日夜，无须服药，即可痊愈云。

（《近代名人轶闻》）

还是官家太太好

　　某次宋自海外归来，抵沪时，夫人张乐怡女士，亲往轮船码头迎迓，殷勤道慰，亲爱异常。返私邸后，夫人当询之曰："君为国事，远涉重洋，仆仆风尘，似宜休息，未知肯向政府乞假，以作暂时休息否？"宋答曰："我既以身许国，诸事焉敢辞劳，政务殷繁，百端待理，虽欲在家小住，只惜势所不能。"夫人默然，是夕宋遂去京，夫人与婢闲谈，偶语之曰："侬见乡村农妇，与其夫共相操作，朝夕不离，虽云辛苦，确有人间之至乐存焉，不知汝等如何？"婢慧甚，善解夫人意，急答之曰："还是官家太太好，彼粗俗农妇，何可望其肩背耶？"夫人笑而颔其首，若有无限安慰，蕴于胸中者，由此可证明现在妇女之虚荣心理。

（《近代名人轶闻》）

钢铁洋楼

宋子文十年前在汉冶萍煤铁矿上海总公司任英文秘书，曾与经理某之妹，发生好感，拟论婚嫁，卒以该经理之反对，未成事实。又闻宋于南京北极阁建一别墅，小小洋楼，全身均用钢铁，枪弹不足损其毫末，屋顶且铺青草，以避飞机之目标。外观不过尔尔，而内中布置，备极奢华，据云建筑等一切费用，约达二十万元之巨，该别墅落成后，宋氏并不居住，但常往留览，备作特别会客之地。

（《近代名人轶闻》）

防走私费周折

此外，防止走私问题，也是宋子文最感棘手的事。关于华南走私的猖獗，昨日本报已有专文记载，兹不重赘。其中症结有二，一为土匪保镖问题，决组民众自卫团，徐图肃清之道；再则为走私的幕后主持人，多为大员，使宋氏颇费周折。不久之前，广州西关有一家"柏荣行"被查出大批私货，其中有颜料、钢线、玻璃纸、西药、织料、锡纸等共一八五大件，价值四十多亿元。听说该行开设达两年之久，专做走私生意，盈利之多，竟成天文数字。而该行之敢大批走私，是因为它的老板第一个便是"策婶"（即陈策妻），第二个是陆匡文。这两个后台，自发生此事后，即多方活动，到最近已有相当成就。这件事大概不了了之。关于缉私问题，目前尚看不出宋氏有何妙计。

（《中国内幕》）

筹组民众自卫团

宋子文此次主粤，原对西南的经济建设，当然极有把握。不过，西南方面今天最紧要的课题，首在治安。广东省参议会报告，广东省内，几乎无一县无匪患，连广州附近的江面上，也有劫案和兵匪的激战，广东已经成了贼匪如毛的所在，哪一县没有大批匪徒出没？哪一个时候没有抢劫发生？甚至连住在本市的中山大学的教授也被匪徒捉去了。在南路的若干县份，政府所控制的也许只有县城和市镇，听说那里的奸匪活动已日渐扩大，加以李济琛和蔡廷锴又在那里招兵买马，弄得广东惴惴不安。宋氏到任之初，即强调治安的重要。听说最近宋氏筹备组织"民众自卫团"五个团，所要配备及用费，概由他私人财产中先行垫出。五个团的经费，而由私人垫付，这种阔绰手面，大概只有宋才有资格表演。此种武装，虽然叫做"民众自卫团"，可是，我们大家总还记得宋氏以前手创的"税警团"，装备待遇优于国军，那么，"民众自卫团"也有可能成为御林军的。自卫团既然属于省主席"私人财产"垫养的军队，行辕主任指挥起来，当然有些不便，这又是宋氏想得周到的地方。

（《中国内幕》）

海南岛暂不改省

宋子文主粤后，为欲统一华南军政，因此张发奎这一个行辕主任的位置，发生了动摇。不久之前，张发奎曾几度晋京，建议海南岛改省，而他本人则隐然有降尊屈就之意，在他原也有着不少苦衷。张氏虽自居行辕主任，却高高在上，了无实权，过去"铁军"嫡系均已四散，这位老将军不能不退一步为他的出路着想，而海南蕴藏的富源和政治的生命却相当远大。因此张氏情愿放弃空头的行辕，而偏居海外。但宋子文对海南岛，频送秋波已久，宋氏为海南岛人，当他主持广东政务时，当然不愿意把乡邦分划出去。其次，海南岛虽然孤悬天南，但是岛上资源丰富，并且日本人占据期间，环岛筑有铁路，用电力驾驶火车，走上已具有相当规模的电气化，这对广东的经济建设，也是一大帮助。改省之议，自非所愿，在一个海南留省同乡的茶会，宋氏玩了"征求民意"的把戏，在他的导演下，通过了要求中央并发动地方响应海南暂治改省。张发奎听了这消息后，有苦难言，据说一连气了几天。前些日子传说张发奎有调往武汉行辕之说，最近这传说忽又夭折，事实上还是由于张发奎的消极态度。他到武汉，免不了依然无所施展，所以在听到消息后，立刻声言要出国。中央处于这种两难的境地，迄今仍未得到适宜的解决。

（《中国内幕》）

登台班底难凑

宋子文自十月三日接篆广东省主席，瞬已逾月，但至今省府各厅处长负责人，犹系暂代性质。正式人选迄未发表，此中原因，殆因宋以阁揆资格降而主粤，则其必部属亦曾需为高官显爵者，始能相称；复以宋亟图挽回其过去的声誉，必欲罗致第一流人才为其辅弼，蹉跎复蹉跎，致有新角登台，班底难凑的笔话。邹琳虽从宋氏赴穗，现时仅以顾问地位襄理政务，陆文澜虽出入省计，但也状似客卿。此次宋氏赴昆，为时已久，据说患肠疾，骨子里还是人事问题。其症结甚多，主要的是地方政权的分赃还未协调，民青两党请求参加粤府，国民党方面又想控制若干部门，太子系的人马也要来，而宋氏的人选标准，还必须注意到广东籍人士及与地方有历史关系的人物，相当错综复杂。在省府各部门中，宋子文特别重视者厥为秘书长及建设厅长二职。闻宋氏所属意者，秘书长为蒋梦麟，建设厅长则为林继庸。蒋于上月初由英返国，途经广州，宋曾面恳屈就，蒋以不谙粤语婉辞，继经宋多次面恳，正作慎重考虑中。对于建设厅人选，林继庸亦作模棱的答复，传说马超俊和曾养甫，都有可能，这些都是"部长级"的人物，也有人说区芳浦的可能性很大，因为宋想拉拢陈济棠投资实业。至于财政呢？有人说是现在香港中国银行经理郑铁如，也有人说是曾任财部次长的顾翊群。关于民政厅，可能是李扬卷土重来。教育厅一席，据说宋氏准备留给一个留美的教育学者，因而很难猜他是怎样的一个人物。总之，今日广东竟是谁家天下，尚在未定之天。

（《中国内幕》）

理财大家

宋子文是国民党的"理财大家"，蒋介石连年内战，庞大的军费和特务费用（包括收买分化地方势力的巨大支出），主要依靠宋子文筹划。北洋军阀时代，能够借到两百万元借款的就能做财政总长，袁世凯把盐税及关税一部分（除支付庚子赔款本息之外的多余部分）抵押给五国银行团借到的善后大借款，不过二千五百万元。而民国十六年到抗战的十年间，国民党发行的内国公债和库券大小三十二种，最少的五百万，最多的一万万元、五千万元，合计达十万万元以上。借的外债则仅棉麦借款一项就是五千万美元，合华币一万五千万元左右。国民党统治时期的开支比北洋军阀统治要增多数十倍，而蒋宋孔陈四大家族更掠夺侵占入私囊的财富，比国民党政府的支出还要多几倍。上面所提到的盛宣怀，是清末最会搜刮的也是最富的官僚。满清灭亡的时候，他的财产仅值六千万两，以那时的物价与汇率计算，合今天的美金一万二千万元，比起蒋宋孔陈来，简直是小巫见大巫。那么，宋子文怎样搞到这许多钱的呢？当然主要是加税和借债两项（孔祥熙长财政的时期，除照宋子文时代的老办法之外，又多了一项通货膨胀）。问题是在半殖民地的中国，不仅借债不容易，加税也是阻力重重的，不要说北洋军阀时代的一些"财政家"常有"司农仰屋"之叹，就是"九一八"后孙科做行政院长，虽起用花旗银行买办黄汉梁为财政部长，也终因财政无法应付而下台，让位给汪精卫，仍由宋子文掌握财政。宋子文有什么本领呢？他的办法就是使有势力反对的人反能因此获利，于是阻力就变成助力。虽然多数人民因增加负担而不满，但他们没有力量，不能起阻挠作用，而能够反对的有势力者，则不仅不反对，还转而赞助他，当然就能够推行顺利了。

　　例如卷烟统税，就最容易说明这个道理。卷烟抽税，起源于江苏省教育会派（黄炎培、袁希涛、沈恩孚为领袖）为求得教育经费独立，而创办的新税。那时江问渔（恒源）做江苏省教育厅长，严家炽做财政厅长，陈陶遗做省长。因为教育经费老是积欠几个月，教职员时常吵闹，省教育会派是带有全国性的"学阀"，其势力不限于江苏省，也不仅在教育界，它建议开征新税，一则在"教育"的大帽子之下，商人不敢反对，二则实际上减少了省财政的支出，三则省去许多麻烦，再有许多人事关系，所以得到了省当局的批准而举办。那时是一种消费税，是向零售商店征收的，最初估计只能抵省教育经费的一部分，后来举办的结果，逐年增加，大大超过了全年的教育经费支出。北伐以后，国民党政府收回自办，成为主要的收入之一。裁趸卡后，改为产销税，出厂即缴税，以后行销全国，不再抽税，所以叫做"统税"，为国家财政的三大主要收入之一（另两种为关税和盐税，而关税和盐税的收入虽多，但都抵押给外国债权人，所余不多，而统税则为新税，没有抵押掉，所以财政部主要靠这个税收抵充政费军费。统税除卷烟外，还有棉纱、麦粉、水泥等）。中国境内的卷烟厂，最大的就是英美烟公司（为英国资本家在华投资中最大的企业），其产额超过全部华商烟厂的总和。但英美烟公司却拒绝缴纳统税，理由是它的纸烟经过趸卡时本来不纳趸金的，裁趸与否，和它没有关系，它不能也不应该增加额外负担。英美商人有领事裁判权为护身符，他不缴税，拿他没有办法。宋子文上台后，去和英美商人交涉，结果同意缴税了，而且把过去欠缴的也补缴了一部分。宋子文不仅在财政上"成功"了，在外交上也"成功"了（宋子文后来担任国民党中政会外交委员会主席，是国民党外交政策的指导者，是外交部长的上司），英美资产阶级及其买办都很"佩服梯维的才能"（宋子文的英文译名为 T. V. Soong，故洋人和洋化的中国人都叫他做"梯维宋"，而特别表示接近或亲密者则更只称名而略去姓）。宋子文究竟有什么本领呢？说起来很简单：他把原来的五级税改制为二级税制。统税是从量税不是从价税，是每五万支烟（一大箱）抽若干钱税的。纸烟的等级相差很多，价格上下，相差到二十倍以上，所以过去分为五级，税额多少不同，但同一级内最高与最低的已负担不公平。如三百元一箱的烟与四百元一箱的烟同样抽统税四十四元二角五分（假定一般的税率为百分之一二点五），前者的负担为百分之一四点七五，后者则仅为百分之一一点〇五，前者的负担比后者多百分之三点三强。宋子文又把它改分为两级，于是南洋兄弟公司所出的白金龙、华成公司的美丽牌，与英美烟公司的白锡包、大炮台，价格虽相差到二三倍，但每箱所缴的统税却一样；南洋公司的大联珠、华成公司的金鼠，与英美烟公司的红锡包（即大英牌）价格相差近一倍，金字塔的价格仅及红锡包的三分之一，所缴的统税数额却也一样。这样的税则，大大帮助了英美烟公司在商品市场竞争中压倒一切华商烟厂，更便利于英美烟公司扩大市场，以至独占某些地区的（如华北）市场，当然他就不反对而曾拥护了。拿南洋公司、华成公司与其他小厂比较，则小厂出低级纸烟的负担更重，而小厂则无力反对。增加税率的时候，也是如此，税率愈高，对英美烟公司也愈有利。商人本应反对加税的，在那样原则下，大资本家，特别是洋商，不仅不加阻挠，而且首先照办。"你看，外国商人都服从政府的法令，中国商人反漠视国家的困难，只图私人的利益，未免太缺乏国家观念，爱国心太薄弱了！"这个帽子多大，你还能不乖乖地照办，以"共济时艰"吗！棉纱统税也只分两级：二十三支以下为粗纱，是一种税额，以上为细纱，另一种税额。中国纱厂所出的细纱，一般以三十二支为限，日商和英商纱厂则有四十支到六十支的，价格相差近倍，而缴税则相等；日商英商的纱厂所出的粗纱，极少在二十支以下（市场上亦叫做"细纱"，税则上的细纱，市场上叫做"线"），而华商纱厂的粗纱，则有十支、八支的（织毯子用），其价格相差则不止一倍，但缴纳的税金也完全相等。这种税制，完全有利于外商企业，愈加税对外商愈有利，而对华商（尤其是小厂）则愈不利。这就是宋子文所以能够加税而不遇到大阻力的原因，也是英美资产阶级及其买办所以推崇宋子文的基本原因。

再说到借债，这也是一件难事，中国的商人愿意和官吏往来，给些小便宜与官吏，甚至给贿赂，以便取得更多的方便，而获致厚利，但却不愿借钱给官厅。因为政治局势常有变迁，人事一有调动，就没有人负责，如袁世凯筹备帝制时用去的中国、交通两银行的准备金和"九六公债"之类，都未清偿或整理。所以北洋政府时代能够借到一二百万的财政总长，已是了不起的大本领。为什么宋子文能发几万万元的内国公债呢？他用了两个办法：一是"维持债信"，一面定期还本，按期付息，一面又借新债；一个是"诱以厚利"。为了说明宋子文发行公债的策略，我在此插入一段黄楚九起家的故事，这个故事虽与财政无关，但道理却是相同的。

黄楚九是上海大世界游艺场的老板，他经营的事业除大世界之外，还有日夜银行、日夜交易所、共舞台、中法药房、中西大药房、九福制药厂（出"百龄机"的）等等，是一个白手起家的企业家，上海人都知道这位"滑头大老板"。虽然他病死之后（约在二十年前）没有几天，日夜银行被挤倒，而其他企业相继换了主人，但不能否认他是一个有本领的事业家，正如不能否认宋子文的"才能"一样。黄楚九没有钱，他的资本最初是怎样得来的，后来又是怎样累积起来的呢？他开始选择了一个债主（据说是一个富孀），向她借二十元，约定三日后归还，这个钱黄楚九并不用它，放在家里等到第三天，就拿去归还；第二次再去借五十元，约定五日，到第四天就去还掉了；这样建立了信用起来，借的数目从一百元，二百元，五百元，一千元……增加上去，一直借到二万元，黄楚九就用它盘下了中法大药房，制造艾罗补脑汁。债主因数目太大了，逼也没有办法，逼倒了他，本钱也不能全收回，更不要说利息，只好长期放给他生利。这是黄楚九起家的第一批资本。他从此陆续扩大他的事业范围，一面在各事业机关中用厚利吸收存款（除利息较银行大半倍一倍外，还按月赠送出品，如香水、肥皂、补药之类），发行礼券等办法吸收资金；一面又创办了一所日夜银行，除利息比别家大半倍一倍，晚上也开门营业，随时可以存付（那时法租界有公开赌场，这个夜间营业的银行，大大便利了赌客）。因为利息大，手续简便，很多女佣也向日夜银行存款。黄楚九就靠了这些办法吸收资金以扩展企业，而自己则过着享受颇为奢华的生活（黄死后虽破产，但其家属的生活仍相当富裕，托匪而兼敌特的黄特——抗战末期在泰县出版《大道月刊》后来又投入周佛海部下的——就是黄楚九的孙子）。

宋子文、孔祥熙的发公债办法，就是和黄楚九的取得资本同一作法。宋子文组织了一个叫做"内国公债准备委员会"，办理还本付息事宜，把上海的金融业领袖都网罗进去当委员，每月应还本息，先由财政部令国库（中央银行）如数拨足，还多拨一些，以建立"债信"。而他的中央银行的理监事，则大部分任用上海银钱业的领袖，中国、交通两银行的"官股董事"也是如此，如钱新之、徐新六、李馥荪、陈光甫、胡孟嘉、胡笔江、叶扶霄、秦润卿等，都拉在官家的金融机关中兼上一个差使，他们有了发言地位，对债权就多了一层保障，这是一方面。另一更重要的因素，则为利息特别厚。国民党发的公债，年息多的是八厘，少的是七厘，比市场的利率为低。从条例上看，公债发行的折扣从九五折到九八折，照九五折合算，年息八厘的也只合到年息八厘四，和银行的存息差不多，不仅无利，而且还要倒贴开销。这是表面上的计算，实际则利息大得很。国民党发行的公债，几乎都是先以四五折或五折抵押给银行和大钱庄，然后上市（证券交易所），再照市价结账，所以银钱业所缴的款子和财政部所实收的，最高是六折，低的则仅五折，平均约为五五折，因此利率就比表面的增大一倍。还不仅如此，因为还本是十足的，所以实际的利率更大。假定某种公债，年息八厘，十年还清，市价是六折（以最高价格计算），某银行购进一百万元，则其逐年的利润有如下表：

年度	本金	持有公债票面	收入债息	收入还本	实际核算		
					收回成本	实际利息	实际年利率
第一年	600.000	1.000.000	80.000	100.000	60.000	120.000	20%
第二年	540.000	900.000	72.000	100.000	60.000	112.000	20.7%强
第三年	480.000	800.000	64.000	100.000	60.000	104.000	21.67%
第四年	420.000	700.000	56.000	100.000	60.000	96.000	22.85%
第五年	360.000	600.000	48.000	100.000	60.000	88.000	24.44%
第六年	300.000	500.000	40.000	100.000	60.000	80.000	26.66%
第七年	240.000	400.000	32.000	100.000	60.000	72.000	30%
第八年	180.000	300.000	24.000	100.000	60.000	64.000	35.55%
第九年	120.000	200.000	16.000	100.000	60.000	56.000	46.66%
第十年	60.000	100.000	8.000	100.000	60.000	48.000	80%

照上表每年平均收回本金的计算，最初一年利率最小，还达二分，最后一年则高到八成。如果求得每年的利率相等，开始少还本（如第一年作为收回本金四万元计），则每年的平均利率在二分三厘以上，这是一种高利贷。而国民党所发行的公债（或库券），年限有少于十年，折扣有低于六折的不少，其实际利率就比这还要大。抗战之前，一般银行的存款利息，是年息八厘到一分（活期则仅四厘到六厘），放款则为一分二厘到一分六厘，很少超过一分八厘的，至于高到二分的，那只有银根特别紧的日子，一年只有几天（那是按日计算，合到这个年利率），银行的业务就是赚存款息与放款息的差额。现在试算一下，如某银行吸收存款五百万元，平均的存息为九厘，全年付出利息四十五万元，放款同数，平均利率为一分四厘，全年收入利息七十万元，收支相抵毛利二十五万元，如果该银行一年的开支为十五万元，则该行的纯盈余为十万元。如果该行把这五百万元买了公债，则一年的利息收入为一百十五万元，付出存息四十五万元，毛利为七十万元，开支还可节省几万元（因为放款需要调查研究，以及监督稽核等工作，需要人力较多，而买公债则仅几张纸，锁在保险箱里，就安全无事，只要一两个人注意证券市场动态即尽其能事），就是以开支相等计算，其纯利为五十五万元，较前者增加四十五万元，为百分之五百五十。公债的利息高到这样，自然金融家就不愿意投资于生产事业了。中国经济衰落，生产不发达，当然原因很多。国民党政府把社会上的游资（本来可用于扩大再生产的）用公债吸收了绝大部分，以供内战费用，以充实私囊，变成外国货币，使维持原来生产也感到资金不足，更谈不上扩大再生产，无疑是主要原因之一。这就是宋子文的"才能"与"功绩"！

银钱业从公债中得到的好处还不仅是上述的高利一种，更可用作向中央、中国、交通等所谓"国家银行"领用钞票的准备金。照规定：银行钱庄只要缴六成硬币或金银外汇，四成有价证券（以公份为主），即可领用十足的钞票。如某银行以五百万元存款，其中三百六十万元收购金银或外汇（所谓硬货），一百三十二万元照五折计购进公债二百四十万元，即可向中、中、交、农等银行领取钞票六百万元，还多八万元在手另作用途。如果它再把这六百万元如此运用，以四百三十八万元存储硬货，以一百六十万六千元买进公债二百九十二万元，即可领取钞票七百三十万元，连前还余九万四千元。如果再转手一次，以五百四十万元备硬货，以一百九十八万元买公债三百六十万元，就可以领用钞九百万元，这样翻了三次手，五百万元的资金就变成了九百万通货可以周转，而且它缴作准备的八百九十二万元票面的公债，利息仍归领钞银行所有，因为这批公债的主权并没有转移，以年息八厘计算，一年可收入八十万〇二千六百元（公债的还本，要抵偿领用的钞票，不能作为收益）。如果它再把九百万元投资于公债，一年可收入二百〇七万元，两共二百八十七万二千六百元，比作工商业放款的收入是四与一之比，如计算纯利，则要相差二十几倍（以上的算法，是按与四大家族相勾结而有密切联系的行庄而言,如果不是"朝里有人"、长袖善舞就不可能如此做,一则公债的抵作准备金不能照票面算,而要照市价,只能便宜到四成证券的利息,以五百万元计,即二百万元的利息十六万元,不能愈滚愈多;二则领用的钞票有记号,发钞银行收回若干,马上要向领钞行庄兑现,如以五百万元的资力而领了二千二百余万钞票,非有极大靠山不能冒此危险)。这样一来,金融业固然获得了大利,而国民党政府与宋孔财阀更一举而两利:既发行了大量公债,又发出了大量钞票。

发公债对银钱业有大利,所以银钱业不怕公债多,而只怕公债少,不怕当局要它承销公债,而只怕不叫它承销。这是一方面,是宋子文的公债政策能够收效的主要原因。但一到公债发得多,银钱业虽靠公债发了大财,但它的资金大部分变了公债的时候,银钱业领袖们与掌握财政大权者之间的关系就起了变化:过去是财政部长依靠银钱业领袖,不得到他们的帮助,他借不到款。现在则银钱业的命运操纵在财政部长手里,只要公债的本息一动摇,银钱业就有许多要破产,而不能不迁就财政部,依附于蒋宋孔陈四大家族。甚至国民党政府公开赖债,无条件延长还本期限(改为统一公债),银行业还要帮它维持市价,原因是自己手里太多,不能让它跌价。

(《蒋党真相》)

张乐怡艳名遍香港

宋子文的老婆张乐怡在当代名夫人中是属于一个最活跃的太太,不论宋子文到什么地方,张乐怡女士总是夫唱妇随丽影双双地出现每一个交际场所。当年华尔街上许多美国贵妇中,除去了蒋夫人宋美龄女士之外,提起了替维末的夫人张乐怡女士,谁不说声要得。张乐怡女士,早年也是属于中国的"美人"之一,她能说得一口纯粹的英语,宋子文任行政院长时代,在我国外交界,她也颇而为丈夫尽很大的力量,尤其周旋在许多人物当中。

当打开报纸,中国各地都在闹抢购风潮的时候,香港这个老大不列颠帝国租借地,却是笙歌一片,充满了香槟酒气之气氛于每一个角落。的确,战后的香港,撑起这个市面的唯一的大功臣,是许多在中国漏了网的汉奸豪富。他们刮得了人民身上的"血",大量的港币,美钞,无处消耗,香港便成了他们的金钞花用地。在许多欢乐场中,往往有很多一掷千金而无吝色的大客人,因此上海的许多交际花,红舞女,她们把香港认为一个淘金地,大批地开到香港来。

所以香港的市面,一半是有汉奸、富豪们的支撑,一半却是由许多如花美女来间接地抚育。目前香港且成了中国影星的集合地,许多美丽的女星,纷纷都到了香港,活跃在每一个交际场所。张善琨已逐渐恢复了当年"华影"时代的身价,不过他理想中的"钱树子"再也不是过去他一手所捧起的。"电影皇后"陈云裳，因为在"长江后浪推前浪"之下，陈已经不复当年面目了。

有一夜，张乐怡女士所穿的模特儿衣服，是最受人注意的一位夫人。她穿的也是时装，黑绒上衣短裙，衬着白色通朵的披肩，反袖，耳上挂着全颗奶色珠，耳上有一串晶圆珠，粒粒大小相同，极尽珠光宝气的与港督女公子并坐在前排，使得观众们见了莫不侧目相视。因为单说宋夫人这一身的装饰品若依照时价，至少在港币十万以上，如果以法币来估计，你想，不吓了人吗？

(《蒋党贵妇罗曼史》)

左右逢源

宋子文和孔祥熙两人是蒋介石统治集团的两个"财神"，蒋介石通过他们搜刮民脂民膏，卖国肥己，以维持独裁专制的统治与进行反人民的内战；而宋孔两人及手下的一批喽啰，更加倍加几倍地搜刮，以饱私囊，这样才成为"财神"。宋孔两家的所以能掌握蒋政权的财权，先后达二十年之久，大家都知道是裙带关系。宋子文是蒋介石的大舅子，孔祥熙是他的襟兄。

(《蒋党内幕》)

沾了二姐夫的光

宋子文原籍广东海南岛文昌县，他的父亲在上海做牧师，生长在上海，以此因缘，他的大姊霭龄，二姊庆龄，妹美龄和他自己，都到美国去读过书。宋子文是哈佛大学毕业的，回国后，曾在清季大卖国贼盛宣怀所办的汉冶萍公司做职员。后来又和盛宣怀的儿子升颐等合设一个公司，经营进出口贸易，蚀了本才跑到广东去投奔其姊丈孙中山。民国十三四年间做广东省政府商务厅长，廖仲恺被刺后，继任财政厅长兼财政部长。

(《蒋党内幕》)

差点成了盛门快婿

因为盛宣怀是江苏武进人（旧常州府），所以宋子文最初所引用的独多常州人。民国十七年时，南京的财政部号称"常州同乡会"，从次长到科长科员，常州人几乎占一半以上。据说宋子文在上海的时候，盛宣怀的第七个女儿爱他身体魁梧，外国话讲得流利，曾想嫁给他，后来因门户不当（盛富贵而宋贫贱），没有成功。

(《蒋党内幕》)

瞎掺和

招商局（中国最大的轮船公司）的大股东是李鸿章和盛宣怀，李、盛的子孙互相争权，时起纠纷。李国杰（李鸿章之孙，清末袭封侯爵，民国二十八年春因通敌被暗杀于上海）的下台与被囚，与宋支持盛氏反攻有关（当然最主要的是为了打击那时的交通部长陈铭枢）。

（《蒋党内幕》）

不被妹夫信任

至若宋子文，虽与主席是至戚，但此公性格太强，完全是爆竹脾气，他同主席时常闹意见。曾记得在重庆时，因为对孔祥熙不满，胆敢面对主席拍起桌子来。平常和主席谈话时，纯是一股洋派作风，坐在沙发上，两只脚竟也跷到主席的办公桌上，那种过分随便的态度，常受到主席的申斥。虽然宋对主席忠心耿耿，但宋之刚愎作风，主席总不愿把行政大权放开手交给他。当他在行政院长任内的职权，也是偏重于纯粹行政方面，政治上的重要性削弱到了最低的限度。

（《中国政治内幕》）

中国衙门里的英语集团

宋子文平常不大讲中国话，更不大会写中国字，阅读公文也很吃力，一切都习惯于英语、英文，凡是他的部下，用中文写的报告或签呈就不知要搁多少时日才批下，如用英文写，则很快就可批下，而且采纳的可能性要大得多。因此，宋子文的财政部虽是中国的行政机关，部内的公文很多是英文的或者是有英文副本的。而民国十八年以后宋子文所引用的人，就侧重于留美学生，特别得到宋子文青睐的则为哈佛大学出身的留美学生（和他同学或先后同学）。这也是宋子文所以被美国资本家重视的原因之一，他是"英语集团"中的人物。

（《蒋党内幕》）

吴　宓卷（1894 — 1978）

吴宓，字雨僧，又作雨生，陕西泾阳人。早年就读于清华大学，1917 年赴美国留学。1921 年回国，历任国立东南大学西洋学教授等教职。1925 年任国立清华大学外国文学系教授、燕京大学英文学系讲师。1936 年任国立北京大学英文系讲师。抗日战争爆发后，任西南联大、武汉大学教授、系主任。曾主编《学衡》杂志。中华人民共和国成立后，任西南师范学院教授。1978 年逝世，终年 84 岁。著有《白璧德与人文主义》《吴宓诗集》。

一见不能忘

世上只有一个吴雨生，叫你一见不能忘，常有人得介绍一百次，而在第一百次，你还是介绍才认识，这种人面貌太平凡了，没有怪样没有个性，就是平平无奇一个面庞。但是雨生的脸倒是一种天生禀赋，恢奇的像一副讽刺画。脑袋形似一颗炸弹，而一样的有爆发性，而面是瘦黄，胡须几有随时蔓延全局之势，但是每晨刮的整整齐齐，面容险峻，颧骨高起，两颊瘦削，一对眼睛亮晶晶的像两粒炙光的煤炭——这些都装在一个太长的脖子上及一副像枝铜棍那样结实的身材上。

（《二十今人志》）

庄严气象

头既昂起，背又挺直，雨生看来是有庄严气象。他对于自己的学问是有相当的抱负，而他的好友也视他为一位天真淳朴的人物。他为人慷慨豁达，乐为善事，每为人所误会，待人接物，每偏于忠厚，而对于外间之臧否也不能漠然。

（《二十今人志》）

心灵永是不安

因此雨生的心灵永是不安的，不是在怅惘咨嗟，便是在发愤著作。他虽极崇拜哥德，但他却未达到歌德所称羡 "不慌不辍"（OhneHart，ohneRast）的境地，这也如但丁吟着："Iofeigiubbettoamebellemiecase"（我把我的厢房当做我的一架刑枷）一样的未能达到这种境地。

（《二十今人志》）

令人望之生畏

世上有一种人，永远不知所谓年少气盛是怎么一回事。雨生就是其中一个。虽然已年满四十，他看起来总在三十与百岁之间。他待人以宽，待己却甚严。是信儒道，立儒行的一个人。容貌非常端肃，对事非常认真，守己非常严正，但是仍不能令人望之生畏。

（《二十今人志》）

主编《学衡》及《大公报·文学副刊》

雨生现在清华大学西洋文学系当教授。此外曾主编《学衡》及《大公报·文学副刊》，后者到最近才辞职。

（《二十今人志》）

先自背诵上口

雨生的教书，师道可谓无间然，只是在启迪后生的灵感有点缺憾。他照时上课，一秒不差；预备讲义，毫不敷衍。别人也许带了书本将要引用的一段文字念给学生听，雨生却无论那段文字怎样长，非先自背诵上口不可。他的阐扬发挥处是井井有条：甲，乙，丙，丁这样下去。有点干燥，是的，但总不会空疏。他不像另一种教员，说得天花乱坠，结果不知所云，他所云的都有个内容，或有错误但断不空疏。他总不依违两可，他的是非非常坚确。换言之，就是不怕有固定的意见。关于记问的事实，尤其是那一类在百科全书及各种类书可以检得的事实，他百无一误。只在见解上面，我们可以抓到他的毛病。在这种地方，雨生露出他的弱点，但是这个弱点，病不在论理不明或者立意不诚，病在他人文主义的立场——而且是白璧德式的人文主义的立场。雨生不幸，坠入这白璧德人文主义的圈套。现在他一切的意见都染上这主义的色彩，伦理与艺术怎样也搅不清。你听听他讲，常常莫名他是在演讲文学或是在演讲道德。

（《二十今人志》）

与胡适相反

雨生办《学衡》，一切立论与胡适正正相反。《学衡》明明是大张旗帜以与白话文学反抗，而保守旧有生活的。反抗是失败了，但是其勇气毅力是可嘉的，他编《文学副刊》之勇气毅力也是一样的可嘉，他要叫中国读者注意西洋文学之史实，而不仅撷拾那文学的皮毛，史实，年月，数目，这是多么干燥乏味。现代人所要的是趋时喜新，随波逐流，撷拾这文学潮流上之泡沫草秽——Doveson，Baudelaire，VaryVirginiaWoolf，Aldous Huxley 等等。在现在时代，像雨生那样孜孜叫人研究 HomerVirgil，Dante，Miltoal 雅典文学，就要遭人不齿。

（《二十今人志》）

孤芳自赏

悲哉雨生，你是那样孤芳自赏，不屈不移。更可悲者，是雨生对自身也没有了解。他立论上是人文主义者，雅典主义者，但是性癖上却是彻底一个浪漫主义者。

（《二十今人志》）

坦白无伪

雨生为人坦白无伪，所以此点人人都已看出，只有他自己看不见。人家知道他是崇拜拜伦的，并且曾摹仿 Childe Harlk 写过一篇中文长诗。这种矛盾，让别人看了不自在，他却处之泰然。

每回我想起雨生，就想起他的苦笑的容貌及他清华大学里净朴的书斋及那被他的窗幔摈出的外边一片风华秾丽的野景。也许是我自己在痴想，但我常疑心着，如果他肯拉开窗幔，凭眺那野景或是勿再矜持，放心怡情的赏那风华秾丽的一片野景，也许他生活上不至那样不安，而面容上也不至那样苦笑了。

（《二十今人志》）

许地山卷（1894 — 1941）

　　许地山，现代作家、学者。出生于台湾一个爱国志士的家庭，1941 年 8 月 4 日病逝于香港。1917 年考入燕京大学文学院，1920 年毕业留校任教。期间与瞿秋白、郑振铎等人联合主办《新社会》旬刊，积极宣传革命。五四前后从事文学活动，后转入英国牛津大学曼斯菲尔学院研究宗教学、印度哲学、梵文等。1935 年应聘为香港大学文学院主任教授，遂举家迁往香港。在港期间曾兼任香港中英文化协会主席。一生著作颇多，有《空山灵雨》《缀网劳蛛》等。

家　　世

　　许先生名赞堃，字地山，笔名落华生，以字行。其先世于明末，由广东揭阳航海至台湾。曾佐郑延平，参预反清复明之役。地山先生尊翁允伯先生为光绪间进士，寄藉福建。地山先生为其第四子，生于光绪十九年，即一八九三年，亦即甲午中日战争之前一年。甲午战败后，清室割让台湾，台人发动民族革命，举巡抚唐景崧为总统，允伯先生任团练局统领，与抗日英雄刘永福共同扼守台南。台南陷落后，乃渡海徙家龙溪，其时地山先生年三岁。允伯先生曾一度来南洋，后经外放，任广东徐闻、阳春、阳江、三水等县知事。辛亥革命后一度被举为龙溪县知事，居官以清廉闻于时。

（胡愈之：《许地山先生行状》）

生平事略

　　地山先生幼年随父在粤省受业。早年，即在其故乡任小学教师。二十一岁赴仰光，在闽侨共和学校任教师。民国五年返龙溪，与林月森女士结婚。民国六年，年二十五岁，始入北平燕京大学。民国十一年以后，留学英美，得哥伦比亚大学文学硕士及牛津大学文学士学位。十六年由伦敦返国途中，一度勾留印度，研究梵文及佛学，返国后在燕大讲授中国道教及社会学，又在清华大学授社会学、人类学，并曾兼任北大哲学系讲师，先后凡六年。民国二十三年，因燕大有一年假期，重游印度，访泰戈尔先生，半年后返国，中途曾一游槟城。民国二十四年春始任香港大学汉文学院院长，先后计六年半。今年八月四日午后，因心脏病猝发，竟一瞑不视，享年四十有九。先生原配林女士早逝，民国十八年先生在北平与湘潭周俟松女士结婚，遗女二子一。

（胡愈之：《许地山先生行状》）

没有一刻离过学问

许地山先生在学问、思想、道德三方面都值得我们佩服，都值得我们景仰，都值得我们学习。在学问方面，许先生是稀有的一个青年学者，假如天假以年，他的成就，将不在世界上许多大学问家之下。他是一个非常博学的，而且是以学问为其专业的，对于社会学、人类学、宗教学、民俗学、心理学、语言学、文学、考古学，甚至生物学，都有深刻研究。他的一生，除了儿童时代以外，没有一刻离开过学问。

（胡愈之：《许地山先生行状》）

五四时代的前驱

在思想方面，他是五四时代的前驱，而且始终是忠实于五四精神的。所谓五四精神，就是科学与民主；所谓科学，就是反玄学、反迷信。他虽然学梵文，研究印度哲学，但是用科学的态度去研究，而不是盲目崇拜。他对国学有深湛的研究，他担任了香港大学的汉文学院院长，但是他却教青年不要钻研故纸。近年他在香港提倡拉丁化新文字，主张废汉字，这就是他的科学精神所在。所谓民主，就是反独断、反贵族化的精神。许地山先生的治学态度，是反独断的。其个人生活是绝对平民化的。

（胡愈之：《许地山先生行状》）

与世无争

在道德方面，许先生做到了诚恳、朴素、和平、博爱，他与世无争，与人无尤。同时他绝不是一个消极的独善其身的。他在五四时代，就参加学生运动，到后来，始终尽力于民众教育与文化思想界的团结运动。他在香港团结了香港的文艺界，并且创办业余学校，直到死为止，对于团结救亡工作，始终不懈。因此许先生中年捐馆，诚为祖国一大损失。

（胡愈之：《许地山先生行状》）

一念便伤怀

　　八岁时，读《诗经·魏风》和《陟岵》，不晓得怎样，眼泪没得我的同意就流下来。九岁读《檀弓》到"今丘也，东西南北之人也"一段，伏案大哭。先生问我："今天的书并没给你多上，也没生字，为何委屈？"我说："我并不是委屈，我只伤心这'东西南北'四字。"第二天，接着念"晋献公将杀其世子申生"一段，到"天下岂有无父之国哉？"又哭。直到于今，这"东西南北"四个字还能使我一念便伤怀。

　　　　　　　　　　　　（许地山：《读 < 芝兰与茉莉 > 因而想及我的祖母》）

吴湖帆卷（1894 — 1968）

吴湖帆，初名翼燕，后更名万，又名倩、倩庵，字通骏，东庄，别署丑簃，书画署名湖帆。江苏苏州人。擅长中国画。历任上海中国画院画师，上海美术学校、上海美术专科学校、浙江美术学院国画教师，上海大学美术学院副教授、中国美术家协会上海分会副主席。20 世纪中国画坛一位重要的画家，他在中国绘画史上的意义其实已远超出他作为一名山水画家的意义。

家　世

吴湖帆原名翼燕，又名万，字通骏，三十后始更名湖帆，号丑簃，以藏隋《常丑奴墓志》宋拓本故以为号，又藏宋拓欧书《化度寺》《虞恭公》等四碑，自署曰"四欧堂"。生二子二女，各名之曰孟欧、述欧……云。祖父即清著名金石收藏家吴愙斋（大澂）。其本生祖名大根，甲午年愙斋以书生而与日本战，致丧师辱国，湖南巡抚被革职，回吴门，时湖帆适生，遂承继为愙斋之孙矣（其父讷士，未承继，仍为侄也）。其外祖乃川沙金石名家沈树镛（韵初）；其岳父潘仲午，清尚书潘祖荫（伯寅）之胞弟也。妻名树春，字静淑，四十后亦擅画花卉，神似清女画家陈书南楼老人。岁辛酉，静淑女史卅生日，仲午先生以家藏宋版宋器之所作《梅花喜神谱》二册赐之，湖帆遂又署其斋曰"梅景书屋"矣。

（陈巨来：《吴湖帆轶事》）

耳闻目染乃成大家

吴、潘、沈三氏均为当时之著名收藏家，故湖帆从小即耳闻目染无一而非书画金石，基础既深，加之以力学不怠，故其成就，自非余子可及矣。又性格高傲，目中无人，盖环境使然也。其少时陆廉夫（恢）尝为愙斋门客，湖帆可能得其启蒙，但渠深讳之。

（陈巨来：《吴湖帆轶事》）

润例奇昂

甲子始迁居沪上嵩山路八十八号，与当时名画家冯超然（迥）为比邻，冯长于吴十二岁，二人至相契，朝夕不离。是岁吴定润例，价奇昂，每尺卅元，扇同之。乙丑冬日，余在叔师（赵叔孺）案头获睹其润例，认为从未见过。叔师谓余曰："此人乃愙斋之孙，画山水超过其祖也。"余闻之印象颇深。

（陈巨来：《吴湖帆轶事》）

高谈阔论

及丙寅五月四日晨十时，余至赵师处，先见弄口停一黄色汽车，及至书房，忽睹一位年轻而已留胡须之怪客，身穿马褂，头戴珊瑚小顶之帽，高谈阔论，称叔师则甚恭敬，曰太世叔不已。叔师对之谦逊有愈于众。余私自询叔师长子益予，问里面这人做什么的。益兄谓我亦从未见过，大约是做文明戏的吧。谈至十二时，叔师留之午饭。饭后渠出示《常丑奴墓志》，求师审定。余在旁侍观，见渠自跋题名，始知此公即叔师所心折之吴湖帆也。首页钤一印，白文"丑簃"二字，既似吴让之之柔，复有黄牧甫之挺。叔师询之，此何人所作，吴云自己刻的。余对之大为佩服，但渠对余，侧目而视，不屑一顾。余亦不愿求师作介绍也。后师亦取一本旧拓《云摩碑》请其赏鉴，渠亦恭维敷衍。

（陈巨来：《吴湖帆轶事》）

赏识陈巨来

其时渠忽发现碑拓后页钤有一白文印"叔孺得意"一方（此印乃乙丑年师以《双虞壶斋印谱》中"叔得意印"回文印，命余将"印"字改成"孺"字而成者，余以孺字配得至妥，故宛然汉印矣），大加赞美，顾谓叔师曰："太世叔，你刻这印，太好了！"叔师笑谓："不是我刻的。"吴问啥人刻的，师乃指余曰："这是我学生，是他刻的。"斯时焉，吴以惊奇之面目询余姓名，大为恭维，与前二三小时之湖帆，判若二人了。他谓余曰："你印真好，神似汪尹子。你见过汪作否？我藏有《汪尹子印存》十二册之多，可以供你作参考的。"当时余只廿二岁，对汪尹子尚茫然不知也。承师见谕云："汪名南，为清初徽派大名家，与程穆倩、巴隽堂（慰祖）齐名者也。吴先生有此珍藏，大可求之一观也。"当时吴即起立谓余曰："我们去吧，到我家中看印谱去。"

（陈巨来：《吴湖帆轶事》）

但借无妨

临行与叔师约定，次日求师为之介绍去访罗振玉，求题四部宋拓欧碑。当时余至其家，吴云夫人方回苏州去了。故即请余登楼径至卧室，旋即检出汪谱见示。余爱不忍释，吴云："可带回去详看。"余云："希望借一星期如何。"他云："一年两年尽不妨也。"（后七年始还之）余生平治印，白文工稳一路全从此出，故余于吴氏，相交数十年，中间虽与之有数度嫌隙，渠总自认偏信谗言，吾亦回顾当时恩惠，感情如恒矣。

（陈巨来：《吴湖帆轶事》）

所用印皆陈巨来所刻

次日为端午节，吴复以车迎我往接叔师同访罗叔言。出罗宅后，三人同至当时"一枝香"菜社进餐，又复介余至比邻冯超然家聚谈，复一印嘱刻。余志为仿汪作归之，吴氏又以拙作求王栩缘（同愈）太史审定。王老告之曰："此生刻印，二十年后为三百年来第一人矣。"吴氏嗣即介余晋谒，王老尽出所有印章，仅留数枚，余悉磨去命余重刻之。湖帆原来所用之印，均为赵古泥、王小侯之作，亦一例废置，且笑谓余曰："我自己从此不刻了，让你一人了。昔恽南田见王石谷山水后，遂专事花卉。吾学恽也。"终湖帆一世，所用印一百余方，盖完全为余一人所作者（只余被遣淮南后，有"淮海草堂"与"吴带当风"二印为他人所作耳）。

（陈巨来：《吴湖帆轶事》）

其言谑也

吴氏最不喜缶老之印，尤讥其所作石鼓文，尝告叔师云："昌老之石鼓文拓本，大约是绢本拓的，为裱工拉歪了，故每字都斜了吧。"甚矣，其言之谑也。

（陈巨来：《吴湖帆轶事》）

现代画家仅服四人

吴氏于近代任何画家，少所许可，尝谓余曰："现代画家，吾仅服膺四人：陈仁先

（曾寿）、金甸丞（蓉镜）、夏剑丞（敬观）和宣古愚（哲）。"此四人盖均为文人画，吴之推崇，意在言外也。

（陈巨来：《吴湖帆轶事》）

书法亦服四人

书法则郑海藏隶书，叶遐庵、沈尹默行书，王榭缘小篆与大草，亦只四人而已。

（陈巨来：《吴湖帆轶事》）

三百年第一人

渠之对于如皋诗人冒鹤亭（广生）终身念念不忘。尝闻吴云，渠与吴门大名画家顾鹤逸（麟士）为堂房连襟，吴在廿余岁时，至顾家闲谈，冒与顾为老友，时正在座，吴未理睬。行后，冒询顾曰："方才这少年何人，狂生邪？"顾云："是乃恪斋之孙，年虽少，画甚佳。三十年后，当为三百年第一人矣。"冒回后即将顾语书于日记中，并加按语曰："书此以俟他年观鹤逸之言确否？"

（陈巨来：《吴湖帆轶事》）

天衣无缝

吴氏有一特长，凡偶有购获古画，无论破损至如何程度，必命裱工刘定之装池，于破损处亲为填补加笔完成。完成后真可谓一无破绽，天衣无缝也。但每喜于购得之书画上辄钤"恪斋藏"印，以售善价也。

（陈巨来：《吴湖帆轶事》）

不肯浪费

其性对不论何物，均不肯浪费，虽用剩零星纸张或破笔，亦必保存。叶遐庵每至其家，见案头有新笔、纸张，辄统开随意挥洒。及叶去后，吴氏总谓余曰："又耗去吾许多纸笔了。"

（陈巨来：《吴湖帆轶事》）

专学米字

吴氏早年写字，摹董玄宰至神似，后一变再变，曾一度专临宋徽宗之瘦金体，自诩铁线楷。一日，遐庵与余在吴家，遐翁笑谓余云："湖帆现在的字，是丝线楷，非铁线楷也。"吴闻此嘲后，即舍之矣。最后得米襄阳墨迹《多景楼诗卷》，遂专学米字矣。

（陈巨来：《吴湖帆轶事》）

远迈清四王

吴氏于画山水，为鉴家一致公认远迈清四王，佳者直似元之方方壶。张大千以石涛、石溪画派雄视画坛，独对湖帆低首钦佩。其画云山之景尤为特色，余每亲见其画云时，先以巨笔洒水于纸，稍干之后，乃以普通之笔，以淡墨略加渲染，只几笔环绕之，裱后视之，神似出岫而动也。

（陈巨来：《吴湖帆轶事》）

性乖而傲

湖帆性虽乖而傲，但从不与人谈画谈艺。尝谓余曰："我们二人，陌生朋友绝对看不出是画家是印人，这是对的。你见到叶遐翁、梅兰芳二人，听见他们谈过什么。如果叶侈谈铁路长短、如何造的，梅谈西皮二黄、如何唱法，那才奇谈了。一般高谈艺术，妄自称诩，如某某等等，都是尚在'未入流'阶段也。"余认为吴氏此言，至正确也。

（陈巨来：《吴湖帆轶事》）

学画心得

湖帆尝为余仿摹画中九友笔法作小尺页十帧（最后一帧仿吴梅邨者），精美莫与伦比。后又为其得意学生王季迁作八尺长、五寸高之手卷二事，一仿元人四家，一仿明人四家。两画均非分段为之者，一幅长卷，接连而绘，四种笔法，浑成一气。元人一卷，第三段为黄鹤山樵笔法，将及第四段时，笔渐变而为云林矣。前者崇山峻岭，后者平原远坡，一无牵强之处。余为之神移目眩久之。湖帆谓余曰，九友画册与此二卷，均属自己至得意之作也（此二卷王君携之留落美国矣）。湖帆于得意之际，谓余曰：

"云林笔法最简，寥寥数百笔，可成一帧，后之摹者非一二千笔仿之，还觉不够也；山樵笔法最繁复，一画之成，比方说，是一万笔，学之者不到四千笔，犹觉其多了。学古人画，至不易也。"余以谓吴氏此语，洵是学画心得，使我为之获得了真诀窍也。

（陈巨来：《吴湖帆轶事》）

同一尺寸

余每见吴所珍藏之画，如清代四王立轴、明人四大家等等，均四幅尺寸一例，私心异之。超翁谓余曰，古画逢到吴氏，不是斩头，便是斩尾，或者削左削右，甚至被其腰斩。盖吴购得同时齐名之画件时，偶有参差长短，吴必长者短之，阔者截之，务必使之同一尺寸方才满意。丁丑春日，吴购得明人山水一幅，疑似为蔡嘉之作，与明某某画，二幅阔同之，而蔡画长了五寸余，署款高高在上，势难去之。所巧的是，上下均山也，中间画水隔之。吴乃毅然嘱刘定之将画腰斩，斩去水纹，上下压缩与某某画齐一尺寸了。当时余力劝勿斩，吴云："裱好后我会接笔，到时你再来看看。"后二画同挂，去水之画，竟一无痕迹与破绽也。吴尝笑谓余曰："吾是画医院外科内科兼全的医生也。"

（陈巨来：《吴湖帆轶事》）

引为得意

湖帆每藏一名画、法书，无不取出俾余细读（大千亦如此，叔师、稚柳则秘不出示），吴氏于他人则不然了。渠凡有人求画，最忌点品，求设色者，辄以墨笔应之，求墨笔则设色矣。一日有某君当面求画，言语之间，冒充内行，湖帆竟以笔授之曰："先生，你既是内行，还是请你自己画吧！"又有某富商以高价购得其单款山水一幅，求补一双款。吴又谓之曰："此代笔也，吾不能补的。"其对人，往往如此使人难堪，而渠引以为得意，故其外间人缘至劣也。

（陈巨来：《吴湖帆轶事》）

最惮游山玩水

吴氏性格，最惮于游山玩水，中年后受超然之影响，亦以一榻横陈，自乐不疲。大千尝嘱余劝之云，宜多游名山大川，以扩眼界，以助丘壑。吴笑笑云："你告大千，吾多视唐宋以来之名画，丘壑正多，取之不尽，用之不竭也，何必徒劳两脚耶。"

（陈巨来：《吴湖帆轶事》）

"低级趣味"

先是，在丙寅五月，余以吴之介，得相识王胜之（栩缘）、冯超然、穆藕初（湘，时为工商部次长，每星期六、日来沪必至冯宅者）等等，他们总是每夕相携至馆子晚餐。余每去冯家，他们以余为王翁所赏识之少年，故必邀之同去。去则总见他们每人"叫局"招妓侍酒，一人往往招三妓，以致群雌粥粥，嘘浪之声不绝。余以随袁寒云先生久，于此见得太多矣，不以为怪。但总觉他们似属下乘，与袁之大方家数相较，似现代语所谓"低级趣味"了。当时吴氏所招之妓，名宝珠老九，态度殊娟雅而秀丽。一日，吴夫人又回苏了，吴告余曰："宝珠，施姓，名畹秋，三年前为吾东邻某氏之妾也。每于弄中见之，觉得美而艳，故常目逆而送之。在上月忽在一枝春酒楼见之，方知已下堂重堕风尘矣，故吾每次必招之也。"言时出示所集宋人词句成《临江仙》一阕用题其照相之上："你读读，好不好？"（此为吴生平作词之第一首也。经大曲家吴瞿安赞赏之后，乃大集其词，并学填词也）余受而读之，亦觉大佳，句多切合当时情况者。其后如何如何，余悉不知矣。

（陈巨来：《吴湖帆轶事》）

歪喇叭想法

隔三年后，岁己巳，只闻吴回苏州已三月尚未返沪寓。一日，余忽得超然来函云：湖帆有急事必需你解决，速来一谈云云。余至冯处询以何事，冯乃以吴函见示，仅数行，大意云："江子诚帮了施畹秋对吾缠之不休，江与吾相识，巨来介绍也，故此事必须托他向江去解释一切，求他（江）莫过问此事。"余为之莫名其妙。超然乃告余云：湖帆瞒着夫人，娶施为妾已三年矣，去年被夫人所知后，大事诟谇，而吴又以做金子买卖蚀了数万元，故于去年某日清晨知施尚未起身时，以钞票二千元交与侍女云："你告诉九小姐，吾要回苏州去居住了，不便同去，这二千元，作为补贴她的，请她自由再嫁人。"吴从此不问了。吴之金屋在吴江路，每月是家用二百元，施当时得此二千元后，竟老老实实，未尝乱动，过了十个月之后，乃写信与吴曰：家用已完了，望继续接济云云。吴置之不理。后施又函哀告云："吾既已从君，永无它念，此身生作吴家人，死作吴家鬼了。"吴仍不理。施乃向同居楼上之江子诚哭诉吴负心之事。江怜其情意至正，遂自告奋勇，愿为代达。乃请吴至阆宾楼菜馆吃饭，以施之实况确无坏念告之。吴又置若罔闻，使江老大怒。随命其子江一平律师，以律师身份代施出面，请求覆水重收，词至婉转。湖帆又不受抬举，仍不理。江认为失面子，乃二次正式告吴云：如再无圆满答复，则当控之法庭相见了，告以遗弃之罪也。一平为虞洽卿之婿，杜月笙之顾问也，为当时沪上著名大律师，从无败诉者。是时吴氏竟一溜逃往苏州家中了，事急矣，乃竟迁怒及余，一谓如余不介绍与江相识，此事当没有了，故自己出了洋相，要余为之解决善后。故当时超翁笑谓余曰："这是又一个歪喇叭的想法也，看你如何办。"

吴夫人潘静淑又特请余至其家在会客室中相见。初次见面，吴夫人开门见山，即谓余曰："陈先生，伲湖帆不争气，瞒了吾在外面租小房子弄出这个笑话来。湖帆是去年做交易所投机买卖金子，蚀了四万多了，现在要负担小房子生活，亦势所不能了。吾现在只有拿自己私蓄一共只有四千元，请你拿去交与江律师转交那个女人，作为吾的津贴吧。此事总求代办，满足我们双方的和平解决愿望啊。"说毕，即以预备好的四千元交给了余，又补充一句曰："吾私蓄只此四千元了，再多是无办法了。"余当时因感吴氏恩惠，故未加考虑，即携了四千元往访江氏父子。余与一平本为至好朋友，以为总可以商量，故即以四千元出示并婉达吴夫人之意旨。讵江老谓余曰："此事吾本可不必顾问，因为九小姐住在吾楼下，自湖帆不来之后，她可以说大门都不出，从无一个男人晋门。幽娴贞静，求诸大家亦不易也，况青楼出身者耶。所以我们劝吴覆水重收，是纯出善意也。你也应当可怜可怜她，劝劝吴氏夫妇二位吧。这四千元，九小姐是不会收的，仍还了吴夫人吧。"说毕，即婉拒我出门了。其时余竟觉得被江、吴二家夹得走投无路，不得已乃至舅父汪公家求教。汪为上海当时洋商大洋行之总买办之一，取（娶）姜五六人之多，有妓女、有使女、有大家闺秀等等，可谓见多识广之人也。余当时以此情况告之，汪公谓余曰："可函询吴氏，如有任何证件落入伊手中，则唯有娶归家中了。倘无证据，你可代之广为宣扬，吴与施从无夫妾关系。吴氏已请好英国律师专等江律师控诉时，反诉其江、施勾结图敲诈勒索也。"余即函询吴氏，复信谓无片纸只字留存伊处者，连一顶珊瑚小顶帽子也未存也。余乃照汪公之言，如法而行。江竟无可奈何。不二月，宝珠老九之牌子又在三马路青楼出现了，盖已不得已重堕风尘了。湖帆方安然返沪。四千元余亦原封未动归还于吴夫人了。其时上海三日刊《晶报》上刊有一则"丑道人慧剑斩情缘"新闻，为钱芥尘所写，原原本本揭了出来，以致江一平恨余入骨，后见了如不相识也。但吴夫人自此以后，对余视同至亲。有时她偶在湖帆烟榻旁对面卧谈，见余至，亦坦然自若。苏州土产，不时见贻。以后更以一大尺页仿清南楼老人没骨法水仙，由湖帆补石，夫妇合作配好镜框见贻。她平生只有二尺页赠人，一与内侄潘博山，一即余也，殆以余为她立了一大功耶。一笑。自此以后，湖帆屡为余画，设色墨笔，惟命是听，而且可立索。

（陈巨来：《吴湖帆轶事》）

作画绝笔

一夕，余以一扇求之，吴问要画什么，余戏谓之曰："要大红大绿，不能作花卉树石。"吴即以朱砂加西洋红画一寿带鸟，栖于双勾绿竹之上。吴从不作翎毛，此奇品也。见者每疑非其笔，以为陆某代笔云云。余前后计得画扇四十五柄之多。最后一柄，为余园地中原有紫藤二株，在五八年为虫所蚀，枯萎而死，至六二年余自淮南归来，六三年一株竟又抽条重茁，惟无花耳，故陈病树诗人为余署所居曰"更生藤斋"，余嘱稚柳、湖帆各绘一扇以纪念之。湖帆于六五年始交卷，写甲辰祝余六十生日云，笔墨现颓唐之态矣。不久即中风，人事不知，延至六七年逝世。余之此扇，盖最后作画绝笔矣。

（陈巨来：《吴湖帆轶事》）

"同时服膺"

吴湖帆于解放后，征集当时画家各作一小幅，装成一册。马叙伦题四字："同时服膺"。

（郑逸梅：《南社丛谈》）

范烟桥卷（1894 — 1967）

范烟桥，乳名爱莲，学名镛，字味韶，号烟桥，别署含凉生、鸥夷室主、万年桥、愁城侠客，吴江同里人。出生于同里漆字圩范家埭的书香门第，后移居苏州温家岸。范氏为范仲淹从侄范纯懿之后，明末范思椿从苏州吴趋坊迁至吴江同里，至范烟桥已是第十世，辈号"钦"。父亲范葵忱为江南乡试举人。

南人北相

范烟桥，名镛，江苏吴江同里人。读书吴中草桥中学，为胡石予弟子，后入南京东南大学。体健硕，人以南人北相称之。

（郑逸梅：《南社丛谈》）

首创吴江报纸

当其十三四岁时，居故乡同里，即耽好文史，从金鹤望游。喜发表文章，便和同乡张圣瑜发起油印新闻纸，初名《元旦》，继改《惜阴》，又扩充为《同言》。经二三载，地方人士竟视为舆论所托，且改用铅字排印，为吴江报纸之首创。

（郑逸梅：《南社丛谈》）

以文会友

此后以文会友，结同南社，把乡先贤袁东篱的故居复斋作为社址，发行《同南社社刊》十集，社友达三百余人。又从事地方教育，任劝学员，被举为县教育会会长。

（郑逸梅：《南社丛谈》）

移家吴中

他二十九岁，随父葵忱孝廉移家吴中，购屋于温家岸。是屋具有园林之胜，老树参天，浓荫长蔽，有池塘，一泓清水，奇旱弗涸。因父字葵忱，取葵心向日之意，名其居为向庐；又以墙西为顾阿瑛雅园遗址，又榜其东偏小室为邻雅小筑。旧栽山茶，尚着花繁荣，他有"一角雅园风物旧，海红花发艳于庭"之句。

（郑逸梅：《南社丛谈》）

昆仲甚多

他昆仲甚多，如佩萸、菊高、剑威，均治文艺，系千却擅画，绘有向庐十胜画册。

（郑逸梅：《南社丛谈》）

厌与僧谈

范烟桥不喜交方外友，凡游名山，入古寺，厌与僧谈。

（郑逸梅：《南社丛谈》）

潜心著述

他潜心著述，有《中国小说史》《鸥夷室杂缀》《吴江县乡土志》等，日记数十年不辍。又和赵眠云等结星社，办《星报》，编《珊瑚杂志》。

（郑逸梅：《南社丛谈》）

遍读一过

又主讲东吴大学。东吴图书馆所藏古今笔记特多，他发宏愿，于一年中遍读一过。

（郑逸梅：《南社丛谈》）

颇具巧思

抗战军兴，他避居沪上，仍以教书写作为生。一度为某报撰笔记，专谈吴中食品，名其篇为《苏味道》，借用唐凤阁舍人的姓名，颇具巧思。

（郑逸梅：《南社丛谈》）

纯出虚构

他又写了一篇《离鸾记》，以小说家言，叙述一个被遗弃的妇女，楚楚可怜，没人加以援助，由于描写逼真，似乎此中有人，呼之欲出，发表在《申报》上。忽有一读者，自金陵来书，托报社转达作者范烟桥，问书中弃妇的姓氏里居，愿为之耦。烟桥告以纯出虚构，才罢。

（郑逸梅：《南社丛谈》）

和曹纫秋女士唱和

他和同社曹蘧庐（纫秋）女士唱和，月必数次。曹习《灵飞经》，妙得神髓，他把所贻书札诗词，裱装成四巨帙。后来他刊印短篇笔记《茶烟歇》，便请蘧庐书写封面。他又和同社徐稚稚很相契合，往来信函，俱填成《离亭燕》小令，一月间成二十余阕。

（郑逸梅：《南社丛谈》）

不为言情之作

他撰小说，从不为旖旎言情之作，有强之者，他婉谢说："言情之乐者近乎荡，言情之哀者近乎伤，都足影响青年的进步思想和革命意志。"

（郑逸梅：《南社丛谈》）

书画酒茶

他嗜洞庭碧螺春茶，酒兴又甚豪。书法得其舅父钱云晕的指导，工于行草。能绘折枝墨梅。

（郑逸梅：《南社丛谈》）

去 世

解放后，为江苏省政协代表，先后长苏州文化局及博物馆。四凶横行，遭受迫害，一九六七年丁未二月二十一日卒，七十四岁。生于一八九四年，岁值甲午，因与郑午昌、汪亚尘、吴湖帆、梅兰芳、周信芳等结甲午同庚会。四凶被斥，吴中文化界曾为昭雪平反，举行追悼。

（郑逸梅：《南社丛谈》）

热络异常

范烟桥，亦吴门人也。作小品文，常投稿各报刊中，与余亦老友也。他在解放前后每自苏州来申，必至湖帆家作长谈，每见余，总热络异常。及解放后，荣任了苏州市文化局长。又为其长子娶妇，余内弟况小宋之女儿也。至是，余与之为姻亲矣。

（陈巨来：《几个旧友》）

忽然不理

岁癸巳（一九五三），苏沪文艺界人在上海大厦设宴公祝平襟亚、陆澹安二人七十生日，余与范氏均在，维分坐二席。余因与之既老友，又姻亲，故特趋前问好。哪里知道，此人突然呆若泥塑之老爷（像一个小庙中土地老爷耳），对余置之不理。余大窘而退。据人云，他自从荣任局长后，对普通朋友，一概疏远了。又闻余舅嫂小宋之妻云，自范为局长后，亦绝迹不至况宅矣。六八年，又据小宋夫人云，范亲家老爷亦死得不明不白矣（时局长一职，亦已换人之后云）。此又一势利人之下场也，可叹可叹。

（陈巨来：《几个旧友》）

吉鸿昌卷（1895 — 1934）

吉鸿昌，河南扶沟人。受父亲影响，吉鸿昌幼年即具有爱国思想。1913 年秋天，不满 18 岁的吉鸿昌弃学从戎，投入冯玉祥部当兵。因骁勇善战，屡立战功，从士兵递升至军长。1930 年 9 月，吉鸿昌所部被蒋介石改编后，任第 22 路军总指挥兼第 30 师师长，奉命"围剿"鄂豫皖革命根据地。吉鸿昌大义凛然地说："我能够加入革命的队伍，能够成为共产党的一员，能够为我们党的主义，为人类的解放而奋斗，这正是我毕生的最大光荣。"1934 年 11 月 24 日，经蒋介石下令，被杀害于北平陆军监狱。著有《环球视察记》等。

铁　头

吉鸿昌，字世五，豫兰封人，任侠仗义，富膂力，只手能举二百斤，尝从名师康某学艺，会乡里有不平事，辄挺身而出，故里人以"铁头"称之。某年，其从兄鸿庆与邻人某甲相争，受创，莫敢与较，吉卷袖攘臂，卒至动武，某甲不敌，被吉一足踢中要害而死。吉知肇祸，夺户狂奔，遽别家人，北至保定，入军官学校。迨显贵后，某甲已死多年，遗妻女数人，景况萧条，吉念及前事，犹时予抚恤焉。吉为冯玉祥部下师长，骁勇善战，有"吉大胆"之号。而颇具有文人风度，北伐成功后，曾一度解甲出洋游历，归国后著有考察书籍多种。间亦能诗，民国十六年嘉平月，奉鲁军坚守曹城，此时吉因攻城受伤，曾摄一影以作纪念，并自题诗一首，读亦慷慨淋漓，似颇具学识者。诗云："寄身锋刃端，生命安可怀。父母且不顾，何言妻与子。名登革命籍，不得顾中私。奋身赴国难，视死一如归。"

（《近代名人轶闻》）

误入女盥室

民国二十年，吉得中央给款十万，偕夫人胡红霞环游世界考察。吉氏素不习英语，在其壮游途中，因语言之隔阂，不少有趣佚事。美国火车，男女盥洗处有别，氏某次乘车，清晨误入女盥洗处，适有一妙龄女郎裸上身沐浴。氏因初习英语，不能说Excuse me（谢罪），反高呼曰：All right（对了），致使该女啼笑皆非。

（《近代名人轶闻》）

野鸡汽车觅旅

在日内瓦时，恒单身信步出游，有时竟迷归途，但又不能说出所住旅馆之名，于是穷急智生，忽忆及所住之旅馆邻近车站，遂佣一野鸡汽车，取铅笔画一火车示之。汽车夫亦颖悟者，遂将吉送至车站，得归逆旅焉。

（《近代名人轶闻》）

食鸡画鸡

吉每当西餐时，欲食鸡，辄画一鸡以示酒保，欲食鱼亦如是，往往不假翻译而得偿所愿。吉躯干魁梧，如冯玉祥将军，态度口吻亦颇肖，故当游欧美时，常有多人追随其后，窃私议之为冯将军也。

（《近代名人轶闻》）

男儿有泪不轻弹

就在那天，吉鸿昌来见我，一见面就跪在地下哭起来，我拉着吉的手叫他站起来不要哭，有话可以说。吉鸿昌说："我实在没有脸面见先生，你交给我几十万军队，都被蒋介石收买了，你交给我的军队全弄光了。我还有什么脸面见你呀！"我对吉鸿昌说："这话快不要说了，自一九一三年你来跟我当兵，那时候只共有一千五百人，后来发展到一百万兵，这不都是你们弄来的么？你们弄光了，不是应该的么？有什么难过。"吉鸿昌说："我这次来见先生，就要以死报效国家，以死报效先生，我愿意死在日本人手里。"我对吉鸿昌说："这已经够了，不必再说了！"我马上任命吉鸿昌为前敌总指挥，那是一九三二年五月二十六日，我就是当天有通电，就了察哈尔民众抗日同盟军总司令职的。

（冯玉祥：《我所认识的蒋介石》）

英勇就义

吉鸿昌、任应岐在津法租界国民饭店被人狙击受伤后，当由法工部局将吉、任及嫌疑犯许际云等，引渡于五十一军军部讯办。嗣因案情重大，经军部电呈中央请示结果，于本月二十三日，将一干人犯，由津解平，交军委分会审理。中央方面旋即有电令到平指示，以吉、任等累次逞兵作乱，危害民国，通缉有案。近更在津勾结共党，应即按照紧急治罪法，将吉、任二人，执行枪决。记者更于昨日分赴各方，探访吉、任执刑详情及善后办法，兹分志如次：

行刑经过

吉、任由津解平后，当晚军分会十一组，曾提讯一次。二十四日晨中央命令到平，当于晨十一时许，将吉、任等二人用汽车载至陆军监狱刑场，执行枪决。军分会派上校科长赵嘉任为监刑官，押解前往。吉、任固未知死之将临也，态度从容，谈笑自若，两人亦均未带刑具。到达东直门里炮局子监狱后，始由典狱长杨益众等，宣布罪状，即将执刑，吉、任两人始少变颜色，但仍矜矜自持，与人谈讲其过去历史，言语之间，多愧悟慷慨之词，然为时已晚。是时监狱官对吉、任二人，尤甚优待，未施捆绑，仍着常服，自由行动。由监狱进行执刑手续。

遗嘱家人

手续办理清楚后，即由监刑官喝令执刑，而吉、任两人，则又要求准许书写遗嘱。遂由狱官派员往取笔墨，各书家信一封。吉之函件系致其夫人胡鸿霞女士者，嘱勿分居而教育儿女；任之函件则嘱其夫人，谓津市生活程度较高，家资不甚充裕，应即偕眷返回原籍等语，言词均甚简单。书写后，遂由监刑官监视押至监狱东院内，令坐地下，遂各施一枪，倒地身死。监刑官以任务终了，遂摄影呈报缴差。

遗尸领出

吉、任两人枪决后，即由监狱方面备棺二只收殓，并未加钉，即请示是否准予家属领尸。经核议结果，遂由监狱通知其家属，于昨晨九时具结领出，但昨晨并未前往，下午始认领。吉之夫人胡鸿霞女士，业已来平料理后事；任之家属则尚未来平。闻吉夫人拟日内扶枢归河南扶沟原籍，在平拟不作长时间勾留。又吉之友人在平，拟即聚商为吉之家属筹谋善后云。

（《大公报》一九三四年十一月二十八日）

邹韬奋卷（1895 — 1944）

邹韬奋，中国卓越的新闻记者、政论家、出版家，原名邹恩润，江西省余江县人，出生在福建永安。先后就读于福州工业学校、上海南洋公学附属小学、南洋公学中院，1919 年由南洋公学上院机电工程科转入上海圣约翰大学文科，1922 年在黄炎培等创办的中华职业教育社任编辑部主任，开始从事教育和编辑工作。1926 年接任《生活》周刊主编。2009 年 9 月 14 日，被评为一百位为新中国成立作出突出贡献的英雄模范之一。

以笔名闻于世

先生是以笔名闻于世的，原名恩润，有一个时候名逊庵，韬奋是在十五年主编《生活》周刊以后所用的笔名。学生时代最早向《申报·自由谈》投稿，笔名叫谷僧。原籍江西南昌，但先生自己在有关文件上多填江苏上海，因自小即生活在上海。

（沈钧儒：《邹韬奋》）

家　庭

先生是养育在大家族里面的，父亲字庸倩，同辈总排行第十四。先生出生之年，大概是辛亥前十七年九月某日。母亲浙江海宁查氏，生三男三女，先生居长。不幸母亲早逝，其时先生只十三岁。父亲做官很清正，家里一贫如洗。在福州候补时，要领施米贴补一家的生活，其后退休，更是一无储蓄。所以先生少年就学时代即全靠自己设法，半工半读，还要照顾两个弟弟，是非常艰苦的。他在所著《经历》里，有很详细的叙述。父亲至今健在，年逾七十，寓居北平。家里还有许多人。先生在上海时，迄至抗战起来，最近在重庆这几年，一直按月不断汇款接济家用。

第一个夫人叶女士，婚后不到两年，以伤寒症去世。现在的夫人沈粹缜女士，是在接办《生活》周刊这个时期结婚的，随时随事协助先生，平时家庭融和快乐，故先生得一心专注于著作。先生一生对经济、社会、政治艰苦奋斗，几乎恒久是在忧患中过生活。他所引以为自乐的是什么呢？他说："在那样静寂的夜里，就好像全世界上只有着我们……我们的精神是和无数万的读者联系着，又好像我们是夹在无数万的友丛中工作着。"这真写出了他在埋头写作中，精神和意境之广阔、伟大、飞扬、深静。现在读起来，似尚有万丈光辉，射入一切写作者的脑里，得到心心相印的安慰。这样就鼓舞了他一生的努力工作。除此之外，恐怕还要算是他的家庭确给予了他以充分的安适和欢乐。此次病中及疾革时候，沈女士都在身旁。生子二：嘉骅、嘉骝。女一，嘉骊。

（沈钧儒：《邹韬奋》）

读书时期

先生的学历，第一个阶段是经过南洋公学的附属小学、中学、大学电机科二年级。当在中学一年级第二学期，家中经费供给已告断绝，幸得"优行生"资格，得以免除学费，但是其他的一切费用仍是不够。父亲原来希望他做工程师，经过先生自己种种考虑，改变了计划。可说是在这时起，便下决心想做新闻记者。于是，改进圣约翰大学的文科。因为经济关系，在其先并同时兼做家庭教师。一九二一年（民国十年）毕业，获得文学士学位。后来出国，又曾进英国伦敦大学政治经济学院和大学院研究。

（沈钧儒：《邹韬奋》）

参加工作

圣约翰毕业后，依先生志愿，就要进新闻界，但是事实哪里有这样便当呢？因生活关系，便迁就地担任了上海纱布交易所里的英文秘书。不久，又兼就《申报》馆助理，答复英文信件，青年会中学英文教课等事。其后，中华职业教育社请先生担任编辑部主任，编译职业教育丛书和月刊，同时兼任职业学校的英文教务主任，并兼教授，约七八年之久。

（沈钧儒：《邹韬奋》）

进入《生活》周刊

民国十五年冬间，参加《生活》周刊工作。十六年辞去职教社教书职务，以整日的时间担任《时事新报》馆秘书主任，晚上还是替职教社编译。这样工作约有一年光景，因《生活》周刊进展得迅速，使先生不能不摆脱一切，开始了和他一生前途有关系的新生活。

（沈钧儒：《邹韬奋》）

壁垒为之一新

《生活》周刊在先生接办之初，每期出版只二千八百份左右，因先生负责改编，而壁垒为之一新。据先生自己说："我接办之后，变换内容，注重短小精悍的评论和有趣味、有价值的材料，对于编制方式的新颖和相片插图的动目也很注意。""每期的小言论虽仅仅数百字，却是我每周最费心血的一篇，每次必尽我心力就一般读者所认为最该说几句话的事情发表我的意见。其次是信箱里解答的文字。""我对于搜集材料，选择文稿，撰述评论，解答问题，都感到极深刻浓厚的兴趣。我的全副精神已和我的工作融为一体了。"又说："也许是由于我的个性的倾向和一般读者的要求，《生活》周刊渐渐转变为这主持正义的舆论机关，对于黑暗势力不免要迎头痛击。""《生活》周刊既一天天和社会的现实发生着密切的联系，社会的改创到了现阶段，又决不能从个人主义做出发点，如和整个社会的改造脱离关系，而斤斤较量个人的问题，这条路是走不通的。于是，《生活》周刊应着时代的要求，渐渐注意于社会的问题和政治的问题，渐渐由个人出发点而转到集体的出发点了。"看了上面先生自己所说的几段话，可以了然于当时整个《生活》周刊的作风和它的内容的大概。

（沈钧儒：《邹韬奋》）

一天天发达

《生活》周刊一天天发达，销路扩至十五万份以上，既为海内外数十百万读者所拥护，中华职教社"深知道这个周刊在社会上确有它的效用，允许它独立"。由是，《生活》周刊脱离职教社，另组合作社，产生了生活书店。后来，它的业务发展到全国分支店达四十二所，前后出版书籍一千零五十余种，不能不说是完全由于先生心血和精诚所倾注培养而成功的。至关于它的组织，完全是合作性质，"苦干十余年，大家还是靠薪水养家糊口"。这种办法，亦是出于先生意思所规划而决定的。

（沈钧儒：《邹韬奋》）

由言论而渐入行动

《生活》周刊既"时时立在时代的前线"，不幸而时代的严重日益加甚。"九一八事变"爆发，国难临头，全国震动，先生亦不能不由言论而渐入于行动。当马占山喋血抗战，消息传到上海，《生活》周刊社代收读者捐助前方之款，数量达十二万元，开创了在抗战中以刊物而代收民众捐款之门。

（沈钧儒：《邹韬奋》）

出国而作欧洲之游

乃忌者纷起，谣诼繁兴，又因参加"民权保障同盟"的缘故，遂迫使先生不得不出国而作欧洲之游。环历地球一周，于翌年九月返国。

（沈钧儒：《邹韬奋》）

大声疾呼

返国后，主办《大众生活》，对于团结抗战和民主自由，提出最明显的主张，向政府与国人作诚恳迫切的呼吁，大声疾呼，不遗余力，"反映了全国救亡的高潮"。随后，曾在香港创办《生活日报》。二十五年，又回上海主编《生活星期刊》，参加文化界救国运动。在全国各界救国联合会代表大会中当选执行委员。当时四人署名提出之小册子《团结御侮的几个基本条件与最低要求》，即为先生所属草。

（沈钧儒：《邹韬奋》）

因言入狱

是年冬间，与其他诸友同时被捕，由上海押解苏州，经江苏高等法院检察官以危害民国罪起诉。嗣因"七七事变"，政府决策抗战，获予谅解，于次年七月三十一日恢复了拘留二百四十三天后的自由。《经历》《萍踪忆语》《展望》《读书偶译》就是在这个时候所写成的。

其后，敌人侵陷南京，先生挈家随政府播迁武汉，政府聘任先生做国民参政会参政员。从武汉到重庆，从第一届参政会第一次大会到第五次大会，先生前后共提九案，而其中三案都是为了力争言论自由的：第一次"请具体规定检查书报标准，并统一执行"；第二次"请撤销图书杂志原稿审查办法"；第三次"请改善审查搜查书报办法"。"请撤销原稿审查办法案"，是提出于第一届参政会第三次大会。当时先生在会场里慷慨陈词，不亢不卑，而又曲折尽理，能使听者心折。因是付表决的时候，连素来反对先生的，也有人不自觉地举起手来，遂得以大多数通过此案，诚为从来会场所未有。这足证先生的自信力和说服他人的力量之坚强。

　　民国三十年春间，第二届国民参政会将开第一次大会，先生是由政府聘请连任的，已经报到，忽于二月二十二、三等日，迭连接到昆明、成都、桂林、曲江、贵阳等处电告，所有当时仅存的几处生活书店的分支店，也都遭受当地政府不约而同地封闭，经理、店员非被拘即逃散。先生对此无理压迫，感到非常痛心，尤以自己艰难缔造的文化事业，横遭摧残到如此田地，而不能自保，更何能保障他人，遂决意辞去参政员之职，离渝赴港。在港仍为民主抗战，奋斗不懈。不幸，太平洋战争爆发，香港陷落，又避入内地，转辗迁徙。一年前，患中耳炎症，痛苦异常，经医生检视，认为是癌，至今年七月二十四日竟以此舍弃世界而去，年仅五十，诚可深悼。这在我中华民族，无论在政治上、文化上，都是一个重大损失！

　　先生长于理解而又富于情感，平时言动性格，确自有其与他人迥异的特点，请即引先生自己的话来作证明罢。第一是认真，他说："我自己做事没有别的什么特长，凡是担任了一件事，我总是要认真、要负责，否则宁愿不干。""可是我生性不做事则已，既做事就要尽力做得像样。"办《生活》周刊时他说："我的妻有一次和我说笑话，她说，我看你恨不得要把床铺搬到办公室里面去。""我的工作当然偏重于编辑和著述方面，我不愿有一字或一句为我所不懂的，或为我所不称心的，就随便付排。校样亦完全由我一人看，看校样的聚精会神就和在写作时候一样，因为我的目的，要使它没有一个错字。"在香港办《生活日报》时，他说："坐镇到版子铸好上机，然后放心走出印刷所的门口，东方已放射出鱼肚白了。我在筋疲力尽中，好像和什么人吵了一夜的架。"这几段真描写出了他对于工作方面实践的精神。

　　第二是性急，他在解释他为什么后来不干教育生活时说："一因我的性太急，很容易生气，易于疾言厉色，事后往往懊悔，对于我自己的健康也有损害，我觉得我的忍耐性太缺乏。"他叙述在《时事新报》做事所得的观感中间，也称他自己"我是个性急朋友"。他又在《韬奋自述》里面，说他自己"特征近视，特性性急，牛性发时容易得罪人"。诚然，依先生所说，性急也许是他的缺点，但也就正是他的优点吧。

　　第三是求知（虚怀），他说："十几年来，在舆论界困知勉行的我，时刻感念的是许多指导我的师友。"又说："我个人是在且做且学，且学且做，做到这里，学到这里，除在前进书报上求锁匙外，无时不惶惶然请益于师友，商讨于同志。"就因为能如此求知的缘故，所以他所办的刊物能一期期地转变前进，他的精神和思想，能一天天发皇和深入。

　　第四是硬，他在少年求学时代，因为费用不够，同时又要担任家庭教师，常自称"硬汉教师"。并自己加以分析说："只是好像生成了一副这样的性格，遇着当前的实际环境，觉得就应该这样做，否则便感觉得痛苦不堪忍受。""觉得我并不是瞎硬，不是要争什么意气，只是要争我在职务上本分所应有的主权，不能容许任何方面作无理的干涉或破坏。"后来毕业做事，也说："我对于自己的职务，不肯一丝一毫的撒烂污，但同时却不愿忍受任何不合理的侮辱。"到了他办《生活》周刊时，他说："我只知道周刊的内容应该怎样有精彩，不知道什么叫做情面，不知道什么叫做恩怨，不知道其他的一切，""我们只要自己脚跟立得稳，毁谤侮蔑是不足畏的。"

第五是光明磊落，他讲到他在政治上的态度时说："我向来并未加入任何党派，我现在还是如此。"又说："我服务于言论界者十几年，当然有我的立场和主张。"我相信先生的话当然不是信口而说的，绝对可以他的一生言论和行动来作最好的证明。

总之，韬奋先生不是一个普通的文化人，也不是一个有任何党派关系的人，并且也不能把他看做只是一个新闻记者。他是一直并永远立在中国人民大众的立场，面对着现实，有知识便求，有阻碍便解决，有黑暗便揭发，只问人民大众的需要和公意，不知自己一身的利害。就因为这样，牺牲一切挥洒他的热血，倾注他的精诚，努力创办和支持他的二十年文化事业；就因为这样，决心参加了救国行动，努力于民主运动；就因为这样，离开了他所几年安居的陪都；就因为这样，卒至不恤奔驰颠沛以迄于死。

（《邹韬奋先生事略》）

婚　事

说起我和韬奋的这个婚事，得先说说我的"家世"。我的祖父是苏州的一个穷秀才，生了一个男孩和两个女孩。我的父亲名叫沈右衡，因为家境并不富裕，没有受多少教育，从小就在一个古董铺当学徒，他的专业是鉴别古玩的真伪。他生了五个子女，我是他的长女，我还有一个长兄和二个弟弟，一个妹妹。

我生于一九〇一年。在苏州，我和我的兄弟妹妹们一起在私塾读了四年书。那时虽然还是清朝统治时代，但是社会风气，尤其在江南一带，已经有了相当大的变化，女孩子也能和男孩子一起读书了。十岁这一年，大姑母把我带到了北京。我的大姑母名叫沈鹤一，她是一位老姑娘，终身没有结婚。从这时起一直到我独立工作生活为止，大姑母一直把我带在她身边，因此我也可以说是由大姑母抚养成长的。大姑母和二姑母都是专攻刺绣的（刺绣是一种工艺美术，现在的学校已经不再设有这样专门的学科），当时她们俩同在一个刺绣学校工作。我在北京继续读了三年小学之后，大姑母把我转到刺绣学校又学习了三年。那时虽然已经在辛亥革命以后，民国形式上已经建立起来多年，然而各派军阀互相争夺，战乱频仍，为了逃避战祸，我又随同姑母举家南迁，回到了苏州。几个月后，我的母亲不幸突然患伤寒症病故。这时，张謇招聘我的两位姑母到南通公办女红传习所（刺绣学校），我父亲及全家人也一起搬到了南通。我在这个女红传习所又学习了三年，毕业以后，留在该校担任了两年助教。一九二一年，由杨卫玉先生（杨卫玉先生是黄炎培先生主办的中华职业教育社的负责人之一，解放后曾任轻工业部副部长）担任校长的苏州女子职业学校到南通来招聘一位美术科主任，我应聘去了，这时我还是一个二十一岁（均按中国人的习惯去计算，实际年龄不足二十岁）的女孩子。这次去苏州，我当然不会知道以后的命运会把我带到和韬奋的结合。

五十多年以前的二十年代，一个女孩子过了二十岁以后，亲属中间和周围一些怀有好心肠的人总不免会关心起你的"终身大事"，来向你"说媒"。我当然也不可避免，曾经有好几起向我介绍"对象"，亲属中甚至有主张我应当嫁一个殷实的"做生意"的人（即商人）。经过五四运动，虽然对吃人的封建礼教有过猛烈的冲击，但是女孩子对自己的婚姻毕竟不像现在这样，可以自由地、毫无顾忌地公开表达自己的观点、意愿，甚至在家庭中加以讨论。不过，我心中是有自己的主见的。也许因为我是出身于所谓"书香门第"，从小受到这种熏陶，觉得读书人清高，商人庸俗；宁愿清贫，不愿身染铜臭。因此，我是抱定宗旨不嫁给商人的。

一九二五年，杨卫玉先生对于韬奋丧偶以后心情沉郁，生活无人照顾的景况极为同情，但是我不知道他怎么会想到把我介绍给韬奋的。不过，杨先生向我提起此事并大略介绍了韬奋的情况后，我默许地表示了同意。我出身于封建家庭，然而对于封建家庭中侍奉翁姑的一套繁文缛节，我十分憎恶。我的默许，除了因为韬奋是一个文人，身上没有铜臭外，还因为和他组织小家庭，可以完全摆脱封建礼节的束缚。这种精神枷锁，在当时正处于新旧交替的社会习惯中，一般是不容易彻底免除的。

韬奋和我第一次见面，不，应当说是韬奋第一次见到我，大概是经杨卫玉先生精心安排的，我事前毫无所知。有一次，我们正好到上海去参观，而韬奋有事到昆山去，利用在火车站这短促的可能相遇的机会，让韬奋先见见我。这大概就是至今还未能完全免除的被称为"相亲"的一种举措，现在想起来当然十分可笑。此后不久，杨卫玉先生陪同韬奋到我工作的苏州女子职业学校和我第一次正式见面。见面的地点在学校的会议室，这时正是蝶飞莺啭、落英缤纷的江南暮春时节。

韬奋的感情是热烈的、专注的，对爱情也是如此，正像他后来对他毕生从事的革命文化事业一样。在第一次和我见面以后，他经常给我写信，后来几乎每周要给我写一两封信。他在爱情方面，不仅热情洋溢，而且也能体贴人，还很风趣。有一次，他用苏州方言给我写信，起初，佶屈聱牙的看不懂，不知道他写的是什么文字，后来读懂了，不禁使我哑然失笑。一九二五年七月，韬奋和我在苏州留园订了婚。订婚，没有举行什么仪式，只有几个亲人在一起照了一个相，但是也还未能完全免俗，按照当时的习俗，交换了订婚戒指。

订婚以后，我们之间过往更密了。他每个星期必定来苏州看我，早车来，晚车走。以后，甚至周六晚上就来，借宿在旅馆，星期天可以和我盘桓一个整天。苏州园林多，能够提供游息的场所也多。这大约半年左右的恋爱生活，在韬奋一生中，是绝无仅有的，而在这种纯属私人的生活中，也同样反映出来了他的专注不二。

结婚的日子选定在一九二六年元旦。因为参加婚礼的韬奋的同学、同事比较多，借用了当时上海永安公司（现在的中百十店）楼上的大东酒家。韬奋为这次婚礼还给我买了一只镶嵌珠宝的手镯和一枝珠花，置办了一套家具。这套家具，总算保存下来了，现在陈列在上海韬奋纪念馆。这花去了他一大笔钱，还借了债。手镯和珠花，在婚后不久当我知道韬奋为举办婚事欠了债时，就给我变卖了用来还了债，而债务也依靠我们撙节用度，在他每月薪水中节约一部分，很快陆续还清了，因为韬奋和我都不愿在债务的负担中去过心情不舒畅的日子。我在这里所以叙述这些生活中的琐细，不过是想真实地记录下来韬奋在走上革命道路以前，他像所有一切普通人一样，还不能摆脱当时旧的习俗和传统的某种程度的影响。我相信，今天的读者在了解了那个时候的历史背景，不至于苛求于当时的韬奋，也不至于误解我是为了宣扬它。我当然更相信，在相距五十多年以后的今天的青年一代，在从事新的长征的征途中，完全有可能自觉地摆脱一切旧的习俗和传统的影响。

婚后，原来计划在苏州安家，为此，已经租下了房子，并且一切都已布置好了。但是经过再三合计，为韬奋着想，即使每周在上海、苏州间往返奔走一次，也要花费他一天甚至一天以上的时间，而时间对他来说，比什么都珍贵。因此，最后毅然放弃原来在苏州安家的计划，辞去我在苏州女子职业学校每月六十元薪水（在当时来说，是待遇不算菲薄的职务），退掉已经租下的房子，改在上海安家。命运既然把我和韬奋结合在一起，从此以后，我和韬奋也就共着同一个命运了。

（沈粹缜：《邹韬奋的早年生活》）

家庭生活

也就是结婚那一年，一九二六年下半年，韬奋接办《生活》周刊，担任主编。他多年来梦寐以求想成为一个新闻记者的愿望初步实现了，他可以按照他自己的路子，按照他自己设计的方案来办一个刊物，而不必听命于第三者的意旨了。

早期的《生活》周刊，正像大家所知道的，几乎是韬奋一个人在那里唱独角戏。"编剧"是他，"导演"是他，扮演各种"角色"的还是他。他用各种笔名写各种专栏文章，甚至连跑印刷所、校对都由他一个人包办，他对这个刊物真可说像一个母亲对婴儿那样倾注了全部感情、心血和精力。

政治态度、思想倾向和他在社会上、在人民群众中间起着什么样的影响和影响的大小，永远是评价一个人、一个刊物的价值尺度。我不想在这里评价早期的《生活》

周刊和韬奋，因为已经有人这样做了，而且作得很精当。我想指出的是：当时的韬奋纵然还没有能摆脱资产阶级的思想影响，还没有能从资产阶级营垒中杀出来，但是他的这种对工作认真负责，一丝不苟、精益求精，也就是讲求实际，不说空话，不图虚名的事业精神，即使在今天也仍然值得我们大家学习的。

韬奋对待工作的一个显著的特点是：勤奋，不浪费一点时间。他的许多著译，都是利用晚间有限的时间完成的。不论著述或者翻译，每晚总要写二三千字，几乎成了他的习惯。

在日常生活上，韬奋没有任何嗜好，不喝酒，也不吸烟。现在已经记不起来是什么原因，曾经有过那么一次，听从某些朋友的劝说，学着抽烟，但是学了一阵，结果连手指怎么拿烟卷都没有学像样，当然更不必说学会抽烟了。要说他有什么嗜好，唯一的嗜好是读书。

他生活很有规律，爱好整洁。他对待工作的态度是严肃的，但是在家庭生活中，他却是一位说话风趣、喜欢逗人、和蔼可亲的人。自从有了孩子以后，每天晚饭之后他总要逗着孩子玩一阵才走进他的工作室。孩子长大一些了，对孩子的教育也很注意，比如平时吃饭、盛饭、添饭，他都要孩子们自己动手，不让滋长优越感。除了一日三餐，我不让孩子吃零食，也不赞同给孩子们零用钱，我主张对孩子应当严一些。可是他不同意我的意见，主张给孩子们一些零用钱，可以让他们随时买一些学习中需要的东西，说这样可以培养他们独立生活的习惯和能力。对孩子的学习，他尤其注意。有一次，晚上回来，当他知道二儿嘉骝因为古文背不出来被老师责打而啼哭时，他不但不责怪孩子，反而认为这是老师的不对，连晚饭都没顾上吃，立刻到学校给老师提意见去了。在是非问题上他就是这样搁不住。星期天，他喜欢看看电影，但有些电影，就不带孩子们一起去，他是有选择的。对家庭也十分细心和体贴，晚上如果在外面有什么活动，不能回来吃晚饭，他总要打一个电话回来，免得家里等他和不放心。

如果说韬奋的笔杆子还有些能力，尤其在他后期和晚年，他曾经拿起笔杆子这唯一的武器向民族敌人和阶级敌人作过坚持不懈的斗争，因而给我们留下了不少著述；那么，在料理日常生活方面，他却表现得很差，甚至可说相当"低能"，或者像茅盾所说的有些"天真"。和韬奋相处过，熟悉韬奋的朋友，都会感觉到在这方面他天真得有点可笑。二十年代一直到三十年代初，市面上买东西，通用的还是铜板，可是韬奋不会数铜板。三十年代以前，通用的货币除银元、钞票外，辅币有银角和铜元（俗称铜板）。一般数铜板都是一五一十、五个五个地数，他只会一个一个地数。他也不会乘电车，不知道到什么地方该乘什么车，因此只好预先把乘人力车所需的车钱给他一一包好，免得他临时仓皇。现在回想起来，也许是我错了，在婚后长期的共同生活中间，我对他不会料理自己的生活而感到不放心，把悉心为他料理一切看作是自己应尽的责任，这样也就愈发增长了他的依赖程度。人是需要在实际生活中锻炼的。一九四一年十二月八日日本侵占香港，韬奋先我被迫流亡到东江纵队，经过那样艰苦生活的磨炼，他不但学会料理自己的生活，还帮助我到山溪中为孩子们洗衣服和做其他各种杂事。在这方面，他好像突然变得能干多了。

每月，韬奋领来薪水总是全数交给我。他把家事全部托付给我，并且给了我充分的信赖。而我，也以创设家庭的幸福生活，使他能把全副精力去从事他的工作，没有后顾之忧，看作是自己的天职。我出生在清朝的末年，在民国初年军阀混战的局面中成长。我的青少年时代跨越了两个时代。我所受的教育，混杂了封建的和资产阶级改良主义的思想，它们不可能不在我身上打下烙印和留下痕迹。我除了在家庭生活方面，尽我所能使韬奋感到愉快、幸福、美满以外，对韬奋工作的内容和意义我并不太关心，我也没有想过要去作深入一步的了解。对这种单调的生活，偶尔我也感到寂寞、无聊。我曾经向韬奋提出过想去读英文，因为我对它还有点爱好。他却以半开玩笑的口吻对我说："如果将来一起出国，需要用到英文的话，我给你当翻译。"他还对我说过："你就在家里把孩子带好吧。"他并不认为我应当有一个职业或应当参与一些社会活动。

婚后的第二年是一九二七年，这一年在中国现代史上是一个重要的时刻。由周恩来同志亲自领导的上海工人第三次武装起义，"四·一二"反革命政变，都是在上海这个舞台上演出的。接着国共分裂，轰轰烈烈的第一次大革命宣告失败；"南昌起义""秋收起义""广州起义"燃起的革命火焰，开始了历史的新的篇章。蒋介石以他可耻的背叛，在革命者的鲜血和尸骨上建立起他的法西斯王朝。然而所有这些，在当时的韬奋身上，似乎很难找到什么反响。

那时曾经来过我们家里的韬奋的朋友，无不交口称誉韬奋的家庭充满了和煦、温暖和幸福。时隔四五十年以后的现在，我当然懂得在这褒词之中也还含有其他更深一层的意思。不过，韬奋当时也许还以此引为自豪的哩！确实，那时的家庭，对韬奋来说，就好像一个美丽而平静的港湾，他安静地泊在那里，仍然按照他自己的路子，专注地、孜孜不倦地从事着自己心爱的感到兴趣的工作——编辑他的《生活》周刊，一直要到他自己摸索着前进的道路走不通的时候，尤其是"九·一八"事变的炮声，才把他从原来狭隘的圈子中震惊过来，敌人的刺刀和铁蹄把他爱国主义的热情大大激发了起来。而从此以后，他驶出这个和煦平静的港湾，迎着风暴，一往直前，再也没有回头。

（沈粹缜：《邹韬奋的早年生活》）

韬奋的幼年

一个人的家庭出身不能由自己决定，但是走什么样的道路，却完全可以由自己选择，这个唯物主义的观点也十分典型地体现在韬奋身上。

韬奋不仅出生在已经敲响了丧钟的我国封建社会的末代，而且生长在一个败落衰亡中的官宦世家。结婚以后，韬奋和我过的可说是那个时代典型的小资产阶级的小家庭生活，除了每月对他寓居在北京的父亲给以一定的经济上资助外，和他父亲的家庭极少联系往来。韬奋平时也很少谈及他出身的家庭和他的过去。但是，正像鲁迅先生所说，谁没有童年？谁的童年没有穿过开裆裤，拖过鼻涕？因此，是用不着有任何忌讳的。相反，今天我在这里叙说韬奋的家庭和他的幼年时代，正足以使我们更具体、更深刻地认识像韬奋这样一个出身于封建官僚家庭，受过资产阶级的严格教育，诚实而有正义感的知识分子，是怎样摆脱原来出身的那个阶级的传统的羁绊，怎样逐步克服资产阶级教育对他的影响并接受共产主义世界观，终于成为一个忠诚的爱国主义、共产主义的战士。

韬奋的祖籍是江西余江，也就是毛主席读到《人民日报》上报道这个县消灭了血吸虫病，因而激发了他的诗思，"浮想联翩""欣然命笔"作了《送瘟神》这首脍炙人口的七律的那个地方。然而，韬奋出生却是在福建长乐县。关于韬奋的出生地，另一说是福建永安。说韬奋出生在长乐，是根据韬奋的叔叔邹国珂先生的回忆，那是韬奋的祖父在清朝末期在这个县任知县的任上。韬奋和他江西原籍几乎没有什么联系，在他一生中，只到余江老家去过一次，那是光绪三十四年（一九○八年），韬奋十三岁。这一年，韬奋的祖父邹舒宇在老家余江病逝，韬奋的生母查氏也是这一年在福州去世，韬奋随他父亲扶柩回到了老家。余江老家对韬奋似乎并没有留下什么深刻的印象，在以后韬奋的著述中我们也没有发现这方面有关的痕迹。

说韬奋的家庭出身是"官宦世家"，也许有点过分，韬奋的祖父最高的官职确实曾做到延平府的知府，然而传说他幼年时曾由他母亲带着他一起讨过饭，他的三个弟弟也都是农民，都在家乡务农。韬奋的父亲长期在福州候补，想捕捉一个机会，谋个一官半职，可是，等了多少年，好不容易，才在辛亥革命前夕，弄到了一个浦城盐大使的官职，相当于现在的一个盐场场长。这种官职属于佐杂一类，根本不列等级，是最起码的小官。可是，就是这样的小官，也只做了半年，因为爆发了辛亥革命。辛亥革命以后到北京，在北洋军阀政府的税务局中又继续做了几年科长。

封建时代的官场，不论大小官员，都得讲究一个官派。这种腐败的风气，在韬奋出身的那个家庭也不可能不有所反映，其中之一是置妾。比如，韬奋的祖父有一妻二妾；韬奋的父亲虽然经济上经常处在穷困之中，在福州候补时潦倒要领取"仓米"（用现代话来说，即领取救济粮）来维持生计，但是一妻之外，也还置了二妾。因为这个缘故，韬奋的父辈和韬奋的这一辈，兄弟姊妹都很多。韬奋的父辈兄弟姊妹共有二十二个之多，韬奋自己这一辈，兄弟姊妹也有十四五人之多。韬奋在他自己的著作中提到他的那个旧家庭时常常称之为大家族，就是指此。当然，在今天的新社会中，再也不会产生子女这样众多的大家庭，也不会存在像《红楼梦》中的探春因为是庶出（按封建礼教，妻所生子女称为"嫡生"，妾所生子女称为"庶生"，在封建社会中，对庶生子女常常有所歧视）而不认自己的生母为母亲的那种奇特的不合情理的乖戾现象。

不过，我们今天生活在其中的这个崭新的先进的社会主义制度，离开它所脱胎而来的半封建半殖民地社会，在时间上毕竟距离并不遥远，还不到三十年，它必不可免地要残存下来许多旧的痕迹。我们从韬奋原来的名字"邹恩润"这三个字上就可以找到这种痕迹。韬奋和我都从来没有追溯过他的家族的祖先，更没有穷根究底地去考据过他的家族的谱系。但是，韬奋的父辈的名字以及由韬奋的父亲命名的韬奋这一辈和韬奋的子女的名字，确实是按照邹家祖先在家谱中早就定下来的"国恩嘉庆"这四个字的次序来区别辈分，维系这个氏族的谱系的。封建制度在我国既然已经成为历史的陈迹，维系封建氏族的谱系解放以后自然也就中断，并且必将随着时间的流逝而湮灭、消亡。

为祖父奔丧和护送他母亲的灵柩回祖籍江西余江，韬奋在老家只停留了短暂的时间。之后，又随他父亲仍回到福州。这时，他父亲延聘了一位老师在家里办起了家塾，韬奋和他的弟妹，还有他的一位比他小两岁的小叔叔，一起在这个家塾中继续接受封建时代传统的启蒙教育，读的无非是《孟子见梁惠王》这一类在封建社会中奉为经典的四书五经，当然也免不了冬烘先生的戒尺的惩罚。

有一天，家塾里的老师要韬奋的二弟恩泳背书，当时恩泳才九岁，他嘴里一股劲唔唔地发出哭声，眼睛里却露出惊恐的神情注视着地上。顺着他的目光低头一看，原来地上爬着一条五六寸长的蜈蚣。韬奋在旁，毫不犹豫地脱下脚上的鞋子，使劲拍打，几下就打死了。这时老师对韬奋说，你到厨房里去削一根两头尖的竹签。一头插入蜈蚣的头部，一头插入尾部，把它绷开晾干，可以做药。韬奋如法炮制，把打死的蜈蚣绷开晾好。到这天半夜里，不好了，韬备的头部肿得像巴斗一样大，还发着高烧，和他一起同睡的小叔叔被他的呼痛声惊醒，立刻叫来了韬奋的爸爸。可是，这时正是半夜，无法请医生，只得先把家里常备的梅花点舌丹敷了。天明，请来医生，证实是中蜈蚣的毒了，经过半个月的医治才好。事后，他的小叔叔劝他，以后不要再打了，可是韬奋却不以为然，还说："再大，也要打，打死了，把它拿到厨房里烧成灰，决不能让它再去害第二个人。"这样的小事，在韬奋也许早已完全遗忘了，在他来说，不过做了一件平常的每一个人处在这种情况下都会这样做的事。不过，这件事对于现在还健在的八十多岁高龄的小叔叔却留下了长久的深刻的记忆，至今说来还是那样亲切。

宣统元年（一九〇九年），韬奋和他的小叔叔被送到福州工业学校去就读。这个学校设置预科和本科，预科三年，本科二年，本科分设电机和土木工程两科。学校设在离城十里的南台，韬奋和他的小叔叔同住一间宿舍。

在他小叔叔的记忆里，幼年时代的韬奋是一个长得漂亮、爱好整洁的少年，能写一手好字，功课经常名列第一。小叔叔的记性比韬奋好，功课则不如他。有时，小叔叔有什么题目做不出，去问韬奋，他总是严肃地对他的小叔叔说："叔叔，你要用心念书，你应当自己去好好想想，不要以为我会告诉你。"毫不因为他是叔叔而徇情。而他的小叔叔却常常要摆出做叔叔的架子，直呼韬奋的小名："书书（韬奋的乳名荫书），你看我做对了没有？"如果做对了，两个人会高兴得拥抱起来。

韬奋虽然经常考第一名，但并不倨傲，他常常鼓励他的小叔叔，对他说："叔叔，你应当赶过这个第二名。"他的小叔叔对此是不服气的，因为他知道这个第二名是靠夹带得到的，这算什么真本事，又有什么光彩。韬奋又进一步说服，对他说："我总没带夹带吧，你应当把我也打下去。"

韬奋和他的小叔叔住在学校里，每周回家一次。那时福州城里代步的交通工具有一种叫野轿的，这种轿，名虽为轿，实际上和四川流行的滑竿相类似。两根竹竿，中间用绳索绑起一只藤椅，不过多了一个顶，四周围以布幔，前面多一个布帘而已。从城里到学校，坐这种野轿，两个孩子坐一起，也不过两个毫子。星期六下午，学校没有课，不读书，从学校回家，韬奋和他的小叔叔经常是慢慢地步行回去。星期天回学校，家里照顾他们俩年岁还小，经常给一点钱，让他们坐这种野轿回校。但他们俩却常常宁愿走回去，把省下来的钱去吃一碗馄饨或包子之类的点心，因为平时他们没有条件作这种非分的享受，而福州的馄饨却是十分美味的。有时，也到离学校有里把路的茶亭中喝一杯茶，吃一点点心，作一番可心的休息。

韬奋对弟妹十分友爱，为人热诚真挚，正直不苟，不徇私情，对后进总是竭诚鼓励奖掖。这些品格，在幼年时代的韬奋身上，不是也可以看到它明晰的影子么？

辛亥革命以后，韬奋的小叔叔回到江西余江老家，转到南昌继续读书，韬奋则到上海进了南洋公学。生活把这两个幼年时代在一起共同生活过的少年伴侣送上了不同的道路。

（沈粹缜：《邹韬奋的早年生活》）

最初的足迹

时隔半个多世纪，现在来回顾二十年代中叶我和韬奋刚结婚以后那几年，应当坦率自承，我是一个相当典型的贤妻良母型的妇女。我生在清朝末年，长在民国初年。我没有受过严格的封建教育，也没有受过近代资产阶级民主主义的洗礼。三从四德的封建礼教在我身上固然影响不深，妇女独立的意识也不强。我对我的婚姻是满意的，因为韬奋是一个有知识的正派人，身上也没有我所厌恶的那种铜臭。经济生活虽然算不上富足，但也并不拮据。他信赖我，把经济权和家事全部托付给我。我感到美满和幸福，我觉得做好我丈夫的贤内助，操持好家事，抚养好孩子，使他在家庭中生活得更加舒适，能够把全部精力放到工作上而无后顾之忧，是我的天职。我们的家庭是温馨的，外面的风暴吹不到窗户里面来。而韬奋对于这样的家庭生活，显然也是感到愉快而满意的。

韬奋虽然是苦读书出身（韬奋读书，几乎完全靠自己，靠他投稿、做家庭教师以及借债，才勉强大学毕业，可参阅《经历》），他所受的却是典型的资产阶级教育。可是他又生为中国人，并且正处在中华民族和广大工农、人民大众苦难的时代，所有这些，对于他的思想演变不能不产生强烈的影响。

中国的知识分子，即使在封建社会里，也可以分成两类。多数人把读书中举当作登龙术、敲门砖，一旦头戴乌纱帽，除了感激皇恩浩荡，为专制王朝的皇帝老子效忠外，免不了也要为自己效劳一番。"一任清知府，三千雪花银"被认为是正当之举，不这样，又怎能显亲耀祖，衣锦荣归；"任凭东风力，送我上青云"，找个依附，作为升官的阶梯，这是当然之途。《红楼梦》中薛宝钗劝说贾宝玉要留心的所谓仕途经济，就是如此，这还是被视为读书人的正途。至于那些丧尽廉耻，专靠胁肩谄笑，甘愿舐痔吮痈的丑类，又何时何处无之？不过也有一些穷苦读书人，因为家庭出身或平时生活接近下层，就是做了官，还能下察民情疾苦，敢于谏净，敢于为民请命的。也有一些看不惯人世间的种种污浊不平，愤世嫉俗，因而遁世隐名，或竟入了空门的。

生长在半封建半殖民地的中国的现代的知识分子，情况也大体差不多。要么依附于统治阶级，奔走于权贵之门，做了统治者的鹰犬、帮凶或帮闲，要么站在统治者的对立面，最后走上革命的道路。当然也有对统治者尚存幻想，然而并非前者，或者虽有爱国爱民之心，暂时还不愿、不敢站到统治者的对立面，但是演变的结果，最后仍脱离不了上面说的两种归宿。

现在且让我们按着韬奋的足迹，看看他走过来的轨迹。韬奋自己说过，他去南洋公学（即现在的交通大学的前身）读书，是因为他的父亲想把他造就成为工程师。可是韬奋志不在此，他的志趣是想当一名记者。因此，勉强在电机系读了两年之后，还是决心转到了圣约翰大学。大学毕业，在社会上已经工作了几年，仍然千方百计地想做一个记者。最后，接办《生活》周刊，算是实现了他的心愿，并且一直到死，成了他的终身职业。

我们知道，鲁迅和郭沫若早年都曾到日本学过医，可是最后又都改了行，从事新文化运动，在中国现代文化史上树立了不朽的业绩。读过鲁迅的《药》和《父亲的死》的，都会知道鲁迅在青年时代有慨于庸医杀人（鲁迅并不是一般的反对中医，而是反对迷信愚昧和不科学，尤其反对庸医，读者自当正确理解），才立志学习新的医学科学。以后发现做一个医生，充其量只能救个别的病人，远不如从事新文艺和新文化运动，能使千百万人民群众震聋发聩，从蒙昧无知的落后状态中醒悟过来。又毅然放弃了医学，以毕生的精力从事新文化运动。郭沫若的情况与此类似。

韬奋究竟为什么不愿做一个工程师而立志想当一名记者，据韬奋自述，是有位叫作远生（即黄远庸）的记者在《时报》上写的《北京通讯》使他"着了迷"，使他"佩服得很"，"常常羡慕他，希望自己将来也能做成那样一个新闻记者"，理由是："第一他的探访新闻的能力实在好"，"第二是他写得实在好！"探访新闻的能力好，写得好，都是属于技术性质的，因为这样两个理由居然对韬奋发生了这样巨大的魅力，实在不能令人信服。不过，韬奋还是向我们透露了他想当一个新闻记者的真实原因的信息，因为接下去他说："我当时对于他的为人怎样完全不知道，但是在文字上认识了他，好像他就是我的一个极好的朋友。后来他因反对袁世凯称帝（着重点是我加的——沈注）而冒险南下，我已在中学里，对于他的安危，简直时刻担心着，甚至有好几夜为着这件事睡不着。他离开上海赴美国，途中还写了好几篇短小精悍、充满着朝气的通讯登在《申报》上，是我生平最倾倒的佳作。我正切盼着他能继续写下去，不料他到旧金山的时候竟被暗杀，真使我悒郁不欢，好像死了我自己的一个好朋友。"读了这段文字，我们知道，真正使韬奋倾倒的是远生的为人，是他反对袁世凯称帝，因此在他冒险南下的时候，就为他的安危担心，在他终于被暗杀以后，韬奋好像死了一个好朋友那样悒郁不欢。

值得注意的是，韬奋认为"自己宜于做一个新闻记者"，还是"在小学的最后一年就在心里决定了的"。韬奋离开小学是在一九一二年，正是辛亥革命的翌年，其时韬奋十八岁。从一九一二年心里就决定当新闻记者，到一九二六年接办《生活》周刊做成新闻记者，中间经过了十四年。为了实现他在十八岁时在心里决定了的做成一个新闻记者的宿愿，我们看到，在这十四年中，他曾有过两次重大的决定：一次是前面已经提到过的一九一九年从南洋公学转入圣约翰大学，从工科改读文科；另一次是在已经工作以后，宁愿摒弃待遇比较优厚的其他一切工作，去接办每月月薪只有六十元的《生活》周刊，而且还得一个人唱独角戏。韬奋自己虽然用极为平淡的语辞叙述了这段经历，但我们还是可以体察到他为了达到自己的目的所作的努力。他后来终于从一个坚定的爱国主义者、彻底的民主主义者变为共产主义的战士，决不是偶然的，我们从他早年的活动和思想中，不难找到这种线索。

（沈粹缜：《邹韬奋的早年生活》）

黄绍竑卷（1895 — 1966）

　　黄绍竑，字季宽，新桂系三巨头的第二位，以政治谋略见长，历任第七军党代表，广西省主席，十五军军长，湖北省、浙江省主席，内政部长等要职。是他将新桂系融入国民党，使之成为党内最大的实力反对派。他本人也不拘于广西一地，侧身庙堂之上，为新桂系开创了广阔的政治空间，李宗仁成为总统就是他政治生涯的顶峰。1949年和谈之际，他再次施展谋略，意图为桂系保住 20 万军队，但却被白崇禧拒绝，最终没能挽救新桂系的覆灭。1966 年在"文革"风暴中自杀。

祖籍溯源

　　自始祖释养公至今，已十有六世矣。照族谱所记，我先祖源出中原，因满清入关，明社不保，乃避乱南迁，至广东之珠玑巷，由珠玑巷再迁入广西。始祖释养公兄弟二人，长兄道真公落籍广西博白县之车田墟，人口亦甚繁衍。释养公则落籍容县，至今彼此尚有往来。

　　珠玑巷在小梅关南麓（梅关即梅岭上之关隘，土人称小梅关），是南雄县极北的小镇市，实为北人南来渡梅岭后的第一宿站。过此则分往各地，故两粤客来之民，问其始居之地，多以珠玑巷对，因为在他们祖先入粤以前，迁徙的经过，多难记忆了。我于民国三十三年夏，经过其地，曾下车访问吾族故事，虽市井依然，而三百年前之事，已不知沧桑几变矣！因偶成《鹧鸪天》一阕，以志感慨：

　　　　五十江湖作漫游，珠玑巷里溯源流，沾身粤海丝丝雨，极目中原点点愁。寻
　　旧迹，几荒丘，老鸦啼澈破墙头。欲知数百年前事，梅岭花开几度秋。

　　我族初到容县时，当地人口，极为稀少，邻村各族姓可考的仅有数家，亦大都自异地迁来。康熙乾隆以后，人口渐增，读书之风颇盛。我族世有科名，因而开府作宰，亦代不乏人，我黄氏遂蔚为县中之望族。

　　先祖印川公，讳金韶，生子五人，女一人。先父少颠公，讳玉梁，为先祖父之第

三子。吾母出同里钟姓，生我兄弟五人，绍端、绍彦、绍琦、绍竦和我，及姊二人，妹三人。我生于前清光绪二十一年，时正甲午中日战争的后一年。吾父颖悟过人，幼年为邑秀才，光绪丁酉年（二十三年）举孝廉不仕。家居除孝亲教子外，则博览群书，并习农工百艺以自娱。盖愤异族之侵凌，仕途之污浊也，故号少颠。又悔误拾科名也，别署中变，都是表示不入仕途的意思。吾父精医理，尝说："良医之功，媲于良相，为用虽殊，其救人济世之义则一也。"对于求医的人，人不分贫富，时不分昼夜，无不随请随往，且不受诊金，贫苦无力的，并赠以药品。应诊数十年，活人甚众。曾有乡人和吾父过去有些怨隙，患病甚重，许多医生，都束手谢绝，请吾父前往诊治。当时有人说："此人对君无情意，可以不必理他。"父怫然曰："是何言也？医乃仁术，未有仁而见危不救者，彼虽对我有小怨，我决不能在他病时，存抱怨的心思。而且行医的人，对于人家的病，和自己的病一样，自己生病，能不急急求治么？"随即迅速前往，诊察安慰，倍加用心。这人病愈后，感激涕零，前隙尽泯。其在乡间行事，大都如是，至今乡人犹怀念不忘。

（《五十回忆》）

儿童教育

吾父对于儿童心理和儿童教育，尤独具见解。当我兄长辈在万松山房读英文、算学的时候，我虽六七岁，尚未启蒙，每天但跟随父侧，咿哑认字。吾父常说："儿童读书，不可开始过早，尤不可督教过严。过早过严，皆易伤身心，丧个性，长大必无所成。应等他年龄稍长，智识稍开，然后随其所喜，而善加诱导，才能收事半功倍之效。"我启蒙时，所聘塾师，皆宽厚和平，吾父并劝他们不可轻施夏楚。所选课本，都是极浅近而易于记忆的。我启蒙后一两年间，仅读了几篇《三字经》和一本《史鉴节要》。其余的经书，吾父皆认为无用，尤其不适于儿童心理，并不强我诵读。所以在岁数相仿的兄弟辈中，我是读经书最少的一个，亦为受鞭挞最少的一个。至今思之，实为幸事！我幼时，很会淘气。有一次，将先生的小花瓶里放些水，再用纸团堵塞瓶口，放入火笼（乡下人冬天取暖之用）烧热，水沸气涨，砰然一声，纸团飞跃而出，离瓶甚远。同学多拍手嬉笑。于是把水加多，并将纸团严密堵塞，而置于烈火之上，料想必有更大的响声，与更远的飞射。不意火烈水沸，瓶子爆炸！先生闻声前来，见而大怒，拿了一根粗绳，对我重重的鞭挞，我痛不能忍，先还希图闪避，后来便抵抗还击。先生恨极了，立刻报告我父，并说要辞馆回去。在尊师重道的当时，我本人也感觉得当前情势的严重，还不晓得我父要作怎样严酷的惩罚，忧惧之至，甚至暗暗打算自杀的计划。我父察知其事，便对先生说："童子无知，痛极反抗，亦人情之常，既然畏罪而图自杀，即是他悔过的表现。而且儿童无隔宿之仇恨，先生不必动怒，请放假三天，让我作些好菜与他吃吃，让他自己去玩玩，三天之后，自然一切旧事都忘了。先生再慢慢地教导他罢。"先生如言，三天后，仍教读如初。此事留给我一个极深刻的印象，使我终身不能忘怀！至今体验当年的情景，方觉我父对于儿童教育方法的成功，及其精神的伟大，同时亦非常记念我那位勇于受劝、真诚教诲的先生。

（《五十回忆》）

儿童心理与生理

　　我父对于儿童的个性与生理，至为了解，一任他们作正规的发展，毫不加以阻碍，其见解亦多与世俗不同。尝谓饮食男女，皆生理所必需，男子成年不娶，必自求其所爱而恋之，为父母都宜及时为之嫁娶，否则或有逾越礼教之情事发生，父母应负其责也。我有一个兄长，已将成年，尚未结婚，不免发生恋爱的行为。我父知道了，并不加以责备，但很迅速地在一两月内，就替他完婚。在旧礼教束缚很严的当时，竟有这样开明的作风，这使我们回想起来，是多么的难得啊！我父富于常识，对农工百艺，都感兴趣，晚年并借此消遣。我也常常跟着学习，往往弄得汗泥满身，斧伤累累，吾父并不稍禁，但随时加以指导。我又喜游泳、打猎，及攀高树采果实，登树顶探鸟巢等，视为无上之乐。虽屡遭危险，我父亦仅仅予以指示，使知所提防，绝不因偶遇危险，而永加禁止。彼认为危险乃是旁观者的一种主观揣测，而未必即是主观者（即当事者）的必然事实。有一次，我潜伏水底，用手去摸石罅里的鱼，偶不小心，身体为水所浮起，手却被石隙轧住，不能脱出，不由自主地饮了许多水。在这一刹那间，急中生智，竭力使身体下沉，然后将手拔出，虽幸脱险，手背上已伤了好几处。后来为我父所见，问悉原由，仅谓下次要小心，遇到意外，尤宜更加镇定，并无其他呵责。诸如此类危险之事，在我的童年时代，遇到很多，亦从未因此而为我父责罚与禁止。盖儿童敢于作某种冒险，即是他对于某种行动，具有若干把握，既有把握，则危险自不易发生，彼自身亦不感觉到有若何危险。我父对于我幼年之冒险行为，不加以过分之拘束，自有其正确之见解。这对于我以后之做事，得到极大之裨益。

　　在乡下的儿童群众里面，无论是在这一村里的，或者是那一村里的，都各有他们的希望和目的。为达到这希望和目的，自然会发生个人的或群众的竞争和斗争，因而无形中产生了组织和秩序的行动，同时也就产生了一个领导者。我在乡下的儿童群众里面，不论年纪比我小，或比我大一些的，我都可算是一个领导者。我之所以能够取得乡下儿童的领导权，完全由于我有一些技术，和敢冒险，肯努力。当秋天以后，山上野生的果实，如野柿、野栗之类，都已经成熟。当然那些易于摘取的，已经为人摘尽，剩下来的，只是生存高树，不易采取的一部分。这一部分食品，虽然儿童们都很垂涎，若是没有人能登高攀摘，亦只有望洋兴叹而已。我因为能猱登很高的树，所以这些主要任务，大都是由我包办，而他们只是在地面上作那拾果或剥壳等轻松工作。此外孩子们想吃到一个痛快的野餐，须要把小河里的鱼捉上来，或是把树上的鸟打下来，或是把田地里蕃茄、芋头烧熟来吃，都要有人能够将这些目的物取到手里，才有办法。我会潜水捉鱼，我会用枪打鸟，我也会砌结焙烧茄、芋的窑灶。这些困难工作，都是我自告奋勇努力地担任。他们只是做些拾柴取水等辅助工作。因此我有极大的权威，不但可以支配他们的工作，而且可以支配各人应得的收获物。还有这一村的孩子，与那一村的孩子，并不一定是很和睦的。时常因为小事争执，而发生很大的冲突，甚至互相殴斗，我也很勇敢地以身率先，带领和指挥他们去斗争。所以现在我的脸上，还有很多处打伤跌伤的痕迹，左手上面还有上十处被刀斧砍伤的疤痕，这更是我取得小孩子们领导权的代价。我现在想想，在小孩子群众里的行动，从大人看来，也许认为是顽皮，是胡闹，而在小孩子们，确实有他天然的意识和秩序。可是大人、老人们，往往不能了解孩子们、青年们的运动。也可以说大人、老人们忘记了他自己孩子时代和青年时代的一切。

　　我在万松山房读书的时候，正值地方不靖，盗贼四起，不但较远的地方有明火打劫的强盗，就是我们村庄附近，偷窃的事，也不断发生。那些无业为生的人，不是偷人家的牛，就是偷砍人家的树木出卖，所以弄得附近一带，都变成童山濯濯。这等偷牛偷树的贼，如果被人拿着，就要受游村的刑罚。此种私刑，比官刑惨毒得多。事主将窃犯捆绑起来，满村牵着走，执行的人，手里还拿着一面铜锣，一条藤鞭，敲一声锣，就要那窃犯将自己的姓名及偷某家的某物，高声报告一次。如果不肯报告的话，那藤鞭就在他背上无情地打下去，打得他报告为止。那时乡村里除了人命官司，或是抗粮造反之外，官府的法令人员，是不容易到达的。一切的权威，都操在有钱有势的绅士手里。这种作法，也不知相传了多少年代，也许以前要比那时更为惨酷。有一日，我们听了锣响，跑出去看，看见那被判游村的窃犯，就是我们远房的伯父，已经六十岁了，他的身上已是一条青，一条紫，被打得狼狈不堪。他的儿子正在我家里帮工，我们对他说："你还不去救救你的父亲么？"他说："偷是真偷的，我无钱代他赔，又没有力量和他讲人情，叫我有什么办法呢？"我们实在为那老者抱不平，恨他儿子太无用，于是同他到我父亲面前，要求向事主方面讲情，才把他解救下来。后来我父亲邀集里中人士，订立一个保护森林的公约，有主的林木，是禁止偷窃砍伐的，但是只限于砍伐树木，至于斩攀树枝，及掘取已经砍伐的树根，不在禁止之例，不能作为盗窃的行为。一方面是顾到贫穷的邻人，不至绝了他们生活路径；一方面那些树枝树根，横竖都要斩伐掘去的，山主的损失，极为有限。自此以后，附近的森林都茂盛起来了，偷盗的事件也就不再发生。十七年，我回乡下去，山上合抱的树很多，青葱可爱，与以前大不相同了。又一次，我自己的木山起火，燃及邻山，乡公所判处我家受罚。管家的人对我讲，我说："岂有此理，自己受了损失，还要处罚，我一定不服这个公断！"管家人说："如果因为我们有势力，就不受乡约的公断，这乡约就要破坏了，以后谁还肯服从呢？而且这是老太爷手里订下来的。"听他说的理由很充足，使我不能答复，只好照公断受罚。我现在想想，乡间自己订立的公约，比省政府颁下的"放火烧山者枪毙"的命令要有效得多！这是地方自治的真谛，自治的基础工作。此事虽然很细，扩而充之，即是民主自治的精神。

（《五十回忆》）

初进学堂

　　光绪二十九年，我到族立珊粹小学读书，由初小而高小，在同辈的孩子中，我是旧书根底最差的一个。他们以前请的是旧式塾师，对于四书五经，多半背诵得很熟。很多人为我担心，恐怕功课跟不上。但是幸运得很，学校里的课程，刚巧改变。课目虽不完全，而修身、历史、地理、算学都有了，读经也有一科。我的经书，（《书经》《孝经》）还是在入了学校后才读的，比较赶不上人家。但其他功课都很不错，时时考到第一名。我想这是我不受鞭挞不读死书的好处。而他们呢，却没有像我这样活泼灵敏，也许是受了旧式教育的影响吧！在那一两年内，族中的长辈，有的是从日本或其他各处留学回来，有的还在留学，因乘暑假之暇，回到家乡来。他们受了文明的洗礼，唯一的特征，是将那垂在背后的辫子剪去，但其中亦有少数保留着的。他们或者我们的心目中，对于这些留学回来还留着辫子的少数人，都认为是顽固的分子。他们对我们说："辫发就是满清奴隶我汉族唯一的象征，也就是外国人贱视中国人的唯一原因，在外国，只有兽类中的猪狗牛马，才拖着一条长尾巴！"这些话，对正在学堂里读书的小朋友讲，是太动听了。于是他们问我们："愿意不愿意剪去这条尾巴？"自然多数都是赞成的了，即有少数不赞成的，也都不敢提出反对的表示。于是他们在口袋里取出剪刀，把十几个小朋友的辫子，都剪去了。有一二个内心不赞成的，也被强迫剪去，迨伸手一摸，辫子没有了，不觉放声大哭起来！我因为恐怕父母知道了，要不答应，当夜是偷偷地捏着已经剪断的辫子睡觉，心里盘算着：明早如何去见父亲和母亲，如何答复他们的盘问？当然，这是没法遮掩的事情，也没有话可以分辩。次日一早，这事已传遍了全村，动手替我们剪辫子的兄弟，也不知躲到哪里去了。我母亲急得哭起来，她说："没有辫子，便不能下科场，入学、中举、中进士，一世的功名就算完了！"她一定要找到那位剪辫子的人负责续回来，就是续不回来，也要照着原来蓄辫的样子，把余发理成前边短后边长的样子，等它长起来，仍旧可以梳回一条辫子。正在难以解决的时候，父亲过来了，他并不发怒，但也不见得很赞成。只是对母亲说："既已剪断，续是续不回了，剪了也省得你朝朝为他们梳头而伤气。顽皮的孩子，梳头是一件苦事，第一是费事费时，不能忍耐。第二是头发隔三几日不梳，结了很多，勉强把它梳通，有些头发就得硬生生地把它拔下来，使孩子们感到痛苦。男子的梳头，与女子的缠足，都是男女孩子们不愿意的事，而做母亲的必要认为这件是她对子女的日常工作，结果弄得双方都感觉麻烦，实在也是无谓。"这一席话，把这场剪发的风波，就解决了。

（《五十回忆》）

大哥之死

　　光绪三十二年，我的大哥患鼠疫死了，这是我父母晚年最伤心的事！大哥名绍端，字佩方，聪明极了，十五岁即考取秀才。后来在万松山房读书，英文算术，亦为同辈之冠。当年父亲即送其到日本留学，回国后，即在家族小学当教员。他是我父亲唯一的爱子，亦是我父亲唯一的助手。他患病时，父亲用了全副精神替他医治，结果是没有效力。那时候，鼠疫尚无特效药品，真正染到者，无不迅速死亡。但是在我父亲的脑筋里头，总以为是自己用错了药，所以不能治愈。他对于这事，特别的痛心，令他精神失常，甚至忽然晕倒过去。他后来常常说："良巫之子，多死于鬼；良医之子，多死于病！"不知是他自慰的意思呢，还是他自怨的说法？

（《五十回忆》）

防治鼠疫的方法

　　乡间的鼠疫是太怕了！前后继续发生了二十多年，直到民国十年之后，才告绝迹。当时蔓延甚广，每一个乡村，都被波及，究竟死了多少人，在那时人口生命尚无统计，自不知道确实的数字。不过据我所知，数目是相当的大，有些是全家人都染疫死亡，致令邻近的村坊，都失去繁荣兴盛的气象！据说："其时广州正有鼠疫发生，或者有人传染了回来，或者是老鼠疫蚤随货物过来，而由容县城间接传到了乡间。"乡下人对于鼠疫，没有近代的科学知识，从事防避，多半藉鬼神以驱疫，所以死亡特别的多。但鬼神的说法，若以科学的眼光来分析，亦有很多地方与近时防疫方法相近似。譬如说："疫鬼是怕白色的，家中如发现鼠疫，必须满地洒石灰，疫鬼即不敢到来。"又说："疫鬼是不敢上楼的，有疫人家，必须楼居，晚上要把楼梯抽去，最好在屋柱上捆以有刺之树叶，则疫鬼更不敢近。"这是现时防疫防蚤之最好方法。其所谓疫鬼者，实即今日所知的疫鼠疫蚤也。凡发现鼠疫的人家，必须立刻搬迁，及至无死鼠发现后，始能搬回。故当时乡间空旷之地，临时住屋甚多，皆为避鼠疫而造者。富有之家，甚至有二三处者，以便再次迁避。至乡间旧例，死人必须停尸三日，候亲属到临举哀，但对于患鼠疫死者，在病重时，即须隔离，死后即殓即葬，并不等候亲属到来。举凡种种防疫办法，虽皆以鬼神为对象，而实多合乎科学的道理。想神道设教之用意，无非为使无知愚民易知易行耳。但不知此种方法，为何时何人所发明，而当时更无人能以科学的道理解释而充实之，这实在是一件可惜的事情！

（《五十回忆》）

毕业后的入伍生活

民国三年冬，我毕业于陆军第二预备学校，成绩仅属平平。奉令由汉口乘火车到北平入伍，一个岭南山国的人，初次走进中原的地域，在一望无垠的大地上，驰驱了两千多里，处处都感觉得胸怀的舒服。到了北平，我分发在北苑的陆军第十师入伍，师长是卢永祥，后来他调到上海任淞沪镇守使，不久，又做了浙江省的督军。有些同学，则分发在南苑的陆军第八师，或者是在保定。在各师入伍的同学，并不是集合在一起。而是每一连内，分插数人，与连内的士兵共同生活。但陆军部对入伍的教育，并没有整个的计划，只是任各师官长随便规定。甚至是毫无规定，只是随队出操、上讲堂。而且当时各师长官，尤其是下级官，大多数是行伍出身，根本就不能教育或认真管理我们。各下级官对我们的态度：第一种是客气。因为我们入伍是暂时的，犯不着认真。第二是妒忌。以为我们将来毕业后，就要争夺他们的饭碗。第三是轻视。他们自己以为有了许多平时战时的阅历经验就够了，学堂里的科学，在军队里，是没有什么用处的。在这种情形之下，所以我们入伍，得不到什么良好的效果，仅仅对当时军队里好坏的情形，知道一些，就算挨过了半年入伍的阶段。

那时的北平陆军，多半是袁氏小站练兵时候，将旧军改变而成，在编制与形式上，倒是很整齐划一的。但是内容与技术上，却是很陈旧腐败。高级的将官固然大多数是短期改造的旧军官，中下级干部亦都是随营学习或行伍升充的。我们在队伍里所最恐怖的，就是每一个营连部门口，挂着半截红半截黑的两条军棍（又叫火棍），和两个虎牌，差不多每日都有人要尝着军棍的滋味。视罪过的轻重，定打数的多寡，有的打得要死，大半个月不能将养复原。我们那连的连长，也时常挨打。他被打之后，还笑嘻嘻地对我们说："今天又领了二百。"在他们的心目中，对于挨军棍是很平常的事情，好像每月领饷一样，习为惯常，行所无事。有些甚至对我们及士兵说："哪一个大官不是由军棍打出来的？"我们想："这种不知羞耻的军官，怎能为国效死力呢？"但是这种刑罚，也有因人而施的模样，学校出身的人，受到的极少，曾听见说有一个学生出身的军官，因被打军棍而自杀！想这就是由于学生能够自尊自爱的缘故。

袁世凯要做皇帝，在北洋的军队内，很早就做了政治工作。我们在队伍里，每星期必有一两次的讲道。讲道时候，把袁氏的大照片摆在讲台上。讲道的人，都是穿长袍马褂的文人。讲的内容，都是袁氏已往的功业，及在高丽被人炸击不死，可信天命攸归等神话，以及对民国创造的功绩。这种讲演的用意，在我们心里，自然明白。而一般头脑简单的北洋官兵，则不免受他的麻醉。此外还编有一些鼓词歌曲，专门诋毁国父及南方反抗他的革命党人。我们听了，不但生气，而且感到肉麻！但就此种办法而论，实开军队政治工作之先河。在袁氏则叛国称帝，倒行逆施，终无补于失败耳！

民国四年五月九日，我们几个同学正在闲谈，忽然同学尹作翰哭丧着脸，跑来告诉我们说："政府对日本所提二十一条款，已经承认签字了！"好些人听了这话，跟着痛哭起来。我很严正地对他们说："哭有什么用处？我们应该拿出自己的力量，来挽救国家的命运。"于是我们这班同学，就开始对袁世凯起了痛恨的心理。等到他改元称帝，反对就更加坚决了。

（《五十回忆》）

求学时代的得失

民国五年的冬天，学校举行毕业的考试，我也侥幸得到一张毕业文凭。从此我的学校生活，便告终结。若讲到学问方面，真是惭愧极了！原来我在陆军预备学校，就没有好好将各种自然科学的基础打好。及到军官学校，更怀了一种错误的观念。以为一个将领，只要勇敢不怕死，战略战术运用得确当，便可以克敌制胜。而忽略了科学技术与工业物质，乃是国防军事的基本条件。不但我们学生多数如此，即我们的教官先生，也都只见到一科的一方面的技术问题，而缺乏全盘的综合的基本指导，这真是数十年来中国国防军事不能进步的主要原因。所以我在军官学校的时候，对于含有自然科学性的几门功课，都非常疏忽。比如兵器学，只认为是学炮兵科的专门技术，而不了解武器在军事上有决定胜败的意义，凡是每一个军官，尤其是高级将领所必须注意研究的。单就一门兵器学，它所需要的自然科学，就包含物理、化学、数学、气象学、地形学等许多基本的学识。若更推想及兵器制造及其来源，则科学的范围，更是广大而重要了。

如右所述，我的观念虽不免有错误的地方，但是对于战略战术，确曾用过一番苦功。不但对学校所定课程，精心研究，即当时出版之此类书籍，我都浏览殆遍。我对战术战略课程，不是分数主义，而是问难主义，有时教官被戏弄得很为难。这使我后来应用上，得到很多的益处。至于其他的课程，就完全是分数主义了。必定到了临考试的时候，才拿来翻一翻，把它的要点，加以强记，来应付考试。有些教官，甚至说："只要你不交白卷，总可给你及格的分数。"可以想见我们的乖谬。而担任课程的教官，亦陷于同样不重视其所授课程的毛病。其实他们的目的，只谋课程纸面上成绩的好看，对于学生真正的学业，根本是不负责任的。

　　先生授课的热情与学生的学业，关系是很大的。我回想由陆军小学而陆军预备学校而军官学校，许多的教官与先生，除了他所担任课程的基本学问之外，还要有丰富的热情。如果没有丰富的热情，即使有很好的学问，也不容易使学生领受。记得在预备学校的时候，有一位教代数的崔朝庆先生，他的数学，在当时是很有名的。但是他已经六十多岁，热情是很低落了。一口扬州话，不易听得懂，面貌又怪可怕的。结果，学生都不愿听他的课，自然得不到很好的成绩。反之，另有一位先生，他的学问并不见得很高明，但富于教授的热情与方法，学生都十分愿意听他授课，而收到极好的成绩。因此，我觉得一个好学者，并不一定是一个好先生，学校所需要者，乃是好先生，并不一定是好学者。这种情形，在高中以下的学校，尤为显著。

（《五十回忆》）

"六艺"新解

　　《周礼》所谓"六艺"——礼、乐、射、御、书、数。如果以新的观念把它补充起来，可以包括人的生活全貌。不过这个生活的全貌，是随时代而演进的。中国现时有许多人，对于"六艺"，不是缺少这一门，便是缺少那一门，有些人更以复古的眼光来衡量这个"六艺"，不知道随时代演进扩展，以充实生活的内容。我以为饮食男女，及一切社交，都可包括在礼、乐里面；平时战时一切战争方法及战争工具之运用，都可包括在射、御里面；文艺科学，都可包括在书、数里面。我们如从时代的透光镜的正面看去，一切都可以得到正确的认识，与合理的解决。若果从透光镜的反面看去，则一切都比原始的形态渺小而狭隘了。所以我们的生活，必须跟着时代进步。否则，便要受到种种的束缚与烦恼！

（《五十回忆》）

爱好闲谈

　　我在叙述少年生活时，已将我的个性描写出来了。我是一个没有受过严亲严师与旧观念束缚的孩子，心目中没有偶像和迷信。在那乡村的自然环境里，随我耳之所闻，目之所见，而决定自己的活动，也就是说自己怎样想就怎样做，活泼天真，很少受到身外的干涉。到了外出求学，在陆小、陆中，乃至军官学校，我都是好自由批评——批评时事和批评人。在陆军中学的时候，我有两个朋友：尹作翰、秦镜，也是好批评的人。我们时常相聚在僻静的角落里谈天，有时谈到深夜十二点钟，被师长干涉了，才散去就寝。那些师长们，认为我们是爱说大话而不勤学业的坏学生。到了保定军官学校，我们还是如此。的确，因为我们在讨论批评中，认为某种功课应该彻底地研究，某种功课，不应该多费心思。尤其是在考试方面，我觉得不必过于重视分数，而应另有自己的心得——某种功课的心得与功课以外之心得，以致有很多门功课都很荒疏。这不是我要掩饰自己功课不好的说法，而当时确是如此做法。这观念，在学生时代应不应该如此，及与我以后事业的影响怎样，我现在还不敢作肯定的断语。我只可说是得失兼半和因人而异。后来到军队里当下级军官，才觉得不但以前空阔的批评论调要不得，而且连以前所认为有心得的一二门功课，一时也用不着。因为在军队里，尤其是当下级军官，一切须崇尚实际，不容夸大，不须高深。因此我得在工作中另做一番研究学习的工夫，即所谓边做边学，这不但是我真正为学的起点，也成为我以后事业的起点。

（《五十回忆》）

食色两事

一个正当廿四五岁的青年，除了他本身职务上的活动之外，总还有其他的活动。谈到异性往还交际的问题，古人有"食色，性也"之语，可见人生对异性的需要和进食同样重要。我们初到部队里，见到那些官长好饮花酒，叫妓女，认为太腐败了。初来的时候，自己还是很矜持着，久而久之，遂与之合流，而恬不为怪。这与其说受了人家的引诱而堕落自己，毋宁说是基于自己天性的需要，而自然走上这条路。可以说在那个时期的人，大都是如此，固然有少数人不必出此一途，但亦有其解决的方法，而并非完全与此道绝缘。我现在回想这种活动，在旁人或以后的人看来，一定认为是不正当的行为。而在其时其人的心理，总以为正当的。纵然因为受到旁人的批评而感觉不安，但不安的心理，总敌不过生理机能上的冲动。我想今后对于这个问题，不应作虚伪的掩饰，而应有公开的认识，与正当的解决。我之所以要明白地写出来，就是这个意思。其次，说到食字。食是一般人所认为极正当的事，我和白剑生与其他若干下级军官同驻湖南的时候，大家都是饕餮者，虽不一定吃得很讲究，只是分量多一些而已。但在勤俭的湖南人眼中看起来，是吃得太丰富了，而觉得惊讶！中国人素以俭为美德，一般人只是知道节俭的目的是在省钱，而不知道人类求进步的目的，就是为了提高生活的享受。节俭到仅能维持生命的最低限度，把生活的乐趣都牺牲了，那是不合理的，有些人由牺牲毕生生活乐趣而积下一些钱，在临死前还不知享用一些，真是莫名其妙。我之所谓享用，不是过度地浪费，而是觉得社会上所谓节俭，已减至生活水准以下，而妨碍其生理之发育及意志的进取。我认为食与色过度的抑制，或不正当的发展，皆足以妨碍身心之健康，因而影响及于整个社会与国家。这一点，我们必须有正确的认识与合理的解决！

（《五十回忆》）

爱好的几项运动

我是生长在乡下的孩子，觉得乡下的孩子活动的范围，比城市里要大得多。上山爬树，潜水捉鱼，以及农工百艺，都有天然的学习机会。不比城市的儿童，只能到学校里去学习，或更没有机会来学习。我大多数的运动基础，都是在乡下养成的，后来到了学校里，都市里，又获得补充与改进。当十一二岁时，就学会了射击与打猎。到了军事学校里实弹射击，成绩就很不错。自然啰，这不仅是到了军事学校才学习，而是在未入学校以前，就有了这种知识与经验。记得二十五年杭州骑射会成立，推我首先射击，我发了第一枪，那看靶兵把一个零分的旗号摇出来，我觉得非常惊异！我想："恐怕是这杆枪有极大的偏差，或者是弹药变了性。否则，在这个短距离之内，决不至于不中的。"第二枪我仍按着瞄准的射击，结果中了十一分，（最多是十二分）第三、第四、第五枪，都是十一分。我走到靶上去检查第一枪偏到什么地方，原来正射在第十二圈的黑点中心，看靶兵一时大意，没有看出来，这次射击五枪，一共得了五十六分。我对打猎也非常有兴趣，打飞鸟也相当的准，但是近年身体胖了，目力差了，兴趣也随之减退，甚至于完全没有兴趣！

中国传说："北人善骑马，南人善乘船。"不是人的生性如此，而是社会的环境如此。因为北方多马，南方多水的缘故。但是嗜好是每人都有的，不过嗜好因环境而异就是了！我虽是南方人，而在军队，却有骑马的机会，并且成为一种嗜好，对于良马，好似良友一般，我闲住在香港，也加入香港的马会。有一个姓江的朋友，他是一个富商，每年都花了很多钱去买马，养马。我问他："你花这许多钱，养这许多马，是不是为赢钱？"他说："不是的，一个人总有若干嗜好，嗜好大半是消费的。若果想在嗜好里赚钱，就不成为嗜好了！我嗜好养马，我的消耗，亦就在此，但我觉得这于我是乐得的！"我觉得他这话，很有些道理，若人的嗜好能于身心有益，或者于国家有益，就消耗一些金钱，也是值得的啊！《周礼》把"御"列为"六艺"之一，是很有道理的。

廿四年以后，蒋先生提倡"六艺"，要各省都设骑射会，那时我在杭州，就养了好多匹马，后来到湖北，与重来浙江，都带着它们走。后来在金华，又从军队方面得到好几匹俘获的日本马。当廿七八年，我在马上的运动很多。立马吴山、驰骋中原的壮志，在马上更表示出来！现在还留有好些骑马的照片。三十四年，《东南日报》的刘湘女同志，要我在送给她的一张骑马的照片上题字。我题了两首《减字木兰花》，其一云：

七年前事，戎装立马纵横意；驰骋金兰，胜日扬鞭上北山。前尘如昨，顿添揽照心情恶；避伏云和，谁识伊人感慨多！

我在这词中，固然有着环境的慨叹，而身体生理上的变化，使我不能再有乘骑驰骋的机会，是感慨的主因。现在我寓内还养着两匹老马，闲常对它望望，恐怕彼此都有迟暮的感想！

民国十六年，我已成为"汽车阶级"了！我那时这样想：一个人坐在汽车上，不会开汽车，就等于坐在马上，不能执马缰一样，实是最无趣味的事！我在广州时，就决意学开汽车。曾在大校场内学习了两点钟，就开入市里去，坐在旁边的司机，捏着一把汗，时时照料着我，怕我闯出乱子来。但是出乎意料之外，我开入市里去，还能开回家里来，一些乱子没有闯，从此我就常常自己开车。我有两句开车的要诀是："注意路上的人，控制自己的车。"和"车不避人，人会避车。只要车的速度，不超过人躲避的速度。"后来，我在公路上驾驶速度就很快了，很多人都说我开得太快，要出危险。但是我却从来没有出过危险，也没有使行人受过危险。我闲住在香港，因为没有开车的执照，都是在子夜后，等警察收班了，自己开开快车来取乐。有一日，香港总督请我吃饭，他对我说："听说你很喜欢在深夜驾驶汽车。"我听了，深觉他们耳目的周密。有人劝我去领一张开车执照，我就不敢去考试，因为我只能开前进的车，开倒车却并不很好，恐怕要当场出丑。抗战后，我在金华的头几年——廿七、廿八、廿九各年，要到桂林这些地方去，都喜欢帮助司机开车，分分他的劳，多走一些路，所以人家需要三日的行程，我只要两日就到了。不但节省时间，而且觉得写意。三十年后，开车的兴趣就减退下来，原因是目力较差，注意力不能集中，恐怕要闯大祸。

我回忆这种运动的兴趣，得到这样的结论：一个人的技术的成功，与成功后的退步，都是由于环境及本体（即本身）物质的关系。因为有马，便易于会骑马；因为有船，便易于会划船；因为有汽车，就易于会开汽车。据说美国平均五个人有一辆汽车，也就是五个人中至少有一个人是能驾驶汽车的，十多岁的孩子很多会开汽车。他们的驾驶技术完全在日常生活中逐渐陶冶成功，而并不是汽车驾驶训练班训练出来的。我又听得一个美人说："关于航空人员的大量补充，任何一国都比不上美国的容易，这不是美国因为参加了战争才加紧训练出来的，而是美国平时的环境造成功的。"他这话的确是事实，亦是至理。我想起启蒙时候，读的《三字经》："人之初，性本善，性相近，习相远。"那几句话，性本善的"善"字，我以为应作"无"字解。习相远的"习"字，就是指环境。性之变迁，是由环境之由近而远。古人又有"近朱者赤，近墨者黑"两句话，所谓朱与墨，都是环境的种种。近某一种环境，即染某一种色彩，也就是说性的本身，当初是没有的。后来的有，就是环境的有，是由近而远，学习得来的。所以我以为社会的改造，应着重环境的改造，而不是单由人心的改造可以成功的。这是说明环境与本体的关系。至于本身体质的关系，是决定对于环境的种种所能接受空间的程度，与保持时间的程度。就我本体的素质，也只能接受我过去的一切，虽然我不能决定我以后能不能再接受更大的空间所授与我的东西，但我可以决定一个能接受的空间，是有一定的。所谓一定，是对某一个人而言。即是某人有某人一定的空间范围，而不是勉强得来的。这都是受了本体素质的限制，时间保持的限度，也同样受到各人本体素质的限制。比如我是一个好运动的人，但是我不能成为一个有名的运动家。因为我本体的质，不合乎有名运动家的要求。又如我现在对于种种运动的兴趣都减少了，这不是我没有精神，而是我的体质发生了变化，已不适于以往那些运动。我现在时时有"髀肉复生"之感，并不是我没有马骑与没有精神去骑马，而是我的本质已不适于骑马，其他一切，都是如此，这就是证明人的一切习惯、兴趣、知识、能力、事功，都是基于本质，并限于环境，而不是以唯心为出发，以精神为决定的。所以要改进人类，改进社会，必须由本质的改进，与环境的改进着手。这是我由本身的经验而得到的结论。

（《五十回忆》）

堪舆和命相

　　三十四年五月间，我和东南气象局长石延汉君谈了许多关于宇宙的问题。我对于这一方面的书籍，虽也看过一些，但只能算是一知半解。有好多不了解的问题，我想趁此机会向他领益，因为他对此有专门研究的。在闲谈中，谈及看相、算命、风水等各种迷信问题。他问我信不信这些东西，我说："有些是信的，有些是不信的。"我的信和不信，有我的解释，而不是一般的迷信。比如看风水，我所看的是美的风水，或是实用的风水。就阳宅来说吧，一家人长久居住的地方，环境一定要有美感。因为有了美感，就会使你一家人愉快、健康，由愉快健康而自己可以建立功业或发财长寿，或是生出好的儿女，一代一代地发达下去。否则你若住在极不美的地方，就会烦闷，疾病而死亡，而破财，生出的儿女，也要受到不美的影响，而不能发达或灭绝。在住宅的方向或水、或山、或树，都是环境美的条件。自然这都是天然的条件，而人为的条件亦是重要的。如布置一个花园草地，或栽种一些树木，开辟一个池塘，沟引一泓小水，都足以增加环境的美，也都在美的风水范围。但我不相信方向或风水五行的相生相克，而是相信美感与非美感的影响。我近年来运气不好，自己病了，大儿子死了，我的精神自然感受到很大的痛苦。好多人都说我以前在云和住的那间屋子风水太不好了，后来我搬到云和民族复兴纪念馆的新屋，余越园先生就对我说："你搬了，我才对你说。你住的旧屋，风水太不好了，长久住下去，恐怕不利。"我笑说："我很知道那间屋，不但天然的环境不美，后面紧靠住一个山，前面闭塞得很，望不出去。地面更潮湿得不堪。人为的美亦谈不上，屋是旧货翻新，没有一些新的技术，一条旧围墙像监牢一般地围着，园林花木，更是缺乏，而且我早就知道那是一个绝户。当兴工的时候，好多工人就在那里病了，但是已经动了工，不便停止，造好了又不能不住。因为云和的住屋是不易得到的呀！而且在战时，生活不能怎样讲究，谁知道能住得多久呢？所以我就住下去了。结果一家人，你病我病，轮流不已，精神更感到不愉快。我想以前这家人的灭绝，自然因为疾病过多的缘故，因为那时候还没有'亚的平''扑疟母星'等特效药呀！我们在那里住，虽然不致如此，但是精神总不痛快。我不是相信风水的相克，而是觉得那里的环境是太不美了，而且是易于发生疾病的地方。"至于就阴宅说，一个人想把死者葬在美的地方，这是对死者的感情作用，而生者每年到那里登临祭扫，也感觉得愉快。我想这就是阴宅风水的起源，后来渐渐走到迷信的途上去了。希望死者未朽的骨头，作为子孙兴家立业的根源，而失去了原来的初意。所谓地理风水，实在是无稽的迷信。

我所说的应用风水，亦可以说是形势的风水。举个例来说吧：香港是一个商业繁盛的港埠，在那里居住的人，都是富商大贾，或是军人富翁，可以说他们都受到了风水的好处。因为香港位在珠江口外，珠江流域的货物，都在那里集散，它是世界航行的要口，各国的货物到远东来，都要经过那里。它有深水的港湾，可以停泊数万吨的大汽轮；它有很好的山陵环境绕着，可以避免狂风的袭击。这都是良好的地理形势，也就是良好的风水，而使它成为一个最良好的港埠，商业自然不断地发展起来了。加以英人不断地整理布置，维多利亚山上青翠的树木，点缀着闪烁的灯光；一尘不染的街道，与良好的治安，使你住在那里，又美丽、又安乐。已住在那里的人，固然因身心愉快而健康发达，别的地方的富翁，亦因仰慕这个愉快的天地，迁到那里去住，而益形成它的繁荣。这就是形势风水良好的结果。可是住在那里的人，尤其是开辟香港的人，却不是迷信中国人所谓的风水，而是知道地理形势与政治经济的关系。上海、青岛、汉口、天津、广州等等大都市，都有良好的形势风水。

看相我是相当相信的，因为这是实质的表现，从实质的表现，可以决定这种物质功能的程度。相书上的术语，有很多都是观察事物而得到的结论，这种结论，是相当正确的。比如我们把面前的数种不同的木头，或是各种不同的金属，用眼看看，用手摸摸或掂掂，就可知道它的硬度或重量用途。后来科学发达了，就用各种机械来测验，则其结论更为正确。又如某样的马，何以知其善走；某样的牛，何以知其善耕，都是由于牛马实质的表现，和观察者经历多时的观察所得到的经验。古传伯乐会相马，宁戚会贩牛，他两人一定是对马牛有经验的观察家，而不是迷信的星相家。看人的道理，也同看马看牛是一个样的。某型人是聪明，某型人是愚笨，是很易从他的实质表现上判断出来的。壮健与孱弱，就更不必说。由于他智、愚、强、弱，而可以决定他的工作与前途，也是很浅近的事理。不过现在中国一般的看相，又走到阴阳五行的路上去，并以推测他的往事与后事，以眩其神奇，则殊可不必。好多市上的相士，更以"科学相法"为号召，殊不知他正走上反科学的路子，而想以科学来骗人，真是可笑！

我对于看相的见解是如此。我对于市上骗人的相士，也颇想研究他们的骗术。三十年六月，我在桂林，那里有一个摸骨相士，人们都说他的相术很高明，我想他既是一个瞎子，根本就不能看，难道摸一摸骨就会知道了么？如果真是如此，就是神乎其技矣！我终不信天下会有这样的事。于是我也去给他摸一摸，看他怎样的骗法。我到了那里，瞎子并不在场，而是一个开眼的同我谈话。他先要我以五块钱买一根筹码，然后再到里面去摸骨。我持筹进去，就叫那瞎子摸骨。他说："你先交筹码。"我说："摸了再交不可以吗？"他坚持要先交了筹码再摸骨，我也只好依从他。他接了过去，把筹码摸了再摸，才替我摸骨。他开口批评了，自然是一番恭维的话。他说我文武全才，文官可做到简任以上，武官可做到将官以上，我说："我根本就不文不武，而是一个商人。"他说："如果真的话，我的一双瞎眼睛，任由你挖了去，并且情愿退回那五块钱。"我因为还要看他以后的把戏，不好同他争辩，要他再详细地摸，详细地评。问他："再要多少钱？"他说："三百元。"并说："这是在桂林摸到的第一块好骨头，一定要这个价钱。"我心里想：再拿三百元来看一出戏也好。便答应他，请他再摸。摸后他就信口雌黄地乱恭维了一顿，我大笑起来。我说："文官我早当了特任，武官我早当了上将。"他说："是呀！我不是说文官简任以上武官将官以上么？"我的次儿行方在旁边，手舞足蹈地作势要打他，并且说："爸爸上当了！三百元不如买一只鸡来吃。"我同他笑着出来。

我后来想他这骗术相当的高明。起初所见那个开眼的，就是瞎子的眼睛，他对于来看相的人，已决定了等级，再给你一根有暗号的筹码。瞎子所以先要交筹码，然后肯摸骨，就是要先知道筹码的等级，才好决定来人的身份。摸后再抽象地笼统地说几句，以试探你的口锋，并按情形开一个价钱。如果他试探是对的，你一定愿接受他的价钱而任他再摸。他就将以前抽象的说法说得具体一些，你的钱就是他的囊中物了。

如果不对，就各走各的路，而不相干。反正中国人一般的性格，只要他说准了几句，就会加油添醋地宣扬开去。如果说错了，决不会去宣传，所以他的名声，就一日一日地传开去。尤其是我在桂林，认识的人太多了，焉知没有人预先关照了他呢？现在想起来，真是上当。但是花了三百元，看穿一面西洋镜，也是值得的！

　　算命排八字，我是不相信的，即使是个玄妙深奥的道理在里面。因为中国的时辰，尤其是五十年以前的时辰，根本就不可靠，他又何从推算呢？而且第一个甲子，又是从何年、何月、何日、何时算起才算标准呢？阴阳五行的道理，我也不相信，但是我还没有科学的正确解释。石延汉君接着说道："这很容易，就以太阳系来解释好了。以前的五行，是指金、木、水、火、土的五个行星，阴阳是指太阴、太阳，合起来称为七曜，这完全以地球为主的旧天文学。所谓七曜（阴、阳、金、木、水、火、土），是绕着地球走的。自从哥白尼发明了日主的学说，金、木、水、火、土及地球皆是太阳系的行星，七曜现在已变有九曜了。我们在科学上已经承认哥白尼太阳系的发明是正确的，则阴阳五行的邪说，就不攻自破了。"我听了他的说法，不禁恍然大悟。因此，我就联想到我们如果有正确的宇宙观，则一切人生观都会正确的了。谁说天文学是空虚无用的呢？

（《五十回忆》）

科学技术的研究

　　我对于科学技术的研究，是二十八年起的。因为战争的需要，而使我发生了兵器制造的兴趣，在全面战与全体战的号召之下，总是想把可以武装的人民全体武装起来，但是武器哪里得来呢？我也曾花了十数万块钱，向外国买武器，但是累月经年，才得到手，且数目有限，后继为难。于是我转到自己设厂制造的念头。因为我以前（民国十四——十六年）在广西也曾由土制枪弹，进而为机制枪弹。广西统一事业的成功，与参加革命的力量，自己能制造武器，是一个主要的原因。中国人也富于仿造的技术天才，只要有相当的机器设备与材料，就能仿造出来，虽然比不到外国货那样精巧，也还可以应付一时的用处。而且我认为制品的精粗，是时间过程上的问题，若能在长时间中不断地努力，自然可以得到不断的进步。世界闻名的德国克虏伯厂，起初仅是一家打马蹄铁的打铁铺。开始的简陋，怎能限制以后的进步呢？我在"八年来的浙江军事"一章上，已叙述设厂制枪的经过，我自己也是参加研究兵器制造的一员，这完全由时势的需要，使我走上这条路上去的。"需要是发明之母"，这是科学界的一句名言。我现在将研究科学技术的经过，自我地介绍出来，当然是很幼稚可笑的，而这些创造的细小东西，对于国计民生，也不能说是有很大的贡献。而且在研究创造的过程中，成功的少，失败的多。"失败为成功之母"，这些失败的经验，倒是值得叙述，以供同好者的参考。所以我仍不愿藏拙，而将我的研究科学技术的幼稚可笑的史实，写在这里，因为这实在是我抗战八年中业余生活最重要的一环呀！

（《五十回忆》）

七七枪榴弹筒

　　廿七年上半年，我在柳州参观四十厂的枪榴弹筒的制造。据那厂主赖瑞麟说："这种枪榴弹是意大利的。前几年有个意大利的军火商到广西揽生意，把样品拿来试验，觉得效力很好。当时想了种种方法，把这个样品留下来。尽一夜的时间，拆开研究，并且把图样绘了下来，次日仍交还他。我们研究的结果，认为要有材料，很容易仿造，成本又便宜。如果用高价向他购买，未免太不合算了。于是回复他，说这东西要不得，不愿承购。那个意大利人生意做不成，反把制造的秘密泄露了。这就是四十厂枪榴筒制造的起始。"他说得非常得意，我心中虽然想到这等作风，未免近于无赖，但是国际上探取人家的军事秘密，本来是不讲道义的啊！赖瑞麟也是我在广西时期帮同造土枪造炸弹的主要角色。我对他说："你真可谓花样翻新了！"他笑道："这是你老领导出来的呵！"我参观之后，就转了一个念头，向他要了一副样品，带回来想自己仿造。但研究结果，觉得不甚满意。第一，所有原料，都是外国货，而且制造的机器，也不易办到。第二，射程太近，只有一百五十公尺。我希望至少要有四百公尺的射程，同时我发现达到四百公尺的射程是可能的。因为意大利式的枪榴筒，仅是利用步枪射击时二分之一不到的瓦斯。我若把步枪射击时全部的瓦斯都用上，一定可以达到四百公尺的要求，于是我决心进行试验。先是用弹管套在枪口上，管内装一个与意式同样重的弹，将步枪子弹头去了，加以封闭。我便教工厂的技术员照这个意思去做，他们都不明白我的作用，虽经我说明用意，而他们都认为得不到好效果，暗笑我是个外行。但是我既要这样做，他们也只好照样去做。等到做好了，拿去试验，射程最远的只有一百多公尺。他们皆哈哈大笑。我说："笑什么？我的初步已经成功了！你们想：以这样粗糙的筒，这样笨的弹子，弹的封闭又不严密，尚且得到这样的成绩。若将这些因素再加研究改良，一定可以达到目的。"于是继续研究改良弹筒，由短而长，由长而短，经了很多的试验，才决定它的长度为九英寸。榴弹的形状则由圆而尖，或由尖而改为略圆。为减少在筒内的磨阻力，而加了一条弹带为确定飞行的方向，而在尾上加了四片翼子。弹体的形状，一共改了十三次，最后决定采用第十二次的形状。发射弹的堵塞物，最费脑筋：用硬的东西，会撞击弹尾，以致飞行不规则，甚至有损伤弹翼的危险。用软的东西，则膛压力不够，火药燃烧不完全，以致药力不足，射程减少。于是我出了一个问题，要技术员去研究，我说："发射弹的堵塞物，在膛内时，要有与真正子弹头一样的膛压力，但是一到枪口，这个堵塞物就要变成灰烬，不能有一些撞击榴弹尾的作用。"我只能出题目，自己却不能作文章，怎样来解答我这题目，则是技术员的事，我一概不管。其实我对这个题目的解决办法，一点也不懂，出题目是易的，作答案却很难。我当时以为未必做得到，但是他们居然做到了，使我喜出望外！这是最后的难关。其余如瞄准器，射距离，调节器装簧上的美观，都费了很多研究与改良，才作最后的决定。我现在叙述这种经过，仅费了一二小时和千百个字，而我当时制造研究改良的工作，却是经年累月不停地做，尤其是种种相互的复因，非得时常详细些观察，不能研究出来，往往很细微的现象，就是极主要的原因。好些技术人员，经种种的失败，有时不免有放弃的表示，但是我总是坚持着，一定要获得成功而后已。这个七七式的枪榴弹筒，最后是成功了。纵然不能超过日本的昭和十四年式，但比他们旧式的却好得多。凡是用过的人，都觉得相当满意，可惜还不能通行于全国。我则因此而获得军事委员会颁给的一等金质奖章我觉得这个奖章。比我以前所得的二等云麾勋章，还要宝贵，因为这是我完全用心血创造得来的！

（《五十回忆》）

爆破武器的改良

现在的战争，是爆炸的战争。在战场上，哪一方拥有较大的爆炸力，哪一方就可以得到胜利，这等爆炸力分为三种：第一是空军所用的高度爆炸弹，第二是陆军用的大炮弹及地雷，第三是海军用的大炮弹及鱼雷、水雷。这种种的爆炸力，不但要以威力，而且要以数量胜，这种趋势，在化学战——即细菌战或毒气战——未实现以前，实是战争中最大的威力。即使化学战实行以后，它的威力也同样的重要。我对于空军作战，曾经作过两种研究。第一是想用高度的空炸弹来对付上空的敌人空军。现时的空防，一是用驱逐机在上空将敌机击落，但是必须有优势而优良的驱逐机，才可以达到目的。二是用高射炮由地面将敌机击落，但是高射炮队活动的范围受了限制，而且炮弹的重量及射击的高度，也受相当的限制。所以高射炮队防空，不但在中国不见得有很大的效力，就是在外国有很多精确而口径较大的高射炮，也未见得有如何了不得的作用。所以我想，如果有速度很大、升得很高的飞机，飞到敌人机群上面，将高度爆炸弹向敌人机群作空中轰炸，在爆炸威力圈内的敌机，虽不必被破片杀伤，亦可以将它震坏，要是能命中的话，不但爆炸的威力比高射炮弹大得多，而活动范围也广阔得多。并且可以少数的飞机，打击敌人的大机群。我对于这种空炸的炸弹，曾经研究设计过，但是要有飞机作实地的试验，而且是需要高速度与能特别升高的飞机，才可达到目的。我个人固然做不到，中国目前也还做不到。此种想象的办法，这次战争中，好像也曾用过，成绩怎样，不得而详，但总算是一种方法，可惜我们没有机会来实验，仅是一种想象的研究而已。第二，对付敌人的燃烧弹。如果像美国用很多的飞机，投下很多的燃烧弹，自然也可达到烧夷的目的。但这实在太不经济了，尤其是在中国。我想最好每一飞机投下的燃烧弹，在每一区域内，都分布得很匀，而能到处发火，不致集中在某一地点上面，致使许多的弹，仅能发生少数的火头。我曾看见苏联空军用的"莫洛托夫面包篮"，把好多的小炸弹，装在大炸弹里，投下时，乃各个分开。这样，散布的范围，自然广大得多。但我觉得这种散布力量还是不够，而须将大炸弹内的小炸弹，各有抛射的角度，而且要用火器喷射，使放射得更远，分布得更广，才合我的经济要求。我曾作过这种炸弹的设计，替它定出一个名字，叫"中国的香蕉"，因为它像一丛香蕉的样子。也因不能试验，而为空想。

地雷是防御和阻止敌人进攻的利器，尤其是坦克车，在进攻中，最畏惧的就是这东西。稍一不慎，即致全车炸为糜粉。所以地雷虽不能攻坚克敌，却是防敌进攻的有效武器。在中国的防守战中，敌人受我们地雷的损害很少。这不是地雷的本身没有效力，而是我们用得太少。使用的方法，也欠研究。我觉得地雷的本身，并无须乎很大的改良，而地雷发火的装置，尚须加以改进。我时常听到我们的部队说："埋在公路上或铁路上的地雷，不是被敌人发掘，便是没有触发。"其实我们所用的地雷，多半是触发的，因为在公路上埋雷的地点，往往不一定是汽车轮所辗过的地点，即使不为敌人所发掘，其效果也等于零。因此我研究有两点问题：第一，雷不可埋在地面，以致易于被敌发掘。但是离了路面，就没有机会与汽车轮胎接触。因为雷的触发，只有极小的一点。第二，须把雷的触发点扩大到全路面，车辆在任何一点上滑过，都可以触发，但这不是很容易办得到的事。起初我曾设计一种拉发式的，但并不是用人力拉，而是用汽车自然拉发。其法：在路面上放置很多锐利的钢钩，每钩都有一条绳子，连到地雷的发火器上面，汽车从路面上经过，车轮的橡胶被钢钩扣着，因而向前拉动，遂致发火爆炸。但这设计需很多的钢钩，而且不一定能将胶轮扣着，仍旧认为不满意，乃改用电发式——不是制发式而是自动的电发。我想，可以将电池和地雷上的两条导线，结连起来，这在平常是不接触的，电流并不接通，但在汽车过去时，自然使电流接通而爆发。设计虽如此，结构却非常困难，总是不能满意。但这种方法，确实安全，又不易为敌人发觉。我同一班技术人员研究了很久，都未得到结果。有一日，我在机枪厂内，将一条机枪弹簧，用手随意弯弄，当时并没有什么目的，但在动作时，忽然觉得弹簧本身，除非用大力压迫，随你怎样弯弄，每一环节内，都不致接触。我喜欢得跳起来！于是招集那些技术员，说要做一条两条钢线缠成的弹簧——即双弹簧，问他们："能否做到？"他们说："可以做到。"并反问我："作什么用？"我说："你们不要管，做好了，我再对你们说。"做好之后，我把道理解释出来，他们才恍然大悟。随后更加改良，可以分为好多节，一节一节接起来。可有二三十尺长，或一二百尺长，都可以拿它放在公路面上。好像一条绳子，将它伪装起来，就好像一条小蛇。那边连上电池及地雷。如果车辆压在上面，通过任何一点，弹簧被压，电流接触地雷，立刻爆发。屡经试验，百发百中，我名它为"火蛇"。

炸火车的方法，比较容易，但是敌人防备的方法亦容易，多半是用压道车在前头走，装兵的列车随后才过去，或是前头若干个车辆不装人，即被炸，后面的人，也不致受害。我曾经设计过一个地雷发火器，可以指定它炸任何一辆火车。比如我们预知他用压道车，大约有若干辆，在那发火机上，就可等待压道车过后，第二列车到时，再行爆炸。或是算定爆炸任何一辆，无须人的控制，而是自动控制。这也经过实验，非常准确，我名之为"火车节炸器"。此外我还觉得如果一个地雷在防御的阵地上，为敌人一个散兵触发，能够杀伤的，仅是少数人，甚至仅是一个人，代价未免太小。于是设计一种小雷爆炸，威力圈，仅有十多公尺，一个人触发，固可把他杀害，若十多个人密集在一起，也同样可以杀伤。我所消耗的，仅是一个很小的雷，比之用一个大雷仅杀伤少数敌人，要经济得多。而许多小雷可以布置一个很大的区域，被敌人触发的机会很多。但是如果战事停止，要把它取回来，就很不容易，而易成为自己的危险物，我名之为"小雷弹"。我又觉得埋在地下的雷，爆炸时，地面成为一个漏斗孔，因而对周围的杀伤圈，并不很大。若将雷触发后，能自动升高一公尺半——约等于一人的高度——再行爆炸，则杀伤圈可比埋在地下爆炸，大得三四倍，也曾经设计完成，我名之为"空炸地雷"。三十三年，我在浦城参观英国的军事代表团演习，就有这种空炸的地雷。但我觉得他的设计，有好些地方，还值得改良。我所见到的英国爆破技术，并不见得件件比我们高明，不过他们材料多，能不断地试验，不断地改良，而且他们做事很认真，很尽职。我在旁参观，他们当我是小学生一样，尽心地解释，尽力地表演，没有一些苟且的地方。这种精神，是值得钦佩的。我对于这些杀人武器的研究，非常有兴趣，有时废寝忘餐地在那里想。记得有一次，在天台路上，想起了一件以前好久没有解决的东西，一时想通了，连夜开车赶回大港头工厂内，指示他们如何地做，而居然成功。因为许多不能解决的问题，日夜盘旋在脑中，一时灵机触发，突然得到解决，一种得意的情形，简直形容不出来！并且怕马上会遗忘了去，非得急急赶回作绘图设计工作不可。但有时想到以为可以解决的，到了实验起来，仍是做不通，或是过一时间，自己又把以前思索的推翻了。遇到这等情形，心中总不免有些懊丧。但我并不因此而灰心，仍旧继续去研究，而希望最后的成功。最可惜的，是费了许多脑筋研究成功的几样东西，都未能实地应用，来发挥它的能力。原因是本身不担负军事责任，应用的机会太少。而且在科学落后的中国，一向不相信中国人也会有科学的发明，因而这些东西，也未被人重视，而把它束之高阁。我曾对陈立夫先生谈过，他对此亦感觉兴趣，但未有时间去实做，他说："最好我们两人把现职摆脱不干了，去当破坏司令，一定可以收到很大的效果！"

（《五十回忆》）

无线电密码机

　　密电码的应用，在平时所以保持国家的秘密，在战时用来保持军事的秘密，是非常重要的事。往往因国防外交秘密的泄漏，而影响于国家的安危；因军事秘密的泄漏，而影响战事的胜败，在历史上，是很常见的事。固然秘密之泄漏，有很多的原因，而由密电码泄漏，尤其是一个主要的原因。

　　中国的密电码，是太不秘密了！以前多半是用普通的明码本，只是在每页的角上，编列角码，在每页的横直方向，编列横码直码，就算是一本密码。比较进步一些的，也只另印电本，将明码本里面的字，另行排列过，而角码及横直码的编列次序，亦较为不规则而已。现时认为最机密者，不过在已编之密码外，再加上一种不同的数字，使原来的密码，再发生一种不同的变化，就是现时所常用的加码法（又名二重作业）。总之，现时中国所用的密电码，仍旧脱离不了密电本的范围，它仅具备编列上的秘密，这种秘密的程度，是有限的，很容易推算得出来。而尚未达运用机械的秘密，与数理的秘密也。而且密电码基本的要求有三种：就是除了"秘密"之外，还须"迅速"和"经济"。中国以往的密电本，秘密性已很有限，因为欲求秘密性之增加，或在编列之次序上，使其复杂。或用加码法，因而译发及译收，就费了很大的时间。往往一件极重要而须迅速处理的问题，就在译电的时间里耽误了。任何一种密电本用久了，都会不秘密，而须时常更换，尤其是很多方面通用的密本。一处遗失，即须全部更换。现在各机关密码本之多，与时时更换，都是极不经济的事。所以我认为现时所用的密码本，都不合这三种基本的要求，而须加以改进。

　　中国过去对于他人密电之推译——即偷译——尚有若干人去研究，但是对于自己密电之码，应如何研究改良，却没有很大的成就。也无异说中国一般的密电码，都是易于推译的。在十八九年内战的时期，我们所用的密码本，都是很幼稚的。往往我们用无线电所发出的电报，都被中央方面推译出来。我到中央谈起已往的经过，贺元敬（国光）对我说："十九年在湖南作战，你和李德邻、白剑生来往的电报，我们都完全知道。有一通好像你的手笔，我念给你听听，对不对？"他念出来，的确是我亲拟的电稿，一个字也不差。令我非常诧异！那时我还不知道他是如何推译得来，与自己所用密本，有什么缺陷。二十六年冬，我在山西作战，太原绥靖公署的译电室，收到各战场情况，以及各军行动的电报很多。我问他们："是否每处都有联络员，或是各军都向太原报告？"他们说："不是的，是由无线电偷听推译出来的。"的确，以前中央及太原，对于这种工作，都非常注意，而养有这种技术人员。我更想起二十二年长城战役，下达榆关部队撤回滦河西岸的命令，第二天早上，日本的报纸就登出来了。三十年在浙赣路作战，刘总司令下达各部队的命令，也是第二第三日敌人就全部知道了。其他各处的情形，想也都是如此。可见敌人对于电报密码的推译技术，要比我们高明得多，所以我们大本营就有禁止用无线电拍发军事及重要电报的命令。但是我想，这是"因噎废食"的办法。无线电本来是最新的通讯的方法，我们舍而不用，即使在陆地上可以用有线电，但是海战与空战，又怎样呢？与其在通信器具方面作退步的避免，倒不如在密码的技术方面，作进步的研求。我之所以要研究密码机的原因，就在乎此。我认为这虽然是一些很小的技术，而关系国家政策的推行与军事的胜败，实在太大了。因此用了五年工夫，花了不少的钱才得了一些成功。现在把我研究的过程，叙述一下：

我起初仅是想如何将现在所用的密本，变成一副机器。第一个观念，就想将电码本内的页，变成活动的。第二个观念，是想将每页上的码——角码、横直码——也变成活动的。在这机器的结构上，装置这些活动的页，及活动的码，使用时，双方约定变动的方法，而时常变动的使用，也就是要避免长用一种密码的毛病。机器只是一部，变化却是万端，因此我叫做"万变密码机"。由廿九年开始研究，经过种种困难，到三十年始告完成，当时颇觉沾沾自喜。到重庆去开会，特地带着去，想同那方面的人，共加检讨。在那里会见对密码机极有研究的魏大铭君，大家研讨的结果，认为仍不能满意。他并出示他所设计的用电示法的密码机，就比我的好得多，但是也未到实用的程度。他所提供的"同码不同字、同字不同码"的原则，是密码最重要的条件。使我在失败之中，更增加许多认识，不但不因此灰心，而且更增加我的勇气。三十年浙江科学奖金委员会，竟因我发明这部密码机，而给予六千多元的奖金，我心中非常之惭愧！因为这部机既未到实用的地步，必须更加改良。因此不愿领这奖金，而将它转移作特别奖金，以为助我完成这工作者的奖金。

我将已成而未实用的东西抛弃，另外扩充我研究的范围。因为如果不将不合理的观念舍弃，就会受它的束缚，而不能自由。所以决心把它舍弃，另创一个自由的境地。在三十、三十一年、三十二年的中间，继续设计三种式样的密码机。称曰：（一）季宽甲式——炼式加码法，（二）季宽乙式——变位代替法，（三）季宽丙式——电示变化代替法。而电示变位代替法的季宽丙式，实得力于田子炎君之襄助。因为我只知道密码的原理，对于电学的原理，是外行的。所以我把以前所得之奖金，转赠与他。这三种东西，要做起来，却不容易，不是普通工厂可以做得到。于是带到桂林中央无线电器材厂去制造，因为只有那里才有很熟练的工人与很好的材料。而颜任光君对此特别热心，由其监制而得以完成。但是工作上，也还需要改良，才可应用。我为此事一共花了八十多万元，亦可算是一笔大浪费，但我觉得这是值得的。我并不以此为满意，而时时想求进步与改良。三十三年，我在浙桂途上，又想出了一种直译式的电码机。因为以前的无论哪一种，都要将电文变成明码，后再变成密码。如果无须将电文变明码，译电的时间，一定要省很多。这种设计，已经完成了，正在制造之中。我又想将炼式加码法与变位替代法两种连成一起，则应用更广。这种设计，亦已完成，正在制造。对密码的设计制造，铁工厂的黄工程师渭川帮助的力量最多，是不可少的助手。他所最感觉得麻烦的，就是正要着手制造，我的方法，又要改变了。所以有些我要他赶做的工作，他都有些迟疑，恐怕我临时又要变更。事实上我只要想着更好的方法，就不能不变更，因为这是试验的过程呀！

（《五十回忆》）

制造水泥

　　水泥是国防建筑的必需品。在中国过去，这种水泥厂，几乎全部集中在交通便利的地方，如上海、龙潭、广州、唐山、大冶等处。像浙江这样的省份，过去根本没有一个水泥厂，所用的水泥，多数是从上海运来的。现在战时国防上需用水泥很多，而过去的各大水泥厂，又都沦陷了，本省各方需要用水泥，很难买到。其价格由几元一筒，渐增至五六百元一筒（廿九年价格）。我觉得这个问题，亟待解决，就从事研究如何制造水泥，并不断向工业技术人员领教。但是他们的答复，都是说并非不会制造，而是没有大动力和大机器。同时介绍我一本关于制造水泥的书，依照书本所述，以及他们对我所说的话，确实很难做到。这使我非常失望！可是我决心要做，并不因他们及书上所说的困难而罢手，仍旧继续想办法。

　　但是摆在眼前的困难，确是很多！第一个问题，便是动力。如果没有大动力，如何使石灰粉碎？于是使我想起了我们数千年来祖宗所习用的老法，先将石灰石烧成石灰。用水一泡，就成粉了。这样比用大动力机械轧碎的还要细。其实我觉得不用旋转煅烧炉，可用别的煅烧炉，只要能够烧到一千四百度，也可以有同样功效，就决定以改良窑代替旋转煅烧炉。这两个大症结解决了，在机械方面，只要打风的设备与熔块的磨碎设备就行，其他没有什么问题，我就很有把握地放胆进行。

　　再讲到研究时间和初次试验。我开始研究，是在廿八年的下半年，那时天天画图研究各种设备。这些图案现在想起来，实在太幼稚，那时也都没有采用。廿九年春季，就在科学研究费里，拨了数千元，着手试验。直到廿九年底，才觉得照我理想制造水泥，已完全没有问题了！

　　我起初看书，是看近代水泥最新式的制造方法，觉得技术人员所告诉我的困难，是不容易解决的。后来我再从头看起，从水泥历史的演进着眼，得到一个见解，认为用大动力、大机械的新式设备，是生产方法的进步，并不是制造的必要条件。因为需要大量生产，才要这种设备，假如不需要这种大量的生产，就无须乎这种设备了。我又在另一本书里，看到一点证据。据云，在第一次欧战时期，多有改用石灰窑来烧水泥。他的理由，是燃料困难，销路不大。平时的大量生产，为的是经济的倾销；战时的小量生产，为的是本身的需要。所以我就主张：（一）不求大量生产，（二）避免使用大动力及笨重之机械，（三）但求得次级之产品。

　　我在试验成功之后，就大胆筹备设厂制造，这时已经是三十年了。摆在眼前又有几个问题：（一）地点之选择。水泥厂的地址，必须"三位一体"。怎么叫做"三位一体"呢？就是石灰石、粘土和煤炭三件东西，要在厂址附近。如不能三件都有，至少要同时具备两件。如果这三件东西，都要从别处运来，那就太不合算。结果，找到江山清湖镇这个地方，不仅石灰石、粘土、燃料三件都具备，并且还有许多其他的好处。这是本省制造水泥最有希望的一个地方。（二）耐火砖如何得到？我们制造水泥，要烧到一千四百度，才能成功。那么，筑窑的火砖，至少要耐烧一千六百度，才不会熔化，并且还须自己先来制造。因为市上没有这种火砖原料，在清湖镇附近，都可以找到。（三）人才如何罗致？起初还没有做水泥的专门人才，有些懂得做水泥的人，觉得这种方法，非失败不可，反而不肯来。我只找到一位刚由大学出来学化工的学生李振民。"初生牛犊不怕虎"，他居然敢冒险担任这种工作。（四）机械如何制造？我们现在所需要的机械，就是球磨机、打风机两种。经我鼓励和督促后，浙江铁工厂，也已经能够制造了。（五）经费如何筹集，万一失败，如何处置？我先在某项经费内，挪借廿万元，我固然决心进行，但是也担心失败。筹备进行中，无时不提心吊胆。因为万一试验失败，不但名誉不好听，赔累也成问题，所以时常亲自去监督指导。从筹务到制造，刚刚一年，可以说是很快。那么，究竟用了多少钱呢？除借用廿万元外，又向某机关借用了二十万元，这四十万元，是从开始筹备到完成，所有机器用具置备等费用，全部包括在内。

　　上面已说过波特兰水泥制造之程序，及在现时环境之下，水泥制造研究所得的结论。那么，浙江水泥制造之程序，又是怎样呢？浙江水泥制造之程序，在理论上与波特兰水泥的制造程序，是差不多的。不过在设备上，减省了原料磨碎的机械设备，与煅烧时旋转炉的设备，所以第一步，原料配合的手续，要将石灰石烧成石灰，将石灰加水消化，使成为氢氧化钙，干燥后，除去水分，筛过后，便成极细的熟石灰粉。再将研细的粘土及氧化铁，照规定的百分比加入混合，做成坯料，待其干燥。石灰的来源，要自己筑窑大量的烧成，收用民间的石灰，亦未始不可。第二步，烧成的手续，是将原料（即坯料）与燃料（煤炭或木炭）混杂，放入自己设计之坚窑内打风煅烧，大约烧至六小时，温度到达一千四百度，即可烧成一窑。俟其冷却，即可卸出，再装入第二窑，继续煅烧。原料与燃料之比例，目前尚难得到最低之数字，大约燃料为原料的百分之四十强，如再进一步，或尚可望其减少。第三步，熔块磨筛的手续，烧成之熔块，俟其冷却若干时候后，将未能烧透之部分拣出，然后将其逐次加石膏百分之二，装入球磨机内磨碎。再经过规定之筛机，所得之细粉，按定量包装后，水泥制造工作，即告完成。在目前因为机械困难，许多地方，要用人工，在经济上，自不合算。如能逐步机械化，当然不成问题。

我起初说过，我们制造的波特兰水泥，一定有许多人怀疑用这种设备制造出来的成品，是否比得上市上的水泥呢？关于这，我可以分为三点来说：第一，我们的制品，在原料的配合，与烧成的温度及粉碎的程度，皆按照波特兰水泥制造的规格，成品是不会很差。第二，在成品试验上虽然无精密设备，但在拉力已至七百磅，不至断裂。抗力虽未试验，但拉力好，抗力一定不差。第三，成品在试用上亦已得使用者之好评。至于成本方面，当然要比大生产之价格为高，但一定比市价为低。

（《五十回忆》）

瓷质保温器

此外我还有好些研究和试验，成功的当然也有几样，而失败的也不少。现在把一桩失败的事，叙述一下。现在所用的热水瓶，给我们很多的好处。我想：如果把它扩大起来，成为一种很大的热藏或冷藏器，则效用自然更大。比如我们一日的三餐饭，现在要分开三次煮，人工燃料，都不经济。若果有很大热藏器，则三餐饭，可以作一次煮。放在热藏器内，可以保持它的温度，即可以随时食用。同时亦可以作冷藏用，使藏在里面的物品，不致霉坏，岂不是很经济的事？但是玻璃的制品，就很难做到，于是我想用瓷质来制造这种大型的保温器。因为瓷质的导热与密度，都和玻璃差不多，而且可以大量地取用，价格亦不贵。我怀了这个理想，很久都不能实验，因为尚未有适合这种制造的场所与技术。有一次，到温州去参观吴百亨的西山瓷厂，觉得它的设备很新，技术亦不坏。特将我的理想向他说，并画了一个图形，希望他替我试验。他对此亦认为很有价值，而感到兴趣，于是立刻制成坯型。经过几次的试验，才把它烧成。但是真空问题，无法解决。因为没有很好而适用的抽气机，就不能知道它保温的程度怎样。吴君也曾试用过烧空自动封闭法，在理想上，当那保温器正在窑内燃烧的时候，高热会把夹层内的空气排出，而成为比较的真空。到达某一温度时，放在出气孔旁边，易熔的物质就熔化了，把那出气孔封闭起来，里面就可成为比较的真空。烧成之后，他自己拿来试验。把开水冲下去，那瓶子马上破裂起来。他研究不出破裂的原因，写信来问我。后来我亲自试验结果，亦是如此。我认为夹层的空气，尚未排清，因受热而膨胀，所以把瓶身炸裂。于是拿一个完好的瓶，不冲开水，而把它打破，并没有发出同打破电灯泡那样的声音，这可以证明夹层里并不是真空。三十三年九月，温州再度失陷，这种试验工作就不能进行。以前试验未成的样品，却已经有百数十件，可算是西山瓷器厂的额外损失。但我并不承认这就是失败，而希望不久得到最后的成功！

（《五十回忆》）

对于词的见解

诗词在中国旧文学中，居于一个重要的部位。唐宋两朝的诗词，好像已经登峰造极，以后的人都以它为圭臬，很少能别创一格的。唐宋的诗词有两个特色：第一，外景写得真；第二，内情抒得畅。令人读了，犹如身历其境而引起共鸣。又因各个诗人词人的心境环境，各有不同，于是蔚为各种不同的风格和情调。后来的人虽极为揣摩仿效，纵然在格调方面能练得纯熟，毕竟因时代不同，处境各异，总难产生同样韵味的作品。所以要拿唐宋或某一代诗词来衡量现代的诗词，未免有削足就屦的困难。古人的遗墨，容易引起后人好奇地学习与崇拜，我想他们当初写作的时候，是不会存有"藏之名山，传之其人"的意念，而是用来发抒个人当时的情感的。这些作品，因为有它自身的价值，遂被保存下来，成为后人遵奉的圭臬。古人无意中留下来的诗词规格，使后人穷年累月去追求，而终不能脱离他的窠臼，不知是古人无心的罪过，抑或是一种有益人类生活的东西，那就很难说了，因为它不是科学的真理，可以演绎为人类福利的源泉。但诗词在唐宋时代，到底有了什么益处，现在又有了什么益处，这是可以看得出来的。所以我对于词，虽然一时有所好，但我认为这是历史上留下来的文人无益的嗜好，在个人，或者可藉以发抒情感，在国家则是无关隆替的东西。

然而这是我最近的想法，在往昔乃不免受古人无意地引诱。当我在保定读书的时候，天天受军事训练，极感枯燥。莲花池是保定的名胜区，那里有戏馆、酒菜馆，也有图书馆。在闲暇的星期日，都得到那里去逛逛，以调剂生活。在那个旧的图书馆里，所搜藏的，都是旧的书籍。其中有很多我是看不懂的，而且觉得没有趣味。有一次，我找到一部欧阳修的全集，里面有很多的诗和词，我对于诗的体味，觉得太刻板了，不是五言，便是七言，不是古诗，就是绝律。而且太正面化了，不能滋润我枯燥的情绪。而对于他的长短句——词，却觉得细腻活泼。当时我最爱的是他那首《浪淘沙》："五岭麦秋残，荔子初丹，绛纱囊里水精丸。可惜天教生处远，不近长安。往事忆开元，妃子偏怜，一从魂散马嵬关。只有红尘迷驿路，满眼骊山。"他能以一点小东西，烘托出一个国破家亡、人亡物在的凄凉景况，真是文学上的杰作。因为我是岭南人，读了之后，感受尤为深切，而使我对他的词发生了兴趣。固然他的词是以柔和细腻见称的，在全部宋词中虽不能说是翘楚，亦能自成一格，使初读的人感觉满意。当时我并没有学习填词的意思，而是藉此来润润口舌。后来阅读的范围虽扩大了一些，仍不外是以前的作用，多未执笔试填过一首。也因为离开学校之后，经常过着紧张的军事生活的缘故。廿二年秋，奉命巡视内蒙，接触那种广漠寂寞的塞外风光，目睹方燃未尽的北国烽烟，即使是一个很平凡的人，也会发生无限的感慨！我曾读辛幼安寄陈同甫的《破阵子》一词云："醉里挑灯看剑，梦回吹角连营。八百里分麾下炙，五十弦翻塞外声，沙场秋点兵。马似的卢飞快，弓如霹雳弦惊。了却君王天下事，赢得生前生后名，可怜白发生。"这种悲壮的词句，在那种情景中吟诵起来，是分外地逼真动人，容易挑起旅人的愁思，而想藉此一洗自己胸中的积郁。于是执笔学填一首《满江红》，固然不工，亦求一时的快意而已。词云：

> 汉代雄图，堪慨叹，华疆日蹙。试披阅舆图依旧，惨变颜色。长白山前箕子地，而今偏树仇雠帜，洒沙场，热血似春潮，荒郊碧。　　怀壮志，愁无益；迈前驱，何顾惜。说甚穷荒能把英豪隔，白骨敷成千里辙，长车直驾无停息。看旗扬，绝塞卷阴霾，青天白。

这就是我填词的处女作。从此每当有兴致的时候，也随便填作。这种粗犷的词句，只是聊以发抒自己的情感，和作为一二友好的谈助，实不能登大雅之堂。李立民兄说我以往所填的词，有些"怒发冲冠"的样子，近年以来，火气渐脱。他的意思，怒发冲冠是要不得的，炉火纯青，温柔细腻，规格严谨，才是词人之词。岳武穆的《满江红》，并不是词选中的第一流作品。苏东坡的"铜琵铁板"，也嫌过于粗放。我对于这种论调，颇不以为然。我觉得每个人都有其心境，而心境是随年龄环境而变迁的。在某一种心境之下所填的词，不是其他的人所能模仿，也不是他自己后来所能再写的。所以论词只能就作者当时的心境着眼，而不能就论者的主观来评定的。因为这是作者真情的吐露，不是身历其境的人，是不易知道的呀！就我个人来说吧，十几年前的词，现在我已填不出来了，这不是我觉得那时的词填不好而不肯再填，而是我的心境已随时代而改变了，实在填不出从前所填的词句来。反过来说，假使我现在还是一个三十多岁好勇斗狠的人，来评定我自己前后所作的词，我想一定是认为以前的豪放合口味，以后的就未免觉得颓唐无味了。因为立民兄已是五十开外的人了，他是以现在的心境，看我以前的词呀！质之立民兄，未知以为然否？

　　古人说："诗言志，歌咏言。"好像诗词之类，都是用来发抒自己的怀抱的，同时又是娱情作乐的方法。而实际上并不能完全尽到这些作用。我们填词，往往为了一字一句的推敲，费了多少工夫与心血，而所得到的字句，未必即是由衷之言。甚至有的是违心之论，或是雕琢之作。我常觉得通常写一二千字的散文，费二三小时，就可完篇，而填一首词，有时用了二三日的工夫，还得不到好句，何苦耗费这种时间与心力呢？这真是生活上的矛盾现象！自从我们几个人好以填词作消遣之后，引起许多人对于词的爱好，而亦步亦趋地来学习。我们自己已中了前人的遗毒，而不愿再遗留给别人，可是却在不知不觉中流传开去了。我在这本《五十回忆》中，有若干处均附上一二首词，我的本意是想用抽象的方法，来表示我的心境和环境，并不认为这是我的文艺创作。

（《五十回忆》）

卢　汉卷（1895 — 1974）

卢汉，原名邦汉，字永衡，云南昭通人，彝族，著名抗日爱国将领，原国民党滇军高级将领，国民革命军陆军二级上将。1949 年 12 月 9 日在昆明率部起义，和平解放云南，1955 年被授予一级解放勋章。历任云南军政委员会主席，西南军政委员会副主席，国家体委副主任，国防委员会委员，全国人大二、三届常委、全国政协二、三、四届常委。1974 年 5 月 13 日因患肺癌，在北京病逝，终年 79 岁。

家　庭

卢汉，原名邦汉，以后进云南陆军讲武堂时改为单名；字永衡，云南省昭通县金沙边西达村人。生于一八九五年二月六日。彝族。

他的家庭是彝族上层——黑彝（即占有土地、奴隶和武器的奴隶主阶级），不过是比较小的奴隶主而已，拥有"娃子"（奴隶）数十人。属于三大家族之一的纳吉家。

卢汉的祖父人称"卢大人矽"，曾捐了个游击。父亲卢元达没有什么功名，早年亡故。母亲是龙云的姑母，精明能干，是一切内外家务的主持者，虽然染有鸦片嗜好，经常躺在床上让奴仆烧烟给她抽，但她却能够下地劳动，骑马打枪，是一个劳武结合的妇女。对人十分严厉，不假辞色，因而很多人都怕她。卢汉就在她的管教下度过了他的童年。

（马子华：《我所知道的卢汉》）

龙云、卢汉的姻亲关系

卢汉有弟兄姐妹八人，他行大，在平辈亲友中被称为大哥。除亲兄妹外，他还有一些表兄妹。龙云即是卢汉的大舅父纳吉瓦梯的第四子（原名登云），是比卢汉长十一岁的表哥。住金江北岸的松萝村，同是纳吉家族的黑彝。龙云的父亲在一次"打冤家"的械斗中，为"冤家"杀害于深山荆棘间，尸体被分割成数块，进行天葬，等到龙家去找寻尸体时，已经狼藉不堪，遂在当地收拾残骸埋成土冢，传说是"蚂蚁堆坟"。龙云在家无法管教，便送到昭通城内"后围墙"——他的舅父家读书。卢汉也被送到城内龙大人家读书，同时读书的还有龙云的表妹龙泽清（生于一八九七年一月二十三日），后来是卢汉的发妻。他们三家的表弟兄姐妹在家塾中读书。这就是外界传说龙云、卢汉是弟兄的姻亲关系。

（马子华：《我所知道的卢汉》）

不爱读书

对于读书，龙云的进步遽日可见。卢汉却不爱读书，终日嬉戏。龙云比他年长，经常申斥教育，终不听劝告，龙云晚年对我说："我当时的拳术已经学得不错，年纪又比他大得多，他不听话我便打。他相当怕我，在我这个四哥面前他还比较规矩些。"卢汉后来也对我说过，他当时的想法是："我们那时，正处在清末光绪年间。各地都兴办新军，我经常看见有一个哨官，带着队伍，骑在马上，前面军号响亮，非常威风。我深为羡慕，很想以后做个军官，因此就不愿读书了。"

（马子华：《我所知道的卢汉》）

"跑滥摊"

民国元年（一九一二），龙云已经二十七岁，卢汉才十七岁。随着一个四川人，在永善县落籍的朋友邹炯（原名邹世炯，字若衡，人称邹三爷），三个人出门去"跑滥摊"（找机会和出路）。首先投在一个魏统领的部队里当兵吃粮，继而裹胁了一两百人，几十条独子枪，流窜于滇川边界，和袍哥帮会的股匪有了联系，也打出革命的口号，后来窜扰到四川的叙府一带。辛亥革命后，滇军梯团长谢汝翼率部入川，他们三人便投效于谢部辎重营长徐采臣部下，颇得谢汝翼的赏识和器重，给了卢汉一个中尉候差的名义。去四川混了半年，就随军回云南。在他们三人的请求下，谢保送他们考入云南陆军讲武堂第四期。龙学骑兵，卢学步兵。当时的讲武堂监督是李根源。这是卢汉走上正途，从军的开始。饮水思源，他后来对谢汝翼颇为感激，对谢的后人也很关怀照顾。

（马子华：《我所知道的卢汉》）

陆军讲武堂期间

在陆军讲武堂学习期间，卢汉常不遵守纪律、制度，触犯校规，受过"关禁闭"

或"禁足"（即星期例假不准出校）的处分。他家经常兑钱来给他，他便到校外换上便衣，去戏园看戏，上馆子吃喝，逛暗娼，经常到水月轩照相馆（老板姓蒋，迤南人）去打麻将，抽大烟。龙云比他年长十一岁，又是至亲，管教颇严，他也有些顾忌，但总是改不了那些吃喝玩乐的脾气。龙云说：有一次卢花钱买了一项日本的"龙须草帽"被发现了，龙责备他"做个军人，花钱买这种帽子干什么？"叫他拿走，他把这顶帽子寄存在校内的另一同学处。后来另一同学不还给他，引起争吵，而且联络一些同学要打卢汉。龙云因为精通武术，出面替他抵抗，终于把这件事情平息下来。从此以后，卢汉的脾气才稍有收敛。

（马子华：《我所知道的卢汉》）

不想做军人

从学校毕业以后，卢汉被分配到部队担任少尉见习排长。他那时竟不想做军人了，请假回家结婚后，就打主意在昭通开电影院（那时云南刚有电影），开照相馆（看到水月轩照相馆很赚钱），无意从军。龙云那时分发到昭通独立营任中尉排长，察觉到卢汉的苗头，和他的母亲一同极力反对，又把他寻回原部队报到。这是一九一五年的事。

（马子华：《我所知道的卢汉》）

在龙云部下任职

龙云任十一团团长时，卢汉在唐继尧联帅府任上尉候差。他这时极无聊，竟把鸦片烟吸上了瘾。有一次唐继尧令他到四川去出差，他违抗命令，在昆明逗留不走。数月以后，唐知悉其事，把他逮捕管押，后来由龙云设法保出来。龙写信告诉他只要他改正过去闲游浪荡的行为，把鸦片烟戒掉，可以保举到十一团任营长。卢接受了这个劝告，到龙团任少校营长，这是卢直接在龙部下任职的开始。

（马子华：《我所知道的卢汉》）

打仗勇敢

卢打仗历来勇敢沉着，机智灵活。第一次打广西，防守南宁城，敌人攻城甚急。他站在一座旧炮台上指挥防守，敌人多次用猛烈的炮火把城墙轰缺，准备冲入城内，他身先士卒堵截缺口，数次击退敌人。几昼夜不下火线，眼球充血发红，因而又吸上了大烟。

（马子华：《我所知道的卢汉》）

四次有名的大屠杀

他有股不怕死的劲头，但也杀人不眨眼。云南人一提到"虎头卢"，都不寒而栗。他有四次有名的大屠杀：

第一次是追随龙云打广西，接唐继尧返滇。龙云在解决他的部将陈忻时（此人企图叛变投敌），在他力主之下将陈枪决了。陈部众五万余人交卢编遣，这些都是"三迤"子弟，卢在一个早晨将这些人集合讲话，竟用机枪将他们全部扫射杀毙，一坑掩埋了事。龙后来责问他，他说："这是斩草除根！"

第二次是"六一四"政变以后，他率军上迤西追杀胡若愚、张汝骥，沿途他经各县，均责备各县县长截堵不力，办理兵站贻误时机，将这些县长一一枪毙了。

第三次是他担任云南戒严司令官时，当时昆明市的社会秩序的确混乱。流氓弹神不少，盗窃奸淫案件很多。有一些流氓，喜欢穿八团大花缎长袍，手持大电筒，出入于歌台舞榭、茶楼酒馆。卢上台后一声令下，命他所属的部队和宪兵对昆明市进行一次大搜捕。凡在街头巷尾遇到身穿花缎长袍、手持大电筒的人，不问正邪，一律逮捕，第二天未经审问，一律格杀。冤枉死的，因私隙见诬的不知凡几。

当他防守昆明时，正值西军（唐继虞所部）攻省。那时在昆明北门外莲花池畔，储存着一部分火药。卢恐怕火药被敌方用来炸城，下令将火药用兽力车运载入城，藏进园通山仓库内。由于运输人员不慎，库房失火，引起巨大爆炸。因为出事在昆明市人烟稠密的地区，这次爆炸使昆明西北半城的房屋全遭破坏，人民死伤数万人。事后未予以救济补偿，仅只是慈善机关出来掩埋施食了事。这次巨灾也应该算在他的账上。

第四次大屠杀是在一九四九年云南起义之前，正值蒋介石使用金圆券、货币暴然贬值之时。中央银行云南省分行宣布：金圆券不再使用，叫人民持券向银行兑换新币。次日，一般市民和小商小贩，便赶往南屏街中央银行兑换。谁知那一天是假期，银行关门闭户。这些城市贫民无知，一阵哗噪以后，便打坏了铁门，蜂拥而入。有的摧毁营业处的桌椅、文具、簿籍；有的上了二、三层楼，捣毁了一些银行存储的物资。这原是一时泄愤的举动，警察局即刻将此情况向省政府报告，主席卢汉即刻指示："包围逮捕，不得遗漏，听候本主席亲自处理。"

这里应该补叙一段事情：当时和卢汉事事掣肘的"云南警备司令部"刚刚被卢汉请求撤销，司令何绍周才走了不久，这个"司令部"的人员尽皆特务流氓之流，平素凭借"司令部"的名义，对人民极尽敲诈鱼肉之能事，全都吃惯了甜头。一旦撤销滚蛋，自然心有不甘，所以当时就扬言："昆明市的治安，全靠我们替他维持的，现在他

（指卢）把我们搞走，他有多大能耐维持得了这个局面？姓卢的，你等着我们做点样子给你看看，我们走了看你顶不顶得住！"卢听得这一番话，知道那些特务要捣他的乱。这一天听得说有人捣毁中央分行，他不假思索，马上就主观臆断地认为是警备司令部的那班特务干的，于是采取断然措施：下午黄昏时候，他先把军统特务、昆明市警察局局长王巍，侦缉大队长周伯先叫上五华山去，简单地问问情由，然后吩咐说："你们把这班人犯，全部带到南屏街西口，准备好枪弹，等我审问以后，若是坏人就地正法，看我的手势执行。事前务必保守机密！"又叫秘书长朱丽东（景暄）拟好布告，由秘书李广平在密室抄写用印后，卢即下五华山驰赴南屏街。

在兴文银行对面劝业银行门口，放着一张小条桌，上面铺着白台布，放着雨罩煤气灯和一听三九烟，一杯茶水。卢带着秘书长朱景暄和参谋长马锳，以及其他的公安人员和随从，就在这桌子边审讯。那些"人犯"被排列在右手边。南屏街两头立即戒严，禁止通行。宪兵警察，手持冲锋枪，包围了这"人犯"。卢汉从容自若，左手指夹着一支纸烟，把"人犯"一个个提出来审问。这些人多是些贫苦的老百姓，穿着破烂的衣服，其中还有妇女和孩子。他们从来没有见过这种"阵式"，一拉出来就已经战栗得站不住脚，魂不附体，有的所答非所问。

卢汉大体简单地问三个问题：（1）姓名、年龄、籍贯；（2）职业；（3）今天到中央银行干什么？上了楼没有？问了以后，他拿着烟的那一只手往左边一摆，宪警就把这人拖到对面的一条夹巷里，用手提冲锋枪射杀；右手一摆，这是幸得生还的人，被拖到外面听候处理。

就在这顷刻之间，他杀了二十一条人命，枪声响彻全市，尸体堆积，血流满街，其他待讯的人哭声震天，甚至有吓得晕倒在地的。

他的参谋长马锳，看到这样杀人不像话，自己又不敢上前劝阻，马锳的父亲马直坡老先生向为卢所尊重，他的家就住在附近同仁街。马锳急忙把父亲用汽车接来，这位马老先生来到卢面前说："卢主席，现在时候也迟了，你也累了，明天交给机关去审问吧！到我家里休息休息。"卢才点点头，说了声"带下去，详细审问！"随马老先生走了。

卢满以为这次屠杀，膺惩了警备部的人，树立了自己的威望，维持了治安。谁知，他所杀的都是些无辜的老百姓，这样草菅人命，云南人民是忘记不了的。第二天，街上就出现"打倒卢汉"的标语。

他事后对我说："那些人杀得并不冤枉，你只要看看他的样子不像良民，听听他的籍贯不是云南人，问问他的职业，又没有正当职业，而竟大胆跑进银行，到二楼三楼去抢东西，这样的人一点也没杀错。"丝毫没有懊悔之意。

（马子华：《我所知道的卢汉》）

三房太太

他不惟对外人不讲什么情义，只重利害关系，即便对他的家人也是严格不苟的。他的夫人不能闻问他的事务，弟兄只能听他的安排，对子女比较宽大些，但很多事也不向他们透露。

他有三房太太。大太太是前面说过的龙泽清。这位原配夫人也就是他的表妹，娘家在彝族纳吉家地位是超过卢家的。卢汉从小在她家长大，受到龙家的恩惠不少。龙泽清在昭通进过女子师范学校，入过耶稣教（她混号耶稣），笃信上帝。自从进了卢门以后，婆媳之间就相处不好，卢老太太在奴仆成群的情况下，她生下孩子未满月，就叫她下田干活，因而患了"肾下垂"和"寒腿"两种痼疾。她生了两个儿子——国梁、国成。当卢当上第七旅长时（六一四以前），龙泽清一方面不堪婆婆虐待，一方面担心卢在外纳妾，遂不通知卢即携两个孩子来昆明找卢。卢当时的公馆在威远街大柳树巷，她找到公馆门口，门上的卫兵不让她进去，问她："你是谁？"她怕卢知道是她而不见面，自己成了"小进宫"的秦香莲，就说："请你进去报告师长，有个同乡和亲戚来求见一面。我姓龙。"卫兵进去通传，才得以见面。相见之下，卢亦无可奈何，在龙泽清责备下只好认错。自此以后，在家事方面他对龙泽清（因在家行四，人称四娘）是言听计从的，但也不准与闻政事。

他的二太太名罗露蘋，长得苗条漂亮，是他在女子中学的话剧演出会上看上的。他凭借当年权势把她弄上了手。等她中学毕业后，卢出钱送她到法国留学。在法国不到三年，没有学到什么知识，反而学得一套巴黎妇女的化装和交际的本领，卢便把她叫回来。卢对她十分宠爱，但她对卢却是慑于威势，并无感情可言，不啻关在金丝笼中的姨太太。龙泽清对于这位恃美夺宠、傲不听命的人更加刻骨仇恨，时加辱骂欺凌。罗露蘋竟致吸上了鸦片烟，企图慢性自杀。

这时，卢已迁入翠湖东路青莲街十号的华丽公馆。因为看到两位夫人不能和睦共处，只好在翠湖东路另买一幢房子作藏娇之用，让罗一人去住，派了几个男女仆役供她使唤。卢以为从此息事了，谁知卢经常率兵出省，有一次回家，龙泽清竟向卢密告，罗露蘋与他的侍从副官某人通奸，"人证俱在"。卢是一个偏听偏信的人，顿时怒火中烧，叫他的副官朱家才去通知二太太说："老太太在昭通病了，要你回家探望一转。"罗不敢不去。卢与龙泽清密谋，叫朱子英（即朱家才）送去，并叫朱在中途结果她的性命，归来有赏。朱随罗到昭通，行至中途红岩附近，罗便被枪杀了，回来说是在中途病故。朱得到罗的全部珠宝首饰，卢又另外给了他一笔钱。

　　罗露蘋"玉殒香消"以后，卢在吸食大烟之余，竟随带副官作北里狎邪之游。事为龙泽清所知，认为非予以羁縻不可。那时有一个会泽人，姓钟的文官，犯了贪污之罪被龙云捕押。这家人为了营救他，就向卢求情。龙泽清听说这家有个女儿名钟启明，知书识礼，曾在香港圣士提凡女校读过书，样子也还俊秀，龙就从中央人做媒，答应以营救其父出狱为条件，要钟启明来做卢汉的三姨太。这个交易马上就成功了。钟启明于一九三九年成为卢汉的三姨太，时年二十五岁。那时已经是抗战的第二年，卢已经是第一集团军总司令，正在昆明养病。

　　钟启明知道卢汉和龙泽清的为人，也知道她的前任罗露蘋的下场。为了明哲保身，进门后对龙百般奉承，有如侍候父母，一切唯龙大夫人的命是听。龙泽清对她有若干清规戒律，如不准自由出入，不准与娘家来往，不准同起同坐，不准干预任何事务等等，她都遵照不逾。她不敢自由地与卢汉同宿。解放前我在他家吃饭时，钟只能站在桌边添饭，站着回话。她在一九四○年一月间生了个女孩名国梅，这个孩子长大时，喊龙泽清为"妈妈"，喊钟启明为"婶婶"，直到这女孩大学毕业都是这样称谓，可见其地位如何了。后来，钟启明掌管一切家务及经济收支，侍候卢、龙二人的生活起居，有时也作卢的"机要秘书"。

　　卢有子女共三人。长子国梁，在美国学医务行政，娶绥江曾恕怀的侄女为妻。次子国成，在美国学工商管理，和一个华侨的女儿结婚，都是龙泽清所生。卢本人特别钟爱次子国成。当这两个儿子于抗战结束返回云南时，卢特别为卢国成建筑一幢洋房在翠湖东路，使他能过舒适的西洋生活。除此，卢更钟爱的是三女国梅，视若掌上明珠，在昆明念小学时，就以汽车接送上学。

　　国梁在云南期间，被委派为省立昆华医院副院长、兴文银行襄理。国成任云南企业公司协理。起义前，他携带妻子随其母到香港，解放后便到美国去，入了美国籍。

（马子华：《我所知道的卢汉》）

副官随从

　　平时与卢汉接触最多的，除去眷属儿女外，要算他的副官随从了。

　　他的随身人员中，早期有一个副官主任，是六十军出师抗日时委派的，名刘达，字达夫，讲武学校十六期毕业，学识品德都很好，后来改调去搞参谋业务，不算作他的亲随人员。在刘达以后的副官主任名黄丽天，云南蒙化县人，是高中毕业后在云南讲武学校毕业的学生，在他部下当到了中校营长，品学兼优，气质温和，仪表很好（卢用人常从仪表上着眼，从第一个印象出发）。卢便用黄来任副官主任，升为上校级。尽管如此，他仍把黄当作奴仆使用，随时斥责，从未表扬过。在抗日时期，卢患阑尾炎，由沈克非来昆明替他做切除手术。他躺卧病床时，黄丽天在侧侍候照料。他要想坐起来一下，命黄将他扶起。黄扶起时用力稍大，他的腹部创口挣痛了，竟当着很多人打了黄丽天一个耳光，口里骂道："笨蛋，你慢点不会吗？"黄忍气吞声地走了。随后打了个报告请求准予长假，愿意"归田"，卢也无可如何。后来黄仍回到部队，担任团长、副师长，解放后任昆明市人委参事。

　　后来是朱子英（名家才）从副官升任副官主任。朱是云南富民县人，出身贫农，十六岁时便当兵吃粮，后来做了卢的参谋长马锁的勤务兵。此人仪表清秀，机警灵活。一九三〇年，卢任第十路军前敌总指挥出征广西打了败仗，卢和马落荒而走，夜宿荒郊，饥肠雷鸣，找不到东西果腹。朱子英竟从他的干粮口袋内取出了几样宝贝：鸦片烟膏及烟具，咖啡粉和白糖，请长官抽烟饮茶。再到外面"征发"，得母鸡一只和鸡蛋数枚，几个人大大"享受"一番。于是博得卢的赞赏，向马瑛要来做自己的扈从。从此，朱子英就步步高升，成了中校副官，而且凭借长官的权势，大搞走私、贩毒、黄金、美钞、洋纱的生意，成了有洋房、汽车的副官主任。

　　当卢任云南省主席时，国民党军统特务就暗中拉拢和收买朱入伙，以便在经济上串通走私发财，又从政治上获得卢汉的内幕动态。朱子英颇为乖巧，将此事报告卢汉，卢将计就计，利用朱进行反间活动，叫朱供给对方一些无关紧要或假造的情报，从军统那里换取真实情况来报告他。这一来，朱取得了合法的双重身份，一手捞进金钱，一手抓来官职——卢汉成立云南省保安司令部时，朱遂一跃而为上校总务处长。

　　这时，云南人民地下武装——滇黔桂边纵队在云南已经蓬勃发展。"边纵"的副司令员朱嘉璧，原是卢的警卫团长，也和朱子英有交情。卢利用朱子英和他取得联系，表示愿意和人民武装协同对付"中央军"，叫朱子英输送枪弹、银元、电台等给"边纵"，在约定的地点接收。这原是十分机密的事情，谁知朱子英一面遵照卢的指示办理，一面又将处理情况和他所获得的"边纵"动态，全无保留地向军统报告邀功。"边纵"几次受到余程万所部叶植楠师的尾追，都是受到朱的出卖。

　　当时地下党或"边纵"告诉卢汉说："你身边的副官主任是特务！"卢一听到，心里一惊，深怕朱子英一遭逮捕，供出真相，于是当晚就通知朱逃走。朱偕同其连襟、特务周百先，趁会师忙乱之际，乘坐吉普车向迤西方面逃到缅甸，后来在泰国走私贩毒。

（马子华：《我所知道的卢汉》）

险些遇刺

　　一九五〇年，昆明市军事管制委员会在西南郊举办了一次公安展览，展出了朱子英进行特务活动的大量罪证。卢本人不带随从前往参观，身后有一个中年妇女步步紧随。公安人员见其形迹可疑，把这妇女带去盘问。原来她是一个反革命分子的家属，身怀手枪，企图刺杀卢汉。次日，省人委副主席周保中和卢见面，问卢："卢主席，昨天你去参观公安展览了吧！"卢答："我去看了，内容很好，有些情况简直做梦也想不到。"周笑着说："你想不到的事多着呢！你知道昨天出了什么事？"卢答："不知道！"周把有人准备刺杀他的原委报告卢，最后说："卢主席，你要警惕些才好。现在反革命分子尚未肃清，以后一定要带警卫人员才能出门，我们准备派两名警卫员给你！"卢忙说："我有警卫员，不必不必！"

（马子华：《我所知道的卢汉》）

抽烟戒烟

卢汉的嗜好之一是爱玩收音机。如果从早年说起，那就可说是无所不爱了。他抽了将近二十年的鸦片烟，每天约抽一两膏子，有一段期间抽得骨瘦如柴。一九四八年，他为了拿出精神来"应变"，决心戒绝鸦片，找了云南的名西医徐彪南、杜棻两人替他配戒烟药。初期还可支持，到了后期，麻醉品的剂量减少，他就支持不住，在床上翻来覆去，肚痛出汗，甚至滚到地毯上大哼大喊。但卢汉这个人是向称"有毒气的"，就是说：既经下了决心，生死均置之度外，丝毫不再改变，所以终竟咬定牙关把大烟戒绝了。卢抽纸烟也是有名的"大瘾"，每天从早到晚一根火柴就够了，一支连着一支地抽，起码要抽一听（五十支），而且是要最好的烟，如解放前的英国烟"三九""三五"，再以前是"大炮台""司令"这类牌子的烟。一九五二年到了重庆，他的胆结石病加重了，同时支气管炎频频发作，医生劝他不要抽烟。他也下了个决心戒，就从那时起再不抽一支了，即便我们在他侧边抽烟，或由他买烟招待客人，也不觉得难熬。

（马子华：《我所知道的卢汉》）

嫖与赌

一九四六年以前，卢汉一直喜欢赌钱，特别是打麻将。在昆明，几乎每晚都到永昌祥大商号严燮成家打牌，甚至一赌达旦。输赢胜负他倒不在乎，据说他的赌技并不高明。

对于宿花问柳，卢汉早年也是很有兴趣的。他的副官主任朱子英告诉过我：卢在昆明狎妓，朱子英曾经替他"巡营瞭哨"，不准闲杂人等出入。

（马子华：《我所知道的卢汉》）

体育活动

卢汉断大烟以后，体重陡然增加，渐渐胖了起来，肚子也大了。大家劝他搞一点体育活动，便学打网球。他向来对这方面也有一点爱好，解放前在昆明时，他经常到志舟体育场和他的亲家曾竹虚打网球，经常陪他打球的是一个云大体育主任姚继唐和一个姓朱的。解放后来到重庆，范庄招待所有几个网球场，他每天下午都去打一次。除网球外，他也喜欢打弹子，下象棋，玩扑克。在重庆、北京这些年，他有时也玩玩这些东西。从前他还喜欢打猎，在昆明经常在安宁温泉一带打猎，甚至整夜奔驰于崇山峻岭之间。解放后他就不搞了，把两支最上等的猎枪赠送给滇桂黔边纵队司令员庄田。

（马子华：《我所知道的卢汉》）

爱看戏

卢汉不爱看电影，但爱看戏，特别爱看京戏、滇戏、川戏和评剧。他说滇戏好听，因此自己也能哼两句。至于评剧，他特别爱听新凤霞唱。只要是她主演，马上就叫人去买票。对于一般近代的歌舞，那也就是看看而已。

（马子华：《我所知道的卢汉》）

饮食习惯

卢汉的生活一向是豪奢的。往年在云南时，他家里除了中餐的厨师外，还有一个越南人"老杜"专门做西餐。他特别喜欢吃辛辣的昭通口味，几乎每一顿都不离辣椒。后来因为胆石病才戒绝了辣椒和大油荤。他从前也爱喝酒，家里有个洋酒窖，存了不少的陈年洋酒。

（马子华：《我所知道的卢汉》）

重视住宿

卢常常说："我对于吃穿坏一点无所谓，倒是希望住的好一点，我最重视住的问题。"他比谁都考究自己的住宅。在昆明，四十年前他盖的青莲街公馆，房屋和围墙都是以整齐和一样大小的石砖砌成的，每一块石砖都用银砖水磨，平滑如镜，内部全以

"桃花心木"装修，其他设备更不用说了。至于他在云南的很多别墅，如安宁温泉的别墅，是把温泉的泉源截留一部分盖了浴池，其水温较低的余沥才流入公共的宾馆。他园内果木之盛，为温泉其他别墅之冠。又如西山麓苏家村的别墅，靠山面湖，饱览湖山之胜。为建住宅，他不惜耗费巨大工力，以泥石填平湖水至六七亩之广，再安装抽水机引上湖水，以作家用。内部的家具，全是依照房屋的大小和使用的性质来安排订制的，极为华丽舒适。他每天都要洗澡，所以房屋都要有卫生设备，少了他就受不了。

卢是个军人，有相当专门的军事知识，至于其他方面的知识，由于学习的兴趣不高，非常贫乏，但一般的常识倒很丰富。他的嗜好和兴趣也是多方面的，对建筑有很深的爱好，有很丰富的知识，起码有个技术员的专业水平。他从前在云南各地修建了很多住宅、别墅，甚至公共住宅，大都由他自己设计和监工建成。他常常一个人在施工的地区和马路边上，和工人们聊天，问这问那，蹲着、坐着看人们施工，始终学习不倦。他要女儿国梅在天津大学学建筑，和他的这项特殊兴趣有关。

（马子华：《我所知道的卢汉》）

经济活动

卢汉在云南，既是一个大军阀、大官僚，又是一个大地主和大资本家。

他的土地，祖遗的一部分仅在昭通一县和西达附近。等到他做了官，有钱有势以后，就在昭通附近的永善、鲁甸、巧家数县以及昆明市郊区买了近千亩的田地，使用奴隶耕种并进行地租剥削。在昭通附近各县的田地，初期由卢老太太经管，她死后便由留在家乡的一个七弟卢邦基管理。逐年收到的地租，除变为银元存留家乡一部分外，其他均汇到省城。

卢汉主要的经济活动，是对工矿企业进行投资。云南这个边远地区的经济向来是很落后的，六七十年以前，根本谈不到什么工矿企业。法帝国主义的势力侵入云南以后，攫取了部分开采矿物的权益，开始了个旧大锡的生产。滇越铁路通车以后，机器设备才有可能陆续运进来。所以，从清末民初开始，云南才有比较落后和简陋的工矿企业。就连公用事业，如耀龙电灯公司，供应昆明市的照明尚且不敷。自来水公司只能供应昆明城区的一部分民用水，尚未全部敷设管道。而这些公用事业初为商办，后来改为官、商合办。至于矿产的开采，个旧的大锡和东川的铜矿，都是靠土法开采并用落后的设备提炼的，大部分是分散的"厂哥"（矿主）或官商合办的。其他的轻重工业，那就根本谈不上了。

从"六一四"政变以后，由于社会发展的迫切要求，原有的公用事业和矿业生产远远不能适应需要，亟须增加资本，扩充设备，扩大生产。卢汉当时是实力派的首要人物，他从军费、地租、房租、贩毒等经营中获得和积累了大量资本。在这个关键时刻，他凭藉了自己的权势，向各公用事业和矿业投下了大量的资本，由于增资，耀龙电灯公司增加了水力和火力发电设备，改为电力公司。卢的股权超过了过去商股最多的王鸿图（字筱斋）跃居第一位，在股东大会上被选为董事长（因为股票上用的是他二儿子国成的姓名，有一段时期由他二儿去执行任务）。他在云南自来水公司的投资，超过了原投资总额一倍以上。但在解放以前，这个公司并没有因为增资，得到理想的改革和发展。

其次就是投资到个旧锡矿的生产和出口经营方面。这里有一段小小的插曲：个旧锡矿采掘和提炼以后，一般矿渣就倾于山沟野菁间了。后来有个外国专家发现，这些矿渣中含有大量的钨矿尚未分解收回，这个外国专家就收买了一些矿渣，那些"厂哥"非常奇怪和好笑，殊不知后来他就因此发了大财。经过一段时期，才明白"钨"这一种矿物是军需工业上不可缺少的原料，它是制造耐高热硬钢的原料，这时，一个大理喜洲的大商人董澄农马上插手投资，开办了一个"钨锑公司"，垄断了个旧锡矿的锡渣的收买和提炼权。原矿生产成钨砂后，经越南运到香港售卖，在国际市场上异军突起，后来居上，获得了暴利。卢汉看准了这笔好买卖，便在钨锑公司投了大量资本，分获了大部分利润。因此卢和董关系很好，董也要依靠枪杆子做靠山，让自己的大儿子董仁民拜卢为干老子，卢经常到董家去打牌，抽鸦片，相处无间。抗日战争末期董澄农病故，他的儿子仁民继承父业，办了个"大成实业公司"，下面又有一些新的工厂和企业如开远电石厂等，成了云南第一流的资本家。卢汉在锡矿和这个公司的经营，由他的胞三弟卢邦彦（字俊卿，人称三先生）为代理人，负责经管。

东川（会泽县）铜矿早年原系商办，后来成了官商合办，由富滇银行投资，一直也是土法开采，后来有点设备也很简陋。到了抗战以后，各国需铜量激增，蒋介石的"资源委员会"插手进来。龙云对于本省官商的权益是不肯吃亏的，于是便增加新股，提高股值，并成立了一个"矿业银行"作为云南矿业开发资金的吸管。此时，卢汉对东川矿业公司投进了大量的资金。

（马子华：《我所知道的卢汉》）

欺人太甚

云南向来没有纱厂和纺织厂，只能依靠外来的棉纱手工织布。外来洋纱和棉花以及棉布纺织品，受到层层剥削，价格昂贵。这些进口棉、纱、布到了抗战后期，简直成了金银一样值钱的东西，作为货币在市场上出现了。

腾越商号"茂恒"是资本家王少岩、王振宇弟兄开设的，过去专门做自缅甸进口洋纱，印度进口棉花的生意，当龙云在缪嘉铭的主持下拿出公款来，办了个"云南纺纱厂"以后，王氏兄弟也就积极招股创办"云茂纺织厂"。卢汉看准了这个企业的远大前途，立即投资。在很短的时间内，全部机械运到，基本建设完工，安装齐备，继"云南纺纱厂"之后投入生产。真是欣欣向荣，财源茂盛。在卢汉担任云南省主席时，更利用军政职权，为该厂的产品开辟广阔的市场，给与各种方便，该厂业务更是蒸蒸日上。但是，好景不长。才不过三五年时间，卢汉看到局势不妙，解放战争就要打到家门口来了，这个工厂今后的命运不是被破坏，就是被没收。一九四九年初，卢即向王家提出要退股，股款要黄金或美金。王家当时既无钱可退，更无黄金、美元。就是卖工厂也没有人要。但又畏于卢的权势，不敢一口拒绝，只说"主席既要退股，我们焉敢不遵。但是我们王家的美金或外汇都在香港，请等着调拨一下"。卢仍一再催逼均未解决。

一九四九年十一月，卢家的家属全部到了香港。这时，卢妻龙泽清亲自出面，找到了云茂驻港的经理和老板王振宇，当面追索此项欠债。当时，王家的资金全部买了棉纱，正遇美金涨价，纱价下跌，王振宇就求龙泽清说："卢太太，这是你家入的股，不是我们王家欠的债，既要退，我们不敢不退。但是，我们的钱都放在货上，目前纱价跌、美金涨，我们如果卖了棉纱赔还你家美金，我们就大大蚀本了，请你家缓待一步，在两个月内绝对还清。"龙泽清大不高兴，和他的儿子一再催逼。卢在云南也对王少岩施加压力。王家迫不得已，咬咬牙关把棉纱卖了，还给龙泽清五十万美金，王家一出一进，共损失一百万美金以上。卢的儿子带着这笔美金到美国去了。

（马子华：《我所知道的卢汉》）

聚敛资财

在抗日战争当中，云南成了"大后方"和国际交通通道，经济上一度呈现出虚假的繁荣。龙云既主滇政，近水楼台，坐收渔人之利。存了一些不公不私的财产，也由他的"土账房"陆崇仁和"洋账房"缪云台两人，替他办了一些地方小型企业。龙为了避免蒋介石的掠夺和云南人民的腹诽，于是组织了一个"云南人民企业公司"，声称这是云南人民的财产，共管共享，由各县选举股东代表来省，决定规章制度，推选董监事，执行最高权力，今后股红息拨交各县自由支配等等。实际那些股东代表，都是各县的地主权绅，人企公司的当权派，都是龙云委任的官僚。这一部分龙云主滇时积累的财产，到卢汉为云南省主席时，卢马上就据为己有。其中可以变动的金银、鸦片、现款，都在他的条谕之下动用了。当中有一部分美金外汇，据说一部分被卢提走，小部分为金龙章所盗劫逃逸。

除上述大企业以外，卢也大量参加银行投资，除兴文银行外，好些商业银行都有他的投资，还有其他的小型企业不胜枚举。他用的化名很多，什么永记、衡记、汉记等等，还加上使用儿女的姓名不计。

上文说过，卢汉是一个善于聚敛资财的人，不像龙云那样死硬呆板，因而他的资产是比较多的。他两人相比，龙用钱比较吝啬小气，而卢却十分慷慨大方，他把"政治""军事"以及人与人的关系，完全"商品化"了，认为一切都可以用钱收买得到。在重要的事情或他所需要的人物方面，他可以挥金如土。记得云南起义以前，他需要十二个保安团（编为两个军）的高级军官，于是对能够忠诚听命而行的有赏：团长以上的每人暗中给黄金一百两，团长以下的各几十两不等。

（马子华：《我所知道的卢汉》）

大宗资产另有安排

卢汉的大宗资产却另有安排。一部分用于云南买田置地，盖房建屋，生活享受也花了不少，绝大部分变成外汇送到美国去了。其间还有一段插话：龙云在抗日战争中，曾经交了一笔金法郎给法国军火商驻滇的"隆东公司"经理，订购一批飞机、大炮。后来法国被德军占领，此项订货无法交付，按照合同应该退回，其数字约合八十万美金。龙云从南京逃到香港后，感到手边拮据。这时卢汉已就任云南省主席，龙就要这笔外汇作为他的用费。卢汉替他向隆东公司索还，等到钱偿还以后，卢竟不汇给龙云，仅只是叫人送了港币八万元给龙。龙非常忿恨，拒绝不要。卢也就置之不理了。

卢在国内的动产、不动产，都在土地改革时由政府代为统一处理，列为清册交割清楚了。尽管全部交清，也没有达到农民所提出来的数字总和。政府照顾他，他在昆明市青莲街的住宅，仍给他保留居住，里面的家具器物也都不动；但他坚持不要，将一切内部器物都上交了。

（马子华：《我所知道的卢汉》）

龙云和卢汉的关系

以下谈谈龙云和卢汉的关系问题。我因为来往于他两人之间，双方在有意无意的言谈举止中，都以其本来面目出现，所以对此我较为了解。

关于他们早期的姻亲关系，已如前述。龙、卢二人，由于年龄和所受到社会影响不同，具有两种不同的气质。龙云是满脑子的唯我独尊，独自为王，忠君爱国，四维八德的封建思想。对人讲"感情"，对下采用"家长统治"的方式，主张维持法统和纪纲。而卢汉则比他开明，对人不大讲感情和道义，追求西洋的物质文明和生活方式。从表面看，好像他们二人属于两个时代的人物。

尽管他们在思想上有时有分歧，但由于他们是同民族又加上错综复杂的亲戚关系，这就造成他们历史上的相互依存关系，因而具有"兄弟阋于墙而外御其侮"的事实。

龙云常在我面前说："卢永衡要不是我一手提拔，何致有今天，说不定当个小照相师在昭通吹吹鸦片烟，打打小麻将，完蛋了。"卢汉则一两次嗫嚅地说："老主席把人看得半文不值，他的江山还不是我卢汉一刀一枪打来的。要没有我拼命，他也活不到今天。"事实上，他们的确是互相依存，互相利用，又互相矛盾的，关系微妙得很。

如前所叙，龙、卢之间初期关系是很好的，后来矛盾渐渐加深了。从根本上看，这是政治性的利害冲突，有着长久的历史缘由：

首先是"六一四"政变以后，龙云当上了云南省主席。卢汉自以为是劳苦功高的"八贤王"。龙云在任第五军军长时，娶了宾川"世家女"李培莲为妻，打破了彝汉不通婚的习惯。李培莲既美且慧，毕业于北京女师大，在内能为龙批阅公文，在外应酬接纳也很能干。"六一四"事变时，龙被胡若愚、张汝骥囚禁，情况十分危急。李奋不顾身，抛头露面地奔走营救，致龙出于囚笼，龙既爱且感。等到龙任云南省主席以后，当然"兄弟姐妹皆列土"，李的哥哥培炎、培天以及妻侄等都做了大官。龙纵容这些"外戚"卖官鬻爵，贪污违法，对于有汗马功劳的卢汉及本族其他人反倒十分怠慢。另有一班卢汉等认为是"宵小"的，如参谋长孙渡，民政厅长张维翰，禁烟局长马为麟，秘书长白之瀚等又包围于龙云左右，使卢汉大为不满，遂伙同朱旭、张凤春、张冲等四位师长在宜良开会倒龙，贴在昆明街头的标语有："打倒舅子团"，"肃清宵小"，"枪毙李氏兄弟"等等。以后龙云忿然出走返乡，一而这四个师长对于云南政局，谁也收拾不了，彼此又各不相让。那时，龙刚出走到寻甸羊街，卢又和张冲、高荫槐乘飞机去请龙回省主政，甚至流涕下跪。龙回省后，卢被撤去师长职务，后来释放，改任财政厅长。这是龙、卢发生矛盾的开始。

一九三一年五月，卢汉的舅子、第三旅旅长龙泽阳（字雨苍）约同第六团团长张继良，又发生"倒龙事件"，准备发表驱逐龙云、拥护卢汉为省主席的通电，发动兵变。事发泄密，因而未成。龙云认为这是卢汉所使，深为不满。后来常说："卢汉老是想当主席。你只要明说，我也可以让的。抗战当中，他从前方回来，我就问他干不干，我想退下去休息了。他又表示不干，可是十多年来，总是在背后搞我，什么事都干得出来。"卢汉则说："他当了主席，眼光短浅，自私自利，最初是宠信李培莲的'后'家，以后是放纵他的三个儿子胡作乱为，不顾云南人民的死活，没有替人民办过一点好事，把人当作奴才使用。他宠信的人一步登天，他不满意的人就翻不了身……"

卢汉被派为六十军军长率师抗日，的确是龙云爱国抗日的表现。龙把他的"家当"

全部拿出去了。军队是他训练多年、编组而成的，装备是他倾多年的积蓄向外国逐年购买来的。他交给卢汉率领，完全寄之以极深的信任。龙云有个脾气，军队高级干部（营长以上）的调派权和大笔经费（一万元以上）的支配权他是不放手的。六十军出征以后，他仍希望进行"遥控"，这使卢汉不能容忍。卢说龙"多管闲事"，龙说卢"飞扬跋扈，忘了根本"。到后来，卢简直和蒋介石搞上了关系。蒋介石要分化龙、卢，就对卢示以好感，不惟升官给钱，而且许了很多愿。卢对龙日渐冷淡，不听指挥。龙屡次函电指示或责备，卢都置之不理。龙云到武汉开会和卢汉回滇养病时，龙都劝告他听从自己的指挥，不要受蒋利用，更不能送掉自己的这一部分实力。卢仍口服心不服。这是龙、卢的第二次矛盾。

一九四五年八月间，日本投降。蒋介石命令卢汉的第一方面军开往越南受降。龙云再次把自己的"家当"（两个集团军，约七个师的兵力）交给卢汉，全部带到越南。当时龙也有他的打算。卢汉多年在外，也尝到蒋介石排斥异己、打击杂牌、挑拨分化、收买拉拢的滋味，对龙表示了反蒋的决心，再度输诚。龙认为"亲者不失其为亲，故者不失其为故"，到底卢汉还是亲信，而且声望无出于其上者，由卢去越南比较合适。越南与云南乃唇齿相依，多少年来，云南受够了法帝国主义从越南而来的欺侮。"卧榻之侧，岂容他人鼾睡"，派卢汉到越南受降，对自己大有好处。龙也预料到蒋介石可能不存好意，大有"调虎离山""釜底抽薪"的计谋，故将次子龙绳祖的二十四师留驻云南，卢汉临行时，龙又再三叮咛："万一云南出事，马上率队驰援！"卢汉也答应了。

是年十月三日，蒋介石指使昆明防守司令杜聿明解决龙云，龙云急电卢汉率队回滇，马上发表反蒋通电表示态度。谁知音信杳无，卢汉按兵不动。龙云为此事伤心入骨，认为卢汉"忘恩背义"，"不是人"。这事件之后，龙先后在重庆和南京两地遇到卢汉，均破口大骂，气愤填膺。但卢一再解释说："我接到电报，马上就召集师长以上开会讨论，当时除了万保邦力主打回去外，其他的人一个也不开腔，连龙绳武（龙长子，时为第十九师师长）都不说一句话，叫我怎么办呢？就当时势态来看，蒋介石早就防着这一着，他的第五十二军赵公武部和五十三军周福成部包围在我们的外围，截阻了我们的归路。这条归路是崇山峻岭，运输交通不便，打着仗回昆明，不要说补给困难，就时间也来不及，等到部队到达昆明，你的江山不惟保不住，甚至连性命都难保了，至于糜烂地方，糟蹋百姓还是其次的问题。就是发个通电，那有什么作用？白白地引起些麻烦。"这一番话说得振振有词，龙也哑口无言了。卢常说："老主席光会拿嘴说，什么也不懂！"但龙为此事，到死都是耿耿于怀的。这是龙、卢的第三次矛盾。

一九四八年底，龙云由南京逃到香港，公开进行反蒋活动，以报"十月三号"之仇。在香港和各民主党派加紧联络，并公开在报刊上发表反蒋言论。这时，卢汉在云南担任省主席已经两年。龙对卢本来就已经绝情失望，在香港时还在骂卢："他把云南子弟送到东北打共产党，真没有心肝！"又说："卢永衡当上了云南省主席，总算过了主席瘾，痛快了吧？"但是，龙本人仍亟想在解放以后获得新的政治地位，于是他又想到云南这块地盘和卢汉这个人物，他只得捐弃前嫌，重新和卢汉取得联系。当时通过香港和昆明的民航飞机，信使往还十分频繁。最初，龙云派去云南的人有刘宗岳、张增智、蒋维保、唐文骧、吴信达、黄居素、周一志等人，卢派到香港活动的有宋一痕（原住香港）、林南园、安恩溥、周善初等人。龙的主意是要卢汉早日起义，他说，他已同中共华南局取得联系并向他们提出保证：卢汉一定会听他的话早日起义的。可是卢汉则叫人转达龙说："起义现在不是时候，因为'中央军'环伺和监视在侧，自己的军队没有装备好，完全处于劣势，加之解放军距离遥远，和地下党、地下武装又联系不上，这样盲目地行动，只有吃亏失败的。希望老主席替他和中共联系上，派人到昆明来商量处理，或者带他派去的人直接和中共华南局负责同志接头。"龙当时认为卢不相信他的话，而且"云南起义"要独家经营，不愿意"搭上他一股"。又再派人去向卢说明，叫卢不要彷徨瞻顾。卢被逼得无法，只好向来人表示：我实在办不了，好不好请他来昆明亲自主持？我愿意让开省主席的位置，追随老主席起义。龙听了这番话非常恼火，于是只有另想办法，自己去搞一套。因而出现了迤南万保邦组织的"民主联军"，万是效忠龙的，得到民革李济深的支持，派回云南组织武装活动。万在迤南是大地主，有很多的佃农可以召集，因而成为了一支地主武装。卢汉觉得万等不了解不体谅他的困难处境，搞武装暴动是和他捣乱，造成"中央军"待在云南和继续增兵的借口。卢便派出他的保安团与第二十六军叶植楠部会同剿办，曾将万部的高级指挥官杨济之和朱家禧"斩首示众"。龙的三儿子龙绳曾在滇东搞"永琨支队"，据说在滇西保山一带出现的所谓"共革盟"，也是在昆明的龙夫人顾映秋所组织的。卢汉觉得"老主席"简直跟他过不去，四面八方都在捣乱。

卢汉派到香港去的密使林南园，并不去找龙，反而认为宋一痕（潘朔瑞的舅子，在港经常与一些民主人士往还，卢认为他是党员）可以和中共联系得上，就撇开龙不顾，直接活动。事为龙云得知，更为恼恨。一九四九年七、八月间，龙竟在香港向报馆发布消息说："卢汉已经在云南起义！"消息传到云南，直如晴天霹雳。这又使卢汉头上加重了蒋介石的疑虑和中央军的压力，处境十分尴尬：承认固然不可，否认也十分不妙。卢汉在家里忿忿地说："他昏了头了吧，怎么干出这种荒唐的事来！"卢为了表示他忠于蒋家王朝的态度，只好出布告，贴标语，严厉谴责龙云的"叛党误国"，以及龙氏"遗孽"的"淆乱是非"，"破坏社会安宁"等等罪恶，进而派兵到昆明市龙公馆大肆（故作姿态）搜查。布告是由秘书长朱景喧亲拟的。龙云在港闻聆之下，不知卢汉是掩人耳目，反以为是真干硬干，对卢更加痛恨。这是龙、卢的第四次矛盾。

中央人民政府成立，龙云由港到北京。后来云南起义，将要成立云南省人民委员会和其他行政单位。卢听说龙在京提出了一个大名单，这名单排斥了亲卢的或起义有功的人员，例如龙所不满的朱景暄，就没有列名。原是卢的财务处长的林南园，只得为省人民参事。原为卢奔走起义的宋一痕，大约也只是省人委委员等等。又听说龙在京大骂卢汉，历数他的历史罪行，连张冲在第一届全国政协大会上批评卢汉的发言，都是龙云主使的。卢为此非常不满。等到云南正式解放，政府成立，龙的亲故没有得到理想的地位（如他的儿子龙绳曾只得任民族事务委员和军分区副司令员），龙认为是卢报复所致。后来龙绳曾因反革命叛乱致死，龙又认为卢以当时在云南的地位，可以保全他的性命的，竟尔置身事外，还有什么亲戚关系可言。这是龙、卢之间的第五次矛盾。

当然，他们两人经过数十年长久的历史时期，其他大大小小的矛盾还有不少，但都是次要问题。

（马子华：《我所知道的卢汉》）

家属间的恩怨

至于家属与家属间的恩怨，那就更加复杂和琐碎了。例如龙夫人顾映秋不满意卢和卢夫人龙泽清有好几件事：第一，龙云当年要娶顾映秋为第四号主席夫人，那时卢和龙泽清不甚同意，因为顾的二叔即顾品珍，当年与唐继尧争夺云南政权时，龙、卢是唐的保驾将军，直接与顾火并而致战死宜良。这是敌对关系，怎好联姻？何况顾映秋是汉族。所以卢夫妇是不满意的。事为顾所知，认为阻碍她做现成的主席夫人，心中十分不快。嗣后，顾家外戚在云南的很多权益，常受到卢的干预。最后还有一件事情使顾非常痛恨：一九四八年，顾的妹婿陈家裕（贩毒犯，曾任澜沧县长，顾的私账房），曾将他所有的一份在昆明的房地产先租后卖给驻昆美军，美军按合同要付美金，后来眼看军队要撤走，解放战争发展神速，这产业恐怕保不住，于是企图赖账，不付美金，只付国民党的烂钞票，因而涉讼。美军通过主席卢汉的帮忙，硬压着陈家裕的头接受纸币，使陈大受损失，顾吃了暗亏。顾认为卢太不看亲戚情面，讨好外国人，忿恨之至。一九五七年，陈家裕从香港写了一封信来给卢汉，臭骂了一通，信里说：他写了一部十多万字的书，揭露卢的丑史和罪恶，将在香港出版。如果卢偿还给他前所损失的美金，他可以考虑不出版。卢接信后非常不快，叫我拿此信给龙云及其夫人看看，叫我说："这样太不像话，请龙夫人处理！"龙见信笑了，把信交给旁边坐着的顾映秋说："你写信给陈家裕就是了。"以后卢还是就范了，由他的儿子汇了两万美金给陈，而且买回了那部稿子，这事就烟消雾散了。另外就是前面提到的，卢曾经派兵检查过龙公馆，那时顾还在昆明，她虽然没有受到什么物质损失，但认为"面子上太下不去！”凡此种种，顾不满意卢氏夫妇，经常在后面骂"老卢不讲人情""四娘（龙泽清）做人尖酸刻薄"等等。这类琐屑争纷很多，不一而举。

（马子华：《我所知道的卢汉》）

"云南起义"

以下谈谈我所知道的卢汉领导"云南起义"的情况。

卢汉在数十年间，对帝国主义欺凌中国人有切身的体会。他说：有一次他途经法帝国主义占领的越南，亲身受到检查员的苛刻搜查和辱骂，当时他真恨不得把他们杀死。法国人对待越南人民，更不像对待人，侵略和压迫云南人也是令人不寒而栗的。他率领六十军参加台儿庄抗日战役时，面对敌人矶谷、坂垣两个师团，眼见敌人的凶狠残忍，使他败北突围，几至完全溃散。他对日本帝国主义也是深为仇恨的。但是，他对美帝国主义却另眼相看。他认为："美国人有钱有势，他要中国这块地方干什么？人家政治民主，生活自由，民富国强，正是我们富国强兵的好榜样。"他对美国是十分信服的，对资产阶级的生活方式，也是十分醉心神往的。

对于封建主义，他也有两重看法。一方面，他出身于奴隶主阶级，在他看来，让农奴"自由"，依靠地租吃饭，就已是合情合理的了。他自己也拥有六个县的大量耕地，进行封建剥削。他对农业有比较丰富的知识，如耕种技术、生产情况等，他都有一定的了解。他承认农民老实质朴，勤苦耐劳。他头脑里的分疆割据的地方主义思想，与其说是和龙云一样，发展而为"爱云南"，"敬恭桑梓"，不如说他是想以云南一省为他的禁脔，以云南人为他的"子民""白娃子"（彝族称奴隶的口语）。但他同时又有相反的看法。他说，云南的地主阶级腐化落后，不求进步，眼光短浅，手段毒辣，农民则愚昧无知，自由散漫，生产落后，不讲卫生等等，因而萌生出"工业救国"的思想。

在政治上，由于上述思想基础，他的一切都从资产阶级的个人利己主义着眼。一方面，他同意龙云的做法，并因彼此之间的封建关系非忠于龙、维持龙的封建统治不可。当然，如果条件成熟，"彼可取而代之"。对于蒋介石，他也要尽力讨好，"惧威怀德""挟以自重"。如果龙云对他已经没有权力和作用时，他抛弃龙云；如果蒋介石不满足他的愿望，反而要影响他的割据权益时，那他反对蒋介石也是必然的。至于共产主义或社会主义思想，他原本一窍不通。他只认为共产党是有"自由、平等、博爱"精神的，他也只限于接受那一套资产阶级的民主思想，并认为反蒋介石的独裁统治也是正确的。至于真正的无产阶级革命，他既无所知，也更不同意了。何况他自己早就明白，他是云南的大军阀、大资本家、大地主。红军当年经过云南时，他曾负责截击。越南受降时，又把九十三军、六十军送到东北和解放军对垒交锋。由于这一系列的罪恶，他对共产党是心存畏惧的。

就在这种矛盾、混乱的思想活动中，卢汉于一九四六年登上了云南省府主席的宝座。在未到云南就职以前，卢看到国民党统治摇摇欲坠，革命形势向前发展，云南的民主运动汹涌澎湃，他说："我心灰意冷，什么事也不想干了。光光头何必找乱刺棵钻？"于是逗留在北平，听听相声大鼓，结交了几个京戏名演员，倒也逍遥自在。谁知李宗黄在云南和蒋介石的特务搞得天怒人怨。李公朴、闻一多被杀害的事件发生后，李宗黄待不下去了，蒋介石这才不得不找卢汉去收拾残局，安定人心。那时蒋介石正在庐山，电召卢汉到庐山面谈。见面后，蒋问卢："云南发生李公朴、闻一多被刺杀的事，你知道了吗！"卢答："我在报上看到了一点，不太清楚。"蒋说："杨立德是主使犯，他们已将他逮捕，准备法办，你的看法怎样？"卢不假思索地说："杨立德不可能主使。第一，杨同龙云的关系并不深，他过去担任龙云的副官长，还是由我三番两次推荐给龙，龙方才用的。第二，他从任何一方面都与李、闻二人没有仇怨，更无利害冲突，过去也许还有亲密的交往。第三，杨立德今天已经是无钱无势的人，也没有什么政治野心。根据这三点来看，杨立德不可能主使杀人！"蒋介石一听卢这一番话，脸红脖子粗的（卢的形容描绘），半晌不吭气。后来才说："那好，你快回去，收拾善后，妥为处理，从速安定云南局面，我叫顾墨三（顾祝同）陪你一块去，你跟他商量着办好了！"卢汉却说："报告委员长，你的命令我本应服从，不过我自小从军，连年转战，几十年从没有一天休息。抗战胜利后，我想解甲归田，度过晚景，最近身体也不好，健康一直没有恢复，云南省主席的事，顶好就让李伯英（李宗黄）干下去，请准我辞职。"蒋介石听后频频摇头，最后笑着说："李伯英原是代理你的，云南那一盘事，他也搞不下来。以声望和地位来说，除你以外再没适合的了。还是去好好为地方事业尽点力吧。"于是，卢汉便向蒋提出了要求：第一，编十个保安团，由他掌握并任保安司令，这样方才足以保境安民，推行政令；第二，要求中央在滇军队和军事机关，不要干预省政，军队也不能增加，否则云南负担不起；第三，对合法的民主运动，不宜采取压制的手段；第四，请中央拨款补助，办理善后及恢复生产之用。蒋介石很狡猾，听了之后说："可以考虑，可以考虑。你和墨三洽办好了！"

卢汉一上台，就是以"第三者"的姿态出现的，他要独霸云南，造成"家天下"和独自为王的局面，他当时的估计是：共产党的解放大军不可能来到西南，今后最多是"分江而治"。如果真的来了，便以云南人民的生命财产贡献出去，作为政治资本，谅也无妨。对蒋介石则采取表面效忠的态度，只要"井水不犯河水"，完全可以维护其"法统"，如果要侵犯他的权益，他就软硬兼施，全力排挤。如果排挤不去，要么"退避三舍"，要么硬拼到底。总的来说，他是想利用矛盾，在矛盾中维持小康之局。如果在夹缝中也难以生存了，那就坐山观虎斗：哪一边"力可压顶"，他便投向哪一边。

　　根据这个基本精神，卢汉实施了他的"内外政策"，卢汉深知只有武力才能维持自己的统治。他上台后，受不了蒋介石中央军及云南省警备司令部的窝囊气，迭次上书蒋介石，要求编组十二个保安团，书中有"保存云南一片干净土和保卫云南一千三百万人身家性命……"及"果然云南安静，枢廷可专力戡平大乱（即专力打共产党）而无西顾之忧矣！"他再三要求，曾分别呈请过张群、阎锡山、顾祝同、朱绍良等，先后往复过多次。最初，只批准成立四个保安团，以卢汉为保安司令，成立云南省保安司令部。后来一再要求增加六个保安团，一直没有得到批准。卢汉不管那一套，自己扩充，等到蒋介石溜到台湾以后，他还在要求，记得电文中有："望总裁以爱台湾之心爱云南，以待辞修（陈诚）之心待汉。"据后来张群对卢说："你这两句话总裁很为感动，我也替你请求，扩编保安团是不成问题的。"到此时，卢汉心里也明白，蒋介石也没有能力和办法阻止他扩编了。兵源除原有地方团队外，又招抚土匪及收编地主恶霸的武装，招收由内战前线逃回或中央军的散兵游勇，并征调三迤子弟参军。这样兵源自然不成问题，干部更不缺少，龙、卢多年训练出来的军官不少，很多还是内战前线被解放军俘虏释放或临阵逃脱的军官。所以，卢汉终于扩编到相当足额的十二个保安团。

　　武器供应是另一个症结所在。云南地方的武器，六十军带出去抗日用了一批，龙云后来装备地方武装又用了一批（赴越受降后带到东北打内战去了），使卢汉最痛恨的是，最后留在云南的一部分枪支弹药，竟被云南省警备司令霍揆彰收缴后携走。向外国买是不可能的，蒋介石又不给。卢汉曾和个别幕僚商讨这个问题。这时，蒋介石有一个第五十三兵工厂在昆明西郊的海口，是专门制造机枪的。该厂数千员工和眷属，因为法币和金圆券恶性膨胀和贬值，云南已经使用银元，员工生活十分恐慌，正酝酿闹事。卢汉派他的民政厅长杨文清去商洽购买武器，没有结果。按照规定，兵工厂只管制造，无权售卖枪支，更不可能私售枪支来装备卢汉的保安团，必须由他们的上级兵工署决定和批准，而兵工署也不会答应。后来卢和秘书长朱丽东商量，甚至提出在万不得已时，用兵硬去提取。朱不同意。那时省府有个秘书叫李广平（李鸿章的后人，朱丽东约去工作的，能书能画，在省府专管应酬文字的工作），此人与兵工厂厂长王仍之、主任秘书王毅伯、总工程师王书堂等人是赌钱桌上和酒席筵前的朋友。卢汉就叫李广平和他们私自协商，诱之以黄金，否则卢就要采取最后手段，不供给该厂粮食和水电，甚至武力提取。

　　恰在此时，原厂长王仍之卸任，新厂长周继健尚未接任。周是学工程的，为人胆小好利，主任秘书是个唯利是图的人。李广平就在这两个人身上下功夫，居然说妥，表面上还签了个合同，第一批买到捷克式轻机枪一千五百挺。以后又由谢崇文、朱家才再去以黄金、银元买了两批，共计得到机枪三万四千五百挺，另有几千支装配修理过的旧重机枪，和若干六〇迫击炮。这批军火（包括弹药）按当时的编制计算，可以装备四至五个军。卢汉为此事费了很大的气力，花了很多的金银，总算如愿以偿。这样，他的十二个保安团就全部装备起来了。虽然如此，到底较之驻滇的蒋军二十六军余程万部、第八军李弥部的美式现代化装备要逊色得多。一九四八年底，他的二十多个保安团正式编为两个军，即第十二军（军长余建勋）、暂编第十三军（军长龙泽汇）。从军队的素质来看，新兵多，未经长期训练。官兵团结很差，目的不一致，这是他难以解决的难题。

军队编组成功以后，将余建勋十二军所部调驻滇西，以大理为中心向四面伸延，确保卢汉的后撤道路（滇缅公路）的畅通与安全，控制后方的治安与补给。以龙泽汇所部的十三军驻在昆明，部署于以昆明为中心的近区各县，组织了昆明防守司令部，十三军一部，包括宪兵、警察，以及其他直属部队均编入其指挥序列。派佴晓清为防守司令。

卢汉懂得的第二条是："水可载舟亦可覆舟"，"民心向背，决定成败。"除了抓枪杆子，还要抓印把子。他一上五华山，就看到云南政局和社会空前混乱。其乱源来自以下几方面：（1）抗日战争结束不久，满目疮痍，民穷财尽，人丁稀少；（2）龙云被解决后，体制完全打乱，所属军政人员流散赋闲者太多，各自"打天下"，"找出路"；（3）蒋介石发动内战，节节失败，企图以云南为反共的最后基地，并监视卢汉，故派进中央军及大批特务，鱼肉百姓，胡作非为；（4）驻滇美军大部虽已撤走，犹有一部分留滇，破坏社会秩序，扰乱金融，坐索供应；（5）各地的地主恶霸，为了保护其特权，浑水摸鱼，大量组织地主武装，打着"民主联军"等类旗号，进行反革命活动。在这种情况下，云南境内可说是一片混乱。卢汉下车伊始，提出了"保境安民"，"在安定中求进步"等政治口号来收揽民心，安定社会。其具体措施，举其大要有：（1）排挤云南省警备司令部和蒋介石中央军，以求减轻他身上的压力；（2）澄清吏治，严惩贪污，招考青年以更换一批县长；（3）笼络和收买一批地主武装以为己用；（4）敷衍或讨好一切外国人，适当地加以利用，如对美国陈纳德的民航空运队等；（5）有限度地开放民主，用以表示自己的进步和升明，缓和阶级矛盾；（6）加强省参议会的力量，用作自己的"御用机关"，以此对抗蒋介石的压制云南的合法工具；（7）适当减轻人民负担，恢复工农业生产，以求全境人民生活的安定，达到收拢人心的目的。

卢汉所深切懂得的第三点是："经济是命脉"，"有钱使得鬼推磨"。所以他上台以后要抓"钱串子""命根子"。钱从何处来呢？卢也知道，再从云南人民身上刮油已经办不到了，向蒋介石乞讨更是妄想。他要的钱不惟多，而且要的是黄金、白银。既多又硬，这就不简单了。

龙云是"封建家主"，他的经济是封建经济。他搜刮得的钱财，并不用于投资工、农业生产，而是积蓄起来，存着大量的黄金、银币（大头和云南省铸造的"半开"），储放在滇西的西华洞（山洞里），用兵守护，另有一批鸦片烟和吗啡，存放在昆明和昭通两地。龙云怕蒋介石来攫取，曾据此组织"云南人民企业公司"转为该公司的资本。以后龙云下野以后，蒋不便马上拿走。这是卢汉筹财的途径之一。他一上台就开始动用，蒋介石风闻以后一定要卢交出来，向中央银行兑出法币。卢汉迫不得已，交出了一部分银币。鸦片烟则由安恩溥等人出面，先后卖给烟商马超群等人，这是一部分。

　　云南有很多个省银行，其中富滇新银行及兴文银行都是作为省金库而存在的。卢汉成立了一个"云南省筹募自卫特捐委员会"，把这两个银行置于其控制之下，掌握了他们的库存和营业权，从中获取了大量财富。又成立了云南省银行，使用半开银币（每枚含银三钱六分，折合大头五角）。并发行半开本票，可以随时到银行兑现。这就稳定了云南的金融，拒绝了国民党中央一切币券的使用，从而开拓了他自己的财源。这是第二部分。

　　关税、盐税等，一向在国民党中央手中，卢成立"筹募自卫特捐委员会"以后，利用他自己的政治权力，看准了蒋介石无力西顾的处境，下令附加捐税，这是借蒋介石的吸筒，抽云南人民的血液的办法。这项收入虽然不显著，却是大量的、经常的。这是第三部分。

　　从清朝反正以后，留下了属于公家的房地产很多。另外，云南经过了四次政局变易："辛亥革命""唐继尧出走""六一四政变"和"卢汉上台"。每次都没收了一些"前朝官吏"的"逆产"。多半是房地产，归省市政府所有和管理。还有居民过去持契向富滇银行抵押透支，后来无力偿还抵债的房地产，由银行使用或租赁。还有一部分在昆明市区内的空地、郊区的坟场、市内的公共厕所，这些地产由昆明市政府管理。卢汉虽然也打过主意，但未找到适当理由，怕遭到参议会的反对。以光复楼一事为例。这座楼是云南省政府所在地五华山的办公大楼，建于民初辛亥革命时，故称"光复楼"，以前蔡锷、唐继尧、顾品珍、胡若愚、龙云、李宗黄均在此办公，一向视之为云南"王宫"。一九四八年初，工人星期天在大宴会厅给地板打蜡，不慎失火，这座有历史意义的大楼便在烈火中化为灰烬。卢汉起初很不高兴，认为大楼毁于其手颇不光彩。后来有人根据迷信反向他道喜说："恭喜主席！衙门着火，是大发展之兆。"卢汉忽然眉头一皱，计上心来：按照封建时代的惯例，衙门着火烧了，例由士绅捐献或卖公产修建。他于是振振有词地说："光复楼烧毁，省府要盖办公大楼，只有拍卖公有房地产修建。"大家也无异议。他卖了一批公产，把光复楼又盖起来了，而大部分多余的钱移作他用。这是第四部分。

　　还有一般的国税、地方附加税等等，都只有增加，没有减少。这是第五部分。

　　总的来说，经过一番努力之后，他的财源是比较充分了。

　　根据以上军事、政治、财政三方面的措施和准备，从一九四六年到一九四九年中，卢汉在云南已经打下了一定的基础。

　　在云南起义前，卢汉身处西南边疆，眼观全国形势，态度模糊，机动应变。当时，他面前有三个方案：

　　1. 如果国、共两党的交锋最后形成势均力敌，隔江分治，或呈胶着状态时，就"正中下怀"，可以保持独立为王、割据自守的局面，甚至有居高建瓴、问鼎中原的可能。

　　2. 如果蒋介石得到美帝国主义的支持，爆发了第三次世界大战，或则顶住了解放军的反攻时，蒋介石势必会加强对他的控制。那时他就向蒋表示效忠听命，纳款输诚。

　　3. 如果蒋介石统治垮台，解放大军进到云南大门口，他便发动起义，表示将功赎罪，既可保全个人生命财产，对云南人民和他的部属也交代得过去。

　　此外，他还有两条退路：

　　1. 万一国、共两党胜负未分，或胜者一方不买他的账，甚至使其生命、财产、土地、政权受到威胁时，他将率领部众"打一阵，败一阵"，与十三军会合，凭坚抵抗，最后由滇逃窜，进至缅甸。

　　2. 万一赴滇西之路不通，他已被重兵包围，或则兵不愿战，将无斗志，他事先控制着昆明巫家坝机场，并控制了一架民航机，他可以乘机到香港，然后携带家属细软，到美国做寓公。

　　从他私人方面说，他把眷属全部送到香港，免得临事拖拖拉拉，不便行动；大部私人资产首先运动出去；他戒了多少年的鸦片烟瘾，拿出精力来应付巨变。

　　下面概述每一个阶段，卢汉思想上的变化及其活动：

　　当他的军队还在东北打着内战，解放军未大举入关时，他根本没想到蒋介石的军队会崩溃如此迅速。那时，他对于蒋是唯命是听的。蒋看到东北情势不妙，特别是云南军队不稳时，曾先后两次令卢汉到东北慰劳六十、九十三两军的将士。卢汉一接到电报，马上准备行装，大量收购云南宣威火腿罐头、大头菜、大重九烟、黄烟等云南土特产一应俱全，装箱用专机送运到东北。在劳军的大、小集会上训话时，他诚心诚意地替蒋介石打气，鼓动三迤子弟卖命，甚至有一次说得声泪俱下。当时云南军队掌握在卢的亲戚手里，兵团司令是卢浚泉，乃卢的亲叔（称为幺叔，即父辈最小的一个，外人称之为"幺老者"），军长龙泽汇是卢的小舅子。当他在越南受降时，完全可以不让这些部队到东北打内战，按兵不动，抗命滞留。既经送到东北前线，也可以"阵前起义"，卢浚泉和龙泽汇是唯其命是听的。可是起义的恰恰是他亲戚以外的潘朔端部（在海城）和曾泽生部（在长春），反而是他的亲信卢浚泉却顽抗被俘，龙泽汇则只身逃离返滇。

　　他对于云南"老巢"的内部工作，也有相应的处理方法。在蒋介石正在前方被打得节节败退、阵脚不稳之际，对他是未遑兼顾，只能羁縻、怀柔和防范，没有太多触动卢的权利。卢对蒋估计过高，所以这时对蒋的拥戴表现得比较真诚和突出。凡代表蒋到云南来的重要人物，如顾祝同、张群、俞济时、蒋经国、肖毅肃、毛人凤等，他都在私寓设便宴招待，并私下赠送大量黄金，附以公开的云南土特产如斑磨铜及"乌铜走银"的文具、兽皮、锡器、贵重药材等，使这些人都满载而归，替他在蒋面前说好话。他的要求是：（1）稳定他的在滇权力，增加他的军事力量；（2）不派军队入滇；（3）不来云南要兵、要粮；（4）相信他的效忠，给他以完全的处置自由；（5）对民主势力不能采取镇压的态度，适当放宽一些。

对在云南的蒋军和"云南警备司令部"，亟欲除之而后快，但初期却比较容忍和优待，还利用他们对付地下武装，借以削弱双方的力量，使他得以坐收"保境安民"和"扩充自己武力"之利。在一九四六年到一九四九年的这两年多时间里，云南有个"党政军联席会报"（代号为"楼定国"），卢汉为主席。代表军方的是云南警备司令部的司令官何绍周及参谋长马锁，代表国民党的是省党部委员兼书记长赵公望（后为陇体安），代表政的是云南省政府秘书长朱景暄，代表特务组织的是军统滇省站站长沈醉，中统云南统查统计处的李鉴之和查宗藩。这个组织完全是镇压和迫害革命运动、民主运动的最高决策机关，处刑均由这个会报批准，每星期六在五华山省府开会一次。当时对滇桂黔边纵队地下武装的"进剿"，对后来出现的一些武装流派的瓦解、袭击，都由这个会报做出决定。

有两件事我至今还记得：一是在云南西北面的姚安、大姚地区，有一个卢的旧部二——前六十军军械处长段默忱，又名段英（化名小火龙），组织了有数千人之众的民主联军，游击于三姚山岭间，尽管段本人的动机不纯，但既有那么多的人、枪，以后有很多进步分子和真正的劳动人民参加进去，这部分武装是在向进步转化之中。当时声势很大，对人民反抗压迫起了鼓舞的作用，使国民党反动派惊慌失措。当时，何绍周主张"剿办"，卢说："段默忱是我的旧部，此人一向胡闹，没有什么政治理想。我可以招抚他。"卢随后就派了一个旧部，顺宁人张泽（字惠之）的，衔卢汉之命去进行游说招降。张泽向与段私交深厚，到了段的营盘不久，何绍周的部队竟前往围剿，段英仓促应战，竟致溃散。段英及其妻田菊英，连同卢汉的信使张泽，一并为内奸所害，逮解来省。何绍周在会报上提出要枪毙这三个人，卢汉竟不吭气。那时，田菊英有孕在身，张泽之妻曾到卢公馆跪求，声称"他是主席派去的人"，卢亦不顾这些，终竟被处死刑。

二是他的旧部万保邦，衔民革李济深和龙云之命，在迤南组织地主武装。这支队伍在滇南富庶咽喉之区，攻城夺寨，曾进攻蒙自城，也成了一股反蒋力量。卢汉初期虚与委蛇，答应济与枪弹和物资，谁知暗中却派人去暗杀万保邦，未果。后又会同中央军叶植楠部追击，将万部击溃，并将其副司令杨济之、朱家禧斩下首级，拍成照片分别呈报。卢汉对此也无动于衷。

　　从这两件事可以看出：卢当时处在内战胜败未分之际，他的手法是保全和扩充自己的力量，坐观形势，对蒋力表效忠，对革命势力则采取冷淡乃至暗中的打击态度。

　　到了一九四九年初，解放战争以雷霆万钧之力，动摇了蒋家王朝的根本。卢汉眼看他在东北的六十、九十三两军已经覆灭，蒋介石自身难保，云南解放乃是早晚问题。这时，他逐渐开放民主，吸收了相当数量他认为是左派的人士，分别进入他的军队、行政以及"民意"机关省参议会。报纸言论、文化宣传有了较大幅度的自由。新华书店可以公开售卖进步书籍，军队、学校居然可以扭唱大秧歌。

　　在私下里，他做三件事：第一件，不断派出或委托专人，替他在香港、广州、以后到北京与中共取得联系。他对我说："如果联系不上，我们起义也是白费，人家是不认账的。"后来他又说："我们不会搞革命和政治，要有他们的人来帮助才搞得成。"我说："共产党不是那样看人吧，还是我们自己的表现要紧。"他点点头不出声。

　　第二件是开始和滇桂黔边区纵队取得联系。以武器、粮饷接济边纵，双方互设电台进行通讯联络。卢亲自召集他的保安团营长以上的人，秘密指示说："滇黔桂边纵队，大多数是我们云南的子弟，而且多半是青年学生。我们何必替中央军当'徐大汉''撵山狗'，杀我们云南子弟呢？以后万一发生遭遇战时，只准朝天放枪，不准真干。"

　　第三件是组织了一个秘密核心组织，称为"云南自动解放协会"。顾名思义，那就是：我们要"解放"（这个解放的概念应该是云南独立，卢汉为主）。当然，共产党、解放军能够联系上那是很好的，如果联系不上，我们也要"自动"自己解放了。他组织这个会的目的有三：（1）利用此会与云南地下党联系。因为卢的态度动摇不定，地下党暂时不便出面和他直接交往。他焦急万状，采取了这种方式。（2）要搞一套"自动解放"或"保境安民"的措施，需要这个组织替他拟订方案，甚至发号施令。（3）进行一般性宣传组织工作。

　　这个组织的成员是他指定的。我记得政治方面由安恩溥、董广布、黄愚生等负责；军事方面由龙泽汇、佴晓清、严中英、卓立等负责；文教和组训由我和杨东明、徐君直等负责。每周开会一二次，都在夜晚，地点有时在讲武学校的小花园楼上（那时警备部已撤销），有时在昆明县衙门内（黄愚生任县长）。可以想到，这个组织搞好了，云南的解放和卢汉的权益就得到保障了，其功是卢汉一人所得；如果搞得不好，组织暴露了，那么，卢汉不负责任，可以把大祸诿卸在这班人的身上。

　　其实这个组织并没有发挥太大的作用，仅只是看到一张"昆明市郊的防御工事示意图"及"针对二十六军和第八军的兵力部署图"，大家看了一眼，也未加以说明和讨论；对各专员、县长作了些行政方式和体制上的指示；对各地进步力量所应采取的态度问题也作了些指示；散发了一批《新民主主义论》和《云南自动解放》《八一建军节宣言》等类的宣传品。

这个组织很快就暴露了。通过卓立和严中英的介绍,弄进两个四川人来,一个是身材矮胖,面目白皙的二十七八岁青年,名张铿,自称为"中国共产党滇川康黔四省联络特派员";一个是个黑瘦而较高的二十三四岁青年,名杨柳,乃张铿的随员。这两个人一来就派头不小,指手画脚地大作形势报告,指示工作方针,而且故作十分警惕和机密的样子。后来才发现是国民党的特务伪装打入进来的。怎样发现的呢? 一是形迹可疑,装得不像。二是龙泽汇等曾作试探,要他拍电报到党中央联系,把电码交来代拍。他们先是推诿,后来勉强搞了一个来,又叫不通。最后得到地下党的间接通知:我们没有这样的两个人,恐怕是特务分子。到云南起义时即将其逮捕入狱,果然是特务(张铿在狱中因与其他犯人争吵,被犯人夜间以砖击毙于枕上)。

从以上这三种情况来看,卢在这个阶段所表现的态度是:知道蒋介石已经靠不住了。但共产党军队还离云南太远,联系不上。所以,只是暗中向革命方面靠近,表面仍与蒋敷衍。

当时他还对我说这样的话:"据最近情报,二十六军、第八军已经在昆明外围形成包围部署,连夜架设电讯线路,构筑工事。我们要动,准要吃亏。解放军远水救不了近火。"

到了一九四九年九月三日,情势陡然紧张。蒋介石坐镇重庆,眼看云南情况不稳,卢汉的表现不妙,便派张群和俞济时来叫卢到重庆,"总裁召见",去不去呢? 这使卢非常为难。去吧,万一蒋介石拿出对龙云的老手段来,岂不自投罗网? 不去吧,那就是"违抗命令图谋不轨,心里有鬼,畏不应召",就要给蒋造成"兴有名之师,伐应得之罪"的借口,甚至会遭受韩复榘那样的下场。卢一面说着,一面在屋子里踱来踱去,一根接一根地吸着烟,走两步站着沉吟一阵。

九月四日晨,他在私宅召集了一个高级幕僚会议。其中包括朱丽东、安恩溥、龙泽汇、杨适生、裴存藩、谢崇文、曾恕怀等。他征求大家的意见,究竟去不去。朱丽东、裴存藩主张去。他们说:"张岳军(张群字)已经提出保证,决不会有什么意外的事情发生;如果有,他负责任。"裴说:"我陪主席去好了。"但另一些人,特别是安恩溥、龙泽汇主张推病不去。这个会一直开到下午,最后决定去。卢汉即席表示:"我为云南一千三百万人民,他们抚育培养我那么多年,即便这次受到什么不测,我也认了,还有什么好说的。"会后,他叫裴存藩跟他去,裴与军统和蓝衣社有点关系,与蒋的侍从室中人,关系搞得很好。另外,嘱咐朱丽东为他准备应带的东西,无非是大量准备贿赂用的金银美钞,特别当着朱丽东和裴存藩的面,声音高昂地向龙泽汇和谢崇文下达命令说:"我明天就走,在走前你们即刻把部队集中,而且在昆明布防,加紧戒严,市街上设置障碍掩体,准备巷战。听我的消息,如果我不能回来,你们即刻宣布起义,保卫昆明，保卫云南。你们也是云南老百姓培养大的，'养兵千日，用兵一时'，要记住，剩下一个兵也要打。如果我安全归来，那就撤防解严。"龙、谢均答应"是！"

这当然是"使之闻之"，故意对蒋做出来的威胁姿态。龙、谢等即刻遵令办理，当夜宣布全市戒严，街上各处要道口都设置了电网和沙袋，三步一岗，五步一哨，荷枪实弹，如临大敌。九月五日凌晨，卢汉乘机飞渝。朱、裴均随同前往。

到渝后，下榻嘉陵宾馆，受到很好的招待。六日上午，由张群陪同谒见蒋介石。据卢以后对我描述：见面时，蒋是一团和气的，问他住在那里？睡得好不好？吃得好不好？总是笑眯眯的，虚情假意地问寒问暖。然后就问他："云南的情况怎样了？"卢对蒋表示：云南是"戡乱"（即反共）的大后方，也是反攻的最前线，地位是十分重要的。但经过八年抗战，民穷财尽，人稀粮少，再加以霍揆彰等蹂躏于前，李宗黄等处理失当于后，以致盗匪遍布，共产党的地下武装声势不小，民主及学生运动十分高涨。蒋问："你的意思怎么办？"卢答："我觉得保境安民的方针是对的，收拾民心，加强武力，准备应变，才是唯一的办法。"蒋不住点头，后来又问他："余程万、李弥在云南怎么样？"卢说："他们好像对我有点不放心，和云南地方部队合作得不大好。"蒋接着就来了一大篇既软又硬的训话，大意是说：根据报告，云南的共产党闹得太凶，各处搞武装暴动，在城市里简直是公开集会和宣传。这要彻底解决，方能确保后方安全，完成"戡乱建国"的事业。部队之间的不协调，等我叫他们来当面训示。增强防卫力量，可以解决。对"清共"一层，我叫毛人凤、徐远举同你回去，务必要彻底肃清。最后，蒋介石拍着他的肩膀说："我们是有办法的，美国一出来就好办了。永衡！你对共产党不要迷信。你没有和他们打过交道，我是有经验的，他们不会讲什么信义和感情的。到你身上，懊悔也就来不及了。"卢汉说："总裁放心，我绝对效忠党国和总裁，虽死不变。"蒋介石连声说："好！好！你休息两天就回去。"张群当时也向蒋说："我保证卢主席对总裁不会怀有二心的。"

卢退出后，当晚，侍从室送了三万元银元来说："总裁给卢主席的旅费。"（龙云说是得了三十万元，不确）

九月六日，卢叫朱丽东分别打电报通知昆明公、私两方所关怀者，又顺便在重庆各方应酬了一下。七日晨，蒋命特务头子多人（包括毛人凤、徐远举、曾养甫等人）随同卢汉乘机飞返昆明。卢汉到家后，全市宣布解除戒严，拆除了市街的障碍掩体。

九月八日，毛人凤将应逮捕的黑名单交给卢汉一阅，并且会商如何进行。其中分几个方面：（1）查封进步报馆、学校、书店、机关等；（2）检查上述地点及私人住宅；（3）逮捕一切进步人士；（4）暂时停止某些社会活动。

九月九日，全部特务、军警出动，进行所谓的"九九整肃"。关于这次事件的情形，已经有了详细记载，我在逃亡之列，并未亲历，知之不多。

事后卢告诉我说，当他知道八百多人的黑名单，还未发动大拘捕以前，就已派人通知几个重要人物走开了，例如杨杰、金汉鼎等，这是事实，我本人也包括在内。但我很奇怪，被捕的人中，真正的中共党员或民主运动中比较重要的人物，他却没有通风报信，如杨青田、张天放等。卢又对我说，当毛人凤等要组织特刑庭审理，准备屠杀一些人时，他即刻派出自己的云南省绥靖公署军法处长杨振兴为主任审判官，并经常请军统的会审人员吃喝玩乐，以便联络感情，麻痹其意志，用拖延时间的办法，使之不能迅速做出判决。杨振兴很会婉转应付，最终未使国民党特务达到大屠杀的目的。卢汉曾对我说过："我让他们逮捕那么多的人，集中地关在一处，我反而方便加以保护，使特务一个也绑架不了，一个也暗杀不了。"事情真相如何，下文还要谈到。

不论卢汉后来如何辩解，"九九整肃"案给人们的印象是："卢汉中途变卦了！"

其实，这时的卢汉依旧举棋未定。蒋介石把他召到重庆去，不惟没有扣留他，反而优礼有加，温言抚慰，托以心腹。同时，蒋表示自己的本钱还未输光，列举了胡宗南、宋希濂的例子，显示他还有力量，另外还有美帝国主义的支持。这些话在卢汉身上产生了一定的影响和压力。当时解放军还离云南较远，卢明白过早地起义，由于准备不足，必然遭致严重的失败和损失，这种形势迫使他继续实行坐以待机的方针。但是，这一次蒋所给予的压力是很大的。奉行"有权则为虎，失势则为鼠"的卢汉，这时显然动摇了。在较短一段时间里，他又向蒋介石偏过去了。当然，在可能的范围内，要他完全倒向蒋那一边倒是不可能的。在国共两方未能最后决胜负以前，他还要为自己留一条后路。

"九九整肃"，他把豺狼鹰犬带到昆明来，大肆搜查逮捕，没有他的命令和军警的配合是办不到的。搜查某单位和捕某一个人，也要经过他审查同意，如果他说一句"此人不必"，特务也得买他的账的。他对这次反革命事件是应承担重大责任的。

一九四九年十一月，解放军进入大西南，他和党中央正式取得了联系，国民党反动派已经临近末日，这时卢仍想等待、观望。但是蒋介石已对他绝望，指示胡宗南的部队和国民党中央机关空运来滇，同时派孙渡为云南省政府主席，取代他的本、兼各职。

一九四九年十二月八日晚，卢汉发动起义。关于起义当晚的情况，已经专文记载，毋庸赘述，仅对若干情形加以更正和补充。

张群是由重庆经过昆明到台湾去的。在张离滇前日晚，卢汉曾利用张群这个"西南行政长官"的名义召集开会，否则余程万、李弥等人就不会来赴会。张群到后，在卢的新公馆楼上进行招待，即时加以监视，断绝对外联络，卢本人推病避而不见。他说："我和张群的私情公谊都是很深的。他对我们的要求：不要派兵进入云南，不在云南征兵征粮，加强云南地方部队的编制和装备等等，都是尽了大力的，至于替我在蒋介石面前说好话，九月间又力保让我回云南，他也是讲交情、讲道义的。我不能辜负人家，不能不放走他。有什么大罪，我承受好了！"这是在起义以后他说的话。

当晚，负责在两个公馆布岗警戒的，是省府警卫营和十三军龙泽汇部的一小部分。当上楼搜查张群时，在一个手提箱中，只有一些公文函件，另有手枪一支，金条五十两，负责检查的人把手枪、金条拿走，后来又把金条还了给他。

这时卢汉在他老公馆内请英、美领事吃饭。这样做有四个目的：第一，免得消息走漏；第二，借此避开和张群、余程万等见面；第三，保护外交人员；第四，向他们表示亲善的态度。宴会散后，一个士兵在进行搜查监视时，不慎将冲锋枪走了火，一枪打在卢汉的客厅墙上，把一面大壁镜打了一个窟窿。当时卢还在家里，以为发生了冲突，以后没有声音才知是枪支走火。卢大发脾气，下令究责肇事人员。

晚上十一点左右，卢叫省府绥署的工作人员全体上五华山彻夜办公。那时街上已经宵禁，行人稀少，警戒森严。省府工作人员的工作主要是拍发通电，拟印《云南省人民临时军政委员会布告》。

九日晨，在五华山顶的瞭望台上，悬起了五星国旗。这一面旗子是中共云南省组织赠送的，由杨青田同志亲交卢汉接受。

杨文清曾劝使张群参加起义，遭到婉词拒绝后，卢只得表演一场"华容道"。当要放张群走时，卢叫人去问朱景暄说："现在要送张群走了，主席问你愿不愿随他一齐走？"朱答："走是愿意的，但我没有钱，到香港那样的地方怎样生活？请主席给我一笔钱才能走。"来人回话以后，卢笑笑说："好嘛，不走算了。他在兴文银行不是也借了一大笔钱了吗？"

朱景暄，字丽东，云南石屏县人，乃名翰林朱家宝之后，清末高等学堂毕业。因在校年最幼而学业冠群，二十岁即出为县宰，有神童才子之名。长得丰姿俊美，生性倜傥不群，恃才傲物。"仕途蹭蹬"，在龙云主滇政时，任云南省财政厅长，与卢汉为前后任。早年，朱、卢曾同恋一个女学生名马静珍，此女后为朱之继室。卢对朱的才华是向来敬服的。朱与龙云不睦，怨而离滇。以后投奔了贵州人谷正伦、谷正纲弟兄，多年都在国民党中央的谷氏帐下当幕僚和谋士，因而成了国民党小派系的首要人物。即至卢任云南省主席时，极力约请他任省府秘书长。一九四六年他上任以后，的确认真地替卢做了当家官，颇有新气象。卢对朱深为嘉许和信赖。朱"才干"不错，惟私行不检，吸食鸦片，嫖赌逍遥，还有一个打"弹子"（台球）的嗜好。卢有鉴于此，命其兼管兴文银行，让他弄点钱安度晚年。后来居然也盖了一所洋房，出入皆以汽车代步。尽管卢、朱的私交不错，但一九四六年以后，从政治路线上，二人彼此是背向的：卢对蒋是三心二意的，朱对国民党是一心一意的；卢对共产党是不即不离的，朱是坚决反共的；卢对龙云是有团结、有矛盾的，朱是痛恨龙云的；卢是主张云南"独立化"

的，朱是主张与国民党"一元化"的。如此等等，朱与卢的想法均相违拗。因此，卢在很多重大问题上，不和他商量，也不让他知道。但是，卢的想法和做法，朱不是不明白，终竟也还没有"谏议"、争执或掣肘的事情发生。他们关系深到如此地步，卢要朱与张群同机飞港，是可以理解的。起义以后，要朱出来参加工作，他不肯。卢曾私下叫我去找过他三次：一次是叫他考虑出来工作，他说他病得厉害，病好再说。第二次叫他在家里说话注意，据说他怪话很多。他答说："我没有说什么怪话！"第三次是征募经济建设公债，卢要我去找他说，叫他尽力购买，他说："我没有钱，叫我拿什么买？请主席借点给我嘛！"尽管朱是这样强硬，可是最后一次他竟脸色苍白地问我："子华，怕不怕出什么祸事？"到了一九五〇年我和卢来京开会时，朱终以战犯送去劳动改造了。

在张群要走以前，云南军统特务裴存藩钻出来了。他神色仓皇，形容枯槁，脸色苍白，衣冠不整地跑到卢公馆来，向卢要求搭同一架飞机赴港，说着就呜咽地跪在地下。卢点点头答应了，叫他即刻就走。裴存藩，云南昭通人，和龙、卢是同乡。幼年时小名"二狗"，后来大家都以"裴二狗"呼之，黄埔军校四期毕业，一直在蒋介石的嫡系之下干事。蒋介石叛变革命以后，他被派来云南省担任国民党云南省党部委员。在"清党"期间，他是"肃反委员会"的主任委员，一切逮捕和杀害中共云南省的党员，破坏中共的地下组织，都是他干的，双手沾满了革命志士的鲜血。以后在云南，以昭通人的关系，在龙面前说他自己是蒋的亲信。龙为利用他搞好和蒋的关系，让他在云南做官，历任绥署政训处长、社会处长、行营政治部主任、昆明市长等显要职务。挣到中将军衔，发了横财，生活豪奢。在蒋介石面前，他又吹嘘自己是龙的亲信，蒋又利用他做龙云的"坐探"，成了康泽手下的一员干将。裴和蒋的侍从室中人混得很好，主要是常常赂以大量钱财所致。他有一个年轻的老婆高明波（原名培英，云南省党务训练班毕业），在云南是有名的美人，乃昆明名医高名魁之女。成了裴太太后，以牛奶洗脸，服食珍珠粉以驻华颜，打扮得花枝招展，妖媚非常。裴用其娇妻周旋达官显贵之间，达到升官发财之目的。卢和高明波是有过暧昧关系的。裴要求逃生，卢点头答应，还有一个原因是，裴在"九九整肃"以前曾陪同卢到重庆去，充当了一次保镖。

张群走后，卢才积极进行对二十六军、第八军的策反工作，准备昆明保卫战的军事部署。不赘。

昆明保卫战开始时，卢汉一直坐镇五华山上电话机旁，昼夜不寝不食，以电话指挥，眼睛都熬红了。有一天，巫家坝机场失守一部分，这在卢汉看来是最严重的问题，因为机场如不能控制，就可能让胡宗南的军队空运援敌，也截断了他自己由空逃走的后路。他急得没法，便和龙泽汇乘坐吉普车到前线亲自指挥。当时机场的守军是陇生文师，他去了以后，曾亲自用手枪打死了一个作战不力的营长，在前沿阵地指挥反攻，失守的部分机场始得收复。

在昆明保卫战中，卢汉是比较吃力的。前面已经分析过，在敌我的力量对比上，卢处于劣势：（1）装备差；（2）兵员少；（3）素质差，训练不够；（4）在内线作战。但他有一个最重要的优越条件，那就是，他是堂堂起义之师，获得广大云南人民的支持，因而士兵的士气也非常旺盛。在战斗进行中，整个昆明市的工人、学生、店员和市民，承担了城防任务和后勤工作，使卢仅有的一个军的兵力能够完全投入第一线作战。十二军余建勋部在大理，接电兼程驰援，由于公路为边纵所破坏，以致不能如期到达，进至昆明市西郊时，战斗已到结束阶段。

国民党军队进攻昆明时，其长官曾经通令作战官兵说："你们拼命进攻，打进昆明市后，准许官兵自由（即抢掠、奸淫）三天。"敌军的这一番话恰恰成了云南全体军民同仇敌忾、保境卫民的刺激素。使敌人没有得逞的重要原因，还在于我解放大军杨勇所部及时由贵州向云南开进，拊敌军之背，造成了夹击包抄的形势，敌即刻向南溃逃，解了昆明之围。卢汉事后经常说："解放军来得正是时候，如果再迟两天，我们恐怕就抵不住了。昆明遭殃了，我也完了。真是天兵天将，天兵天将……"这倒是他对人民军队出自内心的感激之言。

一九五〇年初，原云南省人民临时军政委员会正式奉中央人民政府之命改组为云南省军政委员会，以卢汉为主席，宋任穷、周保中为副主席，移到五华山小礼堂侧办公。三月，解放大军二野陈赓、宋任穷所率第四兵团进驻云南，在昆明举行入城式。卢汉身着草绿色军用夹克，统率所属文武，远赴昆明东郊菊花村欢迎。卢致欢迎词并献绣有诗句的锦旗。当晚，在五华山设群众性的盛宴招待各指战员。

次日成立了云南省军事接管委员会。

自此，卢经常和这几位首长接触。他对陈、宋、周等是真心敬佩的。他私下对我说："共产党的这几个领导是很不错的，陈赓非常爽快直道，宋任穷不愧称为'毛主席的好学生'，既谦虚和气，又稳重精明。周保中么，就是我们云南人的直干性子，看来脾气暴些，他就是你们白族大理人，你不知道吧，他原来姓奚。"

卢一见这几位同志的面就这样表示："我卢汉过去罪恶是很大的，干了剥削压迫人民和反共的事情，我愿意领受党和人民给我的一切惩罚，毫无异言。"宋任穷政委当时答道："卢主席这一次起义的行动是明智的，对人民是有功的。至于以往的一切，那都不必再提了。在人生的道路上，谁都要走一些弯路的。更何况人们的思想意识和作为，也往往受到所处的时代和社会的影响，也不是哪一个人的问题。卢主席参加了革命，党和人民一定表示敬佩，今后共同把国家和人民事业搞好。在云南，有很多事情还要卢主席主持和提出意见才能办得好的。"卢又说："我就是恨蒋介石独裁专制，排斥异己，向来就反对他。想到我自己，自幼受云南人民培养，对云南人民没有做过一件好事。还有很多军政部属也跟随我多年。所以我这一次起义，一方面为了报答云南人民对我的培养一场，另一方面也是把这批军政部属带到这条光明大道上来，我也就问心无愧了。"

他在这时期对其属僚也是这样说的，最后他说："你们从今往后，就应该要脱胎换骨，重做新人了。我把你们带上了路子，怎么走法是你们的事了。"

云南起义，军事接管不久，卢汉奉召到四川重庆参加西南军政委员会。在范庄招待所住下来以后，先后见到刘伯承司令员、邓小平政委、贺龙副司令员以及其他军政首长，也会晤到西南各方面起义的将领和重要人员。在这次大会上，他也发了言。

西南军政委员会第一次会议结束后，卢奉召随同大部分委员赴京，参加第一届第二次全国人民政治协商会议，我和副官杨志华随他乘"夔门号"轮船到汉口。我记得那时正是初夏，天气比较热，我们住在德懋饭店，受到中南区邓子恢政委的热烈欢迎。在汉口住了两天，卢好几次约龚自知和我三个人在附近的冷饮店喝冰啤酒谈天，谈得很痛快，一喝就是十瓶左右。言语态度之间，表示了异乎以往的轻松愉快。

到了北京，住前门外杨梅竹斜街远东饭店。最先是朱德总司令来看他，他们之间是有旧关系的，当年卢在讲武堂做学员的时候，朱已经毕业，在校内任区队长，彼此也算先后同学。见面后，就是谈谈云南故旧的事。以后住进北京饭店。有一天半夜，周恩来总理来看访他。我把他从睡梦中唤醒，他第二天告诉我说："总理对人很亲切，他大体和我谈谈组织云南省人民政府的人事问题，要我提出一些人来。另外还谈到龙主席和我之间的问题，我也谈了一些。"

在政协开会期间，卢在怀仁堂见到了毛主席。毛主席约他当晚到西郊家里便餐。他回来后向我描述了一番：他向毛主席说了过去在云南向宋任穷说的那一些话，毛主席十分诚恳地对他说："卢主席，干革命不在早迟，其实下半生才是最重要的，年青时候凭热情参加革命，中途变节反叛的人不少。你看陈独秀、张国焘不是前例吗？倒是有些人上半生走了些弯路，下半生成了革命者，这就不错了。你看朱玉阶岂不是半生军阀，半生革命吗？中国有句古诗说'黄花晚节香'，一个人晚节最要紧。你说对不对？"卢听了这一席话是感动的。

卢汉得到政府的同意，派副官杨志华到香港去接取家属。杨走后不久，政协大会闭幕了。我们耽搁了一段时间便离京返滇。到达武汉时，杨已经把他的家属——他的两位夫人，女儿国梅，使女杨玉兰等接到汉口等候。他的两个儿子、儿媳则到美国去了。他们乘船溯江而上，再由重庆乘机返滇。

（马子华：《我所知道的卢汉》）

林语堂卷（1895 — 1976）

　　林语堂，中国现代著名学者、文学家、语言学家。福建龙溪人，出生于福建省漳州市平和县坂仔镇贫穷的牧师家庭。原名和乐，后改玉堂，又改语堂。早年留学国外，回国后在北京大学、厦门大学等著名大学任教，1966 年定居台湾，1976 年在香港逝世，享年 82 岁。林语堂既有扎实的中国古典文学功底，又有很高的英文造诣，他一生笔耕不辍，著作等身。林语堂于 1940 年和 1950 年两度获得诺贝尔文学奖的提名。

尖头鳗

　　林语堂在目前，可以说是红遍中外，名闻世界的作家了。他抽着雪茄，喝着牛奶，住着洋房，赚着金圆，尤其是《生活的艺术》《我国与我民》《京华烟云》等著作在美国出版之后，确是名利双收，成了个十足的"尖头鳗"。然而，当他未编《论语》，未倡幽默以前，他不但没有像今日那么的红得发紫，连国内第一流作家的交椅，尚轮不到他呢。

　　他精通英文，曾为开明书店编过几册《开明英语读本》，也会写写杂文，出版过一本《剪拂集》。可是，那时的林语堂，不过是鲁迅门下的一员助手，庸庸碌碌，和高长虹、李霁野等混在一起（当是时，鲁迅方与以章士钊为背景的陈源——西滢——教授大开笔战，对所谓正人君子之流，疾恶如仇，嘲讽甚酷，林玉堂——林之原名——从而和之，其后，收集这些文章出版单行本，即鲁之《热风》，林之《剪拂集》也），后因细故（据说是为了一个香烟蒂头），和鲁迅翻脸，遂南来上海。又未几，他编辑《论语》，提倡幽默及晚明小品，于是林之大名，就不胫而走。

（《中国内幕》）

编《论语》成大师

　　《论语》是邵洵美出钱办的，而却造成林语堂坐享一个"幽默大师"的美名。所以，当《论语》风行之后，他和邵氏就发生了裂痕。这本来是人类劣根性，无论什么人，都是共患难易，共富贵难，在邵洵美的立场说，林语堂没有我出钱就不会以幽默起家，那么林语堂对于稿费不应该这样斤斤较量。在林语堂的立场说，邵洵美没有我的无贝之才，《论语》是不会如此的畅销，我是卖文为生的，写稿付钱，理所当然。因此，双方各存芥蒂而发生摩擦。结果，林语堂退出《论语》，而由陶亢德主编。林氏自己则办了一本《宇宙风》，另外又兼良友出版的《人间世》编辑。在陶氏编辑《论语》的时候，林语堂还每期写一篇"我的话"来敷衍塞责（实际上，为陶的成分多，为邵的成分少）。其后，林、陶合作开办《人间书屋》《宇宙风》《人间世》亦拉归"人间"出版，辑务既忙，陶氏亦就辞去《论语》的编辑职务，而林语堂写文章的关系也完全脱离。从此，《论语》的销数遂日益减少，以迄停刊，后来邵洵美一提起林语堂，还恨恨不绝哩。

（《中国内幕》）

众星拱月

　　林语堂第一次赴美讲学，是民国廿五年八月。当时，大华烈士简又文，曾在其所编的《逸经》半月刊里，出了一个《送林语堂先生赴美讲学特辑》，现在翻阅这个送林特辑，计有文章四篇。一、老舍的《代语堂先生拟赴美宣传大纲》，老舍的文章，往往只滑稽在题目上，尤其是这篇文章，文笔"浓得化不开"。二、海戈的《与林语堂游苏记》。海戈写自己的文章，文笔轻灵有致，清新可读，想见其人才子气极重，亦袁中郎的信徒，可惜专好"顺口接屁"。林大师反对普罗文学，他亦对普罗放冷箭；林语堂爱读《浮生六记》，他即力陈此书之美，这篇文章中就充满此种气息，到今日读之，尚觉令人肉麻。三、亢德先生的《林语堂与翻译》，是应酬式的，姑不具论。四、是简又文自己的《我的朋友林语堂》。简氏的白话文，别具一格，大概是由于他多读"太平天国文件"，无形中受了他的影响。但他写起幽默文来却有几种缺点。第一，未言先笑。读他文章的人，往往半段未曾读完，已能预料下半段里将有什么噱头来了，不觉为之索然。第二，画蛇添足。如他自己认某一句话是滑稽的，他唯恐读者不懂，再设法加按语关照读者，这是多么笨的手法啊！即如这篇《我的朋友林语堂》的开头，那种起了一个头，又觉得写不下，另起一个头，又觉得写不下，于是再起一个头的幽默笔法，可说完全是由从前沈有乾先生在《论语》里的某一篇文章里学来的，这里且来摘录他文章中最精彩的一段，以证实我所说之不诬。

　　　　林语堂是向来反对"要人通电"的，他所以要反对的理由，是为"要人通电"是虚伪的。他也反对"普罗"，因为"普罗"是主张一切的文艺都是宣传的。

如此看来，林先生的作品，一不虚伪，二不宣传，是可想而知的了。由此推论，林先生在《我国与我民》里，所说及中国的好的地方和坏的地方，也一定是完全真实的。但国内有些人却攻击语堂以为他暴露中国的弱于外国人眼中，而我将为这辩曰："广东人有句俗话，叫做小骂大帮忙。"吾以为语堂此书，正有此妙处。他把中国政治及官僚之黑幕，稍为暴露，反令西人感觉到著者之诚实无欺，存心忠直，深具学者的风度，由是连他所说中国民族，中国文明之优美点——是占全书之特大部分，一概都信为真话，这一来，正中"山人妙计"了……

（《中国内幕》）

自我幽默

关于林语堂第一次在美的言论，民国廿五年十月二十日，上海某刊物曾有一篇极详细的通讯，那是记录林语堂在纽约中国学生会的演说词，而由林氏自己来说明为什么要反对"左倾"和提倡幽默的理由。他说：

在一九二五年或一九二六年，中国文学的趋势，是思想的"左倾"，对于这种"左倾"的事实，我们不能作为无睹。中国旋转于赤化之中的原因很简单的，因为全世界青年都是急进之缘故。在英国曾有这样的话，一个人在廿岁以前，不成为社会主义者，那么是一个蠢物。但是他若在廿岁以后，仍是一个社会主义者，那么他就是一个傀儡了。在这时，我是并没有被这种倾向扰乱过。……

作家的派别，是不从文学上来识别却从政治上来区别的，这就是赤化与非赤化。这种情形，反而给我们一些残虐和幼稚的印象，同时，亦给我们一种文学和政治混为一体的畸形发展。我对于这种见解，是时常反对的。因为，倘使一旦文学成为了政治附属品，那么文学就将失去它固有的活动力。……

对于"左倾"作家所写的文章的形式，我们也可发现必要纠正的地方就是一种"欧化的中文"。在中文中，是没有 Clause 的，但这写欧化式文章的作家，就得写很长很长的 Clause 的。其次，在中文中，Adjective 和 Adverb 是没有十分显明的分别的，但这左派的作家，因为他看见英文中有着显著的分别，所以他们在中文中也分别了。再有很奇异的事：在中国的言语中，是没有 Active Voice 和 Passive Voice 的，而左派作家也因为英文中有，所以在中文中认为也应有的了。他们完全忘记了讲文法的不一定只有英文，并且英文文法不一定就是大众的文法，于是结果就造成了很不聪明的蠢举。而且他们这种文体，还有些使人看不懂。

　　后来就来了一个反响，这个反响，我应当负一部分的责任。我看到这种激进主义者很缺少纠正的批评，我更觉得文学与政治混为一体的纷乱。并且，在这种背驰情形之下，他们要想以文字成为政治上的工具。这就是我之所以要出版幽默杂志的原因。我想使幽默的体裁，在文学上占有重要的地位。在中国有很多幽默的材料，但是中国人，不敢将这幽默的题材，收入文学中。中国的大报主笔，所写的社评题目，总是讲社会安全问题，爱国问题，可是在伦敦的《泰晤士报》，每第四个社评所取的题材，总是轻松而幽默的。在纽约，幽默亦是很有地位的，差不多一大半的重要刊物上，都有这类幽默文章。我以为，幽默的任务，是能使文学对于人生更切实。并且这也是我的热望，能将中国固有的诗词来恢复它原有的朴素。

　　上面这几段摘录的文字，当然是"林大师"的门面话。事实上，他的提倡幽默，还不是为着他自己的出路？

（《中国内幕》）

论梁启超的腰子

　　梁任公之腰（即肾），无端被前北平协和医院×××拿出一个。事后有人问梁何不抗议，梁幽然答曰："中国人学西医，能开刀将腰拿出而人不死，已了不得。吾何为抗议哉！"

　　初，梁任公病，尿道出血，精神亏损，群医相与私议，莫知究竟，故毅然决定开刀检验。及裂腹取肾而视之，并无病状，惟有一小白点，医者曰，是病根欤？遂施手术，取其一，留其一。过后梁尿仍出血，始知原与取出之肾无与。病势渐剧而梁遂死。

　　由此可知世界大道理。吾人病而请医，因己之茫渺，遂信医之高明，以为医言神圣不容置疑。而行医者为生计关系，亦必掩其茫渺，故示高明，中心所疑，对病家必曰定系某病，苟老实曰吾不知也，则必失病家之信仰。于是开方投药，在医家原作一尝试而已，幸而中则痊，不中则改投他药。惟吾人未学医道，惟医言之是听，初未知此中玄奥也。实则每每人死而医尚不知何症，世事揭穿，皆与此相类。

　　读书人最应头脑清楚，然读书人偏最常上当。世上上医家当者莫如读书之中等阶级。病在读书人好看书报，四处撷拾一点似是而非的卫生常识，于是岌岌皇皇，不可终日：满空中皆痨病菌也，饭店手巾皆传染媒介也，众牙齿皆病菌巢穴也，花柳病必烂鼻发疯也。于是中学回来，不擦饭店手巾，不饮他人茶杯，不吸烟，吸烟有尼古丁毒，不喝咖啡，咖啡必害心脏，而成一书呆。实则痨病菌不能侵入健全身体；饭店手巾若不擦眼及嘴唇及伤口，决不妨事；若多食硬物蔬菜，少吃糖饵，不刷牙亦无妨，牙膏皆无用，牙刷一角钱一支便可，吸烟不害卫生；花柳病皆可预防。此皆中等阶级读书人所不知者。

《论语》有人作《投考记事》一文，述其本年投考经验。既考清华，医验并无痧眼，并发证明书。又投考北大，北大医生，谓必有痧眼，不许与试，生出证书与辩，无效。吾以此事询之海上眼科专家，专家曰，痧眼最难判别，曰必有，曰必无，皆向外行人示威而已。彼行医六年，诊断无讹，确知为痧眼者约二百余人而已。此亦足破除吾辈之迷信乎。吾小儿在校，校医谓有痧眼，吾大奇之，以吾生四十年尚不知痧眼为何物，而二女皆有痧眼，吾不信也。每星期五校医拿刀刮其眼皮，小女哭。余止之，谓若有痧眼，吾自负责。吾从不请眼科专家检验，而至今无事。幸而居未上当，否则眼皮必致刮坏。

人生世上，最用得着一点常识，读书不可读昏了。银价大跌，经济专家甲曰必禁止运银也；乙曰，必不可禁止运银也。断断争辩，有似街犬。棉麦借款，专家甲曰，必影响于中国农民也；乙曰，必不影响农民也。亦似街犬。教育专家订课程标准，年年几何代数，读了又读，汝以为教育专家懂得教育乎？无此事也。若懂得教育，岂有一人自六岁读书至廿五岁而一封书信写得不通之现象乎？要人治国行政、治河筑道，汝以为懂得治国乎，治河乎？无此事也。世上只是大家混饭吃而已，或吃政治饭，或吃教育饭，或吃江湖饭。吾辈既然读书，至少亦须留一点常识，凡事能看穿真理，将来受用无穷也。

（《我的话》）

"你不好打倒你" 之下文

冯玉祥登泰山，得一新见，可于其最近发表的《明志述怀》文见出。这点新见识，就是说：冯先生从前以为打倒坏政府，好政府便会出现。现在冯先生觉悟打倒一个坏政府，结果又来一个坏政府。在冯先生口中说来，宛如一样奇闻。不知是冯先生隐谑，还是果真到今日才有这种觉悟。冯先生以前的革命方式，衡之以吴稚晖先生的革命定义，只算知其一不知其二，因"你不好，打倒你"尚有下文，"我来干"是也。不应打倒你，便完事。现在冯先生并下面一句，似亦怀疑起来，如曰："你来干，便如何？"其实吴先生之定义，虽然浅显，可以语三尺童子，然其毛病在于"我来干"三字置于句后，声音嫌太响一点。况且因果不甚明：自然，因为你不好，所以打倒你，因为打倒你，所以我来干，这样读法最妥当。但是革命家要曲解为我来干，所以要打倒你，因为要打倒你，所以你不好，也未尝不可。为避免这种误解革命心理，我想还应该改为"我不好，倒打我，我混蛋"。能遵守这样方式的革命家才值钱，虽然革命事业从此要不甚起劲了。

(《我的话》)

梦　想

《东方》杂志编辑，出了一个极好题目，请各作家叙述他对于未来中国的梦，及个人生活的梦。各种答案，已经在该杂志的新年增刊号发表了。我个人的梦，因投稿时匆促，未经写上。我想个人的梦，时时不同，孔子所谓君子三戒，实指少年人想打架，壮年人想女人，老年人想袁头，便是显见个人的梦变更的历程。在这埋头编辑应接不暇之际，个人忽得一感觉，虽然来得兀突，也可以算是目前个人的梦罢。我愿意找到一位替代编辑的人，使我得一个月的顽闲，度一个月顽闲的生活。我登时可以放下笔来，睡四十八小时的大觉，袁世凯、蒋介石来也不见。醒来之后，世界电话断绝，邮局封闭，司机罢工，我个人门外贴一张"某人外出"字条，自己换上便服，带一渔竿，揣一本《醒世姻缘》，一本《七侠五义》，一本《海上花》，此外行杖一枝，雪茄五盒，到一世外桃源，暂作葛天遗民，"领现在可行之乐，补生平未读之书"。我知道道学先生必说我反革命，而孔二先生却将点头微笑曰："吾与语也。"

(《我的话》)

谈买牙刷

也许我应先叙述我何以有买牙刷的问题发生。幼时，不管有无牙刷，我是很快乐的。也记不清我幼时到底用过牙刷没有。这种问题，于幼童的世界是不算一回事，而且于西欧常在床上早餐的贵族阶级也是不算一回事，只有在知书识字一知半解的中等阶级（无论何国），却常常发生而很普遍。闲话休提，不管我幼时有没有用过牙刷，我总是一直长大康健起来，我那时还不曾见过有刷毛不齐作犬牙状而末加一簇长毛的"预防"牌（Prophylactic）卫生文明牙刷，所以不曾上当，而心中也未尝有过丝毫的焦虑。如今才晓悟现代广告的欺骗我辈读书人，真要令人思之慨然，欲起而作一种社会革命了。

我得先声明本篇的主旨，并不是叫人不可买牙刷，只是说任何人应当可以用一角钱一支的牙刷刷净他的牙齿，假定他用充量的水。这一点事做不来，还能算是个男子吗？ Snclair Lewis 在他的杰作 Arrowsmith，挖苦纽约某座基金极充足、设备极富丽的医学研究所（McGurke Tnstitute），说凡是真正科学家，都可以把自己屋顶的小房充当做研究所。你给他几根牙签、几个玻璃管，他便可以研究发明起来。假定这句话不错（凡真正科学家都心中明白所言是实），那么纽约医学研究所的洁白瓷盆及光亮夺目的仪器的用处，不过是使捐助基金的人自己得意，及使几个不会发明不会创造的研究员自己解嘲吧？James Watt 发明蒸汽机，先只靠一只茶壶；爱迪生少时发明就在一间后院的茅屋；Mrs. Stowe 写她的杰作 *Uncle Tom's Cabin*，是用包裹黄纸做稿纸；Franz Schuberr 做他的 *Hark!Hark!the Lark*! 歌曲也是写在信封后面。是的，伟大的发明不会由基金充足、设备富丽的 Mc Gurke Institute 出来的。事实上，我的牙医朋友已经偷偷地告诉我，据他的专门经验而言，许多非买 Prophy lactic 牙刷不可的有钱太太，根本就不懂得这牙刷的用法。这些有钱的太太们，正像李格（Step henLe acock）所嘲谑的西方银行家，出门避暑，想到钓鱼，必另买一双涉水的高皮靴，另做一件不怕风雨的大衣，买到一根值十几元钱的，挂有转轮的，科学式的渔竿去钓鱼去。但是李格氏问，这些银行家会钓上鱼吗？真正的渔人，你只消给他一根竹竿，一条悬钩，他总会钓得鱼出来给你看。牙刷的道理也无过如此。

但是这些平常道理，是我经过用三年苦心研究最适宜科学、最卫生、最文明的牙刷的经验，才研究出来。上边已经说过，我幼时是很快乐自在的。我并不要用牙刷，也不管牙刷上面之弯形角度是否与我的齿沿的圆弧相合与否。直到在某校时候，认识一位校医，才失了我天真的快乐（这位校医不久以前已经自杀）。他竟然告诉我：世上有这种毛病叫做齿龈脓肿，秘穴溃烂，文生博士病（Vincent's disease）等。像一切中等阶级，我一面增加知识，一面恐慌起来。他说世上毛病，十九是由牙齿不洁来的。而且秘穴所生之毒质，如不及早觉察医治的，简直可以传人脑部，令人发狂——我简直可以进疯人院。从此以后，我便不复知平安快乐日子了，而从此我便开始研究最适宜、最科学、最文明最卫生的牙刷了。荏苒于今，已历三载，到了今日，才一无所到，空手回来。

不读书的人，总以为牙刷只是一根刷子，而要使用方便功效易见，刷毛应该是整齐的，与毛刷、衣刷、靴刷相同，正如一只椅子，总应该是四足齐平才合理。但是我生性有科学的好奇心，很注意有什么新奇花样。因为我正在寻求什么新奇的牙刷，看见预防牌的刷毛不齐，呈犬牙状，末端又有高起的一簇刷毛，遂引起我的注意，犹如我现在看见一只三足短一足长的凳子，也会特别注意。我看见说明书，说这刷毛毛面呈向内弯的形状，与我齿沿向外弯的弧形相合，觉得很有道理，遂即刻决定"这是我最合理最科学的牙刷了"。那时我选定的，是一根刷柄向内弯三十度的牙刷。过后也曾买过一支刷柄向外弯三十度的牙刷，而并没遇见什么不测风云。于是使我猜疑，也许不向外弯亦不向内弯的直的刷柄才是最合理化的牙刷吧？

但是事实上，在两年中，我是预防牌的信徒，轻易不改我的主张，虽然我已觉察，只有末端高出的一簇毛是用得着的，因为他部的毛万不会与牙齿接触。恰巧有一天，我的叔父死了，遗留三百元给我浪费。我就想到牙刷问题。我跑进一间药房，由腰包里掏出一张五元钞票，掷在柜上，叫伙计将市上最贵的牙刷给我。伙计拿来的是韦思脱大医生的牙刷（Dr. West's），价钱一元三角。不看犹可，一看我就恐慌起来。难道我两年来专受广告的欺弄吗？因为我发现这最文明最科学的牙刷刷毛的面是向外凸出，而不是向内凹进的弧形，正与我所相信的老牌相反。我发现这科学最近发明的成绩，末端并没有一簇高出的毛，反是两端毛短，中间毛长。说明书又告诉我韦思脱博士经过多年的试验，得到一个结论，说只有向外弯的牙刷才能与齿沿的内部的弧形相合。这有点像听见牛敦与恩斯坦各持异论，不免疑心有一人是错的。我带回这韦思脱博士试验的结论回来，一刷，发现不但齿龈的内沿刷得到，就是齿龈的外沿也一样现刷得到。我始恍然大悟，一跑出去，到最近的杂货铺用二十五个铜子买一支广东制造的平面直柄牙刷。回来之后用起来，感觉有刷毛整齐的牙刷刷过齿上的一种三年来所未有的快乐。这就是我从小长大健康快乐时所用的牙刷。

假如我买文明牙刷的这段历史像一幕悲剧，那么我寻求文明牙膏的经验，真如同一部一百二十四回小说。那些各牌牙膏、牙粉、牙水互相攻讦的广告，读了真令人眼花缭乱。简单地叙述起来，各种牙膏、牙粉、牙水我先后都已用过。我的经验包括 Dr. Lyon's Powder. Sozodont，Squibb's Dental Magnesia，Pepsodent，Chlorodont，Kolynos，Colgate，Listerine' Eutbymol，Ipana 各牌（家家说"惟我此家"货色是不害牙齿的）。我觉得用起来，无论哪一家都是一样，都不能伤损我生成洁白无疵的牙齿。我看见过化学室化验的证书，说某种牙膏于几秒钟能杀死几百万微菌（后来有医生告诉我，此家消毒水杀菌力不及盐水）。有某家广告警告我"当心粉红的牙刷"，说是用错牙膏，齿龈脓溃的先兆（其实刷时用力，齿龈微出血，是当然的事）；有的广告警告我，市上牙膏十九是完全无用的。我曾经因为见到有家广告说不可用牙粉，会伤牙齿，起了恐慌，置而不用。后来又看见 Dr. Lyon's 的广告，说非牙粉刷不干净，"要学牙科医生给你刷牙时的榜样——用牙粉"，及又起恐慌，又起而用之。我曾经受 Lambert 医药公司的诱惑，说用利思特灵（Liaterine）的牙膏一年中省下来的钱可以购买以下任何物品之一种："七磅牛排；八磅火腿；八磅小羊排；两只鸡；十二条咖啡卷；十瓶果冻；二十包面粉；三十罐头空心粉"……然而用了一年之后，并不见得我的太太赠我这些礼物。

幸而不久我见出破绽了。有一回 Colgate，大约是良心责备，十分厌倦这些欺人的广告，出来登一特别广告，问人家："你因看见广告而受恐慌吗？"并说一句老实话："牙膏的唯一作用只是洗净你的牙而已"。我想上天的意思也委实如此而已，这是初次的醒悟。第二次的醒悟，是看见 Pepsodent 的广告，更加良心发现，更显明地厌倦那些欺人的广告，公然说："使你的牙齿健全的，并不是牙膏——是菠菜啊！"我真气炸了肺，一直跑去问一位牙科的朋友，请教他"到底牙膏有什么用处"？他只笑而不说。

我知道他心里在说"你可怜的中等阶级啊!"我要求一个明白答复。

"什么!"我喊出来,"至少牙膏总能够洗净牙齿,不是吗?"

"老兄啊!"他拍我的肩膀发出怜惜之意说,"你要明白,洗净你的牙齿是水及牙刷!牙膏不过使你洗时较觉芬香可口而像煞有介事而已。"

"那么,用一两点香蕉露也可以吗?"

"亏得你想出来",朋友转怜为笑叹一口气说。

我们两人紧握双手,宛如手中握住一件天知地知你知我知宇宙间的大秘密。

(《我的话》)

不明白为什么画画必画裸女

林语堂言:文章无波澜,如女人无曲线。

天下生物都是曲的,死物都是直的。自然界好曲,如烟霞,如云锦,如透墙花枝,如大川回澜;人造物好直,如马路,如洋楼,如火车铁轨,如工场房屋。物用惟求其直,美术则在善用其曲。中国美术建筑之优点,在懂得仿效自然界的曲线,如园林湖石,如通幽曲径,如画舫,如板桥,皆能尽曲折之妙,以近自然为止境。

中国艺术的冲动,发源于山水;西洋艺术的冲动,发源于女人。

西人知人体曲线之美,而不知自然曲线之美。中国人知自然曲线之美,而不知人体曲线之美。

中国人画春景,是画一只鹧鸪。西人画春景,是画一裸体女人被一个半羊半人之神追着。

西人想到"胜利""自由""和平""公理",就想到一裸体女人的影子。为什么胜利、自由、和平、公理之神一定是女人,而不会是男人?中国人永远不懂。

中国人喜欢画一块奇石,挂在壁上,终日欣赏其所代表之山川自然的曲线。西人亦永远不懂。西人问中国人,你们画山,为什么专画皱纹,如画老婆的脸一样?

中国人在女人身上看出柳腰,莲瓣,秋波,娥媚。西人在四时野景中看出一个沐浴的女人。

为什么学画必画女人,画女人必须叫女人脱裤,我始终不懂。

(《我的话》)

论西装

　　许多朋友问我为何不穿西装。这问题虽小，却已经可以看出一人的贤愚与雅俗了。倘是一人不是俗人，又能用点天赋的聪明，兼又不染季常癖，总没有肯穿西服的，我想。在一般青年，穿西装是可以原谅的，尤其是在追逐异性之时期，因为穿西装虽有种种不便，却能处处受女子之青睐，风俗所趋，佳人所好，才子自然也未能免俗。至于已成婚而子女成群的人，尚穿西装，那必定是他仍旧屈服于异性的徽记了。人非昏瞆，又非惧内，决不肯整日价挂那条狗领而自豪。在要人中，惧内者好穿西装，这是很鲜明彰著的事实。也不是女子尽喜欢作弄男子，令其受苦。不过多半的女子似乎觉得西装的确较为摩登一等。况且即使有点不便，为伊受苦，也是爱之标记。古代英雄豪杰，为着女子赴汤蹈火，杀妖斩蛇，历尽苦辛以表示心迹者正复不少。这种女子的心理的遗留，多少还是存在于今日，所以也不必见怪。西装只可当为男子变相的献殷勤罢了。不过平心而论，西装之所以成为一时风气而为摩登女士所乐从者，唯一的理由是，一般人士震于西洋文物之名而好为效颦。在伦理上，美感上，卫生上是决无立足根据的。

　　不知怎样，中装中服，暗中是与中国人之性格相合的，有时也从此可以看出一人中文之进步。满口英语，中文说得不通的人必西装，或是外国骗得洋博士，羽毛未干，念了三两本文学批评，到处横冲直撞，谈文学，盯女人者，亦必西装。然一人的年事渐长，素养渐深，事理渐达，心气渐平，也必断然弃其洋装，还我初服无疑。或是社会上已经取得相当身份，事业上已经有相当成就的人，不必再服洋装，以掩饰其不通英语及其童骀之气时，也必断然卸了他的一身洋服。所有例外，除有季常癖者，也就容易数得出来。洋行职员，青年会服务员及西崽为一类，这本不足深责，因为他们不但中文不会好，并且名字就是取了约翰，保罗，彼得，Jimmy 等，让西洋大班叫起来方便。再一类便是月薪百元的书记，未得差事的留学生，不得志之小政客等。华侨子弟，党部青年，寓公子侄，暴富商贾及剃头师父等又为一类，其穿西装心理虽各有不同，总不外趋俗两字而已，如乡下妇女好镶金齿一般见识，但决说不上什么理由。在这一种俗人中，我们可以举溥仪为最明显的例子。我猜疑着，像溥仪或其妻一辈人必有镶过金齿，虽然在照片上看不出。你看那一对蓝（黑？）眼镜，厚嘴唇及他的英文名字"亨利"，也就可想而知了，所以溥仪在日本天皇羽翼之下，尽可称皇称帝。到了中国关内想要复辟，就有点困难。单那一套洋服及那英文名字就叫人灰心，你想"亨利亨利"，还像个中国天子之称么？

　　大约中西服装哲学上之不同，在于西装意在表现在人身形体，而中装意在遮盖身体。然而人身到底像猴狲，脱得精光，大半是不甚美感，所以与其表扬，毋宁遮盖。

像甘地及印度罗汉之半露体，大半是不能引人生起什么美感的。只有没有美感的社会，才可以容得住西装。谁不相信这话，可以到纽约 ConeyIs' and 的海岸，看看那些海浴的男妇少女的身体是怎样一回事。裸体美多半是画家挑出几位身材得中的美女画出来的，然而在中国之画家，已经深深觉得身段匀美的模特儿之不易得了。所以二十至三十五岁以内的女子西装，我还赞成，因为西装确可极量表扬其身体美，身材轻盈，肥瘦均匀的女子服西装，的确占了便宜。然而我们不能不为大多数的人着想，像纽约终日无所事事、髀肉复生的四十余岁贵妇，穿起衣服，露其胸背，才叫人触目惊心。这种妇人穿起中服便可以藏拙，占了不少便宜。因为中国服装是比较一视同仁，自由平等，美者固然不能尽量表扬其身体美于大庭广众之前，而丑者也较便于藏拙，不至于太露形迹了，所以中服很合于德谟克拉西的精神。

以上是关于美感方面。致于卫生通感方面，更无足为西装置辩之余地。狗不喜欢带狗领，人也不喜欢带上那西装的领子。凡是稍微明理的人都承认这中古时代 Sir WalterBaleigh，Cardinal Riohelieu 等传下来的遗物的变相是不合卫生的。西方就常有人立会宣言，要取消这条狗领。西洋女装在三十年来的确已经解放不少，但是男子服装还是率由旧章，未能改进，男子的颈子，社会总还认为不美观不道德，非用领子扣带起来不可。带这领子，冬天妨碍御寒，夏天妨碍通气，而四季都是妨碍思想，令人自由不得。文士居家为文，总是先把这条领子脱下，居家而尚不敢脱领，那例是惧内之徒，另有苦衷了。

自领以下，西装更是毫无是处。西人能发明无线电飞机，却不能了悟他们身体只有头面一部尚算自由。穿西装者，必穿紧封皮肉的贴身卫生里衣，叫人身皮肤之毛孔作用失其效能。中国衣服之好处，正在不但能通毛孔呼吸，并且无论冬夏皆宽适如意，四通八达，何部痒处，皆搔得着。西人则在冬天尤非穿刺身之羊毛里衣不可。卫生里衣之衣裤不能无褶，以致每堆积于腹部，起了反抗，由是不能不改为上下通身一片之 umOnsuit。里衣之外，必加以衬衫，衬衫之外，必束以紧硬的皮带，使之就范，然就范不就范就常成了问题。穿礼服硬衬衫之人就知道其中的苦处。衬衫之外，又必加以背心。这背心最无道理，宽又不是，紧又不是，须由背后活动钩带求得适宜之中点，否则不是宽时空悬肚下，便是紧时妨及呼吸。凡稍微用脑的人，都明白人身除非立正之时，胸部与背后之直线总有不同，俯前则胸屈而背伸，仰后则胸伸而背屈。然而西洋背心偏偏是假定胸背长短相称，不容人俯仰于其际。惟人既不能整日挺直，结果非于俯前时，背心不得自由而褶成数段，压迫呼吸，便是于仰后时，背心尽处露出，不能与裤带相衔接。其在体材胖重的人，腹部高起之曲线既无从隐藏，背心之底下尽处遂成为那弧形之最向外点，由此点起，才由裤腰收敛下去。长此暴露于人世，而裤带也时时刻刻岌岌可危了。人身这样的束缚法，难怪西人为卫生起见，要提倡裸体运动，摒弃一切束缚了。

但是如果人类还是爬行动物，那裤带也不至于成为岌岌可危之势。只消像马鞍的腹带，绑上便不成问题，决不上下于其间。但人类虽然已经演化到竖行地步，西洋裤带却仍就假定我们是爬行动物。妇人堕胎常就是吃这竖行之亏，因为人类的行走虽然已取立势，而吾人腹部的肌肉还未演化改造过来，以致本为爬行载重横脊骨上之极隐重设置，遂发生时有堕胎之危险。现在立势既成，妇人腹部肌肉却仍是横纹，不是载重于肩旁。而男人之裤带也一样的有时时不得把握之势而受地心吸力所影响。唯一补救的办法，就是将裤带拼命扣紧，致使妨碍一切脏腑之循环运动，而间接影响于呼吸之自由。

单这一层，我们就可以看出将一切重量载于肩上令衣服自然下垂的中服是唯一的合理的人类的服装。至于冬夏四时之变易，中服得以随时增减，西装却很少商量之余地，至少非一层里衣一层衬衫一层外衣不可。天炎既不可减，天凉也无从加。这种非人的衣服，非欲讨好女子的人是决不肯穿来受罪的。

中西服装之利弊如此显然，不过时俗所趋，大家未曾着想，所以我想人之智愚贤不肖，大概可以从此窥出吧？

（《我的话》）

论戒烟

凡吸烟的人，大部曾在一时糊涂，发过宏愿，立志戒烟，在相当期内与此烟魔，决一雌雄，到了十天半个月之后，才自醒悟过来。我有一次也走入歧途，忽然高兴戒烟起来，经过三星期之久，才受良心责备，悔悟前非。我诅咒着，再不颓唐，再不失检，要老老实实做吸烟的信徒，一直到老耄为止。到那时期，也许会听青年会、俭德会三姑六婆的妖言，把它戒绝，因为一人到此时候，总是神经薄弱，身不由主，难代负责。但是意志一日存在，是非一日明白时，决不会再受诱惑。因为经过此次的教训，我已十分明白，无端戒烟断绝我们魂灵的清福，这是一件亏负自己而无益于人的不道德行为。据英国生物化学名家夏尔登 Haldane 教授说，吸烟为人类有史以来最有影响于人类生活的四大发明之一。其余三大发明之中，记得有一件是接猴腺青春不老之新术。此是题外不提。

在那三星期中，我如何的昏迷，如何的懦弱，明知于自己的心身有益的一根小小香烟，就没有胆量，取来享用，说来真是一段丑史。此时事过境迁，回想起来，倒莫明何以那次昏迷一发发到三星期。若把此三星期中之心理历程细细叙述起来，真是罄竹难书。自然，第一样，这戒烟的念头，根本就有点糊涂。为什么人生世上要戒烟呢？这问题我现在也答得出。但是我们人类的行为，总常是没有理由的，有时故意要做做不该做的事，有时处境太闲，无事可作，故意降大任于己身，苦其筋骨，饿其体肤，空乏其身，把自己的天性拂乱一下，预备做大丈夫罢？除去这个理由，我想不出当日何以想出这种下流的念头。这实有点像陶侃之运甓，或是像现代人的健身运动——文人学者无柴可剖，无水可吸，无车可拉，两手在空中无目的地一上一下，为运动而运动，于社会工业之生产，是毫无贡献的。戒烟戒烟，大概就是贤人君子的健灵运动罢。

自然，头三天，喉咙口里，以至气管上部，似有一种怪难堪似痒非痒的感觉。这倒易办，我吃薄荷糖，喝铁观音，含法国顶上的补喉糖片。三天之内，便完全把那种怪痒克服消灭了。这是戒烟历程上之第一期，是纯粹关于生理上的奋斗，一点也不足为奇。凡以为戒烟之功夫只在这点的人，忘记吸烟乃魂灵上的事业。此一道理不懂，根本就不配谈吸烟。过了三天，我才进了魂灵战斗第二期。到此时，我始恍然明白，世上吸烟的人，本有两种，一种只是南郭先生之徒，以吸烟跟人凑热闹而已。这些人之戒烟，是没有第二期的。他们戒烟，毫不费力。据说，他们想不吸就不吸，名之为"坚强的志愿"。其实这种人何尝吸烟？一人如能戒一癖好，如卖掉一件旧服，则其本非癖好可知。这种人吸烟，确是一种肢体上的工作，如刷牙、洗脸一类，可以刷，可以不刷，内心上没有需要，魂灵上没有意义的。这种人除了洗脸，吃饭，回家抱孩儿以外，心灵上是不会有所要求的，晚上同俭德会女会员的太太们看看《伊索寓言》也就安眠就寝了。辛稼轩之词，王摩诘之诗，贝多芬之乐，王实甫之曲是与他们无关的。庐山瀑布还不是从上而下的流水而已？试问读稼轩之词，摩诘之诗而不吸烟，可乎？不可乎？

但是在真正懂得吸烟的人，戒烟却有一个问题，全非俭德会男女会员所能料到的。于我们这一派真正吸烟之徒，戒烟不到三日，其无意义，与待己之刻薄，就会浮现目前。理智与常识就要问：为什么理由，政治上，社交上，道德上，生理上，或者心理上，一人不可吸烟，而故意要以自己的聪明埋没，违背良心，戕贼天性，使我们不能达到那心旷神怡的境地？谁都知道，作文者必精力美满，意到神飞，胸襟豁达，锋发韵流，方有好文出现。读书亦必能会神会意，胸中了无窒碍，神游其间，方算是读。此种心境，不吸烟岂可办到？在这兴会之时，我们觉得伸手拿一支烟乃唯一合理的行为；反是，把一块牛皮糖塞入口里，反为俗不可耐之勾当。我姑举一两件事为证。

我的朋友 B 君由北平来沪。我们不见面，已有三年了。在北平时，我们是晨昏时常过从的，夜间尤其是吸烟瞎谈文学，哲学，现代美术以及如何改造人间宇宙的种种问题。现在他来了，我们正在家里炉旁叙旧。所谈的无非是在平旧友的近况及世态的炎凉。每到妙处，我总是心里想伸一只手去取一支香烟，但是表面上却只有立起而又坐下，或者换换坐势。B 君却自自然然地一口一口地吞云吐雾，似有不胜其乐之概。我已告诉他，我戒烟了，所以也不好意思当场破戒。话虽如此，心坎里只觉得不快，嗒然若有所失。我的神志是非常清楚的。每回 B 君高谈阔论之下，我都能答一个"是"字，而实际上却恨不能同他一样地兴奋倾心而谈。这样畸形地谈了一两小时，我始终不肯破戒，我的朋友就告别了。论"坚强的志愿"与"毅力"我是凯旋胜利者，但是心坎里却只觉得快快不乐。过了几天，B 君途中来信，说我近来不同了，没有以前的兴奋，爽快，谈吐也大不如前了，他说或者是上海的空气太恶浊所致。到现在，我还是怨悔那夜不曾吸烟。

又有一夜，我们在开会，这会按例星期一次。到时聚餐之后，有人读论文，作为讨论，通常总是一种吸烟大会。这回轮着 C 君读论文，题目叫做《宗教与革命》，文中不少诙谐语。记得 C 君说冯玉祥是进了北派美以美会，蒋介石却进了南派美以美会。有人便说如此则吴佩孚不久定进西派美以美会。在这种扯谈之时，室内的烟气一层一层地浓厚起来，正是暗香浮动奇思涌发之时。诗人 H 君坐在中间，斜躺椅上，正在学放烟圈，一圈一圈地往上放出，大概诗意也跟着一层一层上升，其态度之自若，若有不足为外人道者。只有我一人不吸烟，觉得如独居化外，被放三危。这时戒烟越看越无意义了。我恍然觉悟，我太昏迷了。我追想搜索当初何以立志戒烟的理由，总搜寻不出一条理由来。

此后，我的良心便时起不安。因为我想，思想之贵在乎兴会之神感，但不吸烟之魂灵将何以兴感起来？有一下午，我去访一位洋女士。女士坐在桌旁，一手吸烟，一手靠在膝上，身微向外，颇有神致。我觉得醒悟之时到了。她拿烟盒请我。我慢慢地，镇静地，从烟盒中取出一枝来，知道从此一举，我又得道了。

我回来，即刻叫茶房去买一盒白锡包。在我书桌的右端有一焦迹，是我放烟的地方。因为吸烟很少停止，所以我在旁刻一铭曰"惜阴池"。我本来打算大约要七八年，才能将这二英寸厚的桌面烧透。而在立志戒烟之时，惋惜这"惜阴池"深只有半生丁米突而已。所以这回重复安放香烟时，心上非常快活。因为虽然尚有远大的前途，却可以日日进行不懈。后来因搬屋，书房小，书桌只好卖出，"惜阴池"遂不见。此为余生平第一恨事。

（《我的话》）

看不出来

有一次，林语堂和我去看鲁迅，谈了半天出来，林语堂忽然问我：

"鲁迅和许女士，究竟是怎么回事，有没有什么关系的？"

我只笑着摇摇头，回问他：

"你和他们在厦大同过这么久的事，难道还不晓得么？我可真看不出来。"

语堂自从那一回经我说过鲁迅和许女士中间大约并没有什么关系之后，一直到海婴（鲁迅的儿子）将要生下来的时候，才兹恍然大悟。我对他说破了。他满脸泛着好好先生的微笑说：

"你这个人真坏！"

（《宇宙风》乙刊）

憨态可掬

说起林语堂，实在是一位天性淳厚的真正英美式的绅士，他决不疑心有意说出的不关紧要的谎。我只举一个例子出来，就可以看出他的本性。当他在美国向他的夫人求爱的时候，他第一次捧呈了她一册克莱克夫人著的小说《模范绅士约翰哈里法克斯》。但第二次他忘记了，又捧呈了她以这册 *Johnhalifax Gentleman*。从这一点上看来，就可以看出语堂真是如何地忠厚老实的一位模范绅士。他的提倡幽默，挖苦绅士态度，我们都在说，这些都是从他的 Inferio rity Complex（不及错觉）心理出发的。

（《宇宙风》乙刊）

与鲁迅的恩恩怨怨

这一场事情，总算是这样地解决了。但在事情解决，北新请大家吃饭的那一天晚上，鲁迅和林语堂两人，却因误解而起了正面的冲突。

冲突的原因，是在一个不在场的第三者，也是鲁迅的学生，当时也在经营出版事业的某君。北新方面，满以为这一次鲁迅的提起诉讼，完全系出于这同行第三者的挑拨。而忠厚诚实的林语堂，于席间偶尔提起了这一个人的名字。

鲁迅那时，大约也有一点酒意，一半也疑心语堂在责备这第三者的话，是对鲁迅的讽刺，所以脸色变青，从座位里站了起来，大声地说：

"我要声明！我要声明！"

他的声明，大约是声明并非由这第三者的某君挑拨的。语堂当然也要声辩他所讲的话，并非是对鲁迅的讽刺。两人针锋相对，形势真弄得非常的险恶。

在这席间，当然只有我起来做和事老，一面按住鲁迅坐下，一面我就拉了语堂和他的夫人，走下了楼。

这事当然是两方的误解，后来鲁迅原也明白了。他和语堂之间，是有过一次和解的。可是到了他去世之前年，又因为劝语堂多翻译一点西洋古典文学到中国来，而语堂说这是老年人做的工作之故，而各起了反感。但这当然也是误解，当鲁迅去世的消息传到当时居在美国的语堂耳里的时候，语堂是曾有极悲痛的唁电发来的。

（《宇宙风》乙刊）

来台后二十四快事

金圣叹批《西厢》，《拷艳》一折，有三十三个"不亦快哉"。这是他与朋友斫山赌说人生快意之事，二十年后想起这事，写成这段妙文。此三十三"不亦快哉"我曾译成英文，列入《生活的艺术》书中，引起多少西方人士的来信，特别嘉许。也有一位老太婆写出她三十三个人生快事，寄给我看。金圣叹的才气文章，在今日看来，是抒情派，浪漫派。目所见，耳所闻，心所思，才气横溢，尽可入文。我想他所做的《西厢记》序文"恸哭古人"及"留赠后人"，诙谐中有至理，又含有人生之隐痛，可与庄生《齐物论》媲美。……

仿此，我也来写来台以后的快事廿四条：

一、华氏表九十五度，赤膊赤脚，关起门来，学顾千里裸体读经，不亦快哉！

二、初回祖国，赁居山上，听见隔壁妇人以不干不净的闽南语骂小孩，北方人不懂，我却懂。不亦快哉！

三、到电影院坐下，听见隔座女郎说起乡音，如回故乡，不亦快哉！

四、无意中伤及思凡的尼姑。看见一群和尚起来替尼姑打抱不平，声泪俱下。不亦快哉！

五、黄昏时候，工作完，饭罢，即吃西瓜，一人坐在阳台上独自乘凉，口衔烟斗，若吃烟，若不吃烟。看着山慢慢沉入夜色的朦胧里，下面天母灯光闪烁，清风徐来，若有所思，若无所思。不亦快哉！

六、赴酒席，座上都是贵要，冷气不灵，大家热昏昏受罪，却都彬彬有礼，不敢随便。忽闻主人呼宽衣。我问领带呢？主人说不必拘礼，如蒙大赦。不亦快哉！

七、看电视儿童合唱，见一小孩特别起劲，张口大唱，又伸手挖鼻子，逍遥自在。不亦快哉！

八、听男人歌唱，声音摄气发自腹膜，喉咙放松，自然嘹亮。不亦快哉！

九、某明星扮武侠，眉宇嘴角，自有一番英雄气象，与众不同。不亦快哉！

十、看小孩吃西瓜，或水蜜桃，瓜汁桃汁入喉咙兀兀作响，口水直流胸前，想人生至乐，莫过于此。不亦快哉！

十一、什么青果合作社办事人送金碗、金杯以为二十年纪念，目无法纪，黑幕重重。忽然间跑出来一批青年，未经世事，却是学过法律，依法搜查证据，提出检举。把这些城狐社鼠捉将官里去，依法惩办。不亦快哉！

十二、冒充和尚，不守清规，奸杀女子，闻已处死。不亦快哉！

十三、看人家想攻击白话文学，又不懂白话文学；想提倡文言，又不懂文言。不亦快哉！

十四、读书为考试，考试为升学，为留美。教育当事人，也像煞有介事办联考，阵容严整，浩浩荡荡而来，并以分数派定科系，以为这是办教育。（官府）文告，提醒教育目标不在升学考试，而在启发儿童的心智及思想力。不亦快哉！

十五、报载中华棒球队，三战三捷，取得世界儿童棒球王座，使我跳了又叫，叫了又跳。不亦快哉！

十六、我们的纪政创造世界运动百米纪录。不亦快哉！

十七、八十老翁何应钦上将提倡已经通用的俗字，使未老先衰的前清遗少面有愧色。不亦快哉！

十八、时代进步，见人出殡用留声唱片代和尚诵经。不亦快哉！

十九、大姑娘穿短裤，小闺女跳高栏，使老学究掩面遮眼，口里呼"啧啧！者者！"不亦快哉！

二十、能作文的人，少可与谈。可与谈的人，做起文章又是一副道学面孔，排八字脚说话。倘遇可与谈者，写起文章，也如与密友相逢，促膝谈心，如行云流水道来。不亦快哉！

廿一、早餐一面喝咖啡，一面看"中副"文寿的方块文字，或翻开《新生报》，见转载《艾子后语》，好像咖啡杯多放一块糖。不亦快哉！

廿二、台北新开往北投超速公路，履险如夷，自圆环至北投十八分钟可以到达。不亦快哉！

廿三、家中闲时不能不看电视，看电视，不得不听广告，倘能看电视而不听广告。不亦快哉！

廿四、宅中有园，园中有屋，屋中有院，院中有树，树上见天，天中有月。不亦快哉！

（《联合报》副刊）

不吃人的狮子和老虎

林语堂对讲演特别重视。他认为讲演，尤其是对群众的讲演，必须像女孩子的迷你裙一样愈短愈好，千万不要像老太婆的裹脚布又臭又长。

其次，林先生认为一篇成功的讲演，事前必须充分准备，才能到时有优良的表现。他说美国林肯总统最有名的盖第次堡演说，短短只不过几十句话，可是他精心思索，反复推考，临时在车子中，还改动了好多话，实在不是简单的。所谓充分准备，并不是事前一字一句都写下来，当场照本宣读，而是要把讲演的通篇大意和结构，深思熟虑，先有一个轮廓，然后分别层次，用卡片录下要点。到了讲演时，就照此要点，顺口而出，一定能动人。他说，事前作充分的准备，但讲演时又使人看不出有准备的功夫，好像临时急就成章，这是最成功的讲演。

因此之故，林语堂最反对临时请人讲演，尤其在吃饭的时候，临时请人讲话，令人措手不及，那是多么窘相的事。有一次，林先生自己到一所大学去参观，参观完了之后，校长请他到大餐厅和学生们共餐，校长认为机会难逢，临时请他和学生讲几句话。林语堂觉得很为难，推无可推，就讲了一个笑话。

林语堂说：罗马时代，皇帝残害人民，时常把人投到斗兽场中，给猛兽吃掉，这实在是一件残忍不堪的事。有一次，皇帝又把一个人丢进斗兽场里，让狮子去吃。这人胆子很大，他看到狮子并不害怕，就走近狮子的身旁，在它耳边讲了几句话，那狮子掉头就走，并没有吃他。皇帝看在眼里，觉得十分奇怪，再放一头老虎进去，那人还是毫不怕惧地走近老虎身边，也和它耳语一番，那头老虎也悄悄地走了，同样地没有吃他。皇帝看了这情景，更觉得十分诧异，就把那人叫出来盘问：

"你究竟向狮子和老虎说了些什么，竟使它们都不吃你而掉头就走呢？"

那人回答皇帝说：

"很简单，我只是提醒它们，吃我很容易，可是吃了以后，你得讲演一番。"讲罢，林语堂就坐了下来。这一则幽默而带一点讽刺的笑话，博得满堂彩，但那校长先生却弄得啼笑皆非，显得十分尴尬。

从林语堂先生对讲演的重视和讲演技巧的研究，可以了解他对做学问的认真和用心。林先生对于做学问的认真和用心，实在值得我们佩服。别的不谈，就以对我们日常应用的文字来说，无论字义、读音，他都弄得清清楚楚，稍有一点疑问，他一定查各种字典或辞典。他的书房里，有二三十部各种各样的字典、辞典和百科全书，林先生几乎每天要翻阅很多次。林先生对看书和写作的勤奋也是少有的，他每天早上六点钟左右就开始看书或写作，一直到午后二时。下午休息之后，再从晚上八时工作，一直到午夜才停止。

林先生对写作最有兴趣。他的女儿林太乙说：爸爸所以喜欢写作，大概是藉自身对人生事物的深刻感悟而写作，并由写作而获得更深的感悟，从而得到生命的琼浆。不过有一件很奇怪的事，他一开始写作，身体就加重，脸色就更红！

林语堂在写作的时候，全神贯注，会忘记身边的一切事物，而把全部精神放在文章上，如果是一篇文艺性的文章，他会把全部感情溶化在文章的故事里。林太乙说过一件事：有一次，她爸爸在书房写作的时候，她没有敲门就冲了进去，发现她爸爸眼泪盈眶。她就问:"爸爸,你怎么啦?"林语堂抬起头来惊愕地回答说:"我在写一段非常伤心的故事。"

林语堂先生,无论写文章,或者研究什么学问,总是那么认真,那么用心,真是一般人的好榜样!

(《当代名人故事》)

几乎成为诽谤案的笑话

台大教授洪炎秋在一次有关林语堂先生的座谈会上讲过一则故事。他说:《国语日报》创刊二十周年纪念,举行了一次酒会,招待各界。林语堂先生穿了一套他生平最讨厌的结了领带的西装,也参加了这次酒会,让他们觉得很有面子。后来酒酣耳热,就讲起怕老婆的故事来,林语堂先生讲的是关于王国维的故事。他说:王国维爱学问如生命,勤于著作,可是王夫人却是一个极为碎嘴的妇人,一天到晚,老在王先生身边唠叨不停,王先生从书房躲到卧室,她也跟着到卧室;从卧室躲到厨房,她也跟着到厨房。王先生没有办法,于是设计一张小茶几,只能放笔墨纸张,可以放在只能容纳一个人的小地方,使王夫人无法站在旁边唠叨。有一天,王夫人说要回娘家去两天,王先生大喜过望,以为耳根清净,可以大写特写了。哪知王夫人离家以后,因为没有人在他耳边唠叨,一点灵感都没有,结果白白浪费了两天,一个字也写不出。

洪炎秋先生很喜欢这故事,以为不但可以作为名士的逸事来流传,而且可供心理学家作为材料,因为他以前读过一本心理学的书,讲到习惯的力量,说英国有个在火车站当转辙手的工人,每天晚上都在隆隆的车声中睡觉,后来年老退休,却得了失眠症,怎么医也医不好。后来一位医生建议他儿子,制造一部能够发出跟火车站同样噪杂声音的机器来试一试。他儿子照着医生的话办了,果然把他老子的失眠症给治好了。洪教授因为有这个印象,觉得王国维的故事,不但有趣,而且有用,就写出来把它发表了。没有想到王夫人已经避难到台湾,她的几位少君和小姐,也都在台湾各机关服务。他们看了洪教授的文章,十分生气,以为蓄意诽谤,就联名警告洪教授,说他们的母亲是一位虔诚的天主教徒,十分贤淑,他所写的,全是捏造的,如不公开订正和道歉,将控告洪炎秋以诽谤罪。后来洪教授写了一则启事,并把它在《国语日报》上发表,表示那篇小文章中讲的笑话,只当做一个美谈传播,并无丝毫恶意,事情才算了结,要不然,林语堂先生恐怕要当证人,陪洪教授一同上法庭了。

(《当代名人故事》)

标 志

林语堂有一个特殊的标志，那就是烟斗，这跟当年英国首相邱吉尔经常嘴上叼着一只大烟斗，几乎完全一样。他终年离不开它，烟斗几乎成了他的生命。

林先生有很多支烟斗，这些烟斗除了少数由朋友赠送他的以外，大多是他自己在世界各地搜购来的。有不同的颜色，不同的质料，不同的式样，据说价格都贵得吓人。

不管是在思索一个什么问题，或是根本不用脑筋，独自靠在沙发上的时候，他总会叼起烟斗慢慢地吸着，一方面半闭着双眼，欣赏那悠悠上升的烟圈缓缓地飘散，那时他会觉得身心舒畅，飘飘欲仙。

如果他跟朋友聊天，那他更少不了烟斗。他把它叼在嘴上，静静地倾听着对方的谈话，神情是那样的专注，那样的认真。当他自己讲话的时候，他会习惯地把烟斗抓在左手上，然后微微地点着头发表他的高见。有时也会抓着烟斗，做出各种姿势，以加重他的语意。但当把话说完，烟斗立刻就回到了他的嘴上。

当他写作的时候，烟斗更不曾顷刻离开他的嘴。林语堂说：唯有烟斗才能引发他的智慧与灵感。如果没有烟斗，他的头脑会变成石头，再也写不出半个字来。

烟斗对林语堂来说，真是有它的大用，所以他把烟斗看得比生命同样重要。

林语堂曾劝一个女孩子鼓励她的丈夫抽烟斗。

"为什么？"女孩子问。

"这有很大的妙用。如果他要和你吵架，你立刻把烟斗塞进他的嘴里，天下就太平了。"

"如果他用烟斗圆圆的一端敲我的头呢？"女孩子问他。

幽默大师两手一摊，哈哈大笑！

林语堂那样地离不开烟斗，但有一次，为了健康的问题，医生强迫他非把烟戒掉不可。他无可奈何地放下了烟斗，但只戒了三星期。他说那三个星期的无烟生活，简直没有了思想，是一具行尸走肉，那不是人过的日子，所以当身体稍稍好了一些，立刻把烟斗放到了嘴里。

享受了半个世纪烟斗的乐趣，林语堂有了一个体会，抽烟的人都是快乐的。叼着烟斗沉思，是人生的一大享受。但是，在他八十岁生日的前三天，他还是放下了烟斗。原因是他的身体有了严重的问题，他不得不听从医生的嘱咐把烟斗放下。当然，这对林语堂来说，真是一项最残酷的刑罚。

（《当代名人故事》）

与众不同的教书方法

林语堂先生是一位出名的英文老师。他教英文，有一套与众不同的教授法。

第一，他上课从不点名，悉听学生自由。奇怪的是，他虽然不点名，但学生缺课的，几乎绝无仅有。非但如此，在别班上课的学生，也往往会到他的课堂里来旁听，所以林先生上课的时候，教室里总是挤得满满的，座无虚席，可见他教学的高明。

第二，林先生的英文课，不举行任何形式的考试（包括学期或学期终的考试）。可是他一样计分，结果比正式考试还公平允当，学生心中，无不个个服帖。原因是：他虽不举行机械式的考试，事实上每次上课，总要举行一次非正式的考试。同时，他的记忆力特别强，譬如一班上有一百名学生，只要上过三五堂课，他就能认识半数以上的学生，见面时能直呼其名，他所以能认识这么多学生，有一个秘诀，就是在课堂上，随时指名起立回答问题或互相对话，这是他对学生的测验、训练，也是考试。每当学期结束以前，要评定成绩时，在他脑筋中，对每一学生的程度和学力，都有个相当正确的轮廓。所以他只要唱名，请学生轮流地站起，他像相面先生一样，略为一相，就定下分数。如果他觉得没有十分把握，而发生疑虑时，就请他们到讲台前，略为谈上几句，测知端详，也就定了分数。这种打分方法，实在很少见，但其公正的程度，还在一般用笔试命题来计分的方法之上。

第三，林先生教英文，从不用呆板或填鸭式的方式，叫学生死读死背。他是出名的幽默大师，所以上课时，总是笑口常开，笑话连篇，从不正襟危坐。他有时坐在讲桌上，有时坐在椅子上，把双脚放在桌上，边讲边谈，样子是不太雅观，他却怡然自得。学生们也情绪轻松，乐而不倦。此外，为增进学生的理解和会话能力，总以英语讲解，采用的教本是《新闻文选》，就是报章杂志上刊登而有名的评论或记载，既生动，又有趣，更可实用。讲解时，也从不一句或一段地注入式灌输，往往选择几段意义似同而实不同的英文字汇，来详细比较演绎。譬如中文的"笑"字，在英文中有许多字汇，例如大笑、微笑、假笑、凝笑笑、苦笑、狂笑等等；"哭"字也有种种不同的字汇，例如大哭、假哭、饮泣、哀泣等等。林语堂先生会一一指出异同，并由学生当场造句，或课外作习题。像这样活泼生动的教法，使学生自由思考，举一反三，进步自然较一般快速，学生也自然高兴听他的讲课了。

（《当代名人故事》）

脾气 性格 做事

林语堂先生，脾气很好，从来不跟人弄到脸红脖子粗。跟朋友聊天，更妙语如珠，使人如沐春风。然而与他交往较久，相知较深的人，都知道这位幽默大师也有其严肃的一面。他对看不惯的人，气到忍无可忍的时候，他会不顾一切地发起脾气来。

黎东方在《论语堂先生》一篇文章中说过：他和林先生相交三十年，曾见他发怒过一次，那是当年他们在新加坡办南洋大学的时候。有一群唯利是图的小人，以卑鄙的手段逼迫林先生放弃创办南洋大学。这群小人，完全是市侩，他们投资办南洋大学，纯粹把办学当做生意，而林先生却完全以一个教育家的心理想把学校办好，于是双方便弄得极不愉快。南洋大学执行委员会主席（相当于董事长）陈某胸无成见，听信谗言，对林语堂误会很深。当时黎东方先生看到情况恶劣，就从中奔走拉拢，安排林语堂和陈某于某一天晚上在一个地方会面，希望他们把事情摊开来谈，言归于好。陈某本身原无什么主见，所以那天见面以后，倒还心平气和，很想和林先生好好谈谈。林先生因为知道陈某和他背后一群小人的市侩心理，想以办学的美名博取好处，又百般和他为难，他气到忍无可忍了，所以在谈话中间，林先生用闽南语给他一连串责问，把姓陈的吓得由客厅逃到厨房，又由厨房偷偷从后门溜走了。黎东方先生说，这是三十年来，他看到林先生发怒仅有的一次。

其实，林语堂先生的确是最好相处的人。他很有一点像胡适之先生，带着磁性、可爱得吸引人。有一点可以证明：他和鲁迅非常要好，他们俩合办《语丝》杂志，同到厦门大学，也同时离开厦门大学，亲如兄弟，而鲁迅是一个最难与人相处的人。

鲁迅（周树人）是一个怪人，刚愎自用，脾气又坏。他和自己的胞弟周作人犹如水炭，就可想而知。林先生和他们兄弟俩相处都很好，胡适之先生便只和作人好，而和鲁迅扦格不入。所以有些无聊的文人，批评林语堂先生的脾气如何如何，这完全是恶意中伤，也许是"文人相轻"的毛病在作怪。

林语堂先生说话含蓄、幽默，趣味隽永，但有时也极为爽朗痛快。

名作家陈纪滢先生在有关林语堂先生的座谈会中说，他在"民国"五十一年（1962）应邀访问美国，在纽约去拜访林先生。那时林先生还不到七十岁，身体好，兴致高，谈锋很健。他和陈纪滢先生谈话时，首先批评美国的"两个中国"的观念是错的。其次谈到"总统"蒋公的个性。他说："当年总统的反共，固然由于他是具备先知先觉的眼光睿智，可是另一个原因是受不了鲍罗廷的气。所以，如果×国逼他太甚，他会有发脾气的一天。"他又说："必须有'他妈的'或'丢他妈'的劲儿，才能打仗。

我看总统有！"陈纪滢先生说：林先生说这段话的时候，是站着说的，浑身有力，双拳并举，两眼要迸出火星似的。没有想到林先生竟是这样的快人快语。

大凡是文人，为人处世，多半比较马虎随和，尤其像林语堂先生这样幽默风趣的人，一般人总以为他很随便，这是一种错误的想法。

林先生写文章，讲话，风趣幽默，但做事却极端认真，毫不马虎。随便举个例子："民国"五十九年六月，亚洲作家协会举行第三次大会，由中国主办，在台北召开。那时林先生是"中华民国"笔会的会长，这次大会自然落到他身上。有关会议一切琐碎的事，虽然有别人去负责料理，但一切大计，却必须他决定，并分配由何人负责。当时，他们在统一饭店开了两个房间，林先生坐镇其间，指挥一切，例如会场的布置，座位的安排，名次的前后，发言的顺序，以及外来宾客的膳食交通等等，他都非常认真，一丝不苟地交代必须办妥。一切筹备工作完成以后，他还不厌其烦地加以检查，看看有什么疏漏的地方。对任何事，他都有主张，但也从善如流，很听从别人的意见。

（《当代名人故事》）

徐悲鸿卷（1895 — 1953）

　　徐悲鸿，汉族，江苏宜兴人，生于中国江苏宜兴屺亭桥。中国现代美术事业的奠基者，杰出的画家和美术教育家，尤以画马享名于世。其自幼随父亲徐达章学习诗文书画。1912 年 17 岁时便在宜兴女子初级师范等学校任图画教员。1916 年入上海复旦大学法文系半工半读，并自修素描。先后留日、法，游历西欧诸国，观摩研究西方美术。1927 年回国，先后任上海南国艺术学院美术系主任、中央大学艺术系教授、北京大学艺术学院院长。1933 年起，先后在法国、比利时、意大利、英国、德国、苏联举办中国美术展览和个人画展。

故里与家世

　　距太湖之西三十里，荆溪之北，有乡可五六十家。凭河两岸，一桥跨之，桥曰计亭。吾先人世居业农之所也。吾王父砚耕公，以洪杨之役，所居荡为灰烬。避难归来，几不能自给，力作十年，方得葺一椽为庐于桥之侧，以蔽风雨，而生先君。室虽陋，吾先君方自幸南山为屏，塘河为带，日月照临，霜雪益景，渔樵为侣，鸡犬唱答，造化赋予之丰美无尽也。

　　先君讳达章（清同治己巳生），生有异秉，穆然而敬，温然而和，观察精微，会心造物。虽居穷乡僻壤，又生寒苦之家，独喜描写所见，如鸡、犬、牛、羊、村、树、猫、花。尤为好写人物，自父母、姊妹（先君无兄弟），至于邻佣、乞丐，皆曲意刻画，纵其拟仿。时吾宜兴有名画师毕臣周者，先君幼时所雅慕，不谓日后其艺突过之也。先君无所师承，一宗造物。故其所作，鲜 Convention（俗套）而特多真气。守宋儒严范，取去不苟，性情恬淡，不慕功名，肆忘于山水之间，宴如也。耽咏吟，榜书雄古有力，亦精篆刻，超然自立于诸家以外。

　　先君为人敦笃，慈祥恺悌，群遣子弟从学，习画问字者至伙。有扬州蔡先生者，业医、能画，携子赁居吾家。其子曰邦庆，生于中日战败之年，属马，长吾一岁，终日嬉戏为吾童时伴，好涂抹。吾时受先君严督读书，深羡其自由作画也。

（《悲鸿自述》）

七岁学画

吾六岁习读，日数行如常儿。七岁执笔学书，便思学画，请诸先君，不可。及读卞庄子之勇，问："卞庄子何勇？"先君曰："卞庄子刺虎，夫子以是称之。"欲穷虎状，不得，乃潜以方纸求蔡先生作一虎，归而描之。久，为先君搜得吾所描虎，问曰："是何物？"吾曰："虎也。"先君曰："狗耳，焉云虎者。"卒曰："汝宜勤读，俟读完《左传》，乃学画矣。"余默然。

（《悲鸿自述》）

渐习设色

九岁既毕四子书，及《诗》《书》《易》《礼》，乃及《左氏传》。先君乃命午饭后，日摹吴友如界画人物一幅，渐习设色。十岁，先君所作，恒遣吾敷无关重要处之色。及年关，又为乡人写春联。如"时和世泰，人寿年丰"者。

（《悲鸿自述》）

落拓生涯

余生一年而丧祖母，六年而丧大父，先君悲戚，直终其身。余年十三四，吾乡连大水，人齿日繁，家益窘。先君遂奔走江湖，余亦始为落拓生涯。

（《悲鸿自述》）

始游上海

时强盗牌卷烟中有动物片，辄喜罗聘藏之。又得东洋博物标本，乃渐识猛兽真形，心摹手追，怡然自乐。年十七，始游上海，欲习西画，未得其途，数月而归。为教授图画于和桥之彭城中学。

（《悲鸿自述》）

谋食江湖

方吾年十三四时，乡之富人皆遣子弟入学校，余慕之。有周先生者，劝吾父亦遣吾入学校尤笃，先君以力之不继为言。周先生曰："画师乃吃空心饭也，乌足持。"顾此时实无奈，仅得埋首读死书，谋食江湖。

（《悲鸿自述》）

人世第一次所遇知己

　　年十九，先君去世，家无担石。弟妹众多，负债累累，念食指之浩繁，纵毁身其何济。爰就近彭城中学、女子学校，及宜兴女子学校三校教授图画。心烦虑乱，景迫神伤，遑遑焉逐韶华之逝，更无暇念及前途，览爱父之遗容，只有啜泣。

　　时落落未与人交游。而独蒙女子学校国文教授张先生祖芬者之青视，顾亦无杯酒之欢。年余，终觉碌碌为教，无复生趣，乃思以工游沪，而学而食。辞张先生，张先生手韩文全函，殷勤道珍重，曰："吾等为赡家计，以舌耕求升斗，至老死，亦既定矣。君盛年英锐，岂宜居此？曩察君负荷綦重，不能勖君行，而乱君意。今君毅然去，他日所跻，正未可量也。"又曰："人不可无傲骨，但不可有傲气。愿受鄙言，敬与君别。"呜呼张君者，悲鸿人世第一次所遇之知己也。

（《悲鸿自述》）

友人徐子明

　　友人徐君子明者，时教授于吴淞中国公学，习闽人李登辉，挟余画叩李求一小职，李允为力。徐因招赴沪，为介绍。既相见，李大诧吾年轻，私谓子明："若人者，孩子耳，何能做事？"子明曰："人负才艺，讵问其年。且人原不甘其境，思谋工以继其读，君何嫌焉？"李乃无言。徐君是年暑期后，赴北京大学教授职，吾数函叩李，终无答。顾李君纳吾画，初未尝置意，信乎慷慨之士也。

（《悲鸿自述》）

典质布褂

　　吾于是流落于沪，秋风起，继以淫雨连日，苦寒而粮垂绝。黄君警顽，令余坐于商务印书馆，日读说部杂记排闷，而忧日深。一时资罄，乃脱布褂赴典质，得四百文，略足支三日之饥。

（《悲鸿自述》）

山穷水尽

一日，得徐君书，为介绍恽君铁樵，恽君时主商务印书馆《小说月报》，因赴宝山路访之。恽留吾画，为吾游扬于其中有力者，求一月二三十金小事。嘱守一二日，以俟佳音。时届国庆，吾失业已三月。天雨，吾以排日，不持洋伞，冒雨往探消息。恽君曰："事谐，不日可迁居于此，食于此，所费殊省。君夜间习德文，亦大佳事，吾为君庆矣。"余喜极，归至梁溪旅馆，作数书告友人获业。讵书甫发，而恽君急足至，手一纸包，亟启视，则道所谋绝望，附一常州人庄俞者致恽君一批札，谓某之画不合而用，请退还。尔时神经颤震，愤怒悲哀，念欲自杀。

（《悲鸿自述》）

黄先生识之

继思水穷山尽，而能自拔，方不为懦，遂腼颜向一不应启齿、言通财之友人告贷，以济燃眉之急。故乡法先生德生者，为集一会，征数十金助余。乃归和桥，携此款，将作北京之行，以依故旧。于是偕唐君者，仍赴沪居逆旅候船。又作一画报史君，盖法君之友助吾者也。为装框，将托唐君携归致之。唐君者，设茧行，时初冬，来沪接洽丝商，谋翌年收茧事，而商于吴兴黄先生震之。黄先生来访，适值唐出，余在检行装。盖定翌日午后行矣。黄先生有烟癖，乃卧吸烟，而守唐君返。目睹对墙吾所赠史君画，极称赏。与余道此画之佳，余唯唯。又询知何人作否，余言实系拙作，黄肃然起敬，谓："察君少年，乃负绝技，肯割爱否？"余言此画已赠人。黄因请另作一幅赠史，余乃言："明日行。"黄先生问："何往？"曰："去北京。"问："何谋？"余言："固无目的，特不愿居此，欲一见宫阙耳。"黄先生言："此时北方已雪，君之所御，且无以却寒，留此徐图良策何如？"余不可。因默然。

（《悲鸿自述》）

不再北上

无何，唐君归，余因出购零星。入夜，唐君归，述黄先生意，拟为介绍诸朋侪，以绘画事相委，不难生活。又言黄君巨商，广交游，当能为君助。余感其意，因止北行。时有暇余总会者，赌窟也，位于今新世界地。有一小室，黄先生烟室也。赌自四五时起，每彻夜。黄先生午后来，赌倦而吸烟，十一时许乃归。吾则据其烟室睡。自晨至午后三时，据一隅作画。赌者至，余乃出，就一夜馆读法文，或赴审美书馆观画，食则与群博者俱。盖黄君与设总会者极稔，余故得其惠，馔之丰，无与比。

（《悲鸿自述》）

生计凄苦

伏腊，总会中粪除殆遍，积极准备新年大赌。余乃迁出，之西门，就黄君警顽同居。而是年黄震之先生大失败，余又茕茕无所告，乃谋诸高君奇峰。初，吾慕高剑父兄弟，乃以画马质剑父。剑父大称赏，投书于吾，谓虽古之韩干，无以过也，而以小作在其处出版，实少年人最快意之举，因得与其昆季相稔。至是境迫，因告之奇峰，奇峰命作美人四幅，余亟归构思。时桃符万户，锣鼓喧天，方度年关，人有喜色。余赴震旦入学之试而归，知已录取。计四作之竟，可一星期。高君倘有所报，则得安读矣。顾囊中仅存小洋两毫，乃于清晨买糁饭一团食之，直工作至日入。及第五日而粮绝，终不能向警顽告贷，知其穷也，遂不食。画适竟，亟往棋盘街审美书馆觅奇峰。会天雪，腹中饥，倍觉风冷。至肆中，人言今日天雪，奇峰未来。余询明日当来否？肆人言："明日星期，彼例不来。"余嗒然不知所可，遂以画托留致奇峰而归。信乎其凄苦也。

（《悲鸿自述》）

入　学

入学须纳费，费将何出？腹馁亦不能再支，因访阮君翟光。既见，余直告："欲借二十金。又知君非富有，而事实急。"阮君曰："可。"顿觉温饱，遂与畅谈。索观近作，留与同食。归睡亦安。明日入学，缴学费。时震旦学院院长法人恩理教士，欲新生一一见。召黄扶，吾因入。询吾学历，怅触往事，不觉悲从中来，泪如雨下，不能置一辞。恩理教士见吾丧服，询服何人之丧，余曰："父丧。"泪益不止。恩理再问，不能答。恩理因温言劝弗恸，吾宿费不足，但可缓纳。勤学耳，自可忘所悲。

（《悲鸿自述》）

有了收入

吾因真得读矣。顾吾志只在法文，他非所措意也。既居校，乃据窗而居。于星期四下午，仍捉笔作画。乃得一书，审为奇峰笔迹，乃大喜。启视则称誉于吾画外，并告以报吾五十金。遂急舍笔出，又赴阮君处偿所负。阮又集数友令吾课画，月有所入，益以笔墨，略无后顾之忧矣。吾同室之学友，为朱君国宾，最勤学。今日负盛誉，当年固早卜之矣。但是时朱君体弱，名医恒先为病夫，亦奇事也。

（《悲鸿自述》）

结识姬觉弥

是年三月，哈同花园征人写仓颉像，余亦以一幅往。不数日，周君剑云以姬觉弥君之命，邀偕往哈同花园晤姬。既相见，甚道其推重之意，欲吾居于园中，为之作画。余言求学之急，如蒙不弃，拟暑期内迁于此，当为先生作两月之画。姬君欣然诺，并言此后可随时来此。匆匆数月，烈日蒸腾，余再蒙恩理教士慰勉，乃以行李就哈同居之。可一星期，写成一大仓颉像。姬君时来谈，既而曰："君来此，工作无间晨夕。盛暑而君劬劳如此，心滋不安，且不知将何以酬君者。"

余曰："笔敷文采，吾之业也，初未尝觉其劳。吾居沪，隐匿姓名，以艺自给，为苦学生，初亦未尝向人求助。比蒙青睐，益知奋勉。顾吾欲以艺见重于君，非冀区区之报。君观吾学于教会学校者，讵将为他日计利而易吾业耶？果尔，则吾之营营为无谓。吾固冀遇有机缘，将学于法国，而探索艺之津源。若先生所以称誉者，只吾过程中借达吾愿学焉者之具而已。若不自量，以先生之誉而遂自信，悲鸿之愚，诚自知其非也。果蒙先生见知，于欧战止时，令吾赴法，加以资助，而冀他日万一之成，悲鸿没齿不忘先生之惠。若居此两月间之工作，悲鸿以贫困之人，得枕席名园，闻鸟鸣，看花放，更有仆役，为给寝食者，其为酬报，固以多矣，敢存奢望乎？"

姬君曰："君之志，殊可敬。弟不敏，敢力谋以从君愿。顾君日用所需色纸之费，亦必当有所出。此后君果有所需，径向账房中索之，勿事客气。"姬君者，芒砀间人，有豪气，自是相得甚欢。时姬君方设仓圣明智大学，又设"广仓学会"，邀名流宿学，如王国维、邹安等，出资于日本刊印会中著述。今日坊间，尚有此类稽古之作。又集合上海收藏家，如李平书、哈少甫等，时以书画金石在园中展览。外间不察，以为哈同雅好斯文。致有维扬人某者，以今日有正书局所印之陈希夷联"开张天岸马，奇逸人中龙"，向之求售。此时尚无曾髯大跋，觉更仙姿出世，逸气逼人，索价两千金。此联信乎书中大奇，人间剧迹。若问哈同，虽索彼两金求易，亦弗欲也。吾见此，惊喜欲舞，尽三小时之力，双勾一过而还之。

（《悲鸿自述》）

结识康有为等

此时姬为介绍诗人廉南湖先生，及南海康先生。南海先生雍容阔达，率直敏锐，老杜所谓"真气惊户牖"者，乍见之觉其不凡。谈锋既启，如倒倾三峡之水，而其奖掖后进，实具热肠。余乃执弟子礼居门下，得纵观其所藏。如书画碑版之属，殊有佳者，相与论画，尤具卓见，如其卑薄四王，推崇宋法，务精深华妙，不尚士大夫浅率平易之作，信乎世界归来论调。南海命写其亡姬何旃理像，及其全家，并介绍其过从最密诸友，如瞿子玖、沈寐叟等诸先生。吾因学书，若《经石峪》《爨龙毅》《张猛龙》《石门铭》等名碑，皆数过。

（《悲鸿自述》）

舍 监

曹君铁牛者，江阴人，健谈、任侠，为人自喜。在溧阳，与吾友善，长吾廿岁。蒙赠欧洲画片多种。曹号"无棒"。余询其旨，曰："穷人无棒被狗欺也。"其肮脏多类此。一日，哈校中少一舍监，吾以曹君荐，即延入。讵哈校组织特殊，禁生徒与家族来往，校医亦不善，学生苦之，而曹君心滋愤。一日，曹君因例假出，夜大醉归，适遇余与姬君等谈。曹指姬君大骂，历数学校误害人子弟。姬君泰然，言曹先生醉，令数人扶之往校。余大窘。是夜，姬君左右即以曹行李出，余只得资曹君行汉皋。顾姬君后此相视，初未易态度，其量亦不可及也。

（《悲鸿自述》）

游日本

岁丁巳，欧战未已，姬君资吾千六百金游日本。既抵东京，乃镇日觅藏画处观览。顿觉日本作家，渐能脱去拘守积习，而会心于造物，多为博丽繁郁之境，故花鸟尤擅胜场，盖欲追踪徐、黄、赵、易，而夺吾席矣，是沈南苹之功也。唯华而薄，实而少韵，太求夺目，无蕴藉朴茂之风。是时寺峙广业尚在，颇爱其作，而未见其人也。识中村不折，彼因托以所译南海《广艺舟双楫》，更名曰《汉魏书道论》者致南海。

（《悲鸿自述》）

赴北京

六月而归，复辟之乱已平。吾因走北京，识诗人罗瘿公、林畏庐、樊樊山、易实甫等诸名士。即以蔡孑民先生之邀，为北京大学画法研究会导师。识陈师曾，时师曾正进步时也。瘿公好与诸伶人狎，因尽识都中名伶，又以杨穆生之发现，瘿公出程玉霜于水火。罗夫人梁佩珊最贤，与碧微相善，初见瘿公之汲引艳秋，颇心龊之。而瘿公为人彻底，至罄其所有以复艳秋之自由，并为绸缪未来地位，几倾其蓄。夫人乃大怒反目，诉于南海。翌年冬，瘿公至沪谒南海，遭大骂。至为梅兰芳求书，不敢启齿。顾南海亦未尝不直瘿公所为也。

（《悲鸿自述》）

还是贫甚

吾居日本，尽以资购书及印刷品。抵都，又贫甚，与华林赁方巾巷一椽而居。既滞留，又有小职于北京大学，礼不能向人告贷。是时显者甚多相识，顾皆不知吾有升斗之忧也。

识佟五、刘三、沈尹默、马叔平诸君。李石曾先生初创中法事业，先设孔德学校，余与碧微皆被邀尽义务。时长是校者，为蔡孑民故夫人黄夫人。

（《悲鸿自述》）

益增求学之渴念

既居京师，观故宫及私家所藏，交当时名彦，益增求学之渴念。时蜀人傅增湘先生沉叔长教育，余以瘿公介绍谒之部中。其人恂恂儒者，无官场交际之伪。余道所愿，傅先生言："闻先生善画，盍令观一二大作。"余于翌日挟所作以付教部阍人。越数日复见之，颇蒙青视，言："此时惜欧战未平。先生可少待，有机缘必不遗先生。"余谢之出，心略平，唯默祝天佑法国，此战勿败而已。

（《悲鸿自述》）

求学之难

旋闻教育部派遣赴欧留学生仅朱家骅、刘半农两人。余乃函责傅沉叔食言，语甚尖利，意既无望，骂之泄愤而已。而中心滋戚，盖又绝望。数月复见瘿公，公言沅叔殊怒余之无状，余曰："彼既不重视，固不必当日甘言饵我。因此语出诸寻常应酬，他固不计较，傅读书人，何用敷衍？"讵十七年十一月，欧战停。消息传来，欢腾大地。而段内阁不倒，傅长教育屹然，无法转圜。幸蔡先生为致函傅先生，先生答曰："可。"余往谢，既相见，觉局促无以自容，而傅先生恂恂然如常态，不介意，唯表示不失信而已。余飘零十载，转走千里，求学之难，难至如此。吾于黄震之、傅沅叔两先生，皆终身感戴其德不忘者也。

（《悲鸿自述》）

周游各国

欧战将终，旅华欧人皆欲西归一视，于是船位预定先后之次第，在六月之间已无位置。幸华法教育会之勤工俭学会，赁日本之伦敦货船下层全部，载八十九人往。余与碧微在沪加入，顾前途之希望焕烂，此惊涛骇浪，恶食陋居，初未措诸怀。行次，以抵非洲西中海岸之波赛为最乐。以自新加坡行至此，凡三星期未见地面，而觉欧洲又在咫尺间也。时当吾华三月，登岸寻览。地产大橘，略如广州蜜橘与橙合种，而硕大尤过之，大几如碗，甘美无伦。乐极，尽以余资购食之。继行三日，过西班牙南部，英炮台奇勃腊答峡，乍见欧土，热狂万端。遂入大西洋。于将及英伦之前一日，各整备行装，割须理发，拭鞋帽，平衣服，喜形于面。有青者，如初苏之树，其歌者，声益扬。倭之侍奉，此日良殷，以江瑶柱炒鸡鸭蛋饷众，于是饭乃不足。侍者道歉，人亦不计。又各搜所有之资，悉付之为酬劳。食毕起立舢板，西望郁郁葱葱者，盖英之南境矣。一行五十日，不觉春深，微雨和风，令忘离索。

（《悲鸿自述》）

悲鸿的杰作

徐悲鸿也是当代的一位名艺术家。悲鸿所画之马最为生动，最令人敬佩的，就是他所画的《田横八百人》，并且把他自己的像也画在里边，意义极深！栖霞山的石佛，是极著名的艺术作品，可是那雕刻家到最后的时候把他自己的像也造出来，正和悲鸿把他自己的像也画在里边是一样的。

（《自勉斋随笔》）

徐悲鸿题画

有人说他不善题画，我以为他正是善于题画，像一幅画面是裸女的画，题目《革命军得九江》，这比题什么甲戌之春，乙癸之秋，一九三五制……来的好，这点只是可理会的！又如题林志义先生画像曰："林志义老伯有十八子，孙曹多无算，不能举知为何房者，请安相见，唯唯而已。造车可容十余人，用以送迎诸郎入学，亦佳话也，丁卯长夏，悲鸿写之"——本来画像最不宜题，亦不好题，像这样题画，何尝不好？

（《人间世》）

擅于应酬女人

他擅于交际，而且擅于应酬女人。高贵的绅士意味是有的，但他也能算是罗曼主义者。他很客气，"对不住"这句话，可以时常由他嘴中听到。垂发并不长，也能象征是一位艺术家。

（《人间世》）

描绘徐悲鸿

他脸部带着一些病容，似乎看出来是患久病者，眼圈虽不大，眼皮很厚的，脸有些像浮肿，嘴唇似厚不厚，似乎是徐悲鸿的特别标准。颧骨高高的，显得鼻子陷下去了。脸是圆方的，不像齐白石那样的圆，也不像郁达夫那样瘦。笑声极平凡，不能引人以永远的印象。说话声音不怎样雄壮，不似齐白石那样粗，而是低低的。

（《人间世》）

张冠李戴

徐悲鸿的行径，有时可以从齐白石先生口中，获得一二。我第一次会见他，是今年春间，在北平跨车胡同齐白石先生寓所内。名片是由良迟拿进来，他穿一件浅蓝色的棉袍，据我想，徐悲鸿是崇拜蓝色的吧。和他一同来的是一位比他矮比他白比他瘦的，是杨仲子先生。我把杨当是他了。他很客气地问我姓名以后，我们没有谈了多少话，但我能推测他是健于谈话者，并相信我的推测不致错误，然而口音不纯正，有些土话，我无从晓得。

（《人间世》）

那里都有他的手迹

他似乎是天才者，他的画也是天才的表现，不是埋头深干，因此，他绘画是在画兴来时。他游兴很浓厚，我曾在北平的西山一个人迹很少到过的山洞里，在那里发现他的题壁，乃用铅笔写的。像在八大处发现悲鸿的签字，并不能使人惊奇，而是我认为我最初发现的山窟中，有人到过，是使我惊异的。

（《人间世》）

张恨水卷（1895 — 1967）

张恨水，原名心远，恨水是笔名，取南唐李煜词《乌夜啼》"自是人生长恨水长东"之意。张恨水是著名章回小说家，也是鸳鸯蝴蝶派代表作家。被尊称为现代文学史上的"章回小说大家"和"通俗文学大师"第一人。其作品情节曲折复杂，结构布局严谨完整，将中国传统的章回体小说与西洋小说的新技法融为一体。更以作品多产出名，他五十几年的写作生涯中，创作了一百多部通俗小说，其中绝大多数是中、长篇章回小说，总字数近两千万言，堪称著作等身。

一夜成名

自海《上新闻报·快活林》披露《啼笑姻缘》以来，皖人张恨水善撰小说家言之名，乃轰动于东南士女之口耳间。其在当时，一文既刊，万众争阅之下，社会上竟有"打倒包天笑，气煞顾明道"之谐赞发生！（包、顾均海上凤负盛名之小说作家）亦可谓"十年窗下无人问，一旦书成天下知"，足使落拓文人闻之，激起努力创作之精神，而思步其成功之路，一吐"乱世文章不值钱"之肮脏气也！

（《现代中国名人外史》）

真诚爱国

"九一八事变"后，张悲愤填膺，念匹夫有责，侨将压焉之义，因闭门撰述，其以文字挽救国难！于是竭兼旬之心力，编成一集，名曰《弯弓》，内容所述，均为奋身护国，流血卫民，慷慨忠诚，力抗顽寇之事实，其意在予醉梦沉酣，颓唐自弃之我国民众，以一服兴奋剂可知。嗣后榆关战起，《实报》发起代募抗日将士钢盔运动，乃将所刊《弯弓集》捐送数百部，俾售出作费。暨将北平各报社之稿费，一概捐与新闻界国难救济会，以作慰劳将士之用，旋更赴沪，联络社会闻人，从事筹募巨款，作大规模之慰劳。其热忱爱国如是，若仅以才华绝世之小说家目之，则殊失之矣！

（《现代中国名人外史》）

苦心孤诣写小说

或谓张之小说，于描写技术，所以能较人深刻而贴切者，固由天才，仍属工力！如一日其友某，见张入电影院购券，稍观即出，讶而询之，始知其为寻小说材料也。更如张最近欲以小说，作国人开发西北之先河，因筹资躬往陕甘宁各省，预为实地之观察，以便于其风俗文物等，获有彻底之认识。嗟呼！其于小说，能苦心孤诣如是，则成功也岂伟哉？故倘使更推此力，于为政或为学者，其成就之业，必甚可观！矧仅仅乎为小说欤？

（《现代中国名人外史》）

是金子总会发光的

实则余之钦重恨水，乃在民九、十之间，盖伊时余方橐笔汉皋，有吴人荒唐先生者，征"嗜好自述"一文于小商报，余以嗜好说部为书应之，其略云："梁任公尝谓小说具有四种力，故人多喜阅之，若余则觉其于四种力外，更具有一种幻摄力焉，即阅小说者，每当一卷在手，辄似神游个中，而栩栩然不自觉其本身，已幻化为小说中人矣。故其本身固有之喜怒哀乐等情感，一概隐而不见，惟随小说中人之喜怒哀乐，为喜怒哀乐。因此，余于逢有人间世之所谓烦恼时，必取小说而阅之，恒觉胸臆中隐藏之块垒，遽为销溶以罄！而小说亦自然成为余之唯一嗜好已。"荒唐得余书，遂于（复）函中，大谈当今各小说作家之优劣，及其作品长处何在？缺点若何？最后则谓"有一南方隽士，而以北方背景，撰为说部之恨水张君。晨下虽尚未能誉满京国，然而测其前途，必有小说名家，甚至执艺苑牛耳之日"云！函外附赠张撰《春明外史》两册，藉证其言。余尽半夜力披读之，果觉张之描写工夫，已臻最上上乘！读之诚有如余前云，个人身心，胥遭其摄引，以入书中幻境之概，尤有一种奇感，即颇觉书中主人翁杨杏园，乃系己之化身，正如"庄周为蝴蝶为周"焉。继复细审其书，所以引人入胜，使生与书中人融合之感者，无他，仍由其能于人所不经意之微细处，着力描写耳。虽然，此由工力，亦关大才，不喜深思者不能学，不能敏感者亦不能为；以是，余自度余短，遂将造成名小说家之梦警回，而不敢握管撰小说，即或偶有所撰，亦因自惭形秽，甘付诸焚弃之列！迨民十五，余主编《汉口实报》，此《实报》日刊三张，仅一月而停，常州姚民哀为驻沪特约记者，曾有《说海忆旧录》之作，于张之《春明外史》，亦极致推崇！余因询张踪踪，并欲获其文，以光《实报》。姚谓仅知其萍寄燕台，以月薪三十，为《世界日报》撰稿，似不甚称志，观《春明外史》中，张所自况之杨杏园，遭逢不佳情况可知！嗟乎！金丽于山，珠耀于水，世有爨桐柯竹，讵无赏音之蔡中郎？且目之于色，口之于味，天下人虽不尽师旷易牙，亦未必不同美同嗜。果也张竟于民二十年出其精心结构之《啼笑姻缘》，与东南士媛相见，而遂蜚声誉于艺苑，人争一阅为快矣。而更膺重名轻质之书贾之尊敬，愿奉巨金，以购刊其作品矣。半生屈蠖，一旦登龙，名利并收。文章有价，斯固可谓张之机运特佳！（因古今来才人沦落，不惟生前享受缺乏，并身后微名亦无者实伙）。然非张之文诣诚极深到，要亦难臻此也！（闻其《啼笑姻缘》之版税，首次即获二千金，嗣以数种说稿售之某书贾，获金万二千元，然张不治家人产，不期年，耗费殆尽。故仍不能不继续卖文，至其现为各地报童杂志撰小说，约八九处，以千字六元计，月当获数百金。）

（《现代中国名人外史》）

读张恨水的小说

虽然，即就小说而论，此"才华绝世"四字，张亦足当之无愧！盖余既夙嗜好小说，而如张之小说，处处纯用白描，不脱不沾，能将社会人心痛快淋漓写出。且尤恰如其分际，故余最嗜好读之。兹就所认为各有精彩，各具风味者数种，略论之如次：

（一）《春明外史》与《新史》为一社会小说兼言情小说，其叙社会中人，如某之吝，某之妄，某之虚伪，某之凶暴，无不穷形尽相，妙到毫巅！至叙杨杏园对非同调，虽落落难合，拒若将浼，而于同调，则又情深一往，甘作牺牲，其态度不亢不卑，身份亦儒亦侠，尤堪起人崇敬！叙李冬青赋性高洁，用情深挚。确乎足俪杏园，而卒因一种不能告人之隐疾，至成有情无缘之局，为阅者留一凄苦印象！觉与《红楼》之宝黛，不类而类；与《花月痕》之韦刘，类而不类；非能蹊径独辟者，曷能？然而亦有缺点，如书中间有事实，似属勉强凑入，虽割裂之无妨者，惟此，乃凡有社会小说之通病，不易为免除也！（如《儒林外史》《老残游记》等，均多此病。）

（二）《满江红》。此书妙在所叙之艺术家，风度性格，无一同者；而有一共通之点，则对友情，均极热烈是也！余读后，尝谓使作者非艺术家，及对各种艺术家，无深切观察者，则作此书，不惟难以恰到好处，且直不能操觚从事矣。

（三）《水浒别传》。此书仅依据《庆顶珠》戏剧，而衍成之，妙处在一变其常具之笔调，而与旋耐庵之《水浒》笔调同。所谓"宋人刻楮，堪以乱真"，其才大如海如是！

（四）《欢喜冤家》。此书前写女伶适人之心理，尚易，因作者久居都市，女伶接近之机多。后于乡村社会情况，及乡村妇女心理，亦能曲曲传出，犹摄影家之于摄影，能使所摄之影，不失真相，是诚非具有神工鬼斧之奇弗可！

此外尚有《金粉世家》《啼笑姻缘》诸书，为张藉以享盛名之代表作！其构思微妙，布局谨严，与夫描写技术，雅致轻灵，自属有目同赏之奇文字！而《啼笑姻缘》之在当时，为《快活林》发表后，读者之注意，迥异于常。如此书刊至刘将军以强力与金钱，诱胁沈凤喜时，致函询沈是否屈服？并愿沈能坚持贞操，以与樊家树终成美满姻缘者极多；尤有以沈变节与否，各执一词，互赌胜负者；甚至有读至沈终嫁刘，犹谓弱女子牺牲一己，以全其母与樊，而加以原谅；迨后沈遭刘虐，致疯几死，则又表示怜悯，而为之书空咄咄者，亦多其人。总之，近若干年，小说在报端，能激动一般社会，而成为问题者，此书而外，实未多觏。想张当日临文之余，一一披阅彼诘函时，其心中亦有"二十年前旧板桥"之感慨也否？虽然，文人得此，宁不足以自豪哉？！

（《现代中国名人外史》）

说贫穷

天下最苦人莫如病，最困人者莫如贫。白香山昔曾为文，谓病有十可却，亦有十不治。人之处病如是，处贫独不然乎？戏仿其意为之。

贫有十可却：冷眼观世，以耳目嗜好，都是虚伪之物，一也。作一件事，不休不止，今日之事，不留于明日，二也。常将不如我者，巧自宽解，三也。早起晚歇，少管闲事，四也。我可尽力者，绝不逃避，乐于领受，五也。室家和睦，无交谪之言，六也。人不能无短处，常自制止，七也。不交酒肉朋友，八也。闲则读启发思想之书，九也。娱乐无味之场合，一概不去，十也。

贫有十不治：恶衣恶食，求与有钱人一样，一也。终日烦恼，无人生兴趣，二也。心灰意懒，做事半途而止，三也。不惜光阴，好做不干己之事，四也。室人噪聒，耳目尽成荆棘，五也。作事不负责任，信用丧尽，六也。以境遇不良，在于运命，不认为人事有所未尽，七也。择友不慎，引入歧途，八也。闲则从事游荡，以慰无聊，无聊不能慰，心绪愈乱矣，九也。好趁热闹，十也。

撰文已，以素纸书之，贴短案竹片灰壁上，作座右铭。顾未三日，与家人或邻人谈柴米油盐琐事如故，予殆自欺也。一笑。

（《联合报》副刊）

副业变职业

中国对日全面抗战发生，平津地区首当其冲。北方各大报，纷纷南下，经由武汉转迁重庆，报业人员亦多辗转来渝。时重庆《新民报》，有三大"张"主笔，张恨水即其中之一，外二人则为张友鸾与张慧剑，皆以文笔雄健，驰誉于时。三位主笔（三张皆安徽人。友鸾字悠然，还有一弟名友鹤），与余皆有数面之缘，但不常过从。与恨水接触的机会则比较多，但都不是正派场合，他与张季鸾（陕西人）亦极相契。余前在《中外杂志》所作有关张季鸾的文章，取材自恨水闲聊中者亦较多，现在且来谈谈张恨水。

先替他的画像作一道轮廓。张恨水，原名心远，笔名则随时兴而命定，不下二三十个之多。他大概是李后主的崇拜者，选择"恨水"作其统一的名号，即是取自李词"人生长恨水长东"的用意。他是安徽潜山人，生于清光绪二十年（一八九四）。离开学校以后，即厕身于新闻界，任芜湖《皖江日报》编辑时，年仅二十四岁。以后与北京《益世报》、上海《申报》《世界晚报》《晨报》《朝报》《晶报》《立报》、南京《人报》，先后都有过关系，写过稿。来到重庆新民报，已是抗战的大时代了。他原以新闻为职业，写小说为副业；到后来，竟然背道而驰，以新闻为副业，写小说为职业。利用副业发展其职业，出版小说书籍一百余种，包括几部大部头的作品。名小说家的"名"就是这样创出来的。

（《近代中国人物漫谈》）

安徽人氏北京气派

张恨水在中国五四文化运动时代，以思想新颖、行动奇异，在新闻界即已渐露头角，长寓北京。以一个安徽人，所具之"北京气派"，似较一个土生土长的北京人尤为浓厚。所了解的北京各阶层社会状况，也常较真北京人为深刻丰富。他所作《春明外史》等小说，能说得曲折细密、头头是道，《啼笑姻缘》等小说，能透彻瞭然社会群相，绘声绘色，就因为他是一个"老北京"。盖非老北京，亦不能描画北京官场、社会的万般景象也。且所作小说亦颇具相当的影响力。

（《近代中国人物漫谈》）

风流文采引凤投虎

有苏州女子吴冰者，肄业苏州粹英女中。读张恨水所著《武林虎啸》，一名《虎贲万岁》，心仪书中主角"虎贲部队"（五十七师之代名）师长余程万中将，一缕芳心，非君不嫁。《虎贲万岁》小说之作，即恨水任重庆《新民报》主编时，访问抗战英雄余程万《常德会战》之资料，撰写而成。这事迹自然是感人的，出之恨水笔下，当更生动了，引起吴冰的恋情亦非偶然。她在云南，竟偿夙愿与余结了婚。时云南监察使张维翰且有联贺之："激烈壮怀传虎啸，风流文采引凤来。"大陆变色，余亦解甲九龙，偕吴住屏山凤辉台。四十四年八月，余遇狙华园，吴亦顿成寡鹄孤鸾，落而为尼。这未始不是《虎贲万岁》所造成，张恨水实责无旁贷。

（《近代中国人物漫谈》）

花街柳巷漫游无忌

恨水文才卓越，写稿多如夙就。与张季鸾同时蜚声于新闻界，性情开朗豪放，与恃才使气、玩世不恭的态度，亦与季鸾气味相投。所不同者，季鸾迷上鸦片，恨水仅偶然一口；恨水死爱麻将，张季鸾仅一二圈即罢。双方最难忘情者，就是互相讥谑，取笑对方。更有歧异者，季鸾长写社评，自与政治有些牵连；恨水专写小说，似无政治色彩与政治偏向。因之，季鸾行动，常被北京当局派人跟踪；恨水则花街柳巷，任何角落，漫游无忌。

（《近代中国人物漫谈》）

最是赞赏《老残游记》

恨水写小说以在报上副刊长篇连载者为多。所作连载小说（以后再出版专集），为当时报上最受欢迎的读物。其《春明外史》《金粉世家》《啼笑姻缘》等数部小说，以及短篇小说、小品文字、随笔杂记等汇集成册者，不下百数十种，有的还拍摄成电影，多为雅俗共赏之作。读者如云，风行于大江南北。他不仅是个多产作家，而且产品都有相当分量。他的小说——尤其是大部头的——之所以能为世重，据说完全是得力于晚清几部占重要地位小说的助益，如《官场现形记》《二十年目睹之怪现象》《孽海花》及《老残游记》，都可说是晚清小说的代表作，在文艺上都有相当价值，相当成功，能反映出清末的社会真相。刘鹗的《老残游记》尤其中之佼佼者。

张恨水对以上几部小说名著，平时研读都锲而不舍。最赞赏不已者，也就是《老残游记》。他曾说："在文学上，最引人注目的，是描写的技术。《老残游记》描写：王冕画荷、董河敌冰、王小玉唱大鼓、大明湖游记，都是有声有色的。无论写人写景，都不肯用套语滥调，总想熔铸新词作实地描写，这一点上，可说前无古人了。"这不是故意的吹嘘，而是很正确的评论，也与胡适之先生所见大体相同。恨水能见到《老残游记》优良而正确的一面，在其自己写作时，自然也就会去吸收其长处，学习其技术。

（《近代中国人物漫谈》）

最不满意"礼拜六派"

他最不满意的就是王钝根等在上海所办的《礼拜六》杂志，这些人被称为"礼拜六派"。恨水认为《礼拜六》杂志，"以迎合社会不良风气与低级趣味，发表一些柔性与堕落性的文章，当时致有新文艺绊脚石之讥。如周瘦鹃其人，对中国文艺界之贡献，不敢说他毫无点滴之功，但其过去作品的靡靡味道，影响于社会者，则不敢言其一无瑕疵。抗战期中据说他在上海发表的作品，已多改变了门调。余犹虑其余气尚未尽脱，实不愿取焉。"恨水所论，实亦未出当年批评《礼拜六》者的范围。其实小说文章，有时何尝不与"礼拜六派"同科或近似。恨水立词，或未之深思耳。

（《近代中国人物漫谈》）

非驴非马头大声洪

张恨水的面像与常人特异。因为他的头大如斗，声如洪钟，朋辈见此异相，常以"张大头"或"屠格涅夫"（世界巨脑人之一）呼之，而好谑之徒，更多方设喻取譬以讥辱之。恨水虽泰然处之，不以为侮，却常引经据典来作一番解说。他说："人之不同，各如其面。中国古代名人像貌特异者，史不绝书。如荀卿所说：'仲尼面如蒙供，周公身如断菑，皋陶色如削瓜，闳夭面无见肤，傅说身如植鳍，伊尹面无须眉。'余何人斯？天虽给我奇颜异像，自不敢与诸圣大贤高攀并列。"又说："诸葛瑾之面似驴，欧阳询之面似猴，斛律光之面似马，朱元璋之面似猪。余非驴非马，不与猴子分王，不与猪公争帝，头大声洪，恰与诸人平分秋色。天桥相者张钱嘴，评余硕喉胖脑乃属福相。有福就有禄有寿，余又何乐而不居！"恨水旷达，多面求证来解说其异相，也未免是多此一举。

张季鸾最为率直，亦常戏谓恨水曰："君身后，当以头骨指赠博物馆，令人类学家，核计君脑之容量。纵不流芳，亦可遗臭。"座客闻之，无不捧腹大笑。管翼贤则以恨水的大头，比美罗志希（家伦）的大鼻子。

（《近代中国人物漫谈》）

迷恋雀战桌边撰稿

张季鸾最迷恋的癖好是吞云吐雾，恨水最怀念的癖好是竹林方城。恨水雀战，常昼夜相继。每于战兴正浓时，不识趣的报社派专人来索稿，谓检字房工人坐以待排。恨水被迫得无可奈何时，只好立即找个临时土工挑土（代替作战之人），自己则在牌桌旁的茶几上一面操笔写稿，一面指挥作战。一二千字的文稿，立刻而就。同桌战友戏之，谓为"麻雀文章"。似亦非有特殊天才者，莫克臻此。

　　某日，恨水与张季鸾二人，偕一日本人走访已汉化多时的美国人开福森医生。入门，已有西人男女多人在座，他们恐烦主不便，倾谈片刻即出。恨水顾季鸾曰："盍往访老七乎（北京韩家潭妓女）！此辈西方佳丽，见之徒增'西望长安'之感！仅其'玉钩斜'，差强人意耳。"相与大笑。日人不解其故，再三向恨水请教"西望长安""玉钩斜"的意义。恨水笑谓之曰："必在老七处，今晚作一花头，始能泄露天机。""花头"者，即设宴开雀战于娼家，抽取头钱（水子钱）约二三十元，赏给娼家之谓。此日人不擅雀战，终以三十元领教了"西望长安"不见"家"（佳、家同音）也。"玉钩斜"者，曲线美也。即此亦可想见恨水牌瘾之大，更不惜敲竹杠而为之。"敲竹杠"即教人破费之意，亦恨水诸人习以为常之事。

（《近代中国人物漫谈》）

风流成性

　　恨水另一契友为管翼贤，管为北京《小实报》社长。《小实报》销路之广为北方各报之冠，且遍及沪、宁等地。而北京城内，亦几无人不知有管翼贤其人。他与季鸾、恨水三人通常是结伴而行。一日在韩家潭老七处，邻室有呜呜之声传至，恨水灵机偶动出一谜题，要管翼贤猜，谜语云："嘴儿亲，舌儿伸，双手尖尖搂抱身，按着窍儿通口气，呜呜咽咽作娇声。"翼贤总向猥亵方面运思，久之，终未射中。恨水慢声曰："岂未闻邻女正在戏弄消（音同箫）遣乎？谜底为'弄箫'，别无所指。"

　　管翼贤与二张常作韩家潭之游，其妻邵挹芬深明应酬之义，以管之事业为重，虽明知管的秘密行为，亦不斤斤计较其"户外活动"。恨水虽早已结婚，其画眉之乐，亦早为同僚所许。但以玩世不恭，浪漫成性，外渡之夕，每多于室家琴瑟之好，只是没有固定巢穴，其夫人明知之，亦不以为意，且以"尽管风流莫下流"劝之。这也应属于贤妻的一型。惟张季鸾家在天津，老七野营在北京，天高皇帝远，夫人要管也管不到。有人说：季鸾对采花折柳之事，性极淡漠，乃"目中有妓，心中无妓"，小程夫子之流亚耳，此或与其迷上鸦片有关。亦其夫人所以能稍宽怀安枕之故。

（《近代中国人物漫谈》）

称活跃分子

张恨水在新闻界,素有活跃分子之称。在北洋政府时代,谁对无冕王——记者都要退避三舍,即如日本特务头子土肥原也要来巴结(自然另有作用)。而记者们所畏惧的仅为军阀,尤其是"大酱"(张季鸾对军阀的专门名词)。本来秀才遇了兵,有理讲不清,大酱就是绝不讲理,先枪毙了再说。名记者如邵飘萍、黄远庸就是这样白送了命的。恨水之有活跃分子之称,自然是因其交游广、人头熟、富机智、有办法、活动方面吃得开。李筱帆曾负冯玉祥特务方面之责,乃一个可怕的人物,造孽极多。冯失势后,他蛰居故都,无牙之虎,却犹有余威,这原是张恨水帮了他的大忙。李筱帆解除权力之后,他深知特务令人怕。记者同样令人可怕,因极力挽求恨水,结纳新闻界朋友作护符。曾与《小实报》的管翼贤、《新北京报》某、《京报》社长汤修慧(邵飘萍之妻)等结为好友,撑持颜面。他的仇人,因怕记者乌屋所关,亦不敢挫其锋。而恨水则不免有养奸护恶之嫌。

胡鼎铭,贵州人,行八,人多以"胡八爷"称之。狂狷耿介,不拘小节,豪于饮,醉则大吐狂歌。好臧否显要,于清流辈则常以幽默出之。某日,张恨水由上海、南京返平,朋辈约饮清谈,且探消息。胡忽顾张曰:"君有大笔如椽,名山钜著,固今日之班马也,奈何甘为金漆马桶盖耶?"胡之此言,盖以张之言论,已少往时火气,对国策新猷,亦不加评说。恨水达人,毫不介意,闻之大笑曰:"胡八爷真知我者也。"自是恨水在知友集会中,亦常以"金漆马桶盖"自讽取乐。

高桂滋为陆军宿将,常以儒将自命,好附庸风雅,辄以诗文示人。张恨水见之戏谓张季鸾曰:"今日华北文坛,真乃秦帜高张矣。"所谓高张,即指高桂滋与张季鸾,两人皆秦人也。季鸾亦只好默尔而息,因高正同在座耳。季鸾随因对日抗战时,宋哲元(明轩,华北王)的二十九军的大刀队克敌制胜,名传全国。遂以"大刀宋明轩",向恨水征对,声明要切时事。恨水即随口应对二则:一为"胆小万福麟",一为"长腿商启予",前者指日军迫承德时,万坐马上,正集全军官兵于平原上训话,适日本侦察机凌空低飞而至,万心胆俱裂,落马坠地之事。后者指商震,当中日冷口冲突时,商之善逃善遁,不亚于万福麟。足见恨水不但为人活跃,且有急智。

(《近代中国人物漫谈》)

冯友兰卷（1895—1990）

冯友兰，字芝生，河南唐河人，1910 年赴开封入中州公学，1915 年考入北京大学文科中国哲学系，1919 年赴美留学。归国后历任广东、燕京、清华大学哲学系教授、中国科学院哲学社会学部常务委员。1990 年 11 月 27 日逝世。著有《人生理想之比较研究》《人生哲学》等。

讲台上的冯友兰

我和芝生先生初次见面，是在考入清华那年。那时，我因为很羡慕他的学问，所以大学一年外国语文系选修课程中，大家所最喜欢选的中国文学史我倒不选，而选他的中国哲学史。但那时我的理想中的芝生先生，却还不是我后来见到的芝生先生。我的理想中的芝生先生，是一位穿西服革履，态度很活泼，说话很流利的"摩登"先生。因为那时我所能梦想的芝生先生，还不过是出过洋、得过哲学博士的人物啊！然而我后来所见到的芝生先生，却大大的与此不同了。记得那日——我和芝生先生初次见面的一日——哲学史班快要上课的时候，我坐在三院五号教室里，目光时常往外望，静候着和我所多年渴慕的学术界名流冯芝生先生一亲风采。可是铃声响后，走进来却是一位我所想不到的人物。他，冯先生——四十上下年纪——穿的是褪了色的自由布大褂，蓝布裤，破而且旧的青布鞋——毫无笑容地登上了讲台——坐下——— 一对架着玳瑁边眼镜的眼睛无表情地呆望着我们约有一二分钟（按：此系冯先生的习惯，每次上课皆如此）。开始说话了，他——这时略带笑容——教我们先把注册部里领出来的选课学程单交给他，然后满口河南腔地告诉我们：这学期用的课本是他自己编的《中国哲学史》，堂上并无讲演，大家可先把指定参考书看好，如有不明白的，可以在班中讨论。不像别的教授立即宣布下课了，他却翻开他的大著——《中国哲学史》上卷——的后面，把金岳霖先生所做的审查报告念了一遍，又解释了一遍（按：此文前面尚有审查报告一篇，系陈寅恪先生做的，其中多赞许冯书之语，冯先生从未对我们念过），然后随着铃声下课了。

（《人间世》）

口吃疾

这一次的见面，芝生先生所给我的印象是一个具有朴素、静穆、和蔼等德性的学者的印象。但同时我也发现了一件极不愉快的事，那就是芝生先生口吃得厉害。有几次，他因为想说的话说不出来，把脸急得通红。那种"狼狈"的情形，很使我们这班无涵养无顾忌的青年人想哄笑出来。我常想：象芝生先生那样的严肃端正的人，会有这样的可憎恶的毛病，真是太不合适。因此，便也时常想到《论语》上的一节："伯牛有疾，子问之，自牖执其手，曰：'亡之命矣夫！斯人也而有斯疾也。'"

（《人间世》）

理性"动物"

以上说的，不过是芝生先生的外表而已。其实，芝生先生值得我们赞颂的地方，大部分还不在于他的严肃端正的仪容，而在于他的审慎公正的态度。我跟芝生先生上一年的课，敢十二分负责地说一句，从来没有听他说过一句不大合理的话，也从来没有听他说过一句很随便地说出来的话。他说话时，老是那样的审慎，那样的平心静气。他，我可以说，才算是完全的理性的动物——我平生只看见过两个完全的理性的动物，其一是我的母亲，其次便是芝生先生了。

（《人间世》）

客观公正地为人

芝生先生因为教的是中国哲学史，所以有时也批评胡适之先生。但他的批评胡适之先生和时下一般人的批评完全不一样。时下一般人的批评，不是恶意的攻击，便是盲目的谩骂，很少会使我们旁观的人为之心折的。芝生先生不是这样，他是站在学术的立场来批评的。他说："适之先生的病痛，只是过于好奇和自信。他常以为古人所看不出的，他可以看得出；古人所不注意的，他可以注意。所以他常抬出古人所公认为不重要的人物来大吹大擂，而于古人所共认为重要的，则反对之漠然。这是不对的，因为人的眼光不能相去那样的远啊！"——他的话大概如此，我不敢担保有无记错——这个批评对不对，不必我来断定，但我相信芝生先生的态度是公正的。有一次，他竟替适之先生当起辩护人来。他说："现在批评适之先生的人真多，有的竟著起一部书批评他。但他们的态度多欠公允，因为他们常把适之先生二十多年前说的话来攻击。这如何可算是公允的呢？"我在清华所听到的批评适之先生的话，可算不少，但大概都带点酸性。其能完全以光明磊落的态度出之者的，芝生先生，真的，要算是独一无二的了。

（《人间世》）

清华园里的冯友兰

写到此处，我又想起芝生先生严肃端正的面容来了。我很抱憾：我和芝生先生虽有一年的师生关系，却从来没有和他说过一次话。因为我第一年来到北平时，一句北方话也不会说，只好静坐在班里听他们一问一答地议论了。但我相信，校内许多教授中影响我最深的，还是芝生先生。每回，当我看到他的寂寞沉重的脸孔时，我常常感觉到人生的严重和苦恼。有时我也想：像芝生先生那样的人生，实在太枯燥了，太无趣味了。然而从他的严肃端正的面容上，我感到人生的伟大和高尚的时候，却也不少。记得有一次，我因为和一位忘恩背义的朋友闹了决裂，心中烦闷，好几天不能念书。有一个下午，我独自在化学馆前散步，徘徊脑海中的还是那件事情。正在难以排解时，迎头看见芝生先生从对面缓步而来。我那时看见他安闲恬适的样子，深深地感觉到自己才是一个没有出息的东西，为了一件小小的事，纷扰到这样田地，真是不值得。这一次芝生先生给我的印象，直到现在，我还清清楚楚地记得。

（《人间世》）

周瘦鹃卷（1895 — 1968）

周瘦鹃，现代作家，文学翻译家。原名周国贤。江苏省苏州市人。曾任第三、四届全国政协委员、江苏省人民代表、江苏省苏州市博物馆名誉副馆长。家贫少孤，六岁丧父。靠母亲的辛苦操作，得以读完中学。中学时代即开始文学创作活动。一边写作，一边以相当大的精力从事园艺工作，开辟了苏州有名的"周家花园"。周恩来、叶剑英、陈毅等党和国家领导人都曾多次前往参观，许多外国朋友也不断登门观赏。1968 年 8 月，周瘦鹃被林彪、"四人帮"残酷迫害身死。

家道贫困

南社的惟一园艺名家。他六岁丧父，家道贫困，依靠母亲针黹为活。肄业上海西门民立中学，为文冠其侪辈。校长苏颖杰非常喜爱他，教师孙警僧又极鼓励他。

（郑逸梅：《南社丛话》）

毛发尽脱

不料离毕业仅一学期，忽患大病，眉毛头发都脱光，后来瘦鹃以特制假发戴上，直至晚年，不事修饰，便去假发成为髡首，眉毛没有办法，常架墨晶眼镜，用以掩饰。

（郑逸梅：《南社丛话》）

留校教课

苏校长认为他功课优良，虽没有读到终了，就破例发给毕业证书，留校教课。可是他不善管理学生，课堂上嘈嘈嚷嚷，没有秩序，他自己觉得教书非其所长，试行投稿。

（郑逸梅：《南社丛话》）

开始写作

有一天，他在城隍庙旧书摊上购得《浙江潮》旧杂志，载一法国恋爱故事，他就把它改头换面译为五幕剧，标题《爱之花》，署名泣红，投寄商务印书馆的《小说月报》，获得稿费十六元。从此就继续写作，投稿时报社发行的《小说时报》《妇女时报》等，署名周国贤。后认识了编辑包天笑，由他提掖，才得成名。

（郑逸梅：《南社丛话》）

翻译《欧美名家短篇小说丛刊》

后来进中华书局，翻译《欧美名家短篇小说丛刊》，得了一笔较大的稿费，由此始得和胡凤君结婚，年二十二岁。此后再接再厉，连续翻译了好多种。

（郑逸梅：《南社丛话》）

最早翻译高尔基

他是最早翻译高尔基的作品，这时一般人尚不知高尔基其人。一九〇七年，鲁迅正在教育部当佥事科长，亲自审阅加批，大加奖励，他也引以为荣。

（郑逸梅：《南社丛话》）

蜚声说苑

不久他进《申报》，编附刊《自由谈》及《春秋》，又为中华图书馆编《礼拜六》，为大东书局编《半月》《紫罗兰》《紫兰花片》《新家庭》等杂志，顿时蜚声说苑。

（郑逸梅：《南社丛话》）

一段因缘

他爱好紫罗兰花，那是有一段因缘的。这时他尚未结婚，有一次偶观务本女学所演的戏剧，演剧者周吟萍，活泼秀美，他很爱慕，不知怎样，就认识了她，往还既频，谈到嫁娶。吟萍家境很富裕，瘦鹃是个穷书生，对方的父母坚决反对，好事多磨，成为泡影。而吟萍是个弱女子，在封建家庭压迫之下，没有办法，只有饮泣。吟萍有一西名 Violet，瘦鹃念念不忘其人，也就念念不忘紫兰其花。他所编的个人小杂志《紫兰花片》，每期汇集前人词中有"银屏"二字的，辟为一栏名《银屏词》，无非为吟萍的纪念。而事有凑巧，瘦鹃的儿子周铮娶郑子褒女为室，女名"玉带"，恰与"银屏"成一巧对。

（郑逸梅：《南社丛话》）

爱花成癖

他富于审美观念，爱花成癖，不论盆栽盆景，经他设置，都成佳品。当时上海有一国际性的中西莳花会，瘦鹃的同学蒋保厘，是莳花会的会员，介绍瘦鹃入会。一九三九年夏，瘦鹃参加大小盆栽二十二件，配着红木矮几及十景橱，又以百余年的爬山虎古桩作主体，附以松柏、菖蒲、黄杨、文竹、六月雪、金茉莉、细叶冬青，旁侧列古佛一尊及灵芝一盎，那几案有作秋海棠叶式的，有双连树根式的，引起无数西人的赞美，瘦鹃获得了荣誉奖状。翌年秋，又有秋季年会，瘦鹃以悬崖白菊、蟹爪黄菊，分种于紫砂旧盆和古瓷瓶盎间，加着水石盆景共二十九件，又附菖蒲、北瓜、小榆、稚柏、水棕竹、灵璧石、达摩像等点缀品，获得全会总锦标，及英国彼得葛兰爵士的大银杯一座。瘦鹃很得意，有诗："要他海外虬髯客，刮目相看郭橐驼。"又："愿君休薄闲花草，万国衣冠拜下风。"明年秋季年会，瘦鹃煞费经营，罗致十八学士大菊花及粉霓裳、月下雪等名种盆景，或仿唐六如的《蕉石图》，或仿马远的古木及赏菊东篱、寒江独钓的画境，极活色生香、清华澹逸的能事。岂知主持的西人，不甘总锦标连落华人之手，瘦鹃被抑，仅得次奖，他中心忿懑，从此退出该会不再参加。他以善用古人名画制为盆景，题一诗云："蕉石传神唐伯虎，竹枝貌肖夏仲昭。生香活色盆中画，不用丹青着意描。"

（郑逸梅：《南社丛话》）

建设花园

他本主编《申报》附刊《自由谈》及《春秋》的，这时他辞了《申报》辑务，在苏州王长河头辟紫兰小筑，大家称为周家花园，蓄着百年的大绿毛龟、五人墓畔移来的义士梅、白居易手植的槐树枯桩。

（郑逸梅：《南社丛话》）

为金鱼命名

又蓄着金鱼，以命名俚俗，乃用词牌名代之，如朝天龙改为喜朝天，水泡眼改为眼儿媚，翻腮改为珠帘卷，堆肉改为玲珑玉，银蛋改为瑶台月，五色绒球改为五彩结同心等，上海市动物院金鱼部均采用。

（郑逸梅：《南社丛话》）

头衔新署卖花人

抗战时，他避难到上海，居愚园路的田庄。为维持生活，借海格路一小圃，售卖盆栽盆景，有"头衔新署卖花人"之句。邓散木撰一联为赠："个中小寄闲情，待移来五岳精灵，供之几席；此处已非故国，且分取南冠涕泪，洒向花枝。"

（郑逸梅：《南社丛话》）

芳菲满目

解放后返苏，重整故园，芳菲满目。朱德委员长送他兰花，周恩来总理夫妇、叶剑英等中央领导同志，都到他园中，在签名簿上签了名（现在这签名簿归公家保存了）。他得到杨彭年手制的竹根形紫砂花盆，甚为珍视，嘱家人："将来逝世，骨灰装在这盆中，置于其家梅屋，插以灵芝，衬以灵璧石。"

（郑逸梅：《南社丛话》）

熏醉不醒

又一次和人闲谈，谈到死的问题，他说："深愿满室花香，于氤氲气氛中熏醉不醒，允称善终。"讵意在"四人帮"威胁迫害之下，他投井而死，所愿成虚，能不痛惜！如今已为瘦鹃开了个隆重的追悼会，并由政协优待其家属。他一八九五年乙未闰五月初二日生，一九六八年戊申七月十八日卒，七十四岁。

（郑逸梅：《南社丛话》）

著 述

著作很多，所编刊的有《新小说丛编》《小小说选》《曼殊余集》《亚森·罗平全集》《消闲集》《信美集》《碎琼集》《霏玉集》《忆语选》等都是。

（郑逸梅：《南社丛话》）

为人诚挚

瘦鹃的为文，清隽有致，瘦鹃的为人，诚挚具有孝思，在这一点上，已为末世所少见。他十六岁丧父，赖他母亲以针线生活，抚育成人，艰苦得很，所以他对待其母，特别敬奉。母亲晚年患癌，他引为深忧，四处访医觅药，但这绝症，无法治疗，他暗暗哭泣，泪痕留襟。一次，我们几个熟友，相与宴叙，他勉来参加，但酒过数巡，毅然离席，说："要回去侍候母亲，母亲在世，时日无多，不得不争取瞻望慈颜。"我们听了，亦为之黯然。继而其母竟死，他在室中，悬挂遗容，每日香花供奉，从不间断。晨出治事，临行例必向遗容道别，晚上亦必向遗容告辞，如是者有年。

（郑逸梅：《近代名人丛话》）

富有情趣

他是一位富有情趣的人，有一次谈到死的问题，谓死是人生的归宿，是无可避免的，但怎样死才无痛苦？各人都说了一套，都很平庸，最后由他说："安排一精致小室，触目琳琅，彪炳生色，又复列盆花数十，散馥吐芬，人坐其间，那浓烈的香气，使人熏醉，从此不醒，飘然离世而去，岂不大快。"他是爱美成癖，这种美的设想，也是耐人玩索的。

（郑逸梅：《近代名人丛话》）

紫罗兰癖

他有紫罗兰癖，家有紫罗兰神像一座，刻有"紫罗兰庵"朱文印，又"吴门周瘦鹃一心供养"白文印，印的四周，刻有题识："比花长好，比月当圆，香柔梦永，别有情天。右抱明珠，左挥涕泪。愿花之神持欢毋坠。紫罗兰神赞，寒云撰文，踽庵刻石。"按袁寒云与瘦鹃结金兰契，谭踽庵，寒云之友。瘦鹃对于紫罗兰，几乎痴痴迷迷，沉溺其中，所编的刊物，名《紫罗兰》《紫兰花片》，作品名《紫罗兰集》《紫罗兰小丛书》，在苏州王长河头辟一小园，即名"紫罗兰小筑"，园中植有紫罗兰花，名紫罗兰台，甚至所用写字的墨水，也是紫色的。当时一般青年作家纷纷效仿，紫罗兰墨水写稿，成为一时风尚，实则瘦鹃的爱紫罗兰，其中有一隐事。他的恋人周吟萍，肄业上海务本女学，有校花之称，她取一西名，Violet，紫罗兰，那么瘦鹃是为人而发，效仿他也就成为盲从了。

（郑逸梅：《近代名人丛话》）

一段恋爱史

至于瘦鹃这一段恋爱史，扑朔迷离，罕知其详，即《花梦鹃魂》有一专条《紫罗兰之恋》，很是简单，不够详细，且与事实颇多出入。我平素喜搜罗文史资料，以供写作之需，奈在浩劫之中散佚殆尽，年来收拾丛残，却发现瘦鹃的《记得词》近百首，虽不完全，可是十有七八，那兰因絮果，已于每首诗的注释中，昭然若揭，瘦鹃自己也认为是"爱的供状"。这个珍贵资料不容舍弃，择要录之于后：

少年媚学成书蠹，偏有闲情役梦魂。

记得心旌常着处，藤疏风柳大南门。

（少时颇知媚学，十八岁即执教鞭于民立中学。大南门为黉舍所在地，而伊人之家，亦复密迩也。）

圆姿艳艳鬓峨峨，瞥睹仙姿堕爱河。

记得城南花巷里，疾心日日伺秋波。

（伊人就读于城西务本女学，散学归来必取道小巷。余亦排日过此，以伺其眼波为快。）

洛川神女非凡艳，小谪千年下太清。

记得红窗偷一眼，不输平视作刘桢。

（有时以时间相左，过小巷不值，则诣其家门前窥之，虽偶睹倩影于一瞥间，自谓亦不输刘桢之平视。）

怜香惜玉一心坚，青鸟传书诉万千。

记得九天颁玉旨，簪花小字满鸾笺。

（伊人以艳慧蜚声里闬间，予固已心识其名，爰以尺素书往，藉达钦迟之忱，越三日，竟获回云，慨然以缔交见许，盖余尔时已为文字役，伊亦知余名矣。）

红牙按拍歌喉脆，常有游鱼出水听。

记得华堂曾度曲，春莺首啭《牡丹亭》。

（伊人善昆曲，得名师薪传，《牡丹亭·游园惊梦》诸折，均能朗朗上口。）

一枝豆蔻乍含胎，便下温家玉镜台。

记得悲来常咄咄，误人至竟是鸠媒。

（雏莺生小即以媒妁之言，许字富家子某氏，某蠢蠢无所长，非其俪也。书中每及此事，辄悲愤不已。）

春来渐觉腰围瘦，疑是东阳姓沈人。

记得渠侬将别嫁，故应肠断百花辰。

（伊人嫁期订于春初之某日，予忧伤憔悴，无以自慰，竟致惙惙而病，不觉瘦损沈郎腰矣。）

洞房春暖恰三朝，携泪强来访阿娇。

记得亭亭人玉立，纤眉蹙损未曾描。

（予以素识某氏故，爰于三朝托词称贺，藉谋一面，及入洞房，见彼低眉蹙黛，有楚楚可怜之色，而微抚其所御浅色丝手套以示意，盖予所见赠者。）

阿谁识得莲心苦，偏说金闺福自饶。

记得鸳衾常独拥，空教红泪湿鲛绡。

（伊人戚属中之昧昧者，企以其嫁得金龟婿为有福，初不知两情之如冰如铁，独处深闺似坐牢狱，日惟以泪洗面而已。）

银盂银笔亲贻我，中有佳人款款情。

记得书窗常作伴，誓将翰墨奋前程。

（承以银笔银水盂等文具数事见贻，盂上镌英文，并其西名缩写，盖欲予睹物思人，长毋相忘，亦所以勖我努力文事也。）

玉铛缄札美人贻，雒诵回环可忘饥。

记得传书求妥帖，常劳琼姐与兰姨。

（平时无由见面，则端赖缄札为慰情之具，每得其片纸只字，目为瑰宝，予作复靡勤，以邮递之不甚稳便也，辄倩其中表姊妹行为青鸟使焉。）

颦眉难展可怜颦，嫁后光阴惨不春。

记得葳蕤经岁守，灯前仍是女儿身。

（频年鱼雁常通，徒诉哀怨，未尝以其蕴蓄于心者，稍稍泄露，盖犹冀予自拔于情网，毋再郁郁为也，因予去书之一激，始倾筐倒箧而出之，来书云：（上略）想当初我也曾几次三番的想抵抗，然总没有效果，后来退一步想，我譬如寄居此间，保持清白，以后慢慢再作道理，一年功夫，居然被我捱过了，这恐怕也没有第二人所能办到的吧！）

欲从画里唤真真，不见欢容只见颦。

记得芳年刚十七，梨涡一笑可回春。

（欲见不得，则时出某小影视之，影摄于当时缔交之始，正十七少女年华也。）

楼头依约见仙姿，一味相思一味痴。

记得连天风雨里，为伊引领立多时。

（某岁春，伊家为避兵故，暂住城北租界，一日予过屋外，瞥见其适在楼头，因痴立对街一市肆前，藉微波以通辞，虽风雨迷离，沾衣为湿，弗顾也。）

一年鳏守非为久，别缔鸳盟总可嗤。

记得渠侬心绪恶，歌台听唱葬花词。

（伊人嫁后一年，慈母见予郁郁不自聊，命即别娶，婚之日，渠亦来观礼，眉黛间有楚苦色。翌日，忽以书来，谓昨宵观《黛玉葬花》于某剧院，心绪恶劣，为林颦卿一掬同情之泪云云。微旨所在，自不难探索而得，顾予惟有引疚，无以为慰。）

芳心一寸渐成灰，委曲求全事可哀。

记得罗裙长不溷，晶盘日日进青梅。

【彼嫁后守身一年，意有所图，因予别娶而遂灰心，于是前功尽弃，委曲求全，而怀孕于两年之后矣。邮来一书云："我虽守过了一年，而你已与人结婚了，这也不能怪你，我深悔不曾向你有所表示，这都是我不肯多说话的害处。总之，这样一来，我很觉灰心，以为你是没有真情的人（现在我已不是这样想了），心中一懈，就此前功尽弃，这便是我作为今生和你无缘的证据了。"】

可怜九月初三夜，握晤还疑在梦中。

记得春秋逾六度，深情只赖雁书通。

（缔交六载，未尝敢谋一面，但藉尺素互通情愫，及双方嫁娶之后，而忽有此举，洵不可解。记是日为九月初三，时已薄暮，白香山句，可怜九月初三夜，遂得借用于此。当促坐密语，犹疑南柯一梦也。）

凌空兀兀摩星塔，有约同来夕照沉。

记得凭栏曾蜜语，坚贞共矢百年心。

（相晤之地，在先施乐园之摩星塔下，时予方主编《乐园日报》，日必来园视事，因约晤于此，因此一晤，而情谊益坚，毕生以之矣。）

珠愁玉怨梅花落，搬演红氍自逼真。

记得悲来同雪涕，依稀都是戏中人。

（包天笑说部《梅花落》，先后由新民社、民鸣社编为话剧，尝约伊人往观，至哀怨处，相与雪涕。）

多情端的是愁媒，权把清娱遣闷怀。

记得春江花月夜，歌台舞榭许追陪。

（伊人感于家居苦闷，则四出游散，藉以自遣。以夙嗜声歌故，恒诣剧院，先期必函约偕往，予复挈以赴理查舞厅或音乐会观光，以资调剂。）

人言可畏要提防，止谤还须赖阿娘。

记得鸳肩相并处，苍颜华发是萱堂。

（伊人素巽怯，慑于人言之可畏，故每与予共游宴，辄偕其慈母同来，而予亦深感老人之慈祥，能为吾二人地也。）

秋风荐爽菊花鲜，携侣翩翩小比肩。

记得冠云峰下立，盟心矢与石争坚。

（同游留园，观冠云峰奇石，愿两心交绾，亦如此石之坚不可移也。）

青山绿水桥边路，油壁香车载窈娘。

记得虎丘曾蜡屐，同临芳冢吊鸳鸯。

（乘马车诣虎丘，过憨憨泉，有古鸳鸯圹，相与小立其间，不期发思古之幽情。）

缃梅灿发如堆锦，共泛梁溪一叶舟。

记得溶溶明月夜，满身花影话绸缪。

（翌年春初，复相约作梁溪之游。止于梅园，时则梅已盛放，流连香雪丛中，心目为之俱豁。）

断肠时节正清明，痛抱西河感不禁。

记得温言来慰藉，拈花一笑悟三生。

（民三十六年三月十七日，次子榕在家园中坠池死，予骤抱西河之痛，悲不自胜，渠闻之，立以快函来唁，娓娓作达观语，温慰备至。）

输伊肝胆轮囷似，石破天惊也不惊。

记得秦淮烽火急，蛾眉剑气自纵横。

（伊人不乐家居，谋一职于白下，丁丑仲秋，事变猝发，秦淮河畔，风鹤频惊，妇孺纷纷避难，而渠不欲离其职守，予虽飞函促其返沪，不顾也。）

青鸾信杳客魂惊，望断云天百虑盈。

记得红妆刚入梦，那堪午夜一鸡鸣。

（事既急，吴中亦不可居，予举家走避南浔，更投以一函，以来浔为请，数日后得复，则坚持如故，予虽惶急万状，亦无如之何，后此音问遂绝，徒萦梦想，翘首云天，为之回肠九转矣。）

　　　　　　四愁赋罢一沉吟，总感春鸿秘好音。

　　　　　　记得夭桃才吐艳，惊看绿叶又成荫。

（南浔亦不能宁处，遂买舟赴杭，转辗至皖黟之南屏村，居三月余，而沪上已平定，因举家之沪，迄可小休，而伊人杳无消息，中心之愁虑可知矣。）

　　　　　　绝怜闺里婵娟子，却作投荒万里行。

　　　　　　记得贻书和泪墨，情缘未了待来生。

（抵沪后，即走访其母夫人，一探伊人消息，始知其由白门而汉皋，由汉皋而西行入蜀，子即谋得职业。荦荦弱质，万里投荒，其勇气迥非驽骀如予者所能企及，可佩也。已而予即得其来函，缕述其历劫远行之经过，末谓蓬泊萍飘，归来不知何日，今生未了之缘，惟有期之来世云云，语多哀怨，令人不忍卒读。）

　　　　　　生离死别重重劫，泪雨绵绵不肯晴。

　　　　　　记得罗衣齐挽却，麻衣似雪亦倾城。

（渠远游未归，而忽遭失怙之痛。及匆匆归来，已不及见老父一面，为之一恸几绝，虽麻衣如雪，脂粉不施，仍不能掩其琼花璧月之姿也。）

　　　　　　千红万紫簇华堂，小试居然压众芳。

　　　　　　记得渠侬来眷顾，花客人面共辉光。

（是年秋，予以所植盆栽盆景，参加中西莳花会，幸获总锦标英国彼得格莱爵士大银杯，渠闻讯侍其慈母同来观赏，相对众香国里，浑不辨花客人面也。）

　　　　　　割慈忍爱投荒去，影只形单倍苦半。

　　　　　　记得临歧频嘱托，愿君为我慰萱亲。

（渠之归止，向治事之所请假三月，兹已逾期，亟欲前去销假，予与乃母百计留之不可得，盖渠有难言之恫，翻以远行为得计也。骊歌将唱，不能不黯然魂销，顾亦别无他语，但以老母殷殷相托而已。）

　　　　　　欲令儿女结鸾凰，其奈人谋苦未臧。

　　　　　　记得春朝逢小玉，比肩已自有萧郎。

（渠有爱女，姿致清扬，与其妙龄时绝肖，予尝迳以俪吾子，藉为姻娅，渠亦欣诺无异辞，顾以多所顾忌，一再因循，迄未成为事实。一日，予邂逅乃女于街头，则已有吉士与之偕行，向平之愿又成画饼，徒呼负负。）

　　　　　　华年似水匆匆去，捣麝拗莲感昔尘。

　　　　　　记得幽闺肠断语，留将何用是青春。

（年华似水，一瞥而逝，曾几何时，而垂垂老矣。渠虽善自保养，顾以忧伤过度，亦自觉容华之非昔，其某一函中尝云："几年以来，我自己也觉得憔悴得很快，但我又要留住这青春何用呢！我是牺牲定了，还有什么希望啊！"伤心人语，读之回肠。）

> 游仙枕上梦重温，往事萦回有泪痕。
>
> 记得扪心常自讼，粉身难报玉人恩。

（自问平生德薄能鲜，而三十二年来受恩深重，有非楮墨所能言宣者，虽粉身碎骨，亦不足以报万一也。）

> 王生只合为情死，痛哭琅琊未算痴。
>
> 记得平生多涕泪，箧中尽是断肠辞。

（综三十余年来所作抒情之说部散文及诗词等，十之七八均为彼一人而作，雕肝镂心，不以为苦，徒以恬管难张，哀弦不辍，偶检箧衍中旧稿读之，殆一一皆断肠文字也。）

> 迢遥两地千山阻，雁杳鱼沉万虑煎。
>
> 记得梦中曾化鹤，天风吹送到伊边。

（山道远故，音问多梗，每为之焦虑不安，即偶一书至，亦动辄须二三阅月之久，苦盼日甚，遂尔多梦，尝梦此身化为玄鹤，奋飞而去，瞬息间已与晤时。）

瘦鹃不以诗名，工拙在所不计，且诗多不能尽录，只择其影事有关而较深功者，撷取一部分于此。瘦鹃之谪室胡凤君生有子女，持家以俭，固属贤妻良母，闻凤君逝世，而周吟萍亦已守寡，瘦鹃颇有结合意，奈吟萍却以年华迟暮，不欲重堕绮障，瘦鹃以中馈需人，不得已，乃续娶俞文英夫人。夫人侍夫教子，亦属良母贤妻，在浩劫之中，引咎代罪，藉以减轻瘦鹃的惩罚，可奈瘦鹃仍不免于一死，迄今岁月迁移，故旧来访，道及往事犹汛澜不止。瘦鹃之子周铮，娶伊人之女不遂，乃与梅花馆主郑子褒之女联姻，子褒女名玉带，恰与瘦鹃在《紫兰花片》上辟有《银屏词》，以谐声吟萍，银屏玉带，成为巧对。当结缡时，子褒致辞，谓吴越为世仇，今则成为永好云云，原来瘦鹃为吴人，子褒越人，一座为之鼓掌。周铮与瘦鹃合撰《盆栽趣味》一书，所不幸者，瘦鹃死，周铮亦受冤屈死，周铮治园艺，能继父业，如今传薪无人，有绝响之叹了。

（郑逸梅：《近代名人丛话》）

生平四件得意事

周瘦鹃早年是位小说家，晚年是位园艺家，他幼孤，赖母亲针黹收入，得以就读上海民立中学。他很聪颖，为文深得孙今僧老师的称赏。既而从事写作，前辈包天笑奖掖有加，在杂志报纸上发表了许多小说及笔记，并列籍南社。一九二〇年，应申报馆之聘，编辑附刊《自由谈》，继编《春秋》，又兼大东书局编辑，呕心绞脑，一清早忙到晚上，没有暇晷。他对于尘嚣甚上的生活实在厌倦了，回到了苏州。原来他祖籍吴门，无非叶落归根而已。可是为了生计，苏沪奔走，依旧不得闲暇。

解放了，他才得透了一口气安静下来，以平素爱好的园艺为生涯，盆栽盆景，凡数百计。他每晨必亲自搬运灌溉，引为至乐，说是借此锻炼身体，不在气功太极拳之下。他家中的爱莲堂，很为宽畅，朱鱼绿龟，瓶花架石，以及书画古玩，布置得相当雅致。坐在堂中望出去，碧丛丛，浓簇簇的都是树木，什么名花异草都有，他自己榜为"紫兰小筑"，但人们都称之为周家花园。

某年，《人民画报》记者，特地到他家摄影，用彩色版刊印在《画报》上，更觉引人入胜。他的菊花盆供是闻名遐迩的，人民美术出版社为它印出了彩色画片十六帧，有翠叶紫茎，有红英黄蕊，有珉枝金萼，有琼质冰姿，或悬崖，或玉立，或傍苗，或歧生，或伴以文石，或配以瓜果，菲菲芳芳，英英艳艳，对之悦目赏心，令人不忍离去。

苏州园林，甲于东南，如留园、怡园、网师园，拙政园、沧浪亭、狮子林等，尤有悠久历史。但若干年来，圮败不堪，解放后，由于政府重视，大事修葺，便请瘦鹃规划设计，哪儿堂庑周环，哪儿曲房连比，哪儿嘉树映牖，哪儿芳杜绕阶，不但恢复旧观，且又增华益胜，厥功是很足称述的。

他的写作，除小说外，出版了好多种，如《花花草草》《花前琐记》《花前续记》《花前新记》《盆景趣味》《园艺杂谈》《花弄影》，及记游踪的《行云集》等。当他七十高龄，精神仍很矍铄，他是星社一分子，社友为他祝寿，萱照主人沈禹钟做了一首七律诗赠他："意兴词华老更新，从容为国走蒲轮。文坛跌宕才无敌，稗史流传世共珍。山水柳州都人记，林泉摩诘早收身。生涯烂漫东风里，扶起花间十万春。"他获得后欣喜得很，立即写信道谢。好得彼此交谊深厚，也就老实不客气，请禹钟再做一首古风，并提出要求，须把他生平四件得意事叙述进去。第一件，他在国内为翻译高尔基作品的创始者，得到了鲁迅的表扬。第二件，他赴北京开会，毛泽东主席单独晤叙。第三件，周恩来总理和邓颖超夫人游苏，亲临他的家园。第四件，朱德委员长不但到他家，还赠给他一盆名兰。禹钟果真把它一一写入诗里，古茂浑朴，都数百言，称为《四快歌》，这首歌不久即传诵吴中。奈好事不常，"文革"中四凶肆暴，瘦鹃被迫自沉于井，真非始料所及。

（郑逸梅：《文苑花絮》）

诗以傲古人

周瘦鹃曾饮莲花中留置一宵之碧螺春茶，诗以傲古人云："卢同七碗寻常事，输我香莲一盏茶。"

（郑逸梅：《艺林散叶》）

死于非命

瘦鹃治园艺，得杨彭年手制之竹根形紫砂花盆，甚为珍视。自谓："将来逝世，骨灰必须装在此盆中，置于其家'梅屋'，插以灵芝，衬以灵璧石。"岂料四凶肆暴，死于非命，未能如其所愿。

（郑逸梅：《艺林散叶》）

从潘天寿学画

瘦鹃曾从潘天寿学画，学未有成。

（郑逸梅：《艺林散叶》）

蓬莱此去无多路

瘦鹃昔居沪南蓬莱路，邀友赴其家，友以路远婉谢。瘦鹃立举李玉溪诗："蓬莱此去无多路。"

（郑逸梅：《艺林散叶》）

方塘填去

瘦鹃之紫兰小筑，在苏州王长河头三号，具林石之胜。其中有方塘，一泓清水，为蓄鱼及灌溉之需，不料其幼子周蓉驾自行车，覆车塘中溺死。瘦鹃痛悼之余，即将方塘填去。

（郑逸梅：《艺林散叶》）

家有方竹

瘦鹃家有方竹，乃自洞庭西山晚香书屋移栽。

（郑逸梅：《艺林散叶》）

喜植梅

瘦鹃喜植梅，掌握一规律，云："红梅比绿梅开得早，白梅最迟放。"

（郑逸梅：《艺林散叶》）

满目芳菲

瘦鹃家有梅屋、爱莲堂、紫罗兰盒，梅也、莲也、紫罗兰也，满目芳菲，中西骈列。

（郑逸梅：《艺林散叶》）

曾辑《亚森罗苹案全集》

瘦鹃曾辑《亚森罗苹案全集》，凡二十八案，瘦鹃自译十六案，如《古城秘密》《钟鸣八下》《铁箱》《就擒记》《系狱记》《兔脱记》《王后项圈》《劫婚》《七星纸牌》《黑珠》《草人记》《劲敌》《神秘之画》《队道》《箱中女尸》《车中怪客》。

（郑逸梅：《艺林散叶》）

《紫罗兰盒小品》

瘦鹃整理旧存之作，汇为一书，颜之为《紫罗兰盒小品》。书分四集，一、《心声集》，二、《抵掌集》，三、《行云集》，四、《昔梦集》，约计三十万言，归某书局出版，奈排印尚未竣事，书局歇业，书未问世。

（郑逸梅：《艺林散叶》）

名列前茅

孙警身为南社老社友，任课上海民立中学，其时周瘦鹃、陆澹安、顾德明为同级不同班之高才生，均沐孙之教泽。每次文课，三人辄名列前茅。一学期例有综合会考，则顾德明文笔矫健，更在周、陆之上，孙许其异日必大有成就。讵知卒业后，周、陆俱在文坛上著有声誉，而顾为一普师教师，没世而名不彰。

（郑逸梅：《艺林散叶》）

请溥仪亲笔签名

瘦鹃赴北京开会，遇见溥仪，适携有溥仪所著之《我的前半生》一书，即请溥仪亲笔签名。

（郑逸梅：《艺林散叶》）

毛主席接见周瘦鹃

一九六二年四月十五日，毛主席接见周瘦鹃，瘦鹃感赋二绝："难忘四月十五日，仿佛飞升入九天。幸接羲和温百体，不须羽化已登仙。""再造乾坤夺化钧，却容前席渥亲仁。谁知身历玄黄劫，初识人间浩荡春。"

（郑逸梅：《艺林散叶》）

他人代作

瘦鹃一度书联，则与徐枕亚之画山水，同为他人代作。

（郑逸梅：《艺林散叶》）

郑逸梅卷（1895 — 1992）

郑逸梅，生于江苏苏州，祖籍安徽歙县。本姓鞠，名愿宗，因父早逝依苏州外祖父为生，改姓郑，谱名际云，号逸梅，笔名冷香。做过教师、校长、图书馆馆长、大学教授等职。1913 年开始发表作品，1985 年加入中国作家协会。因擅长撰写文史掌故类文章而被誉为"补白大王"。

家　世

我生于一八九五年十月十九日（清光绪二十一年乙未九月初二），今年九十有七。本姓鞠，父震福公，营米业，有二子，母亲郑瑞娥，主持家务。我三岁时，邻居失火，家室遭殃，贫无立锥，便依靠外祖父为生。外祖父郑锦庭公，原籍安徽歙县承狮村，洪杨之役，避难来到苏州，营南货业，勤劳刻苦，若干年后，成为小康，从此不作回皖计，寄籍苏州，为苏州人。锦庭公子国龄，早亡，因此，把我在名义上嗣给国龄，改姓郑，称外祖父为祖父了。母亲平时经常得到祖父馈赠接济，颇有积蓄，专门抚养我的弟弟。祖父为了经商的便利，上海也有个家，我幼时即在上海生活。

（《郑逸梅自传》）

开始识字

我的祖父，自幼失荫，没有机会读书，靠自己学习，能阅看通俗小说，如《三国演义》《水浒传》等，这时我大约四五岁，祖父吸着紫玉秋旱烟，边吸边讲三国故事，听得我出了神。从此，每天缠着祖父续讲。但有时祖父没有闲空，使我大大失望，转而想到，如能自己阅看，何等方便。于是要求祖父教我识方块字，当时还没有看图识字等书，由祖父缮写在纸片上，起初每天识四个字，后来增至八字，再逐渐加为三十二字、五十字。祖父深喜我敏颖，经常买了糖果奖励我。

（《郑逸梅自传》）

进入私塾

后来进入私塾，老师顾慰若，苏州人，是位儒医，逢到出诊，同学们总是打闹，我却读我的书，从不参加，老师很赞许我。老师目力不济，有时翻阅《康熙字典》，字典是石印的，字迹细如蚁足，看不清楚，往往指着叫我读给他听。次数多了，我渐渐懂得了按部首，翻查某字。其他同学对此都茫无所知，当时我是全班中较突出的。

（《郑逸梅自传》）

喜欢读书

我常随祖父外出，经过棋盘街的扫叶山房，看到沿窗列着许多石印书本，《苏黄尺牍》《吴梅村词》《夜雨秋灯录》等，我定要祖父购买，祖父认为我不爱玩具而爱书籍，这是好现象，就给我买了来。我认为这是古人的好文章，现在我不懂，日后我是会懂的。后来又买了《昭明文选》，有一次临帖，帖文是《醉翁亭记》，我觉得这篇文章好极了，但不知出于何处，问了老师，才知这是宋代古文学家欧阳修的名作，收在《古文观止》里，我又要祖父买《古文观止》一部。我对于这许多作家敬慕极了，把他们的名字一一记在自订的小簿子上，何字何号，何处人等等。但老师告诉我，这样记录，太不全面，有一种专书，名《尚友录》，可以随时翻检的（这时《中国人名大辞典》尚未出版）。这当然又要祖父买《尚友录》了，奈《尚友录》是按诗韵翻检的，我不懂诗韵，无法翻阅，于是我从事摸索，翻的次数多了，居然有些把握，经一再揣摩，竟初步了解了平上去入和一东二冬三江四支等韵目，此后翻检什么，用部首和诗韵，都有门路，十分便当了。

（《郑逸梅自传》）

成绩优异

这时上海沿城脚，有五金公所设立的敦仁学堂，这学堂介乎私塾与学校之间，采取新式教育方法，我进入肄业，颇有成绩，每逢考试，名列前茅。学校的柴校长时时在我祖父面前称赞我，从此祖父更大量为我购书。我涉览到金圣叹的评语，觉得笔墨恣肆，设想诡奇，更通晓由稗史走向文学的道路。该校没有什么毕业制度，读到最高班，我就离了学校，后来我随祖父来到苏州，考进苏州长元吴公立高等小学堂。这所校舍，在草桥头，垂柳阴阴，小溪潺潺，环境十分清幽。我对于各项科目，最喜欢的是国文，教我的老师龚赓禹，是前清秀才，又复东渡日本，留学宏文书院，头脑是很新颖的。龚老师循循善诱，每次作文，批改都很精细，着眼在要点上，大有点铁成金之概。评语又很恰当，书法工整遒美，同学们都十分崇仰。

（《郑逸梅自传》）

作文"简洁老当"

我小学毕业，考入江苏省立第二中学读书，国文老师程仰苏，他邃于经学和说文，每星期除授古文外，又加一课，讲《说文解字》，使我们懂得一些六书知识。每次文课，批改发回，依着名次先后，优的当场表扬，差的指出其疵病所在，同学因此进步很快。程老师频频称许我的作文为"简洁老当"，这给我以后写作，不枝不蔓，打好基础。

（《郑逸梅自传》）

喜体育运动

我喜体育运动，曾参加苏州全市运动会，获八百八十码赛跑冠军，得以出席江苏省运动会。

（《郑逸梅自传》）

第一次投稿

其时，我喜阅《民立报》和《民权报》，这两种报纸的副刊，篇幅是很大的，小说、笔记、诗词、文章以及其他杂作，无不风华隽趣，引人入胜，在这方面，我又获得不少营养，作文也更丰富了辞藻，开阔了思路。当时在民国初年时《民权报》有征文启事，我跃跃欲试，将英文课中的一篇游记，译成中文，取名《克灵湖游记》（克灵湖是意大利的一处地名），投寄《民权报》。仅隔了两天，便见登载了我的处女作，那时采登的稿件，标着甲乙丙丁的等第，我居然荣列甲等，报社送来稿酬，附有编辑吴恤亲笔写的毛笔信，有"如此文章，多多益善"等语。我获得这样鼓励后，信心大作，使我毕生从事了写作生涯。

（《郑逸梅自传》）

反对袁世凯

《民权报》反对袁世凯，大肆挞伐，我也跟着一起写文章淋漓尽致地骂，使我非常痛快。但该报大遭袁氏的忌嫉，袁氏想禁止它，奈报社在上海江西路，属于公共租界，袁氏势力所不及，于是施用釜底抽薪办法，不准该报推销内地。另一方面，通令邮局，不准递寄，报纸销路顿时受挫，难以维持，终于停止发行。

（《郑逸梅自传》）

财产被夺

一九一三年娶周寿梅为妻（农历十二月二十四日结婚）。一九一五年，祖父中风病故，年七十有二，生前因缺乏法律知识，未立下有效法定遗嘱，而安徽远房叔婶，引族中无赖，将我应得之继承财产掠夺殆尽。

（《郑逸梅自传》）

卖文为生

当时我在学校尚未毕业，夫妇俩一无依傍，度日维艰，不得已将首饰悉数变兑以交纳学费及维持家庭生计。我乃边念书边任家庭教师，另以卖文为生。江苏省立第二中学毕业之后，进江南高等学堂继续就学。

（《郑逸梅自传》）

为杂志写稿

《民权报》停刊后，几位编辑心不甘服，改办一种杂志，名《民权素》，把民权精神，贯彻到底，我就为《民权素》写稿，这也是我为杂志写稿的开始。主编是山阴人蒋著超，特为我辟一专栏，标为《慧心集》。《民权素》出至十七期止，派生为《小说丛报》，是沈东讷、刘铁冷、胡仪许、张留氓诸人发起的，请徐枕亚为主编，约了我写稿。之后再由《小说丛报》派生出来《小说新报》，由李定夷、许指严、贡少芹、刘山农先后担任主编，继续约我写稿。

（《郑逸梅自传》）

喜写短小文章

我喜写短小文章，最适宜填补空白面，朋友们开玩笑，称我为"补白大王"，直至目前，还有人来采访我时，标题用"补白大王郑逸梅"的。一九二六年，我的第一种单行本著作《梅瓣》问世。

（《郑逸梅自传》）

纷纷约稿

这时报纸杂志，风起云涌，每日刊、三日刊、七日刊、十日刊、半月刊、月刊、季刊、年刊、不定期刊，纷纷前来约稿。当时，上海有三种报纸，为报界的权威，是《申报》《新闻报》《时报》，这三种报纸，销路极广，在各阶层有它们的读者对象，如《申报》的重点对象是政界，《新闻报》是工商界的刊物，《时报》的大多数读者是文教界人士。这三种报纸都有文艺副刊，邀我为特约撰述。后来又有《四民报》，所谓四民，是指士农工商而言，编辑是赵苕狂，约我每天写一篇，也写了一个时期。

（《郑逸梅自传》）

集藏尺牍之始

我在苏州，曾和赵眠云、范君博文字往还，订为金兰之交，合辑《游戏新报》及《消闲月刊》，因此和各地及上海诸作家广通声气，许多名人信札，我都一一粘存成册，也是集藏尺牍的开始。

（《郑逸梅自传》）

去上海发展

我在故乡写稿，殊多隔膜，很想到上海发展，正巧美术家但杜宇在沪北严家阁路创办上海影戏公司，托姚苏凤来邀请，担任编写工作，我欣然应邀，以后就来上海生活，成为老上海，即由此起始的。

（《郑逸梅自传》）

字幕撰写

一九二七年，我在上海影戏公司工作，和但杜宇、其夫人殷明珠，宾主相得。这时尚无有声电影，都是默片，默片的对白，全靠字幕，我一方面担任了字幕撰写，还编了《三生石》《万丈魔》《糖美人》《国色天香》《新婚的前夜》等剧本，在各影院放映。

（《郑逸梅自传》）

专心著述

又与姚苏凤合编《杨贵妃特刊》，我搜罗了许多有关太真的佚史和遗闻，撰了多篇短记，掌故性很强的。我又在友联影片公司工作，同时兼任新华影业公司的宣传主任。南社社友陆丹林、许半龙介绍我参加南社。又社友戚饭牛，约我任中孚书局编辑，编有《戚饭牛小丛书》、周瘦鹃的《紫罗兰庵小丛书》、范烟桥的《茶烟歇》、王蕴章的《云外朱楼集》、我自己的《逸梅小品》正续集等。

（《郑逸梅自传》）

脱离电影界

"一·二八"之后，沪北沦为战区，公司被毁，我亦破家，便脱离了电影。（曾在一九八二年，上海文艺出版社还约我撰写一部《影坛旧闻》，专记但杜宇和殷明珠在我国初期电影事业上起着筚路蓝缕的作用，此书凡二十章。）一九三二年生子，取名汝德。

（《郑逸梅自传》）

为《金刚钻报》主持笔政

我应老友施济群之约，为《金刚钻报》主持笔政。这报纯粹是文艺性的，我每天撰文一篇，谈些名胜古迹，遗闻轶事，书画鉴定，花木欣赏，但对于日寇的侵略，愤懑填膺，也时时形诸笔墨，济群为我立个标题《消言霏玉》。后来，这些谈花木的，出了一本《花果小品》，园艺名家黄岳渊，约我襄助编写了《花经》。

（《郑逸梅自传》）

未受分文

一九三六年，母亲患癌去世，生前嘱咐，上海南市松雪街石库门住宅，以及所有生财器具（祖父生前不断馈赠给母亲的所购），归我弟弟。我在继承财产方面，郑、鞠两姓，均未享受分文，全由我们夫妇自己奋斗创业，抚养孩子成长。

（《郑逸梅自传》）

忿然离职

某年，哈同花园执事者，仗势凌人，被人控诸法院，但他竟纳贿获胜。我便在《金刚钻报》上登了一幅沈延哲对此案所绘的讽刺画，遭到罚款处分。我深慨言论不自由，是非混淆，忿然离职。柳亚子为此赠诗，有"肯将笔札媚公卿，激浊扬清有不平"。

（《郑逸梅自传》）

执教方面

在执教方面，历任上海市诚明文学院、志心学院、新中国法商学院等高校文学教授，兼徐汇中学、务本女中、大同附中、晋元中学任教，国华中学副校长，最后主持晋元中学校政，一九六五年退休。我任课期间，仍不废笔墨。

（《郑逸梅自传》）

擅写人物掌故

我擅写人物掌故，当时《正言报》《和平日报》《今报》《新夜报》都辟一专栏，每报每天刊登一篇。当时陆丹林也喜写人物掌故，陈仲陶诗人有云："掌故罗胸得几人？并时郑陆两嶙峋。"实则丹林掌故资料较为翔赡，我是未能及的。

（《郑逸梅自传》）

风格全变

上海永安公司发行的《永安月刊》初为商业性杂志，自我担任辑务后，力主以人物掌故为尚，风格全变。我每期有稿，和欧阳予倩、汪仲贤、杨小仲、鲍琴轩、史东山等同事，谈谈戏剧，很有兴味。

（《郑逸梅自传》）

罗致掌故

我又编《红羊豪侠传特刊》，罗致了许多太平天国的掌故。之后，先后出版了《小阳秋》《人物品藻录》《近代野乘》《味灯漫笔》《皇二子袁寒云》《花雨缤纷录》《拈花微笑录》等书。

（《郑逸梅自传》）

艺术评论家

我因常读书画，一九四七年《中国美术年鉴》把我列为艺术评论家，实则我对此道还很肤浅，当之有愧的。

（《郑逸梅自传》）

不攻自破

新中国成立以后，台湾当局造谣说国内的知识分子活活饿死，或说穷得在摆地摊。根据党中央政策，必须开展对外宣传，来击破这些谣言。当时，廖承志先生指名要我向海外写稿，我就写所过的幸福生活，写些名胜古迹的整修复旧等，载于香港《大公报》《文汇报》《新夜报》，以及通过中国新闻社向东南亚一带发稿，使海外侨胞得悉大陆的真实情况，谣言也就不攻自破了。

（《郑逸梅自传》）

“文单”时期

在国内报刊上，作品时时载于《人民日报》《解放日报》《文汇报》等，以及各类杂志上。

“文化大革命”开始，备受凌辱，诬为资产阶级反动学术权威，打入牛棚，被抄家二次，毕生收藏悉数被劫，之后亦未归回，至今犹痛，写作当然不能进行，搁笔十余年。妻寿梅于一九七五年病故，年七十有九。子汝德亦受累被冲击，因此而得严重冠心病。

（《郑逸梅自传》）

重行执笔

四凶垮台，我重行执笔，各地出版社纷纷前来约稿，除了应付国内以外，还为港澳各报刊继续写作，不得不马不停蹄，日尽数千言以应付。日本东京二玄堂影印了《吴昌硕与沈石友信片册》，凡数十片，邀我写了《吴昌硕与沈石友的友谊》长文，再译成日文，列入《信片册》中，为中日文化交流作出了些小小的贡献。另外，我的《艺林散叶》著作，也将译成日文，在日本出版。

（《郑逸梅自传》）

著述等身

十一届三中全会以后，上海人民出版社为纪念辛亥革命七十周年，因我是目前国内仅存的极少数南社社员之一，约我编撰《南社丛谈》，共五十四万余言，项目凡十四，附录项目凡九，传记一百七十多篇。之后，河南郑州中州书画社为我出版了《郑逸梅文稿》，全为古文体，又刊印了《艺坛百影》，写了近代艺坛上一百另二人，此书甚为畅销，三个月后，即行重版。香港的上海书店，刊行了我的《清娱漫笔》。一九八三年，出版了《书报话旧》《文苑花絮》。之后各年，分别出版了《三十年来之上海》《梅庵谈荟》《上海旧话》《逸梅杂札》《清末民初文坛轶事》《艺林散叶续编》《逸梅闲话二种》《掌故小札》《花果小品》《郑逸梅小品》《逸梅随笔》《人物和集藏》《逸梅收藏名人手札百通》《艺林拾趣》等。

（《郑逸梅自传》）

声音档案

一九八二年，上海电视台来我家摄拍生活纪录片，于《文化生活》节目中播放，片长十八分钟。之后，中央电视台再向全国转播。同年，南京师范大学《文教资料》第一二九期，出"郑逸梅研究专辑"。翌年，中国唱片出版社根据上级指示，收集当代文化界名人声音档案，以灌制密纹唱片作永久性资料保存，委上海分社办理，计刘海粟、曹禺、贺绿汀、俞振飞、万籁鸣、巴金、我共七人。我主述生平写作，历六十分钟，正好一张唱片，唱片名为《涉笔生花七十春》。

（《郑逸梅自传》）

为世界各国作家中所罕见

我的写作生涯已近八十个寒暑，有五十多种单行本著作，以及七十余年来在各报刊上发表的散稿，约千万言以上。台湾近年也多次翻印重版我的早年作品，海外朋友不时寄来，我方得知。一九八一年以后迄今，共出版了二十三种单行本著作，四百余万言，至于载于国内外诸报及刊物上的，则无法计数了。海外报刊载文尊我为"电脑"者，谓：九十有七高龄，仍能耕耘笔坛，保持健全思维，旺盛创作，为世界各国作家中所罕见也！今年，黑龙江人民出版社将出版《郑逸梅选集》，共二百万言。

（《郑逸梅自传》）

徐志摩卷（1896 — 1931）

徐志摩，现代诗人、散文家。徐志摩是金庸的表兄。原名章垿，字槱森，留学美国时改名志摩。曾经用过的笔名：南湖、诗哲、海谷、谷、大兵、云中鹤、仙鹤、删我、心手、黄狗、谔谔等。徐志摩是新月派代表诗人，新月诗社成员。1915年毕业于杭州一中，先后就读于上海沪江大学、天津北洋大学和北京大学。1918年赴美国学习银行学。1921年赴英国留学，入剑桥大学当特别生，研究政治经济学。在剑桥两年深受西方教育的熏陶及欧美浪漫主义和唯美派诗人的影响。

生平略历

徐志摩（一八九六——一九三一），原名槱森，别名章垿，字志摩，笔名云中鹤、南湖，海宁人。一九一五年在杭州一中毕业后，先后入上海沪江大学、天津北洋大学、北京大学等校读书，曾以中国的密尔顿（英国大诗人）自相期许。一九一八年夏到美国留学，先在克拉克大学社会系学习银行学，后转入哥伦比亚大学学政治。因感美国生活与自己性格不合，于一九二〇年到英国伦敦剑桥大学研究政治经济，得硕士学位。一九二一年开始写诗，决心从事文学。英国贵族化的社会生活和唯美主义、印象主义的创作思想，影响他终生的诗歌创作。一九二二年回国后，历任北京大学、清华大学、平民大学教授。一九二三年，"新月社"成立，徐为主要成员之一。一九二四年印度大诗人泰戈尔访华，他与王统照任翻译，后来又随泰戈尔漫游日本、欧洲。一九二五年三月，第三次出国，取道苏联去德国、意大利和法国，后又到伦敦与英国著名诗人、小说家哈代会晤。从欧洲回国后，他攻击十月革命"是人类历史上最惨刻苦痛的一件事实"。一九二五年十月，任北京《晨报》文学副刊编辑。一九二六年四月一日，《晨报》另一副刊《诗镌》创刊，徐任主编。一九二七年初南下，先后在上海光华大学、大夏大学及南京中央大学任教，并与胡适等在上海创办新月书店，出版《新月月刊》，任总编辑，反对无产阶级革命文学，攻击鲁迅。一九三〇年应胡适邀请，回北京大学任教。一九三一年初，创办《诗刊》。一九三一年十一月十九日，从上海乘飞机去北平，在济南附近失事殒命。著有《志摩的诗》《翡冷翠的一夜》《猛虎集》《云游》等诗集，以及其他文集和译著。

（《浙江人物简志》）

诗人打工

最近发现故诗人徐志摩曾在某时期有一个外国名字，缘志摩在外国读书时，以经济不裕，迫而作工续生，藉工资以维持生活，乃到一餐馆当侍役（此为留学生常有之事，不足为奇怪，尤不足为耻辱）。餐馆中人辄以此西名呼之，取其便利也。西名维何？曰"亨密尔敦"（Hamiltou）。若将诗人中西合璧的姓名联起来叫一声"亨密尔敦，志摩，徐……"全体神经系便觉有些颤动了。又闻志摩在餐馆充侍役时，常失手将盘碗打碎，主人不悦，故其工不永云。诗人岂配做此粗工？难怪！难怪！

（《东南风》）

预感从飞机上摔下来

徐志摩，倜傥不群，在交际场中，甚多韵事，其乘飞机南行之前一日，赴友人之宴，刘半农博士与焉，席间雅谑互作，而涉及航空问题者尤多，徐忽谓刘曰："我若由飞机上摔下来了，你怎么办？"刘曰："我作一幅挽联送你。"徐曰："许愿不如现捞，你现在就写出来。"刘思有顷，已得之，然究以事属不祥，未肯道出，微笑而已。酒阑客散，徐起作别，犹握刘手曰："许我的挽联，别忘了。"客亦大笑，咸感徐谑有过甚。明日，徐乘飞机行。又明日，徐在济南坠机之消息至，友人闻之无不嗟叹也。

（《近代名人轶闻》）

爱神铸就一诗才

雪莱的恋爱事件是人尽皆知的。在维多利亚时代人的眼光里，莫不引为惊愕。Matthew Amold 是那样的喜欢评论文学的，或者对或者不对，但当他一涉及雪莱的性爱关系，便弄出大笑话来。但是后世却另替雪莱加一番定论，把他从污泥中洗净，并且把他改变成了莎士比亚剧中之爱俪儿 Ariel——如一只蝴蝶，在花丛中翻飞，像一种细嫩轻柔的天空中的生物，又美丽又天真。雪莱的 Epipsychidion 是一篇理想的爱人的歌，他爱的不是这一个女人或者那一个女人，而只是在一个女人玉貌声音里见出他理想美人的反映来。

不错，志摩和女人的关系是完全和雪莱一样。也许有的女子以为志摩曾经爱过她，实则他仅仅爱着他自己内在的理想的美的幻象，即使是那个理想的淡薄的倩影，他也是爱的。他在许多神座之前烧香，并不是不专一，反而是他对理想美人之专一。好像一个光明的夏天的白日里阴影的移动，志摩也在女友中踪影靡定；可是这些阴影是由一个太阳造成的，所以志摩的爱也仅仅为了一件东西——他的理想美人的幻象。对于这，他永久是一个忠实的信徒，不仅在他和女子的关系是这样，在他的作品里，和男朋友里，并且就是在他短短的生活中一切似乎是狂浪的举动里，也都是这样。

志摩之为人，比志摩之为诗人更伟大。我们当中许多人爱读他的诗，正因为是志摩写的。却未必有人为爱志摩的诗，所以爱他。他的性格就是他的天才。因此，在他的文字及行动中，愈可见出他的性格者，愈有其动人的魔力。所以他的散文远胜过他的诗。因为他的散文比他的诗更能显出作者的性格。读他的散文我们宛然如见他整个性格的光辉，他的声音笑貌，似一一呈在眼前——他的活泼，灵动，唠叨，兴奋，及其谈锋之自在如意——这些都在他的散文里见到了，他的诗却反似与他的性格相隔一层了。他的诗是他的作品产物，他的散文却似他的自身。所以他的诗的佳处，全是靠这性灵之反映。时移境迁也许他的诗也会逐渐减了他的光芒。

志摩的人格的秘密是什么呢，是体格上的吗？或者是有一些的，但是体格比志摩更动人更美丽的，世上不知还有多少，却很少有志摩的魔力之十分之一。严格的批评起来，他的鼻子太大了，眉毛太不伦不类了，他的嘴好像阔了点，他的牙床微有点粗重。不，他的动人的秘密是另有所在的。在他的气质上，他的心灵上。他有个聪明灵活的孩子的气质和心灵，因为志摩是不失赤子之心的人。只是一腔淳朴的天真，对于环境，非常好奇，真伪不辨，醒梦不别，永不恨人，也永不想到人会恨他。人世的阅历使他受过磨磋，却永不能改他的本性。他玩赏人生的一切，像小孩子玩弄玩具一样。新理想啦，相对论学说啦，羌德拉泊司在植物学中的新发现啦，爱尔兰的民族复兴运动啦，泰戈尔啦，梁启超啦，塞尚尼的绘画啦，璧楷沙的绘画啦，梅兰芳啦，克莱司勒啦，这些都轮换的受过他的赏乐。他的生活便是和朋友们连续不断的互相过访。他所住的房宅只可算是他朋友来往的过道走廊。他在这样的生活中居然也能写作，才令人诧异。在别人以为是烦躁的，在他却不觉得的，只以为是快乐，新花样，而凡是小孩子都喜欢新花样的。

无疑的，在志摩的生命里也有多少烦恼悲哀的，尖锐而且哀恸，像一个孩子的烦恼与悲哀，但是也只像朝露一刻化归乌有。志摩也许有时会得罪朋友，但决不是有意的，所以人也不见怪他。像一个小孩子有时也拧死一只小鸟，或掇去苍蝇的两翼，志摩有时在他不自知的时候，也会露出他的鲁莽。志摩老是一个感情冲动的人，也会把打碎玻璃杯，扯破花瓣，或者在荆棘丛中跳跃，当做一天中照例应有的游戏。

有人说，在志摩生活的末年已经看出他的成年稳重的先兆。如果是那样，他这时候死去倒是不幸中之幸事，并且是何等神话意味的死法！死在飞机的炸声中，而且又是在与高山的山巅的冲撞中：其生也淳朴，其死也雄奇，天之待志摩，不可谓不厚矣。

（《二十今人志》）

顽皮的大孩子

综志摩的一生，除他在海外的几年不算外，自从中学入学起直到他的死后为止，我是他的命运的热烈的同情旁观者；当他死的时候，和许多朋友夹在一道，曾经含泪写过一篇极简略的短文，现在时间已经经过了五年，回想起来，觉得对他的余情还有许多郁蓄在我的胸中。仅仅一个空泛的友人，对他尚且如此，生前和他有更深的交谊的许多女友，伤感的程度自然可以不必说了。志摩真是一个淘气，讨爱，能使你永久不会忘怀的顽皮孩子！

称他作孩子，或者有人会说我卖老，其实我也不过是他的同年生，生日也许比他还后几日，不过他所给我的却是一个永也不会老去的新鲜活泼的孩儿的印象。

（《达夫散文集》）

情绪化的徐志摩

是在这一种状态之下，有一天在上海的街头，我又忽而遇见了志摩。

"喂，这几年来你躲在什么地方？"

兜头的一喝，听起来仍旧是他那一种洪亮快活的声气。在路上略谈了片刻，一同到了他的寓里坐了一会，他就拉我一道到了大赍公司的轮船码头。因为午前他刚接到了无线电报，诗人泰戈尔回印度的船系定在午后五时左右靠岸，他是要上船去看看这老诗人的病状的。

当船还没有靠岸，岸上的人和船上的人还不能够交谈的时候，他在码头上的寒风里立着——这时候似乎已经是秋季了——静静地呆呆地对我说：

"诗人老去，又遭了新时代的摈斥，他老人家的悲哀，正是孔子的悲哀。"

因为泰戈尔这一回是新从美国、日本去讲演回来，在日本在美国都受了一部分新人的排斥，所以心里是不十分快活的，并且又因年老之故，在路上更染了一场重病。志摩对我说这几句话的时候，双眼呆看着远处，脸色变得青灰，声音也特别的低。我和志摩来往了这许多年，在他脸上看出悲哀的表情来的事情，这实在是最初也便是最后的一次。

（《达夫散文集》）

最折服的人

双括老人林宗孟，为北洋政客中的一代高才，除杨皙子外，其文学的造诣尤高于侪辈，这决不是溢美之词。徐志摩生前最折服的人也正是这位宗孟先生。

志摩对政治原非内行，但因梁任公的关系，与研究系的诸君比较接近，他是师事梁任公的，对林宗孟又似在师友之间。他的《自剖文集》中有一篇《伤双括老人》，友情真挚，真是一生一死，乃见交情，是一篇很好的抒情散文。又在他的《爱眉小扎》中也几次提到林氏与他俩逛游故都的往事，叹息着"如此灵秀，竟遭横折"！

宗孟平日喜自负其政治的异禀，但其口舌与文字更有才华，故志摩记他："摇曳多姿的吐属，蓓蕾似的满缀着警句与谐趣。"惜其锋芒太露，为其一生最吃亏的所在，但在遇难之前，已有厌弃政治生活的感觉，正准备谢绝俗缘，亲自教课膝前的子女云云，并且亦很愿意改变兴趣从事文学艺术的生活。他的书法本来不错，晚年的腕力更健。当年印度诗人泰戈尔来华时，他与志摩诸人热心欢迎，兴会不浅，也看不出是一个抱残守缺的半百老翁！难怪志摩说他的精神里，看不见苍苍的鬓发，看不见五十年光阴的痕迹。

（《民国野史》）

不听劝阻

当徐与原配张夫人离异而与陆小曼结合，徐之友好，多贻书劝阻。其师梁任公亦以千言长书致徐，力劝其悬崖勒马，免为世诟。书中有："呜呼，志摩！世间岂有圆满之宇宙？"之警语，然徐意坚决，复书亦有："呜呼，吾师！吾唯有于茫茫人海中求之，得之我幸，不得我命，如此而耳。"

徐、陆结婚之日，任证婚人者即为任公。舆论对任公颇有微词，任公一笑置之。

（《民国野史》）

才子陨落

辛未（一九三一年）暮春，北国深昏，五凤城阙下，黄金无价，中央公园牡丹盛开，先生与张歆海、熊佛西遨游不夜，逢吴其昌夫人，谈坐飞机，竟引其坐飞机之兴致，孰意永远葬送于此？前一日晚留字于林徽因云："定明早六时飞行，此行存亡不卜……"林君心颇惦记，终于电话相询。乃云："很稳当的，我还要留着生命看更伟大的事迹呢，哪能便死？"固因诗人有大无畏性，好作空中游，而在北大授课钟点多，不肯因私事耽搁学生学业，乘飞机，节省时间，亦为原因之一。先生为近三年比较成功之新诗人，孰意竟因此丧命，噩耗传来，不啻文艺界中，忽然坠落一颗明星！

（《中国公论》第六卷第一期）

人情冷暖

志摩撞机死，天津《大公报》文学副刊为出专号以志哀悼。北大教授杨丙辰为文投登该刊，对死者责备颇烈。时文学副刊编者为志摩生前挚友吴雨僧，刊登该文而附加按语为亡友申辩。后三年，吴复有挽志摩七律二首，文情并茂，诗曰：

> 牛津花国几经巡，檀德雪莱仰素因。
> 殉道殉情完世业，依新依旧共诗神。
> 曾逢琼岛鸳鸯社，忍忆开山火焰尘。
> 万古云霄留片影，欢愉潇洒性灵真。

> 君亡三载我犹存，异道同悲付世论。
> 碎骨红颜知己泪，呕心诗卷爪泥痕。
> 名山路险轻孤注，情海冤深甚覆盆。
> 离合是非都不省，明星灿灿远天繁。

淞沪中日战起，十九路军参谋王赓在租界饭店为日军搜去地图。当时盛传王之赴租界饭店实因候晤陆小曼。事后燕京史学系教授邓文如（之诚）为长诗纪其事，有"汝自负人人负汝"及"才知女宠原祸水，破国亡家皆由此"之句。全诗讥刺徐、陆，不留余地。吴雨僧为文为之辩解，谓离婚未为失德，沪战全局之胜败，与此区区一普通军用地图之被夺无关云。志摩地下有知，亦当喜有此知己矣。

（《民国野史》）

洒脱至极

先生在北大不穿西服，或者以为中国服，比洋服诗意较多。先生住胡适家中，每至上课，均坐人力车，并不提黑皮包，仅仅散抱几本书于怀内。先生尝口衔纸烟进教室，放脚于椅上或坐于书桌上讲书，在其蔼善面孔与疏朗音调中时时流露诗意之灵感，刹那间，和谐而宁静浑圆的空气，充满全室。有时使人感觉似在明月下花园中听老者讲美丽故事之神情。讲至痛快淋漓之际，将眼镜摘下，徐徐用手帕揩拭，擦净后再戴上。曾有一次因拭眼镜而述其幼年近视之故事：九岁时（一九〇七）随其父至上海，为其配眼镜，晚间向空中一望，惊奇至绝，原来乃第一次发现太空中有无数光明闪烁之星星！

（《中国公论》第五卷第六期）

诗人之特质

先生一生喜悦怒放奔腾之雪莱，赞美隽永犀利之大卫斯。盖先生日常讲话与作品，兼此二人之特质而有之也。先生尤喜中国旧剧中所描写之传奇英雄，因其性格，或合诗人之脾味。尝模仿杨小楼所演《连环套》之白口一段，惟妙惟肖。虽为形容他人慷慨悲歌叱咤风云之壮恣，亦正其自己情感爆裂澎湃之写照耳。不意歌唱光明胜利之诗人，生活热奋驰骋之志士，竟在泰山附近，卷入一体莽莽苍苍之云海中而长逝矣。

（《中国公论》第五卷第六期）

浪漫情怀

志摩似曾责人缺乏基本信念。其实志摩亦只追逐于过去未来之幻想，仅作如何"飞"至天上之梦耳！（见钱杏村《徐志摩先生的自画像》）此种浪漫之思想，超人间之渴望，及其梦幻之生活，其内心最重要之成分，仅为追忆儿时之快乐，渴望其童年之返回，及追求奢侈生活，怀念享乐而已。无伟大哲学之内涵，无稳定之思想，有如天空一缕轻烟，四向飞扬，任意飘荡。

志摩的失败，为单纯理想主义者之失败；志摩的梦想，为我辈所不敢梦想之梦想。正如易卜生诗剧 Brand 中之理想主义者，抱其理想，在人间处处碰壁，到焦头烂额，失败以死。志摩在《猛虎集·自序》云："你们不能更多地责备。我觉得我自己是满头的血水，能不低头已算是好的。"志摩等终抱负一团同情心，一团爱替朋友作事，替社会团体作事。昂头苦干，如此热心，如此高兴，使人何等钦敬！

（《中国公论》第五卷第六期）

文士滥情三角恋爱

文人无行，才子滥情，自古以来已司空见惯。在我的记忆中，民国十三、四年以后，约十年之间，中国文艺界享有盛名的人士，牵涉到政治人物，闹着三角恋爱风波者，前后至少有三个故事。一为徐志摩、陆小曼与王赓卿（名赓，时任孙传芳五省联军总司令部参谋长）所搞的三角恋爱。一为郁达夫（香港邵氏公司将拍《郁达夫传》）、王映霞与许某所搞的三角恋爱。另一则为徐悲鸿、蒋碧微与张某所搞的三角恋爱。

这三件三角恋爱故事不太平凡，虽其香艳风流各具千秋，但其故事的结构关系与发展情形，则大体相似。其所不同的，即故事的主角都不是初出茅庐的小子、初浴爱河的情侣，都是已有事业成就，在社会上受人重视的人物，而且都已使君有妇、罗敷有夫。因之，这三件故事的发生，都不合于中国男女居室的传统规矩，只算是奇形异状的婚俗，自然都不免要引起不少风波与舆论批评。

（《近代中国人物漫谈》）

因小曼而扬名

民初二十年间，"新月派"的中坚人物徐志摩，是人尽皆知的文学家。所谓新月派，是指民国十三、四年北京"新月社"组成的分子而言的，包括有胡适、潘光旦等学者，其中以徐志摩奔走最力，隐为派中的翘楚。当时中国的"新诗"运动刚在萌芽时期，该派随创办有"新月书店"，出版有《新月月刊》，为一时青年知识分子与研究新诗人士所最向往的。这时，徐志摩的风流才华，不仅为一时骚坛祭酒，温文儒雅，亦道道地地的文学家、名教授。

在当时比较起来，胡适之、朱经农等的声望，似乎都要逊他一筹。

但他知名度之高，闹得满城风雨，几乎使他不能在国内立足，而被迫赴欧旅游，藉避风头。这并不因为他是大诗人、名教授的关系——社会上大诗人、名教授已多得是。他之所以蓦地里获得赫赫盛名，压根儿就是叨着他与陆小曼闹三角恋爱的光。随着岁月的消逝，徐志摩的形象、声名，在人们心中既早褪了色。他的诗文，到现在更是黯淡下来了。作者与徐志摩、陆小曼虽是同一时代的人，但因彼此生活路线不同，并没有任何深交，今日旧事重提，亦不及其诗文，只略评价其与陆小曼闹恋爱结婚的故事。虽说是冷饭重炒，从当年的余香残艳中，似犹可以想见其人。

（《近代中国人物漫谈》）

徐、陆身世约略相似

徐志摩这个名字，是他在民国七年，由他在很多名字之中选择定下来的。除其写作笔名以外，一生通用的就是"志摩"，大家所熟知的，也是"志摩"。他系浙江海宁硖石镇人，死后亦埋骨于此。他出生于富贵的诗礼之家，根基很好，少极聪慧，有神童之名。循序就学，且入赘于梁启超之门。长留学英国（牛津、剑桥）、美国（克拉克、哥伦比亚），皆获硕士学位。对中、英文学之造诣俱深。年二十余，即任北京大学教授，兼《北京晨报》副刊编辑，后历任京、沪各名大学的教授。"新月"时代，在学术、文化界最为活跃，名扬海内，诗文著作亦极丰富。

志摩生性潇洒不羁，兴趣多方，既嗜文学、艺术，亦爱跳舞、票戏、游玩之事。民国四年与发妻张幼仪（家芬）结婚。据《志摩小传》所载："十一年于德国柏林与张幼仪离婚"，但未说明原因。有人说：是因为陆小曼的介入。不过照年代推算，志摩与陆小曼之相识是民国十三年，以时间言，颇有出入。志摩自己亦说：十三年在北大任教时，与陆小曼相识。十四年因恋爱闹得满城风雨。十五年八月，与陆小曼正式结婚，很不为家庭、亲朋与社会人士所谅解。

陆小曼、江苏武进人，光绪二十九年（一九〇三）生于上海，小志摩六岁。父亲陆观甫，清末举人，民初在财政机关任职，当过几届税局局长，搜刮颇富，晚年寄居北京，生活相当优裕。小曼随父母居京师，入圣心学堂，对中西文学皆略有基础。课余喜京戏，爱跳舞，亦有文艺兴趣与写作发表欲。小曼是富裕环境所培植出来的一朵小花，真是美艳慧黠，又经常出入于交际场所，于是社交场合中，陆小曼的芳名便喧胜于众口。她与当时北洋政府国务总理熊希龄（秉三，湖南凤凰人）的小姐（忘其名），同誉为交际场中两颗亮晶晶的明星。较之马君武（曾任北京政府教育总长）所谓"赵四风流朱五狂，翩翩胡蝶正当行"，当算是前辈交际花了。

小曼年十八，奉父母之命，与自己在北京饭店舞厅所结识的王赓结婚。嗣因彼此玩乐兴趣不同，复因徐志摩被小曼猎获，加入游玩集团，终于闹出王、陆、徐三角关系，徐、陆恋爱结婚风波。及志摩死，小曼又琵琶别抱，与翁瑞午同居，以终其生。

从上述的事实看来，徐志摩与陆小曼的身世是约略相似的，家庭环境、嗜好兴趣、浪漫性格、恋爱观念，都在伯仲之间。尤其关于男女关系，徐志摩既受了雪莱思想的影响，陆小曼虽不是雪莱的崇拜者，但其天真浪漫的男女关系游戏观，多多少少也染上了雪莱一些余气。

（《近代中国人物漫谈》）

男女交往终南捷径

跳舞，在今日的文明社会里，辄美其名曰：健身运动，掩其邪恶则说是社交应酬。其实皆不过形迹而已，也未十分认真。直言之，跳舞不啻是近代男女交往最通顺的管道，恋爱、结婚的终南捷径，不必广征博引。本文所述王赓、徐志摩、陆小曼的三角男女关系，即以跳舞始，亦以跳舞终。

此处先撇开徐、陆，说说王赓。王字绶卿，江苏无锡人，系清末留美学生，获硕士学位后，复入西点军校习军事，据传他是中国人西点的第一人。回国后，服务于北洋政府的军队，自是军人中的凤毛麟角。当时，中国人的跳舞风气尚不盛行，在北京，仅北京饭店有舞厅设备。而出入其中者，大多系外国人、外交人士或留洋学生。王赓因有洋头脑、洋作风，亦经常到北京饭店舞场去活动，偶然与陆小曼相识。由一见倾心，而形影相投，而发生自由恋爱。进而藉口奉父母之命，正式结婚。故王男陆女的结合，是始于跳舞。

王、陆婚后，伉俪之情愿极幸福，仍常偕至北京饭店跳舞消遣。不料遇到北大教授而且是留美学生——徐志摩，由相识而认交。同时，徐亦跳舞好手，其温文儒雅，复为王赓（武人）所不及。小曼不免心旌摇摇，便和志摩多方接近，常藉执经问字为题，朝夕过从。从此王、陆的美满生活，便渐渐起了变化。未久，事有凑巧，王赓奉派出国，小曼未与偕行，于是徐、陆大好机会来临，无人监视，在舞厅或花前月下，搞得如胶似漆，及王赓返国，徐、陆已成难解难分之势，终于陆向王提出离婚要求。王知大错已全由自己铸成，覆水难收，只好允陆解除婚约。这很明显的王、陆关系，亦以跳舞终；另一方面，徐、陆关系，又以跳舞始。

徐、陆结婚后，小曼周旋于社交场合，跳舞、票戏、游乐依然不事收敛，复与京剧票友翁瑞午过从甚密。更受翁影响，染上鸦片嗜好成瘾。小曼原来最善挥霍，现更支出浩繁，志摩已难以应付。他为满足小曼的需索，乃拼命作文、写书、兼课。课则由上海兼到北京，为增加收入，以济小曼之欲。为赶时间，京、沪往返，不得不利用飞机的迅捷，不料竟因此而坠机殒命。是徐、陆之终结，又能说与跳舞、玩乐没有间接关系吗？

由是以观，男女交往的终南捷径是跳舞。但对徐志摩与陆小曼来说，跳舞更不啻是他俩的坟墓，比常言恋爱是坟墓更惨！

（《近代中国人物漫谈》）

节庵托妻故伎重演

说徐志摩与陆小曼的故事，关于王赓，本无多述之必要，但他与小曼之间，情势所以剧变，王赓亦知大错，完全是由他自己所铸成，最不应该的是"轻言托妻"。其实这也不能全怪王赓。因王留美已多时，思想和生活习惯已经相当洋化，对于西方男女社交生活，冠冕堂皇，实无所谓的。他既司空见惯，对陆、徐交往自不在意。复觉小曼爱好文艺与写作，拜志摩为师，是理想的师资，亦正当的行为，不但没有防闲，反而予以鼓励。当他奉派出使土耳其时，临行之前，犹再三嘱托志摩"照顾小曼"。托妻寄子，古已有之。王赓托小曼于志摩，当是出于君子之心，岂料志摩已有小人之意。如此一来，陆、徐接触，自更振振有词。及王赓回国，情势大变，陆、徐既情不可抛，王、陆则非分道扬镳不可。有人说：这始作俑者，全在王赓信人无疑，不该"轻言托妻"。

据长沙黄昌年观察《子愚笔记》载：清光绪年间，有名翰林梁节庵（鼎芬）与长沙龚四小姐结婚居于北京，旋梁挑任边疆某县知县，以道远缺瘠，不能携眷上任。时有文芸阁（廷式，亦翰林，清末维新派人物之一）者，与梁为莫逆交，往来密切，节庵遂托其妻于文。梁为前辈，故不疑有意外。龚四小姐貌丽而性婉，文私璧之，俨如夫妇。龚擅烹调，尤善体贴，弄得文更不可一日无此君。

节庵则官运亨通，不次升迁，由县而府而湖北臬司，累迎其妻，终不至。节庵重友谊，又不忍以一己之私，伤通家之好，亦终未发。后芸阁因维新事故被革，告归江西故乡，道经汉皋（时京汉铁路已通），节庵赴车站欢迎，并迓其妻。龚四小姐似觉余情未了，勉强至臬署（在武昌）一行，留片刻，即回汉随芸阁而去，终未再回故巢。节庵于感叹之余，于皋署内辟一书舍，颜曰"食鱼斋"。自撰一联悬室中，联云："零落雨中花，绮梦醒回栖凤宅；绸缪天下计，壮怀消尽食鱼斋。"盖梁与龚结婚于北京"栖凤"胡同也。其抑郁嗟怨之情，深见乎词。

王赓托小曼于志摩，虽似节庵托妻故事之重演，但王则未若梁之能豁达大度。当陆、徐热恋之际，王赓初犹四方告状，攻徐甚急。及小曼至沪与王（时任五省联军总司令孙传芳的参谋长）办离婚手续时，王知大势已去，返情乏术，才勉强签署于约。当时对徐志摩犹厉声曰："以后你如三心两意，亏待了她，我不会轻易放过你。"这只算是故事的余波，显显参谋长的威风而已。及小曼与志摩正式结婚时，王赓并亲临道贺，又似为故示大丈夫的风度。同一三角关系，同一托妻，而收场却迥然有别。

（《近代中国人物漫谈》）

陆小曼的恋爱游戏

徐志摩的恋爱观，俨若雪莱式"理想美人"的幻象。而陆小曼的男女关系，亦略染上雪莱和志摩观念的意象，但如直谓小曼以恋爱当作游戏，更为切合。

陆小曼十八岁与王赓先结跳舞缘于北京饭店，嗣以奉父（陆观甫，清末举人）母之命，民国九年与无锡王赓在北京海军联欢社结婚，盖可说半新半旧式的婚姻。王赓的身世品貌，与小曼可说正是郎才女貌，佳偶天成，陆母亦认为是"佳婿"。及小曼向王提离婚要求时，无可藉口，其所提之理由是非常可笑的："不满意王赓太矮。"难道恋爱结婚之初，王赓是另外一人，高而不矮吗？如此轻率荒谬，其视恋爱为游戏，实不可讳。最后她还作很多饰词，以曲隐其短。如其自白说："婚后一年多，才稍懂人事，明白两性的结合，不是随便可以听凭别人安排的。""在性情与思想上不能相谋而勉强结合，是人间最痛苦的一件事。""葬身在热闹生活中，去忘记我内心的痛苦。"说得冠冕堂皇实在是一种巧辩。一是把自己与王赓的结合，完全归咎于其父母的包办，而把自己恋爱于先的事实否定了；二是一个开通有新知识的女性，不应盲目至此，也不会服从至此，藉口推卸自己的责任与过失，等于自欺欺人；三是显示了自己贪图游乐的个性与其糜烂生活。这许多言不由衷的解释，不但未能取得亲朋与社会的谅解，且益暴露自己恋爱游戏的面目。

小曼仅嫌王赓"太矮"，对其他条件似皆认可了，但对徐志摩则不知因何而一见钟情，主动地向徐进攻，多方与徐接近，徐无可逃，遂被她擒获。她究竟是为的什么？为名乎？为利乎？似乎皆不合。既认为王赓体貌有缺，岂以志摩为美男子耶？其实志摩貌并不扬，说不上漂亮。男人比志摩更俊更美的人不知多少，这自然也不是小曼所取于志摩的。

陆小曼与徐志摩的结合，据小曼自白却与她主动追求志摩的事实相反。她说："志摩认明了我的隐痛。"（指上段所述）"他那种倾心相向的真情，才使我的生活转换了方向，而同时也跌入了恋爱了。"她巧饰自己的恋爱游戏，变主动施爱而为被动、被爱，并未能破坏志摩理想幻影的观念。徐、陆恋爱闹得满城风雨的时候，亲朋议论纷纷，徐竟没有挺胸而立，反有赴欧避风头之举。及陆以死相要，"你我作一个最后的永诀"，徐始被胁返国。所谓爱与被爱，竟如是乎？时陆母亦以小曼乃有夫之妇，"不应舍佳婿而与离婚（指张幼仪）男子相恋"，力加阻挠。徐父（申如）亦坚决不准志摩另娶陆小曼为妻，否则要脱离父子关系，且不许小曼进徐家之门，并预立遗嘱，将全部家产交与张幼仪保管和分配。情势发展至此，善导无灵，阻吓不成，游戏也自然要变成实戏了。

（《近代中国人物漫谈》）

梁任公不幸而言中

徐、陆恋爱游戏变成为实戏。他们在北京北海公园结婚时，胡适为形式上的介绍人。梁启超虽为证婚人，因原不满于徐、陆结合，始终未假以颜色。证婚人致词时，并将这对新人当众训斥一番。其词之精警语："志摩、小曼皆为过来人，希望勿再作一次过来人！"随后任公于其家训中，犹谓："此恐是中外古今所未闻之婚礼矣。"又说："我又看着他（指志摩）找得这样一个人做伴侣，怕他将来更痛苦无限！""免得将来把志摩弄死。"言中似对小曼特无好感,后来竟又不幸而言中。任公何以不满徐、陆之婚? 或即以二人素无忠实重视恋爱的观念,犹恐仍以游戏出之耳。

小曼素来体弱多病,或因跳舞、票戏、游玩过度,以致精神不继,常有晕厥、心跳之症,经常须速打针施救。又常与票友翁瑞午过从甚密,翁且导之以鸦片疗疾,病虽稍愈,而小曼以后则不可一日无此福寿膏矣。瑞午兼按摩推拿,常为小曼按摩。青年男女肌肤相接,岂能无动于衷? 小曼与志摩结婚若是"慎真爱挚",到了极峰,应矢志从一而终了。可是她与瑞午后来又"两情浓得分不开"(志摩语)。志摩与小曼之间,由于瑞午的介入,于是又形成一个新的三角关系。志摩与小曼的爱情便大不如前,几于不可收拾。及志摩死,斩了一角,小曼竟与瑞午同居起来。所以小曼与志摩所演的实戏,实仍未超脱其游戏观。如此等而下之的男女关系,在小曼的恋爱游戏里,实在是一邪招。我们便不能不佩服梁任公之相人入微,更有远见了。

(《近代中国人物漫谈》)

美人迟暮晚景凄凉

徐志摩飞机失事以后,友好将其遗骸运抵上海,在万国殡仪馆举行殡礼时,小曼犹挽之以联云:"多少前尘惊噩梦,五载哀欢,匆匆永诀,天道复奚论,欲死未能因母老;万千别恨向谁言,一身愁病,渺渺离魂,人间应不久,遗文编就答君心。"同时她在《新月》月刊发表《哭摩》一文,以示哀悼,论者谓其"欲哭无泪"。

小曼挽词,上联倘不藉母老而殉情追随志摩于地下,则必然又是徐、陆在人间再度轰动之事。惜小曼贪生恋翁(瑞午)而苟活,反不见重于世。她与翁瑞午同居以后,虽素服终生,绝迹于跳舞游乐场所,或为其"过来人"(任公语)之自觉。但究其一生的男女关系,实一纯粹的"游戏""肉欲"主义者,有别于志摩的理想主义,自更谈不上雪莱式的意象。下联"遗文编就答君心",算是小曼对志摩尽了一点最后的心意,收集志摩一些遗作诗文,编印成册出版了。

志摩死去两年后,清明时节她犹去海宁硖石为志摩扫墓,虽属欺人骗鬼之事,内心或诚有未安,曾感赋七绝一首云:

> 肠断人琴感未消,此心久已寄云峤。
> 年来更识荒寒味,写到湖山总寂寥。

据传志摩死后,小曼生活初尚过得去,渐次潦倒下来,志摩的父母亦稍释前嫌予以接助。据说汪精卫伪政府时代,上海愚园路有所谓"大观园"(钱公馆之别名,为钱三太太所经营），成了汪家帮的游乐巢，为京沪显要、各地军政首脑到上海的驻足点。旖旎风光，不知颠倒多少英雄好汉。其时陆小曼亦作了大观园的常客，只是人老珠黄，已经吃不开了，加以鸦片瘾很深，与钱三太太为烟霞雾里的契友。

（《近代中国人物漫谈》）

郁达夫卷（1896—1945）

郁达夫，原名郁文，幼名荫生，字达夫，浙江富阳人，中国现代著名小说家、散文家、诗人。代表作《沉沦》《故都的秋》《春风沉醉的晚上》《过去》《迟桂花》等。

妻子是自己的好

郁达夫，不惯穿西装反领，亦不喜着皮鞋，平日多穿大裤，长袖宽衣，摆动自若。郁烟量之宏，更足令人惊奇，除授课时，无法吸烟外，不论作文，看书，走路，休息，即如厕时，亦莫不手执雪茄，喷云吐雾，亦若是别有风味者。闻郁氏日吸五十支香烟，达三罐之多。闻郁有二位夫人：一为旧式，性格学问均佳；后与王映霞结合，情感极浓，王固美于丰姿之摩登女子也，终日绸缪，如"接吻""拥抱"……每天必行。郁谓友人曰："妻子倒是自己的好！"住杭州板儿巷岳家时逢大雪，不复游西湖，夫妇彻夜饮酒取暖，说者谓其犯夜过多，待其酒力醒，诗兴大发，诗云：

> 五夜无眠，明明白白，或对灯明，或对月明，清绝的，是窗外的雪明。五夜无眠，明明白白，或听风声，或听雨声，楚恻的，是鼓角的凄其声。一片心肠，千缠万结，半在亲边，半在友边，更添得在她边，怎不思量遍。

并作《西湖感旧》一诗云：

> 湖山别来依旧，院前花木无恙，只是凉轩寂寂，不见去年人，前来自叙欢畅。柳摇阶下，雀噪回廊，几扇窗门洞开，一如去年情况。步出三潭印月，独坐孤山湖畔，湖中小艇上的船娘，向我细问，去年的人儿何处去？为什今日独自无伴。

（《近代名人轶闻》）

生死谜团

郁达夫的生死问题，众论不一。最近道路传闻，有谓他在粤出家削发为僧，这虽不足为信，但足证有人还热望达夫健在人世。然而，达夫确已遭受了苏门答腊日本宪兵的屠杀。这里有和达夫同在南洋苦斗多年的沈兹九女士一封信，关于达夫的生死，说得很详细。现在把它摘在下面，每个关心达夫的人，可以一读。一代文艺斗士，遭受了这样的惨淡结果，谁不悲愤！信是沈女士写给郁达夫的儿子郁飞的：

你爸爸在日本人投降后一个星期才失踪的，到现在还没有回来，大约是凶多吉少。关于你爸爸的事是这样：

在新加坡沦陷前五天，我们一同离开新加坡到苏门答腊附近的小岛上，后来又溜进了苏门答腊。那时我们大家都改名换姓，化装了生意人，谁也不知道我们的来历。有一次，你爸爸不小心，讲了几句日本话，就被日本宪兵抓去，强迫他当翻译。他没有办法，用"赵廉"这个假名在苏岛宪兵部工作了六个月。在这期间，他用尽方法掩护自己，同时帮忙华侨，所以他给当地华侨印象极佳。他在逃难中间的生活很严肃。那时，我们也在同一个地方，不过我们住的是乡下。他常常偷偷地来看我们，告诉我们日本人的种种暴行，他非常恨日本人。后来，他买通了一个医生，说有肺病，不得不辞职，日本人才准了他。

一年半以后，新加坡来了一个汉奸，报告日本宪兵，说他在做国际间谍。当地华侨为这事被捕的很多，日本人想从华侨身上知道你爸爸是否真有间谍行为，结果谁也说没有，所以仍能平安无事。在这事发生以前，我们因为邵宗汉先生、王任叔伯伯在棉兰，要我们去，我们就去了。他和汪金丁先生在乡间开了一间酒厂，生意很好，就此维持生活。

直到日本投降后，他想从此可以重见天日。谁知一天夜里，有一个人来要求他帮忙一件事情，他就随便拖了一双木屐从家里走出，就此一去不返。至于来诱他出去的人那是谁，现在还不清楚，大约总是日本人。我们为了这事从棉兰赶回苏岛，多方打听，毫无结果。以后我们到了新加坡，又报告英军当局，他们只说叫当地日本人去查（现在那里还是日军维持秩序），哪会有呢？

问题是在此：日本降后，照例兵士都得回国，而宪兵是战犯，要在当地听人民控告的。人民控告时要有人证物证，你爸爸是最好的人证，所以他们要害死他了。而他当时没有想到这一层，没有早早离开，反而想在当地做一番事业。

你不要哭，在这几年中间，你爸爸很勇敢很坚决。这在你也很有荣誉。况且人总有一死的呀，希望你努力用功！再会。你的大朋友沈兹九。

英国的加美尔曾经说过："英国宁可失去印度，不能失去莎士比亚。"一个文学家的死去，实在是无可估量的损失，这笔血债，我们只好向日寇讨还了。

（《消息半月刊》一九四六年五月五日）

别样的郁达夫

或者以为郁达夫先生，时常在作品上面明明白白地写着，他是老在喝酒打牌跟女人的，是他自己的口供。说他浪漫颓废，难道还会冤枉么？所谓误会，就在这里。原来小说的格局，有着"自传体"和"正传体"的分别。自传体的小说，语气是直接的，好像近在一边，容易领会，也就容易博得读者的同情。为谋功效的广大，总得采用自传体。郁达夫先生，好像已经成了习惯，所做的小说，几乎没有一篇不是用自传体写成的。可是自传体并非"自叙传"，自传体只有形式上的关系，自叙传是重在实质方面的。在自传体的小说上面所写的，虽然以"我"为中心，却不一定是作者自己实有的事情，往往由于凭空虚构，或者从别人的故事中"变化"过来。要是郁达夫先生真在一天到晚地喝酒打牌跟女人，那么，哪里还有功夫读书做小说呢？但他是创作得很多的了，自然书是读得更多，也常常翻译，有像他这样的么？一提到"郁达夫"就要摇头大骂的人，总是不会同他接近，以为自传体的小说就是自叙传的缘故罢。有些在杭州的文人，当他还住在上海的时候，也颇有点不以他为然；一经他搬到杭州，马上互相唱和起来，好像原是老同志，就是一例。可见他本人的行为，并非同他在作品上所写的一样。

（《人间世》）

热情地介绍了子宫帽

郁达夫先生最使我注意的是讲子宫帽的事情，那天他偕着他的太太一同到我的愁债室里时，已有一对新婚的夫妇先在。他们本不相识，经我介绍以后，不知道怎么一来，说到了节制生育的问题，郁达夫先生就大谈其子宫帽的用法。

"达夫！怎么你……"他的太太在一旁重声说，好像想止住他的话。

但他仍然口讲指划地解释，只是把声音放低了一点。不久又有我的房客和他的未婚夫人来参加，他们同他也都还是初次见面的，互相招呼以后，他依然讲他子宫帽的用法。

在刚认识的青年女子面前,居然谈起这种事情来,或者以为真是浪漫的行为了。当初我也觉得有点异样,可是看了他的认真的神情,就只有感动,知道不以为然,原是自己也被俗见蒙住了的缘故。随即了然:他固然不是故意放恣,也不是说话随便,却是忠诚。他是说得非常起劲的,因为对方很需要明白这种事情,是有着切身关系的,把他所懂得的尽量贡献就是了。什么难为情,什么不好意思,他是不会转念到的——他以真心对人,不做作,不虚伪,所以不讲究顾忌了。

"达夫是何等热情呀!"

这样想着,我深深地了解了他。

因为热情,所以能够率真。也正因为这样,所以他是常常被人误解的了。

(《人间世》)

值夜班

郁达夫到福州后,福州文人与社会上层人物均以能与郁达夫结交为荣,而郁达夫也非常好客,来者不拒,交游十分广泛。郁达夫喜欢以亲笔书写的条幅赠送友人,裱褙店经常能见到他的"墨宝",屏、对、中堂、斗方、扇面,大的小的,应有尽有。求字者甚众,以致不能即时应付,宣纸盈橱。后来,郁达夫总算找到了写字还债的办法。那时,省政府有总值日官的制度,轮到值日时需在值日室过夜,并数次带上手电筒巡逻大院各处。于是,轮到郁达夫当总值日时,他就在值班室让工友买来好酒,磨好墨汁,摊开宣纸,喝下几小盅后便开始边吟诗边泼墨。一夜下来,遍地铺满写好的字幅,桌下平添许多空酒瓶。虽然没顾得上大院巡逻,郁达夫却没有忘记在清晨六点的"升旗"礼结束后,回到值日室在值日本上签上"无特别事故发生"几个字样,然后才回家补睡大觉。文人不羁的性格,不因做了官而有所改易。

(《近代名人轶闻》)

稳住后院

郁达夫来福州时,妻子王映霞和孩子仍在杭州家中。其时,郁达夫只身暂住南台青年会宿舍。青年会有规定,楼上男宿舍谢绝女性进入,且楼梯边上立一木牌为示。一天,郁达夫刻意取木牌所示戒律为背景拍了一张个人照,照片冲印出来后,他让同事猜拍摄此照之用意,同事百思不得其解,郁达夫诙谐地自揭谜底:"寄回杭州给女人看,好叫她放心。"

(《文人剪影》)

在扶轮演讲

　　九月六日（星期四）上午扶轮中学当局得悉文学家郁达夫先生来津，即推曹秋芳先生前往迎请赴校作公开演讲，惟郁氏以事出仓促，未及预备相当材料，愿在校谈谈个人的感想及经验，并与诸生解答关于文艺上各问题。当于是日上午十时左右莅校，随行者有小说家王君。郁氏面容较过去颇形衰老，戴花镜，背微驼，牙齿亦脱落数枚。是日衣深灰绸袍，中国便鞋，神采颇潇洒。由校长略事介绍后，即开始谈话，题为《北游杂感》及《创作的经验》，由高三学生陈学弢、莫家鼎、郑有勇、吴奎龄担任记录。两段讲话，均极简短。郁氏谓此次北来经过青岛，并一度赴山海关游览，个人所感到者即北平市面萧条，气象阴沉，不若往年繁茂。现在中国并不似已往经济之宽裕，农村闹恐慌，大学生闹失业，此实不良现象，望大家注意云云。继称个人的创作经验，为一般所乐闻，自己此类写作，各方面之要求者甚多，开始写小说在有不可遏止之"创作欲"，不发表不痛快，现在则力避"言之无物"的文章，最近出版的《游记》不过是消遣品，供小报文章而已。讲话毕，郁氏遂答复解说各问题，邵之榆君请报告"创造社成立，经过，及解散"，阮玉祥发问"想象之重要"，范柏林发问"大众语文问题"，吴奎龄发问"现在伟大作品不产生之原因"，郁氏一一答解，简要明晰，均极中肯，旋于十一时始离校云。

（《文人剪影》）

上门女婿

　　往大学路一直走，打浙江图书馆门首拐过去，你会得看见一个留给警察躲避风雨的木笼，可是立在那里面的却不是警察，而是一个保安处的雄赳赳的兵士。就在这兵大哥的木笼的后面，有两个并立在一起的黑漆墙门。我所要访问的那个人是住在靠左手的这一个门里的，门首粘了一张二寸多长的白纸条儿，那上面是用蓝墨水写的三个镂空字叫作"请拉铃"，于是我就用力地拉着那条穿在壁缝里的黑色绳子。

　　"哪个？哪个？"

　　一个打本地话的女人声音在里面急问着，听上去，呼吸仿佛很费劲似的。

　　门开了，来开门的是个绍兴老妈子，她用她的道地的绍兴话询问我的来意。我说我是来看郁先生的，于是她便掉转头去向里问道：

　　"小姐！姑少爷在不？"（郁达夫光景是和他岳家住在一起的，这老妈子似乎也是他

岳家雇用的，所以对于达夫的称呼完全是站在他岳家的这一方面的）

那老妈子这样问过之后，一个穿着蓝布长衫的少妇走出来了，她的肚子隆起着，皮肤是白皙的，一张圆圆的脸，衬着秀丽的眉眼，口鼻的位置也很落位。那态度是一个典型的小学教员，原来她不是别个，正是我猜想中的郁夫人——王映霞女士。她见了我，很客气地和我说着。我记得是这样的几句话：

"他出去了（这个'他'当然是指达夫了），要到十一点左右才能回来，但是，请里面来坐一坐也不妨事的。"

可是，我对她这好意没有领受，我只告她到十一点钟的时候再来。一刻儿，我便离开了达夫的家了。我心里有点儿怅惘。

（《郁达夫论》）

拜访郁达夫

第二次到达夫的家是下午的一点十分。在未进去之前，自然又是"拉铃"，里面照例地问着"哪个？哪个？"门开的还是那绍兴老妈子，她一见了我便说"姑少爷回来了"，且要我进里边坐。

作为客厅的是那么矮小的三间，一些旧的板桌，一些褪了色的红漆方凳。只有四张藤椅和两张茶几像是新添的，总算也给这屋子生色了不少。

客厅中的陈设是平凡得极的，正像一般杭州人家的布置一样：居中是一张蔡元培先生写的单条，两旁配着两副不甚相称的对联，大概是因为挤得太紧了的缘故。

老妈子把一杯白开水摆上了茶几，说："姑少爷就要下来了。"我独个儿在这小客厅中过了两分钟。在这两分钟里，虽然还未得见主人，但我也并不感到寂寞。我看看挂四壁的字画，知道有好些都是这位郁夫人的祖父——王二南先生的（王二南先生是杭州的画家，前寓章家桥里堂巷。此公享寿甚高，现已作古）。

两分钟过去，在那三分将要到来的时候，我听到楼板上忽然起了沉重的脚步，接着是那楼梯也起了震动。这当儿我的心里像一根拉急了的弦。我料准从这楼梯上走下来的一定是我所要会见的人。在这将要见到而还未见到的辰光，我的胸口不知怎么一来竟在微跳起来了。

"哦！是上午来过了的 × 先生吗？"（说得好一口纯粹的杭州话，光景是从太太那里学得来的）

一件淡灰色的自由布长衫，一双半新旧的黑布鞋，裤子也是中国式的，是白底细蓝条子，那质料当然仍旧是布的了。他的背已经有点微曲了，身材是不长不矮的那么一个。他从厅后的那扇门里很快地走了出来，劈头就是这一句。我是像看着一个名角出台的看客一样，从头到脚地就让我先看个仔细。我看他的脸孔，脸孔是圆的，齐鼻子的那地方向里凹。额角很阔，且高。他手里捏了一罐初开的美丽牌烟。他的记忆力似乎很不好，当他第一次拿一支请我的时候，我告诉他不吃的，谢绝了。可是他自己每吃一支完了，去取第二支时，总还是忘不了要递给我。

我们的谈话的开始是我先向他说明了我的来意，然后我再按照我预定好了的计划去和他正式开谈。我预定好了的计划是：（一）先生对于"新感觉主义派"的意见怎样？（二）先生对于"左联"方面所取的态度怎样？（三）最近在着手写什么没有？和将来的创作计划有没有预先拟好？（四）请略述上海文坛与出版界近况。

……

关于我预先计划好了的这要问的四点，他已给了我这样满意的答复，竟超出了我原有的希望，这在我真感到万分的欣幸。谁知郁先生的谈兴尚浓，我看了看钟，两点已经有半。我就问他有没有旁的事，我是想走了。他回答我说这几天来都不做事，要是我没有旁的事，再多坐一会难道就不可以吗？于是在这四个题目之外的谈话就又开始了。

"上海的生活真不容易。上海的教育是在往死路上走的，所有的学校都是十足的贵族化。我为了我孩子的教育，不得不搬到杭州来，现在他们在横河小学读书。我之住到这个地方来，一半是为近横河小学，一半因为图书馆就在我的门口。我每天在图书馆里有四小时的消磨。"

"听说阁下是喜欢吃酒的，敢问近来的酒兴如何？但是，为了珍惜阁下的脑力计，有许多人对于你这种病态式的嗜好都觉得非常可惜的。"我说。

"是的，我自己又何尝不知道。不过我是个喜欢寻求浓厚的刺激的人，假如硬要叫我和烟酒绝缘，我一定会受到很大很大的苦痛。但尽是这样没有节制地吃下去，当然也不是个了局，所以我现在正逐渐逐渐地在把这恶瘾的程度减少下去。杭州的酒和上海比较起来，是要便宜得多的，近来我每天也只要二十个铜子就可以过去了，而且又总是向金瑞兴去买回来吃的时候多。"

"我说过，我是个喜欢寻求浓厚的刺激的人。我在杭州住了几天，觉得杭州这地方真太沉闷，太平凡极了。我虽然厌恶上海，但上海有浓厚的刺激可寻。"

这样又是半个钟头过去了，我想我所得的已经不少，我应当知足，不可再贪，于是我便起身告辞，并约了后会之期。所谓"郁达夫访问记"也者，就这样告了结束。

我知道我这篇东西写得很不讨好，散漫，文句也不十分通顺。好在我已预先申明在前，我说我是只能像写一篇新闻稿似的那么写的。

（《郁达夫论》）

岁首遗言

余年已五十四岁，即今死去，亦享中寿。天有不测风云，每年岁首，例作遗言，以防万一。

自改业经商以来，时将八载，所得盈余，尽施之友人亲属之贫困者，故积贮无多。统计目前现金，约在二百余盾；家中财产，约值三万余盾。"丹戎宝"有住宅草舍一及地一方，长百二十五米达，宽二十五米达，共一万四千余盾。凡此等产业及现款、金银、器具等，当统由妻何丽有及子大雅与其弟或妹（尚未出生）分掌。纸厂及"齐家坡"股款等因未定，故不算。

国内财产，有杭州官场巷住宅一所，藏书五百万卷，经此大乱，殊不知其存否。国内尚有子三：飞，云，均，虽无遗产，料已长大成人。地隔数千里，欲问讯亦未由及也。余以笔名录之著作，凡十余种，迄今十余年来，版税一文未取，若有人代为向出版该书之上海北新书局交涉，则三子之在国内者，犹可得数万元。然此乃未知之数，非确定财产，故不必书。

（《时事新报》）

快短命

当陈仪主闽，郑贞文长教育厅长的期间，郁达夫曾到八闽遨游一次，福州新闻文化界震于他的文名，乃邀他作一次学术性的演讲。

他一开会就跑上讲坛，在黑板中先写了三个大字——"快短命"。那时台下挤满了听讲的人，看见了这三个大字，面面相觑，又不敢发笑，只有等待这位不羁之士发表妙论。原来他写了三个字后，停了两分钟才下台发言，谁也没有料到他说得很轻松的短短数句。他说：

"本人今天所要讲的是文艺创作的基本概念，就是这三个字要诀：快——就是痛快，写得快；短——要精简与扼要；命——不离题，词达意。

"说话和作文都是一样的，如我现在所说的，就是这个原则。不说得天花乱坠，离题太远，或者是缠脚布，那样又臭又长，完了。"

台下一阵掌声过后，有人算算前后合计不过五分钟，正是最短的演讲，切合他所讲的又快又短的原则。这位浪漫不羁的文人，未到四十岁就死了，有人说他是"快短命"的预言和谶语。

（《民国野史》）

胡宗南卷（1896 — 1962）

胡宗南，别名琴斋，字寿山，曾化名秦东昌，汉族，浙江镇海（今宁波市镇海区）人。陆军一级上将，黄埔系一期生，是蒋介石最宠爱、最重要的军事将领，其一生历经黄埔建军、东征、北伐、内战、"剿共"、抗日战争，直到 1947 年指挥进攻占领中国共产党的政治中心延安，转战西北，官至第一战区司令长官、西安绥靖公署主任，成为手握几十万重兵、指挥几个兵团的二级上将与名震一时的"西北王"。

投笔从戎荣冠第一

胡宗南，原名寿山，宗南是字，浙江孝丰县人，曾毕业于师范学校（出身与陈诚同），原来是想做教书匠的，不意因些微小事不成，一愤而南下投军。那时正是民国十二年，黄埔军校在广州筹备创立。他投笔从戎时，年不过二十岁左右。胡到广州后，便考入黄埔军校第一期，蒋校长颇为赏识，派任第一师刘峙部下当见习官，其后广州有杨、刘之变，黄埔学生实施讨伐，胡宗南初露头角。国民革命军北伐时，他的军职即隶属在第一军军长何应钦的第一师。在民国十九年，阎冯战役时，西北军阵容强大，由陕南的紫荆关老河口起，东迄山东的诸城日照，占有鲁豫陕甘，横断中国大陆。冯玉祥动兵三十万，阎锡山二十万，再加上樊钟秀等杂牌军共八十万，那时中央军总数不足五十万，两军对垒，场面伟大。其时以刘峙的第一师打得最出色，壮年英勇的胡宗南，战功厥伟，经此一役后，胡宗南累升为第一师师长。抗战事兴，他始终虎据西安，担任第一战区司令长官，正如他的战功一样，胡宗南始终是"独占鳌头"的。

（《中国内幕》）

度蜜月赤都成礼

胡宗南私生活的唯一神秘，就是抱独身，始终未近女色，十年来传为一谜，在几年前曾经有人推测胡宗南是不是一个"处男"问题。朝野佳丽，想和他攀亲的真不少，但没有一次成功，赫赫闻名的孔家二小姐曾经很吃力地追求过他，但胡宗南开着玩笑似的把她拒绝了，于是有人传说胡宗南有暗疾。殊不知胡宗南早有了对象，那位小姐叫做叶霞翟，浙江松云人，听说月下老还是戴笠。淞沪战争爆发时，叶小姐在上海教书，年方二十二岁，经戴介绍后，两人一见倾心，其后书雁频通。到廿八年，叶小姐出国赴英，又转赴美国马逊大学攻读经济，得博士学位，三十二年返国就要求胡结婚，但胡以国难未已，何以家为。胜利之后，叶又提出婚事问题，胡又以内乱方酣，再延，及至胡宗南驻兵破延安，两人为纪念起见，在延安举行婚礼。

（《中国内幕》）

神秘军

抗战末期，民国三十三年多，湘桂忽然吃紧，湘桂黔滇边境告急，汤恩伯坐镇贵阳，因军队布置不足，敌人直陷独山，使汤司令手忙脚乱。记者那时正在贵阳，眼见市民都准备步行逃难（因当时交通工具均已被征军用），重庆人心惶惶，于是一向蛰伏不动的胡宗南新军，开始空运驰援，终解西南之危。有人说，蒋主席的"锦囊妙计"打开了第一只，就兵法上而论，这是静以待动，假如当时尽出精锐大军，转战七年之久，以人之有备乘我之无备，则虽士气怎样坚强，而强弩之末，也势难穿鲁缟的。就在同年秋冬时节，盛世才在新疆忽起异动，新疆很有赤化的可能。胡奉命开了几师人到新疆，很快地便平伏了新疆事件，盛世才因此离开他盘踞十多年的新疆，使新疆增加了中央的气息，这一次，胡宗南确实是应用到边区战争了。直到今年夏，北塔山事件发生，在天山北麓打退外蒙骑兵的侵袭，正是他十年来亲手训练的健儿，俨如"第二只锦囊"打开了。

（《中国内幕》）

蒋介石的嫡系

在黄埔学生中，升官最快、军权最大的是胡宗南，大家都知道他是蒋介石最得意最加意培植的学生，甚至很多人相信胡宗南是蒋介石的真正继承人。在抗战中统率了四十几万嫡系、准嫡系军队，任何一个将领没有他那样多的部队，可是他并不打仗。日本投降后，他的部队东到东北，西到新疆，那些部队虽分到别的地区，但仍遥受胡宗南的指挥，当地的高级指挥官是不能指挥如意的。胡宗南不仅在抗战中毫无功绩可言，就是在十年内战中也没有显出什么能耐，以黄埔学生相比较，讲学问能力不及范汉杰，讲"战绩"则比关麟征差得远，比杜聿明也不如些，但为什么能掌握那样大权呢？同样一个原因，他是"浙江人"。

（《蒋党内幕》）

政治上有办法

抗战以前，胡宗南的第一军近十几万人，军饷最多，装备最好，一个连有二百人，一个师几近三万，被认为蒋介石嫡系最精锐的部队。八年抗战中，胡宗南只派过一部分军队参加淞沪战役，结果几乎全军覆灭。从此以后，就缩在西北，从来没有打过仗。抗战到太平洋战争发生的四年中，只有苏联积极帮助中国，军火源源不断地从新疆运进来，绝大部分用于加强了胡宗南的部队，因为他驻扎在陕甘，担任封锁陕甘宁边区和准备进攻陕甘宁边区的任务，"近水楼台先得月"，用苏联援助中国抗日的军械弹药，对付中国共产党，这是蒋介石集团认为最得意的杰作！不担任抗战任务，而一天天坐大，就是黄埔军人也有很多人心中不服。关麟征曾说过"大概他政治上有办法"，甚至有人因他三十余岁不结婚而推断他"不能人道"，更因此推测与蒋介石有什么"特殊关系"，这只能说是无稽之谈。关麟征说他"政治上有办法"，倒有几分道理，大家知道："集中营"就是从西安创始的。而著名托匪叶青（即任卓宣，现在已是国民党中委）则是胡宗南的重要干部。在嫡系军人中，实施各项法西斯统治的血腥办法的，胡宗南是首屈一指。这也是胡宗南特别受蒋介石重视的主要原因。

（《蒋党内幕》）

不许结婚

西安绥靖公署创刊之《战斗日报》，载胡宗南将军最近演讲辞一篇，论及如何才能打胜仗及建设官兵关系，规定如次：甲、团长以下及四十岁以下官长，在卅七年度不许结婚，已结婚者另报。乙、连长不许有小厨房，必须吃大锅饭、大锅菜。丙、连长不许有家眷。丁、连长穿士兵衣服。戊、连长决没有发洋财观念。

（《申报》一九四八年二月二十四日）

傅斯年卷（1896 — 1950）

傅斯年，字孟真，山东聊城人，祖籍江西永丰。历史学家、学术领导人、五四运动学生领袖之一、"中央研究院"历史语言研究所的创办者。傅曾任北京大学代理校长、"国立台湾大学"校长。他所提出的"上穷碧落下黄泉，动手动脚找东西"的原则影响深远。著有《东北史纲初稿》《性命古训辩证》等。

好招待的客人

民国卅六年六月，斯年先生因心脏病赴美治疗，住在哈佛大学医院里。当时在驻美大使馆服务的陈之迈博士经常和傅先生通电话，问候他的病况，并且邀请他在病愈出院以后到华盛顿一游。陈博士说，他的医生不准他吃喝，鱼肉也要少吃，最好是吃白开水煮鸡蛋和白米饭。陈博士觉得这样的客人太容易招待了，可以搬到他家里，他夫人可以负责招呼。

（《当代名人故事》）

还是没当官

另有一件事，值得在此一提：

陈之迈博士说，当斯年先生访问华盛顿的时候，曾告诉他蒋总统有意提名他为考试院院长，问陈博士有无意见。陈博士答复他说："依我国五权分立的政治制度，五院院长对于国家大计之厘定都能参与，考试院院长是一个有分量的职位，至于考试院本身的业务，自可由考选部和铨叙部处理，考试院院长可以不必太操心。"傅先生听了陈博士话，觉得是很有道理，所以对于接受与否曾作深入的考虑，但最后他终于辞谢了。大概是他认为自己是一个做学问的人，做官实在不合他的胃口。

（《当代名人故事》）

夜市上的常客

那先生说，傅先生是一个不拘形迹的人，和他严肃的外形，恰恰相反。"民国"卅八年（1949）一月他担任台大校长以后，住在福州街校长宿舍，晚饭过后，常常到南昌街一带散步，许多商店的老板和店员们，都认得这位魁梧的胖子是大学"总长"（校长），对他非常尊敬。因为日据时代，台大前身"台北帝国大学"的"总长"和当时"台湾总督"的身价是相等的。他们尊敬"台湾总督"，当然也就尊敬大学的"总长"。听说日据时代，人们走过"总督府"的门前都要行礼，是否真是如此，那先生说，他因为没有亲眼看到，不敢确信，不过在"民国"卅八年（1949）一月他到台湾大学以后，却发现有人走经校长室门前，尽管屋里面没有人，也要双手抚膝，向大门鞠一个九十度的躬。这样隆重的敬礼，当时那先生每天可以看到很多次。

大家对这位胖校长如此的尊敬，可是傅先生却从来不摆架子，乐于和他们接近。所以南昌街两家书店的老板都成了他的好朋友，同时他就是这两家书店的好主顾。傅先生还替其中一家书店写了一幅中堂，字句是："读书最乐，鬻书亦乐，即读且鬻，乐其所乐。"不但流露自己的乐趣，也替书商找出卖书的趣味。

宁波西街夜市的馄饨摊子，他也时常去光顾，路旁摆棋子的地摊，因为傅先生一向喜欢下棋常常蹲在地上和他们走上几盘，而每下必败，那先生常常劝他何必和他们争高下，他总是表示："明知我无法胜他，但我总要明了明了他们的棋谱究竟是怎样的变化。"

（《当代名人故事》）

自制三明治

抗战胜利后，傅先生因高血压在美国养病时，医生曾对他有少吃甚至于完全不吃盐类的告诫。所以他回国之后，从南京到台湾，每餐只是一碗白饭，配上一块木瓜或西瓜，可是日子久了，难免无法控制，所以常常自己谋求解决之策。例如他每次到外面开会或接洽公务回来，常绕道馆前街或公园路口买一大堆山东煎饼或肉包，拿回学校，请同事们吃，当然他自己也要暂时开禁。当时台大尚无大规模的餐厅，那先生中午总是买面包充饥，另外有一位李绪先秘书则带便当。有一次下班之后，那先生和李秘书在秘书室午餐，这时傅先生正准备回家，从校长室出来，看到他们在吃，于是走了过去，右手拿了那先生的一个面包，左手取了李秘书便当盒里的一块卤肉，他说："面包夹卤肉，真是最好的三明治。"边走边吃，笑着走了。他是这样的不拘形迹，没有一点大学校长的架子。

(《当代名人故事》)

不止是为了烟斗

又一次傅先生从体育场看运动会回到校长室，突然向那先生说："糟了！刚才我在体育场边的鱿鱼摊上吃了一碗鱿鱼羹，把烟斗丢在那里了！"那先生就说："这好办，我去拿。"但傅先生阻止那先生前去，他说："还是我自己去。"结果真的他又到体育场去跑了一趟，把烟斗取了回来。从校长室到体育场也有一段不算短的路程，他却不愿别人代劳，情愿自己去奔跑一次。后来有一个女同学说，当傅校长去取烟斗的时候，他又补充了一碗鱿鱼羹。

(《当代名人故事》)

彼此彼此

由于傅先生身体很胖，因此而发生几件趣事：

抗战期间，傅先生和当时担任中央博物院筹备主任的李济先生从四川宜宾同船到重庆，当时的小火轮没有房舱，更谈不上官舱和大菜间，临时之春两个船员把他们自己的铺位暂时让给他们，由傅先生等别外付一些房间费。但房间很小，两个铺位距离又很近，而同房间尚有五六个铺位睡了几个不值勤的船员。一夜过去，第二天清晨，这两位胖先生互相埋怨，傅先生说李先生打鼾打得太大，李先生说傅先生的鼾声更响，后来其他的船员告诉他们，两位先生的呼声都不小，吵得我们一夜都没有睡着。

(《当代名人故事》)

一个比一个胖

傅先生、李先生和另外一位裴善元先生，有一次同在重庆参加一次宴会，宴会结束后，主人特别替他们雇了三乘"滑竿"，六个抬"滑竿"的工人守在门前。第一个走出来的是裴善元先生，工人们看见是一个胖子，大家都不愿意抬，于是互相推让。第二个走出来的是李济先生，剩下来的四个工人看看比刚才出来的还胖些，彼此又是一番推让。等到傅先生最后一人出来，所剩下的两个工人一看，吓了一跳，原来他比第二个还胖得很多，两个工人扛起"滑竿"拔腿跑掉，弄得请客的主人十分尴尬。

(《当代名人故事》)

反咬一口

还有一次，傅先生在昆明乘坐人力车，大概是从拓东路到靛花苍的住所。昆明的人力车夫，拉起车来，总是飞快地跑，和长沙人力车夫的斯文慢步，正好相反；如遇到下坡路，总是将"车把"用胳膊一挟，两脚悬空，直冲而下。这一次因为傅先生又胖又重，走经逼死坡（南明时代的一个遗迹），那是极大的斜坡，车子急速滑下，滑得太猛了，于是车子翻覆了，傅先生从车上掉下来，幸亏没有受伤，车子也摔坏了。可笑的是车夫不但不表示歉意反怪傅先生身体太胖，要他赔车子呢。

（《当代名人故事》）

幽了一默

傅先生有时也很幽默，有一次台大举行校务会议，出席的教师单位主管大约有九十多人。不知为了个什么问题，法学院的几个教授，竟向这位曾任参政员而又是有名的大炮手开起连珠炮来。当然，傅先生从容应付，教授们拿他没有办法。等到下午继续开会的时候，这批炮手却被另外一批炮手轰得不亦乐乎，这时候傅先生笑了，他说："剃人头者，人亦剃其头，此之谓欤？"

（《当代名人故事》）

"糟糕！糟糕！我又忘了"

那廉君先生说，傅先生不但幽默而且非常讲理。他记得中央研究院历史语言研究所在抗战胜利迁回南京的时候，曾以高价买到傅增湘氏所藏的一部北宋刊南宋补记的《史记》，特别买了一个大号保险箱珍藏这部《史记》和其他珍籍，如敦煌卷子和蝴蝶装的《文苑英华》等等。有一次傅先生把这部《史记》借到办公室翻阅，准备写一篇跋语，那时候南京正是溽暑的天气，其时尚无冷气设备，只靠吊在天花板上的大电扇来调节空气。可是这部《史记》已是老古董，书叶既薄且脆，很容易被风吹破。那时那先生职司图书管理，责任所在，看了这样危险的镜头，立刻把电扇关掉。傅先生汗流浃背，但也无可如何，只向他作了一个非常天真的表情，连声说："好！好！"此外，傅先生喜欢自己走进书库找书，书库规定不准吸烟，有时傅先生忘记把嘴上的雪茄拿下来，但只要那先生向他的雪茄烟一指，他便会作出一个天真的姿态，连说："糟糕！糟糕！我又忘了！"

（《当代名人故事》）

溥　儒卷（1896 — 1963）

溥儒，即溥心畬，原名爱新觉罗·溥儒，初字仲衡，改字心畬，自号羲皇上人、西山逸士。北京人，满族，为清恭亲王奕䜣之孙。曾留学德国，笃嗜诗文、书画，皆有成就。画工山水，兼擅人物、花卉及书法，与张大千有"南张北溥"之誉，又与吴湖帆并称"南吴北溥"。

一代大家

溥儒，字心畬，自号西山逸士，斋名寒玉堂。清宗室也，道光帝之曾孙，恭亲王奕䜣之孙也。善书，擅画，其祖父收藏多精品，皆传于溥，加以专心研摹，故能成为一代大家，称之无愧也。

（陈巨来：《西山逸士》）

西山逸士

少时曾留学德国，自谓所学一无所用，故入民国后，即以鬻书画自食其力矣。民初时人尚慕清贵，故所入颇丰。恭邸易主后，乃迁居于北京西山，西山逸士之号，盖自此始也。

（陈巨来：《西山逸士》）

"南张北溥"

时蜀人张大千亦侨寓西山，与溥为比邻，遂朝夕过从，成莫逆焉。心畬楷书似成亲王而参之以《圭峰碑》，为大千所钦服，故大风堂每得名画，书额题字均求溥氏所写也。而溥画每多倩大千合作，于是"南张北溥"之名，盛传于遐迩。

（陈巨来：《西山逸士》）

张大千最佩服

抗战胜利之初，大千自蜀来沪开画展，嗣即至北京（时尚称北平），归时携溥书画数件，出以见示。余只对其楷书佩服之至，于其画则未敢恭维也。大千谓余曰："溥氏制画，可与湖帆并美齐肩，为吾所生平最佩服者。吴、溥二人之外，半个是谢稚柳矣。"当时余犹未敢深信之也。

（陈巨来：《西山逸士》）

恂恂如也

四六年冬（或四七年春，忘矣），溥氏与齐白石同时南来，同寄寓杨啸天之兴中学会中，余以杨氏之介始与溥氏相识。当时所给我印象甚佳，觉其人恂恂如也，毫无逊清宗室虚架子，又无书画名家之习气，所谓像一个读书人样子，谈话亦至谦虚。不久，蒋帮强之为伪国大代表。及伪选开始前夕，溥竟溜避杭州，遁而不出了。其间数以书来，嘱余刻印，并写二篇游记，及赐作余印集序文一篇，均小楷也。后竟以溥所自撰其夫人之墓志铭一篇，亦并以相贻，且曰：今世永无刊石希望矣，故用以奉贻作一纪念云云。

（陈巨来：《西山逸士》）

政府邀请

及解放后，溥乃来沪，初寓新亚饭店，后迁铜仁路北京西路口，与余邻近，遂朝夕相晤。据其告余曰："陈毅市长曾以车迎之市府，告之曰：'中央最高首长知先生虽为伪国大代表，未受丝毫贿赂，且未投一票，隐居西湖，人格可嘉，所以现在要请你重返北京，为人民服务，担任故宫博物院副院长之职。一俟你到京之后，所有封存西山你家之物件，当即启封发还可也。'吾是坚辞未允也。"及居北京西路公寓时，余又亲见当时副市长潘汉年三次以函召之，敦促不已。溥乃告曰："北返是可以，但副院长决不接受，如能做一个大学助教，至多讲师，副教授不能接受，如蒙照准，则全家车费，吾当开一展览会，以书画出售所得，可以自理，无需政府资助也。"潘氏允准了，但云："讲师太谦虚了吧。"事已说定。

（陈巨来：《西山逸士》）

改北上为南翔

溥亦由当时荣宝斋笺纸店为之开一画展，所得尚丰，将成行矣。突有北方来人告之曰：徐悲鸿知你将回京了。悲鸿在外声言，必须把你大斗打倒，方称其愿云云。徐画，溥所鄙视也，故欲趁此机会辱之耳。溥闻后，遂改北上为南翔矣。中秋前后携妾及一子，一去不返了。

（陈巨来：《西山逸士》）

作画太不经意

当六七月之间，余乃发觉其作画太不经意，而且必一画如需设色者，辄嘱其妾或杭州回来之新学生随意洒染，以致精神毫无，而尚怡怡然。

（陈巨来：《西山逸士》）

人情世故往往不周

一

溥为人至爽而诚笃，与湖帆等迥然不同也，但因出身关系，对人情世故，往往不周也。在此二月中，溥嘱余刻者，达三十余方之多。以前所用印均为王福庵之作，至是时悉为被渠磨去了。一日有顿立夫（原为福庵拉车夫，后王收为弟子，印神似王也）由荣宝斋经理梁子衡携之晋见，并赠印二方求正。溥略一展视，即随手付余，笑笑曰："正缺石头，请你刻吧。"余见顿方在座，婉告之曰："这刻得很好，可留用也。"溥曰："你不磨，吾磨。"言时即就砚砖上磨去了。可怜连刻的什么字，他都未见也。梁大窘，顿立起即去了，溥若无事坦然也。

（陈巨来：《西山逸士》）

二

又一日，吴仲坰以手集古人印拓一册呈之，溥又略一翻阅，即随手给余曰："送你吧。"余曰："吴先生拓得精极的，我不能要的。"溥曰："你不要？"即向字纸篓中一丢了事，使吴大窘而去，溥自若也。

（陈巨来：《西山逸士》）

三

在临去之上一夕，溥整理行装，见桌上有郎静山为其所摄半身坐像（十二英寸）三纸，至为肃穆，溥又向废纸堆中丢去，余乃索回珍藏，今只存其一矣。以上三事，均溥为人太率真之处也。

（陈巨来：《西山逸士》）

每日手不停挥

溥勤于画，每日总手不停挥，常常画成即赠予余。余私衷不赏其草草之作，辄婉辞谓之曰："公画太名贵，设色者可易米度日，吾不敢受也。书法多赐，则幸甚矣。"嗣后，凡有所求，无一不立挥而成，且多精品也。

（陈巨来：《西山逸士》）

食量之大

溥食量之大，至足为人所惊，食蟹兰十个尚不饱也。食油条后，不洗手，即画了，往往油迹满纸。余每求画（指明墨笔）求书之前，辄以洗脸盆、肥皂、手巾奉之，求先洗盥。他认为余对之恭敬，辄下座拱手以谢。此亦一佳话也。今日思之，为之低回不已也。

（陈巨来：《西山逸士》）

无一动笔

当其初抵上海时，大千正来沪，曾设宴款待之，同座者只李氏兄妹、湖帆、子深及余也。当时溥只对湖帆及余二人娓娓清谈不已。子深当时携笔、砚、纸、色，求一合作书画，张、吴、溥三公竟无一动笔者也。

（陈巨来：《西山逸士》）

当心他的如夫人

事后，大千笑谓余曰："巨来，你要心畬书画，是大有可能了，但是你要当心他的如夫人呀。吾在北京时，常常见到溥氏如有友人过访，谈得高兴时，即挥写书画以赠。

他的如夫人总像三国时刘表夫人蔡氏，在屏后窃听，如见友人有携画而去者，她辄自后门而出，追而问之：'先生，你手中二爷的画，付过润资吧。'答是'送的呀'，即向索回，曰：'那不行，拿润资来取画。'"大千云："你要当心被她所夺啊。"后与之朝夕畅谈时，觉其如夫人殊与大千所谈不同也，她不但不歧视余，且曾捡出溥自藏小尺（册）页等见贻也。

（陈巨来：《西山逸士》）

忽然开放

犹忆在他们临行前一夕，余忽忆起大千曾以精品《岷江晚霭图》手卷一事见贻，尚无引首书者，以告溥氏。溥氏谓何不早拿来写之，今砚笔等等均装入包内了，奈何奈何。其如夫人谓余曰："放心，吾立刻可拆包裹拿出来，放在此，你明晨拉住二爷写可也。"当时即以大汉砖砚一、大小笔各一、印一，陈诸桌上矣。其时溥忽嘱并以自己数十张得意之作供余欣赏。余至此际方才读到了真正溥画了，山水、花鸟、水族、人物，无一不备，精美莫与之伦，视大千、湖帆有过之无不及也。余惊询之曰："溥先生，今天方获睹大作如此之美，外面如何与此不一样耶？"溥笑曰："吾每写有得意之作，总自留聊一自娱耳。"余至其时方信大千之言不谬也。次晨即为余以正楷写了引首，并题跋一段，誉大千此画似高房山云（房字似有误，同音耳）。

（陈巨来：《西山逸士》）

最真诚、最坦率

余与溥获交只二月余，觉生平所友者，惟其为最真诚、最坦率，惜缘分至短，为之永铭五衷而已。后据徐伯郊（博物馆长森玉之子）云，溥氏曾至法国多时，以不善应付，几至无以为生，乃告急于大千。大千汇以美金五千元，始获回至台湾。又以不肯为官，落落寡合，以致患鼻癌逝世了。当其死时，大千正游历巴黎，法总统戴高乐为大千摄制纪录片，放映于世界各国。香港报刊上一日间载二消息：一为溥心畬惨死台湾。一为张大千遨游巴黎云云。此亦伯郊来申时所谈也。

（陈巨来：《西山逸士》）

祖宗家法

溥氏与余每谈及当年清宫琐事，祖宗家法，常慨然曰，做皇帝不自由，做亲王更不如老百姓也，连着衣服亦无自主之权云云。暇当专写记之。

（陈巨来：《西山逸士》）

"十点半"的水磨功夫

溥儒（心畬）先生，是我国艺坛的一位杰出人物，他的诗、书、画，都非一般人所及，而称为"三绝"。因为他的诗书画实在太好，所以慕名而求他墨宝的人特别多。由于求的人太多，能如愿以偿的也就少了。溥先生自己说，为了不能满足求书求画者的愿望，不知得罪了多少人。

溥先生说："一般人向他求书求画，往往不直接向他说，而转托朋友来求他，而且既要好，又要快，把事情看得很轻松容易。其实，你的朋友，不就是我溥某的朋友，如果你的朋友，就是我溥某的朋友，那我即使再多生几只手，也来不及应付呀！"溥先生很欣赏日本人向他求书画的方法，他们总是亲自上门，面致来意以后，就恭恭敬敬地跪在榻榻米上，听候发落，无论是否求到，态度总是那么虔敬，使你没有办法也不好意思不答应他。

不过，要求他的墨宝，也不是绝无办法。因为溥先生最喜欢吃东西，这是他的弱点，你能针对他这一弱点加以进攻，必能达到目的。在若干年以前，溥先生有几个朋友组织了一个聚餐会，罗汉请观音，每周叙餐一次，也请溥先生参加。吃过以后，当主人的就可以得到他一张画，每半年还可以得到一幅比较精致的作品。如要得到特别精细或指定的作品，那就招待他到北投温泉区住上几天。除此以外，就是长期地下水磨功夫。因为溥先生白天总不大欢迎宾客去打扰他，但到晚上却很希望有人去陪他聊天，客人越多他越高兴。十点半以后，大概有半小时至一小时的时间，他会替朋友们画几笔，每人分配到五分钟至十分钟，这叫做"排班"。有位朋友，每晚十点半就到溥先生家，十多年来，除了刮风下雨，几乎每晚必到，因此日积月累，收藏了溥先生许许多多的字画，这是用细工磨来的。由于此人很守时，只要他一到，就知道这已是十点半，后来溥先生也就称他"十点半"而不名。

（《当代名人故事》）

对"故国"的怀念

溥儒先生是宣宗皇帝的第六个儿子恭亲王的嫡孙。恭亲王在晚清皇室中是一位杰出的人物，极得宣宗皇帝的眷宠，溥先生沾了他祖父的光，生下才五个月就蒙赐头品顶戴，由他祖父抱着入朝谢恩。到三岁，又蒙在离宫召见，赐予金帛。他从小生长在

"恭王府"。这恭王府,真是一个了不起的地方,占地数万亩,兼具宫室林园之美,生活其间,真似人间仙境。只是他享受得并没有太久,起先是他的大哥把王府的前面部分卖给了辅仁大学,他住在后面;后来觉得出入不便,干脆把其余的土地一并卖给了辅仁大学,售价是十万两银钱。溥先生把这十万两银钱,全部捐给了西山一所庙宇,由这所庙宇修筑一栋房子给他住。从此他就摆脱"王孙"生涯,在西山做起"逸士"来,故又称"西山逸士"。

溥先生的身世,使他终身怀有李后主"故国不堪回首月明中"同样的心境。他为了避免追忆往事,引起不必要的愁闷,把日常生活安排得十分忙碌,使全部思绪浸沉在工作之中,免得东想西想。他能喝酒,但他不敢喝,因为他怕喝了酒就会感怀身世,自己苦恼。

尽管他做了许多克制自己的功夫,但他的特殊心情,仍不免在某些地方流露出来。例如他在书画上题识,只写干支,从不写民国年号。有一次,他在日本给横滨总领事写信,因为他地点要写"中华民国领事馆",托故要别人替他代写信封。这种地方,使人意识到他的心中,似乎只有过去的"故国",不爱现在的国家,其实,这也不过表示他个人的"孤忠"而已。至于在立身处世的大节上,他还是深明大义,极有分寸的。这里有一个故事,值得一谈。

(《当代名人故事》)

不怕小日本

东北伪满州国成立四周年的时候,日本华北派遣军司令要致送一份贺礼,请四位书画名家,合作一幅堂屏,溥先生是其中之一,由派遣军参谋长携重金亲至西山寓所向溥先生当面请求,溥先生毫不留情地予以拒绝。日军参谋长碰了钉子,当然很生气,但并不敢发作,就留下润金,拂袖而去。事后很多朋友为溥先生的安全担心,但他毫不在意,后来托王揖唐把润金退了回去。大概由于溥先生在艺坛的名声太大,日本军阀也有所顾忌,不敢为难他,终告无事。在这件事上,我们就可看出溥先生虽然出身于满清皇族,心怀"故国",但在实际的行动上,早已接受了中华民国的传统文化,并且处处以孔孟之学的卫道者自居,所以对于忠奸之辨,义利之分,看得非常严格。义之所在,虽刀斧鼎镬加予其身,也不能动摇他的志气。

(《当代名人故事》)

可爱的三怪

　　溥儒先生的诗、书、画，好到极点；而其人，也怪到极点。所谓怪，是说他不近人情，但只要和他接触较久，就可领略到他的怪，怪得可爱，怪得构成他的特殊风格。

　　溥先生有些什么怪？

　　第一怪是不知自己管理生活。食不知饥饱，衣不知寒暖，袋里有钱不知买东西，出了门找不到路回家，穿衣常扣错纽扣，所以他须随时有人在他身边照顾。一个人不敢出门，单独出门，就闹笑话。有一次，他在韩国讲学，赴一个官式的宴会，到了那里，陪他去的大使馆参事，发现他未穿袜子，感到非常尴尬，又不便明白告诉他，只好把茶几移近他身边，替他遮盖。

　　第二怪是善忘。朋友见过几次面，同过几次席，他依然陌生，因此得罪了很多人，而自己还不知道。例如他以前到杭州游览，住了几个月，那时杭州市长周象贤，招待他好几天，应该是非常熟识的了。然而到了台湾以后，有一次周先生到他寓所去造访，他竟向周先生请教"尊姓大名"，弄得周先生啼笑皆非。溥先生的唯一嗜好是抽香烟，烟瘾奇大，每天至少要抽五十支以上。他抽烟时，习惯要用烟嘴，可是常常把烟嘴弄丢，等到用时发现没有了，不怪自己善丢，却怪别人不替他多准备几个。在日本京都旅行时，旅馆的老主妇，替他缝了一个小荷包，装上香烟、火柴和烟嘴，并替他系在衣扣上，告诉溥先生说，这样就不会丢了。他满口称赞日本妇人的体贴，没有想到第二天，又把那小荷包丢了，回到旅社见了老主妇，指指衣襟，双手一摊，彼此哈哈大笑。溥先生抽烟时，总忘记弹烟灰，所以常常烟灰掉下来烧坏了字画。不过，他虽善忘，但有一件事却不会忘记，那就是如果有人请他吃饭，他会牢牢记在心头。有一次，有一位官员对他说："改天请你吃饭。"这位官员很忙，当时大概也是随便说说，并不真想请他，可是溥先生却认真地记下了，后来那位官员始终没有请他，溥先生一直叫他为"黄牛"。

　　第三怪是好吃。食量大，吃相也难看。溥先生最喜欢吃螃蟹，一餐可吃一二十只，蟹壳堆起来，看不到坐在餐桌对面的人。鱼翅可独吃一大碗，西餐要吃双份。他身体很胖，又少运动，朋友劝他减食和多吃素菜，这是他最不喜欢听到的话。许多餐馆老板，都喜欢这位王孙公子，因为给他们带来好生意。但是伙计们都怕他，因为他难于侍候。茶要滚烫的，汽水要冰冷的。一到就要吃，吃好就要走。菜烧得火候不到要挨骂，咸淡不对又要骂。所以只要溥先生一进门，从前堂的跑堂到厨房的厨子，立刻紧张起来，直到把他送出大门，大家才松口气。朋友请他到家里吃饭也是如此，菜肴丰富了，怪你准备得太多，害他回家吃胃药。菜肴少准备了，又说你这点菜怎么能请客？所以太太们都害怕这位贵客上门。再有，他的吃相也很不雅观，真是旁若无人，喜欢的菜，摆在自己面前，旁人一伸筷子，就会向你瞪眼，只有等他吃够了，才能分尝一点余羹。这种吃相，熟朋友见怪不怪，在陌生的场合，就被传为笑谈。当年他和朱家骅、董作宾应聘到韩国讲学，在韩国政府的官宴席上，他也表现了这一种移盘面前狼吞虎咽的吃相，主人都停下筷子欣赏，害得朱、董两位先生非常难为情。

薄先生的三怪，实在很令人发笑，但仔细想想，实在怪得很可爱，因为他不作假，纯粹是自然的流露。

（《当代名人故事》）

刘海粟卷（1896 — 1994）

　　刘海粟，出生于江苏常州，祖籍安徽凤阳，著名的画家和美术教育家 。他自幼酷爱书画，1912 年 11 月与乌始光、张聿光在上海创办现代中国第一所美术学校"上海国画美术院"，任校长，并取苏轼"渺沧海一粟"词意，改名"海粟"。首创男女同校，采用人体模特儿和旅行写生，被责骂为"艺术叛徒"，但得蔡元培等学者支持。1918年到北京大学讲学，并举办第一次个人画展。1919 年到日本考察美术教育，回国后创办"天马会"。作品有《海粟之画》《海粟油画》《海粟老人书画》《刘海粟黄山纪游》《刘海粟油画选集》《刘海粟中国画选集》《刘海粟名画集》《刘海粟画集》等画册。著有《海粟丛书》《画学真诠》《海粟丛刊·国画苑》《海粟丛刊·西画苑》《黄山谈艺录》《齐鲁谈艺录》《刘海粟艺术文选》等。释译有《现代绘画论》。

秦砖汉瓦

　　往岁，刘海粟大师在京开其个人美术展览会，有中国画山水立幅一条，题云："醉后戏墨，一扫晋魏唐宋元明清笔意。"时监察委员周觉先生尚在，闻之叹曰："大矣哉，此画也！超晋魏之前，其为秦砖汉瓦乎？"

（《也是斋随笔》）

超以象外

　　当刘海粟大师准备开其个人美术展览会前，曾以其得意杰作数十幅，遍求当代要人题字。闻于右任先生题刘大师《比利时之狮》时，王陆一、王漱芳、刘恺钟在侧，于笑问三君曰："题什么好呢？"王漱芳君曰："题'似耶非耶'何如？"刘恺钟君曰："不如题'其传之非其真耶'尤妙。"于先生曰："我当初看此画时，也曾误为石头，后见蔡子民先生等题识，始知为狮，不知此系画中何派？"王陆一君曰："大约是属于印象派，譬如恺钟明明系一成年男子，画时的印象仿佛是一个小孩子，遂画成小孩了！"其后，由王陆一君贡献"超以象外，得其环外"两句，于先生乃为题上。

（《也是斋随笔》）

左拥右抱

刘海粟，自与其女弟子成女士结不解缘后，每次参加盛会，刘除携其夫人外，必拥有摩登漂亮之成女士。其夫人则精神靡颓，颇显消极，而对之态度，亦不若以往之亲密，每日在家，尝起龃龉，醋海生波，时达户外。闻刘现拥巨资，虽家庭中时有风波，但以金钱手腕处之，故尚能左拥右抱也。

（《近代名人轶闻》）

戴 笠卷（1897—1946）

戴笠，字雨农，早年曾在浙军周凤岐部当兵。后脱离部队到上海，在交易所结识蒋介石、戴季陶等人。以残酷无情著称的戴笠，号称"蒋介石的佩剑""中国的盖世太保""中国最神秘人物"。

家庭情况

戴笠，字雨农，小名春风，一八九七年夏生于浙江省江山县硖口镇，幼年丧父。兄弟两人，弟名云霖。母为一个很能干、勤朴的农村妇女，善于操持家务。戴笠很少向人提到他父亲情况，却经常对人称赞他母亲如何能干。特别是我任军统总务处长期间，他不下十余次向我谈过他母亲在处理日常生活问题的种种经验，要我向她学习。抗战前，戴笠在南京时，他母亲曾住在鸡鹅巷五十三号（他办公和会客的地方）。进门左边平房内，我经常见到她，她性情温和、慈祥。戴笠每次对勤杂兵拳足交加地殴打时，他母亲必出来制止，并抚慰被打的人。戴一向以孝顺母亲来标榜自己，但是抗日战争发生后，却把母亲送回家乡，浙江沦陷前也没有接出来，他又以此来标榜自己"为国而忘家"的精神。胜利后，他才回去看望过他的母亲。他自己虽然挥霍无度，但对母亲的用费却限制很严，生怕他母亲在家乡购置田产。为了表示自己清廉，曾一再叮嘱不许背地里将军统经费拨给他母亲。我去见他母亲时，她告诉我家里的钱常不够用，因为经常有些同乡和戴笠的旧部找她要钱，并且还要替戴笠养几匹马，每月开支很大。直到戴笠死后，她还健在。大家将戴笠死讯一直瞒着，而骗她说戴笠出国去了，她也信以为真。一九四九年初她才死去。

戴笠于一九一四年和同乡毛应升的女儿结婚。她是一个朴实的农村妇女，曾在南京鸡鹅巷住过，对人很和蔼，没有什么架子，与戴母一同和当时在鸡鹅巷办公的特务一桌吃饭。戴笠最初和她感情还好，以后便不大理她，不但不与她一同吃饭，甚至连办公室都不准她进去。她也毫不在意，抗战开始前和她婆婆一道返回家乡，抗战初期便死去了。

戴笠只有一个儿子叫戴藏宜，生于一九一五年。他和他父亲一模一样，不但写的字相似，而且个性、习气、嗜好都相同，只读过高中，便没有再进学。戴笠对他用钱限制很严，他却想方设法凭着父亲关系到处借钱用。他没有出来做过什么事，一直倚仗父亲势力，在家乡无恶不作。他在家乡办一所小学，自任校长，对在该校工作的女性，甚至连自己亲戚也要加以蹂躏。他相当怕他父亲，戴笠常用鸡毛掸子打他。他们父子间很少见面，也极少通信。戴笠在世时，特务们对他还客气一点；戴笠死后，都对他冷淡起来。特别是在瓜分戴笠的财产时，他满以为可以趁此机会大捞一把，结果不但郑介民、毛人凤等同他发生冲突，连军统南京办事处长李人士也为了争夺一部派克牌跑车几乎把他扣押起来。当时戴笠的棺材还停在中山路灵堂，他跑去抚棺痛哭。最后只得把这辆汽车送还给李人士，由我另外给他找了一部别克牌跑车了事。

戴笠的弟弟戴云霖也是一个军统特务，在兰州等特训班当过事务员。抗战胜利后回家乡，倚仗兄势，在地方强占人民田地、房产、妻女，无恶不作，为一方恶霸。

抗战开始，戴笠将母亲、妻子送回家乡后，便在长沙找了一个女秘书叫余淑衡（南京中央大学外文系毕业），一直带在身边，到重庆后送她进外事训练班，有意和她结婚。后又送她去美国芝加哥大学读书，并把她的母亲和弟妹等一起从长沙接到重庆军统磁器口缫丝厂办事处居住。戴对这位未曾公开的岳母很好，经常去探望，躲警报时，也特别指定在他专用的防空洞内。

余淑衡在美国几年中，传闻她已另有对象，迟迟不想回国。而戴笠自一九四三年与老牌电影皇后胡蝶秘密同居以后，也渐渐忘记了余，乐得她不回来，免得多惹麻烦。

戴笠对胡蝶可说一见倾心，格外欢喜。他自有了胡蝶以后，对于玩弄其他女性的兴趣也减少了一些，因为胡蝶很有一套笼络手段。当时胡的挂名丈夫潘有声，自从老婆被戴笠看中而占有之后，他在特务淫威胁迫之下无可奈何。他知道不这样做，身上不知什么时候会被枪弹穿几个窟窿。当戴笠答应给他一个战时货物运输局专员名义，让他放手去做投机走私生意时，他便长期住在昆明，很少到重庆去和胡蝶会面。抗战胜利后，戴笠还准备叫胡蝶正式和潘有声离婚而与他公开结婚。后来因为他从北平回上海时坐飞机摔死了，潘有声才带着胡蝶去香港当寓公。

（沈醉：《我所知道的戴笠》）

抗日战争以前的片断情况

戴笠是黄埔军校第六期骑兵科没有毕业的学生。他虽不擅长骑马，却很欢喜马。因他面带马相，特别是有严重的鼻炎，时时流鼻涕，很像马一样成天哼个不停，每日要用很多条手帕擤鼻涕。他很迷信"人的面相肖动物是主大贵之相"。别人当面说他举止和马一样，他也不以为忤，反而沾沾自喜。后来他用的化名也叫马行健，居然以马自居。他常说愿为蒋介石终身效犬马之劳，他是甘心为这个中国历史上少有的暴君充当犬马而引以为荣的。

在他没有进黄埔之前，早就替蒋介石充当特务。他先是替胡宗南做情报，以后由胡推荐给蒋介石。他经常向人谈到他过去充当无业流氓时，在杭州所过的日子与在上海"打流"的情况。那时他只有一套衣服过夏天，穿脏了便在西湖内洗干净，晒在湖边，干了再穿起来。一双白帆布鞋每次花一个铜板的白粉涂上去，又像新的一样。他在上海住在老表张冠夫（张衮甫）家中，睡在地板上。他的表嫂很讨厌他，常常闭门不纳。以后他发迹了，张冠夫在军统当会计室副主任，他便怂恿张讨小老婆，以报往日之仇。他那位表嫂谈起这段情况时，还很气忿。

他在未进黄埔前，到处搜集一些情报，但只能在蒋介石出门时拦住汽车递上一份报告。以后到黄埔军校第六期混了一个时候，没有毕业便当了蒋介石的副官和参谋，才慢慢接近起来。当时在蒋介石身边当秘书的胡靖安，据说还领导过他的工作，不过时间很短。以后他便和张炎元、黄雍、周伟龙、徐亮、马策、胡天秋、郑锡麟、梁干乔、王天木等十人组成一伙，正式领有经费，从事特务活动。这便是以后军统所称的"十人团"。这十个人不久又有些人离开了去干别的工作，如黄雍、马策、郑锡麟等人。以后除黄雍未再回到军统工作外，马策和郑锡麟又都再度回到军统，成为军统中重要骨干分子。一九三二年四月一日，复兴社设立特务处，戴任处长。以后军委会调查统计局成立，由陈立夫任局长，陈焯任副局长。特务处改为军委会调查统计局第二处，戴笠任处长；第一处则为中央党部调查统计局的前身，由徐恩曾任处长；第三处由丁默邨、金斌先后任处长，主管邮电检查（后改称特检处，战后拨归军统）。抗日战争爆发后，国民党中央党部调查统计局（简称中统）成立，原来徐恩曾领导的第一处全部人员均到中央党部调查统计局去。戴笠将第二处扩充为四个处（即军统）。由于戴笠资历不够任局长，蒋介石怕别人不服气，便指定他的侍从室第一处主任贺耀组兼军统局局长，戴笠任副局长负实际责任。

从复兴社特务处成立后，戴笠的特务系统才算正式形成。这时他便放手发展组织，扩充地盘。蒋介石只派郑介民当他的副处长和一个主管会计工作的徐人骥，其他的人员都是他自己慢慢找来的。所以他在军统中一向以家长自居，特务们都称他为"老板"。约在一九三四年前后，蒋介石手下另一特务头子邓文仪，因各方面工作都赶不上戴笠，蒋便命令邓将所领导的南昌行营调查科所属特务系统全部并入戴笠特务系统内，并由戴笠兼南昌行营调查科科长。直到抗日战争时期，戴虽然一身兼任数要职，而蒋介石却还是叫他做戴科长，便是这个原因。当时并入的邓系特务张毅夫等数十人，以后一直跟着戴笠工作。从此以后，戴笠渐渐把势力插入许多公开特务机关，先后控制了南京的首都警察厅调查课，由赵世瑞任课长；上海淞沪警备司令部侦察大队也接收过来，由吴乃宪、翁光辉、王兆槐先后任大队长。不久，浙江省保安处调查股也落入戴的手中，由翁光辉任股长。京沪、沪杭甬铁路局警察署署长也由戴笠推派吴乃宪担任。甚至当时以禁鸦片为名，实际是公开垄断贩运鸦片而筹措反共经费的禁烟督察处密查组，以及各地的一些警察局、侦缉队、各省保安处第四科（或称训练科）也都相继被戴笠所控制。当时特务们称南京的特务处为"总处"。戴笠经常爱讲总处并入陈立夫领导的军委会调查统计局改为第二处时，他去见陈，陈对他很为藐视，使他永久怀恨在心，多年不忘。以后军统与中统一直闹摩擦，这也是一个最重要的原因。

　　戴笠在扩大组织的同时，还先后在南京洪公祠以及杭州浙江警官学校内开办特务训练班。南京特训班用的是参谋本部谍报参谋训练班名义，由申听蝉当主任，专门找黄埔军校各期毕业的失业学生，施以特务训练后，交由他安排在军统内工作。军统一些特务头子如徐远举、何龙庆、陈恭澍、田动云、廖宗泽、陈善周等都是这个训练班毕业的。戴笠是浙江警官学校特训班的政治特派员，由他选调该校正科毕业生和调动一部分特务去受训，以后成为军统中骨干分子。毛森、杨超群、萧勃、阮清源、邓墨村等都是这个班毕业的。不久，戴笠又利用康泽在庐山举办军校庐山特训班的机会，与康泽合作，在该班附设一个队，由连谋任队长，专为军统训练特务。

　　在这一阶段中，戴笠主要的活动是反共和为蒋介石排除异己。他利用一些叛徒如梁干乔、王新衡、谢力公、叶道信、陆海防、吴景中等替他进行反共活动和训练特务学生。而最为蒋介石所欣赏的是他那一套暗杀和绑票的工作，如吉鸿昌被刺于天津国民饭店，张敬尧被打死在北平六国饭店，都是由军统华北区行动组白世维、黄泗钦做的。特别是上海方面的活动，更为蒋介石所称赞。宋庆龄当时虽然被国民党尊为国母，但实际上却对她仇恨万分。特别是她领导的民权保障同盟，恰恰是针对蒋介石那种蔑视人权、任意捕杀人民最有力量的组织。蒋介石虽然多次想下她的毒手，恐怕受到全国人民的指责，一直迟迟未敢行动，只成天派大批特务在她所居住的法国公园附近、莫里哀路住宅的前后进行监视，有时由特务们写信或打电话去恐吓、侮辱。宋庆龄不但不曾被这些无耻的卑劣行为所吓倒，反而更积极地从事反蒋活动。最后，蒋介石便决定叫戴笠派上海行动组长赵理君（化名陶士能）于一九三三年六月间将民权保障同盟副会长兼总干事杨铨（杏佛）打死在离宋住宅不远的亚尔培路，企图以此威吓宋。戴派人于一九三四年十一月在沪杭公路上，将上海《申报》主持人史量才及其长子史咏赓的同学和汽车司机打死在海宁附近。全车四人，仅史咏赓逃脱未遇害。目的是用以威吓上海方面一些同情中共的进步人士。行动组还经常在上海逮捕绑架中共人士，破坏中共组织。中共江苏省委王克全和不少中共党员先后被捕。第三国际远东区负责人华尔敦（不明国籍，当时报上称之为"怪西人案"，因他被捕后一句话也不说）及其秘书陆海防，与有关人员程其英、陆独步、袁殊、王莹等被捕后均由戴亲自审讯，并以种种威胁利诱方法逼供。另外他还经常命令上海行动组在英法两租界内用绑票方法，秘密逮捕中共领导人员。当时英法租界内是不准反动政府任意进去逮捕居民的，但只要事前通知他们，会同一道去搜捕共产党，即使是深更半夜，那些外国包探长都会特别表示欢迎，也随时答应准许"引渡"。由于要通过这一手续，而且公开以后，报上要登出消息，不易继续发现新的线索，特别是帝国主义者还想从这些人身上找出一些关系，所以戴笠非不得已，不主张正式通过租界巡捕房去搜捕革命人士，而爱直接采取绑票方法达到目的，因为这样做对他的工作更有利些。一九三三年四月，我记得有一次在法租界蒲柏路、吕班路口蒲柏坊准备绑架一位中共负责人，因内线指错了人，而误将一个以赛马为职业的骑马师绑走，一直送到南京才发觉绑错了。后来将错就错，错了也一样囚禁起来不放，因为怕他放出来会泄露秘密，一直糊里糊涂囚禁到抗战发生、南京撤退时才行释放。还有一次是在英租界越界筑路的曹家渡附近去绑一位中共领导人，这人住在越界筑路的一所房子里，当他发现情况时，就从后门跑出去。这些人既是绑票匪，又是反动政府的正式特务，一看他跑出了租界势力范围，便由绑票变成公开逮捕，竟开枪将其腿部击伤后捕去。像这类的政治绑票案件，在当时上海租界上是经常发生。戴笠为了在租界绑票和搜捕共产党更方便起见，便决定对租界巡捕房的中国籍工作人员进行收买。我在军统上海特区担任过法租界的组长。这个组的特务当中，有一个是法租界巡捕房华籍探目范广珍，便是通过杜月笙的介绍参加军统的。以后戴笠还另派了一个他自己训练过的特务、黄埔六期毕业的阮兆辉，通过范广珍的关系，和五百元的活动费而打入法租界巡捕房当包探，俾可进一步便于军统在租界内的绑票活动。

当时军统在上海绑架到的中共人士和进步人士，一般都是立刻解送到南京军统的秘密监狱去囚禁和审讯。这个监狱的负责人是黄埔五期毕业的苏子鹄，化名顾人道。这是当时一所最黑暗、最惨无人道的监狱，专门囚禁共产党和政治犯。到一九三四年以后扩大成为两个，这时连军统和复兴社的违纪人员也同样囚禁到这两所监狱内。连西安事变后，被蒋介石扣押的曾扩情，也由蒋介石交与戴笠囚禁过半年多。我在上海有五年多，经常解送被捕的革命人士和军统违纪特务去南京，总是由苏子鹄或特务队长许建业等到车站接我。我把人犯交给他们后，只能搭他们的便车到北门桥附近下车，从来也没有去这些监狱看过。当时是非常严密，没有直接工作关系的人是决不许知道这些监狱的地点和内部情况的。

戴笠在早年最使他感到头痛的劲敌，是在上海活动的安徽帮帮会首领王亚樵。这个人有一群要钱不要命的亡命之徒，专干绑票、暗杀工作。以后一些反蒋的人士便利用他这一组织，进行暗杀蒋介石的活动，先后在庐山和上海法租界发生过谋刺蒋介石而未中的事件，便是由他主持的。其中规模最大、布置最周密的是一九三五年十一月间在南京国民党第四届六中全会开会时、于中央党部内谋刺蒋介石未成而击伤汪精卫的事件，也是由王亚樵受了反蒋人士的委托而干出的。他们先在南京组织一个"晨光通讯社"，趁国民党开全国代表大会时，以记者身份混入会场，手枪则放入照相机内（因为这样才容易混过）。那次照相时，蒋介石恰巧没有参加。刺客孙凤鸣（晨光通讯社记者）便只好刺杀仅次于蒋介石的汪精卫。因为孙放在照相机内的是一支三号小左轮枪，洞穿力不大，所以只把汪精卫击伤而未毙命。刺客当场被张学良、张继等抱住摔倒在地，结果被汪精卫和蒋介石的卫士开枪当场击毙。汪精卫的妻子陈璧君当时便抓着蒋介石大吵大闹，认为毫无疑问一定是蒋介石派人干的，因为他事先知道，所以自己不出来照相。蒋介石受了一顿冤枉之后，便找戴笠去大骂一场，限期叫他破案以洗清自己。戴便连夜进行搜捕，找出孙凤鸣领取大会记者入场证的线索，将当时在中央军校工作的一个司书逮捕。他亲自刑讯后，立即带着这个人专车赶往上海，将在上海静安寺路沧州饭店住的晨光通讯社编辑主任张玉华逮捕。中统局也找到线索，在丹阳县将采访主任贺波光逮捕，只有社长华克之潜逃。我曾在华克之逃往上海后，临时住在英租界赫德路他寓所中守捕未获。当时张玉华因跳窗逃走，摔伤腿部，戴笠仍不放过而在病床边去逼供。之后，又在上海北四川路新亚酒店将孙凤鸣的妻子崔正瑶捕获。戴对这个女的用尽各种酷刑，甚至叫人用藤条抽打阴户，和用小针刺奶头等办法逼供。后来又在香港将有关人员余立奎、周世平、胡大海等捕获，引渡到了南京归案。因这个案子内有一个是改组派的人，陈璧君和汪精卫才相信不是蒋介石派人干的。还有一九三一年七月廿三日，有人在上海北火车站行刺宋子文未中，而击毙了他的亲信秘书唐腴庐。到一九三四年四月，戴笠获得线索，将在逃多年的凶手和宋子文的司机从苏北高邮、泰兴两地捕回，一问也是王亚樵干的。福建事变失败后，王亚樵曾托范汉杰向蒋介石说情，想投向国民党，蒋叫他同戴笠接洽。王当时看不起戴，便去投了桂系。戴感到此人不除，以蒋介石为首的四大家族的安全很受威胁，曾千方百计想除此心腹大患。一直到抗战期间，他才通过特务陈质平和王亚樵的小老婆金石心勾结为内应，派人在广西梧州将王暗杀掉。

戴笠当时另一个对头是盘踞在广东的陈济棠、胡汉民和他们领导的新国民党，双方的斗争也是相当激烈的。他曾多次派人到广州准备在陈济棠、胡汉民等寓所或道路上进行暗杀而未成功。最后他便派特务邢森洲去香港活动，而将陈认为最有实力可以与蒋介石相抗衡的一队空军收买过来，全部飞往南京，投向蒋介石，使得陈非常气沮。另外，戴对胡汉民手下最得力的帮手刘芦隐，也是随时要想置之于死地。一九三七年初，刘芦隐从广州到上海，戴命令我设法绑了他送往南京，以便秘密处死。记得那天下着小雪，我带着几个特务驾着一辆汽车到处去找刘在上海的关系。后来发现刘的一个姓华的妻子住在法租界贝当路附近。我正开着车向西走去，突然发现刘和他妻子乘着一辆墨绿色的福特轿车从对面驰来。我立即调转车头，紧紧跟在后面，但因为他的车子比较新、跑得快没有跟上，只记住了他的汽车号码。当晚我便开着车到处乱找，结果在三马路扬子饭店发现了他的汽车。我们守到半夜，刘和他的妻子才一道从旅馆走出来。我原打算利用他的汽车将他绑走，结果因为他的妻子发觉大叫起来，惊动附近的英国巡捕，才由秘密逮捕变成公开。结果一同到英租界老闸捕房，以后利用杨永泰在武汉被刺的事件，硬把这一罪名加在刘的身上，将刘引渡到武汉归案。戴笠对没有照他指示秘密逮捕成功而大发脾气，因为公开了以后便不好随便杀掉。

　　抗战前，戴笠对上海的工作很重视，经常由他亲自赶去指挥。当时上海特区有四个情报组，一个行动组。这些情报组是专门搞搜集情报的活动，每组有十多人。虽然以地区关系略有分工，如南市、法租界、英租界、闸北（包括江湾吴淞口）各有一个组，而中心工作是打入中共地下组织和其他革命组织与反蒋集团中去活动。当时最不容易打入的是中共组织，往往只能在一些外围组织中找到一点线索便被破坏，而无法深入。最容易打入的是一些反蒋集团和地方军阀派系。除此，便是担任监视工作，希望通过监视侦察而发现新的线索。对宋庆龄当时在上海的活动，鲁迅先生的寓所与经常去的内山书店，都非常注意。鲁迅先生死后，宋亲往执绋，大批特务混在人群中，曾企图对参加执绋的进步人士加以侮辱，或造成混乱时予以殴打。当时因群众中以学生为多，送葬的人都群情悲愤，特务才不敢动手。另外如像中共领导人到上海，戴笠也必然赶来布置监视。西安事变后周恩来先生到上海，住在北四川路新亚酒店，我也被派去担任监视。当时我们都不认识周恩来先生，还是由黄埔一期毕业的大特务吴乃宪指给我们看了才认识的。我们在周恩来先生住的房间斜对过和左右都开了房间，每天夜间看到周恩来先生伏在桌上办公要到半夜过了才睡。周恩来先生出去时我们也暗中跟着出去。每天都要详细向戴笠汇报当天监视的情况。还有住在上海的一些反蒋人士，戴也想尽一切方法派人接近，以便了解情况，特别是遇到进行暗杀时充作内线。如方鼎英先生住在法租界时，方先生的同乡苏业光便是派去侦察方先生的军统特务。他可以去见方先生，经常谈谈。原来也准备通过苏业光的关系暗杀方先生，由于以后方的反蒋言论越来越少，蒋介石渐渐放了心，才没有下毒手。当时一些反蒋集团和地方军阀派在上海活动的人如新国民党的罗宝，四川军阀的代表周迅如、彭竹（仲平）和大批汪精卫改组派的人，他们大都是两面兼做工作。还有些文人如上海《大晚报》副刊《火炬》主编崔万秋，《晨报》摄影记者毛仿梅、高巩白等，都是军统上海特区的直属通讯员。

　　戴笠除了对外的活动外，对内也防范很严。一九三二年发生过这样一件事：上海特区区长翁光辉，获得由法租界巡捕房华籍探目范广珍送给他一份从巡捕房偷出的，当天破获一处地下党机关抄出的红军在江西部署、装备等情况的情报后，想不通过戴笠，直接送给蒋介石。翁光辉是黄埔三期学生，当过海军舰长。他便搭乘在上海修好的一艘军舰去九江，准备到庐山当面把这一情报交与蒋介石。后来被戴笠布置在上海特区的特务发觉，向戴报告，戴立刻由南京乘飞机先赶去九江，等翁一下军舰，便将翁扣留，搜去这份情报，并将翁撤职。翁几乎连命都送掉。从这件事发生后，戴对内部提防更严，每一个组内都派有他的亲信特务担任内部的监督。

福建事变发生后，他曾亲自去建瓯指挥布置瓦解福建人民政府的工作，并通过军统在福建的组织与早就布置在十九路军的特务了解到一些军事上的部署与内部情况，随时向蒋介石提供情报。他一度潜往厦门鼓浪屿，我随同前往。他当时曾夸口说福建人民政府一举一动他完全能了如指掌。这是因为十九路军参谋处长范汉杰随时秘密同他联系，把十九路军所有密电本都拿出送与他，弄得部队连电报都发不出去。他还进行收买福建地方民团的活动，委派不少什么"讨逆军"的指挥官。有一个第二十六路指挥陈铁铮，是安溪的地方土霸，被他收买利用。但一等福建事变平息之后，他又再不理这班人了。

戴笠得到蒋介石的宠信，这是他认为最荣幸和得意的事。在西安事变中蒋介石被扣以后，他与宋美龄、宋子文等去西安，以表示他对蒋介石的忠勇。蒋介石在《西安半月记》中提到他的名字，他在以后多年中，一直公开地夸耀他此行的功绩和对领袖的忠诚。以后张学良被蒋介石扣押并交给军统囚禁，戴笠将张的旧部陈旭东、吴骞、王化一等也接收过来，安置在军统工作。西安事变后不久，他患慢性盲肠炎在上海英租界宏恩医院动手术后，宋美龄特地代表蒋介石去医院看他，并亲自关照医院：没有痊愈时，不准他出院。宋美龄看过他以后，他认为是莫大荣幸。他从此便更加一帆风顺、飞黄腾达起来。他在医院开刀时，曾指定我带一个组去保护他，担任他的警卫。当时上海警备司令杨虎，不但天天去看他，还叫他的姨太太天天烧些菜亲自送去给他吃。胡宗南、宋子文等也都常常去探望他。

抗战以前的特务处以及以后的军统局第二处，内部组织较简单，副处长郑介民经常不去办公，而且不愿多去过问他的事，所以多年来两人一直相处很好。因为郑为人八面玲珑，知道他爱大权独揽，一切事均由他安排。十多年来，郑介民虽是蒋介石派去帮助他的人，但却不大过问军统的工作和人事经费，而专门在外面去发展他自己的天地，因此能相安无事。当时主持内部工作的叫做书记，以后林桓当书记时因林在黄埔当过他的教官，为了尊敬林才改书记为书记长。戴笠一贯是仿效苏联和中国共产党的组织，用来进行反共活动。他特别强调要"以组织对组织"，所以主持内部工作的职位，不像其他反动机关用秘书长或秘书主任，而要用书记。在工作上他也是学习苏联政治保卫局的一套办法。军统训练班讲授的课程有"格柏乌""切卡"等，都是一些留学苏联的叛徒翻译过来的。担任过"总处"书记和书记长的，计有唐纵（乃建）、徐亮、梁干乔、张毅夫、林桓、张师（行深）。其中唐纵先后担任过两次：一次是书记，一次是书记长。内部设有书记室、情报科、行动科、电讯科、总务科和督察股、司法股、考核股、交通股、会计股、特务队等。外勤组织曾一度设有华东、华南、华中、华北等区和各省省站，以后又把区的这一级组织缩小。如华东区原来应指挥华东的苏浙闽等省及陇海站，缩小后成为上海区，专主持上海的工作。各省的组织（当时有的称站，有的称直属组）均由总处直接指挥。各个省站均有无线电台。个别地区一般用化学通讯，书写及反应用的药水，都是统一配发。最初用的较简单，以后才比较复杂一点。所有的文件往来均一律用化名。总处用的化名较久一点的叫"杨柳青"，上海区用过的有"金鸣三""任重"等。在一九三二年我参加时，全部只有一百六七十人，内勤三十多人。总处原来在南京鸡鹅巷五十三号，以后扩充了，才在四条巷盖了几幢房子。进入总处内部，都要有出入证。外勤非有特殊情况一般不能去四条巷，而只能先到鸡鹅巷接洽，再打电话到四条巷，那边派人来接谈。到抗日战争开始时，内外勤人数已增到三千人左右了。这个时期一般特务的待遇和其他反动政府机关相差不多，不过当时一些军事机关是拿"国难薪"，而特务却可以照实支付，不打折扣。担任内勤的特务伙食是见十抽一，拿得钱少的和钱多的出的伙食费有高低，但伙食却是一样吃得好。办夜公另外有点津贴。全部算下来，内勤工作的特务比一般反动机关相同等级的待遇多百分之四十到五十左右。外勤特务却稍有不同，有的兼有公职可以两面拿钱，有的不兼公职可以拿到活动费、房租费；当组长、站长的还有办公费、特别活动费，有时还有奖金。在当时最能吸引人的是干特务，等于拿到"铁饭碗"，只要肯出卖人格和良心，总是不会失业的。

　　在这一段时间内，戴笠在生活上还不敢特别享受。他在南京经常住在鸡鹅巷五十三号，连地毯也不用，而只铺上几张芦席，吃穿也不很讲究。他在上海只在法租界枫林桥附近租了一所两层楼的房子，有一部司蒂倍克小轿车。他到上海时也爱一个人在马路上乱跑，对上海情况非常熟悉。经常跟在他身边的只有一个副官贾金南，南京人，跟了他多年，原来是他的勤务兵，以后才提升为副官，直到他死，一直照料他的生活。戴在上海和一些帮会流氓头子如杜月笙、刘治陆、杨虎、向松坡等相互勾结利用。杜月笙和顾嘉棠在上海南市太平里大做红丸、吗啡，他知道了，也一直暗中保护。以后被人检举揭发出来，只把警备司令部副官长温建刚拿去枪毙了，而真正的后台老板却安然无事。又如上海棉纱投机商人徐懋棠，在一次棉纱买空卖空的投机生意内赚了几十万银元，而使得几十家棉纱经纪人破产的破产，自杀的自杀，倒闭逃亡更有不少，弄得舆论哗然，一致主张查办。通过杜月笙等和他从中斡旋，结果是叫徐拿出一点钱作为向反动政府捐献几架飞机，便算了事。他不爱在公开场合露面。他和上海警备司令杨虎的私交甚好，但杨虎的大儿子在法租界八仙桥青年会举行婚礼时，他当天虽赶到上海，却不去参加婚礼，而只悄悄地到环龙路杨虎家中去道喜。他很羡慕杨虎在上海的排场，也特别喜爱杨虎的几个姨太太都会交际应酬，和肯牺牲色相去巴结达官贵人，对杨在各方面的活动，有不少帮助。他便将一个最心爱的女学生（杭州警官学校特训班毕业的）叶霞弟，亲自送到杨虎家中学习礼节和交际应酬。这个女特务原来在他所办的上海三极无线电学校当事务员，与他发生关系后，受到宠爱。他将叶寄在杨家训练了一个时期后，又送她去美国学政治经济。回国后，设法使她在成都华西、金陵等大学当教授，尽力培养她。最后是送给他最好的朋友胡宗南去当老婆，以报答胡宗南对他的帮助。

（沈醉：《我所知道的戴笠》）

从上海溜到重庆

由于蒋介石反动集团对日本帝国主义的侵略，一贯采取妥协投降的方针，戴笠的特务系统也主要以破坏人民的革命斗争为主，未有建立对付日本的情报工作，直到卢沟桥事变爆发后，戴笠才手忙脚乱地布置对日的情报活动。

约在一九三七年七月中旬，戴笠到上海后，最初布置还曾提到过以加强对日情报为主，增加虹口地区、闸北、吴淞口等几个潜伏组，准备在日军侵入后从事活动。抗战前，军统在上海方面所取得的有关日本在华活动的情报很少，只能辗转从日本驻华武官矶谷廉介少将和上海总领事须磨横一郎所领导的特务组织中得到一点消息。我在虹口区当过组长，当时只有一个在虹口东有恒路开过小当铺的老板朱松舟是做这方面情报的。因朱在虹口多年，认识不少日本浪人和一些替日本做特务的汉奸，专门依靠日本特务机关指示汉奸在各个不同时期中应做什么工作时，了解一点日寇的企图，以及看到一点日军调动与运输装备等表面情况，偶尔也能从日本特务在酒醉后的狂言中，得到一些消息。如七七事变后，日军准备进攻上海之前，有一个日本特务在酒醉后向一个汉奸说："只要几天功夫，上海便是我们的了，那时你们的工作可要大大地忙起来！"像这些就是很了不起的材料了。由于从来没有打入日本特务机关内部去活动，一旦战事发生，更不易从这方面取得情报，所以戴笠对此非常苦恼。因为过去把全部力量用在对共产党和其他进步党派及反蒋集团等方面，对真正的民族敌人却放松了。这时只好临时抱佛脚，当虹口、闸北、吴淞等地居民大举迁避到英租界时，才派我和裘声呼、苏业光等十多人去这些地区建立组织和电台。战事发生后，这些临时建立的小组，有的被日本特务抓去，有的被赶了出来。原因是当别人纷纷迁走时，军统特务才搬进去，自然很容易引起日本特务与汉奸的怀疑，而无法立足下去，以后只能依靠原来在这些地区居住的五六个人供给一点情报。

上海战事发生后，戴笠在上海另一重点活动是联络上海青洪帮流氓组织和一些社团工会等，成立了一个"苏浙行动委员会"，在法租界善钟路附近办公，由帮会头子杜月笙当主任委员，刘治陆、杨虎、梅光培、向松坡、陆京士等为委员。戴笠是以委员兼书记长负实际责任，下设参谋、政训、情报、训练、总务等处，由军统特务陈旭东、汪祖华、谢力公、余乐醒等分任处长。戴还在松江、青浦设了两个训练班，另外成立了一些支队、联队等临时拼凑起来的武装部队。这些临时武装队伍中也有少数正派一点，并真正有决心抗日的，如陆京士等所组织领导的邮工支队和海员支队是以上海邮政工会与海员工会等为主要骨干。还有一些码头工人组成的支队，成分也较纯洁。另有一个由陶一珊领导的一个支队是由上海工商界人士组成的，其中一些是有决心抗日的，也有些是赶热闹出风头，一闻枪炮声便跑回家去的。人数最多，而无组织纪律的是一些帮会流氓集团组成的各式各样乱七八糟的队伍，在保卫上海时，大都一经与日寇军队接触，便纷纷瓦解。戴笠很想把停泊在黄浦江的日本旗舰"出云"号炸掉，结果死了几个人，并没有搞成。上海撤退时，剩下的部分便一口气跑到安徽、江苏交界的屯溪、歙县等处，以后改编为"忠义救国军"，先后由军统头子俞作柏、周伟龙、马志超任过总指挥。这支特务武装部队，除了偶尔破坏过一些日军控制的铁路、公路和在伪军驻防地区去游击和联欢一下之外，主要的任务还是对新四军等人民抗日武装部队的危害和牵制。他们除在新四军所控制的地区大搞情报等特务活动外，还参加过国民党武装袭击新四军的"皖南事变"，并趁机扩充，抢夺胜利果实。日寇投降后，抢先通过日伪军防地进入上海的一批被上海人称为"叫花子部队"的一个支队，便是由该军阮清源所率领的。他们在苏浙皖边境到处设关设卡，巧立名目，强行征收捐税，过往客商无不叫苦连天。一些武装特务头子，常为争夺地盘，时起内讧，弄得丑态百出，互相向戴笠控告，吵得一塌糊涂。戴笠多次亲往处理，除了大骂一顿之外，也别无办法。他有时调整一下人事，如把阮清源调任军统第三处处长，但随后又把他派回去，目的是故意让他们去闹不团结，互相排挤，这样更有利于他直接控制，免得鞭长莫及，发生其他问题。这是戴笠的一贯作风。胜利后，这些乱七八糟的队伍多改为交通警察总队。在第三次国内革命战争中，蒋介石多次把这些特务武装投入各个重点战役中。

抗战以后，戴笠还有一个重点工作，是搜集战场情报与监视国民党将领的行动，便先后成立了许多战地调查组，分赴江湾、罗店、浏河、杨行等地活动。我曾担任过罗、浏组组长，主要任务是每天要用无线电台向上海特区报告国民党部队作战的具体情况与阵地变动。这些组都有小型电台，除组长和电台报务员、译电员、内勤司书交通等是军统特务外，组员大都是新吸收参加军统的，他们全是由中央各军事学校毕业生调查处介绍去的失业军官。由于他们是军校毕业生，有军事常识，与部队联络方便，每次发生战斗，都要他们深入最前线去察看，随时报告。战地调查组的另一任务是监视各部队人员的行动，怕他们投降敌人和在上海过花天酒地的腐化生活。当时王耀武当师长，与他的副师长李天霞住在一起，我也曾去过他的师部，并经常派人去了解他们的行动，随时报告戴笠。

戴笠每天把从各处搜集到的有关战事情报，派专人专车星夜赶送南京给蒋介石，蒋介石对于他送去的情报认为最可靠。其实天晓得！以我当时在罗店、浏河一带来说，我那个组虽然每天出去调查，至多也只到营、团部去看看，真正到前线去的时候并不多。我记得有一个旅长叫翁国华，他所守的前哨一个据点被日军占去三天，几次派兵反攻夺不回来，他不敢说，也不让我们去看。直到以后全线撤退时，我从一些溃逃的士兵口中才了解这一情况。蒋介石所认为最可靠的情报，实际上也是不可靠的。在遇到有特别紧急情况时，戴笠总是亲自连夜乘汽车赶去南京，每次除带两个司机轮流驾驶，还带着两个女特务，一个就是以后嫁胡宗南做老婆的叶霞翟，一个是以后嫁与军统电讯处处长魏大铭当老婆的赵霭兰。这两个女特务陪着他坐车，他疲乏了便斜靠在女特务身上休息。

上海撤退前戴笠就先溜走了。一个在北火车站附近任调查组组长的特务，因未得到戴的同意退入租界，却被他枪决。最后他还希望他在上海组织的那支特务部队，在南市找个据点坚守一下，像在四行仓库死守的谢晋元团长一样，给他挣点面子。结果他离开上海的消息传出后，带领那些特务部队的特务头子，有的丢了部队逃进租界，有的则带着一些残兵绕大圈子逃离上海。比较听他一点话的，只有当时上海特区区长周伟龙，答应留在上海法租界内任潜伏区区长，专门干点破坏、"行动"等工作。他怕周不可靠，又加派了他的小同乡姜绍谟成立上海特区第二区，专搞上海沦陷后的情报工作。另外他还利用杜月笙等帮会组织在上海布置了一些工商业界与无业流氓，分别担任宣传造谣与破坏敌人经济等活动，不与上海特区发生关系。以后这些人根本没有做过什么工作，却在沦陷后俯首帖耳地充当顺民和汉奸。可是抗日战争胜利后，又都公开露面，说他们是戴笠亲自布置留下来的，连当时军统去上海接收的人事处长龚仙舫都弄得莫名其妙。戴笠因看在杜月笙的面子上，也含糊承认下来。这些人均以奉命留下当汉奸，发了不少横财后，转过来又都成为有功之臣，而继续发胜利财。

上海战事发生后，戴笠在南京的布置是成立一个南京区，选了一个他认为忠实可靠的钱新民当区长，并在南京城内布置了两个电台，都由女报务员主持，准备沦陷时潜伏。等到我从上海撤退到南京时，南京正在酝酿保卫战，是钱新民早把南京区迁到六合去了，便在瓜埠镇开一杂货商店为掩护。我到武汉见到戴笠时，戴笠对钱新民不肯留在南京工作，当着我和去见他的人，狠狠骂了钱一顿。后来只听说钱因南京区有几个人被捕投敌，他又将区部迁往上海，不久因被部下出卖而被捕，有人说他病死于狱中，也有人说他是被敌人杀害的。当时戴笠在汉口原日租界南小路一所日本小学内办公见客，住在法租界，我向他报告南京撤退前乱成一团糟的情况。他听了连连摇头叹气，一语不发。最后我向他报告郑州办事处主任梁干乔在郑州收容了八百多名各地流亡的失学青年，准备办一个训练班，并向胡宗南等要了几百支步枪，和请宪兵团派了一批宪兵帮助训练等情况时，他便很注意地问我有关的许多情况，立刻写了一封信叫我马上去郑州叫梁干乔把所收容的学生全部交我带到湖南去。因为他计划在湖南办一个大规模特务训练班，正在招生。我拿着他的信，第二天便动身去郑州，梁干乔看了他的信以后气极了，把摆在办公桌上的一大杯酒都摔在地下。梁不但不同意把学生带走，还要我留下帮他训练学生，我只好答应下来，并把这一情况写信向戴笠报告。过了几天，戴便派原来首都警察厅保警大队长杨清植，再次拿着他的手令去郑州，硬叫梁把学生交杨带走。梁干乔跑到学生集中的中正中学见到我时，大喊："你们都滚！明天一齐给我滚！"这个托派叛徒，忠心耿耿地为戴笠工作多年，满以为能得到戴的信任，这次又费去不少心思，想趁这机会抓一点实力，不料戴笠毫不肯放松。以后两人闹翻，梁干乔便投到胡宗南手下去西北干反共工作，死在耀县专员的任上。

　　抗日战争发生后，国民党反动政府虽在狼狈逃窜中，但蒋介石却没有放弃他并吞地方军队和发展自己地盘与消灭异己的一贯作法。他以团结抗日为名，大举抽调西南等省的杂牌地方军队遣往前线，却把自己嫡系部队向后方转移，同时将一些他过去痛恨的、一些不听他指挥的将领乘机杀害和囚禁。除了扣押由欧洲兼程返国共赴国难的杨虎城将军外，他于一九三七年冬趁敌人侵入山东，韩复榘逃到开封时，密派戴笠率领特务大队长王兆槐及大批武装和便衣特务乘专车驰赴开封，设计将韩逮捕、解押到汉口军统的一个招待所内，以后经过军法会审将韩枪毙。多年来，蒋介石想杀害韩复榘，总算在日寇侵入山东之后，才实现了这一宿愿。因此参加这次工作的特务都受到重赏。

　　武汉失守之前，戴笠大部分时间是在武汉活动，虽然偶尔也离开武汉去湖南、贵州、重庆，但很快转回武汉。这个时期，他主要的工作是搞情报活动和扩充自己力量。武汉撤退时，他亲自指挥破坏武汉市公用设备。他先后从开办不久的临澧特训班学生中抽调了三百多人，前往参加这一工作。蒋介石在南岳召开会议时，戴笠多次去过湖南。蒋介石逃到重庆前，他先去重庆为蒋介石布置警卫工作，同时为他自己布置退路。他刚到重庆是在海关巷一号办公和见客，住在中四路一五一号。

　　他到重庆不久，曾去过一次香港。香港总督杨慕琦对他过去一贯派遣特务在香港进行暗杀活动，很表不满。当他刚下飞机，香港警务处便将他扣押。他手里正提着一个箱子，里面有他常用的手枪和一些文件。他一看苗头不对，赶紧把这只箱子与他的副官调换了一下。英国警探人员把他带到警务处，关在看守所单人房间内。以后对他进行审讯时，满以为可以从他那只手提箱中找到一些证据。结果当着他的面打开箱子一看，原来里面是装着一套洗鼻子的器具。他患鼻窦炎，每天早午晚三次都要洗鼻孔，所以随身带着这套从美国买来的器具。当时虽然没有发现有其他违禁物品，香港警务处仍将他囚禁了两天，由于外交部和在香港的军统特务进行营救，才把他释放出来。他对此怀恨异常，经常大骂英国人，说英国人的看守所如何不卫生，不讲人道。

他自从那次在香港丢了面子以后，一直不愿再去香港，并且特别痛恨英国人而称赞美国人，甚至甘心认美国人当干老子，而不愿意同英国人做朋友。

（沈醉：《我所知道的戴笠》）

反共起家的罪恶史

一九三八年三月二十九日，国民党临时全国代表大会在武昌珞珈山开会时，蒋介石决定加强特务活动，增设国民党中央调查统计局，将原来由陈立夫领导的军事委员会调查统计局全部交与戴笠。蒋介石对中统和军统的特务活动虽未正式划分，但各有其中心任务。蒋认为戴笠是黄埔军校的学生，所用的干部也大都是军校学生，在搞军事情报及监视国民党的反动部队，以及为他排除异己，从事暗杀、绑票等一类活动较为适宜，而中统在搞政治党派斗争及文教界等方面活动较为熟悉。戴笠一向是以善于"秉承领袖意旨，体念领袖苦心"，来为自己标榜和以此勉励部属、教育学生的。像他这样一个嗅觉灵敏的人物，是能深深体会主子的意旨和苦心之所在的。何况蒋介石一直公开经常谈出"有共无我，有我无共"，不把共产党消灭他是死不瞑目的。蒋终日费尽苦心，不择一切手段，想要达到这一目的。戴笠为了讨主子的欢心，不惜全力来抢着干反共的活动，大量网罗叛徒，千方百计想派人打入共产党内部去进行破坏活动，因此更见重于蒋介石。抗战后的几年中，他在这方面的一些活动慢慢凌驾于中统之上了。为了抢干这项工作，不少次与中统发生摩擦，他也在所不惜。当时许多中统特务骂军统有点"不务正业"，他听了更为得意。

蒋介石为了鼓励和奖赏这个忠实人物，一心想培植他，但又限于他的资历太浅、军校出身期别也低，一下超升，怕别的部下不服气，所以便指定他的侍从室第一处主任兼任军统局长，而以戴笠任副局长，负实际责任。历任侍从室第一处主任的贺耀组（贵严）、钱大钧、林蔚等在兼任军统局局长时，也都了解蒋介石的意图，从来不去过问军统局的工作和人事经费，全部由戴笠一手包办，直接对蒋介石负责。每年四月一日军统举行"四一大会"纪念一九三二年特务处成立而召开工作会议时，兼局长才去讲一次话，听听戴笠的工作报告。戴笠脑子里也根本没有一个什么局长存在，一般外勤特务，甚至不知道还有个局长，只知道戴笠是他们唯一的老板。

一九三八年军统局在武汉刚成立时的组织机构和人事安排如下：局长贺耀组；副局长戴笠；主任秘书郑介民；秘书毛人凤、陈世贤、刘启瑞、曾坚、谷兆芬。第一科科长何芝园，主管情报。第二科科长徐业道，主管行动。第三科科长余铎，主管司法。第四科科长魏大铭，主管电讯。总务科科长杨继荣。人事股长李肖白。警卫组长张业。会计徐人骥、林尧民。出纳张衮甫、毛忠亮。当时每月经费约五万元左右。但不久这些科又都扩编成处，各处的组织、人事又有变动。

戴笠在接受了蒋介石赐给他这份家业以后，真是费尽心机，苦苦经营了几年，人数由原来三四千人发展到四五万人，内部组织由刚接收的几个科逐渐扩充为四个处，后又发展到十几个处和室。在重庆时，内勤办公的特务就有一千多人，一整套的人事组织制度也渐渐完成。当时规定正式参加军统组织，一般要办理以下几项手续：第一是写自传一篇，第二是必须填写一份或两份"内外勤工作人员调查表"。它的内容非常复杂，我能记得的内容有：姓名，原名，别号，化名，性别，年龄，籍贯，特征，通讯处（永久、现在），学历，经历，社会关系，工作路线，曾参加过什么党派社团组织，友别（指是否参加过复兴社及革命同志会组织），宗教信仰，对目前时局的看法和感想，家庭每一成员情况（包括姓名、年龄、职业等），家庭及本人财产与收支情况（包括动产、不动产、每月收入与最低支出等），特长，有何著作，嗜好，介绍人，与介绍人的关系……以上这些由参加者逐一填写。另有几项不由参加者填写的是：初次审查意见，复核人意见，最后决定等。第三是宣誓。内勤和训练班学生一般在大礼堂公开举行，外勤个别举行，都是在蒋介石肖像前举行，桌上放一本《三民主义》、一支手枪，誓词是印好了的。宣誓前，在誓词上签名盖章，宣誓后，缴出存案。誓词内容大致是：余誓以至诚，奉行三民主义，服从领袖命令，遵守团体纪律，尽忠职守，严守秘密，如违誓言，甘愿受最严厉之处分，谨誓。后面是宣誓人、监誓人签名盖章，年、月、日等。第四是交最近脱帽半身照片六张、底片一张。外勤人员参加后，不发任何证件。内勤则发一张"出入证"，这种证件每年更换一次，封面是各种颜色的布面，从一九四二年到四五年先后用过深蓝、灰、黄、浅蓝等色。戴笠最忌红色和黑色。有一次我在年底前印好几千本红色封面的出入证，他看见了把我训了一顿，说红色封面东西是代表共产党的，不准使用，印好的几千本都统统销毁再印。他追问我是谁出的主意，我说是我，好在我不是中共叛徒，才没有发生其他问题。黑色东西他也讨厌，因为棺材颜色大都是黑的，他犯忌讳。这种出入证是手册形式，长四寸左右，宽三寸左右，封面只有"出入证"三个字和一列号数；打开来右边上半是使用人照片，下面有姓名、工作单位、职级、填发日期，照片骑缝处盖有"督察室"三个字的钢印；左边是几条使用条例，如：此证只作出入卫门时登记之用（出门时交登记室，回时再取回），不准作其他用途；此证只供本人使用，绝对禁止转借他人；此证应妥慎保存，如有遗失应立即报告，并听候处分等。

一九四一年以后，戴笠把训练班的班歌作为军统局局歌，每次纪念周或任何集会都要唱一遍。他自己也花了不少时间，练习唱会这个歌。这个歌的作者是军统临澧特训班教官蒋镇南，从德、意等法西斯国家留学回来后，仿照一些法西斯歌曲拼凑而成，戴笠对此歌极为喜爱。歌词是这样："革命的青年，快准备，智仁勇都健全。掌握着现阶段的动脉，站在大时代的前面……维护着我们领袖的安全，保卫着国家领土和主权……整齐严肃，刻苦耐劳，齐心奋斗。国家长城，民族先锋，是我们。革命的青年，快准备，智仁勇都健全。"

军统迁到重庆以后，便选定了中二路罗家湾原来重庆市警察局警士教练所为局本部办公地点。迁入不久，又把隔壁重庆市警察局游民习艺所占了过来，与中二路杨森的"渝舍"成为邻居。以后又把枣子岚垭"漱庐"、罗家湾十九号等一起买过来，成为一组庞大的办公和宿舍区。原来大门是对枣子岚垭，以后打通了中二路，便把大门开在中二路，后门对枣子岚垭，占地近二百亩左右。从一九四二年我在军统任总务处长起到一九四六年初，内勤组织最庞大的时候有按番号数字排列的八个处和几个不用数字的处，与十来个和处一样的室，还有些比处略小的区和组，以及委员会等机构。这里只简单谈一点各单位情况：领导内勤工作的为主任秘书郑介民，但实际上郑介民除戴笠出门时偶尔去几次外，其余时间是由代主任秘书毛人凤负责；副主任秘书张严佛（毅夫）协助处理事务方面工作。一九四三年以后，蒋介石因戴笠兼任中美所主任及其他公职，怕他忙不过来，又加派唐纵为军统局帮办。唐也是不常去。毛人凤直接领导的是秘书室，除有十个左右秘书和助理秘书外，还有一个译电科，以后扩充改为机要组；一个文书科，以后扩充改为文书组，组下均设科。还有一个与秘书室性质相同，而类似蒋介石的侍从室性质的单位，叫做甲室，也有人称为机要室，这是跟随戴笠身边办公的几个秘书、一译电员组成，专处理戴笠交办和戴笠直接指挥内外勤单位与公开特务单位等方面工作。一九四四年以后甲室缩小，只剩两三个秘书随在他身边，帮他清查公文，保管重要文件、摘由及登记手令和私人来往信件，性质也变了。

由于军统局是一个军事性质的机关，抗战期间的口号又是"军事第一，胜利第一"，所以第一处便是军事情报处，简称军事处。这个处下设军事情报科、军运科、策反科、国际科，以及主管派在各部队担任谍报参谋工作的谍参科。第二处是党政情报处，下设党政科、侦防科、航检科（主管航空检查）、中共科。关于中共科的设立，我当时不了解，曾向他建议，在国共合作抗日联合统一阵线的旗帜下，为什么明目张胆地用中共科这个名称，岂不给人以口实，还不如改用其他代名比较适宜。戴笠听了这话之后，很得意地向我笑笑说："你不懂！"我过去的确不懂，现在我才明白，原来他公开用中共科正是用来欺骗人们的一种手法。整个军统的工作不都是在积极反共而消极抗日吗？为了掩饰他反共面目，他便专门设立一个这样名称的科来公开告诉人们，我整个军统内部组织五十多个单位中，只有一个是主管对中共工作的，从组织与工作的比例上来看，只有五十分之一，这难道能说军统是反共而不抗日？实际上，军统哪一单位不是在积极干着反共勾当，哪一个军统特务不是一个积极反共分子？第三处是行动处，下设行动、警稽等科。一九四三年成立警务处，便专门主管行动。戴笠所称"行动工作"的内容，是包括绑票、暗杀、破坏、逮捕等。在各地的行动总队、大队、队、组和铁道破坏总队等近八十多个，有关这类业务均由第三处主管。一九四四年，戴将警务处撤销，又在第二处设警稽科。第四处是电讯处，主管无线电通讯、电机制造、训练报务员，和领导数以千计的无线电台工作人员。这个处下设通讯、机务、工务、考核等科，并指挥几个总台和侦测台，与密码研译等工作。第五处为司法处，下设审讯科、狱管科。第六处为人事处，下设人事行政科、考铨科、福利科、卡片室，负责军统全部人事组织。第七处为经理处，下设综计、审计、预算、财务等科及现金出纳股。第八处为总务处，下设庶务、管理、交通三科，并领导汽车大队、电话队、农场、官兵消费合作社。另有一个训练处，主管军统几十个训练班的训练工作，并主编军统局出版的《家风》月刊，及领导各大专学校内的职业特务学生，和一个从华北撤退到四川的、专在大专学校中作特务活动的"抗日锄奸团"。一九四五年又增加一个布置处，专主管对沦陷区的布置工作。

此外还设有几个与处相等的室，如督察室，专主管内部人员及公开单位特务的督察考核工作。军统的督察工作极为严密、认真，除有公开督察外，还有秘密督察和轮流担任的"周"督察，每一单位每个特务都得轮流担任一星期，以监督考察特务们的思想言行。凡是有人稍不注意，随时有被检举受处分的可能，轻则挨骂，重则禁闭。在这个室内还特设了一个直属股（原叫防奸股），专门监视在军统内的中共叛徒，并防范中共派人打入军统活动，稍有嫌疑，立即先行扣押再进行审讯调查。当时息烽特训班有个女生叫奚昭，因与一个在新华社工作的男朋友通讯被发觉后便关了一年多。戴笠一再告诉过我，军统使用叛徒有八个字的原则，就是"尊而不敬，用而又防"，既要利用他们搞反共工作，表面得尊重他们，但又要防范他们。

另有一个由叛徒张国焘主持的特种政治问题研究室。戴笠企图利用张国焘过去在中共的地位和关系，大搞对中共组织内部进行打入拉出的阴谋活动。戴最初对张国焘寄以极大的希望，满以为只要张肯卖一点气力，便可以把共产党搞垮。张国焘说要办一个训练班，由他来培训一批专门人员，戴笠马上挑选各训练班毕业学生中最优秀分子送去给他训练。他说要在陕甘宁边区设立一些策反站，戴笠马上照他计划办理。真是要人给人，要钱给钱。这时张国焘不仅是戴笠宴客时座上最受欢迎的嘉宾，也是戴笠引为最得意的部属。他每次请客准备邀张国焘去参加时，往往先告诉他的朋友，并且用很骄傲的口吻先向朋友们介绍说："明天你来吃饭时，便可以看到共产党里面坐第三把交椅的人物了！"但是一年过去以后，张国焘一切计划完全兑不到现，不但拉不出来，也无法打进去。戴笠想在延安设立一个延安站或延安直属组，以便向蒋介石去讨功，向朋友们去夸口。虽然张国焘用尽了一切办法，连这样一个认为最有把握的阴谋也无法实现。当时范汉杰任二十七军军长，驻在太行山区，张国焘也派人拿着戴笠的信件，请范帮忙进入八路军防区活动，结果不但没有成绩，连人也没回来。最后只有在汉中成立一个特别侦察站，并在榆林成立一个陕北站，在洛川设立一个延安站，以便相机进行对延安的活动。这时戴笠开始对张国焘冷淡起来了，原来交给他办的特种政治工作人员训练班也在办了两期以后停止，毕业的学生也无法按计划派遣出去，只好改派其他工作。一些策反站因毫无成绩，慢慢都撤销了。张国焘再也不受欢迎，半年、几个月都见不到戴笠一次，即令见到了，不是被当面讽刺几句，就是被严厉地训斥一番。有次不知道是为了一个什么问题，戴笠对张国焘答复他的询问不满意，便暴跳如雷地拍着桌子骂张。张走出来时，表现出垂头丧气的样子。我进去问戴："什么事又发气？"他没有正面答复我，只余怒未息地说："这家伙（指张国焘）太不知好歹。他不要以为就这样可以对付得过去！"从那次以后，张很怕见戴。局里对张的一切优待，慢慢改变了，过去给张的一辆专用汽车也取消了。张要想用一次汽车得向总务处商量，高兴就给他，不高兴便不理会。当时总务处是根据戴笠对一个人的态度而决定对付办法的。张国焘所主持的那个室的工作一向是不公开报告工作情况的，具体的作过哪些事我虽然不清楚，不过从戴笠与毛人凤口中经常背地里埋怨张国焘不肯卖力这一点，便可说明他的工作是不能令戴笠满意的。以后几年，张只是坐冷板凳和受气。根据和张一起工作过的秘书黄逸公和张国焘派去延安的沈之岳告诉我说："戴笠骂张国焘不肯为军统卖力，实在有点冤枉。他连吃饭睡觉都在想办法，实在是因为共产党组织太严，防范太周密，所以做不出特别成绩来。"

军统还有一个称为特种技术研究室的单位，是专门研究杀人放火和破坏等方面的技术工作的，由曾任巩县兵工厂厂长多年的刘绍复主持。这个单位所研究和制造的东西，有各种毒药、毒弹、毒刀和各式各样的纵火器，以及定时炸弹、定时地雷、水雷、跳跃式地雷、子母地雷、铁道破坏器和各种爆炸破坏器材，同时还研究携带运送这些东西的掩护装置与使用技术问题。

另有一个由原来属于第一处主管的经济科扩大组成的经济研究室，是专门搞经济情报和对延安边区搞经济封锁与研究有关破坏和扰乱敌方经济方面的一些问题。

除了这几个室以外还有一个中山室，辖有四一图书馆和一个健乐股。这个健乐股，主管文娱活动，专门办理各种游艺晚会与球类比赛等工作。戴笠很喜欢京戏，所以当时军统各种晚会多以京剧为主。健乐股除了本身有一个业余京剧团体组织外，并经常邀请当时在重庆的京剧团去军统参加演出。以后健乐股长邹伟成还组织了一个国风京剧团，除了为军统及有关单位演戏外，也利用这个剧团作一些特务活动，在外进行公开演出。

当时军统各处室组织中，除了设若干科以外，大都有一个直属于处室的文书股，专门保管重要文件档案，办理处室主管特务交办的工作和不属于各科主管与较机密的工作。戴笠曾一再规定过，所有各单位会稿的文件，以及各单位送秘书室等单位文件，一律不准由勤杂兵递送，而必须由经办科员亲自拿来拿去，绝对不准经勤杂兵之手，怕泄露秘密。因所有勤杂兵当时都是雇佣性质，而不是军统特务。所以处室设文书股，也是免得处室主官亲自跑来跑去，文书股便可为这些大特务效劳。

内勤业务除了以上处室组织外，从一九四二年以后又成立了一个上海实验区，以及华北、华中、海外等区。军统外勤单位也有区的组织，而内勤部门这些区却是主管各地区的布置工作。由于内勤组织庞杂，派一个人，派一部电台，发一笔经费，都要经过不少单位，要通过不少的人去办。他为了保密和迅速起见，特成立上海实验区来试验一下，采用专业专区专人负责办法，把布置到沦陷地区和解放地区的人事、经费、电台三项工作集中到一个小的单位由专人去主办。如上海实验区要向上海地区作布置，只要拟定计划，经他或毛人凤批准之后，便分别通知人事、经理、电讯三处，先要几个人由区挑选，合格的便要人事处把这些人的人事档案、卡片等移交给上海区人事股主管，人事处便不再了解这些人以后工作情况。经费领发也一次由区的会计股出面统一领取，不由个别的人向经理处去领取和报销，而由区直接向戴笠或毛人凤核销。这样，经理处便不知道这笔款究竟给了谁，也不知是作了什么用途。电台情况也是一样，由区的电讯股分发，电讯处不再过问。但是布置完毕以后，从上海地区发回的情报却又要由机要组译电科统一译出后送交第一、二处主管情报的单位去处理。只有有关人事、经费、电台三项报告才交回区来处理。所以到上海后的活动情况，区又不了解。这样既能保密，又可防止完全由一个单位全部包办容易发生流弊，特别是怕别人对他欺骗和蒙蔽。

上海实验区成立一年，这种办法收到相当效果，便扩大为华东区，并相继成立其他的区。以后这些区的工作都要由他自己和毛人凤批核，不胜其烦，才又把四个区合并成立一个处。由华北区长马汉三任处长，代替他和毛人凤处理一些工作。处以下设四个科，仍各自保持原有分工不动。军统内部要增设一个处一个室，外勤要加一个区一个站，只要戴笠决定之后，马上实行，完全不需要向蒋介石请示，要怎么办便怎么办。所以从一九四一年到一九四五年间军统内部组织变更很大，从来没有固定过。有时一年数次变迁，连人事处也常常为了组织变更，人事乱得一塌糊涂，经常拿不出一本很准确的人事名册来。

属于内勤部门的除以上单位外，还有设计委员会、策反委员会、惩戒委员会和不经常工作的考核委员会。一九四六年初，由于劫收敌伪财产过多，特务们大肆贪污，以多报少，又成立一个财产清理委员会。这些会的情况我只极简单地谈一下。

设计委员会的委员人数不固定，随时增减，大都是临时安置一些高级特务，有的只拿钱而不做事，如曾任首都警察厅长的王固盘，和曾任过广西代理主席的俞作柏，以及抗战末期为戴笠所不重视的张国焘等人，都是以中将设计委员名义在该会拿钱拿粮而不去工作。这个会里面也有固定要去工作的人，因它下面还设有一个资料室和一个编制科。担任设计委员会主任的人，所领导的是这两个单位的工作。

策反委员会是以毛人凤兼主委，专门搞对伪军及各地人民游击武装策反活动的。

惩戒委员会最初是为了惩戒军统特务贪污案件的。因为军统特务的贪赃枉法实在弄得太不成话，戴笠为了整饬纪律，经常杀人。但贪污之风并未稍敛，原因是特务们贪污的机会太多，也太方便。而每次被惩的又是一些小特务，贪污得多的大特务则官官相护，很少出过问题。所以发展到胜利以后，竟有些贪污了上百万美金的还是逍遥法外，一些小特务却为几十元送掉了性命。这个会的工作以后发展到惩戒蒋介石集团中的贪污案件。这时戴笠为了沽名钓誉，也为了想维护蒋介石集团的统治，便找稍大一点的开刀。如专为孔祥熙老婆做生意的中央信托局运输处处长林世良三千万元的走私案，成都市市长杨全宇囤积粮食案等，被戴笠抓获，将林、杨公开枪决了。和林世良同案的中央信托局信托处经理许性初，判处徒刑十年，结果只关了一年多，便由孔祥熙保出释放。而一些更大的军政人员贪污案，如何应钦、汤恩伯之流却不敢去碰一下。四大家族更是由他保护着。

考核委员会是专为每年年终特务们的考绩而设。因为一九四二年以后，各级军统特务都正式定了军阶，每年要按年资进行一次考绩，以决定升迁，内勤还要报铨叙厅任官任职。

财产清理委员会是专门清理胜利后军统劫收的财产和历年来强征硬夺来的财产，以及由美帝送给军统的财产。清了一年多，也没有清完。戴笠一死，便成了一笔糊涂账。

还有一个内勤而兼外勤的机构是设在重庆磁器口缫丝厂的办事处。一九四〇年因城内空袭多，特务们不能安心工作，一些档案每天搬防空洞费时太多，便把原来一个缫丝厂占了下来，设立乡下办事处，分一部内勤在那里办公。以后戴笠自己也在附近杨家山找到一座民房，大加修建，成为以后经常住的杨家山公馆。戴笠踌躇满志，以英雄自居。把缫丝厂这个旧名称改称"造时场"，显示英雄造时势之意。

戴笠对军统内部工作和人事，一向控制很严。由他一手创立起来的这份家业，他是非常重视的。一九四〇年以前，组织还不很大，人也不太多时，他对每一个部门的工作都相当了解；以后日渐庞大，他虽常夸口他有过人的精力，也忙不过来。他因为一向会作假、欺骗蒋介石，所以也非常担心别人同样欺骗他。一九四二年以后，他感到越来越难控制。内勤一天天庞大复杂，工作联系上很易脱节，连他的手令下了后，几天都发不出去。虽然内勤仍办夜公，每天晚上八至十点加班两小时，积压的文件还是多。内部人数虽增到一千多人，还不能解决问题。他便仿照合署办公方法，叫每一处室每天派一主管特务（处长或副处长、主任或副主任）集中到一个地方办半天公，他自己也经常去那里看看。这样，在彼此联系上以及他掌握控制方面曾收到一些效果。可是主管负责人抽出半天时间集中办公后，除了处理一些有时间性和相互要联系的公文外，便是坐在一起聊天。这些特务头子们聚在一起真是有说不尽的话可谈。因为每人都了解许多别人不易了解的情况，一扯开来，便把一上午时间花完了，工作没有做出几件，而一切日常要处理的工作，都堆在下半天处理。这样一来，反而欲速则不达。他了解这一情况后，又变更办法。从一九四三年以后，每天中午各单位负责人都到罗家湾十九号军统局局本部去和他一同吃午饭。在抗战期间，一般生活都不见得好，他为了使特务头子们对这顿饭感到点兴趣，规定四荤两素一汤，一边吃饭，一边谈问题。事多饭后继续谈，事少吃完饭就走。这样他对各单位的情况大致上都能掌握，花费时间也不多，便一直坚持下来。

属于军统局内勤单位直接领导的附设机构，这里我也只略为提出谈一下，因为这些也都是戴笠经常直接指挥的。如特务总队，以及各个集电营、特别侦察组、外事侦察组和一些用四月一日这个纪念日取名的许多"四一"单位。

特务总队，也曾用过军委会特务第五团和军委会水陆交通统一检查处第二巡查总队等名称，它是专门担任军统内部、中美特种技术合作所（简称中美所）和军统有关单位的武装警卫与便衣警卫工作，以及在各个集中营担任看守和充当杀人的刽子手等。它有三个武装大队、一个便衣中队和一个看守所。这个看守所设在重庆望龙门两湖会馆里面，是临时囚禁革命人士与军统特务用的地方。这个地方比较偏僻，在这里进行审讯时，便于使用各种惨无人道的酷刑。审讯完毕后，才分别送进各个集中营去长期囚禁或杀害。军统特务一般称这个看守所为"小学"，因为戴笠把被禁闭的特务算做"修养人"，先经过这所"小学"，才进到"中学"和"大学"里去长期修养。

被特务称为"中学"的集中营，是设在重庆磁器口小歌乐山北面的白公馆看守所。这是四川军阀白驹（道成）在抗战前修建的一座叫"香山别墅"的两层楼房，因为它在修建时所有窗子上都装有铁栅栏，很适宜作这种用途，就被军统强占了过来改为看守所。叶挺将军便在这所房子西边楼上正房内囚禁过。一九四四年后，中美所的美帝特务看中了这所房子要作宿舍，戴笠便在中美所西端渣滓洞煤炭厂旧址上另建了一些房屋。这里原来是一个煤炭窑，军统强占时，把一个小矿主活活逼死，才将这所煤窑夺了过来，并将煤洞封闭，停止开采。军统把白公馆的犯人全部移到这里。胜利后，美帝特务回国，又将息烽监狱的犯人移禁到白公馆。一九四九年十一月二十七日重庆大屠杀时，这两个看守所内共囚禁三百余人，全部被惨杀后焚化。

在白公馆后面的洪炉厂山坡上，还有一些单独的小平房，也是作为囚禁个别重要政治犯的地方。廖承志先生便在这里一所一排三小间的平房内被囚禁了几年。

被军统特务称为"大学"的息烽监狱，是军统设在贵州息烽县阳朗坝地方的一所规模最大的集中营，可以囚禁四五百人。中共四川省委罗世文、军委车耀先及许多中共党员、进步人士如马寅初等都在这里囚禁过。

另外在西安冰窖巷还设有一个由丁勉之负责的西北看守所。因为当时在西北地区被捕的中共人士和去延安参加抗日的爱国人士很多，除了在胡宗南的青年训导大队、劳动营等集中营囚禁外，重要的都送进这个看守所。

戴笠规定这些看守所中除囚禁中共和民主人士外，还把军统违纪特务也送去关在一起。这种混合囚禁的办法，戴笠是有他的阴谋和打算的。这样既可利用特务们在监房内监视革命人士，也可以进一步了解一些用酷刑拷打还得不到的情况，同时又给这些犯错误的特务一种立功的机会。有些特务被判了长期徒刑，往往很快被恢复了自由，而得到继续重用或升级，这便是在囚禁中替他做了许多工作，把不肯叛变的说服叛变了，叛徒们也一同被释放了出来，但这种例子却非常之少。因为经过酷刑而不叛变的革命人士，可说绝大多数都坚持到底，忠贞不屈。我记得中共四川省委罗世文和军委车耀先两烈士经过多年囚禁，息烽监狱主任周养浩用尽一切方法没有收到效果，便亲自出马劝说，而得到的答复是："我不能出卖良心和人格。"（关于此案，下面详说。）当时只要关在这些集中营两三年，出来后没有一个不是被折磨得身体残废或瘦弱不堪，有些人的眼睛因长期不见阳光而看不见东西，好多年才能恢复过来。许多军统特务在释放出来后，都谈虎色变。有的听到要送息烽监狱，就想去自寻短见。至于对革命人士的虐待和折磨，那更可想而知了。

军统局局本部原来不直接去指挥最基层一级的小组组织，一般是通过外勤区、站去指挥领导基层单位，如在重庆的一些小组都由渝特区统一领导。可是从一九四三年以后，戴笠为了加强军统在重庆的反共反苏工作，却破例地由军统局局本部直接领导两个小组：一个是设在重庆水巷子一号的特别侦察组，组长是由少将级的大特务倪超凡担任。军统凡是加了"特别"两个字的单位，都是最见不得人的东西。这个组几乎完全由戴笠、毛人凤亲自领导着，它的主要任务是对付当时在重庆的中共许多组织，千方百计地想派人打入像《新华日报》、新华书店以及八路军和中共办事处等组织，哪怕是当一个《新华日报》印刷部的徒工或报童及勤杂工都认为是最好的线索。当时监视中共在重庆的机构和负责人，本来已经有稽查处、警察局、刑警处、渝特区的重庆组、化龙桥组等不少公开和秘密的单位，但戴笠嫌这还不够，不能专业化，所以才决定成立这个组而亲自领导指挥。另有一个主要是对苏联在重庆的大使馆、塔斯社以及商务代表团等进行侦察监视的外事侦察组。这个组名义上是附属于重庆稽查处，实际上一切工作、经费、人事，完全由军统局局本部国际科直接掌握，稽查处完全不能过问。它有一个专用化名叫"毕孔殷"。我任过稽查处副处长，也不能去问这个组的工作和人事。以后我到军统局里当了处长，才了解一点它的情况。

此外，还有许多事务性的附属单位，戴笠都把它们取名为"四一"，如四一医院、四一图书馆、四一印刷所、四一造纸厂、四一农场等单位，戴笠也很有兴趣地经常亲自去了解和处理这些单位的工作和人事。

军统局的全盛时期，在各地的外勤单位，除东北我不清楚外，在各省大都设有省站。连反动政权达不到的西藏，也有一个拉萨站，由西藏电报局局长谭兴沛任站长，并由军统派去了一个电台，还在昌都等地设有几个组。各省除了有省一级的站外，还有一些领导几个省或几个站的区的单位。如设在重庆老街"慈居"的渝特区，除领导重庆、南岸、江北等地区的许多组以外，还领导泸县、万县、下川东等几个站。设在成都的川康区，除领导成都站（蓉站）外，还领导自贡站、康定站、西昌站。还有北方区、西北区、晋陕区、华南区（香港区）、越桂边区、沿海区等。除了区与站之外，又有一些主管业务或不管业务而只办事务的许多办事处，如滇缅办事处、桂林办事处、东南办事处、华北办事处、五原办事处、车佛（云南泰国边境的车里、佛海）办事处、衡阳办事处、贵阳办事处，抗日胜利后又增加上海办事处、武汉办事处、北平办事处等。

当时专门针对陕甘宁边区的有榆林站，站长黄逸公；还有一个汉中特别侦察站，站长程慕颐；另有一个设在洛川的延安站。都是企图派人打入延安去活动的。

在海外地区的组织还有：印度站和德里、孟买两个分站，缅甸仰光站，腊戌站，曼谷站，新加坡站，菲律宾站，海防站，西贡站，美国站，伦敦站，巴黎站等。

抗战期间，戴笠亲自主持的反共活动是数不胜数的。这里我只举出其中的几件，便可看出他是如何阴险毒辣与坚决的反共。

一九三七年八月十三日，上海抗日战争开始，不久戴从南京赶到上海。有天他叫上海区长周伟龙邀集在上海的骨干分子，到他住的法租界枫林桥附近的寓所开会。那天去的人，我记得有周伟龙、王兆槐、苏业光、秦承志、赵理君和我一共十来个人。我们坐在他楼下会客室里等了好久，他才从楼上下来。那次他谈话的内容，我只记得他特别强调，不要因为报纸上天天宣传国共合作就忘记了我们该做的一件最重要的工作，就是要利用国共合作这一机会来消灭共产党。他很得意地说出了他的阴谋。他说，国民党掌握了广大地区，有丰富的人力财力和军队，既可以利用合作对共产党搞打进拉出，又可以用高官厚禄来收买，并从内部进行瓦解分化；同时，对不公开的地下党员可以借口逮捕汉奸名义，公开拘捕、囚禁、杀害，对公开了的中共人员则可以侦察、监视、利诱、威逼。他还分析许多情况，说共产党穷，生活很苦，又没有公开官位，我们只要舍得拿出钱来，给他们官做，就不愁不把共产党拖垮。他再三强调，这一政策一定要认真执行，这一机会千万不能放过。从那次讲话以后，不但延安抗日军政大学与鲁迅艺术学院在上海张贴的招生广告，大量被特务在夜间撕毁，而且秘密逮捕了几个中共上海办事处的工作人员和与他们有往来的人，囚禁在上海南市白云观淞沪警备司令部侦察大队看守所中。等到上海撤退时，在那里屠杀掉的二十多人中，便有好几个是秘密逮捕去的共产党员。

一九三八年秋天，中共和八路军派驻西安的代表宣侠父，便被戴笠命令军统西北区的特务徐一觉、丁敏之、李翰廷等秘密绑架后勒死，抛尸于下马陵一口枯井内。不久，又用封官晋爵办法，诱使八路军洛阳办事处主任袁晓轩叛变。袁晓轩不但出卖了自己的灵魂，还出卖了在河南大学担任文学院院长的嵇文甫及张丽寰等八十多位地下党员。结果，袁在军统中得到的最高官职只是一个上校组长。

一九四〇年春天，成都附近平原发现旱象，一些小春作物受到影响。虽然旱象不太严重，但是一些大地主、米商和反动政府官员立刻围粮不售，还四处派人抢购粮食，以便旱情严重时，可以高抬时价、利市百倍。抗战几年中，四川可说得天独厚，年年丰收，一时春旱，本不足以为灾。但这种人为的灾害，却比天灾更厉害十倍。一些天天靠出卖劳力而每日购粮食糊口的升斗小民，便无法买到一升半斗。反动政府原来假仁假义出售的一点所谓平价米，这时反而比过去供应得更少。因为经手人拿出去卖黑市，一转手便可大发横财，弄得天还没有黑下来，便有人去卖平价米的地方坐着等到第二天早上开门时能买上几升。有些人几天都没有买到一点，而一些仓库却堆得连门缝里都流出米来。饿了几天的穷苦人民便从这些仓库门窗缝隙里连泥带土地扫着流出来的米粒，而管理粮仓的人员先是驱逐，后来就是殴打。这时突然有人大喊一声：“抢！”围着的饥民如大梦初醒过来一样，知道除此便无法果腹，于是一窝蜂地抢了一个仓库。消息传开以后，许多囤粮仓库和米店先后又有几处被抢。这时成都的反动军警当局所采取的措施，不是先出售仓库囤粮来解决这一矛盾，而是加派大批军警保护仓库和米店，开枪打死、打伤了一些抢米的饥民，并大捕参加过抢米的人。戴笠得到这消息后，马上专机飞往成都去进行镇压。他散布谣言，说这是中共所指使，企图在蒋管区后方城市发动暴动。他的阴谋除了为反动政府推卸责任外，并硬把这一事件加到中共头上，说中共不守信用，破坏抗日联合统一战线，在后方制造暴动，以便借口可以大肆搜捕中共人员。一九四〇年三月底，在他亲自指挥下，在成都“努力餐饭馆”等处先后逮捕了中共四川省委罗世文、军委车耀先和在成都的中共党员十余人。当时，罗世文的公开身份是八路军驻成都的代表，车耀先是成都中苏文化协会的负责人。经他连夜亲自审讯，酷刑拷打，而毫无结果。他这一阴谋诡计既找不到任何物证，也得不到一句口供。被捕的共产党员都看出他血口喷人、想借故杀害共产党人的卑劣企图，宁死不屈，决不肯为个人生命而背叛党、出卖同志。戴笠一再亲自向他们提出保证，只要他们肯承认抢米暴动是得到共产党上级领导指示的，便可释放他们并给以很多好处，否则就要处死他们，但他们没有被吓倒。当戴笠感到黔驴技穷，一点证据都找不到时，便决定只将罗、车两人带回重庆继续设法审讯，其余的十多人在成都杀害，并选定在成都龙泉驿山上活埋。当这十多位中共人士被押解到预先掘好的大坑旁边时，执行屠杀的刽子手川康区特务队长刘崇朴最后再次询问每一个党员，愿意活的，便承认这次暴动是由中共指使的，否则，即行活埋。在这生死只在一句话的最后关头，仍然没有一个屈服，没有一个为了自己想活下去而出卖组织和同志。当第一个坚决表示"没有什么可说的"以后，便被刽子手们将手脚捆绑投入坑内，他们以为这样总会有一个或几个在这种情况下能达到他们卑劣无耻的目的。但出他们意外的是一个个地投下，直到最后一个，都没有一个屈服。他们失望到极点，把泥土盖了一半还在问："想活的快说，不然马上完了！"结果一铲铲的泥土抛下去，而没有一点回声。这十多位英雄就这样大义凛然、从容不屈地全被活埋在那里。直到成都解放后，尸骨才被挖掘出来。当时连戴笠听到这一情况，都为之感到惊异。他只好带着失望的心情，亲自押解罗世文、车耀先回到重庆，先把他们囚禁在望龙门，经过半年多种种利诱威逼，始终毫无结果。戴笠因为他们在中共地位高、时间长，一直希望他们能叛变，好利用他们破坏四川中共组织，并且只要他们肯承认这次成都的暴动是中共指使，便可作为发动一次大规模搜捕中共党员的借口，所以决定暂不杀害而送往息烽监狱去长期"感化"。戴笠并把他们改换了姓名，以免引人注意。他们的真姓名和身份只有息烽监狱少数负责人清楚。他们在息烽几年中一直坚持了共产党人最崇高的品德，毫无半点动摇。戴笠还经常问到他们的情况，有时也向蒋介石报告。直到抗日胜利，毛主席到重庆与蒋介石举行谈判，提出释放被捕中共人员，当提到两位烈士时，蒋介石竟当面说谎，硬说早已杀掉了。实际上是在他说过这句话以后很久才下命令杀害，并毁尸灭迹，以证实他说的是真的。当时罗、车已由息烽解到重庆，被害的地点是在磁器口杨家山后面松林坡戴笠住宅的汽车间附近，杀害后尸体均被焚化。执行的负责人是军统白公馆看守所所长张少云和汽车大队长张秉午。

另一件戴笠亲自主持的反共罪行是发生在一九四一年。军统局有一个无线电报务员叫张蔚林，是军统杭州电讯班第八期学生，曾在江西革命老根据地工作多年，可能在那段时间内与中共地方组织发生了关系。后来调回重庆，在军统局电讯处任科员，他暗中在电讯处发展了几个人。不久，电讯处把张蔚林调到重庆稽查处电讯监察科（专门公开监视无线电通讯和控制无线电器材的购销）工作。由于工作不慎，将一部侦测电台的真空管烧坏，他怕受处分，准备逃走。据说他曾向领导他的中共组织去请示，经过研究，认为他是一时业务上的过失，并没有发现他政治上的问题，可以不必逃避，仍应保留这一关系。他便跑到军统局电讯处去求情。正在这时，稽查处因找不到他，便派人去他家中找他，见他不在，就到处搜查。结果发现他介绍重庆总台报务主任冯传庆等加入中共组织的文件和他私自抄录军统分布在各地的无线电台情况和名册，认定他参加共产党有据并违犯军统纪律，便派出大批特务四出分头缉捕。这时张蔚林正在电讯处，便被扣押。戴笠听到这一消息，大惊大怒，立刻亲自审讯，并清查他的关系。结果张蔚林在军统中所发展的杨洸、冯传庆、安文远、赵力耕等六人全部被捕。同时还逮捕到一个据说是曾在延安抗大受过训，而派回重庆负责与张蔚林联络的女共产党员四川人张露萍（又名余琳）。所有被捕的人都囚禁在重庆稽查处看守所内。戴笠做梦也没想到在他的军统局内部居然有共产党组织，气恼至极，便在重庆大肆搜捕中共地下党组织。张蔚林因为在稽查处工作过，与看守所长毛烈一向认识（毛烈为戴笠的小同乡，军统局局本部第二处处长何芝园的妻弟），便花了五十元托毛烈送了一封信到重庆中二路四德里 × 号。因为张的案情毛烈并不清楚，还以为只是在业务上犯了错误，便徇情代办了。过了一天，戴笠发现四德里 × 号便是与张有联系的中共组织接头处，马上派出大批特务前往搜捕，结果这所屋内一个人也没有了。后来查出是由于毛烈得了五十元而私自带过一封信去，所以有关的人全部逃走。他的阴谋又无法实现，气得暴跳如雷，立刻将毛烈枪决，以后多年他还为此而恨恨不休。从此他严格规定，所有政治犯一律不准囚禁在公开特务机关，必须送到军统局看守所。他从张等身上找不到线索，便将张等送往息烽监狱囚禁了一个时期。约在一九四四年，张蔚林等被秘密杀害于息烽快活林军统一座被服仓库内。类似这样的具体例子还有很多。戴笠所最感到遗憾的，往往是他在逮捕到一些真正的共产党员后，总不能从他们身上得到更多的线索，而达到他大肆搜捕一网打尽的目的，使他反共阴谋不能顺利得逞。

戴笠一生坚决反共、反人民，却对共产党人非常害怕。记得有一次，我去看囚禁在白公馆内的叶挺将军。我非常好奇地问叶："叶将军将来离开这里后，第一件准备要做的事是什么？"叶将军毫不考虑用极坚决的口吻答复我："我出去后，第一件要做的事，便是请求恢复我的党籍！"我听了很奇怪，因为我知道叶将军当时心情很烦躁，戴笠每次去看他，都遭到他的斥责，以后戴笠便不敢去见他。所以我也不敢再进一步问他为什么第一件要做的事是恢复党籍。我过去完全不懂，一个共产党员对党的热爱和忠贞，会超过对自己的生命。记得我回去把叶将军这句话告诉戴笠时，他把眼盯着我，好久眼球都不动一下，叹了长长一口气才说："共产党可怕就在这些地方！"

戴笠最讨厌《新华日报》，但他每天都要看这份报。别的报纸他往往连标题都不看，而看《新华日报》却看得很仔细，有时连广告栏都看，可是他却不希望别人去看它。当时军统局局本部每一处、室、科，都订了许多报纸、期刊，可是《新华日报》却只准主管情报业务的第一、二两处和秘书室订阅。我初到军统当总务处长时，不知道这一规定，有一天总务处文书股长吴苏要求总务处电订一份，我毫不考虑地同意了。戴笠有一天来到我的办公室，看到吴苏正在看《新华日报》，马上把我叫到他的办公室问我，总务处为什么订这种报？我说是吴苏请求，我批准的。他便告诉我，他有规定在先，吴苏趁我新去，不了解情况，而钻这种空子。戴对我说，这个人思想有问题，可得注意点。我答复他，不会因为看一份报便有问题，他很不高兴。不久，他就借一个机会把吴苏调到公开机关去工作。我才清楚这是在防范吴，怕吴留在局本部出问题。

"皖南事变"发生时，蒋介石集团的报纸全都颠倒是非，捏造一套谣言，为反动政府作宣传，而把《新华日报》上第一版所准备发表的真实情况报道，全部不许刊登，开了一个大天窗，中间只刊了周恩来先生的四句诗："千古奇冤，江南一叶；同室操戈，相煎何急！"《新华日报》还刊出周先生的题词："为江南死难者志哀！"当时许多人看到这些，又看了反动报纸的消息，明眼人一猜便知道这是怎么一回事了。当天虽然出动大批军警特务，企图阻止这张报纸发行，到处抓报童抢报纸。后来周恩来先生亲自上街散发，把当天的报纸都发光了。特务们当然不会同情新四军，可是对周恩来先生这几句含蓄深刻、感愤无穷的诗句却很感兴趣，不少人暗中传诵。我也读过几遍，所以到现在虽事隔多年还有印象。这一情况被秘密督察向戴笠报告后，他气极了，有一次在纪念周上大骂说："委员长的话和我的话你们都不记得，不去背诵，而偏偏对共产党人写的东西，你们看成宝贝，居然抄下来，读得烂熟，这是什么道理？"他借此机会又造谣，说什么共产党人抓了军统人员如何杀害等等。会后我送他上汽车时，又骂我几句："听说你也跟他们一样读这些诗句，还说写得好，你真太没有政治头脑！"

为了防止《新华日报》的发行，军统特务们在戴笠的指示下，可说费尽九牛二虎之力。重庆的报贩把头邓发清，便因此大走红运。邓原为报童出身，卖了几十年的报，以后加入袍哥组织，当了流氓头子，便把所有重庆报贩硬强迫入帮，由他统率，成了报贩把头。《新华日报》在重庆出版后，邓发清得到特务们的指使，不准报贩们卖《新华日报》，以后《新华日报》便自己招收了一批报童，专门贩送。特务们又利用邓的手下去抢夺报纸，殴打这些报童，并经常去《新华日报》门市部捣乱和耍无赖，可是始终阻挡不住《新华日报》的发行。军统除了利用邓发清进行捣乱外，稽查处与侦缉大队的特务们也成天为此手忙脚乱。特别是军统控制的重庆邮电检查所，把成批成捆的《新华日报》扣留下来不让寄出去。可是《新华日报》还照常在各地流传，越是想禁止它，越有人要设法去看。特别是反动政府一些工厂里面的工人们，都热爱这份报纸。这使得戴笠非常担心，他多次痛责特务们是草包，连一份报纸都无法对付。他觉得还是邓发清一套办法可能有效，便亲自召见他，要他多尽一点力。当时不仅军统一个特务机关为了《新华日报》问题而在想方设法，另外中统局和三青团等特务机关也同样想尽办法在对付这张报纸，便都想利用这个报贩把头，争先拉拢。最后你拉我夺，把一个过去瞧不起的报贩子邓发清弄得身价百倍,尤以三青团出价最高,把他弄成为中央团部的干事。以后国民党与三青团合并,邓便一跃而当了国民党中央委员。有些人便讥笑说:"邓发清这个国民党中央委员是《新华日报》把他选出来的。"

大约从一九四三年冬或一九四四年春天开始,蒋介石为了加强反共的阴谋活动,特别指示他手下各派系的特务首脑,每月至少应当开一次会,亲自出席,以便交换情况,研究办法。这个会是由戴笠负责召集,每次开会地点均在重庆枣子岚垭二十九号漱庐,时间全都是在晚餐前后。开始举行第一次会谈的前一天,戴笠曾亲往布置,并指示我:"明天晚上六点钟有五六个人来这里开会,准备一桌中等饭菜,最要紧的是开会时不要任何人走近这里,并选两个可靠的职员照料茶水,不要用勤务兵送东西进去……"他叮嘱得非常仔细,还亲自在前后窗子旁边看过一下才离开。第二天我便选了总务处庶务科副科长王凡石和交际股副股长徐庆两个人前往照料,我也亲自去布置。六时左右,戴先到,到后便找毛人凤拿了几个卷宗给他,他看了一下,选了其中几件,其余退给毛人凤。过一会,郑介民、唐纵相继来到,他们四个人先研究了一下,毛人凤便走了。接着便是中统局局长叶秀峰、宪兵司令张镇到来。最后到的是蒋介石另一亲信特务首脑宣铁吾,宣是继戴笠而任财政部缉私署署长的。他一进门便说:"这是你们几位的事,我参加有什么用处?"戴笠马上说:"指定的人最后一个便是你,你今天也是最后一个到。"接着他们就开始会谈,我当时在隔壁餐厅内指示布置晚餐,餐厅通客厅的门是关着的,他们说话声音很低,听不清楚。从此每月一次,除宣铁吾有几次没有来外,其余都是亲自去,当时连毛人凤都没有参加。我以后慢慢才了解这个会的性质,也慢慢听到一点内容。因为到夏天,重庆闷热极了,他们还是每月一次,有时两月三次不等,从不停止。夏天所有门窗都打开,我也常常带着好奇心,利用外边有重要人员打电话找他们当中的任何一个人时,亲自进去通知,才听到一些。一般总是唐纵先谈。大都是蒋介石对某一情报的态度,或很重视,或叫继续注意等问题。戴笠总是第二个发言,滔滔不绝地在报告他的成绩。接着是叶秀峰、郑介民、张镇等发言,宣铁吾很少说话。有几次开会完毕,在准备吃饭时,戴笠便把毛人凤事先为他准备好的卷宗交给我带回给毛人凤。我也顺便翻开看看,大都是当时中共科与特种政治问题研究室的文件。戴笠有时出差离开重庆,便由郑介民代他报告。直到戴死后,反动政府迁回南京,这个特务首脑的秘密会议一直没有停止过。

我在军统十多年和在戴笠身边几年,把所了解到戴笠和军统的一套反共办法总结一下,不外是打进拉出。具体的作法约可分为十多种,如:从侧面入手,由浅入深,由远及近,由疏及亲,收买与中共有关的亲友,培养专门人员混入中共内部或外围组织,以便由低到高,从下到上。利用叛徒拉叛徒,从监狱中或俘虏中寻找关系。利用各种公开特务机关从外部找线索,由外向内,如邮电检查、电话窃听、水陆交通检查、户口保甲调查，发现线索，立刻进行监视跟踪。采取引诱上钩，办灰色刊物、剧团、社会团体等，利用表面进步和口头反蒋的人出面搞社会活动，发现有关中共组织案件采用穷追猛打，连续破坏。用软硬兼施、威逼利诱手法对待被捕的中共党员。从无线电进行对中共电台的侦测，控制无线电器材的贩售，研译中共电台密码。对被捕后不屈的党员采用长线放远鹞办法故意开释几个，来进行搜捕。采用广种薄收，勤撒网，紧追踪，如在蒋介石集团所有的中央机关内成立防谍防"奸"组织，调训各机关中少数职员，普遍设立防谍站、组等办法。这一套虽然没有什么高明与特别的地方，但由于戴笠在执行时异常认真，经常亲自检查，总结经验，决不放弃任何一次机会，因此，使不少中共党员惨遭杀害，不少组织受到破坏，也曾使得极少数意志不坚、混入革命组织中的人员叛变。这些，都使中国革命受到不少的阻碍，是他一生和每一军统特务的严重罪行。

　　抗战期间，军统的特务按照正规编制，可以领到经费的，在蒋管区内是一万七千六百人，在沦陷区工作的六千人，在海外各地的是二千人，总共是两万五千六百人，但实际上却要加上一倍。这些庞大的超支，和许多无法报销的支出，往往是由戴笠设法来弥补。他的确是生财有道，不愁无钱可花。除了他以缉私署长身份专缉别人走私外，又兼战时货物运输管理局长，那是专门公开进行走私与日伪作生意的机关。这样，不准别人走私，而自己可以公开走，公开将内地禁止出口的物资，由他经手去资敌而换回后方可以赚大钱的物品，从中获得巨额利润。此外，最大的收入，还是伪造沦陷地区行使的各种钞票。在重庆中美所范围的东边，靠近洪炉厂附近，有一排密密围着很长的竹篱、里面又加一道土墙的平房，便是制造这种假钞票的地方。机器是美国运来的最好印钞机，纸张是向美国定制的，和沦陷区行使的钞票纸完全一样，担任印制的工作人员是由昆明中国银行印制钞票的单位等处挑选去的。所造出的成品，连专作假票的一些日本专家也不易鉴别出来。只要日伪发行一种新钞，重庆马上照样制出来。这些成十亿、百亿数字的钞票，经过军统特务的各种组织，很快地运到沦陷区，很快地换成黄金、布匹、棉纱等日用品流入大后方。这些来得太容易的钱，除了作为军统反共、反人民的经费外，还有大量节余可以上交给蒋介石去作其他特别开支。戴笠特别夸耀他这种一举数得的成就。他认为一方面破坏和扰乱了敌伪金融，同时又换回大量物资，更补充了军统的经费，又给蒋介石增加一笔收入。可是受到灾害的却是沦陷区的广大人民，由于不断涌现大量伪"伪钞"，日伪政府又不断增发新钞，因此沦陷区和蒋管区的物价像竞赛一样地上涨着。他们除了直接受到日军汉奸的种种压迫剥削之外，还要加上一层来自重庆的灾害。可是戴笠却因此而自居有大功劳，并且解决了军统经费不足、用人过多的种种困难。当时那些临时调去印制伪钞的员工，一经进入，便失去行动自由。戴笠怕他们泄漏机密，不准他们离开，只在生活待遇上给以特殊的优待。那个地方也绝对不准特务接近，直到抗战胜利，才有些人知道。我也只随着戴笠一道去看过两次，其他的时候不便进去。所以知道这一件事的人在军统特务当中还是很少的。

（沈醉：《我所知道的戴笠》）

执行蒋介石"曲线救国"政策的内幕

有许多军统特务分子，在解放后只承认军统在反共、反人民方面有过重大罪行，而不承认军统特务与日伪汉奸有勾结，随时准备在抗日战争期间投降，准备去当汉奸。因为戴笠与敌伪勾结的情况是极为秘密，一般都不易了解。加上只看到抗战初期军统在许多沦陷区与日伪进行过一些斗争，如在上海刺杀过唐绍仪与上海市长傅筱庵，特别是在河内刺杀汪精卫而误毙曾仲鸣等，也有一些军统被日寇和汉奸杀害过。仅仅从这一些表面上所表现的问题，便坚决相信军统是真正抗日的。这里，我把亲自了解的一些具体事实揭露出来。因为戴笠便是蒋介石投降政策的执行人之一，通过他的活动和他对一些问题的处理，便可很清楚地看出蒋介石积极反共、消极抗日，并且随时准备投降的内幕。

我在戴笠身边的几年中，因经常参加他亲自召开的重要会议，特别是他个人在这方面的一些活动，他对我可以说不太防范。因我十几岁便参加军统，他一直认为我最可靠，所以我能了解到一些有关情况。现先从军统特务过去最爱夸耀的河内刺汪精卫案子说起吧。

一九三八年十二月，汪精卫离开重庆去成都转往昆明后去河内，发表声明，响应日首相近卫文麿"调整中日关系三原则"。国民党的副总裁这一行动，充分说明和暴露了国民党的真实面目，使蒋介石感到很难堪，便叫戴笠立刻派人去河内刺杀汪精卫，以表明他还是反对投降的。戴笠便把原任军统局临澧特训班副主任余乐醒叫到重庆，和他研究了行刺办法，并由戴笠在特务总队内挑选了武术和枪法最好的唐英杰、陈帮国、陈步云等六人，由余率领前往。余为留法勤工俭学会学生，能操流利法语，对河内情况熟悉，去后即在汪所居住的高朗街二十五—二十七号寓所附近找到了房子，因汪在河内，法国人派有大批越南军警保护他，迟迟不能下手。戴笠怕汪去南京后更难找到机会，一再电促余乐醒早日动手。一九三九年三月二十一日，余乐醒等决定夜晚越墙而入刺杀汪精卫，不料当天晚上因曾仲鸣的老婆方君璧带着第四个孩子曾孟济从香港来到河内，汪精卫临时把自己住的一间大点的房间让与曾夫妇住，而搬到另外一间房内去了。特务们半夜越墙进去后，还以为汪住在原来的房间，想用利斧破门冲进去，结果门打不开，只得在门上劈了一个洞，用手电照着开枪射击。因为曾仲鸣钻到床底下，只露出半截身子，他们以为是汪精卫无疑，便瞄准目标打了几枪后纷纷逃出。枪声惊动了保卫的军警，结果除余乐醒、唐英杰两人逃走外，其余均被捕去，直到抗战胜利、日寇投降才释放。这便是河内刺汪的简单经过。

事后据余乐醒告诉我，偶然错杀了曾仲鸣，倒不是蒋介石和戴笠不想打死汪精卫而故意来一个疑阵，问题是蒋介石为什么叫戴笠去杀汪？难道真是因为汪要当汉奸，蒋介石要抗日而发生了不可调和的矛盾，才下这毒手吗？这一内幕我以后才渐渐弄明白。原来蒋介石和汪精卫在抗日问题上的看法完全一致，除了从汪精卫到南京后，发表一篇题为《举一个例》的文章，说明他投降日寇，事先是和蒋介石商谈过的这一证明外，还有许多不为外人所知的情况。蒋介石在逃到重庆后，虽准备投降，但是还有许多顾虑，而汪精卫却经常表示迫不及待。所以汪在重庆，蒋介石叫戴笠派特务监视着他，不准他离开重庆，主要是怕汪先走一步，日本人有了汪以后便不一定再要他。当时汪精卫也很清楚，知道蒋介石不会让他一个人先去，他便假借去成都参加国民党四川省党部的会议，离开重庆。当他到珊瑚坝飞机场搭乘飞机时，重庆稽查处派在机场的航空检查所长姚悟千率特务劝阻他登机。汪大发脾气，连说："我是国民党副总裁，连去成都参加开会都不行，是什么人的命令？"姚悟千等无话可答，只好让他坐上飞机，并立即向戴笠报告这一情况。经戴向蒋介石请示，蒋说只要他不飞香港，在国内可以让他自由行动。汪也知道直接飞香港不可能，便派人和龙云商量好，经昆明飞往河内。蒋介石一听到汪已走了，气得把戴笠大骂一顿。因为他知道汪会泄露他有投降的打算，也恨汪没有事前同他商量妥当，便先溜走，所以决定要杀掉他。

此后几年中，军统虽然在上海刺杀过几个汉奸，却从来没有再听说准备去刺杀汪精卫了。他们什么时候言归于好，这一经过我不清楚，不过我亲自看到过这样一件事：抗战胜利后，我是军统派出去的接收人员之一。当汪精卫的老婆陈璧君从广州解到上海时，她的行李刚运到，我正准备清点，忽然接到郑介民的长途电话，以极严厉的口吻说，陈的行李运到后，在他明天没有亲自前来清点之前，决不许任何人先看，违者将严厉处分。这是怎么一回事？许多人都感到非常好奇，总以为有什么传国之宝被她带在身边，才会这么重视。第二天郑介民专机赶到后，急急忙忙亲自开了几个箱子，找了许久，似乎没有找对。又连开了几个，后来有一只他开了很久打不开，才叫我动手帮他开，这一回开对了。他从箱子里找出三封信，信封上面的字迹很端正，不是蒋介石的笔迹，但郑每一封都抽出看了一下，而里面的信都是蒋介石亲笔写的。郑连忙把这三封信揣入怀中，便匆匆走了。信的内容、时间，我都没有看到，但可以猜想到这是在汪精卫离开重庆以后才写给他的。如果是以前的信，蒋也不会那么重视而那么慎重其事地派郑介民亲到上海取回。这一事实说明蒋汪之间以后的确勾通一气，随时准备投降无疑。

又如蒋介石为什么在龙云护送汪精卫去河内并知道龙与汪有勾结后，不马上解决龙云？早在一九三三年前后，龙云的身边便有军统特务随时在做龙的工作了。这便是当时云南省政府收发室主任王文彬，化名叫林子华。这人在唐继尧时代，就在云南省政府当收发。他对几十年的档案都熟悉，是个外表非常老实诚恳的老头子。他不但了解龙云与各方面文电往来，而且对龙每日的行动也清楚，要作为刺杀龙的内线，是很可靠的。还有一个龙的亲信小同乡蒋唯生，是跟了龙云从司书当到随从秘书。这个人可能直到解放后在昆明被镇压时，龙先生才会感到惊异一下："怎么这个人也变成了军统！"从军统的工作来说，要在昆明刺杀龙云，比到河内和上海去刺汪精卫和唐绍仪要容易得多。为什么蒋介石不在那个时候杀龙云，而要在解放前一九四九年的秋天，准备在香港刺杀他？因为这个时候不再需要他了。以前蒋介石要保留和准备一批与他臭味相投的人，一旦时机到来，他的"曲线救国论"公开提出来后，便可以得到一些人的拥护和喝彩叫好。龙云可能还会记得，当汪精卫从南京派了一个代表到昆明，被宪兵十三团查获扣留以后，龙云派兵硬把这位报聘的专使抢了过去，蒋介石不但不因此大发脾气，还敷衍龙的面子，把那个不识相的宪兵团长龙涤波撤职，而改派彭晋仁任团长。这件事总算很够交情了。但是到一九四九年龙云在香港，决心投向共产党而通电起义之后，蒋介石的真正嘴脸便暴露了出来，所以叫毛人凤派保密局行动处长叶翔之去香港布置。毛人凤赶到昆明，要我把龙云的秘书蒋唯生找去和他商谈，叫蒋唯生设法去香港充当内应，好把特务引进龙在香港浅水湾的住宅去进行刺杀。后来由于龙的儿媳可能发现蒋唯生鬼鬼祟祟的行动可疑，龙云便派蒋回昆明，这一阴谋才未实现。这就更可说明蒋介石对与他志同道合准备投向日、汪的人可以容忍和保留下来，并给以很大面子，但是一旦要投向共产党和人民，则非要他的命不可了。

我从戴笠、毛人凤等人口中，不但了解龙云和汪精卫的关系，就是当时近在咫尺之间的一些在四川、西康等地的军阀，他们派了什么人去南京当代表，汪又派了什么人与他们联络，以及在川康两省保障了一批汪精卫的改组派重要骨干分子在自己身边等等情况，都非常清楚。蒋介石对这些人却一直以礼相待，彼此心照不宣，为的是一旦有变，将来又可共事于一堂。所以对于一些人这种"正合孤意"的两面作法，就能默许，而从来不曾去惊动他们。其中据我所知，最为露骨而突出的，还应当是对待当时第三战区司令长官部政治部主任谷正纲这位汪精卫手下的大将。谷在三战区与汪从来没有断过联系，直到江邀他去南京当社会部长，他公然拿着汪的这封亲笔信到重庆去向蒋介石请示。结果实在出人意外，蒋介石竟认为可以在重庆也成立一个社会部而把这位"人才"留下来，让他更好地与汪保持联系，以便准备更多的桥梁。像这一类的丑事，如蒋介石的代表蒋伯诚老早就等在上海与日、汪商谈等，实在是举不胜举，我不打算多列。现在就我更为熟知的，谈谈这位忠实执行蒋介石曲线救国的特务首脑与汉奸勾结情况。

在抗日战争开始时，一些特务对抗战多少有过一些表现，但自从一败再败而逃到重庆后，希望早日停战的心情却越来越严重，也感到越打越没有把握了。除了人所共知的戴笠得到蒋介石的同意，派唐生明去南京外，而更多的活动是通过与周佛海、任援道、丁默村、罗君强的密切联系，双方几乎鱼雁频通，毫无阻隔，相互来往，亲如一家。重庆当时虽然特务密布，也从来没有破坏过一件真正的汉奸案件。而军统大特务程克祥、彭寿、吴志伟、周镐等人安居于上海、南京，也与汪记政治保卫局人员打得火热。周佛海在湖南老家的父母和岳母，也由戴笠专车迎往息烽。从上海送皮衣、洋参之类的专使，则通关越卡，络绎于途。当周母病死于息烽时，戴笠亲往代充孝子，以示义兄义弟的情分。特别是汪记政治保卫总局华南局局长廖公劭到重庆见了戴笠后，马上被任命为重庆卫戍总司令部稽查处处长，而军统派去的特务傅胜蓝，也被派任为杭州市市长。双方交换使用干部达到了互信互赖的程度，只待时机一到，负责首脑便可握手言欢，好把枪口一致指向共同的敌人中国共产党和抗日武装部队。戴笠在日寇刚一宣布投降，立刻明令发表周佛海为军事委员会上海行动总队总指挥，命他率领伪军和汉奸特务部队负责维持上海治安，并联络日本军队，务必阻止在上海附近对日寇作战八年的新四军和人民游击武装部队进入上海。紧接着，戴笠便委任任援道为军事委员会别动军太湖区清剿指挥官，以阻止新四军等进入南京。周佛海等人公然摇身一变，立地又成了上海人民的统治者，照常警卫成群，出入汽车几辆，前呼后拥，招摇过市，因此弄得天怒人怨，戴笠最后才不得不把几个臭名狼藉的大汉奸扣下来以平民愤。而周佛海、丁默村、罗君强、杨惺华（周佛海妻弟，伪中央信托局总经理）等四人，戴笠因他们对军统出力很多，为了他们的安全，便用专机于一九四五年十月三日护送到重庆，在磁器口杨家山的戴公馆里委屈一下。因为重庆认识他们的人不多，比别处方便。在这种周到细致的保护之下，无怪周佛海口口声声说："生我者父母也，知我者戴先生也！"另外，一些改头换面的伪军，如正在为蒋介石效劳而执行"清剿"任务的任援道等人，依然得到宠信，一直逍遥法外，官运亨通。等到戴笠死后，郑介民继任局长，他了解当时人民对汉奸仇恨到极点，为了缓和人民情绪，更因不肯代人受过而影响自己，才把周佛海等三人交出来，由重庆送到南京，关在老虎桥监狱。但军统仍时予照顾，虽在监狱内还很优待。我记得周佛海病得要死之前，毛人凤还叫我去探望过他。这个大汉奸兼大特务在临死前执着我的手，眼泪模糊地对我说："我过去虽对不起国家，对不起老百姓，但对委员长和戴先生，我是尽了一切力量的！"因此，他临终前还以功臣自居，说他在一九四三年四月间接到戴笠给他的亲笔信，其中有"呈准委员长，准予戴罪图功"等语，竟向我提出一个要求，希望他死后准许在他尸体上盖一面国民党政府的国旗。结果因毛人凤不敢作主没有答应，使他临终前还为此而感到很大失望，于一九四七年二月二十八日死去。

我所知道的蒋介石和戴笠准备投降日寇与反共重于抗日的另一具体事实，是在一九四四年冬天。当时日军正向贵州方面进军，少数先头骑兵部队已冲到了独山附近，蒋介石匆匆忙忙从西北抽调一部分包围陕甘宁边区的精锐嫡系部队去保卫重庆，何应钦亲自去贵阳督战。戴笠一面将军统局局本部一千多特务组织起来，成立一个战斗指挥部，同时带着我和近千辆大卡车赶往贵阳抢运物资。有一天夜间，何应钦和戴笠站在离贵阳三桥不远的公路边，看着那乱得一塌糊涂的情况，何应钦顿着脚说："现在连一团人都调不来，你看怎么能挡得一下？"戴也急得没有主意，便决定尽量撤退贵阳一切物资，集中卡车抢运，不管哪一单位的东西，只要能装上车的都先运走，并决定先抢过乌江再看情况。以后汤恩伯和胡宗南的部队星夜运到一部分，日军也不明了贵阳虚实，被抵挡了一下，便自行撤离贵州，这样贵阳才免于沦陷。

当时我最着急的是怕放弃重庆而逃往西昌，因为军统在西昌准备的房子很少，只在筇海有两幢房子，而且很久没有修理。我几次向戴笠提出这个问题，要不要先派得力的人员去准备一下，他一直不答复我。一天晚餐后，我又向他提出来，这次他总算漏了一句真话，吞吞吐吐地回答我说："你不必担心。你以为我们真的会要逃到西昌，那还得了！你放心好了，将来自然会有办法的！"这时我才明白，原来反动政府并无逃到西昌继续抗日的决心，宁可在必要时订城下之盟，而决不肯把放在西北包围封锁共产党的精锐部队抽调出来。就在那种千钧一发的时候，戴笠却没有忘记做一件事。他曾匆匆地从贵阳抽空赶往息烽，叫息烽监狱主任周养浩把囚禁在息烽的人犯也迁过乌江，同时命令把在囚的一部分中共党员先行枪决，再行撤退。我随着他从贵阳回到重庆后，虽然他经常在军统局内讲话，叫特务们组织起来，准备保卫大重庆和撤往西昌继续抗日，但我心中已有数，再也不着急了，明白去西昌是句骗人的鬼话、抗日的幌子而已。

（沈醉：《我所知道的戴笠》）

引狼入室，美蒋特务合流

戴笠和帝国主义的勾结，最初是与英帝有往来，以后才与美帝发生关系。抗战发生后，军统的电讯处在研译日本空军的密码通讯方面，掌握了一些规律，对于当时日本空军每次空袭重庆之前，由侦察机发回日空军基地的电报内容，如对轰炸目标的指示等，积累了许多经验。这是由于空军在飞行时所使用的密电码较为简单，容易研译出来。每遇空袭，军统便把日机出动情况和可能轰炸的目标，预先通知重庆防空司令部，都有相当准确性。因此引起了英国驻在重庆的特务们的注意，便希望通过与军统的合作而把这一套东西剽窃过去。军统也想通过与英帝合作的关系，偷学到它的一些东西。约在一九四〇年前后，曾以当时航空委员会工作队的名义，由电讯处大特务倪耐冰率领了专门侦收研译这方面工作的特务胡鸿业等十多人先后在香港、印度工作过一段时期。一九四一年，在重庆小龙坎附近红槽坊成立了一个中英技术合作所，由军委会别动军司令周伟龙兼主任，英帝派了一个副主任。因为双方各有打算，彼此想偷学对方一点东西，加上戴笠还希望英国人在无线电器材方面能无代价或低价供给军统，但是英国答应给他的东西迟迟不肯运来，戴笠经常背地里骂英国人是"吝啬鬼"。他便希望能与美国人合作，曾多次指示军统美国站长、驻美大使馆副武官萧勃在美国多方联系接洽。

最初美帝一些特务机关对此并不重视，直到一九四一年下半年，军统研译密电的技术室，侦译到日本空军有在太平洋方面进行轰炸的准备情况后，戴笠想以此讨好美帝，引起它的注意，便决定把这一消息通知了美国站长萧勃，由萧勃告诉国民党政府驻美大使馆武官郭德权，郭便急忙转知美帝一些有关部门，请他们注意。据说美国一些将军们听了捧腹大笑，认为这是不可能的事，并感到中国人是在破坏美日关系，因为日本这时在军火方面得到美国的大力支持，两国间的关系很好。以后军统又陆续获得这方面有关情况，经萧勃转告郭德权，郭自己也有点怀疑，不敢正式通知美方，只和与他私交较好的一些美帝军官们谈谈，而他们也当作神话一样听听，毫不在意。结果日空军于一九四一年十二月八日，在来栖三郎赴美商谈途中、美帝全无防范的情况下，偷袭珍珠港成功。这时美帝一些平日骄傲到极点的将军们才想起郭德权事前通知他们的消息是可靠的，便去找郭询问这些消息的来源。以后晓得是军统方面得到的，这时美帝对外活动的情报机关，美海军参谋部情报署才找萧勃商谈，并通知美国驻重庆大使馆武官迪帕斯上校找戴笠联系。这时戴笠真是高兴极了，便在他公馆里大宴宾客，招待迪帕斯。他并连忙向蒋介石报告，蒋也赞成他早日与美帝发生联系。不久，萧勃便陪同美帝海军方面特务头子梅乐斯海军中校来到重庆，与戴笠进行商谈，决定成立中美特种技术合作所（简称中美所），地点选定在军统磁器口缫丝厂办事处后面钟家山，并立即动手兴建房屋。从一九四二年开始到一九四五年抗战胜利，前后建了大小近五百间平房，强占附近一带民房、田地达三十里左右的范围，连一条从磁器口经小歌乐山到歌乐山的通路都被封锁，车辆改道走杨公桥。

一九四二年夏天，梅乐斯率领三十多名美国特务到重庆，进行筹备工作，以后，又陆续来了八十余名。最初进行的工作，只限于双方交换有关对日寇的密电码的侦收研译。由于双方各有打算，美国希望很快地能掌握军统几年所积累下来的对日本空军密码研译的技术经验，而戴笠则希望美帝能把专门研译密码的一个叫"黑室"的组织和一套研译密电码的科学设备搬一部分到重庆来，而又不打算把自己懂得的一些东西让美帝了解。结果搞了近一年，彼此在这一方面都达不到目的。美帝所能提供的，只是一批无线电制造器材。戴笠也不肯把真正懂得这方面的技术人员派到中美所，只提供一些研译出来的材料。但双方都看出了对方可利用之处还多，彼此不肯就此散伙。美帝特务看出戴笠特务系统在中国蒋管区内的特权，以及种种为所欲为的作法，知道通过这一关系，可进一步把美国特务势力伸到中国来，便主动提出愿意提供武器弹药、气象器材、交通运输工具、医药设备等来协助军统，把密码研究扩大到情报交换。戴笠多年来老是羡慕蒋政府各个部门几乎都与美帝勾结，一听美帝愿意扩大合作范围，立即表示竭诚欢迎。在双方试为进行时，彼此都感到满意，决定正式签订合同。

一九四三年四月十五日，美国海军部部长诺克斯和总统罗斯福的私人代表、美国《生活》杂志发行人鲁斯前来重庆，主持这次合同的签订。戴笠看到美帝这样慎重其事，便请求蒋介石派大员前去主持，蒋指派外交部长宋子文为中国方面的代表。但是当正式签字那天，宋子文临时有更重要的事不能分身，由外交部次长胡世泽代表主持，地点在重庆磁器口军统缫丝厂办事处大礼堂。出席签订合同仪式的有：中美所兼主任戴笠，副主任梅乐斯，中美所美方参谋长贝乐利、主任秘书史密斯，及中美所中方参谋长李崇诗、主任秘书潘其武和中美所各组组长（均为军统特务）、副组长（美国特务），暨军统头子郑介民、唐纵、毛人凤和军统各处处长、各室主任等共七十余人。诺克斯、胡世泽在合同上签字后，即由双方主任秘书以本国语言宣读一次。当晚戴笠设盛宴招待这些美国特务头子。

这项合同以后在研究执行的过程中，我也看过多次。这项合同说明合作的目的是为了战胜双方共同的敌人日本帝国主义，对日战争取得胜利后即行中止；并规定在对日战争未取得胜利前，任何一方要求中止此项合同时，应在半年前正式通知对方，经征得同意后才能生效。这一点也可以说明美国方面是防止蒋介石集团投降日寇，因为他们对蒋集团没有决心抗日也早看出一些迹象。合同中指出，主要任务是交换研究有关日本陆海空军在中国沿海及大陆与其他地区的活动和部署情况，末尾还附带提出"双方认为有关的其他方面的情况"。这一点，以后在执行中我才明白所谓"双方认为有关的其他方面"者，实际上指的是中国共产党及其所领导的八路军、新四军和各地人民武装抗日游击部队，以及苏联方面等情报。合同中规定应由美方供给的有武器、弹药、无线电器材、气象器材、交通工具、医药卫生器材等物，也指明中美所可以在认为必要的地区设立气象站、水文站和无线电台。很明显，这是美帝为了它自己的需要，希望切实掌握有关中国国防秘密的气象和水文资料，所以才肯自动提出愿为中国建立普遍的气象站而来代劳。戴笠对这一项旧中国毫无一点基础的"新兴事业"感到极大兴趣，经常向朋友们夸口，并感谢美国主子肯在这方面大力帮忙。有一个留学欧洲回国的懂得一点军事的特务曾经告诉他："一个国家的气象和水文等资料，在现代空军发达的时候是国防秘密，由美国人来代劳，是否妥当？"他听了很不以为然地答复说："我们对美国还有什么秘密不秘密。人家是热心来帮助我们，这有什么关系！"

在这次合同中，还提到有关中美所的组织与人事安排应由双方同意，以及双方工作人员待遇由各自负责，美方人员在华应享有外交人员待遇等等方面问题。从整个文字上看来，好像是相互尊重各自主权，也找不到不平等的语句。所以戴笠对此极感高兴，认为这是一次很成功的合作，而在实际执行时的情况就不是那样了。如明明规定是研究与交换情报，实际上却是军统单方面向美方提供情报。因为军统与汉奸们既有勾结，在沦陷地区又有些组织和无线电台，对日军在华情况的材料搜集比美帝不仅方便而且有相当基础。这方面材料，美帝方面过去得到很少。有关中共及八路军、新四军等情况，美国驻华大使馆的情报处和武官们同样也不及军统搜集得多。所以几年来一直是单方面提供，若稍有出入和不够详细的地方，美方的备忘录马上来了，便得立刻进行复查和补充。在人事方面，条约上也说明各单位负责人基本上由军统选派，美方只派一个副的和几个技术方面人员。实际上这些副的往往比正的负责人职权大得多。特别是条约上规定的，"双方选派的负责人应事先征求对方同意。如在工作期间，一方对另方工作人员感到不满时，可请求调换，彼此不得拒绝。"实际上美方来到重庆的人员，经梅乐斯决定后，戴笠便得同意，而戴笠要调派或更换一个单位主管人员，却得向梅乐斯征求同意，几年间军统没有要求美方调换过一个人。美方参谋长贝乐利相当跋扈专横，军统派出的负责人主任秘书潘其武（军统所派的参谋长李崇诗兼该所东南办事处处长，长期在福建建阳，实际上由潘负责）经常受他的气，而不敢表示不满。但军统选派的总务组长，往往因对美特们生活照料稍不周到，美方便提出要求更换，几年间一共换过三人。戴笠把在军统办事务最有经验的郭斌、杨隆祐、罗杰，都调去试了一下，结果都不能使美特们满意。至于中美所物资的处理更是全权操在美国人手中，兼主任戴笠连一圈电话线都不能作主，必须美方交给军统的东西才能由戴笠支配。美特们看中了军统用作囚禁中共和民主人士等的白公馆，要拿去当宿舍，戴笠便赶紧让出来。美方有新建的大饭厅，专门供美特享用，所有的招待人员是费尽九牛二虎之力，向胜利大厦、留法比瑞同学会餐厅等处罗致来的。在同一个办公室内，美方人员是喝牛奶、咖啡，办公时还来一次午茶，而军统特务连负责的组长们都分不到一杯。这就是戴笠所认为很满意的平等待遇。

第一次合同正式签订之后，美特们便源源而来，中美所内部组织越来越庞大。除主任、副主任外，双方各设一参谋长、主任秘书，双方各有一个总办公室。美方总办公室情况我不清楚，只了解军统方面的总办公室主任是由主任秘书潘其武兼，下设秘书、联络、文书、译电、人事等小组。业务和事务性的单位有以下各组：

军事作战组：专指挥经过美帝训练和武器装配的军统特务武装部队如别动军、忠义救国军及军统所辖的各地行动总队、爆破总队、铁道破坏总队等。军统这些特务武装部队头子们为了要得到美国武器，经常捏造和扩大对日作战成绩，以便得到更多补充。

情报组：最初是专门把军统提供给美方的情报整理一下转交美方，以后才增加几个外勤单位，计有上海、闽侯、漳州、定海四个情报站。这些站均由参谋长兼东南办事处主任李崇诗领导。其他地区一切情报均由军统供给，未另设外勤机构。

心理作战组：专门负责宣传，实行所谓攻心战术，完全是仿照美国的一套组织和工作方法。下面设有巡回宣传大队，除了由美国派来几名宣传画家在该组工作外，戴笠也邀请了几个中国名画家在这个组工作过。

气象组：在各大城市、边区和别动军、忠义救国军等单位驻地都普遍设立了气象观测机构。

行动组：专门研究与指导军统派在各地的行动机构进行活动，并负责补充枪弹器材。

交通运输组：主管物资运输。当时美方供应物资均由美国海运到印度，再经空运到昆明，然后陆运到重庆及各地。

医务组：主管向美方领取和分配医药及器材等行政工作，而不担任医疗工作。该组之下设有一个"四一医院"，专门给军统特务看病。美方自己另有其诊治机构，其中牙科最好，但不给在中美所工作的中国人员治疗，只有少数大特务才能得到特许去美方医疗单位诊治。

另外还有几个事务性的组如经理、会计、总务和汽车总队等。同时设有一个专门担任文字翻译的总翻译室，由负责语言翻译的联络组组长刘镇芳兼主任。刘为梅乐斯的翻译，很得到戴笠的器重。实际上他又是梅乐斯的心腹，双方讨好，双方情况他都清楚，每谈问题，总先向两方示意，为当时中美所内红极一时的人物。他领导的翻译人员共有二百多名。

中美所第一次合同签订后，蒋介石极为高兴，希望戴笠能以更多的时间去和美帝进行勾结，所以决定把侍从室主管情报的第六组组长唐纵，派兼军统局帮办，协助戴笠处理军统方面一些业务工作，好让戴笠腾出手来与美帝紧密合作。

在执行第一次合同当中，美方最为热心而且的确费了一点力气的，是为军统训练和装备特务武装部队。很明显，这是由于美帝早已看出蒋介石集团是一贯坚持反共重于抗日的政策的，因此把这支特务武装部队训练和装备起来，将来用作以中国人打中国人，是最好不过的办法。从一九四三年合同开始生效之后，在安徽歙县雄村便成立了第一中美特种技术训练班。因为军统所领导的基本特务部队忠义救国军，便是集结在这个地区，也是真正抗日的人民武装新四军等防区的附近，所以首先在这里来进行重点的工作。接着便在湖南的南岳，陕西的西安（由河南临汝迁去），绥远的陕坝，贵州的息烽，江西的修水，浙江的瑞安，安徽的临泉，福建的建瓯、漳州和浙江的港口等地连续成立了十几个这种特种技术训练班，先后调训了忠救军、别动军、行动总队、爆破总队、破坏总队成员共约四五万名。所有这些训练班的教官全部是由美帝特务担任，每个班约有美国特务三四十名。训练的项目主要是美式武器的使用与爆破、游击、侦察等，训练时间每期约三个月左右。训练完毕即由美特们亲自按人数发给卡宾枪、汤姆生或 U. D. 机枪和各式手枪，还有少量火箭炮。这支庞大而复杂的特务武装，虽从一九四三年便开始训练和装备，但一直到一九四五年日寇投降为止，均没有使用在抗日战争中。等到胜利后，却在抢劫人民抗日胜利果实时发挥了它的真正作用。除忠救军抢先进入上海及京沪沿线地区外，在江西的武装还抢先带着美国教官进入武汉，在湖南的先去长沙。总之，各处都有他们预伏在那里的人员，一等时机来到，立刻进行预定计划。以后在解放战争中，蒋介石还把这支改名为交警总队的特务武装多次投入各个战役。美帝这一以中国人杀中国人的阴谋，可说是实现了，无怪梅乐斯在几年间由一个中校连续被提升到了准将。

在训练这些特务部队的过程中，不但蒋介石与戴笠很为重视，就是当时训练班所在地的一些高级军官也从旁打气。如第三战区司令长官顾祝同、驻防修水的九战区副长官王陵基等，每在训练班开学或毕业时，均亲临参加致词，并与担任训练的特务们来往联络，多方予以协助和鼓励。

这些训练班都是由戴笠兼任主任，军统特务任副主任，其中只有设在安徽临泉的第十训练班是由汤恩伯兼主任。戴笠还曾陪同梅乐斯先后去东南、西北几个重点训练班视察一番，双方对这一合作都感到很满意。

戴笠看到美帝对于协助训练武装特务部队既感兴趣，也很认真，便进一步商请美方帮助训练一批美式特务分子。当然这一要求又是为美方乐于接受的，于是在一九四四年便在重庆中美所附近成立了一个专门培训美式特务的中美特种警察训练班。戴笠从军统其他基本特务训练班中抽调了八百多名优秀学生，交由美帝训练，一部分为刑事警察，一部分为保安警察。美国一些科学技术设备，也源源而来，像审讯人犯用的"测谎侦察器"、各种化验用的器材、美式刑具和电刑用具、手镣脚铐等更大批运到重庆。一九四五年秋第一期举行毕业典礼时，蒋介石带着次子蒋纬国去参加，并检阅了美国化的新型特务的各种表演，感到极大满意。蒋介石再三向美特们表示谢意，并以半小时的时间向学生讲话，还视察了中美所各个部门的工作。

由于第一次合同中有些问题没有列入，一九四四年秋间又补充签订了第二次合同。除了正式规定美国为军统训练新式特务分子及供应有关器材外，并答应由军统选派大特务四十名分两批赴美留学，为军统培养出一批高级骨干分子。除来往旅费及制装费由军统负担外，所有在美国受训时费用由美方供给，每人为一万美元。军统大特务郑锡麟、黄加持、李人士、鲍志鸿、董益三、乔家才、郑鹤影、李五桂、焦金堂、陆隧初、毛万里、高鼎伊、刘镇芳、潘景翔、冯文尧、俞适等在抗战胜利后分两批前往美国，学了一年多才回来。

在第二次合同中，决定美方供应的武器、交通工具等在数量上均有增加。记得仅十轮卡车便增加到二千辆和全部维修设备，中小吉普增到一百二十多辆，其他医药、电讯制造器材等也有所增加。这次主持的人，美方是派美国战略情报局局长杜诺万前来中国，军统方面是由戴笠代表。签订合同的地点是中美所内陈家院子，参加的人员为中美所组长以上、军统处长以上人员共三十余人。

由于合作的范围不断扩大，美国特务也越来越多，最多时达到五百人，房屋天天修建还是不够使用。到一九四四年又增设工程处，专门负责修建。直到抗战胜利，中美所结束，修建工程才停止。

美帝对梅尔斯与戴笠的合作越来越重视，除了美国总统代表赫尔利到中美所视察过外，美帝第七舰队司令柯克上将也前往视察，对该所工作极为满意。戴笠更兴高采烈，特为隆重设宴招待这位海军上将，国民党一些高级将领如程潜、张治中以及周至柔等都被邀作陪。由于梅尔斯在中国活动得到很大成绩，美帝的其他特务机关便非常眼红。杜诺万到重庆时，曾与梅乐斯商谈要他把一些有关情报分别供应给陆军方面和在华美军高级将领。梅不同意，结果被杜诺万把他扣留在美驻华大使馆一天多，才放他出来。由于梅乐斯一向气量狭小，受了这一打击，竟弄得精神失常，一九四五年春间回美国医治了几个月，直到快胜利时才病愈返回重庆。自从美帝特务部门发生一次内讧之后，梅乐斯不得不同意陆军和战略情报局都派员参加到中美所工作。英国和法国一些特务也与这个机关进行联络。法国方面的一个特务头子还是前越南皇帝隆治的女婿，他带着他的妻子梅丽娅到中美所时，戴笠与梅乐斯除设宴招待外，戴笠对这个越南公主特别讨好，送了她一批很贵重的礼物。以后泰国方面一些不肯与日本合作的人，也组成一个代表团共六七人，由乃沙愿团长率领也来与中美所接洽，其中一个叫曾格的团员还病死在重庆。

自从一九四二年中美所成立后，每年的圣诞节戴笠都要举行一次盛大的晚会，招待这些美国特务，并完全按照美国人过圣诞节一样布置。戴笠最好的朋友伍仁硕夫妇和香港何东爵士的儿子何世礼都为了帮助筹办这一晚会而忙个几天几夜。戴笠除按照美国办法给美特们送礼外，还特地别出心裁给每个到中国来工作的美特刻上一个中国名字的象牙图章，作为永久纪念。每次这样的晚会，除了花费大量金钱外，还要动员大批女特务和特务们的妻女去陪美特们跳舞，直到半夜才尽欢而散。

抗战刚一胜利，中美所的一部分美特们便想回国。梅乐斯却同意戴笠延长一些时间，好再帮他在上海、北平成立两个中美特警训练班，以便把一批汉奸特务中对反共有经验的收容下来，镀一镀金，便可一下又成美蒋特务。本来已经准备留下一批美国教官来撑门面，并精心传授一套美国特务技术和经验，但因戴笠摔死，上海中美特警班房屋刚建成开学，北平虽已招收了一批学生，也开课不久即行结业。

美蒋特务合流后的第三次合同是在抗战胜利后签订的，时间是一九四五年冬天，由中美所美方参谋长贝乐利与军统方面主任秘书潘其武根据梅乐斯与戴笠的指示，在重庆中美所草草签字。这次合同的主要内容是：按照第一次合同的协议，中美所应于抗战胜利后即行结束的规定，有关该所一切结束事宜均由军统负责主持办理，美方人员即陆续回国。过去美方人员的物资由美方保管使用，中美所结束后全部移交与军统。过去美方同意运华物资已启运者仍运交军统，未启运者即停止再运。其中只有一千张病床的医院全部设备则应运齐，可在上海移齐。中美所有关文件资料，美方必需带去一份，其余交军统处理。所有过去由美方出资兴建的房屋以及所用家具、用品等，俟美特离开后，即不计价交军统接收使用，美方不再保有所有权及使用权。尽管这一合同签订得很简单，而且看来好像很遵守第一次合同的规定，抗日胜利即宣告任务完毕而结束，完全像是真正为了战胜双方共同敌人日本帝国主义而成立这个机关，实际上合同中从没有提过的事，做得实在不少。比如，抗战刚一胜利，美方协助赶运军统特务武装，出动了近千辆十轮大卡车，星夜驰赴东南。当时中美所汽车总队司机绝大部分是南洋一带华侨，因祖国抗战而返国效力的。国民党海外部号召他们回国时，一再声明，一旦胜利即负责送返南洋。这些司机一看业已胜利，又多年离家，归心似箭，大多不愿再去东南。梅乐斯除派遣一部分美国司机参加前往外，并与戴笠对这些司机威逼利诱，硬叫他们出发，否则不发他们的服务证明书，去的则加倍发给薪金。这项运送特务部队去上海及京沪沿线劫收和阻止人民抗日部队进入这些地区，就是未列入合同的第一件事。

第二件是中美特警训练班第一批学生在抗日胜利后匆匆毕业，梅乐斯立刻派出才向美海军部要来的四架四引擎巨型运输机，空运这批学生前往上海、天津、北平等地，进行特务布置。同时还协助继续举办重庆中美特警班第二期，招收的学生比第一期增加四百，为一千二百人，并把以前从美国运来的各种教材和刑事实验室全部科学设备赠给军统。这种尽心尽力为军统培养美式特务，特别是在抗日胜利以后，其目的如何，是不言可知的了。

第三件更是出军统意外的事。抗战已结束，在第三次合同中已说明未启运来华物资停止再运，而自称"好心肠"的山姆大叔却怕特务部队屠杀中国人民的武器不够用，又从冲绳等地送来三千吨各式武器给军统，并海运至秦皇岛。后来因戴笠死去，内部争权夺利，对这件事未即处理。蒋介石知道，便全部拨交前往东北的新六军军长廖耀湘接收了。这批武器虽未送到军统手中，却同样达到了以中国人用美国武器杀中国人的目的。

还有更重要的一个阴谋是准备由美帝海军部门支持戴笠出任海军总司令。戴笠在一九四五年夏天就把这一情况告诉过许多亲信部下，甚至连怎样组织海军总司令部的计划和人事安排都在准备着。所以胜利后，他在上海公然接收日本海军部许多财产房屋就是这个原因。其他还有许多都在合同中没有明文规定，而是由美方自动外加的赠品，就不再详列了。

一九四五年在上海杜美路七十号，中美所与军统的联合办事处举行的圣诞节晚会上，梅乐斯在讲话中很露骨地提出："对日本帝国主义这个敌人，由于中美特务工作人员的亲密合作而取得战胜它的许多有利条件，造成了不可磨灭的巨大成绩。这一成功的合作，虽然暂时结束，但看目前情况，恐怕不是遥远的将来，而是很快的明天，美国还将尽一切力量来帮助中国战胜另一个更为厉害的敌人。"戴笠也一再对这一表示，感到莫大兴奋，连连称谢。最后这位美国特务头子恋恋不舍地离开中国时，还与戴笠及许多军统大特务分别合影留念。当时《中央日报》曾公开称赞和发表中美所几年来的工作成绩。

戴笠死去以后，美帝为了收买继承戴笠衣钵的军统头子，好为它在中国的特务活动继续效力，特向郑介民、毛人凤、唐纵、李崇诗、潘其武、陶一珊等授予自由勋章，以表扬过去对中美所美方特务活动所给予的协助和方便。这次授勋仪式是在南京国民党海军总司令部大礼堂举行的。

（沈醉:《我所知道的戴笠》）

戴笠的三件宝——学生、手枪、汽车

戴笠一直是把他的特务学生、手枪和汽车，看成是他的三件宝贝。他时常说："只要有这三件宝，什么事都可办得了！"是的，他一生"事业"的确是依靠了这三件宝贝，所以他特别重视办训练班。在他干特务二十年的时间中，前后办过近八十个各种各样的特务训练班，受训的特务估计有两三万名，而武装特务部队受过训的士兵四五万名尚不计算在内。

在抗日战争期间，军统在训练学生方面，除了在传授特务技术上占去不少时间外，更着重干灌输法西斯的精神教育和蒋介石的一整套反共反人民的思想。我在他所办的临澧特训班当过专任教官，以后又在许多其他特训班长期兼任教官。一九四一年后，他仿照反动政府教育部"部聘教授"的办法，也曾由军统局为各特务训练班聘请了十六个"基本教官"，以补各特训班专任教官之不足。这些基本教官，大都是军统老特务，一般都是处长级的骨干分子，多数不在训练班工作，戴笠称誉这些人员为传授特务技能与知识的专家。经他这样一说，这些人无论怎样忙，都得抽出一些时间去各个特训班讲上几小时的课。我也是被指定的十六个基本教官之一，其他有谢力公、余乐醒、陆遂初、程一鸣、刘绍复、刘启瑞等。

我在各特务训练班讲授的课程叫做"行动术"，是专门搞逮捕、绑票、暗杀等一类最凶狠残暴的一门工作。这是因为我在抗日战争前在上海前后干过六年左右的这项专门工作，并把军统所有干过这类工作的人的经验总结下来，参照军统在这方面一些实际活动材料编成讲义。这些东西是在其他书刊上无从搜集到的。其他担任特工常识、情报学、爆破术等的专任教官与基本教官也大都是自己干过这项工作多年，并总结军统在这方面的经验而写成讲义。这些讲义在学生毕业时一般是不能带走，而"行动术"则从来不印发讲义，只是口讲、学生作笔记。

戴笠本人虽从事特务工作多年，但他却不讲技术方面的课，一则他没时间写讲义，再则怕讲得不如一些教官讲得好，而有损他这个首脑的"威望"，所以宁可不讲。他在各训练班讲的都是叫"精神讲话"或"主任训话"。我虽没有做过他的学生，但他到许多训练班讲课时，总爱叫一些亲信特务去旁听。我对他那一套"精神讲话"听了不下百次之多。不管是在抗日战争期间或抗战以前及胜利以后，他讲话的重点不外这几方面：一是对中共的谩骂和诬蔑，再则是吹嘘军统是最革命的组织和他是怎样忠于蒋介石，每次总要训斥一下他手下的大特务。他对中共的诬蔑是无所不用其极的。我记得连全国人民和全世界公认的平型关大捷，他都企图进行诽谤并颠倒是非。各特训班的组织中都有一个政训组和许多政治教官，完全与他一样用这种办法去进行宣传教育。他最怕学生在思想上有任何对中国共产党的好印象。除了在各训练班之外，只要他在重庆，每星期一上午一定要在罗家湾军统局局本部举行纪念周，召集军统局和重庆各公开单位的特务两三千人去训一次话。星期日，因他多半在郊区休息，但上午也得在郊区举行纪念周，召集在缫丝厂各单位的军统和中美所内工作的军统及一些训练班的学生，有时还指定在城内办公的大特务，也去郊区听训。不去参加纪念周的人，被督察查出密报之后，还得受处分，可见他对这一精神教育的重视了。一些大特务，经常被他在这种集会上指名骂上一顿。我因办总务，毛病更多，所以在这种场合被他指出骂上几十分钟，已成为家常便饭了。

戴笠所办的各种训练班学生的来源，抗战前大都是由特务介绍，或从其他有关单位去选调（如杭州特训班便是从浙江警官学校正科毕业生当中挑选一部分，南京特训班则由中央各军事学校毕业生调查处去挑选黄埔军校的失业军官）。抗战后所办的一些基本特务训练班，仍旧是由特务介绍。当时介绍自己的亲友受训，还是一项不可缺少的任务。介绍得少的单位，也得挨他一顿臭骂，并认为对团体的发展不热心。因此有些人只好把自己的家属亲戚，一次又一次地介绍进去，结果成为一个特务家庭。像我共有四兄弟，除了一个大嫂之外，其余都经我先后介绍到各个训练班去受训。这样一个介绍一个地牵下去，几年间我便有二十多个家属亲戚受过训，朋友还不算在内。这种瓜蔓似的发展，一方面使得学生来源可以源源不断，而且由于自己家属亲戚都到里面去了，外边的人事关系越来越少，都非依靠军统不可。

但这种发展以后还不能满足戴笠的要求，因为各种各样的班如雨后春笋一样，每个月都要招收大批学生，便只好采取用公开机关或借用有关的机关名义，用欺骗办法来吸收青年。抗战期间所办的几个规模最大、动辄几百和上千学生的训练班，便是用这种办法。例如以搞军事情报为主的谍报参谋人员训练班，便是利用军令部乙种参谋训练班（或谍报参谋训练班）名义，到中央军校成都本校和各分校去挑选经过入伍阶段训练后的学生，再进行半年的特务训练和政治训练，使之成为军统特务和他的学生。又如以搞邮电检查工作为主的特务训练班，本来是专门用来剥夺和妨碍人民通讯自由的工作，但他却用军事委员会特种通讯工作人员训练班的名义去公开招生。而主要搞外事情报工作的训练班，则借用军委会外事局名义招生。如他在重庆、南岳、西安三处同时举办的查缉干部训练班，便是用财政部缉私署名义招生或选调其他特务训练班毕业生渗入进去。货运人员训练班也是用由他兼局长的财政部战时货物运输局名义招生。这些公开招收来的学生在受训期间经过考核，认为思想没有问题的都变成军统分子。因为所有这些训练班都由他兼主任，所以都是他的学生。又如谍报参谋班、特种通讯班、外事班，一经骗取学生到手，在举行开学典礼时，便得先办好参加军统组织的各种手续。如前面谈过的那一套东西，写自传、填调查表、宣誓、交照片等。在行开学典礼时，同时举行集体宣誓仪式。一经宣誓，便得受军统的约束。因为一开始上课，这些被各种好听名义骗来的青年，马上会发觉与他们原来志愿不符。例如搞邮电检查的，原以为是学什么特种通讯，结果一开课，讲的却是如何偷拆信件，哪一类信件刊物要扣留，根本没有一课是讲通讯，而全部是传授阻碍通讯的方法，免不了有人要求退学。特别是谍参班里还要讲特工常识、行动常识、爆破等一类杀人放火的课程，学生们一听往往很为惊诧，但是由于已办好了参加军统手续，也宣过誓，这一根锁链已套上脖子，想退学已不可能，明知已受骗进了强盗窝，这时也只好跟着强盗走了。因为个别坚决表示不肯受训的学生马上失踪了，别人一看，知道这是什么地方，便再也不敢吭声。

有些训练班却是要挑了又挑、选了又选才能进去受训的。例如由张国焘主持的特种政治工作人员训练班和在汉中由程慕颐主持的特种侦察人员训练班，因为是按照张国焘的计划，准备对中共组织和红军进行内部的策反，以及派赴陕甘宁边区和其他八路军所控制的抗日游击地区去活动的，所以必须是最可靠最忠实的人。这些都是由其他特务训练班中选拔"最优秀的"学生，大多经戴亲自审核，才能去接受那种特殊训练。

抗战开始不久，戴笠在湖南临澧举办了第一个规模最大的训练班，学生有一千左右，还从胡宗南主持的中央军校七分校要来六十多名女生。他两次前往该班视察，在毕业时，还特地邀了当时在常德任警备司令的唐生明及其妻徐来去该班参加毕业典礼。一九三八年冬，临澧特训班因战事关系迁到湖南黔阳县继续举办。到一九三九年冬毕业时，他由重庆赶去，又电邀唐生明、徐来和徐的女友张素贞前往参加。我当时任常德警备司令部稽查处长，他叫我陪同唐夫妇一同往黔阳去见他。黔阳训练班毕业后，他感到湖南还是不安全，便决定将训练班迁到贵州省的息烽县续办。在这同时，他还在甘肃兰州、福建建瓯和四川重庆都设置这种大型训练班，训练基本特务，时间均一年左右。经过这一年的基本训练后，再进行分科训练，或即派遣工作。

这几个基本训练班的统一对外名称都叫做"中央警官学校特种警察人员训练班"，内部称呼则按地名分为临训、黔训、息训、兰训、东南、渝训等等。他决定用中央警校名义，一方面可以掩饰见不得人的工作，另一方面是决心与中央警校教育长李士珍争夺警察领导权。毕业学生拿了这种毕业证书，可以取得一个警官学历，到警察机关与稽查处等去工作时也方便得多。他处心积虑地想把警察领导权一手抓过去，所以抗战刚一开始，他就成立了一个"中国警察学会"，搜罗警官，并发行月刊，派遣专人负责组织、联络等工作。李士珍一看这情况，知道已被戴笠抢先了一步，便只好也组织一个"中华警察学术研究社"，强迫凡是在中央警官学校毕业的学生都要参加。但多年来李在这方面一直争不过戴笠，因为内政部警政司是操纵在戴的手上，加上军统控制的公开机关多、钱多，所以警察领导权已无形中由他掌握。而李士珍只是负责培训警官，训练出来的人大都被戴拉了过去。以后戴笠又兼中央警官学校教务委员会主任委员，用种种方法去控制。李士珍为此常常气得发昏，两人一直闹得不和，如同冰炭。

戴笠并不以有了几个基本特务训练班为满足。他在重庆时，只要为了他的工作需要，灵机一动，便又产生一个训练班出来。军统一向以杀人、放火、绑票、破坏而为蒋介石所最宠爱。为了培养这一类的特务，除了在各个基本训练班设有行动系来进行初步培养外，还在重庆缫丝厂、息烽潮水，专门举办这种训练班。在重庆由唐英杰主办的技击班，以练拳术、轻身纵跳等武功为主，并每天进行手枪射击等辅助课程，时间是三年左右才能练成。许多特务们都夸大其词地说，这些经过三年苦练的学生，可以飞檐走壁，落地无声。实际上在他们毕业时表演给戴笠看，我也跟着去了，至多也只能爬墙上屋，能在房顶上和泥水工人一样行走而已。十多年来，戴笠老想聘请几个像《江湖奇侠传》上所描写的江湖豪杰来为他培训一批最理想的刺客。但多方网罗，我所见到过的，也都只是一些和当时许多走江湖卖艺的本领差不多的人。在重庆还有一个与技击班相同性质的行动班，是由戴笠称之为"山东好汉"的李克炼所主持。李为临澧特训班学生，毕业时作过一些软硬功的表演，被戴看中后，专主持行动训练，也是以国术为主。这两个班的学生以后实际上还是靠手枪和短刀等来进行杀人工作。如解放前屠杀杨虎城将军全家及举世震惊的中美所集体大屠杀案中的一些主要凶手，在解放后被镇压了的徐贵林、刘子清、杨进兴，以及逃台湾的王少山、熊杰等，都是这两个班训练出来的。另外在息烽潮水由朝鲜浪人金民杰所主办的行动班，主要是传授一套日本柔术与中国国术合并起来的擒拿术，专门搞逮捕、绑票等活动，也没有什么特别东西。

在分类专业训练中，还有专学爆破、破坏的爆破训练班，由曾任巩县兵工厂长的刘绍复主持，专研究定时炸弹、各种地雷、水雷及触发自动射击手枪等杀人武器的制造和使用。戴笠还专为保护蒋介石、宋子文等训练了大批特别警卫人员，办过几期特别警卫工作人员训练班，以及警犬使用等训练班。

在内勤业务方面，他还办过会计、督察、管理（总务）、人事、勤务（勤杂兵）、无线电通讯、译电等各种专门工作的许多训练班，和培养高级特务的高干班，以及随时调训的短期训练班。这种短期班共办了三十多期，每次人数、时间均不一定，由几十人到几百人，由一个月到几个月。主要是调训各公开机关中的非军统人员，使之受训后，在军统控制掌握的公开机关中变成清一色的军统分子和成为他的学生。同时也训练考核被他囚禁过的军统分子，及共产党员被捕后叛变的叛徒。每年四一大会前，他总要释放一批人出来，以示庆祝，并实行他的恩威并用的手法。他又不放心这批人，所以利用短期集训来进行一次考核，然后再分派工作。另有一些临时无工作可做而住在招待所的特务，他也集合起来，短训一番，以加强思想教育与考核。

在分类分业训练之外，还有许多地区性质的训练班，如准备派往南洋地区工作的先要进南洋工作人员训练班，准备派台湾去的有台湾训练班，去越南的有越桂边区训练班。

一九四一年戴去东南视察时带回重庆一百多名难童，准备从小便培养他们，取名少年模范队，先让他们学习普通小学课程，逐步进行思想训练，准备五六年之后再进行特务技术训练。但还没有等到这批孩子长大，他已死去。郑介民和毛人凤感到花费时间太长，便在他死后不久将这批孩子遣散了。

从一九四二年开始，他还利用每年暑假一个月时间，把军统派在各个大专院校的职业学生，以及由军统津贴读书的特务子弟集合起来，成立一个暑训班。因为这些职业学生都是以伪装进步混入各校真正进步的组织中去从事特务活动的，他担心这些学生受到真正进步思想的影响发生动摇，所以要调回来加强一下思想教育，并考核一下他（她）们的言行。他几乎每天或隔天要抽出一点时间到这个班去看看，或给他们讲上一两小时，有时甚至带着他们去北碚、南温泉等风景名胜区玩上一两天。

总之，戴笠对训练学生是特别重视，也是多多益善，更是宠爱异常。任何见他的特务，只要口称"主任"，他一听是他的学生，再忙也得敷衍一下。他认为只要有了这一件宝，他就有办法了。他在对待学生与老干部之间，往往是重学生而轻干部。

一九四一年重庆发生大隧道惨案，有几个外事班学生也死在里面，他知道后马上把该班副主任刘瑶扣押起来，并准备拿刘作一个不爱护学生的典型来枪决示众。后来由于刘瑶是黄埔第一期毕业的，许多与刘同期的高级将领出来讲情，特别是胡宗南知道了也打电报力保，才算不了了之。

从戴笠不断培养学生这一点，可看出他的野心很大。他把重庆一个培养特务的基地磁器口缫丝厂硬要改名为"造时场"，并再三说："今天是英雄造时势的时候，我们这个基地就是造英雄的地方了。"

戴笠的第二件宝贝是手枪。他爱手枪是专讲数量和质量，重视在使用方面的优点、特性以及杀伤力的强弱，要求使用携带的方便，射击准确，不发生故障。许多人看到他爱枪如命，并且天天身上老挂着手枪，不肯一刻离开，连洗澡时都要带进浴室，便产生许多神话似的传说。如某次某地如何用手枪射击了什么人，甚至一下可以击中飞过的麻雀头部等等，绝大多数特务都深信不疑。我在没有当总务处长之前，也对这些传说信以为真，可是以后发现他的手枪射击技术之低，竟出乎我意外。有一天，中美所内一处新建的手枪射击靶场刚刚完工，我亲自布置好一切之后，便请他去看，也希望看看这位神枪手究竟有多高明。他当时兴致勃勃地带着一群便衣警卫和我一同走到靶场。我和他站在五十公尺的定点线上，便请他来一次开枪典礼。他犹豫了一下，反过来叫我先射给他看。我因经常练习，多年没有间断过，所以马上就拔出枪来一连发射三发，有两发中靶心，一发偏左。他看了看，也从身上掏出枪来，这是一支二号短枪管的左轮，杀伤力强，他整天佩在身边。他抽出后，也像我一样信手一甩，结果是无影无踪，不知道打到什么地方去了。我看他有点难为情的样子，便马上说："这种枪优点多，就是枪管短点，射不很远，可以走近点试试。"他很以为然地点了点头，马上走到二十公尺处，并把手臂举平，瞄准好了又打了一枪，这回总算打到环靶的上面。他这时一言不发，连着迈开大步，一直走到离靶子只有两三公尺的地方，放了一枪，果然打中了红心。这一回他得意地哼了一声："这有什么稀奇！"我知道他非常好胜逞强，这回却实在有点狼狈，又赶快给他圆场，故意把话题岔开一下。我说："新靶场，刚启用，都还不习惯，安装时也没有研究一下视线对射击的影响，以后准备再试验几回，作一些修改，才正式启用。"他连连点头说："这种工程一定要好好计划，不能凭自己想象便动工，要多研究。你们多试几回，看看哪些地方有毛病，再改一下。"说完便匆匆走了。从此，我再也没有看到他有过什么惊人表演。跟他二十多年的一个副官贾金南也在背地里笑他手枪打得很蹩脚。

戴笠爱手枪，超过对一般的部下。一九四〇年，重庆经常遭到日机轰炸，有一次军统刚从香港买回一百支左轮手枪，运抵重庆时又遇上警报，稽查处航空检查所便赶紧把枪送到石灰市稽查处交与副处长王克全。敌机空袭时，王没有把枪送进防空洞，结果被一颗炸弹炸得精光。他接到报告后，气得大发雷霆，立刻迫不及待地打电话给王克全查问，并在电话里大骂。骂了一次不算，还叫王马上去见他。王克全原来是一个叛徒，被捕变节后，对江苏省委组织有很大破坏，捕杀过不少共产党员，因而逐步得到信任，被派为重庆稽查处副处长，工作异常卖力。谁知道会为了损坏一百支手枪，被戴笠在电话中什么话都骂了出来。戴笠连骂带问地嗥叫："你不好好保管这批手枪，是不是怕拿去对付你过去的老祖宗（指共产党）？"王闻之羞愧无以自容，他怕受到更严厉的处分，便在听完电话后，关上房门在稽查处处长办公室内开枪自杀了。

戴笠在一些为他卖过命的特务去见他时，总是送给一支手枪和一点钱。有些派往外地工作的大特务去向他辞行，也爱问问有没有好手枪，没有的也送一支。总务处有个专存放手枪的仓库，便是他亲自设计修建的。他每散步到这所仓库附近时，总要叫军械股长何铭打开仓库，走进去看看那一排排擦得干干净净，挂得整整齐齐的手枪，才很满意地离开。由于他爱手枪，所以他的一些朋友、部下便常常送他手枪。多年来他的确也得到了不少很精致的东西，都由他亲自保管，放在他杨家山公馆的小仓库内。每隔一些时候便叫何铭去替他擦拭一下，我也多次帮同去整理过，其中有用纯金制成外壳镶着象牙柄的一对马牌手枪，和英国出品、用手工制成、嵌有金丝盘花纹的勃朗宁式手枪，以及用不锈钢精制的强力式、美国制造的长管无声手枪，和一些钢笔型、打火机式和专门给女人用的小手枪等共有二三十支。他死去后，这些手枪都被一些大特务们瓜分掉了。

戴笠对于汽车也是特别感兴趣的。有了汽车，不但行动方便迅速，更重要的用途是在进行逮捕、绑票、暗杀，以及跟踪和监视等方面，无一不用得着它，所以戴笠把它列为他的三宝之一。抗战期间，军统和中美所的汽车除共有卡车二千多辆外，中小吉普车和轿车便有一百四十多辆。他自己经常使用的新型小轿车就有十多辆，其中大多是美国制造的和英国出产的。他的汽车都很好，而且同一年份、同一式样、同一颜色的总是有两部，只是牌照号码不同，这样便不能让人家一下就看出他是坐在哪一部汽车内。他经常调换所乘汽车，有时乘深蓝色的别克车，有时又乘墨绿色的派克车或草绿色的军用雪佛兰车。他从来不坐小吉普车，一方面是嫌它不舒服，再则容易给人发现。他在重庆时，因有些地方街道窄狭，他怕在小街小巷中乘漂亮汽车反而引人注目，便改用英国出产的奥克司好尔，或更小一点的奥斯汀车。

虽然他那样酷爱汽车，但自己却不会驾驶汽车，更不懂得汽车修理。汽车偶尔出了毛病，只是骂司机。他不论在什么时候去什么地方，总是不准司机离开汽车。他一走向汽车，司机便得立刻发动引擎，等待他一坐好，马上就开走，不能稍停片刻。他还规定他的汽车不准和别人的汽车停在一起，怕司机去和其他司机聊天。他懂得这些地方是最容易出问题的。他坐汽车总是坐在前面和司机并排坐着，让警卫坐在后面。

这样不仅可以看清楚前面的情况，有事可以马上作出紧急处置，更可就近指挥司机开车或停车。每次上车他先上，警卫后上，下车便叫警卫先下他才下去。只有他带着女人时，他才坐在后面，而叫警卫挤在司机一起。他爱叫汽车开快，使人看不清谁在里面，因此也常常闹出一些小问题。

　　抗战期间，他是兼任军事委员会水陆交通统一检查处处长，除了在各处公路、水路设立了几十个检查所，检查来往汽车、轮船之外，连当时重庆市区内的两路口也设了一个检查站，每隔不久便连在重庆市区上下城往来的车辆也得停车检查一下。当时国民政府主席林森坐的第一号牌照的车，都挡下来过。只有蒋介石因每次出来先有军统特务出动警卫，才不挡。因为他经常更换汽车，车又开得快，担任检查的小特务往往认不出他的车，也不知道他在车内，便在检查期间，照样把红旗一挥，叫他的车停下来。这是他自己规定的检查制度，又不好不遵守，但内心却是不高兴到极点。幸好这些检查员一看到他，马上立正敬礼，连忙挥绿旗，并向他表示歉意，请他原谅。他表面上虽还要称赞几句，说这些小特务很认真，能彻底执行他的命令，但一到军统局，便得找我去埋怨一顿，说连他的汽车都被挡下来，这是怎么一回事？好像他的命令应当除开他自己在内，而别人却都应当遵守。我当时常为此事而伤脑筋，如果把他所有的汽车号码都告诉检查站，万一出了问题，责任太大；就是不出问题，他知道了，也得骂我不守秘密。经过好几次这样的事，我才想出一个两全的办法，既要不挡他的车，又要能守住秘密，便只好把一个管理汽车多年的汽车大队的小队长调去两路口担任检查员，一方面对检查业务也熟练，特别是他对所有的汽车，都只要一看就认识，以后每次走过，远远就高举绿旗，让他的车子通过。他是很细心的人，奇怪怎么会远远认出他的车来，便在走近时，停车看一下，才发现原来这个小队长是给他开车多年，因腿部有毛病才调别的工作，所以能认出他的车来。这样他既放心，又满意了。

　　他虽然有很多好汽车轮换使用，但他却在重庆南岸两公里处，专门备有一辆一九三六年美国制造的"康悌拉克"老式汽车，而且经常要去乘坐。原来当时重庆经常受日机空袭，蒋介石时常不住重庆而住在黄山。他以往去见蒋介石，也是乘较好的汽车，后来听到他派在蒋介石身边"随节警卫组"的特务说，有一次蒋介石和宋美龄在黄山马路上散步，看到炮兵总监邹作华乘着一辆美国第一流的派克牌敞篷车，风驰电掣而过，很不高兴。戴笠注意到这个问题，所以改用这辆旧车。他每去黄山，过去也怕遇上蒋介石出来散步，往往老远下车，以后决定专用这辆车之后，每去见蒋，必先打电话问随节警卫组的特务，故意在蒋出来的时候去见。有好几次他乘着这辆车，遇到蒋和宋美龄在散步，便赶忙从这辆车中钻出来。据说连蒋介石看了也有点过意不去，叫他买上一部好点的车用。他当然不放过这一机会，连忙说："这车虽用了多年，但机器还好，还可以用几年，用不着换。"在讨好蒋介石方面，他是在任何地方都费尽心机的。

他爱汽车，也是越多越好。抗战期间进口小汽车很困难，他除了用军统名义购买以外，还用他兼任的几个公开机关名义去买。他兼缉私署长时，利用该署名义买了两部一九四二年式的别克轿车；一九四三年因为与孔祥熙闹得不好而辞去这一兼职，由蒋介石派另一亲信宣铁吾担任署长，在办移交时便把这两部汽车不列入缉私署开支，而转入军统账内。宣到任后，也想买车，该署文书科长解鸿祥为了讨好新署长，便把过去购车档案拿给宣看。宣当面向戴笠要这两部车，他回答不是缉私署的钱买的，只是用该署名义出面，所以坚决不肯交与宣，两人为此弄得面红耳赤。以后戴知道是解鸿祥泄漏出去的，马上把解调回，准备囚禁；经毛人凤劝阻，虽未坐牢，但从此便一直被打入"冷宫"，不再重用，连见也不肯见他。

戴笠虽然有那么多的好车，但给郑介民、唐纵、毛人凤乘坐的仍旧是又老又坏的车。毛人凤因在军统局办公，还可以轮流用一下几部公用的车辆，郑、唐则对此极为不满。唐纵在我从南京收拾戴笠尸身后，赶回重庆向他们报告戴死的情况时，向我提出的第一件事便是要一辆好汽车。戴在世时，军统局的处长都无专车，他死后每人便都分到一辆。他对汽车的使用虽然控制得很严，甚至蒋介石派到军统负责会计财务的经理处长徐人骥的儿子在重庆结婚，想借他的好汽车用一天，他都不肯。可是重庆稽查处、特务总队等要进行搜捕工作，或押解政治犯时，他不但马上答应派车，而且还叫我派他的好车，要多少就多少。由于他爱汽车，又不懂开车，所以对给他开车的司机和专门给他修车的技工都非常好。他经常叫我学学检修汽车机件，怕工人们不可靠，要我多懂得这方面的常识。他对给他开车多年的一个老司机华永时特别喜爱，除了经常给钱，还送华的儿子去读中学，由军统全部津贴。对一个在军统汽车大队修车所的熟练技工杨根宝，也经常去找他聊上几句，以示宠爱。杨也特别尽心尽力，使得他的汽车很少在中途发生故障。当时重庆缺汽车零件，只要杨根宝和修车所主任曾惕明向他提出，马上就叫我打电报到印度甚至到美国去购买，空运到重庆来。在这方面，实在花过不少的钱，所以他所用的汽车，始终保养得很好，极不易出毛病。

（沈醉：《我所知道的戴笠》）

欺下媚上的作风，利用笼络的手法

戴笠在反共反人民这一方面，和蒋介石一条心，绝对忠于蒋介石。但在他个人利害方面，也天天提防蒋介石杀掉他，担心蒋介石一脚踢开他。他时常公开说，他不死于敌人之手，便是死于蒋介石之手。虽然他这两句话，是说怕犯了错误，会受到蒋介石杀他的处分，实际上他更清楚蒋介石的为人，往往不到狡兔死而会先烹掉几条走狗。

他每听到他的秘书周念行谈中国历史，说到历代暴君对宠臣的杀戮，便感到不安。周念行也不止一次和我谈到这件事，说戴笠听到这些，立刻会眉头一皱，或长叹一声，常存兔死狐悲之感。特别是他知道蒋介石的秘密和见不得人的事太多，不仅蒋介石在政治上种种无耻的作法他全了解，而且是其执行人之一，甚至连蒋介石的私事、一些不愿外扬的家丑，都是由他负责设法掩盖。抗战期间，蒋介石搞的一些准备向日本投降而和日本一道共同反共的阴谋，不少也是由戴笠经手办理过的。大约是一九四二年前后，日本帮会首脑头山满派日本驻绥远特务机关长黑田清一持头山满亲笔信，经香港去桂林转重庆，便由戴笠负责接待，并亲自陪同去见过何应钦和蒋介石，以后的情况我不知道。又如当时在重庆曾经闹得满城风雨，许多人都听到过的一件新闻：蒋介石的亲哥哥郑绍发从河南家乡到重庆找蒋介石，而蒋介石不认亲兄的丑事，便是由戴笠一手来替他处理的。蒋介石随母下堂到蒋家当"拖油瓶"之前，他母亲所生的大儿子仍然留在河南郑家。几十年后，他的大哥弄清了这一底细，想到重庆见见这位当了委员长的同胞弟弟，叙一下骨肉之情。蒋介石哪肯承认有一个异姓的乡下土老儿是自己的亲哥哥，不但不接见，并立刻叫戴笠来替他处理这一件大不韪的"冒充领袖亲兄案"。当戴笠派特务把这位老头抓去亲自进行了一番询问之后，不用说，一看面孔身材，完全像是一母所生，而所答的一切都是确确实实有根有据。这样，当然不敢公开严办，而一向标榜奉母至孝的蒋介石，也不便无端地叫部下杀害亲骨肉。最后只好听从戴笠贡献的两全之策，将这位哥哥交戴笠软禁在军统局望龙门两湖会馆的看守所里，不久又移住到磁器口缫丝厂，不准人和他接近，免得被外国记者知道了宣扬出去。我多次去看过这个老头，他一谈起这件事，便滔滔不绝地叫冤，希望蒋介石不承认就算了，快点让他回家去。以后戴笠便禁止军统特务去和这人谈话，怕不留心传开出去，便把他送往息烽软禁了几年。抗战胜利后，还是把他送回去了。至于蒋介石为了玩弄女性与宋美龄经常吵闹的许多丑事，戴笠知道和代为处理过的更多。他也担心一旦蒋介石为了要保全自己的秘密，可以随时和他翻脸，而置他于死地。

戴笠欺骗和讨好蒋介石的办法很多，实际上借以满足他自己奢侈豪华的私生活。例如，他在重庆中美所内为蒋介石修建一所精巧而隐蔽的房子——松林坡公馆，名义上是为蒋介石避日机空袭时使用的，实际上则是为他自己准备的一所极秘密的淫窟。他怕别人揭发，经常邀请蒋介石的亲信如张治中先生、钱大钧、林蔚等去中美所参观时，故意请到这个幽静的地方去看他为蒋介石布置的避难所，当时很受张治中先生和其他许多看过的人的称赞。另外，他还在兰州风景区九间楼、贵阳风景区黔灵山下麒麟洞、西昌最好的地方邛海边，都用为蒋介石准备房屋的名义修建了许多漂亮的公馆，实际上蒋介石根本没去住过，而由他一人享用。

他每次从东南等地视察归来，总是带几大卡车的各地有名的土特产，以金华火腿一项为例，他一买就是上千只。他给何应钦一次就送一百只，而送蒋介石却只有四只。他为了讨蒋介石欢心，表示对蒋的尊敬而亲切，军统局所有用他的名义送蒋介石的报告，一律称蒋为校座，而自称学生。一些特别重要的情报，他再忙，也是亲自书写，以示慎重。而经常送给蒋介石的情报（当时军统称为报甲，送总参谋长的一般情报称为报乙，送军委会办公厅的为报丙），也是指定专人缮写得很端正的大字，以免蒋介石看起来吃力。军统文书科有个专写报甲情报的司书郭子良，写了多年。因蒋介石说过一次，这人的字写得好，戴便一直不调换。郭子良从上尉提升到了上校，还只专抄报甲情报和上蒋介石的报告。

当宋子文任行政院长时，戴笠知道宋子文不爱看中国字的公文，他送给宋的报告总是用英文摘由，宋看了很高兴，马上批"O.K."。至于宋子文住宅所用的警卫，也由他亲自挑选一批。他虽然背地里也和一些人一样骂过孔祥熙，但他自从兼任财政部缉私署长和战时货运局局长后，也尽力去巴结这位权贵。有一年孔祥熙在重庆上清寺广播大厦做生日，他带着我和一批办事务的特务去为之布置寿堂，派大批便衣警卫去保卫祝寿的达官贵人，而他自己更亲自站在大门口为孔接待客人。孔祥熙几次邀他进去休息，他都不肯，一直站到盛宴开始，后来孔特别向他敬酒表示谢意。一九四二年秋天，宋美龄要去美国，也要他派一个能担任副官与警卫的人跟她一道去美，他便叫我准备去，并先一天赶到成都新津机场去等待。后来因带去的礼物行李等太多，一架四引擎的巨型运输机都已超重，临时才决定不要我去，而由他通知军统驻在美国的特务萧勃去担任这一职务。他这一套做法，蒋介石夫妇都特别欢喜。

戴笠经常爱研究三十六计中的一些阴谋诡计，对其中"偷梁换柱""声东击西""指桑骂槐""过河拆桥""瞒天过海"等用得烂熟。如他利用唐生明去投汪精卫之后，我因为和唐的私交较深，曾问过他唐此去有无危险。他毫不考虑地回答我："不死几个人怎么能做好工作！"平日他和唐的私交尽管很不错，在私生活上可以说完全能打成一片，谈女人吃喝等无话不说，但在工作上却是两回事。唐生明去上海，虽为军统工作，但是军统和戴笠自己在上海的一套布置，却又不让唐知道。抗战胜利后，我准备去上海，他知道我一定会去看唐生明夫妇，便叮嘱过我，有些关于工作方面的问题不要多对唐夫妇谈，怕他们泄漏出去。

戴笠在工作上和私生活上能打成一片的知心朋友应当首推胡宗南了。他每次见到胡，真是三天三夜都谈不完一样。有时两人在一起像发神经病一样，谈到半夜过了，他送胡回去之后又谈一阵，胡又送他回来，往往弄得通夜不眠。胡宗南在戴笠死后送的挽联上写的是："安乐与共，患难与共。"在他两人之间来说，还应加上"妻子与共、部下与共"才更确切些。他把培养多年而自己并没有玩得生厌的叶霞弟让给胡宗南当老婆，胡也肯把像马志超、吉章简一类军统所缺乏的军事骨干让给戴笠，而大批军统也可以进入胡宗南部队中工作，不受到歧视和排挤。特别是他与胡宗南里应外合，狼狈为奸，以欺骗和讨好于蒋介石的一套作法，几乎是如出一辙。胡也接受他的意见，在西安的王曲、终南山、华清池等处为蒋介石修建别墅。遇到有关胡的问题，戴笠得到后马上通知胡，而对胡系军队中一切黑幕，也极力避免让蒋介石知道。当蒋介石把最心爱的小儿子蒋纬国交给胡宗南的时候，由胡派在第一军第一师去任排连长，戴笠则派特务暗中保护这位风流王子，免得他到处乱玩女人出问题。蒋纬国与西安大华纱厂老板、西北最大的资本家石凤翔的女儿结婚时，戴笠也特地从重庆赶去和胡一同主持。每逢年节，他们便叫蒋纬国打长途电话给蒋介石、宋美龄拜年。他和胡宗南在许多作风上差不多相近似，因此臭味相投，成为莫逆之交。

戴笠和何应钦的关系也很深。虽然何当时是他的长官，但两人却像知心朋友一样。他一向支持何而不满意陈诚。当何应钦被免去军政部长职务由陈诚继任，何调任陆军总司令开始组织陆军总司令部时，陈诚什么东西也不给何。最使何感到困难的是缺乏无线电台，戴笠知道后，马上送给何二十部美国制的收发报机和一部总台。他们之间也是无话不谈。当时何应钦这位四星上将想当元帅，想得发牢骚，都告诉他。特别是在抗日战争胜利后，何被任命主持受降，可是连一份日军驻地、番号、人数的名册都没有，临时由戴笠叫军统给准备，直到何准备飞往芷江之前，还在白市驿机场等这份东西。戴笠坐在军统办公室里催促，写好后，派我送去当面交给了何之后，专机才起飞。

戴笠和当时国民党一些军政大员如程潜、汤恩伯、杜聿明、傅作义、宋希濂、曾扩情、周至柔、李惟果、林可胜、贝淞荪、宋子良、何浩若等人关系也很深。但他虽然和许多人表面打得火热，而背地里却照样做这些人的工作。有时当面执手言欢，而背地却向蒋介石递上一份关于这个朋友的小报告。

总之，他对朋友是讲利害、看作用而决定他的态度，除极个别的外，是谈不上真正有什么交情可言。当时一些军政大员们对这位特务首脑，虽存敬鬼神而远之的心情，但遇到他找上门时，又还得同他敷衍往来，不愿得罪于他，他也完全清楚。如他和桂永清关系虽不很深，但自桂永清因在綦江战干团惨杀大批青年而被免职派往英国后，桂的父亲仍住在綦江母家湾，戴经常派我送钱和日用品去。我有点不大耐烦，他发现了，便说："这种朋友多交几个，将来对我们的工作会有很大的帮助的。"

戴笠对于部下却又是另一套手法了。他不愿让部下和学生知道他荒淫无度与奢侈豪华的私生活，甚至连胡蝶与他同居了几年，许多特务都不知道。他从不公开与胡蝶在一起向特务露面，而只让极少数接近他的亲信大特务知道。在工作上他是专讲利用，并多方进行对各级特务的控制。他不轻易相信任何人，而采用相互监督、相互牵制的种种办法，故意把一些相处不好的人派在一起工作，不让取得一致，希望彼此攻讦，他便易于掌握。在军统内外各单位中除了各种各样的监察之外，他还特地从他家乡招收一批青年，训练他们专搞军统中最机密的译电工作。整个译电部门的工作人员几乎是清一色的江山人。他并且把这些江山译电员派到各省和区的外勤组织及公开的机关中去当译电员。这些译电员都兼任秘密督察的特殊任务，因为他们可以利用这一职务的方便，随时在发回军统的电报中发出一些有关特务言行的小报告，而不会被别人察觉。军统局负责主管译电工作的机要组少将女组长姜毅英，是军统中唯一的女少将，也是江山人，靠打小报告而得到戴笠的宠信。她也和一些处长级的大特务一道在中午参加汇报和吃午饭，每遇戴笠没有去，大家闲扯一些彼此听到有关戴笠的私事时，看到她去了，便马上改变话题，不敢再谈下去，知道她去吃饭是有使命和目的的。

戴笠对于一些不大肯俯首帖耳听他话的大特务，除了利用机会找岔子来收拾外，也常用推荐担任公开职务的办法调开，而培养自己认为可靠的学生和亲信来接替。在他身边工作的大特务，也随时有进监牢的危险。他最忌讳大特务们利用职权发展个人势力。军统电讯处处长魏大铭，在军统中工作十多年，慢慢形成了一个独立而庞大的电讯系统。戴几次想下毒手来收拾他，而准备由副处长董益三接替。记得在桂林撤退时，因为他指定派往桂林的潜伏电台没有事前赶到，沦陷后无法通报，他打算利用这一机会关起魏大铭。结果，下令彻查责任问题时，牵涉到许多人，人事处长龚仙舫派潜伏组组长不及时，总务处没有派专车，是我叫他们搭去东南的便车。如果要追究的话，则电讯、人事、总务三个处处长都有责任。他还不打算收拾我和龚仙舫，结果只各判两年徒刑而缓期执行，并关起几个小特务了事。到抗战胜利时，他果然找到了魏大铭贪污做生意的许多证据，将魏扣押后，便想杀掉他。后来他死了，魏大铭这条命才保全下来。

还有一个原任军统临澧特训班副主任的余乐醒，曾在军统许多特训班讲过课，听过他讲课的学生都欢喜他。余乐醒在军统可说是个多面手，他曾留法，学过工业机械、化学，又在苏联学过一点情报方面的技术。由于他得到学生的喜爱，多年来引起戴的不满，始终不愿重用他。抗战期间，除派他去河内主持过刺汪精卫之外，以后便一直叫他在贵州遵义茅草铺办一个植物炼油代汽油的小型工厂。但余每来重庆，总有大批学生为他举行宴会。戴笠更为不满，便找机会去对付他。后来得到该厂特务的小报告，说余利用公款做生意，戴便不再复查，立即下令扣押。结果一直找不到证据，而糊里糊涂关了他两年多才释放出来。余乐醒为此而痛恨万分，所以他在上海解放前半年多，便决心弃暗投明，与地下党取得联系，并掩护地下党一部无线电台在他愚园路家中。后被发觉，毛人凤派特务去逮捕他时，因为他的学生事先秘密通知逃出，才没有遭到毛人凤的毒手。

还有一个在行动处任行动科科长的宋良，化名周大烈，是一个中共叛徒。他在武汉被捕后叛党，连续搜捕过中共地下工作人员达几十人之多，在军统中慢慢升到上校科长，并主持专门搞搜捕、暗杀等工作的行动科。戴对他也很看重。宋良怀疑自己妻子不贞，亲手把她杀死。戴笠对这个凶残叛徒，却尽力包庇，得以无事。不料在他主持行动科工作两年多的时候，有一次指示外勤特务机关搜捕中共党员而没有成功，戴笠马上翻脸，除大骂一顿之外，并将其撤职，调兰州特训班去任教官。宋良受到这一打击，便很消沉。戴去兰州视察，看到他不肯好好干下去，又骂了一顿，宋良便请长假出家当和尚。戴笠对任何部下都怀疑对他不彻底忠诚，特别对一些叛徒更不放心，这也是从蒋介石那里学来的。有一次，他保举投身到军统的谢力公担任一个比较重要的公开职务，蒋介石在这个报告上批了"此人不可重用"几个字，并指示他："凡是能叛变共产党的人，也会随时叛变我们。"戴笠便一直牢牢本着这一原则来使用叛徒，特别提防。在军统中一些叛徒不管地位多高，但遇到特别重要的问题，戴笠还是不愿让他们知道的。

戴笠为了自己的事业，是不惜牺牲任何部下去巩固自己地位和讨蒋介石欢喜的，甚至连郑介民也几乎被他送掉了老命。那是在日寇进攻香港的前夕，英国人请求蒋介石派一个联络官去香港。蒋介石要戴笠找一个职位相当而又忠实可靠的人去，戴便推荐郑介民，蒋同意了。郑一向胆小，并且知道有去无回，特别是他的老婆柯淑芬大哭大吵，要郑介民辞职不干也不能前往。戴对此极为不满，曾多次劝驾，郑也不答应。香港很快便被四面包围，戴还打算把郑用飞机空投下去。郑只好装病在家，他老婆不要他出门一步，这样才没去成。戴对这个不肯为他的事业作牺牲的副手，痛恨极了，以后便公开在纪念周上大骂几次。后来同盟国在新加坡召开军事会议，戴笠又推荐郑介民前往参加，并介绍郑去印尼魏菲尔总司令部任联络参谋。一九四三年五月，郑介民继杨宣诚升任军令部第二厅厅长，经常去加尔各答东南亚盟军总司令部参加会议，戴笠才不再骂他是胆小鬼。

蒋介石禁止高级官员吸食鸦片烟，要戴注意找几个大点的严办一下。正好重庆稽查处处长陶一珊因与该处侦察大队长王会云两人闹摩擦，王的野心很大，想找机会把陶整下台，自己好当处长，便注意找陶的岔子。陶有一个亲戚是有名的南京中医师张简斋，住在稽查处隔壁。张老头是靠吸鸦片来支持的，每天要抽好几次，稽查处公开包庇着他。陶一珊也因为工作忙，常常通宵不睡，偶尔也去吸上一两口。有次正巧被王看到，马上向戴检举，戴立即下令将陶扣押在军统望龙门看守所内。但为了便于公开执行时好宣布罪证，决定先派军统的医生去检验一下。我因与陶的私交一向很好，便把派什么人去的情况先告诉陶的妻子，暗中以重金向去检验的医官徐某行贿，结果就查不出证据。戴仍不放心，叫我交涉由中央医院派一个医生去。我又把这一情况告诉了陶的妻子，他照样送一份厚礼，加上陶本来瘾不大，这样才没有达到戴的目的。

戴笠为了对外标榜他自己和军统特务如何廉洁，如何不准贪污，执法是如何公平，在借口整饬纪律的口号下，杀掉不少的部下，其中连许多特务都感到寒心的是杀贵阳邮电检查所检查员杨月亭的事。杨在检查邮件时，因偷了四十元汇票款被人检举。当时这个女特务怀孕已经八个月，临刑前，一再请求生孩子以后再执行。他坚决不答应，而叫人用箩筐把这个大腹便便走不动的部下抬出去枪决了。还有一个和戴笠在黄埔六期的要好同学王伯刚，由他介绍，派在李默庵所办的南岳游击干部训练班当教官，因为偷了该班的经费，查出后也被他枪决了。甚至一个司机马伏尧，替他开车去东南视察时，看到他带几卡车私货，因沿途无人敢检查，便也私自带了几十斤带鱼干，被他发觉，马上在衡阳枪决。像这类因几十、几百元的贪污偷盗案件被他杀掉的特务不知有多少，可是在军统中更大的贪污偷盗等事件仍是层出不穷。

至于在工作上犯了一点半点错误的部下，本来罪不至死，但他为了树立威信，更是随便滥杀。如军统重庆电讯总台报务员何文光，因收到沦陷地区发回的一份电报中有几个错字，没有及时与对方校正，便被以贻误戎机的罪名执行枪决，使得许多报务员都惶恐不安。还有一次他为了急于要知道沦陷后厦门地区的情况，但电台有几天叫不通，他便找了电讯处长魏大铭，要魏亲自上机呼叫，并把手枪掏出来摆在桌子上威逼着，如果叫不到，便要亲自动手开枪把魏打死。有时为了推卸自己责任，诿过于部下，因而被他枪决与囚禁的特务就更多。有一次兵工署警卫稽查处所辖的一个兵工厂的稽查员，获得一份情报，说兵工署一个负责人有共产党嫌疑，他毫不调查研究便向蒋介石报告，而将这个人扣押起来。结果找不到证据，兵工署长俞大维当然不答应，要蒋介石追究责任。戴笠便把这个稽查员枪决之后去向俞大维道歉，连俞也感到办得太严，并一再说，原来只希望处分一下这个稽查员，没有想到竟遭到枪决。平日他凭一时喜怒，动辄殴打部下的事，更是经常发生。有一天他打电话到重庆总台找总台长倪耐冰，想查询一个电报，正遇到一个刚去总台工作的报务员接了电话，因听不出他的口音，他气得大骂，对方也回了几句嘴。他马上坐汽车亲自赶去，找出这个接电话的人，当着许多人面前亲自动手痛打了这个人一顿，才气冲冲地离开。一个跟了他二十年的副官贾金南，随时被他拳打脚踢，打得口吐鲜血。总务处交际股股长陈焕文也常常被他打得头青脸肿。有一次他在进早餐，因勤务兵在他叫时慢走了一步，他便端起一碗滚烫的稀饭连碗一起照着这个勤务兵劈头打过去，结果这个勤务兵因被烫伤医了半年才好。

戴笠杀了军统特务之后，不但要叫其他人认为杀得应该，而且还想叫这些冤死鬼与他们的家属对他感激。每年四月一日，军统举行纪念大会时，当着全国各公开与秘密单位的负责人和在重庆所有的特务面前，他还要假惺惺地来公祭一下这些被他杀掉以及因公、因病死去的特务们。这个大会最特别，第一个节目是举行"公祭"，一切是灵堂的布置，正中横额是用"碧血千秋"或"浩气长存"等成语，两旁则挂着他撰的挽联："继续光荣历史，发扬清白家风。"他把这些死去的特务分为三类：一类是叫"殉难"，这是为军统工作而死去的；一类是"殉职"，这是因公致疾而不治身死的；另一类最为滑稽，叫作"殉法"，这是被他凭一时喜怒而杀掉的。这一方面是安慰死者，也是欺骗活人。他常常向亲信大特务夸口说："最高明的杀人者，是要做到使被杀的人不喊痛，不叫屈，还要叫别人喊杀得好，杀得对！"

　　尽管他用尽一切手段逼使特务们对他尽忠，并以金钱地位用来收买人心，但离心离德、出他意外的事件仍是层出不穷。不少人因态度消极而被他囚禁起来，不少人则感到太不自由，而又不准离开，便走上自杀的道路。军统局在罗家湾局本部的一座大防空洞里，每年有一两个人自杀在里面。另外服毒或开枪自杀的，更隔不多时便有发现。我在军统任总务处长的几年中，前后便埋过十来个这样自戕的人。至于弄成神经病的则更多，成都一处神经病医院中，长年有军统送去的病人。像解放时北平稽查处处长倪超凡这样"将"字级的大特务，也都是几次被送入精神病院。一些小特务患这种病的则被送到南岸汪山军统一个农场去休养，实际上是关了起来，免得出事。戴笠一贯用"同志即手足，团体即家庭"这两句漂亮口号来欺骗人，但许多人对这个家感不到丝毫温暖，只觉得家长的可畏。加上"手足"之间待遇太悬殊，他和一些大特务，可以为所欲为，小特务则动辄得咎。

　　抗日战争后不久，戴笠下令严禁特务结婚，违者处五年以上十年以下有期徒刑。暗中与人同居被查出而囚禁起来的男女特务，几年闻达到五六十对之多。但他自己却天天玩弄女性，已为尽人皆知的事。一些亲信的大特务也可以和他一样例外，可以公开娶妻，可以公开纳妾。如毛人凤与大汉奸殷汝耕的小老婆、女特务向影心结婚，他还亲往道贺送礼。兰州特训班副主任王孔安，抛弃有病的大老婆霍淑英，而与该班电讯系一个漂亮的女学生结婚，他不但不法办，还亲自劝阻霍淑英干涉王的婚事。东南训练班副主任金树云与该班女生结婚，别人检举出来，他也置之不理。最特别的是第四处处长魏大铭，公开申请与戴有过一段相当长久关系的赵霭兰结婚，居然得到戴的批准。贵州站长黄加持以及其他一些大特务，更是多次闹离婚结婚的把戏，他都装作不知。一些想结婚而又不敢的小特务，对这些不平等的待遇都在背地埋怨，大发牢骚。当时局本部有一座可容八十人的大厕所的隔板上，便常常出现许多牢骚怪话。

　　他对这些被称为手足的"同志"，甚至自己的亲戚，那种刻薄寡情，也是我很少见到过的。最典型的是对待他一个表兄毛权的事。毛权长得和他几乎是一模一样，口音和举止也很相同，只是年纪稍大，略显得老一点。他因天天杀人，所以也时时提防别人杀他。当他表兄从家乡来重庆找他谋事时，他一下便看中了这个和他相似的人，留在自己身边，想用来当他的替死鬼。他和毛权穿同样质料与颜色的衣服，戴同样帽子，使人猛一看，几乎分不出来。他经常把这位表兄带在身边，两人乘汽车时，有时他坐在司机身旁，有时毛权坐在司机身旁。毛权对于他真可说忠心耿耿，除了随时准备替他去死外，有一次他在路上遇到日机轰炸扫射，毛权毫不迟疑地带着警卫俯伏在他身上，决心用肉体来保护他。可是他对毛权却没有什么特别表示，除了在穿着外表可以和他一样以外，并无其他好处。有一次毛权在中美所散步，梅乐斯远远一看以为是戴笠，马上招呼，毛权一看这情况便转身走开，梅乐斯对此很为不满。好多天以后，翻译刘镇芳问戴，为什么那天对于梅打招呼不理，戴说没有此事，刘回复梅，梅肯定没有错。戴才猛然想到可能是看错了人，找毛权一问，果然是的。戴大为生气，认为毛在拆他的台，替他得罪了美国老子，这还得了，除了要刘向梅说明并表示歉意外，还决心要开革这位跟他多年的替身。当时毛权是寄名在总务处，我知道这事，连忙跑去讲情，他坚决不答应。我再三说明找一个这样的人太不容易，他回答说："我用不着再要他代替我，他只会替我得罪人。"他叫我发毛权三个月的薪金和路费，立刻要他走。毛权痛哭流涕地向这位表弟辞行，他一点没有留他的表示，使得一些跟在他身边的特务都感到寒心。

他对能够一手起家、几年间赶上与他争宠的对手，另有一套笼络的手法。一九四五年初，他忽然叫我准备几间房间，说要在军统局内成立国民党特别党部办公室。我很感到奇怪，问他，他也不说明白。多年来军统虽然是军委会下面最庞大的一个机构，而对党务就从来不理会，军统特务也大都不加入国民党。等我把房子等都准备好以后，请他去看，他才问我是不是国民党员。我告诉他过去一向不是，只在一九四三年到中央训练团三十期党政班受训才集体参加。他听了便说："那就好办了！你就来兼局本部党部的总干事。"我怕事多忙不过来，正在吞吞吐吐想推托。他便直率地说："什么事都用不着管，只等这次选举完了便取消它，你就负责集中掌握一下选票。"这样我才明白，原来是为了竞选才成立这个单位的。当时军统的特务都在猜，一定是戴笠要竞选国民党第六届中央委员。选举期间，他也特别忙，天天请客，特别举行一次晚会招待与选举有关的人。可是选举时，他自己不肯提名而推荐郑介民、唐纵去竞选。他并为郑、唐极力活动，结果两人均当选。他这样做，是借此收买人心，使人认为跟着他干最有前途。

他还特别懂得特务们的侥幸心很大，便经常采用第二种手法"破格提升"。只要他下过手令晋级的特务，铨叙厅任官任职都不能打折扣，他可以将一个上尉一下提升到上校。总务处有一个办伙食的膳食股股长罗连胜，办伙食有一套办法，其实没有什么巧妙，只是善于利用军统的特权，指使外勤公开特务机关去强迫购买一些廉价的副食品，和强占一些荒地来搞菜园，并把多余的军粮私自出售补充伙食。这样一来，自然比一般要办得好。戴笠知道了便大加奖励，一下把罗连胜提升为上校副科长仍兼膳食股长。他有时看到一个勤杂兵做一件事使他很满意，也一次可以由士兵提升到中、少尉。他自己虽然只是一个中将，但他的部下却有十来个中将，三十多个少将。

他虽然爱当着许多人面前责骂大特务，但只要不当着人前和他分辩，而在人少时或和他一个人在一起时与他说理，他也毫不在乎。有一次他的曾家岩公馆内装了一个电话小总机，以便在每一个房间内装上分机，使他打电话、听电话都方便，他要我找四个女的接线生看守总机。我向电话队征求，所有女接线生都不愿到他家里去工作，知道他对女性是要任意蹂躏的。我虽以提高待遇、多给福利、津贴伙食等条件来引诱也无结果，便只好派四个男的去。他很不高兴，经常为这件事找借口骂人，说接线生如何不好。有一次为了接线生惊动了他的午睡，把我和他的管家秘书王汉光骂了很久，我和王汉光气得连饭也不想吃。他知道后，走到王的房间，对我和王说："我早就没有生气了，你们两人为什么还在生气？真奇怪！"我回答："你骂人骂够了当然没有气了，挨骂的人却受不了。"他笑着说："我就不像你们这么蠢。委员长骂我比我骂你们更厉害，但是我等他骂完，也就没有事了。你们应当学习我这一点！"接着他哈哈大笑，说，"走！等你们一起吃饭！"

他笼络人的第三种办法是肯花钱，而且能用在最恰当的时候。每逢过年（春节）过节的头一两天，他便忙着亲笔写信给所有在重庆的科长以上的大特务，并附上一笔约等于两三个月薪饷的现金，在年节前一天送到每个人家中去。我有时替他装钞票，往往到深更半夜才能办完。平日对一些大特务父母的生日，以及郑介民、毛人凤等人及其老婆们的生日也很注意，叫我记下来。我记在案头日历上，提前告诉他，他也都亲笔写封信，附赠现金。遇到一些大特务家中有婚丧，同样来这么一下，有时还叫我亲自代表他去送款致意。

戴笠拉拢人的第四个办法是关心特务们的生活。他常常说："我们工作的好坏，也表现在穿衣、吃饭、住房子、拉屎等方面，这些事搞不好，什么都谈不到。"因此他对军统的事务工作非常重视。他经常突然走到一千人左右进餐的大饭厅吃上一顿饭，看看伙食办得好不好。也常去大厨房看看清洁，并与厨房工作人员扯上几句。夏天夜间他还常去大宿舍看看有没有蚊子、臭虫，并规定经常要烫臭虫。军统厨房附近有一个大得可以同时放进两张双人床的大滚水池，常常煮床铺。不仅宿舍经常修建，厕所也要求建得很合适，一点不好，宁可拆了重建。当时军统因工作忙，除白天办八小时工作外，晚上还加两小时办夜工，又加一次夜点费。对通宵要留人办公的一些单位如译电、文书、收发等科股的值夜人员，又特别规定发给鸡蛋、维他命等一类东西。他再三告诉我，这些地方千万不能省钱，否则会因小失大。他特别强调恩威并用，在工作上要求严格，在生活福利待遇上则尽可能使人舒服。

此外，他对一些可资利用的同事和朋友也肯费心思。每次预备会见生客，或尚未见过面的部下，他总先打听一下，这个人过去有什么最得意的事，或有什么著作，著作是些什么内容，最喜爱的是些什么嗜好。这些弄清楚后，他一见面，便可主动地提出对方认为得意的事来加以称赞，或把对方著作中一些重点谈一下，以表示对这个人事先早有了解，使得对方听来有点飘飘然，认为他真是一个知己。他为了交朋友，也常运用特权做出一些昧良心的事，使对方认为他真够朋友。如反动将领王敬玖追求夏文秀、萧明两个女人没有成功，想找机会整这两个女的。据说夏、萧和当时浙江省主席黄绍竑的妻子很要好，王敬玖对之无可奈何。戴笠为了替王敬玖出一口气，便把夏文秀、萧明逮捕起来，一直囚禁在军统息烽监狱好几年，什么证据也没有。她们自己也莫名其妙，不知什么罪名关起来，胜利后才得释放。萧明的父亲在法国当过领事，萧在去法国的时候，只是埋怨黄绍竑夫妇害了她们。其实是戴笠在替朋友出一口气，便作出这种伤天害理的事来。

戴笠一生标榜要做一个"无名英雄"，也经常拿这些话来勉励自己的学生和部下。其实他是一个最喜沽名钓誉的人，不过希望他的部下为他做无名英雄而已。他除了做见不得人的事使用化名外，平日总是爱用真名。不管是兼公开职务，兼各个训练班的主任，送礼送钱给部下，都用真名。军统局在重庆磁器口洪炉厂有座公墓，在墓的最上层立了一块很大的碑，上面什么字也没有镌一个。谁都知道这是在纪念什么人。如果把那些屠杀共产党和人民的罪行刻在石头上，无论怎样做文章，总掩盖不住它的丑恶，所以不如不写还可少露些狐狸尾巴。

我在戴笠身边几年中，每到年节的头一两天，他总吩咐我去做一件事。在第一次做的时候，他仔细叮嘱过我：要我一个人开一部汽车，先将车照号码、车身颜色告诉他，他打了几个电话之后，便将十多封信交给我，叫我在晚间把汽车开到离蒋介石上清寺住所附近一处较僻静的地方停下车来，一会便有人到我车旁来取这些信件。这些人都是蒋介石身边的人，从秘书曹圣芬到宋美龄的女佣人都有。他们走到车旁悄悄问我："戴局长有信给我吗？"我问了姓名，便一封封交给他们。约半个多小时内一个个地来，直到信件取完，我便回去向他复命。以后常常这样做，才知道这些信里面都是装着现钞和贵重物品。他从来不曾忘记这样做，我也一直保守秘密，没有告诉过人。他这样把蒋介石身边的每一个人都买通之后，在紧要关头就发生作用了。他如果有急要文件要送蒋介石批阅，而自己又不便面递时，便叫我拿着去找这些人，马上就可以批下来。他们只要有机会，便把这些公文摆在蒋介石办公桌上文件的最上一层，蒋介石只要一拿起笔来，便能首先批阅。这就是他平日送礼的最大作用。别的人要仿照这样做就不容易了，因为蒋介石身边的警卫组，都是军统特务，只有戴笠派去的人，才不会受到阻难。

戴笠虽然很会拉拢人，到处有人敷衍他，但有一件事使他很不愉快，就是他家乡的人始终瞧不起他。一九四五年秋，他陪同梅乐斯去东南视察，故意绕道去他的家乡江山县，想显示显示他衣锦荣归的威风。听说当他乘着漂亮的小汽车，带着大群随从，刚一进入江山县境不远的地方，便在一处农家门前停下车来。他和梅乐斯下车，一位老农连忙招呼孙儿们为他们搬出桌椅，叫人冲茶。他很得意地向梅介绍他家乡人如何好客，如何对远方人有礼貌。他为了表示亲近，立刻用家乡话和这个老农交谈起来，满以为会受到更大的欢迎。谁知他的家乡话刚一出口，老农便问他贵姓，等到他说出之后，真出所有人的意外，老农马上大声对他家里的人说："我道是什么人？原来是戴春风，不要冲茶了。桌椅给我搬进去！"他的孙儿们立刻"撤座"，弄得这位骄横不可一世的特务头子，真不知如何来对付，以及如何叫翻译向他的主子梅乐斯解释。他的随从们自然一拥而追上这位返身不理的老农，并告诉他这是什么人，怎么这样无礼。老农很干脆地回答："别的人我们还愿意招待一下，戴春风他自己清楚，他在我们家乡干过些什么？他的母亲还住在家里，他敢把我怎样，他还要不要娘？"原来戴笠年轻时为江山有名的恶棍，家乡人恨之入骨。他以后在外虽然发迹了，但有骨气的人始终看他不起，这位老农只是若干人中的一个。他自己是心中有数，就是发作一下，也只有弄得更丢丑，便只好默默不言地邀着梅乐斯上车，一直驶到他的老家才停下来，而不敢再碰这样的钉子了。

由于特务工作的需要，戴笠要去结识和拉拢许多的人，三教九流，人数越多越好，因此有人说他"好客"。我在他身边的几年中，所直接看到或听到和他往来的客人，真是各种各样的人都有。与他交往最密的，还是以反动政府中的高级文武官员与蒋家王朝皇亲国戚为最多。此外，也有一些奇怪的人物。这里先从几个宗教界的人谈起。那位住在缙云山修心养性、有点声望的太虚法师经常拜访戴笠，戴也曾叫我在功德林、紫竹林素菜馆包办素席去招待他，还叫我送过礼物到北碚缙云山汉藏学院讲经的地方。还有住在南岸龙门浩庙内一个人称"一指头陀"的苦行僧，是重庆警察局督察处长东方白引见的。东方白是军统老特务，是一手执着屠刀，一手拈香拜佛的居士，家里设有经堂，每天上班之前要念一小时经，才去警察局办公。东方白与佛教界的朋友往来很多，并力劝戴笠信佛，还劝戴笠找人修炼长生不老丹。一次，戴笠因事去到这所庙内，我也随同前往，顺便去看看这位"一指头陀"。见面时，这位苦行僧就高举一指向戴顶礼，连忙"请上坐""泡好茶"，还把善男信女们供奉他的细点叫人端出来热情地招待。

戴笠接待和拜访过天主教中国区的红衣主教田耕莘，并常与重庆区主教法国人尚主教往来，特别是和当时长期住在重庆上清寺，而教区却是在乐山、嘉定地区的于斌主教关系很深。这个洋和尚是毫不避讳地公开协助军统工作。军统负责人事工作的历任处长李肖白、龚仙舫等，经常被戴笠派去与于斌接洽。通过于的关系，介绍天主教徒为军统工作，或介绍军统与一些天主教徒往来。另外还有神甫雷鸣远（比利时人，一九二七年入中国籍），更是和戴笠勾结得特别紧密。雷鸣远用军委会战地服务团名义到中共领导的抗日根据地去活动，戴笠除派军统特务李敦宗、李芳、柴达文等参加进去工作外，还派有两部无线电台随同他们一道，主要是利用天主教关系，对八路军进行特务活动。这个国际间谍头子，一面为其国际间谍组织罗马教廷搜集情报，一面与军统勾结对解放地区进行活动。军统去前方许多地方的便车，常常为雷鸣远带人和带东西，是经我亲手办理过的。

戴笠很费过一些功夫，想物色一批像中国武侠小说上描写的那种奇侠异人、剑仙术士之流的人物，但多年来使他大感失望。他想为宋子文物色一个武艺超群、枪法出众的随从警卫，找了多年也没找到。他自己天天带在身边的警卫组长徐锦城、警卫员刘国英等的武艺和枪法，我亲自领教过，也都是平平常常，谈不上有什么特别本领。他所找过的人，如据说有轻身技术的杜心五，又如曾在重庆南岸摆过擂台的黄老师和打败黄老师的一个老道，都不能令他满意。后来由湖南籍大特务李肖白等向他极力推荐柳森严，还有《江湖奇侠传》作者平江不肖生（向恺然）所描写的侠客柳迟的化身柳惕怡，经他谈过话之后，也认为只是走江湖、卖膏药之流的人物。

在戴笠接见过的一些人物中，还有几个值得一提。如暗杀汪伪政权上海市长大汉奸傅筱庵的主要人物朱升，当时许多报纸和杂志称之为"义仆"。朱升为傅筱庵父亲的亲随，从小在傅家长大。傅筱庵父亲在临终前托朱全心全意照料他这个最钟爱的独生子，朱发誓一定不负所托。几十年间，他忠心耿耿地执行着老主人的遗言和自己的誓言，终年随傅在一起。傅任汉奸市长后怕人杀他，连自己姨太太都信赖不过，却完全相信这位老管家。后来经军统特务们多方勾引与朱结识，和他结拜兄弟，进一步说服他。朱在喝过几杯血酒之后，引特务们进入傅的寝室，并亲手持刀协同特务们将傅砍死，反锁房门，从容逃出。戴笠第一次约见他时，我特地赶去看看。他见到戴笠，还痛哭流泪，感到对老主人不起。他得到戴给的一笔奖金后，便在重庆张家花园开了一个小型手工卷烟工厂，还按月拿军统的津贴和实物。

另一个"人物"要算是勾引特务杀害自己丈夫的金石心了。前面提到，戴笠在抗战前所最感到头痛的一个劲敌是上海安徽帮会首领王亚樵。金石心是王最宠爱的姨太太，经常由梧州去香港跳舞玩乐，被军统特务陈质平在舞场勾引卜手，吸收她当军统特务。一九四四年一月二十日，她亲自带着戴笠派去的特务王鲁翘、谷玉林、陈亦川、霍邱人等去到家中，并帮同动手将自己的丈夫杀害后，逃到重庆。抗战末期她一直住在重庆凯旋路。至于像专门替戴笠做自己丈夫周迅予的情报、使自己丈夫多次入狱还不清楚原因的女特务罗华，在上海抛弃丈夫子女、掩护一个首次驾机轰炸上海失事后的美国飞行员，得到美帝颁发奖章的张若梅，这一类人物在戴笠身边的就太多，而不胜枚举了。

抗战胜利后，戴笠在北平时，对那个自称清朝亲王女儿、日本女间谍川岛芳子

（金碧辉）很感兴趣，除多次找她谈话外，还准备吸收她为军统特务。后因戴死去，她才被枪决。

在戴接见的人当中，甚至有专门"吃洋火钱"的大扒手（偷人皮夹、钢笔等时如掏自己口袋里的火柴一样方便，姓名我已记不起）。戴笠有一次在黄家垭口看热闹，一瞬间两支最新的派克笔不见了。他气极了，叫我去找侦缉大队和稽查处，三天内要找回这两支笔来，结果逾期未能找出。当时重庆公开特务机关的特务们为此闹得天翻地覆，日夜动员，不知吊打拷问过多少不在帮的嫌疑犯。平日有权势的达官贵人丢了东西，万一无法原物奉还，侦缉队会指定扒手们分摊一笔钱，照样购买一样的东西赔出来；有时没有丢失东西，还故意利用职权去索赔。这次是这个大特务头子自己的东西丢了，这对笔又是他美国主子梅乐斯送的，上面刻有名字，当然无法赔出，必须找回原物。直到一星期后，才算侥幸把这个从上海跑去的大扒手抓到。戴笠在得到原物后，还不满足，要见见这个敢于偷他东西的人。当我通知侦缉大队长李连福带着这个人由我陪同一道见他时，这人吓得一直发抖。哪料接见时，戴笠竟很和蔼地和他谈了几句，还命令李连福不要难为他。最后当这个扒手向他磕头赔罪时，他得意地狂笑了一阵。这个扒手虽没有吃到苦头，但为这件事而受到酷刑拷打的嫌疑犯却有几十人之多。

（沈醉：《我所知道的戴笠》）

奢侈豪华与荒淫的私生活

抗日战争期间，自从香港、缅甸被日军占领后，重庆一般享乐腐化惯了的达官贵人，在对外国货的供应上都有点感到缺乏时，戴笠却变本加厉地享受着。他除了有驻美国大使馆副武官萧勃代他购办各式各样的新奇用品和食品，利用中美所的飞机运到重庆外，还有驻印度加尔各答总领事陈质平采购英国和其他国家的东西。陈一向会迎合戴的心意，只要有好用好吃的东西，不管价钱多贵，都给他买好，用飞机空运到重庆。当时唯一的一条通往国外的航空线是要经印度，越过驼峰而到昆明。在这条仅有的向外争取外援物资的运输线上，经常被他为了个人享受占去不少吨位，甚至一些水果、饮料等都是成箱地辗转经空运而到他的手中。重庆中航公司经理高大经每天都得在班机到达时去接收寄给他的东西。后来为了方便，索性请戴笠派军统特务王云荪去担任重庆珊瑚坝飞机场场长。只要美英等国有一件生活上的新出品，不久他准可享受到。至于国内一些著名土特产如哈密瓜、葡萄、兰州大辣椒、广东的香菇、云南鸡踪菌等，在他冰箱内总是装得满满的。他每次宴请男客，尽管是高级官吏，只准用市面上一般可见到的东西或国内的土特产；而招待女朋友与外国客人，则什么都肯搬出来，显示他的阔绰。每到八九月间，苏州附近的阳澄湖出产的真正道地红毛大螃蟹，他可以一次拿出一二十只来供知心客人大嚼一顿。这些东西当时都要经过不少周折才能从几千公里以外的地方运来。

他每次出门不仅自带厨司，还得带上足够两桌用的精美餐具，与一些市面上出钱买不到的名贵食品。在出发之前，他总得先准备十来天，才能动身。如乘汽车，总得两三部卡车给他带东西，坐飞机除了专机专用外，有时还嫌不够，要先派卡车运走一部分。我每次在他要出门之前和他的副官秘书等为他准备东西，总是弄得头昏脑涨，除了照他的指示办理外，还得与他的厨司等研究检查缺少什么。他带的东西除了自己用的吃的与准备送朋友、奖部下的以外，还得带不少给女人用的东西。因他到处乱找女人，所以要带讨女人欢喜的用品，连女睡衣、内衣裤、拖鞋之类都不可缺少。他每天吃的东西太好太多，一顿便饭也得十来样菜，但肠胃却不那么争气，常常闹毛病。所以他每次吃饭之前，总要先饮一杯开胃酒或其他开胃物品，饭后更照例吃一点助消化的药物。他酒量相当大，一次可饮一两瓶白兰地或茅台酒。他请客总是当众开酒瓶，先饮上一大口，表示没有问题。开了的酒吃不完，第二次决不再饮，以防止出毛病，不过平日吃饭不常饮酒。他不吸香烟，但却备有许多种名贵香烟和专为女性吸的花花绿绿的香烟，以招待不同的客人。在他身边的一些亲信，最希望他出门时不跟他一道去，这样不但可以安安静静过几天自由自在的日子，同时还可以分享一点从各地寄给他的新鲜名贵果蔬之类的东西。

他对穿的方面不十分讲究，上好衣料虽然成匹地存在仓库内，但还是有人从各国选购来名贵衣料及皮毛名产送给他。他在夏季穿黄卡叽布料或派力司之类浅色衣服，其余季节大多穿藏青色的，但时常更换。美国出品的衬衣裤，则每天能换上几次，因他有爱好洗澡的习惯。他住的每一处地方都有舒适的浴室，连办公的地方也有洗澡设备。他出门时总是带一个专门给他洗衣服与管理服装的副官。他因有严重的鼻炎，辨不出香臭，用香水只要贵的便认为好。

他在抗战期间，个人享受方面花费最多的，要算住的方面。除了在蒋管区各大城市都有他的公馆外，在重庆一个地方就有十处公馆和别墅。中美所范围内有经常公开见客的杨家山公馆，与不见外客的松林坡公馆。在修建中美所大礼堂时，他又在礼堂背面修建了住所。这个只供他在开会、聚餐与看晚会以后临时休息的地方，包括有寝室、起居室、浴室、书房、会客室、办公室、餐厅、一个中等会议室和一所小厨房。以后在中美所西边陈家院子修了一所招待美帝高级官员来重庆的招待所，只招待过美国战略情报局局长杜诺万住过一次，又成了他的公馆。在重庆市区，有经常见客的公开住所曾家岩中四路一五一号。他在神仙洞还修建了一所华丽的公馆，是准备与胡蝶同居时用的。当我随同他和胡蝶一道去看这所房子的工程时，他对胡蝶说："我最喜欢这个地方。神仙洞里住神仙！"为了修这所房子，他要求汽车可以直达门口而不爬坡，竟连当时四川最有实力的军阀王陵基的地皮也占了一百多方。王陵基当时任三十集团军总司令，率部在江西。他知道这个人不大好惹，叫我用他的名义打电报给王，说为了招待美国盟友请王拨用地皮，王信以为真，马上复电同意。但这块地皮还不够，因为要绕一个小圈子才能爬上几十公尺去，还得经过另外几个人的地皮才能修通。他又亲自写了几封信，叫我去找和成银行吴晋航、大同银行萧振瀛，又向他们要了一些地皮。这些地方下面都是坚固的岩石，动工后连夜赶着开石方、铺马路，近百名工人修了半个月才完成。在赶工时，因不顾工人疲劳和死活，连续发生工伤事故，两个石匠被石条压死，几个受重伤，轻伤天天都有。马路修成，房屋建好，戴笠第一次带着胡蝶乘车直达新居门口时，他把为了使胡蝶少爬一点坡，而修这条路的种种情况告诉她，换得了胡蝶抿嘴一笑。另外，在军统局局本部内，罗家湾十九号也有他一所公馆，一年中至多只住上十来次。还有为了在城内躲警报用的浮图关李家花园内最坚固的防空洞上面几间石头砌的平房，也布置得很舒适、讲究。在南岸汪山也有一座小洋房，准备在黄山见蒋介石后深夜渡江返回城内不便时用的。一九四五年快胜利时，又在嘉陵新村半山坡上租了一幢西式平房，也相当考究。可能还有由他秘书王汉光给他布置的地方，我不知道。每天晚上他究竟住在什么地方，很少人能够弄清楚。

　　他自己讲究住，因而也有修建房屋的特殊兴趣和嗜好。军统局局本部在罗家湾办公的地方，前门从枣子岚垭漱庐隔壁可以横贯通到后门中二路。原来住在附近的一些居民都被他赶走，连当时住在附近的财政部国库署署长李傥也被弄走，而将他住的房子占过来。李最初恃有孔祥熙的靠山，不肯买账，他亲自去拜访李商量，也无结果。但他去这一趟，却发现了一个使李自动搬家的办法。他回来后，很生气地埋怨我，不懂得运用手段，劳他亲自出马。他面授机宜以后，我马上实行，果然有效。因为他看到李傥的小老婆年纪很轻，与他女儿一样，二十岁左右，便叫我找几个生得漂亮、健康而又会胡闹的男特务，天天找李的女儿、小老婆纠缠，故意让李发觉。李看到后，一方面怕戴绿头巾，同时也不愿招一个特务当女婿，便赶紧另找房子搬走了。几年间，由于不断的扩建，他在罗家湾附近占用了四川军阀袁筱如不少地皮。有次他叫我去南岸汪山看看袁，表示愿出点钱征购。袁当时答复得很干脆："我这些地皮也是马马虎虎占来的。你们今天有力量就占用了再说，用不着问我。过两天我有办法再收回就是了。"我把袁的这番话告诉他以后，他认为袁这个人很直率，想和袁交个朋友，马上要我亲自再去约他到家中吃饭。戴顺便还去拜访过袁，两人谈得很投机。戴笠死后，军统迁回南京，这一处庞大的房屋群，以后因为不需要才廉价出售给当时的重庆市政府。

　　戴笠对修建房屋很有兴趣，也爱自作聪明，经常自己设计出主意修建了不少房屋。特别是他自己住的地方，经常一修再改，稍不如意便拆了重新来过，费工费料毫不在乎。当中美所成立后，美帝特务大批来到时，他为了讨好这些美国主子，更日夜令人赶工兴建大量房屋，结果弄得吃力不讨好，使他大伤脑筋。因为中美所是在小歌乐山北麓，有些地方风景虽好，但坡度相当大，一些赶建起来的房子，往往因地基未打好，堡坎工程不合规格，而且是由他自作主张，只凭自己心意去做，认为外表好看就满足了，但经过几场大雨之后，一些房屋地基下陷，倾斜倒塌，许多堡坎崩裂。美帝头子梅乐斯曾多次口头和用书面备忘录通知他，叫注意房屋质量，千万不能使美国人发生人身伤亡事故。他这时才感到问题严重，找专门人才来中美所工作。

戴笠之喜爱修建房屋，与他神秘的日常生活有密切关系。他对女性任意蹂躏，他的亲信秘书王汉光便专门替他经管这类事务，所以他认为"公馆"越多越好。和他同居时间最长久的要算胡蝶了，从一九四三年以后，胡便为他所占据，一直秘密住在他的城乡公馆内。他为讨胡的欢心，除了为她修了不少房子外，特地在杨家山公馆前面修了一所很考究很漂亮的花园，以近一万银元的代价购买了各种名贵的奇花异卉，亲手设计布置一番。但许多去看过他那所花园的朋友，当面虽尽力赞誉，背地里却捧腹大笑。原来他把天然风景区填得平平整整，将一些天生的怪石老树一律削平砍光，硬把一个斜坡修成一道大石坎，而将整个花园用"喜"和"寿"两字组成起来。他将水泥先作好"喜""寿"之后，再在两边与空隙处种上花木，弄得俗不可耐，而他却自认为别具匠心。他住在这里时，每天早晚总陪胡蝶去花园散步，每去便叫增加岗哨，禁止特务们从附近通行和接近，所以胡蝶和他住在那里几年，有好多特务都不知道。

戴笠很会讨女人的欢喜，当他和女秘书余淑衡打得火热时，便连自己的化名也改为"余龙"，以示他是余家的乘龙快婿。但自从把余送去美国深造而得到胡蝶之后，胡了解他这个化名的由来，很有醋意。一次，戴在写信给特务们仍用余龙两字署名时，胡便在旁边撒娇地"嗯"上一声，只说出一个"又——"，戴便马上在写好的"余"字下面添上一横，把化名改为金龙。戴笠得了一个比较满意的胡蝶后，行为稍好一点。

有一个女特务周志英，以为戴笠看中了自己，一心想当老板娘，经常找戴笠纠缠。戴一气之下，把她囚禁到息烽监狱两年，到一九四三年才释放。她以为戴笠回心转意了，在到重庆的第二天便搽脂抹粉，打扮得花枝招展去找戴笠。谁知去到曾家岩公馆，警卫一通报，戴不见她，叫她马上走，她不禁放声大哭。戴听见立即叫进去，当面骂她无耻，白天做梦，要她死了这条心。她坚决表示，宁可死也不肯离开。戴笠拿起鸡毛帚柄打她，她不叫喊半句，一直让他打。我正在那里，劝她要识相点，她便向我申诉如何一心一意爱上老板，不管当什么姨太太、小老婆都愿意。戴便趁此机会想溜走。她发觉了，立刻冲上前去抱住戴的腿部，任凭戴用皮鞋踢她的头部和胸部都不放松。我与王汉光用力拉开，随后将她送往白公馆看守所关了起来，两天后又解送息烽。直到戴笠死去，我向毛人凤提起这个人，才被开释。这时她已精神失常，经医治半年多才好一点。

戴笠很讲究排场，特别是招待美国主子们，更要显示他的敬意。他每次宴客，总要用大量鲜花和红绿色的米粒摆成各式各样的台花，全部用银质餐具。有次招待美帝海军第七舰队司令柯克上将，陪客近三百人，所用的鳗鱼（白鳝）将近一百尾。这种鱼在重庆很缺少，连那位最爱吃鳗鱼的国舅宋子文也感惊讶，何能一次弄到那么多。宋子文怎么会想到那次请客，竟动员几十个特务，到处搜罗名菜，弄得重庆一些大餐馆和鱼贩渔民都为之忙了好几天，才算勉强满足了戴笠的心意。每次参加戴笠举行的各种盛大宴会的美国特务们，总爱按照他们的习惯，偷偷地拿走一双牙筷或其他精致的银质小餐具留作纪念。他知道后，便故意多准备些这一类上好的东西，让这些客人带走。所以每请客一次，总得补充一些名贵餐具。

由于他爱讲排场，总是越大越热闹越好。每次军统局举行晚会总要到深夜才散，有些特务和家属们最怕参加这种通宵达旦的晚会，不少人在中途溜走。他发觉后，便到宿舍里去找。我因经常当总值日，便派人到宿舍把已睡了的特务拉起来，硬陪他去看戏。每逢四一大会与春节晚会，更非特别热闹不可。为了防止家眷们溜走或特务们跑回去睡觉，他从一九四三年便吩咐我晚会开始后，当礼堂人挤得满满的时候，把前后大门锁起来，宿舍也锁好，这样才防止了中途冷场。每逢四一大会或盛大聚餐时，动辄四五百桌，除了备黄酒外，春节还特别要每桌有一个火锅。军统在成都一次定制的火锅就达一千个，分别存放在城内和乡下办事处，每年只使用三四回。过去未定制以前，便是由公开机关特务们向重庆大小餐馆去借用。餐馆中火锅最多的是一般专卖毛肚之类的中小餐馆，火锅借走后，两三天都不能营业，弄得无以为生。特别是用完归还时，弄得乱七八糟，不仅不是原物，大多配不成套，使得许多餐馆叫苦连天，还不敢有半句怨言，否则会遭到更严重的飞来横祸。

戴笠为了防止在露天举行几千人的大会时下雨，规定要用红、白、蓝三色布搭成大帐篷。这三种颜色的布匹也由特务们向布店强借，用后归还时弄得很脏，不能当新布出卖。一些商人看到特务们乘着卡车到店门口停下来，都暗中叫苦，而脸上还得堆满笑容，要借什么便得马上连声答应。

每次聚餐，戴笠照例走到扩音器前，端着一杯斟满的酒，叫所有的人起立，高声叫着："第一杯酒，祝领袖身体健康，大家干杯！"接着又斟上第二杯，喊道："第二杯酒，祝所有的同志们身体健康，干杯！"两杯酒饮完后便叫坐下。这时照例由我或者大会指挥官再叫斟上第三杯酒，大叫："第三杯酒，祝戴先生身体健康，干杯！"这时他满意地笑起来，叫大家"开动！"要是忘记了给他回敬这一杯酒，他坐下后便不叫"开动"，所以每次都得照例来上第三杯。军统每次聚餐用的菜都由他规定，有三样是从不变动的：一个是红烧猪肉加油豆腐，一个是红烧牛肉，一个是辣椒炒酱肉丁。另外一个素菜则按季节不同，由他前三四天指定。冬、春用火锅是为了几百桌菜摆上后，要等人坐齐，菜都冷了，有一个火锅便可以吃到热的东西。像这种大规模聚餐，除固定的几天外，有时由他高兴，也随时举行一下。每次举行宴会、晚会、聚餐等均须奏乐。军统的一个军乐队，有六十多人，乐器全部由印度购回，连国民政府的乐队都不如它。

戴笠平日很少照相，也不爱用照片送人，更不愿与特务们在一起合影。他是做贼心虚，生怕照片给敌人拿去。一九四五年后，因经常和梅乐斯到处视察工作，梅乐斯很喜欢照相，他才慢慢地改变习惯，准许美特们给他拍照。但他随身所带的摄影师王文钊，却始终遵照他的规定，在给他洗印照片时，从不敢多晒一张，底片也都交还给他保存或烧毁。

戴笠和一些暴发户一样，当他什么都有了，也要装作风雅。他客厅和书房缺少字画点缀，便要我找许多有名的书画家写些、画些给他装门面。最初他对总务处交通科长黄翀送给他两张徐悲鸿先生画的马很喜爱。过了一个时候，戴笠感到画家没有给他提上名字不大光彩，以后便叫撤去。我给他找来的几幅，其中他对吴雅晖、戴季陶两幅字很高兴，因为吴称他"雨农将军法家"，戴称他"雨农宗弟"。他对画家柳子谷的几张画也很感兴趣。我买了一张柳子谷画的《霸王别姬》挂在漱庐大客厅里，客人见了都称赞。戴更欢喜，因为画家题了他的名字，很尊敬地称呼他。过了一些时，他突然很不高兴地对我说："你为什么把这种不吉利的画挂在我这里？"我弄得莫名其妙，顺着他手指的方向一看，原来是那张《霸王别姬》。我回答他那是画的两千年前的历史故事，有什么不吉利？他更生气了，说："我就不喜爱历史中这一段。要画为什么不画刘邦的'大风起兮云飞扬'？不是更可以显出一个人得意时的英雄气概？而画这种穷途末路的倒霉相。"原先柳子谷曾托我向戴笠要一个工作做做，我趁他当初称赞柳的画时，和他谈过，他也答应，还准备接见一次。这样一来，他完全拒绝了这位画家的请求，并且叫我将那张画摘下来送了给我。

戴笠除了喜爱字画外，也收藏了不少古董和珍玩，但古物中却一半以上是赝品，别人还不能说是假的，要随声附和去称赞他的东西才高兴。每年四一大会，军统各内外单位的特务们总要向军统献礼品，一些珍贵的东西他看中了便拿回去据为己有。几年间我看到他最喜爱的一件东西，要算广东站送的一件用两支小象牙雕成两支春笋，中间悬一面金制的小锣，配一个玉柄锣槌。戴笠认为这件珍玩象征军统事业如雨后春笋，他的发号施令如玉振金声，经常一个人坐在房中，轻轻敲击这面金锣，欣赏这种用玉捶出的金声。

一九四四年准备举行四一大会之前两个月，戴笠又突然要各个单位来一次向大会献书的运动。他指定只要线装书，不要洋装书，计划在两三年内搜集十万册。各地特务奉到这项献书的亲笔手令（军统发出的命令一般用局本部化名，他的手令一般也用他的专用化名，而这次叫人献书却用真名，更引起特务们的重视），还以为他爱好线装书。这个命令发出才一个多星期，重庆米亭子一些专门卖旧书的商店又被特务们闹得天翻地覆。一些过去无人问津的大部头线装书，一下子被抢购一空。各个单位特务们更运用职权和特权到处搜罗，一个多月的功夫便堆满几个房子。他一看这么多乱七八糟的东西，不知道应如何来处理，便聘请国内有名的书籍鉴赏家、杭州《四库全书》负责保管人毛子水为军统四一图书馆顾问，来指导整理。结果，毛子水从他准备抛弃不要的残破旧书堆中，发现不少稀有的名贵版本书籍，和一些很珍贵的手抄本。这些东西有的是在邮寄时被各地邮局检查所盖上"反动宣传刊物"的罪名扣下来的，有些是各地水陆空交通检查所从旅客行李中搜出，作为"违禁品"扣留下来的，还有些是特务们无中生有地找收藏家的麻烦，借口去抄查什么而顺便偷出来的，更有些把一些小县的县志，甚至只有一份的手抄本都抢来了。由于来源不同，特务们又不懂这一道，只看到是线装的书就要，所以的确找到不少市面上出钱买不到的好书，连毛子水看了都感到惊异不止，何处能得到这些宝贝！特别是他发现有几百部县志以后，便向戴笠建议，说过去商务印书馆想把全国县志收齐，费了多年时间均没有办到，而他有这种机会和便利，不妨做一件前人没有做成的大事，也是一个了不起的贡献。戴听了很高兴，又下令搜了一次县志，但直到他死去，这部全国县志却没有搜齐。解放前，便和一批善本书一同运到台湾去了。

戴笠最爱听京戏，而不喜欢看话剧和电影。军统的晚会也是以京戏为主。因一些话剧剧本多带有进步性，很少能合他的口味。他对电影选择很严，只喜爱陈铨所编导的像《野玫瑰》《天字第一号》等为军统特务工作作宣传的一类东西；对当时广大人民所喜爱的卓别林主演的《大独裁者》等一类片子，则严禁在军统放映。他对京戏中的老生、老旦、花旦的戏特别爱好，军统剧团中一个唱老旦的何亦朴，经常被他找去清唱几段，并称赞她有李多奎的味道。他自己却从来不曾公开哼过一两句，因他江山土音很重，不愿在人前丢丑，只偶尔一个人在开留声机时，悄悄跟着唱片唱几声。但在听戏时却爱不停地敲打一阵，以表示自己懂得板眼，是此中行家。

在戴笠的书房或起居休息室的桌上，经常摆着一些《史记》与《资治通鉴》一类古书，显示他博古通今。实际上他很少去看这些东西，只叫对古文较有研究的秘书周念行讲给他听。为了卖弄，他在听过之后，便马上现买现卖，一定找机会讲给他的学生和亲信部下听。有时讲得牛头不对马嘴，听的人都不敢笑出声来，怕他恼羞成怒，借机会找岔子。他真正用心阅读过的东西，却是不愿摆在书架上的几本拔提书店出版的《驭人策略》和希特勒、墨索里尼的自传一类东西。

反动派一些高级文武官吏都染上一个不务正业的毛病，那便是文官喜爱谈兵论武，而武将却爱舞文弄墨，想当文武全才的所谓儒将。他也有这样的毛病。对朋友部下喜欢谈文，显示他读书很多。有一次筹备圣诞节晚会，他请了许多留过学的朋友和眷属帮助筹备，到半夜休息时，女客中有人称赞他的名字取得好。他非常得意地说这是古人代他取的，并遍问在座客人，看到过有关他名字来源的书没有。这些人都了解他的个性，便异口同声地回答没有见过。他非常得意地找出一本书来，翻一段念给大家听："君乘车，我戴笠，他日相逢下车揖。君担簦，我跨马，他日相逢为君下。"他念完后，又为大家讲古人交情，贫穷富贵均不能相忘，他也正是这种人，不忘穷朋友。实际上天晓得，他又在撒谎了。另外，为了显示他的才能，他在军统发行的内部刊物《家风》上，常常题上几句话，把他的笔迹制成锌版刊在卷首，如"创造光荣历史，发扬清白家风""苦干苦守，任劳任怨""同志即手足，团体即家庭""要有剑及履及的精神，要有心到手到的作法"和"秉承领袖意志、体念领袖苦心"等一类口号。

他个人用钱，真可以说得上挥金如土。但这笔庞大的开销，他是从不向军统局去报销。他个人用钱，除了宋子文等经常送他外，他还时常向中国、交通等银行去借。由于法币天天贬值，这个月借这个银行一亿，到下个月这一亿只等于几千万，他又向另一银行借一笔，归还后还可多出一些。这样循环借，不断地归还，这在当时只有极少数有特权的人可以办到。此外，他也与杜月笙、贝祖贻等人做点投机生意。他消息灵通，转手之间可获巨利。有时蒋介石也会在他搞伪钞上缴的巨额收入中，发给他一笔特别费。他自己有个小保险柜，里面装满美钞、黄金、珠宝之类的东西，由他自己开启。他因为生财有道，所以不像以后郑介民当局长那样，连老婆买一幅湘绣观音菩萨与小孩玩具都要总务处开支，弄出许多笑话和引人反感。

戴笠平日在口头上虽然常常叫别人要破除迷信，他自己也从不拜佛求神，但很相信风水、命相一类东西。军统修建房屋时，大门应向哪一方向开，前后左右应注意哪些地方是龙脉，以及宜于建阳宅或阴宅等问题，他是经常亲自指示我，不能弄错，否则虽已动工也得停止。军统在罗家湾的大门，按照地形和出入便利，本来应当是对中二路，但他根据风水方位，始终把对枣子岚垭一面称为大门，原来一个旧的大门的方位不准变动。军统在乡下磁器口缫丝厂的办事处，与中美所同在的地方，位于小歌乐山北麓，有个善看风水的特务向他建议，说这个地方大门出口处敞得太大，气势不聚，他便在那条走气的山沟上修建了一道和城墙一样的石墙，挡住兴旺的气势，不使跑掉了。

军统所办的许多基本特务训练班内，他曾规定要讲授命相一类课程，把曾国藩所用以作为取舍部属标准的一本《冰鉴》和麻衣、柳相等相法编成教材。军统一些大特务也都跟他一样，非常相信这一套东西。由于算命的说戴笠命中缺水忌土，所以军统局局本部在抗战期间使用的化名，总是用一些水汪汪的名字来补他的命中之不足。如：江汉清、汪涛、涂清波、沈沛霖、洪淼等，便是这个原因。而其中用得最久的是沈沛霖，因为自从用了这个化名后，他的事业更一帆风顺，他便破格几年都不更换，认为与这个吉利的化名有关。他对化名的选择很认真，有时秘书室拟好了他不同意，还自己拟了交下使用。到一九四四年，秘书室认为沈沛霖用得太久怕不妥当，才拟了新的化名洪淼，这比沈沛霖所含的水更多，他才答应改用。但到一九四五年底拟一九四六年化名时，他不在重庆，秘书室助理秘书袁寄滨偏不相信这些，故意拟了一个缺水而多山的化名叫高崇岳，想看看究竟会怎样，毛人凤也马马虎虎地批准了。不料事有偶合，真是无巧不成书，结果戴笠在当年摔死，军统也宣告结束改编，缩小范围，弄得许多大小特务都一直埋怨是这个化名取坏了。

他平日用人，特别是新吸收的地位较高的人，也爱引用相书上一类话，从面部和外表举止来决定取舍。对一些生得獐头鼠目、眼斜鼻歪的人，他便不大中意。可是对一些跟他打过天下的多年老特务，又不大讲究这一点了。中美所主任秘书潘其武是最迷信命相的，常常为了安排老干部的工作，引用相书上许多话来和他辩论。他有另一套说法，认为干特务工作的人，总得有些鸡鸣狗盗的本领，或是杀人亡命之徒，否则是不能称职的，只要能忠于军统的工作，不能过分讲究。

（沈醉：《我所知道的戴笠》）

抢劫胜利果实，争夺名誉地位

一九四五年，当抗日战争快接近胜利时，他迫不及待地邀同梅乐斯，借口去东南视察中美所工作，先行赶往部署一切。他特地邀请从上海逃到重庆的一些帮会大头子、流氓首领，如杜月笙、陆京士等人一同前往。他这次出发前所作的准备，比过去任何一次要周到细致，随行人员也特别多。由重庆出发时，大小汽车卡车共达十余辆，随员警卫达百余人，还特别带了盖有调查统计局关防的空白公文纸五百多张和军委会空白委令一百张，准备随时以军委会和军统局公开名义委派汉奸特务，正式发号施令。在出发前的早餐席上，他对送行的亲信大特务毛人凤、何芝园、潘其武、叶翔之和我以及随他一同去的龚仙舫等几个人（他每次回重庆和出门，军统局局本部其他各处处长、各室主任与公开单位负责人，照例不去迎送，除非他事先通知，否则不能随便去，只有少数几个亲信，才能知道他的行期），以极为踌躇满志的神情表示，这次一定要抢在一切人之前，首先进入上海、南京，东南半壁将是军统的天下。他在日寇正式宣布无条件投降后，立即偕同事先等在建瓯、建阳等处的大批劫收人员，分乘六架专机直飞上海。事前经他委派了新官职的大汉奸周佛海、丁默村、任援道、罗君强和原来和汉奸特务机关打成一片的军统特务程克祥、彭寿、吴志伟、万里浪等几十人都拥到机场去欢迎他。所谓"上海闻人"杜月笙，便借此机会把他抗战前在法租界杜美路七十号所修建的一幢大洋房慷慨地借出来，用作军统在上海的办事处。这所房屋，经杜修好以后，因对承包的法国建筑工程公司，尚欠半数的建筑费用没有付清，法国人不买账，硬不叫杜搬进去。这次杜落得做个顺水人情，利用戴笠的关系占了过来。戴笠就在这所规模宏壮的房子里，开演了一场抢夺胜利果实的丑剧。他首先指使伪军并请求日军阻止坚持在上海附近抗日的人民武装部队新四军等进入上海，同时加紧从东南、西南各地调集大批骨干分子赶去，连在重庆中美所训练的中美特警班第一期也提前结业，由美帝飞机帮同空运这些特务前往。

首先奉到戴笠急电赶到上海的那一支被上海人称为"叫花子队"的阮清源部，名义上是忠义救国军淞沪区指挥部，实际上是远远躲在浙江曹娥江一带坐等胜利。所以他接到电报集合部队，日夜兼程赶到上海。第一件事，便是立即配合税警总团熊剑东部，把距离上海市区只有三十华里的七宝镇一支新四军部队深夜包围起来，进行偷袭。实际上，该镇当时并没有新四军，而仍由伪军盘踞。熊剑东去过之后，才知道是前不久新四军派人去接收时，曾与伪军发生战斗，新四军一位支队长负伤，并有十余人伤亡的事。他便以此作为自己的战功向军统局汇报请奖。

当时，大批"劫收"人员涌入原敌伪占领地区，后方去的和当地"地下"钻出来的，趁机大肆掠夺，因此流传着这样一首民谣："河里飘来的（乘轮船前往的），不如地里滚来的（附近坐汽车去的）；地里滚来的，不如天上飞来的（乘飞机去的）；天上飞来的，不如地下钻出来的（原来就在那里与汉奸打成一片的特务）；地下钻出来的，又不如坐着不动的（指摇身一变的汉奸自劫自收比什么都快）。"就连重庆的一些小报和杂志上，也经常出现一些诗文描述劫收人员的种种丑态。例如"……军马万千皆缺尾，只缘粮秣被人吞！"这是形容当时接收日寇精锐骑兵师之后，劫收的官吏把粮秣首先盗卖一空，军马连尾巴都互相啃掉没人管。其他接收人员，也只首先接收日伪的仓库、物资和银行，而对一些轻重工业等不能马上变为黄金、美钞的东西都一概不管。当时在戴笠指挥下，军统特务就更凶更方便了。仅仅一个留在南京担任地下工作的南京潜伏站站长周镐，在日寇刚一宣布投降，便出来把南京的几家银行、几个大仓库、几家报社都接收过去。后来四大家族中一些人认为侵占了他们的利益，向蒋介石告状，军统才要周镐退一大部分出来。

在上海的军统特务，由于在戴笠亲自主持下，更是各显神通，大抢特抢。洋房、汽车、金条和汉奸的小老婆、日本女人都接收过来。他们在"国难夫人"之外，又增加一个或几个"胜利太太"。有一次戴笠在杜美路召集军统特务开会，到会的特务多至五百余人，每人都乘着自备小汽车前往，附近三四条马路都停满了汽车。开会才一半，戴因有紧急事先走，出来一看，这么多的汽车，连他也大吃一惊。这种场面未免太使人注目了，他匆匆赶回，宣布一个命令：以后凡有集会，除少数负责人外，其余的人所乘汽车一律不准停在附近，以免别的单位眼红而成为攻击军统的口实。

在戴笠亲自指挥下，军统在上海接收到的东西实在多得惊人。不久，蒋介石、宋子文等亲自叫他交出一大批之后,我负责去清点上海财产时,还剩有很大一批。我记得的有:极司菲尔路七十六号房屋一所(原来陈调元的房子);汉奸特务机关政治保卫局的全部财产及附设的监狱和大批汽车;日本人办的东方渔业公司及四十艘机轮渔船;一家大型锯木工厂;一个三夹板工厂;东方经济研究所和附属的东方图书馆等全部财产;日本海军在江湾新建的俱乐部全部房产,以后改为中美所上海特警训练班,准备专门训练汉奸特务中有反共经验的分子。此外,德国人办的宝隆医院也被他接收过来,改名为中美医院。这是一家规模较大的医院,因美帝答应给戴一千张病床的医疗设备,他便硬将这个医院接收下来。在医院改名时,他非常得意地说:"这一方面是纪念中美合作,另一方面也是为了表示对校长(蒋'中'正)和夫人(宋'美'龄)的尊敬。"他死后这所医院仍旧成为同济大学的附属医院,郑介民不敢和他一样蛮不讲理,怕得罪人。

除了以上一些公开的机构和产业外,他还劫收了十多个仓库的物资与大量建筑材料。至于洋房汽车与金银珠宝古物之类的东西就多得不胜枚举了。其中有一个西周时代最有名的毛公鼎,军统特务们只当作一件普通铜器,直到清查时,看见列举的清单第一项第一件便是毛公鼎,才知道是件贵重物品。但仓库中遍寻无着,以后才在军统杜美路办事处三楼办公室里发现一个化字纸用的香炉,便是这件稀世之珍的古物。后来叶恭绰知道这一消息,曾写信向军统要求发还给他,说这件宝贝是他的,被日本人抢去了,但军统并没有将这件宝物发还给叶。

戴笠在上海的打算,是想把所有公开的特务机关一起抢在手里。但蒋介石派了另一亲信特务头子宣铁吾作上海警察局局长,戴只抢到淞沪警备总司令部下面一个稽查处和警察局的几个处和分局,并由他推荐军统局警稽处长谢灏龄任上海港口司令。但是他设在杜美路的办事处却比公开的淞沪警备总司令部和警察局的职权更要大得多。这些公开的特务机关在处理案件时还要一些手续,而他的办事处下面不仅有情报组,更有专门指挥逮捕搜查工作的行动组,还有处理案件的司法组和一些事务性的机构,其组织规模等于把军统在重庆的组织分一半到了上海。加上大批汉奸特务组织和人员一齐抓在他手中,因此不但可以任意逮捕、搜查、囚禁他所要对付的人,还可以不经任何手续没收或发还日本人与汉奸的财产。原来设在极司菲尔路七十六号汉奸特工总部的监狱在押人犯实在挤不下了之后,又在南市成立一个新的看守所。一些作恶多端,虽枪决也不足以平民愤的汉奸特务分子,却大都成为办事处最受欢迎的人物。因为这些在上海为日寇工作多年的地头蛇,不但在军统工作上有极大帮助,特别是对大小军统特务抢住宅、汽车和银行保险柜里的东西,更能供给最可靠的线索。办事处在处理许多案件上完全不讲手续,弄得许多人大为不满。

在抗战期间,只要对军统特务有过一点帮助的人,这时都是一本万利。有些专门依靠军统特务与汉奸特务做投机生意与贩毒走私的不法商人,一下变为进出办事处的红人。他们对上海情况极为熟悉，天天带着特务们向那些与日本人有过往来的中小商人敲诈勒索，从中渔利。上海南京路四大百货公司是各方面所最垂涎的对象，但由于曾对军统地下人员有过帮助，省去了不少麻烦。永安公司总经理郭顺因曾经捐助过军统特务武装部队几百打毛巾和一些日用品，不但戴笠亲自接待他，还向他表示谢意。以后我到上海去清点军统财物时，也去看过他，发现他所捐助的东西原来都还存在永安公司仓库内，并没有送到部队里去，不过有过这一表示而已。特务们除了抢胜利果实之外，还利用特权进行绑票勒索。

戴笠在上海布置一下以后，又匆匆赶到北平和天津去布置工作，同样是有大批汉奸去迎接和为他准备一切。他去后也想尽可能多保留一些对他工作有帮助的人。当他整天与大群大汉奸觥筹交错的时候，各方面纷纷提出指责和控诉。《大公报》于一九四五年十一月九日发表《快办汉奸，严惩汉奸》的社论，提出尖锐严正的批评。戴到北平之后，才不得不于一九四五年十二月五日在兵马司一号汪时璟家中举行的盛大宴会上，把王揖唐、余晋和、曹汝霖、许修直、张燕卿、潘毓桂、杜锡钧、殷汝耕等一下扣押起来。他在北平抢到的东西除了几座装满物资的仓库外，还抢到一家无线电器材制造厂，一家中型旅馆和许多金银珠宝与古物。他在天津逮捕了齐燮元、温世珍等，也抢到几座仓库和类似东西。当时他的一个要好的朋友、东北四公子之一的吴幼权，和华北经济方面负责的大汉奸汪时璟等人，成为他抢劫华北的重要顾问。

由于戴笠在各处亲自主持劫收活动，因此派往各地的大小特务也无不上行下效，大抢特抢。有些地方连蒋介石派出去的接收大员，对这批人也得退让三分，甚至四大家族中最得宠信的敌伪产业处理局局长刘攻芸也不得不来借重一下，邀请军统派在上海接收的邓葆光等参加工作。这一方面是可以相互包庇，彼此不找麻烦，另一方面也知道惹不起这些无法无天的家伙。抢夺之风闹得太不成话，戴笠也感到有点不妥。有一次他从南京匆匆赶回重庆，找了毛人凤和我去大骂，连着问我："现在各地接收财产的情形，你们知不知道？"我回答他只在电报上看到一些接收情况和数字，现在还无法统计出来。他听了指着我的脸叫起来："你这个管家人，真越来越糊涂！我告诉你！电报上报来的数字，大有问题，你们得赶快出去清理，迟了便更要出毛病。"当天他就决定叫毛人凤成立一个财产清理委员会，指定由军统督察室主任廖华平兼主委，我兼副主委，叫我们亲自去各地清理。后来因他再次出去后便摔死了，我因主办他的后事，直到他的棺材抬到灵谷寺暂厝以后，这个清理委员会才开始工作。

廖华平和我在十几个大城市兜了一个圈子之后，连我们也大为意外，因为各地特务们听到戴笠死去，更趁机会大捞一把，甚至连过去已报告军统的数字都不承认，和我们讨价还价。我们心里也有数，知道戴笠在世时他们还有所惧怕，戴死后郑介民和毛人凤只要能分得一部分便会妥协。廖和我谁也不肯作难人，能拿回多少便算多少。

据我所了解，单就北平办事处主任马汉三（以后任北平市民政局局长）和办事处事务股长刘玉珠两人因私自释放日本战犯与汉奸，所得到的财产便达到三十万美元左右。以后因郑介民与毛人凤之间分赃闹摩擦，毛人凤得少了不甘心，向蒋介石报告马汉三组织小集团抗不听命，及支持李宗仁竞选副总统等罪名，将马、刘两人解往南京枪决。在抄查他们的财产时，清点出来的财物中，竟有四个一尺左右高、用纯金铸成的菩萨，使得抄查人员为之咋舌。还有上海办事处负责司法方面的秘书叶燕荪私自受贿处理的汉奸案便有三十多件，得到的赃款数目也非常惊人。以后由于越来越胆大，他公然带出全部档案向在押的人犯家属勒索，被其他特务拿到全部证据，予以揭发，遭到枪决。但被惩办的只寥寥数人，绝大多数都是和一些大特务勾结好了，瓜分财物，便平安无事。

当时反动政府人员在接收中都是先抢现金物资，但是有一件东西却为戴笠所最注意，以后蒋介石也赞不绝口，那便是向日本侵华军冈村宁次的总司令部要日寇在华八年来对八路军、新四军历次作战的各种资料，与日寇特务机关在沦陷地区对付中共地下组织的全部材料。这些资料经过许多日本高级将领分析研究，特别在他们吃亏以后，更着重研究如何对付的各种办法。这是日寇最珍视的一套档案，开始还没人注意，当戴笠提出这问题以后，冈村特别派了参谋处主管这一工作的大佐亲自点交。蒋介石得到戴笠报告，极为高兴，特别予以嘉奖。军令部把有关军事部分的各种资料要了过去，当成珍宝。有关特务部门的资料则由戴笠交与军统特种问题研究室妥慎保存，作为继续反共的重要参考文献，解放前闻已和军统其他重要档案一同运往台湾。

国民党对沦陷区的接收工作，经过三番五次的清洗之后，绝大部分物资都从日本人和汉奸手中抢了过来。

这时，大汉奸褚民谊忽从苏州模范监狱内上书蒋介石，说他愿意献出他珍藏多年的宝物，要求赎罪。蒋介石为慎重起见，特把这件事交与军统办理，经毛人凤指派第二处处长叶翔之和我一同去苏州找褚民谊，由他写了一封亲笔信交给我们到南京他一个亲戚家中去取宝物。我迫不及待，问他究竟是什么，他极端神秘地不肯先说，只再三叮嘱请我们务必认真妥慎办理，因不仅关系他的生命与前途，而且认为这是国家不可缺的宝物。我们也带着万分好奇心急忙赶回，下车后什么也不干，便先去取这件宝物。结果我到他亲戚家中取出一看，原来是孙中山先生的一副肝脏。因孙先生患肝癌逝世后，医生把他的肝脏切开后用玻璃片密封起来，这件东西不知怎样落到褚民谊手中。国民党许多元老们对他盗窃孙先生肝脏攫为己有，还想以此赎身，极为愤慨，最后仍决定把褚枪决。

在抗日战争快要结束的时候，戴笠曾计划要把全国警察权抓在手中，由他自兼全国警察总监（戴笠的计划是战后仿照德国法西斯组织，成立一个警察总监部，戴死后才改为内政部全国警察总署，由军统帮办唐纵任署长），同时又兼海军总司令。这是由于美帝的怂恿和支持，也是他认为稳可到手的一项新职务。但他最注意的还是军统局，所以他在谈到还都南京时，首先便指示我在南京洪公祠附近修建一座雄伟的大楼，要有五六层，可以容纳两千到三千人办公和住宿。他把自己的办公室设计在大厦二楼最中间的地方，四周墙壁和顶板地板等内部都装置五分厚度的钢板，窗户嵌用两层保险玻璃。这座大厦还才兴建两层，戴便死去。郑介民和毛人凤怕建筑太大将来保不住，便立刻决定削减工程五分之三。戴笠自己设计的办公室刚完工，钢板已装进去无法取出，只把保险玻璃改为普通玻璃。这座楼房建成后仍然非常引人注目。

抗战刚一胜利，国民党政府自居抗战有功，对文武官员大发勋章。戴笠过去很少穿军服，这时特别眼红高级将领们左胸上挂的那三四排花花绿绿的勋标，也常常在招待外宾的宴会上和在军统局举行纪念周时，穿上军服，挂起中将领章，佩上五颜六色的小牌牌（勋标）。蒋介石去中美所视察时，他全副戎装迎接。据他自己说，这样整齐地穿着军服在蒋介石面前出现，还是第一次。过去他去见蒋，总是穿中山装。他所佩的一根斜皮带，还是抗战初期一个德国留学生送给他的，据说那是希特勒式，他很欢喜。我为他准备的一柄佩剑，剑柄和剑鞘上的花饰原先仅是镀金的，他不中意，又把镀金部分改为纯金。所有纽扣与领章也都用纯金。但使他感到遗憾的是勋标太少了，因为当时国民党政府授勋，一般要由主管官代为请勋才有得勋奖的可能，有时还得送点礼去运动一下，才能通过。他的直属长官是蒋介石，没注意这件事，而兼军统局的局长们根本不过问这些事，所以他得到的勋章很少。他先叫副官去定制的勋标，两排还不到，他一看非常生气，甩在一旁不愿佩带，并叫副官找我。我检查了一下他历年所得的全部勋章、奖章，只有一枚二等宝鼎、一枚二等云麾和胜利时发的忠勤勋章，另有一枚甲种光华奖章，还有一枚当时已禁止佩带而他认为最光荣不过的西安事变纪念章，总共不过五枚。我知道他希望多多益善，便拿了郑介民几枚与他不相同的勋奖章凑上去，外加一枚最普通的抗战纪念章，和一个中央训练团团标，共拼成四排，他才肯佩带在身上。但隔了不久，他又感到不满足，因为他所佩的最高一级的只是二等宝鼎。有一次他看到我佩带的最高的是四等云麾，便借故发牢骚说："如果真正论功行赏，军统局的同志不知多少人应当得青天白日勋章才公平合理。"但直到他死去，他还只有那几枚勋章。

抗战胜利后，戴笠更加贪图享受和讲究排场，所有的大城市如上海、南京、武汉、天津、北平、郑州、福州、厦门、杭州、苏州等地，每一处都有他几个大小不同的公馆和最漂亮的保险汽车。过去他对保险汽车不大感兴趣，但他接收到许多汉奸所乘的特制保险汽车后，因有空气调节设备与冷热气设备，他就改用这种新式保险车了。在接收到的财物中，他看中了什么新奇有趣的东西和古代文物字画，只要他用手指一下，便立刻为他所有。汉奸搜刮购进的各种进口奢侈日用品，都被他成批地接收过来。还有汉奸雇用的女秘书、女书记，实际上是变相姨太太，也被他接收，照样安置在许多公馆里。他的家庭总管邓和向我发牢骚说，现在许多公馆里的事，连他这个总管也管不了，而要由女秘书当家。戴每到上海，虽然有四五处公馆，却常常住在金神父路十一号唐生明家中，因为胡蝶与唐的夫人徐来很要好，戴出门时怕胡寂寞，便把胡寄居在唐家。

胜利后，戴笠每宴宾客，所费都是非常惊人。他在上海举行的一次圣诞节晚会，作为欢送美帝特务头子们的临别饯行。除了邀请许多军政界要好的朋友们参加外，特别把上海一批女交际花以及什么名媛闺秀、歌星、舞星、电影明星、京剧演员等邀往作陪。那次宴会可说是他最得意、最神气的一次，同时也是他最后的一次了。

（沈醉：《我所知道的戴笠》）

恶贯满盈，死于非命

戴笠来往各地，经常是由航空委员会给他调派专机使用，有时连蒋介石夫妇御用的、由大队长衣复恩亲自驾驶的美龄号座机，他都有资格顺便搭乘。记得过去为黄埔同学尊为扩大哥的曾扩情，便常常去揩油搭乘他的便机去西安、兰州等地。但戴笠每次和他同机到了兰州、西安之后，便也趁机邀曾去军统特训班给学生们讲几小时的"蒋介石言行"，充当一下军统的义务讲师，捞回一把。

抗战胜利后，戴笠到各地飞来飞去，不是航委会专机，便是中美所四发动机的巨型运输机。一九四六年三月十六日，他由北平乘航委会拨给他使用的一架 C—47 型 222 号专机，当天到天津住了一夜，第二天由天津起飞，准备经上海再转重庆。他此行主要目的是因他向蒋介石写过一个全国建警计划，请求成立全国警察总监部，由他兼警察总监。正在这时，多年来一直想与他争夺警察领导权的中央警官学校教育长李士珍，也拟了一份战后建警计划。李的后台老板考试院院长戴季陶正在请求蒋介石把战后建警任务交给李，蒋介石碍于戴季陶的交情，曾特别召见过李，详细询问了李的建警办法，听说还很称赞。戴笠正在北平与一些汉奸们研究在华北、东北等地的反共阴谋部署，经他推荐在蒋介石身边工作的唐纵、黎铁汉等军统特务急忙把这一情况打电报告诉了他，希望他马上直回重庆，当面向蒋介石力争，以免建警大权落入李士珍之手。戴笠原认为他得到美帝特务机关的支持，有把握胜过李士珍，可是一听戴季陶对李全力支持，担心"老头子"会一时看在戴院长面子上把警权给了李士珍，所以急于赶回。一些随他多年的秘书、警卫都没有带，而叫留在北平等他。他原来的计划，是先把华北的工作布置完毕后再离开，三月底以前赶回重庆主持抗战胜利后第一次大规模的"四一大会"。另外，他还想先到上海，请杜月笙、唐生明给他为胡蝶办理与潘有声离婚的手续，好无牵无挂地与胡蝶过半辈子。所以他于三月十七日由天津动身，不直接飞重庆而先去上海，便是想和胡蝶见一见，住上一两天再走。

这次与戴笠同行的人员有：军统人事处处长龚仙舫（他是戴为了发展华北与东北的特务组织，接收一批反共素有经验的汉奸特务，转变成为军统特务而特地带到北平的），军统控制的外围机构"人民动员委员会"实际负责人金玉波（他被戴笠派到华北搞帮会活动，在天津见了戴笠后请求随同专机返重庆），戴笠的英文秘书马佩衡（抗战前这人在上海英文大陆报任过多年主笔，说得一口很流利的英语，很受美国人的喜欢），副官徐焱和一个专替戴照管衣服的事务员，天津大资本家黄顺伯（这是戴新结识的朋友，被邀同机往上海去玩玩的），译电员周在鸿，厨司曹纪华。专机上除正副驾驶员之外，还有一个无线电报务员（或机械修理人员），均不知姓名。由于专机乘坐的人很少，行李也不多，当天虽接到上海方面气候不好的通知，但他仍决定起飞，并叫多带汽油，以便上海不能降落便飞南京，南京不行便去青岛或济南。飞机师知道他的个性，不好劝阻，便在上午九时左右由天津起飞。专机飞近上海时，正值大雨滂沱，上海机场不同意降落，便按预定计划飞南京。当时南京也下大雨，机场勉强同意降落。由于云层很低又有雷雨，飞机与地面联络很困难。在穿云下降时，已越过机场而飞到江宁县去了。驾驶员还一再与地面联络，但到下午一点零六分之后电讯突然停止，地面再也叫不到222号了。这时，这架专机已撞在江宁板桥镇南面的戴山山腰上。

事后据附近一些目睹当时情况的居民谈，在大雨中，飞机飞得很低，先撞在一棵大树上，才冲到那座不到二百公尺高的戴山上去的。在一声巨响之后，接着便是一片大火，因带的汽油很多，一直在雨中燃烧了两小时左右才停息。这个凶狠残暴的刽子手，便这样结束了生命。机上人员无一生存，个个烧得焦黑，身首肢体均残缺不全。机身也被烧毁，只留下尾部还可看出它的编号来。戴从北平动身时，在抄查出汉奸的财物当中选出了一些精品带在身边。飞机失事后，因没有人发觉，一些未烧掉的东西被附近居民捡走了。经过一再清查，只找出两件名贵古物：一个宋雕羊脂白玉的九龙杯，有一尺多高，上面刻有九条龙，一条龙被撞去了一个头；另有一柄古剑，虽经烈火烧过，剑柄剑鞘都烧坏了，但剑光仍闪闪逼人，为不曾多见的宝物。

自戴摔死之后，连接着三天大雨不曾停息，他的尸体便在暴雨中淋了三天三夜。这个搞了大半辈子特务活动的恶魔，一向夸口他的情报网不但遍布全国，还普及全球五大洲，而结果他被摔死之后，在特务密布如麻的南京附近地区，暴尸三天之后才被发现。

从三月十七日晚开始，坐镇在重庆军统局局本部内的毛人凤，得不到戴安抵上海或南京的消息后，便分别急电青岛、济南、天津等处查询他的下落。因为戴过去习惯从任何地方动身到达一个新的地点，一定要先和毛人凤联系，时间总不超过两三小时。这次竟半天得不到消息，军统许多电讯工作人员和译电人员都忙了一个通宵。第二天一早毛人凤还没接到他的电报，马上跑去见蒋介石报告。蒋介石听了非常着急，立刻亲自打电话到航空委员会查询222号飞机的下落，得到的回答是曾经到过上海、南京上空，因大雨未能降落，以后便失去联系。蒋介石便一面叫航委会立刻派出几架飞机沿途去搜寻，一面对毛人凤说可能是被迫降落到共产党占领的区域内去了，所以才没有办法取得联络。他叫毛人凤回去赶紧准备派一个将级大特务携带一部无线电台、一个报务员、一个外科医生及药品等乘飞机到一些可能降落的解放地区上空去寻找，发现这架飞机后，如不能降落，便跳降落伞下去。蒋介石再三叮嘱毛人凤，一定要想尽一切办法找到戴笠。

毛人凤于十八日上午召集在重庆的将级大特务二十多人，开了一个紧急会议，主要是委派一个领队去寻找的人。在场的特务们听到要跳降落伞下去，特别是听到可能降落在共产党占领的地区内，都一声不响，没有一个人愿意去冒生命危险，面面相觑，不作一声。毛人凤声泪俱下地一再恳切说明这是蒋介石亲自再三交代，必须派一个高级同志去寻找，如没有一个负责人肯去，不但无法向蒋介石复命，也显得军统负责人太胆小怕死。他说了几遍，仍没有一点反应，因为都觉得好容易熬到抗日胜利，正是享乐的时候到了，谁愿去冒这个危险。半点钟过去了，还没有结果，在场的人只把香烟一支接一支地抽着。最后我站了起来，表示愿担任这个任务。毛人凤立即紧紧握着我的手说："养兵千日，用在一朝。我原来估计以为大家都会争着要去，结果这么久都没有人表示，想不到只有你一个人肯去。"说完，他马上带着我去见蒋介石复命。

蒋介石立即接见我们，他用极为关怀的口吻对我们说，无论如何要不惜一切把戴笠找到。根据他的判断，各处都没有发现这架飞机，肯定是被迫降落到共产党所占领的地区。他叫我当天下午便出发，又问我跳过降落伞没有。我告诉他没有时，他才决定叫我下午带着医生和报务员先去练习一下跳伞，明天一早便动身。我们正站起来向他敬礼，准备退出他的办公室时，他又叫我们等一下。他从一个抽斗内拿出一张纸写了几句话之后，要一个秘书拿去盖了官印交给我。我一看是印好的"国民政府军事委员会委员长手令"，由他亲笔写上这几行字："无论何人，不许伤害戴笠。各军政机关、地方政府，如发现戴笠，应负责妥为护送出境。此令。蒋中正。"他告诉我，如发现失踪的飞机不是在机场上，便立刻带着报务员、医生跳下去，见到当地不管什么单位负责人，先出示他的手令；找到戴笠后，立刻用无线电与重庆联络，一切都不成问题。毛人凤说，重庆电讯总台已指定两部机器日夜收听派出去的电台呼叫，随时可以联系。当天下午我和一个姓黄的医生及一个报务员练习了三次跳伞，准备第二天一早起飞。

但到晚饭后，毛人凤接到南京办事处处长李人士的长途电话，说十七日中午有一架军用机坠毁在南京附近，他正派人前去侦察，是否戴笠所乘的飞机还不能肯定。毛人凤马上去报告蒋介石。他很快便回来告诉我们说：委员长听了他的报告后，马上肯定就是这架飞机，并说戴局长可能已遭不幸。毛人凤说着说着，眼眶发红，几乎要流出泪来。

到了晚上十点多钟，只剩下毛人凤与副主任秘书张严佛、医务所主任戴夏民、机要组长姜毅英和我，以及几个秘书等十来个人还没有走开。蒋介石又有电话叫毛人凤去，毛要我们等着，看回来有什么事要办。半小时后，毛人凤哭丧着脸回来说，蒋介石已从航委会方面证实了落在南京附近的那架飞机便是戴笠所乘的专机，全机人员都已遇难，无一生存，所以没有人联系。蒋介石所关心的是今后由谁继承戴笠的工作问题。毛人凤向他建议由郑介民代理，蒋已同意。说到这里时，毛再三叮嘱在座的人，这一建议不能让唐纵知道，以免发生人事上的不和。我们都很清楚，毛人凤是有他自己的打算的，因为唐纵为人拘谨小心，也很小气，如由他负责，毛便不能揽权，事事得先去问他，而郑介民则比较好对付点，所以他在蒋介石面前提出以郑代理最为适宜。当时蒋介石还是叮嘱毛人凤多负责任，因戴笠每次出门，总是指定毛人凤直接向蒋去报告和请示重要问题，蒋对毛也很器重。最后毛还告诉我，蒋指示明天仍叫我去南京主持办理戴笠的后事，一定要把他的尸体清理出来。

第二天我由重庆飞到南京时，在京的大特务早已前往江宁县板桥镇收拾尸体去了，下午四时左右才回。他们告诉我，专机撞的山叫戴山，山腰上有一条水沟叫困雨沟。根据当时的情况来看，飞机撞在山上后并未完全毁坏，由于汽油着火，才把所有的人烧死。经过几场大雨冲刷，尸体都冲到那条困雨沟内。在戴山山脚下有一座不大的戴家庙。我以后去看过一下，军统还准备在戴山山腰建立一座石塔作为纪念，后因花钱太多，局务会议上没有通过而改建一石碑，上镌"戴雨农将军殉难处"，山下的戴家庙也修饰了一番，让他的死魂灵安居在那里。

到了傍晚，戴的尸体才由他亲信副官贾金南从一辆卡车上抱了下来。贾一见我便放声大哭，说今天去收拾尸体时，都烧得焦黑，分不出是谁的尸体，以后由他仔细察看，才认出来。因戴的左边臼齿上下镶有六个金牙，从夹得紧紧的左膀内所存留的残破衣片也可以断定是他生前穿着的东西，所以肯定下来，不过戴的右手和小腿已找不到。贾金南最为伤心和气愤的是找出戴笠尸体后，所有大特务都纷纷下山，各人乘了自备汽车回南京，贾向每一个去的特务请求让他抱着戴笠所剩下的半截尸体搭乘他们的小汽车，没有一个肯答应，最后他只好仍搭大卡车回来。他说："戴没有死的时候，大家那么尊敬他，今天刚死去，连汽车也不让搭一下。"说完，这个跟他二十多年的副官又伤心得大哭起来。当晚，上海办事处主任李崇诗等从上海买了一具楠木棺材运到南京。在装殓时，因戴笠的面部完全烧毁，由殡仪馆的技师按照他生前的照片代制成一副假的面具套上。到六月间，戴笠的棺材由中山路办事处移到灵谷寺前面的志公殿暂厝。

四月初，国民党的中央通讯社向全国各省市发布了一篇"军统局之贡献"的报道，大肆吹嘘军统局在抗战期间搜集了大量重要日伪情报，并配合盟军击沉日寇大小舰只若干艘，击毁日机若干架；所属各铁道破坏总队、行动总队等，破坏敌人军事设施、铁路、公路若干次，制裁敌首要人物若干名，等等等等。这一报道发表后，不但引起许多人的怀疑，连军统局许多了解内幕的大特务都认为是夸大其词。后来我才知道，这完全是毛人凤为了想把军统局保留下来，指使军统中专搞新闻工作的特务刘启瑞（军统局办的大同通讯社社长），捏造出来的假话送请中央通讯社发布的。

　　八月初，有一天突然接到蒋介石特别警卫组的通知，说蒋介石要到灵谷寺去看看戴笠的灵柩，毛人凤便叫我和他一同去等候。约在下午三时左右，蒋介石和宋美龄同车到了志公殿。他们进入灵堂，蒋介石把草帽摘下拿在手上，凝视着戴笠的照片好久不作一声。他对这条忠实走狗的死去，是特别感到伤心的。当他在灵堂看过一遍之后，便问毛人凤安葬的地点决定没有？毛回答他正在选择时，他便说："今天我特地来这里选择一下，好早点安葬。"说完便扶着宋美龄向灵谷寺后面山上走去，刚到半山，宋美龄表示不想再走，因她穿的高跟凉鞋，在那种狭小而崎岖的山道上走起来实在不相宜，便折身回来。临上汽车，蒋介石还对毛人凤说，过几天他再来看看。半个月后，我们又得到通知去恭候他。那天也是一个下午，他一个人来了，穿一件短袖夏威夷衬衫，带上浅茶色遮阳眼镜。他挂着手杖一直走到灵谷寺后山山顶，又转到烈士公墓山头上仔细察看后，顺着烈士公墓小道下山。他站在前面有一个小水塘的地方告诉毛人凤说："我看这块地方很好，前后左右都不错，将来安葬时要取子午向。"听来他对这些很内行的样子。这位经常做礼拜、手不离《圣经》的虔诚基督教徒，原来还是一个迷信风水的阴阳家。他选择好地点，定了方向之后，便叫毛人凤找人看看什么时候下葬最适宜，再告诉他一声，才擦着满头汗珠钻进汽车。毛人凤和许多军统特务，看到他对戴笠这样爱护，莫不为之感动，主仆之间的关系，由这点也可看出很不寻常。

　　一九四七年三月，军统择了一个吉日良辰安葬戴笠，吴稚晖为他写了墓碑，蒋介石派陈布雷代表他去致祭，当时在南京的许多高级文武官员都去参加葬礼。毛人凤在下葬前一日和我商量一个问题，好像有什么预见一样，叫我把戴笠的棺材放下后，设法弄得特别结实，使得别人无法打开。我便与陆根记营造厂老板陆根泉研究，决定用水泥炭渣搅拌灌在墓穴内，使棺木与整个墓穴凝结成为一大块，这样便不容易把棺材打开。毛人凤虽未说出因戴笠生前作恶太多，怕死后被人鞭尸，我是了解他的用意，而照他所指示的那样做了。

　　戴笠死后，许多大城市的军统特务都为之举行追悼大会。当地的军政长官大都参加主祭，这不但是看在死者面上，也是碍于各地军统特务们的"情面"，不得不去敷衍一下。因当时这些地方的警察局局长、稽查处长等公开机关负责人大都是军统特务，这些人的职务看来不很大，但都是惹不起的，得罪了他们，明的无法害到你，暗中却得随时提防。所以当这些特务们发起为戴笠举行追悼会时，都只好凑上一个名字担任发起人，到时还得亲自去祭奠一下。可是其时仍是有坚持正义的硬汉子，既不买死人账，也不买活人账。我从南京到重庆时，正赶上重庆稽查处长罗国熙、警察局刑警处处长谈荣章等特务发起追悼会，由重庆市市长杨森领衔。重庆市参议会议长胡子昂先生却不理会这件事，直到追悼会举行的前一日，重庆国民党的党、政、军机关的负责人都送了挽联、花圈等，罗、谈两人一再示意并托人希望市参议会也能送一副挽联之类的东西，好使得场面更热闹，免得民意机关独无表示，但胡子昂先生仍不答应。谈荣章无可奈何，便叫人以市参议会名义自行写了一副挂上去。胡知道了大发脾气，硬叫人从追悼会会场上取下来撕毁，弄得特务们狼狈万状。他们时时记在心头，想找机会报复。胡先生公开投向人民以后，重庆的军统特务旧仇新恨一齐发作，便立刻到巴县去把胡先生的老家田产抄查没收，连八十多岁的老人都受尽侮辱被赶了出来，以发泄他们的怨气。重庆如迟一点解放，他们还准备更进一步去迫害胡先生的家属们哩。

（沈醉：《我所知道的戴笠》）